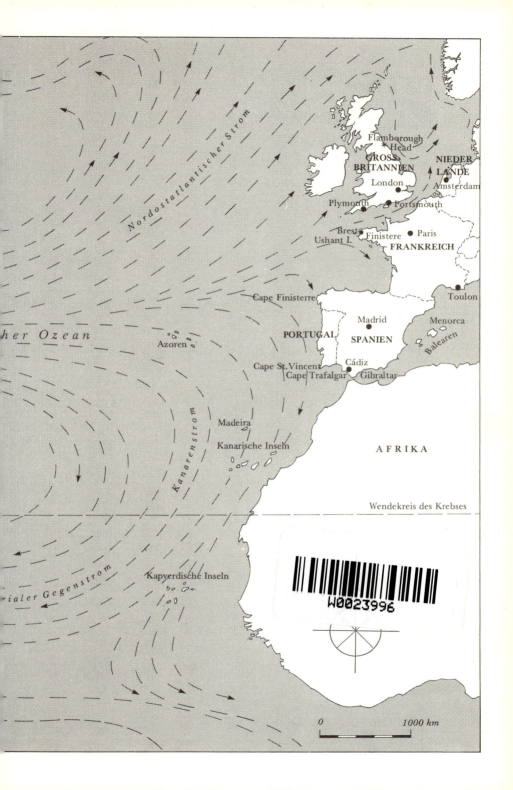

Barbara Tuchman

Der erste Salut

Aus dem Amerikanischen
von Malte Friedrich

S. Fischer

2. Auflage, 21.-30. Tausend
Die amerikanische Originalausgabe erschien 1988
unter dem Titel »The First Salute«
im Verlag Alfred A. Knopf, Inc., New York.
© 1988 Barbara W. Tuchman
Für die Karten: © 1988 Bernhard H. Wagner
© 1959 Samuel Eliot Morison für die Auszüge aus
John Paul Jones: »A Sailor's Biography«
mit freundlicher Genehmigung von
Little, Brown and Company und Curtis Brown Ltd.
© 1988 S. Fischer Verlag GmbH, Frankfurt am Main
Umschlaggestaltung: Buchholz/Hinsch/Walch
unter Verwendung einer zeitgenössischen Illustration
Satz: Fotosatz Otto Gutfreund, Darmstadt
Druck und Einband: May + Co, Darmstadt
Printed in Germany 1988
ISBN 3-10-080006-0

Für meine Enkel
Jennifer, Nell, Oliver und Jordan

Inhalt

I. »Hier wurde die Souveränität der Vereinigten
Staaten zum ersten Mal anerkannt« 9

II. St. Eustatius, der Goldene Felsen 25

III. Bettler der See – der Aufstieg der Holländer 33

IV. »Die verrückteste Idee der Welt« –
eine amerikanische Marine 59

V. Freibeuter – die *Baltimore Hero* 71

VI. Die Niederländer und die Briten: noch ein Krieg 81

VII. Admiral Rodney tritt auf 127

VIII. Die französische Intervention 193

IX. Der Tiefpunkt der Revolution 217

X. »Eine erfolgreiche Schlacht
kann uns Amerika geben« 249

XI. Der kritische Augenblick 305

XII. Die letzte Chance – der Yorktown-Feldzug 327

Epilog 385

Danksagungen 399

Notiz 403

Zeittafel 405

Anmerkungen 409

Bibliographie 433

Bildnachweis 443

Karten 445

Register 451

Kapitel I
»Hier wurde die Souveränität
der Vereinigten Staaten
zum ersten Mal anerkannt«

Weiße Wölkchen aus Pulverdampf über dem Türkis des Meeres, gefolgt vom dumpfen Widerhall der Kanone, erhoben sich über einer bescheidenen Festung auf dem winzigen holländischen Eiland St. Eustatius in der Westindischen Inselkette. Es war der 16. November 1776. Die Kanonen von Fort Orange erwiderten den rituellen Salut eines Schiffes, das in einen fremden Hafen einsegelt. Es war die amerikanische *Andrew Doria,* die die Reede durchkreuzte, an ihrem Mast flog die rot und weiß gestreifte Flagge des amerikanischen Kontinentalkongresses. Mit dieser Erwiderung des Saluts grüßte die kleine Stimme von St. Eustatius als erste offiziell das bedeutendste Ereignis des Jahrhunderts – den Eintritt eines neuen atlantischen Staates in die Gemeinschaft der Nationen, eines Staates, dem es bestimmt war, den Verlauf der Geschichte zu ändern.

Die Wirkung der Amerikanischen Revolution auf das Wesen der Regierung in der europäischen Gesellschaft wurde sofort nach dem vollendeten Faktum der Revolution erkannt und empfunden. Nach dem Beginn der amerikanischen Rebellion »fand im Denken eines großen Teiles der Menschen in Holland eine höchst bemerkenswerte Wandlung statt«, schrieb später Sir James Harris, Earl von Malmesbury, der in der Zeit kurz nach dem Triumph der Amerikanischen Revolution britischer Botschafter in Den Haag war. »Zweifel erhoben sich«, schrieb er in seinen Memoiren, »über die Autorität des Statthalters« (dem Souverän der Niederlande und Prinzen von Oranien) »…ja, alle Autorität war belagert, als die englischen Kolonisten in Amerika in ihrer Rebellion obsiegten.« Was der Botschafter in der Idee, wenn auch noch nicht als Tatsache vor Augen

10 *Der erste Salut*

hatte, war der Übergang der Macht von ihrer willkürlichen Aus-
übung durch Adlige und Monarchen zu einer Form der Machtaus-
übung, die durch eine Verfassung und repräsentative Vertretung
des Volkes begrenzt und kontrolliert wurde. Die Phase des Über-
gangs von 1767–1797, die mit der Zeit seiner eigenen Karriere zu-
sammenfiel, war, wie er glaubte, »die ereignisreichste Epoche der
europäischen Geschichte«.

Der Salut, den abzufeuern der Gouverneur von St. Eustatius, Johannes de Graaff, auf eigene Initiative befahl, war die erste Anerkennung der amerikanischen Flagge und der amerikanischen Nationalität durch einen Vertreter eines fremden Staates nach der Unabhängigkeitserklärung der rebellierenden Kolonien. Daß die Holländer
hierin die ersten waren, kann keineswegs als der wichtigste Aspekt
des Ereignisses gelten, aber da andere diese Ehre beansprucht haben, soll gesagt werden, daß ein Präsident der Vereinigten Staaten
auf einer Gedenktafel den Kanonen von Fort Orange ausdrücklich
bestätigt hat, die ersten gewesen zu sein. Die Tafel wurde St. Eustatius 1939 überreicht und trägt die eingravierte Unterschrift von
Franklin D. Roosevelt. Der Text lautet: »In Erinnerung an den Salut
der amerikanischen Flagge, der in diesem Hafen am 16. November
1776 auf Befehl von Johannes de Graaff, Gouverneur von St. Eustatius in Erwiderung auf den nationalen Salut der U. S. Brigantine
Andrew Doria geschossen wurde... Hier wurde die Souveränität der
Vereinigten Staaten zum ersten Male anerkannt, wurde ein Schiff der
Vereinigten Staaten von einem Vertreter eines fremden Staates zum
ersten Mal offiziell begrüßt.« Auf diese Weise fand de Graaff einen
Platz, wenn auch den vielleicht am wenigsten bekannten, in den
Annalen der Vereinigten Staaten.

Die *Andrew Doria* war eine Brigantine, ein kleiner Zweimaster, der
für die Kriegsführung zur See in der neugeschaffenen amerikanischen Marine umgerüstet worden war. Er war in Gloucester, einer
Stadt an der Küste von New Jersey in der Nähe von Philadelphia, am
23. Oktober ausgelaufen und hatte den Befehl des Marineausschusses im Kontinentalkongress, nach St. Eustatius zu segeln, um militärischen Nachschub aufzunehmen und Gouverneur de Graaff eine
Abschrift der Unabhängigkeitserklärung zu übergeben. Mit nur
kleiner Segelfläche, um die westlichen Winde aufzufangen, war die

I. »Souveränität der Vereinigten Staaten . . .«   11

Überfahrt des Schoners in wenig mehr als drei Wochen und die Ankunft am 16. November eine bemerkenswerte Leistung. Die Zeit, die man damals für eine Überquerung des Atlantiks von Nordamerika nach Europa und zurück brauchte, schwankte je nach Schiffstyp stark. Die schweren Kriegsschiffe waren langsamer als die Fregatten und Handelsschiffe. Und natürlich hing die Überfahrtszeit vom Wind ab, meist herrschten westliche Winde vor, die aber manchmal auch in östliche Richtung umschlugen (und umgekehrt). In der Regel beanspruchte die Überfahrt nach Europa, die man »bergab« nannte, in der Zeit der Revolution drei bis vier Wochen, während die Rückfahrt nach Westen, »bergauf«, gegen den Wind und den Golfstrom, meist um drei Monate dauerte.

Der Salut von St. Eustatius selbst war nicht wichtig. Bedeutung kommt nur dem zu, was aus ihm folgte. Indem der Gouverneur gegen den Willen seiner Regierung den holländischen Handel in Kriegsgütern mit den Kolonien bewußt ermutigte, sicherte er die weitere Verschiffung solcher Waren von St. Eustatius aus – ein kritischer Faktor in der Überlebensfähigkeit der Amerikanischen Revolution, die in ihren gefährdeten Anfängen durch Munitionsmangel ständig bedroht war. »Im ersten Jahr«, schrieb George Washington, »gab es im ganzen amerikanischen Lager keine neun Patronen pro Mann.« Im Oktober, sechs Monate nachdem die Kolonien zu den Waffen gegriffen hatten, gestand Washington seinem Bruder: »Wir müssen eine fast tägliche Kanonade erdulden, ohne auch nur einen Schuß zu erwidern, denn wir haben kaum noch Pulver, und was wir haben, müssen wir für nähere Arbeit als Kanonenschußdistanz aufbewahren, wenn die edlen Rotröcke sich herablassen, aus ihren Gräben herauszukommen.« In der lange unentschiedenen Schlacht um Bunker Hill im Juni 1775 mußten die amerikanischen Soldaten, deren Pulver erschöpft war, die Briten mit den Kolben ihrer Musketen bekämpfen.

Da die Briten dem rebellischen Potential in Amerika schon lange mißtrauten, hatten sie die Kolonien, was die Produktion von Waffen und Munition anging, vom Mutterland abhängig gehalten und so eine einheimische Manufaktur nicht zugelassen. Den Kolonien fehlte Salpeter und auch der Sachverstand zur Herstellung von Waffen und Munition. Die einzige Nachschubquelle war Europa, von wo aus die Munition über die Westindischen Inseln verschifft wurde. Die Holländer hatten in dem Krieg ihre Neutralität erklärt, aber der Handel war das Blut in ihren Adern und die Seefahrt auf den Ozeanen ihre Hauptbeschäftigung, und so wurden sie zu den Hauptlieferanten und St. Eustatius zum Gelenk des geheimen Handels mit den Kolonien. Die Insel war ein Speicher für die Waren aller Nationen. Die Briten versuchten alles, um die Verschiffung zu unterbinden. Sie gingen so weit, Schiffe bis in den Hafen von St. Eustatius zu verfolgen, aber die holländischen Schiffer mit ihrer Erfahrung von Wind und Tide in dieser Gegend waren ihren Verfolgern überlegen und belieferten die Kolonien hartnäckig weiter.

Die britischen Proteste, daß die »verräterischen Rebellen« in den Kolonien »weder Hilfe noch Nahrung« irgendeines London freundlich gesonnenen Landes empfangen dürften, wurden immer zorniger – übermittelt in der arroganten Sprache des britischen Botschafters, damals noch des Vorgängers von Sir James Harris, des »hochmächtigen« Sir Joseph Yorke – wie John Adams ihn nannte. Sir Joseph, der Sohn des Lordkanzlers (Philip, der erste Earl Hardwicke), war eine imponierende Gestalt in den diplomatischen Kreisen von Den Haag. Er führte eine »glänzende und gastfreundliche Tafel«, zeigte aber dabei, wie Sir William Wraxall, ein englischer Besucher, schrieb, eine eher überhebliche als herzliche Haltung, denn sein Betragen war »förmlich und zeremoniell«, was offenbar wiederum dem Prinzen von Oranien gefiel, dem Statthalter, der, schrieb Wraxall, für Sir Joseph »die Achtung eines Sohnes vor dem Vater« empfand. Die Manieren des Botschafters hatten wenig Wirkung auf die Handelsschiffer, denen mehr am Geschäft als an diplomatischen Feinheiten lag.

Cadwallader Colden, der britische Vizegouverneur in New York, hatte London im November 1774 gewarnt, daß »der Schmuggelhandel zwischen diesem Land und Holland große Ausmaße angenommen hat... Es muß etwas gegen die Schmuggler unternommen werden, aber das wird nicht leicht sein, denn die Fahrzeuge aus Holland oder St. Eustatius kommen nicht in diesen Hafen, sondern segeln in die vielen Buchten und Flußmündungen an der Küste, von wo aus die Konterbande auf kleinen Booten ins Land gebracht wird.«

Wie das System der Lieferung von Schmuggelwaren funktionierte,

I. »Souveränität der Vereinigten Staaten . . .« 13

wurde in den Berichten von Yorkes Agentennetz enthüllt. Ein besonders aktiver Schmuggler war der Schiffer Isaac Van Dam, ein holländischer Einwohner von St. Eustatius, der als Mittelsmann für die Amerikaner arbeitete. Er verschiffte Waren und Geld nach Frankreich, um damit Schießpulver einzukaufen, das nach St. Eustatius zurückgebracht und von dort nach Amerika weiterverschifft wurde. Es war für den britischen Gesandten besonders schmerzlich, daß dies praktisch unter seiner Nase geschah. »Wenn wir uns auch schmeicheln, die Herrschaft auf den Meeren zu besitzen, so bedeutet das gar nichts«, klagte Sir Joseph Yorke. »Wir ergreifen wohl manchmal die Muscheln, aber unsere Nachbarn bekommen die Austern.«

Zornentbrannt erklärte Großbritannien den Export von »kriegerischen Waren« in die Kolonien zur Konterbande und nahm sich damit selbst das Recht als kriegsführende Nation, Schiffe zu durchsuchen und zu beschlagnahmen. Es folgten Drohungen gegen die holländische Regierung. Die Briten forderten, holländischen Untertanen den Handel mit Kriegswaren zu verbieten. Dies waren andere Zeiten als vor einem Jahrhundert, da Hollands Admiral de Ruyter nach einer Serie von Seeschlachten zwischen Holland und Großbritannien im Kampf um die Seeherrschaft die Themse hinauf und vor die Tore der feindlichen Hauptstadt gesegelt war, einen Besen an den Masttopp genagelt – Symbol seiner Absicht, die Engländer aus dem Kanal hinauszufegen. Das war ihm nicht gelungen, aber immerhin verbrannte er eine Reihe englischer Schiffe und schleppte die *Royal Charles,* eines der Flaggschiffe der Royal Navy, ab. Dieses schlimme Ereignis verursachte dem Sekretär der Admiralität, Samuel Pepys, große Qualen. »Meine Gedanken sind so traurig«, schrieb er am 12. Juni 1667 in sein Tagebuch, »und mein Kopf ist erfüllt von dieser schrecklichen Nachricht... denn die Holländer haben die Kette durchbrochen und unsere Schiffe verbrannt, besonders die *Royal Charles,* und die Wahrheit ist, ich fürchte, das gesamte Königreich ist zugrunde gerichtet.« Das lodernde Feuer der Schiffe auf dem Fluß war bis London zu sehen.

Die britisch-holländischen Kriege jedoch setzten sich ohne klare Entscheidung das 17. Jahrhundert hindurch fort, bis beide Länder den Schluß zogen, daß der Kampf um die Vorherrschaft mehr Ko-

14   *Der erste Salut*

sten verursachte, als der Profit der Vorherrschaft je wieder einbrin-
gen konnte, und da beide sich angestrengt der Aggressionen Ludwigs XIV. zu erwehren hatten, fanden sie ein gemeinsames Interesse darin, sich gegen ihn zu vereinigen, anstatt einander zu bekämpfen. 1678 schlossen England und Holland* ein Verteidigungsbündnis, das mehrere Verträge umschloß, in denen beide Staaten sich verpflichteten, einander mit Truppen oder anderen Hilfsleistungen beizustehen, wenn eines der beiden Länder von einem dritten angegriffen wurde. Nach beinah hundert Jahren einer solchen Beziehung nahm England es Holland sehr übel, daß die Niederländer sich nicht nur weigerten, die 6000 Soldaten zu überstellen, zu denen sie nach den Bedingungen des alten Vertrages verpflichtet gewesen wären, sondern auch noch den amerikanischen Feind vor leeren Arsenalen bewahrten und damit der Revolution das Überleben sicherten.
In dem Bewußtsein, Großbritannien auf dem Wasser unterlegen zu sein – Großbritannien verfügte über einhundert Linienschiffe (Kriegsschiffe mit mehr als sechzig Kanonen), während die Niederlande nur elf dieser Größe besaßen –, fühlte sich die Regierung in Holland gezwungen, der englischen Forderung nachzukommen und den Nachschub von Kriegsmaterial nach Amerika zu unterbinden. Im März 1775 verkündeten die holländischen Herrscher ihren Untertanen, daß ein sechsmonatiges Embargo über den Export von Schmuggelwaren (Waffen und Munition) und Schiffsbedarf (Holz für Reparaturen, Tauwerk für die Takelage, alles, was man brauchte, um ein Schiff am Schwimmen zu halten), ja, selbst über Kleidung verhängt war. Zuwiderhandelnden Schiffseignern wurden die Beschlagnahme der Ladung sowie hohe Geldstrafen angedroht – und falls diese nicht bezahlt wurden, die Konfiszierung der Schiffe. Im August wurde das Embargo zunächst auf ein Jahr und dann noch einmal auf die nächsten zwei Jahre ausgedehnt. Als unerträgliche Einschränkung eines lukrativen Handels rief der Befehl zornerfüllte Ressentiments in der Klasse der Kaufleute hervor und wurde notorisch mißachtet. Das natürliche Ergebnis des ganzen war eine große Zunahme des Schmuggels. Er nahm solche Ausmaße an, daß

---

* Nach der Praxis des 18. Jahrhunderts steht Holland als die wichtigste der Vereinigten Provinzen der Niederlande hier stellvertretend für das ganze Land.

I. »Souveränität der Vereinigten Staaten . . .«　　15

Sir Joseph Yorke instruiert wurde, die Generalstaaten – die Regierungskörperschaft der Niederlande – wissen zu lassen, daß englische Kriegsschiffe hinfort den Befehl hätten, »mehr Wachsamkeit und weniger Rücksicht« gegenüber St. Eustatius zu üben. Der Ring, den sie um die Insel legten, wurde so eng, daß es schwierig war, die Bevölkerung mit Lebensmitteln zu versorgen.

In Holland provozierte die Empörung über solche Behandlung den Plan, die Botschafterresidenz von Sir Joseph Yorke zur Vergeltung ebenfalls zu blockieren, aber es gibt keinen historischen Hinweis darauf, daß dieses undiplomatische Unternehmen tatsächlich ausgeführt worden wäre. Im darauffolgenden Januar des Jahres 1776 befahl Georg III. der Admiralität, mehr Kriegsschiffe zu den Westindischen Inseln zu entsenden, weil »alle Nachrichten von dort bestätigen, daß insbesondere St. Eustatius, aber auch alle anderen Westindischen Inseln die Amerikaner im Winter mit Schießpulver versorgen sollen«. Wenn die Schiffer von St. Eustatius nicht unermüdlich dem Embargo getrotzt hätten und ihren Verfolgern ausgewichen wären, hätte es mit der amerikanischen Rebellion in dieser Phase durchaus zu Ende sein können. Militärisch stand die amerikanische Armee unter größtem Druck. Eine katastrophale Niederlage in der Schlacht von Long Island im August 1776 hatte sie gezwungen, den Briten die Kontrolle der Zugänge zu New York und seiner Küste zu überlassen. Zumindest war es Washington gelungen, seine Truppen aus Manhattan herauszubringen, und so konnte er die Verbindung zwischen Neuengland und dem Süden aufrechterhalten, auf deren Zerschlagung die britische Strategie zielte. Kurz darauf waren die Briten in Pennsylvania eingedrungen und bedrohten Philadelphia, die Stadt, in der der Kongreß beheimatet war. Weihnachten 1776 floh der Kontinentalkongreß nach Baltimore. Im September 1777 segelte Sir William Howe mit einer großen Armee auf einem beeindruckenden Schiffsverband die Chesapeake Bay hinauf zum Delaware, um in Philadelphia einzumarschieren und die größte Stadt und zugleich das wichtigste Manufaktur- und Handelszentrum des ganzen Landes zu besetzen. Damit waren die beiden bedeutendsten Häfen Amerikas durch die Briten blockiert. Die Holländer indessen, nicht bereit, einen so lukrativen Handel aufzugeben, schlichen sich in kleinere Häfen und Flußmündungen und

16   *Der erste Salut*

schafften es, die Lieferungen von Gewehren und Pulver aufrechtzuerhalten, die den Unabhängigkeitskampf der Patrioten am Leben
hielten.
Ihre Sache erlitt jedoch einen weiteren schweren Schlag, als Fort
Washington auf den Harlem-Höhen verlorenging, das Fort Lee auf
der New Jersey-Seite des Hudson direkt gegenüber lag. Der Fall des
Forts öffnete New Jersey einer Invasion durch die Briten und erforderte einen neuen Feldzug von Washingtons Armee, um das Territorium zu halten. Die heruntergekommene, schlecht ausgerüstete
Armee, die weder richtige Kleidung noch ausreichend Medikamen-
te oder Lazarette hatte, wurde durch die sehr kurzen Dienstzeiten
ihrer Soldaten weiter geschwächt. Washington konnte gegen Howes
10 000 Mann höchstens 2500 stellen. Er kompensierte das Ungleich-
gewicht durch sein Talent für Wunder in Zeiten der Krise. Am selben Weihnachten, als die Männer des Kongresses um ihr Leben
liefen, ging Washington mit seinen erschöpften Männern wieder
zurück über den Delaware und schlug die hessischen Soldaten der
britischen Krone vernichtend bei Trenton. Die feindliche Truppe
ergab sich, und er machte 1000 Gefangene. Für die amerikanische
Sache war das ein unvergleichliches Geschenk an Moral und Energie.
Ein ähnlich unbezähmbarer Wille hatte die Holländer durch den
achtzig Jahre währenden Krieg um die Unabhängigkeit von den
Spaniern getragen. Gepaart mit ihrer seemännischen Unternehmungslust hatte er ihnen ein Reich in Übersee und eine den Groß-
mächten ebenbürtige Rolle auf der Bühne des 17. Jahrhunderts
eingebracht. Auch wenn sie den Gipfel ihrer Macht überschritten
hatten, waren sie nicht gestimmt, sich dem britischen Diktat still-
schweigend zu fügen und sich befehlen zu lassen, was ihre Schiffe
laden durften und was nicht, oder sich Durchsuchungen und
Beschlagnahmungen zu unterwerfen.
Die Feindseligkeit zwischen Holländern und Briten sollte in den
fünf Jahren nach dem Salut für die *Andrew Doria* ihren Höhepunkt
erreichen, und das mit entscheidenden Folgen für das Schicksal
Amerikas. Im Januar 1776 brach die Feindschaft offen aus. In starken Worten, formuliert von Abraham Heyliger, dem temporären
Gouverneur, protestierten die Eustatianer mit Ingrimm dagegen,

I. »Souveränität der Vereinigten Staaten . . .« 17

daß die Briten, wenn sie Handelsschiffe bis in den Hafen verfolgten, »so flagrante Übergriffe begingen, daß sie als eine Verletzung der Gesetze aller zivilisierten Nationen angesehen werden müssen«. Der Protest wurde allerdings – mit mehr Vorsicht als bei seiner Formulierung – nicht direkt an die Briten gerichtet, sondern an die Westindische Kompanie in Amsterdam, die den Handel mit Amerika kontrollierte. Admiral James Young, der die britischen Schiffe auf den Leeward Inseln befehligte, schoß sofort mit einer Anklage des »sehr verderblichen Handels« zurück, den »die rebellierenden Untertanen Seiner Majestät mit St. Eustatius treiben«. König Georgs Befehl an die Admiralität, »mehr Wachsamkeit« zu zeigen, erging im selben Monat.

Nun, da er durch das Embargo illegal geworden war, konnte der Waffenhandel mit den Kolonien von St. Eustatius aus nur noch mit dem Wohlwollen der Inselverwaltung weiterlaufen – vor allem mit dem des Gouverneurs. Ironischerweise geriet Johannes de Graaff infolge eines weiteren britischen Protestes an diesen Posten. Die Briten forderten die Absetzung seines Vorgängers, Gouverneur de Windt, weil er der amerikanischen Sache zu geneigt sei und es mit der Unterdrückung des Schmuggels nicht genau genug nehme. Als de Windt 1776 bequemerweise starb, konnte Holland de Graaff ernennen, ohne sich dem Verdacht auszusetzen, sich fremdem Befehl zu beugen. De Graaff hatte vierundzwanzig Jahre als Sekretär der Inselverwaltung gedient.

Jeder der vielen Kandidaten, die sich bei der Westindischen Kompanie um den Posten des Gouverneurs bewarben, mußte sich an de Graaff messen lassen. Einige Leute betonten seine hohe Qualifikation, andere machten Einschränkungen. So klagte ein Bürger, daß de Graaffs Frau »so geizig wie die Sünde war, sie gab uns Essen, das drei Tage alt war«, und noch schlimmer: »Woher, meint ihr, kamen ihre Tischdecken? Aus Osnabrück! Habt ihr je erlebt, daß anständige Leute so etwas gebrauchen? Ganz zu schweigen von gewöhnlichen Leuten wie denen?« Trotz dieses geheimnisvollen Fehltritts wurde de Graaff ernannt. Er war 1729, im selben Jahrzehnt wie Sam Adams, in St. Eustatius als Sohn wohlhabender Eltern geboren und in den Niederlanden erzogen worden. Später kehrte er nach St. Eustatius zurück, heiratete die Tochter des zu der Zeit amtierenden Gouverneurs Abraham Heyliger, stieg zum Kommandeur der benachbarten Insel St. Martin auf und folgte, nachdem er als Sekretär der Verwaltung seiner Insel gedient hatte, seinem Schwiegervater auf den Gouverneurssessel. Er wurde am 5. September 1776 als Gouverneur eingeschworen, was ihm nur neun Wochen Zeit ließ, bevor er die *Andrew Doria*-Krise auslöste.

Man sagte ihm nach, er sei der reichste Kaufmann und Pflanzer der Insel. Angeblich gehörte ihm ein Viertel des Privatbesitzes an Land sowie dreihundert Sklaven. Er wohnte in einem prächtigen Haus, das als Repräsentationsgebäude fünfzig Jahre zuvor von dem damals reichsten Kaufmann gebaut worden war. De Graaff hatte die geräumigen Säle mit demselben Zinn-Geschirr, Delfter Porzellan und polierten Mahagoni eingerichtet, das die Häuser der reichen Regenten von Amsterdam schmückte. Außerdem besaß er angeblich sechzehn Schiffe, die zwischen Europa und St. Eustatius Handel trieben. Vom Balkon im zweiten Stock seines Hauses aus konnte er die dichten Rudel von Schiffen sehen, die in den Hafen hereinsegelten oder ihn verließen – mit Ladungen, die ihm, so die Gerüchte, ein Einkommen von 30000 Dollar im Jahr brachten. Den Klagen von Inselbewohnern zufolge hielt er zahlreiche Hypotheken auf Häuser, was ihn in die Lage versetzte, viele Leute auf der Insel von sich abhängig zu machen. Dies wurde verstärkt dadurch, daß er Freunde und Verwandte in Stellen der Verwaltung setzte und so die aus fünf Leuten bestehende Versammlung, den Rat von St. Eustatius, vollkommen kontrollierte. Mitglieder des Rats waren wohlhabende Kaufleute und Pflanzer wie er selbst, aus denen gleichzeitig der Kirchenrat bestand. Zusammen bildeten diese beiden Körperschaften eine Gruppe, die die Regierung und die Verwaltung der Justiz beherrschten und sie nach ihren eigenen Interessen lenkten – in einer Art, die auch anderswo nicht unbekannt ist. Örtliche Klagen, die dem Gouverneur vorwarfen, willkürlich zu handeln, deuten auf einen Autokraten hin und zeigen, daß de Graaff nicht nur dem Namen nach Gouverneur war, sondern dieses Amt ausübte und praktisch alle Tätigkeiten auf seiner Insel beherrschte.

Wenn die Briten von ihm erwarteten, daß er den Hafen bewachen ließ, um den Schmuggelhandel zu unterdrücken, so wurden sie ent-

I. »Souveränität der Vereinigten Staaten ...«

täuscht. Er erwies sich sogar als ein noch eifrigerer Parteigänger der amerikanischen Sache als sein Vorgänger. Der Hafen »steht ohne jede Einschränkung allen amerikanischen Schiffen offen«, protestierte Kapitän Colpoys, der englische Kommandant der *Seaford,* die vor der benachbarten britischen Insel St. Kitts ankerte. Der amerikanische Agent in St. Eustatius, Van Bibber aus Maryland, hingegen schrieb nach Hause: »Ich habe das allerbeste Verhältnis zu Seiner Exzellenz, dem Gouverneur... Unsere Fahne fliegt jeden Tag über der Reede... Jeden Tag drückt mir der Gouverneur sein äußerstes Interesse und seine Absicht aus, den Handel mit uns zu schützen.« Der Holländisch-Westindischen Kompanie, der der Gouverneur verantwortlich war, kann diese Haltung kaum unbekannt gewesen sein, und da sie eifrig darum bemüht war, ihre Einkünfte aus dem amerikanischen Handel zu vermehren, hatte sie ihn zweifellos gerade deshalb auch ernannt.

Sein Reich – das kleine St. Eustatius oder Statia, wie es im allgemeinen in der Gegend genannt wurde – hatte eine Menge Vorzüge, von denen nicht der geringste der war, daß die Regierungen und Verwaltungen damals nie ganz sicher gewesen zu sein scheinen, wo sich die Insel eigentlich befand. In Geschichtsbüchern, Atlanten und im Sprachgebrauch des 18. Jahrhunderts wurde sie immer als eine der *Leeward Islands** bezeichnet, während eine moderne Broschüre, die heute von dem örtlichen Touristenbüro der Insel veröffentlicht wird, sie zu den *Windward Islands* zählt. Dem Durchschnittsleser, der wahrscheinlich eine Landratte ist wie die Autorin, mag dieser merkwürdige Widerspruch gleichgültig sein, aber in den Tagen der Segelschiffahrt war dies eine Frage von entscheidender Bedeutung.

---

* Die *Leeward Islands* und die *Windward Islands* bilden eine bogenförmige Inselgruppe zwischen Puerto Rico und Trinidad und gehören zu den Kleinen Antillen. Die *Leeward Islands* liegen im Norden, die *Windward Islands* im Süden. Die Übersetzung der geographischen Begriffe *Leeward* und *Windward Islands* bereitet Schwierigkeiten, da die deutschen Bezeichnungen »Inseln über dem Winde« und »Inseln unter dem Winde« ihnen nicht entsprechen. So werden oft sowohl die *Leeward-* als auch die *Windward-*Inseln zu den »Inseln über dem Winde« gerechnet, wobei dann mit den »Inseln unter dem Winde« die Inseln vor der Küste Venezuelas gemeint sind. In diesem Buch sind daher die englischen Bezeichnungen beibehalten worden. A. d. Ü.

»Leeward«, in Lee also, bedeutet die Richtung, in die der Wind
bläst, das heißt im allgemeinen auf die Küste zu, und »Windward«,
also in Luv, bedeutet in Richtung, aus der der Wind kommt, der die
Segel füllt. Diese beiden Richtungen stellen die absolute Polarität
und den bestimmenden Faktor des Segelns dar, voneinander so ver-
schieden wie innen und außen. Da es um einen Ort geht, der einmal
der reichste Hafen der Karibik war und eine entscheidende Rolle in
der amerikanischen Geschichte spielte, erscheint diese Unsicherheit in der Bezeichnung ein wenig merkwürdig, um nicht zu sagen
nachlässig. Aber abgesehen von solchen Verwirrungen, die sich in
manches Buch und manchen Atlas eingeschlichen haben mögen,
kann man heute mit einigem Vertrauen sagen, daß St. Eustatius zusammen mit den Jungferninseln zur Leeward-Gruppe der Kleinen
Antillen gehört.
Die Westindischen Inseln im ganzen bilden eine geschwungene
Kette, die Nord- und Südamerika verbindet. Sie erstrecken sich von
Florida bis hinunter nach Venezuela, das an der Nordküste von Südamerika liegt, der Küste, die in den Tagen der Piraterie als das
Spanische Festland bekannt war. Hier lauerten Piraten in den Hä-
fen an der Küste, um spanische Schatzschiffe auszurauben, die sich
auf den langen Weg nach Hause begaben, vollgeladen mit dem Sil-
ber Perus und den Reichtümern der spanischen Kolonien in der
Neuen Welt.
Die Kette der Westindischen Inseln trennt den Atlantik von der
Karibischen See. Sie ragt mit ihrer äußeren Kurve in den Atlantik
hinein und schließt mit ihrer inneren Kurve die Karibik wie eine
Schüssel ein. Die Inseln sind baumbedeckte Landhöcker, umgeben
von einem weißen Fransenrock aus Wellen, die an ihren Ufern brechen. Sie liegen still in einer unbedrohlichen See unter dem weitge-
streckten Laken eines ruhigen Himmels. Die Farbe des Wassers
wechselt von schieferblau, wenn sie unter Wolken liegt, zu türkis,
wenn die Sonne scheint. Im späten 18. Jahrhundert segelten oft kleinere Flottenverbände auf die Inseln zu, um Güter zu entladen oder
Ladungen aufzunehmen, oder vielleicht um Truppen für eine feindliche Invasion abzusetzen. Inseln wurden erobert und wieder verloren, gehörten mal der einen Nation, dann wieder einer anderen.
Dies geschah mit Regelmäßigkeit und brachte weniger Aufregung

I. »Souveränität der Vereinigten Staaten . . .« 21

mit sich, als wenn ein Mann seine Kleider wechselte. Aufgrund ihres Reichtums, den sie dem Fluß des internationalen Handels, dem Lebensblut des 18. Jahrhunderts, verdankten, aufgrund des neuentdeckten Zuckers, der den Europäern die Speisen versüßte, aufgrund des Sklavenhandels, der Arbeitskräfte für die heiße und schwere Arbeit auf den Zuckerpflanzungen brachte, waren die Inseln eine vielbegehrte Beute für jede Nation, die der harten Währung nachlief, von der man zu dieser Zeit glaubte, sie sei die Grundlage der Macht. Die Angreifer waren aber auch manchmal nur auf Zerstörung aus, denn auf diese Art und Weise konnte man die Produktion reduzieren, dadurch die Steuern für die Kolonialmacht verringern und deren Kriegskraft vermindern. St. Eustatius, die lukrativste Insel, erlebte angeblich 22 Herrschaftswechsel in wenig mehr als anderthalb Jahrhunderten.

Innerhalb der karibischen Schüssel liegen die Inseln in drei Gruppen: am weitesten nördlich die Bahamas, gefolgt in der Mitte von einer Gruppe der größten Inseln – Kuba, Jamaika, Puerto Rico und die geteilte Insel von Haiti-Santo Domingo. Am östlichen Rand befindet sich die dünne senkrechte Kette der Leeward-Inseln, in der Statia und acht Meilen weiter das von den Briten beherrschte St. Kitts liegen. Weiter in den Ozean hinaus liegen die Windward-Inseln, zu denen Martinique, Barbados, Grenada, Trinidad und Tobago gehören, in Luv der anderen Inselgruppen. Die Heimatstützpunkte in Europa waren weit weg, in einer durchschnittlichen Entfernung – je nach Bestimmungshafen – von etwa 4000 Meilen und einer durchschnittlichen Segelzeit von den Westindischen Inseln bis Europa von fünf oder sechs Wochen, wenn der meist vorherrschende Westwind half. Die Küste von Nordamerika liegt viel näher, etwa 1400 Meilen quer durch die Karibik und den südlichen Atlantik. Die durchschnittliche Reisezeit von den Westindischen Inseln nach Amerika betrug drei Wochen. Genug der Geographie.

De Graaffs Salut an die Rebellen und die Verachtung seiner Landsleute für das Embargo trugen das Risiko der Vergeltung durch eine größere Macht in sich, und damit stellt sich die Frage nach dem Motiv. In der ganzen Affäre war das vorrangige holländische Interesse ein profitabler Handel, nicht etwa die Freiheit. De Graaffs

22   *Der erste Salut*

Salut war nicht einfach Routine, wie er später vorgab, als er sich
einer Untersuchung stellen mußte, sondern eine überlegte Handlung. Auf späteres Befragen sagte der Kommandeur von Fort Orange, Abraham Ravené, aus, daß er gezögert hatte, dem Salut der
Andrew Doria zu antworten, der Gouverneur an seinem Ellenbo-
gen es aber befohlen habe. Der Applaus der Inselbewohner verrät
den Grund. Der Salut bestätigte ihnen, daß ihr neuer Gouverneur
das Handelsverbot nicht durchsetzen und ihnen damit den reichen
Profit erhalten würde, den dieser Handel versprach.
Statia jubelte. Nach dem Salut wurde, wie der Agent aus Maryland berichtete, der Kapitän der *Andrew Doria* »von Seiner Exzellenz sehr gnädig empfangen und ebenso von Leuten aus allen Rängen der Bevölkerung... alle amerikanischen Schiffe hier tragen
jetzt die Farben des Kongresses... und die Tories wagen es nicht
mehr, den Amerikanern in die Augen zu sehen«. Da de Graaffs
Interessen mit denen der Kompanie und der Klasse der Kaufleute
übereinstimmten, beabsichtigte er mit dem ersten Salut offensichtlich, die leicht reizbaren Eustatianer zu beruhigen und ihnen zu
zeigen, daß das Wohlwollen, das sie brauchten, um weiter ihren
Profit zu machen, bei ihm reichlich vorhanden war. Um diese Haltung weiter zu betonen, gab de Graaff nach dem Salut ein Fest zu
Ehren des Kapitäns der *Andrew Doria,* Robinson, und lud alle
amerikanischen Agenten und Kaufleute ein, wie Van Bibber seinem Vorgesetzten in Maryland glücklich berichtete. In seinem
Brief bekräftigte er noch einmal das Motiv, das hinter dem Salut
stand: »Die Holländer wissen ganz genau, daß die Durchsetzung
der Gesetze, das heißt des Embargos, der Ruin ihres Handels
wäre.«
Mit einiger Schadenfreude berichtete ein amerikanisches Journal,
Purdie's Virginia Gazette, am 26. Dezember 1776 über das Fest für
Kapitän Robinson. Der Bericht beruhte auf einer Geschichte in einer Zeitung von St. Kitts, die sicher auch in London zur Kenntnis
genommen wurde. Die Reaktion in London, als man hörte, daß die
Holländer die Fahne der Rebellen anerkannt hatten, war weniger
freudig. Der Salut wurde von den Ministern des Königs als »eine
flagrante Beleidigung der Farben Seiner Majestät« bezeichnet. In
der Tat war der Zorn in London enorm, als man über Beobachter

I. »Souveränität der Vereinigten Staaten . . .« 23

von auf der Reede liegenden britischen Schiffen von dem Salut erfuhr. Er wurde noch durch einen Bericht erhöht, wonach die *Andrew Doria* beim Auslaufen Waffen und Munition für die Amerikaner geladen hatte.

Admiral James Young von Antigua, der britische Kommandeur der Station auf den Leeward-Inseln, ließ de Graaff in einem Brief von seiner »schmerzlichen Überraschung und seinem Erstaunen« wissen. Er höre »täglich in ganz unzweifelhafter Form, daß sich der Hafen von St. Eustatius schon seit einiger Zeit offen und nachdrücklich als Beschützer aller Amerikaner und ihrer Schiffe erklärt habe, ob diese nun im privaten Handel oder als bewaffnete Kriegsschiffe führen«, und daß sogar »die Forts der Generalstaaten sich so weit herabgelassen haben, den Salut dieser Piraten und Rebellen zu erwidern und ihnen in jeder Form Hilfe an Waffen und Munition angedeihen zu lassen. Auch sonst geben sie ihnen alles, was sie in die Lage versetzt, den Handel der treuen Untertanen Seiner Britannischen Majestät zu belästigen und zu stören, und der Gouverneur von St. Eustatius erlaubt es täglich Freibeutern, sich in seinem Hafen zu bemannen, zu bewaffnen und auszurüsten«. Es bedarf kaum mehr als dieses Briefes, um die britische Empörung über die Unverschämtheit der Rebellen auszudrücken, die den geheiligten Handel des britischen Empire »belästigten und störten« und, schlimmer noch, über eine befreundete Nation, die dies nicht nur erlaubte, sondern sogar unterstützte. Es waren jetzt die Holländer mehr noch als die Kolonien, die den britischen Blutdruck steigen ließen. Da die Kolonien kein anerkannter Staat waren, hatten sie in der Sicht der Briten keine Kriegsrechte, und deshalb hatten ihre Seekapitäne keinen seerechtlichen Status, was erklärt, warum die Briten so freizügig mit dem Begriff »Piraten« waren.

Als de Graaff der Fahne des Kontinentalkongresses salutierte, war dies auf keinen Fall eine bloße Verbeugung vor dem voraussichtlichen Sieger des Krieges, denn der Gouverneur ließ seine Kanonen fast ein volles Jahr – um genau zu sein, elf Monate – abfeuern, bevor Burgoynes Kapitulation in Saratoga im Oktober 1777 zum erstenmal andeutete, daß die in Lumpen gekleideten Kolonialkräfte diesen Sieg tatsächlich erfechten könnten. Es war der Sieg bei Saratoga, der Frankreich 1778 dazu brachte, sich mit den Amerikanern offen zu verbünden, und dies veränderte die Gewichtsverhältnisse des Krieges.

Statia und ihr Gouverneur, die im kühnen Ungehorsam ihres Handels aufblühten, ließen sich von dem wachsenden Zorn der Briten kaum einschüchtern – weniger vielleicht, als gut für sie war, wie die darauffolgenden Ereignisse schon bald zeigen würden.

Kapitel II
St. Eustatius, der Goldene Felsen

Das Wasserglas in diesem Sturm, St. Eustatius, ein felsiges, dürftiges Stück Insel, weniger als sieben Quadratmeilen groß, kaum mehr als ein vulkanischer Auswuchs über den Wellen, war ein unwahrscheinlicher Ort für ein Rendezvous mit der Geschichte. Aber die beispiellose Begeisterung einer praktisch landlosen Nation und die Lage am Angelpunkt der Westindischen Inseln, wo sie ein natürlicher Treffpunkt für den Handel war, der von Nord- und Südamerika kam, und für Schiffe, die aus Europa und Afrika zu den Westindischen Inseln segelten, hatte die kleine Insel zum reichsten Hafen der Karibik und zum reichsten Territorium pro Quadratmeile in der ganzen Gegend gemacht, wenn nicht sogar, wie einige prahlten, in der ganzen Welt. Hollands erklärte Neutralität im Kampf zwischen Großbritannien und den amerikanischen Kolonien hatte zu dieser Bereicherung beigetragen.

Die Geographie hatte Statia mit einer glänzenden Reede, die zweihundert Schiffe zugleich schützen konnte, und mit einer unermeßlich wertvollen Lage im Zentrum einer Gruppe von Inseln ganz unterschiedlicher Nationalität beschenkt – da waren englische Besitzungen: Jamaika, St. Kitts, St. Thomas, Antigua und Barbados; französische: St. Lucia, Martinique und Guadeloupe; spanische: Kuba, Puerto Rico und Hispaniola, das zwischen Haiti und Santo Domingo geteilt war; und schließlich dänische Besitzungen: die Jungferninseln. All diese Nationen sowie die britischen Kaufleute aus dieser Gegend, die ihren Anteil am Handel mit dem Feind hatten, nutzten den Vorteil von Statias Neutralität und ihren Hafen als den wichtigsten Umschlagplatz für die Verschiffung von Waren nach und von Amerika.

26   *Der erste Salut*

Dem ständigen Fluß des Handels, der durch Statias Freihafen ging,
verdankte es seinen Beinamen Goldener Felsen. Seine Speicher
füllten sich mit den Handelswaren und die Schatztruhen seiner
Kaufleute mit den Profiten. »Die Insel unterscheidet sich von allen
anderen«, sagte Edmund Burke in einer Rede im Jahre 1781, als
Eustatius' plötzliche Berühmtheit sich auch in England herum-
sprach. »Sie produziert keine eigenen Güter, sie hat keine Befesti-
gungen zu ihrer Verteidigung, noch herrscht dort ein kriegerischer
Geist oder auch nur militärische Disziplin... Alle nehmen ihren Ha-
fen in Anspruch, und ihre Neutralität ist gleichzeitig Sicherheit und
Garantie. Ihre Bewohner haben sie im Geiste des Handels zu einem
Warenhaus der Welt gemacht... Ihr Reichtum, der dem Fleiß der
Menschen und der Natur ihres Handels entspringt, ist wunderbar.«
Zwei Faktoren außer der Geographie waren für das Wunder des
Goldenen Felsens verantwortlich: Hollands unternehmungslustige
Neutralität mitten in den unaufhörlichen und zyklischen Kriegen
ihrer größeren Nachbarn und Statias Status als Freihafen ohne Zoll-
erhebung.
Unter dem Druck der Kaufleute in Holland, repräsentiert von der
mächtigen holländischen Westindischen Kompanie, die das Monopol im Handel mit Amerika hielt, beschlossen die Generalstaaten,
die Regierung der Niederlande, ihre Neutralität im Krieg der britischen Krone gegen ihre Kolonien zu erklären. Neutralität, das wußten die Holländer aus der Erfahrung im vorhergehenden Siebenjährigen Krieg Großbritanniens gegen Frankreich, war ein gutes
Geschäft, obwohl sie im amerikanischen Krieg eigentlich gegen die
Natur der Generalstaaten ging, die sich den Briten als Herrschenden näher fühlten. Die Volksmeinung indessen – in einer seltenen
Verbindung mit den Geschäftsinteressen des Landes – verstärkte
den Druck auf die Regierung, Hollands Neutralität zu erklären. In
ihrem ererbten Stolz auf die eigene Revolution, in der sie die spanische Herrschaft abgeworfen hatte, sympathisierte die Masse der
holländischen Bevölkerung offen mit der amerikanischen Rebellion.
Neutralität auf hoher See, schon immer das umstrittenste Element
in den internationalen Beziehungen, balanciert auf einem Hochseil
innerer Widersprüche. Nach der viel diskutierten Doktrin: »Frei

II. St. Eustatius, der Goldene Felsen 27

Schiff, frei Gut« hatte eine neutrale Nation das theoretische
Recht, mit jeder der beiden kriegführenden Seiten normalen Handel zu treiben, solange seine Lieferungen der anderen Seite keine
militärischen Nachteile brachte. Zur selben Zeit erlaubte die Theorie einer kriegführenden Seite, die Untertanen eines neutralen
Staats daran zu hindern, militärischen Nachschub für den Feind zu
liefern. Zwischen diesen beiden Grundsätzen – dem Recht des Neutralen auf Handel und dem Recht des Kriegführenden, einzugreifen
und den Handel zu unterdrücken – konnte es keine Versöhnung
geben.

Entschlossen, in dieser Situation ihren Vorteil zu suchen, trotzten
die holländischen Händler und Seeleute mit wachen Augen für jede
Handelsmöglichkeit den physischen und finanziellen Risiken des
Seehandels und machten daraus ein großes Geschäft. Die amerikanischen Kolonien schickten reiche Ladungen ihrer Produkte –
Tabak, Indigo, Holz, Pferde –, um sie gegen Schiffsausrüstung
und militärischen Nachschub, gegen Melasse, Zucker, Sklaven
und Ausrüstungsgegenstände aus Europa einzutauschen. Ihre
Agenten in Amsterdam sorgten für die Einkäufe und den Transport nach St. Eustatius, wo sie zur amerikanischen Küste weiter
verschifft wurden. Frachtschiffe, die tausend bis viertausend
Pfund Schießpulver geladen hatten, und in einem Fall sogar ein
Konvoi mit insgesamt 49000 Pfund, segelten nach Philadelphia
und Charleston (dem nächstgelegenen Hafen). Für die Rebellen
mit ihren leeren Musketen war St. Eustatius ein lebenswichtiger
Faktor.

Als Freihafen erntete St. Eustatius die Profite sowohl als Marktplatz
wie als Lagerort, wo die Güter auf den Verkauf oder auf den Umschlag warteten. Hier waren sie sicher vor Seeräubern und feindlichen Kaperschiffen. Das Ausmaß des Profits im Munitionshandel
kann man aus dem Preis für ein Pfund Schießpulver erschließen, das
in Holland 8,5 Stüber kostete und 46 Stüber oder etwa fünfeinhalb
mal so viel auf Eustatius, da seine Nähe den amerikanischen Kunden
6000 Meilen oder mehr Transportweg ersparte. Der Handel mit den
Kolonien schwoll an. An einem einzigen Tag im März 1777 liefen vier
Schiffe aus den Kolonien via Statia in Amsterdam ein und brachten
zweihundert Faß Tabak, sechshundert bis siebenhundert Faß Reis

und eine große Lieferung Indigo. Wie englische Zollbeamte in Boston festhielten: »Täglich laufen Schiffe von den Westindischen Inseln ein, aber die meisten von St. Eustatius, und jedes bringt größere oder kleinere Mengen Schießpulver.«

Der zweite Faktor, der zu Statias goldenem Wachstum beitrug, lag darin, daß die Insel den restriktiven Kult des Merkantilismus, der sich unter den anderen Nationen durchgesetzt hatte, vermied. Der Merkantilismus wurde aus dem Glauben geboren, daß die Macht einer Nation von der Ansammlung harter Währung abhänge, die für die Bezahlung der in dieser Ära anwachsenden Kosten der Regierung und für die Unterhaltung der Land- und Seestreitkräfte in den immerwährenden internationalen Konflikten notwendig war. Um eine günstige Handelsbilanz zu erreichen, die für die Erhöhung der Staatseinkünfte unabdingbar war, belegte die merkantilistische Politik Importe von fremden und kolonialen Gütern mit strikten Einschränkungen und begrenzte den Handel anderer Nationen. Die Regel betraf auch die eigenen Kolonien, die allein dazu da waren, der Wohlhabenheit des Mutterlandes zu dienen, und denen es daher nicht erlaubt war, Güter aus eigener Manufaktur, die mit den Industrien des Mutterlandes hätten konkurrieren können, zu exportieren. Sieht man von der Kriegsbeute und einfachen Beschlagnahmungen des Eigentums von aufgelösten Klöstern oder enteigneten Juden oder der Kaperung spanischer Schatzschiffe ab, so war ein den Import übersteigender Export die einzige Quelle äußerer Einkünfte. Daher rührte die alles überragende und durchgehende Sorge des Jahrhunderts um den Handel.

Den unendlichen Varianten der Winde und Strömungen, des Angebots und der Nachfrage, der Ernten und Märkte unterworfen, hat der Handel eine sehr eigenwillige Art, sich seine Pfade zu suchen, Pfade, die den merkantilistischen Glaubenssätzen nicht immer gehorchten. Dieser Glaube findet sich verkörpert in Großbritanniens erster Navigationsakte, die Oliver Cromwell 1651 im Interesse der aufsteigenden Mittelklasse, der Industriestädte und großen Handelshäfen – den sogenannten Cinque Ports, die so lange die britische Geschichte beeinflußten – zum Gesetz machte. Die Navigationsakte hatte im besonderen das Ziel, die Briten gegen den gefährlichsten Rivalen

II. St. Eustatius, der Goldene Felsen   29

ihrer Handelsmacht, die Holländer, zu schützen. Sie errichtete
eine ganze Mauer von Zollbestimmungen und erlaubte den Transport von Waren nur in britischen Schiffen, die britische Häfen anlie-
fen. Die natürliche Folge war ein Seekrieg mit Holland gewesen und
ein bitteres Ressentiment gegen Zölle in den Kolonien, das den
Geist der Rebellion verstärkte, der zum amerikanischen Krieg führte. Für Großbritannien waren die Kosten des Krieges gegen die
Holländer und des Versuches, die amerikanische Revolte zu unterdrücken, viel höher als alles, was durch diese Handelsgesetze zu
gewinnen war. Die Anstrengungen verursachten höhere Steuern im
Mutterland und damit natürlich wachsende innere Unzufriedenheit. Dies war nicht das geringste Unheil in dieser für Großbritannien schwierigen Zeit.

Der ausgeprägte Instinkt der Holländer für den Handel überzeugte sie schon zu einem frühen Zeitpunkt, daß Profite leichter aus
einem freien Fluß des Handels zu ziehen waren als aus Restriktio-
nen. Wuchs in den engen Grenzen von St. Eustatius etwas heran,
das ein größeres Bedürfnis für offene Türen und großzügige Rege-
lungen erzeugte? Aus welchem Grund auch immer, Statia gewann
seinen Status als Freihafen im Jahre 1756, als die Insel alle Zölle
abschaffte, um mit St. Thomas konkurrieren zu können, das ihr
einziger Handelsrivale in der Karibik geworden war. Von da an
blühte ihre Wohlhabenheit geradezu extravagant auf. Da die
benachbarten Inseln in Kriegszeiten, wenn ihre Mutterländer in
die unterschiedlichen europäischen Konflikte verwickelt waren,
nicht miteinander handeln konnten, brachten sie ihre Waren nach
St. Eustatius, um sie dort weiterzuverkaufen und Lebensmittel von
anderen Märkten zu kaufen. Kein Territorium in den Westindischen Inseln, die sich auf Zucker und Sklaven konzentriert hatten,
konnte sich selbst ernähren. In den folgenden 25 Jahren erlebte
Eustatius seine goldene Ära. Die Bevölkerung, die vor dem amerikanischen Krieg nur ein paar tausend Köpfe betragen hatte, stieg
nun bis 1780 aufgrund des sich explosionsartig erweiternden Handels und der Lagerung für Kaufleute anderer Inseln auf 8000. Entlang der Küstenlinie der Lower Town standen die Residenzen
dicht an dicht und hinter ihnen in einer Doppelreihe die Speicher,
die jeden verfügbaren Winkel einnahmen. Handelsabenteurer aus

der ganzen Welt kamen nach St. Eustatius, um ihre Waren dort einzulagern, Waren, die auf ihren eigenen Inseln durch räuberische Seestreitkräfte auf der Suche nach Beute und Land gefährdet waren. Die Speicher der Lower Town flossen über von Waren, die auf den Umschlag warteten. Die Händler sicherten sich oft dadurch ab, daß sie holländische Bürger wurden. Die britische Blockade der amerikanischen Küste und der Eintritt der Franzosen in den Krieg machte die Lage auf den anderen Inseln noch schwieriger und erhöhte die Bedeutung von St. Eustatius als Lager- und Umschlagplatz.

Die Lower Town endete an der Gallows Bay, wo es einen sanft abfallenden Strand gab, der sich für das bizarre Geschäft der Reinigung der Schiffsunterseiten eignete. Krebse, Muscheln und Algen mußten abgekratzt und der Rumpf des Schiffes alle paar Monate neu bemalt werden. Dieser außerordentlich schwerfällige Prozeß nannte sich »careening«. Dazu mußte man das Schiff auf den Strand ziehen und es von einer auf die andere Seite umwälzen, während Masten, Ballast, Kanonen und andere Schiffsausrüstung entweder abgenommen oder festgezurrt werden mußten. Das Schiff als Kampfmaschine war natürlich für die Dauer dieser Erniedrigung nicht brauchbar. Vorausgesetzt, daß es nicht im tiefen Sand steckenblieb oder von einem Sturm beschädigt wurde, während es hilflos dalag, konnte es dann wieder ins Wasser gezogen werden. Nur selten hat sich der menschliche Einfallsreichtum so hilflos gezeigt wie in dieser grotesken Prozedur, die fast die Züge einer Farce hat. Die einzige Alternative für Seestreitkräfte, die sich das leisten konnten, bestand darin, die Rümpfe ihrer Kriegsschiffe mit Kupfer zu beschlagen.

Die 1770er und 80er Jahre hindurch mißachteten die holländischen Händler weiterhin das Embargo ihrer Regierung auf Schmuggelware, und die Amerikaner ignorierten weiterhin die Navigationsakte, der sie als britische Kolonie unterworfen waren. Die Gelegenheit, schnell reich zu werden, beklagte Sir Joseph Yorke, war eine so große Versuchung, daß Munition in holländischen Häfen öffentlich verladen wurde, als wäre nie ein Embargo erklärt worden. Er versuchte, bei den Generalstaaten darauf zu bestehen, daß sie ihre Befehle auch durchsetzen müßten, aber er drang nicht durch. In einem

II. St. Eustatius, der Goldene Felsen   31

Brief an einen Kollegen kam er auf den Punkt, der für die Briten der
empfindlichste war: »Die Amerikaner hätten ihre Revolution aufgeben müssen, wenn ihnen nicht die holländische Habgier zu Hilfe
gekommen wäre.« Über die britischen Händler, die dem Feind
Nachschub verkauften, sprach er nicht. Habgier, wie viele bessere
Eigenschaften, bestimmt sich oft aus der Perspektive des Beobach-
ters.

Kapitel III
Bettler der See –
der Aufstieg der Holländer

Zur Zeit von de Graaffs Salut hatten seine Landsleute den Zenit auf fast jedem Gebiet bereits erlebt und überschritten – im Deichbau, um ihr eigenes Land bewohnbar zu machen, in der längsten erfolgreichen Revolte gegen eine der größten imperialen Mächte des Zeitalters, im Aufblühen des Handels, im Geschäfts- und Bankwesen, in maritimen Unternehmungen, die sich über alle Ozeane erstreckten – nur nicht in der hohen Kunst der Regierung, wo sie sich inzwischen mit einem lähmenden System zufriedengaben, das nicht einmal von einem primitiven Eingeborenenstamm auf einer Südseeinsel hingenommen worden wäre. Aufgrund all dieser Eigenschaften – negativer und positiver – waren die Holländer das interessanteste Volk in Europa, obwohl dem damals nur wenige Zeitgenossen zugestimmt hätten. Einer von diesen war ein Amerikaner, John Adams, der erste amerikanische Gesandte in den Niederlanden, der 1780, kurz nach seiner Ankunft in Holland, an seine Frau schrieb: »Das Land, in dem ich bin, ist die größte Kuriosität auf der Welt... Ich bin jetzt seit drei oder vier Wochen hier... und Holland gefällt mir außerordentlich. Es ist ein einzigartiges Land. Es ist wie kein anderes. Es ist ganz eine Folge des Fleißes und ein Werk der Kunst... Diese Nation ist nirgendwo bekannt, nicht einmal bei seinen Nachbarn. Die holländische Sprache wird nur von ihnen selbst gesprochen. Daher sprechen sie mit niemandem, und niemand spricht mit ihnen. Die Engländer sind eine große Nation, und sie verachten die Holländer, weil sie kleiner sind. Die Franzosen sind eine noch größere Nation, und sie verachten die Holländer, weil sie im Vergleich zu ihnen noch kleiner sind. Aber ich bezweifle, daß es in Europa eine schätzenswertere Nation gibt als die Holländer – im Verhältnis.« Die Eifersucht auf den außergewöhnlichen Aufstieg der Holländer als Handelsmacht hinderte die Europäer daran, dieses Volk mit ähnlicher Klarheit und Bewunderung zu sehen.

Als die größten Schiffsbauer Europas hatten die Holländer ihrer lebenslangen Auseinandersetzung mit dem Wasser ein weiteres Meisterstück hinzugefügt. In vorgeschichtlicher Zeit, als Europa von den germanischen Stämmen besiedelt wurde, zogen die Bataver, ein Stamm, den die Holländer später als ihre Vorfahren betrachteten, immer weiter nach Westen, bis sie zur Meeresküste vorstießen und nicht weiter konnten. Hier am überfluteten, wassergetränkten Rand Europas ließen sie sich, da sie keine andere Möglichkeit hatten, nieder. Der Boden war zu feucht und das Leben zu schwer, als daß irgendeine andere Volksgruppe ihnen das Land hätte streitig machen können. Sie warfen Hügel auf, um darauf ihre Häuser über dem Meeresspiegel zu erbauen, sie legten Rampen an, um das Vieh heraufholen zu können, und Deiche, um die See zurückzuhalten. Sie lernten durch Praxis und Experiment, mit der Kraft von Windmühlen Pumpen anzutreiben, um das Wasser aus dem Boden zu ziehen, das ewig aus Quellen und Flüssen und aus den Marschen nachsickerte, und auf diese Weise bekamen sie trokkenes Land unter die Füße. Bald waren sie in der Lage, Erde vom Grund der Seen und aus Sümpfen emporzuheben, um Flächen, die sie »Polder« nannten, für Landwirtschaft und Besiedlung einzurichten. Indem sie das dränierte Wasser in Gräben leiteten, schufen sie Kanäle, auf denen sie Güter transportieren konnten. Die Aufrechterhaltung der Entwässerung forderte ständige Aufmerksamkeit, Pflege und Erneuerung – die Arbeit war nie vollendet.

In einer gewaltigen Arbeits- und Ingenieursleistung gelang es einer Nation, sich das Land zu erschaffen, auf dem sie lebte. Die Holländer taten mit Menschenhand, was Gott vorbehalten gewesen war. Wenn sie die Arbeit der Genesis nachvollziehen konnten, brauchten sie weder den Menschen noch die Elemente zu fürchten, und sie waren erfüllt vom Gefühl der eigenen Leistungsfähigkeit. Ein kleines Volk auf unsicherem Boden war in der Lage, gegen die Herrschaft Spaniens zu revoltieren, des größten Reiches jener Tage, und einen Widerstandskrieg durchzuhalten, der achtzig Jahre, von 1568

III. Bettler der See – der Aufstieg der Holländer 35

bis 1648, andauerte, und dies gegen einen Feind, der nicht so fern
war wie Großbritannien den amerikanischen Kolonien – 3000 Meilen und ein Ozean –, sondern auf dem gleichen Kontinent, bei einer
Entfernung von Barcelona nach Antwerpen von ungefähr 900 Meilen über Land. Als sie schließlich ihre Unabhängigkeit erfochten
hatten, wurden die Holländer innerhalb einer Generation zur größten Handelsnation der Welt. Sie waren das kommerzielle Zentrum,
in ihrem Land schlug der finanzielle Puls Europas, sie herrschten
über ein Seereich, das sich vom Indischen Ozean bis zum Hudson
River erstreckte.

Das erstaunliche Wachstum und die Expansion Hollands waren ein
Phänomen, das Historiker noch immer in Verlegenheit bringt und
selbst bei holländischen Gelehrten Verwunderung auslöste. Wie die
Entwässerung des Landes und der Umsturz des spanischen Kolos-
ses mag auch dieses Rätsel nur deshalb unlösbar scheinen, weil die
extremen Anstrengungen, die dem menschlichen Geist möglich
sind, sich dem Verstand nie ganz erschließen. Aber einige Ursachen, die dem holländischen Phänomen zugrunde liegen, sind erkennbar. Zum Teil erwuchs ihr Aufstieg aus der Notwendigkeit –
dem Bedürfnis eines Volkes am Rande des Nichts, sich die Mittel
des Überlebens zu verschaffen – und zum Teil aus dem Willen und
der Energie eines kleinen Landes, das seine größeren Nachbarn
übertreffen wollte.

Den Niederländern selbst war diese Expansion, während sie sich
ereignete, keineswegs ein Geheimnis. In einer Petition der Generalstaaten von Holland an ihren Souverän, Karl V., Kaiser des Heiligen Römischen Reiches und König von Spanien, erklärten sie
1548 in großer Klarheit, was sie trieb. Die Petenten schilderten die
nie endende Arbeit der Instandsetzung, die notwendig war, um das
Land durch Deiche, Schleusen, Abflußkanäle, Windmühlen und
Polder zu schützen, und auch den gewaltigen Kostenaufwand, der
zu erbringen war. »Darüber hinaus«, schrieben sie, »enthält die besagte Provinz Holland viele Dünen, Sümpfe und Seen sowie andere
unfruchtbare Gegenden, die für Weiden oder Feldbestellung ungeeignet sind. Weshalb die Einwohner besagten Landes sich, um ihre
Frauen, Kinder und Familien ernähren zu können, durch ein Hand-
werk erhalten müssen, in der Weise, daß sie Rohstoffe aus fremden

Ländern heranschaffen und die gefertigten Waren wieder hinaustragen, darunter verschiedenartige Stoffe und Gewebe in viele Länder wie die Königreiche von Spanien, Portugal, Deutschland, Schottland und besonders nach Dänemark, an die Ostsee, Norwegen und andere solche Gegenden, von wo sie mit Waren und Gütern dieser Länder zurückkehren, vor allem Weizen und anderem Getreide. Deshalb muß das Hauptgeschäft des Landes notwendig die Seefahrt und die damit verbundenen Handwerke sein, und daraus ziehen sehr viele Menschen ihren Unterhalt, Händler und Schiffseigner, Kapitäne, Lotsen, Seeleute, Schiffsbauer und alle hiermit Verbundenen. Diese Männer fahren zur See, importieren und exportieren alle Arten von Waren hierher und dorthin, und jene Waren, die sie hierherbringen, verkaufen sie in den Niederlanden sowie in Brabant, Flandern und den anderen benachbarten Ländern.«

Ein bedeutendes Element der Expansion auf den Meeren waren die Schiffe selbst. Durch ihren Getreidehandel mit den baltischen Staaten hatten die Holländer besseren Zugang zum Holz der Ostseeländer als ihre Rivalen, so daß sie ständigen Nachschub an Baumaterial für Schiffe bekamen. Sie arbeiteten mit besseren Aufrissen für Handelsschiffe – die sich von Kriegsschiffen unterschieden –, in einer Bauweise, die die Standardisierung von Teilen erlaubte, die Kosten drückte und schnellere und billigere Fertigstellung erlaubte als die anderer Nationen. Die holländischen Schiffe konnten überdies von kleineren Mannschaften gesegelt werden und, da sie keine Kanonen trugen, mehr Ladung aufnehmen. Als Peter der Große beschloß, Rußland zu einer Seemacht zu machen, kam er 1697 nach Holland, um im Trockendock von Zaandam zwischen der Zuider See und der Nordsee den Schiffsbau zu erlernen. In Zaandam kostete der Bau eines 250-Tonnen-Frachtschiffes mit geringem Tiefgang – Schiffe, die »Flöten« genannt wurden – nur die Hälfte dessen, was er in den englischen Schiffswerften gekostet hätte. Mit vereinfachter Takelage konnte ein 200-Tonnen-Schiff von zehn Mann gesegelt werden, während in England ein Schiff gleicher Größe eine Besatzung von zwanzig bis dreißig Mann erforderte.

Im 17. Jahrhundert begann eine Periode spektakulärer Bereicherung durch den Handel und die kommerzielle Expansion, in der holländische Energien, ihre Talente und Methoden diejenigen an-

III. Bettler der See – der Aufstieg der Holländer

derer Länder in den Schatten stellten und dem Land den Status einer Großmacht gaben. Profite aus dem Handel mit neuen Produkten – Gewürzen aus Ostindien, Baumwolle aus Indien, Tee aus China, Zucker von den Westindischen Inseln – ermöglichten es den Holländern, ihren Nachbarn Geld zu leihen. Aufgrund ihrer Handels- und Finanzressourcen wurden die Niederländer zu gesuchten Verbündeten.

Der Impuls des holländischen Aufstiegs lag, wenn man von den speziellen niederländischen Elementen absieht, ganz im »Geist der Zeit« der letzten Jahrzehnte des 16. Jahrhunderts. Die Tore des Mittelalters öffneten sich, das Denken befreite sich aus seinen Fesseln, die Druckkunst erlaubte breitere Information, die Welt selbst wurde durch die Entdeckungen weiter. Der Bau größerer Schiffe erlaubte den Handelsseefahrern, die Grenzen des Mittelmeeres und den Handel an seinen vertrauten Küsten hinter sich zu lassen und nach Gütern und Rohstoffen und fremden Völkern in fernen Ländern zu suchen – Baumwolle, Zucker, Pfeffer und andere Gewürze, Tee und Kaffee, Seide und Porzellan. Alle diese Dinge kamen nach Europa, bereicherten das Leben, erweiterten den Handel und regten neue Industrien an. Die Europäer brachen aus ihrem Kontinent aus, überquerten den Atlantik, segelten in den Pazifik hinein, umfuhren das Kap von Afrika, entdeckten die Ostindischen Inseln. Die Holländer wurden bald zur Vorhut dieser Unternehmungen. Da sich ihr Ingenieurswissen auf den Schiffsbau konzentriert hatte und da sie wenig Land besaßen und ihr Geld nicht in Landbesitz investieren konnten, steckten sie ihr Kapital in maritime Unternehmen, in der Regel in Partnerschaften, um das Risiko zu verteilen und mehr Geld für die Ausrüstung und Bemannung der Schiffe und den Unterhalt während der langen Reisen zur Verfügung zu haben.

Nach einer ersten Entdeckungsreise im Jahre 1595 brach ein Verband von 22 Schiffen 1598 zu einer zweiten langen und gefährlichen Handelsreise zu den Ostindischen Inseln auf. Stürmen und anderen Gefahren der See, Krankheiten an Bord und Piraten fielen acht Schiffe zum Opfer, und nur vierzehn kehrten zurück. Aber die Ladungen an Pfeffer und Gewürzen und Waren aus Indien, die sie mit nach Hause brachten, machten die Verluste mehr als wieder gut, und das zog weitere Investoren an. Im Jahre 1601 brachen 65 Schiffe – dreimal so viele wie bei der zweiten Reise – zum selben Ziel auf. In dieses Unternehmen waren so viele miteinander konkurrierende Kaufleute verwickelt, daß die Generalstaaten einen Zusammenschluß anregten, und so wurde 1602 die Niederländische Ostindische Kompanie gegründet, die erste der großen kommerziellen Gesellschaften, die den Aufstieg der Niederlande begründeten. Sie verfügte über ausreichend Kapital, um die über die Welt verstreuten Schiffsverbände finanzieren zu können, und sie besaß ein vom Staat autorisiertes Monopol für den Handel mit den Ostindischen Inseln. Ihr folgte zwanzig Jahre später die Niederländische Westindische Kompanie, die sich auf den Handel mit dem Zucker Brasiliens, dem Silber von Peru und Mexiko und den amerikanischen Pelzen werfen sollte. Ihr wurde 1621 das Monopol für den amerikanischen Handel gegeben, nachdem Henry Hudson, ein Forscher, den die Ostindische Kompanie beauftragt hatte, eine Nordost-Durchfahrt zum Orient zu suchen, statt dessen in der westlichen Hemisphäre einen Fluß von der Größe des Rheins gefunden und die amerikanische Küste von Cape Cod bis Virginia vermessen hatte. Im selben Jahrzehnt wurde die Kolonie Neu Amsterdam gegründet, die auf einer Landzunge zwischen dem Hudson und dem Meer lag. Die Erträge der beiden Kompanien erhöhten das Steuereinkommen des Staates, und damit war die Regierung in der Lage, weitere Handelsflotten zu bauen und zu bemannen. Dieser Prozeß der Expansion wurde von anderen Nationen, die den Holländern neidisch Habgier nachsagten, grollend beobachtet. Das Geldverdienen war in der Tat ein vorrangiges nationales Interesse, und zusammen mit dem ausgeprägten Sinn für Freiheit und Unabhängigkeit, der in dem langen Aufstand heranwuchs, war es der Schlüssel zur außerordentlichen Unternehmungslust der Holländer.

Überlegene Seemannschaft und überlegene Schiffe waren die Mittel, die Holland an die Spitze des Welthandels brachten. Sie übernahmen diese Position von Spanien, das damals als die größte Seemacht galt, und von England, dem selbsternannten Rivalen der holländischen Aspirationen. Die englischen Kapitäne waren Produkte ihrer Gesellschaft, deren höchstes und reinstes Ideal der landbesitzende Gentleman war, der weder körperliche noch kom-

III. Bettler der See – der Aufstieg der Holländer 39

merzielle Arbeit kannte. Meist kamen die englischen Seekapitäne
als Freiwillige aus den Reihen der Nobilität, und ihre praktische
Erfahrung war schmal, wenn überhaupt vorhanden. Die holländischen Kapitäne indessen waren oft die Söhne einfacher Matrosen
und hatten Seemannschaft von der Pike auf gelernt. De Ruyter, der
holländische Admiral und Held der Flotte im 17. Jahrhundert, erstaunte einen französischen Offizier, weil er selbst mit einem Besen
seine Kabine ausfegte und danach hinausging, um seine Hühner zu
füttern.

»Unternehmer« jener Zeit sorgten für das Kapital und die Organisation des Handels über weite Entfernungen und für neue Industrien zur Weiterverarbeitung der neuen Produkte – Papier für die
Druckpressen, Werften für größere Schiffe der Handelsflotten, die
die Ozeanrouten befuhren, die Manufaktur von Waffen, Uniformen und der gesamten Kriegsausrüstung. Neben der Tatsache, daß
sie ihre Besitzer reich machten, rechtfertigten die Industrien die
Idee des Merkantilismus – sie gaben den Armen Arbeit bei der Produktion von Waren, die im Export für eine günstige Handelsbilanz
sorgten und harte Münze für noch mehr Schiffe und Armeen ein-
brachten. Die holländischen Kaufleute fanden auch bald heraus,
daß der einfachste Nutzen von Profiten das Verleihen von Geld an
andere »Unternehmer« war.

In dem denkwürdigen Jahr 1609 wurde der Hudson River entdeckt
und die Bank von Amsterdam, das Herz, das den Blutstrom durch
die Adern des niederländischen Kommerzes pumpte, gegründet.
Sie führte neue Methoden für den Austausch fremder Währungen
und der Prägung von Münzen mit festem Wert ein. Sie gestattete,
daß auf sie Schecks ausgestellt wurden, um Kredite und Anleihen
zu erleichtern, und sorgte für die Sicherheit der Guthaben in ihrem
Hause. Die Bank zog bald einen Strom von Geld aus allen Ländern
Europas auf sich, ihre Gulden wurden zur gesuchtesten Währung.
Die regelmäßige Aufstellung von Preisen des Aktienmarktes, die
von der Bank gedruckt und verteilt wurde, war eine Innovation, für
die die Welt Amsterdam zu danken – oder vielleicht auch nicht zu
danken – hat.

1648, als Holland sich die Unabhängigkeit von Spanien erkämpft
hatte, war es zu einem reichen und mächtigen Land aufgestiegen,

und dies trotz der Energien, die der lange Aufstand gebunden hatte, trotz der Schäden in dem vom Krieg zerrissenen Lande, in den zerstörten Städten, und trotz der Verarmung, die die Bewaffnung der Armeen und die Emigration vieler tüchtiger Männer nach sich zog. Durch außerordentliche Unternehmungslust, durch das Selbstvertrauen und die Einsicht in die Notwendigkeit, die sie in der langen Agonie ihres Kampfes gelernt hatten, gelang es den Holländern, ihren Seehandel in einem Maße zu erweitern, daß schließlich die Hälfte allen europäischen Handels durch ihre Hände ging. Sie unterhielten Häfen an fast jeder fremden Küste – von den Ostindischen Inseln bis Afrika, von Brasilien bis in die Karibische See und Neu Amsterdam in Nordamerika. Die Türken hatten ihnen, um sich an den Spaniern, denen sie in der Schlacht von Lepanto unterlegen waren, zu rächen, eine Konzession für den Handel im ganzen Osmanischen Reich gegeben. Mehr als drei Viertel des Handels der Welt in Holz und Getreide aus den Ostseeländern, in Salz aus Frankreich, in Stoffen aus ihren eigenen Städten, in Gewürzen aus dem Osten und Zucker aus Westindien wurde auf holländischen Kielen verschifft. Als sie 1648 unabhängig wurden, waren die Niederlande nach der Einschätzung der Historiker bereits die größte Handelsnation der Welt. Man sagte ihnen nach, sie besäßen 10 000 seetüchtige Schiffe und schlügen Fracht im Wert von tausend Millionen Franken im Jahr um, eine Zahl, die zweifellos von ausländischen Schiffern erfunden wurde, um ihre eigenen Regierungen zu Gegenmaßnahmen anzuspornen.

Um 1634, acht Jahre nachdem sie den Indianern die Insel Manhattan abgekauft hatten, drangen die Holländer mit der Eroberung von St. Eustatius und St. Martin sowie von Curaçao und Surinam auf dem spanischen Festland in die Karibik ein. Zucker war ein noch größerer Schatz als Gewürze, und er zog die Raubgierigen aller Nationen an. Das plötzliche Entzücken der Süße auf der Zunge und die Lust am Zuckern der Speisen erhöhte den Wert von Grundbesitz auf den Westindischen Inseln sprunghaft. Die europäischen Nationen stürzten herbei, jede wollte eine der begehrten Inseln, auf denen das hohe Rohr wuchs. Plantagenbesitzer wurden reich. In späteren Jahren sah William Pitt, der Premierminister von Großbritannien, bei einer Ausfahrt in Weymouth eine Kutsche, deren Be-

III. Bettler der See – der Aufstieg der Holländer 41

schläge und Pferde schöner waren als seine.»Zucker, was? All *das* aus Zucker!« rief Pitt aus, als man ihm sagte, der Besitzer sei ein Pflanzer von den Westindischen Inseln.

Das schwere Zuckerrohr mußte geschnitten, zu den Mühlen geschafft und dort unter doppelten und dreifachen Walzen ausgedrückt werden – von Hand betriebenen Walzen natürlich –, um den Saft herauszupressen, der dann gekocht wurde, um ihn zu kristallisieren. Durch weiteres Kochen wurde er geweißt und in Formen gedrückt, um Zuckerhüte zu bilden, wenn er nicht nur als Rohzucker in seiner dunklen Farbe belassen wurde. Dann ging er auf die Märkte. Da die karibische Bevölkerung bei der harten Arbeit auf den Plantagen erkrankte und zugrunde ging, wurden widerstandsfähigere Arbeitskräfte aus Afrika herangeschafft. Daraus entwickelte sich wiederum ein lukratives Geschäft, der Sklavenhandel.

Mitten in ihren maritimen Handelsunternehmungen betrieben die Holländer ihren Aufstand gegen die spanische Herrschaft, und man sollte annehmen, daß eines der beiden, entweder die ökonomische Expansion oder die revolutionäre Energie, gelitten hätte. Statt dessen bewegten sich beide Entwicklungen nebeneinander her, ohne sich zu behindern.

Die Revolte der Niederlande war weder eine Bewegung des Nationalempfindens, das kaum existierte, noch der politischen Ideologie. Obwohl anfangs der allgemeine Konflikt des 16. Jahrhunderts zwischen protestantischer und katholischer Glaubensrichtung, der sich aus dem Wegbrechen der Reformierten Kirche von Rom ergab, in dem Kampf eine Rolle spielte, war das eigentliche Motiv in den Niederlanden der Haß auf die spanische Tyrannei. Die Kräfte und Ereignisse in dem achtzigjährigen Kampf waren ein Tumult aus inneren Streitigkeiten zwischen Sekten und Parteiungen, aus Abmachungen mit und Angeboten an fremde Staaten, aus immer härterer Unterdrückung durch die spanischen Herrscher, die die Wut des Volkes bis zur Hysterie trieben und es schließlich schafften, ein in sich zutiefst zerstrittenes Volk im gemeinsamen Willen zur Unabhängigkeit gegen sich zu vereinigen.

Von der Reformation ergriffen – und besonders von ihrer fanatischsten Form, dem Calvinismus –, nahmen die Holländer der nördlichen Provinzen im Laufe der Jahre die protestantische Reform mit einer Überzeugung an, die so streng war wie die der Schotten unter John Knox. Die südlichen Provinzen, die an Frankreich und das habsburgische Heilige Römische Reich grenzten, blieben dem Katholizismus treu, was die Zerrissenheit des Landes verhärtete. Die Protestanten waren ebenso entschlossen und unbeugsam in ihrer absoluten Weigerung, zum katholischen Ritus zurückzukehren, wie ihr Monarch Philip II. von Spanien in seiner Entschiedenheit, sie in den Schoß der Kirche zurückzuführen.

Als Margarete von Parma, Philips Halbschwester und Generalstatthalterin der Niederlande, Edikte herausgab, die das protestantische Ritual in den Kirchen und öffentliche Auftritte selbsternannter protestantischer Prediger verboten, entzündete sich ein Feuer empörten Protestes und aktiven Widerstands. Eine Petition an den König, die Edikte zurückzunehmen, bestärkte Philip nur in seiner Entschlossenheit, das Ketzertum mit der Wurzel auszureißen und an seiner Stelle den Pfeiler der Autorität aufzurichten, der auf dem festen Fundament des königlichen Absolutismus ruhte. Aber Autorität hat immer zwei Seiten, eine, die sie durchsetzt, eine andere, die sie annimmt. Philips Untertanen in den Niederlanden waren nicht bereit, die zweite Rolle zu spielen. Als ihre Petition an den König im Jahre 1566 nicht beantwortet wurde, kam es zu einem wilden Raubzug durch die Kirchen; Bilder und Reliquien, die als Symbole eines verachteten Götzendienstes galten, wurden zerstört. Von einem Adelsbund geführt, trug die Bewegung Unruhe in die Städte und die industriellen Massen und rief zu einer nationalen Rebellion auf. Dem Adelsbund gehörten in ungewöhnlicher Solidarität Mitglieder aus allen Provinzen an, auch wenn sie – wie immer – ganz unterschiedlichen Auffassungen anhingen. Als eine große Gruppe von 400 Adligen geschlossen vor dem Regentenpalast in Brüssel aufmarschierte, um ein Ende der Verfolgungen zu verlangen, nannte sie der Graf Barlaimont hochmütig »einen Haufen Bettler«, *Geusen,* eine Bezeichnung, die sofort als stolzer Titel angenommen wurde.

Bei einem Bankett des Adelsbundes trugen seine Mitglieder das Grau der Bettler, hängten sich die hölzerne Schale der Bettler um den Hals, und die Bezeichnung diente von da an als Ehrenname im Kampf um die Freiheit. Seeleute nannten sich »Wassergeusen«,

III. Bettler der See – der Aufstieg der Holländer 43

Bettler der See, und machten sich ein Vergnügen daraus, ihren spanischen und englischen Gegnern zu beweisen, daß sie alles andere als Bettler waren.

Aber um einen Aufstand zu organisieren, war mehr als das nötig. Im Jahre 1568 brachte eine tollkühne Expedition, die Ludwig von Nassau gegen die im Norden der Niederlande liegende Stadt Groningen führte, eine entscheidende Gestalt auf die Bühne. Es war Ludwigs Bruder, Wilhelm von Nassau, der Prinz von Oranien, der unter dem Beinamen Wilhelm der Schweiger zu einem der Helden der holländischen Geschichte werden sollte. Oranien war ein kleines Fürstentum in Südfrankreich, das zum Besitz der Grafen von Nassau zählte. Wilhelm war Statthalter und Oberbefehlshaber von Holland, Zeeland und Utrecht, noch vom verstorbenen Kaiser ernannt. Als Ludwigs rebellischer Angriff abgewehrt wurde und Ludwig selbst später starb, fiel ihm die Führung des Kampfes gegen die Spanier zu. Er gab dem Aufstand den zähen Willen und die Kraft, aus der schließlich die unabhängigen Niederlande entstanden – achtzig Jahre nachdem Ludwig von Nassau 1568 die ersten Funken geschlagen hatte. Aber bevor es zur Unabhängigkeit kam, verschärfte sich sowohl die spanische Tyrannei als auch die holländische Revolte.

König Philip beantwortete den Ausbruch der Rebellion mit der Entsendung des rücksichtslosen Herzogs von Alba mit 10000 Mann, um durch eine Schreckensherrschaft Gehorsam zu erzwingen. Albas Methoden waren Massaker in den Städten, die Verfolgung von Protestanten wegen Ketzerei und die Schaffung eines Sondergerichts, das »Blutrat« genannt wurde und während seiner Tätigkeit 12000 Prozesse durchführte, 9000 Angeklagte schuldig sprach und mehr als 1000 verbannte oder hinrichten ließ. Adlige, die zu den Anführern der Revolte zählten, wurden geköpft, einmal achtzehn an einem Tag auf dem Marktplatz von Brüssel. Besitzungen wurden eingezogen, viele Menschen verließen fluchtartig das Land, und überall herrschte die Furcht vor einer Einführung der Inquisition. Um sicherzugehen, daß er Menschen aller Klassen gegen sich aufbrachte, führte Alba eine zehnprozentige Abgabe auf alle verkauften Waren ein, auf jedes Einkommen war ein Prozent zu zahlen. Der verhaßte »Tiende Penning« spornte die Revolte mehr an als alle Greueltaten.

Der Herrscher Philip II. – diese »abscheuliche Person«, wie Motley, der klassische Historiker der Revolte, ihn in seiner protestantisch-viktorianischen Strenge bezeichnet – war selbst zu engstirnig und starr, um zu erkennen, daß die Unruhen, die er auslöste, sich zur Rebellion auswuchsen. Philip sah sich als von Gott ausersehen, den Protestantismus in Europa auszulöschen, und er schob jeden Einwand beiseite, der auf die Hindernisse dieser Aufgabe verwies. Den ersten kleinen Triumph erlebten die Holländer, als 1572 eine Truppe von Wassergeusen den befestigten Hafen von Den Briel an der Mündung der Meuse, der den Eingang zum Fluß kontrollierte, eroberte. Es war der erste Erfolg des Aufstandes.
Die Wassergeusen waren extreme Anhänger des Calvinismus. Ihre Gruppen bildeten sich während der frühen Verfolgung des Protestantismus, und sie wurden zu wilden, kampftüchtigen Banden von hervorragenden Seeleuten. Sie dienten dem Aufstand, indem sie den spanischen Schiffsverkehr störten. Aber zur gleichen Zeit trugen ihre Unternehmungen zu den inneren Streitigkeiten von Regionen und Fraktionen bei.
Der unausrottbare Separatismus und die Eifersucht unter den Städten und Provinzen der Niederlande, die alle fürchteten, ihre Nachbarn könnten an Einfluß gewinnen, hätte für immer jeden vereinigten Widerstand gegen Spanien verhindern können, wenn der Kampf nicht in Wilhelm von Oranien einen dynamischen Führer gefunden hätte. Durch seine Ausdauer in einem scheinbar hoffnungslosen Kampf, durch seine Unerschütterlichkeit auch in Niederlagen und Enttäuschungen, durch seine Souveränität gegenüber den unaufhörlichen Streitigkeiten der Provinzen und durch die feste Orientierung an dem einzigen Ziel der Einigkeit wurde Wilhelm zum Brennpunkt und zur Verkörperung des Aufstandes. Auch wenn er manchmal zu nicht ganz durchschaubaren Manövern gezwungen war und die Positionen wechselte, seine Charakterstärke setzte sich durch. Wenn die Rebellion eine Losung gehabt hätte, so wären es seine Worte gewesen: »Es ist nicht notwendig zu hoffen, um durchzuhalten.«
1574, zwei Jahre nach Den Briel, sammelte die heldenhafte Verteidigung Leydens gegen eine spanische Belagerung jede Stadt und jeden Bürger um die Fahnen der Revolte. Umgeben von Seen und

III. Bettler der See – der Aufstieg der Holländer 45

vielfach durchflossen von Armen und Kanälen des Unterrheins, war Leyden eine schöne und wohlhabende Textilstadt auf dem fetten Boden des Rheindeltas, den man den Garten von Holland nannte.

Die Spanier versuchten, Leyden auszuhungern. Alba war fort, aber sein Nachfolger zog den Belagerungsring noch enger, bis schließlich kein entlaufenes Huhn und kein Salatblatt mehr in die Stadt gelangen konnte. Sieben Monate lang lebten die geschwächten Einwohner von gekochten Blättern und Wurzeln, von getrockneten Fischhäuten und Spreu aus früheren Ernten. Wenn ein Hund geschlachtet wurde, um die Wache zu kräftigen, wurde der Tierkörper manchmal in blutige Stücke auseinandergerissen und roh verschlungen. Krankheiten folgten wie immer in den Fußstapfen des Hungers. Die Stadt war voller Verwundeter und Dahinsiechender. Es gab nur noch die Alternative: Tod oder Kapitulation.

Zu diesem Zeitpunkt verwandelten die Holländer das Wasser, ihren alten Gegner, in eine Waffe und einen Verbündeten. Wilhelm von Oranien schlug vor, die Deiche der Meuse und Ijssel und der Flüsse der Gegend aufzureißen, um die Belagerer davonzuspülen. Ein flacher See würde entstehen, der es Schuten mit wenig Tiefgang und leichten Prähmen erlauben würde, mit Lebensmitteln für die belagerte Stadt über das überflutete Land zu segeln. Da die Flut die Ernte vernichten würde, mußte die Zustimmung der Landbesitzer und Bauern eingeholt werden. Boten wurden auf den gefährlichen Weg durch die spanischen Linien geschickt und kehrten mit der Zustimmung der Betroffenen zurück. Allem Hunger und allen Entbehrungen zum Trotz sprach in Leyden niemand von Aufgabe. Die Generalstaaten traten in Rotterdam zusammen, lehnten die spanischen Bedingungen ab und stimmten dem Vorschlag Wilhelm von Oraniens zu, die Deiche zu öffnen. Sie befahlen, 200 flache Schuten und Prähme in Rotterdam und Delft und anderen Flußhäfen zu sammeln und sie mit Waffen und Lebensmitteln zu beladen. In den Booten befand sich auch eine, wie sich herausstellte, unentbehrliche Entsatztruppe, »eine kleine, aber schreckerregende« Gruppe von Wassergeusen, die von den fahlen Narben alter Schlachten grauenvoll entstellt waren.

Im August 1574 wurde der Befehl gegeben, die Deiche aufzureißen.

Es ging dabei keineswegs nur darum, Löcher in die Wälle zu stoßen. Die Öffnungen mußten breit genug sein, um die Schuten durchzulassen, und die Durchbrüche mußten unter dem allerdings nicht sehr wirkungsvollen Feuer der spanischen Garnisonen in der Gegend geschaffen werden. Deren Waffen bestanden aus den primitiven Vorderlader-Musketen des 16. Jahrhunderts, die nach jedem Schuß mit dem Pulver, das die Soldaten in Lederbeuteln um den Nacken trugen, nachgeladen werden mußten. Die Wassergeusen beantworteten das Feuer mit den für sie üblichen wilden Gegenattacken und trieben die Spanier aus ihren Forts hinaus aufs offene Land, wo sie mit wachsendem Entsetzen beobachteten, wie das Wasser auf sie zukroch. Ein Nordwestwind, der drei Tage anhielt, trieb das Wasser auf Leyden zu und erlaubte den Schuten ein schnelles Vorankommen. Die Entsatztruppe rückte langsam über Land vor, riß die Deiche auf, wo immer sie auf welche stieß, und war schließlich bis auf fünf Meilen an die Stadt herangekommen. Diese Arbeit nahm zwei Wochen in Anspruch, und das kostete viele Einwohner von Leyden das Leben. Zu diesem Zeitpunkt erhob sich ein Gegenwind und drückte das Wasser zurück. Es war nun zu flach, um mit den Lastkähnen befahren zu werden. Um die letzte Strecke zurückzulegen, mußten die Boote durch Wasser und Sumpf geschoben und gezogen werden, während die ausgemergelten Menschen von der Stadt aus in quälender Erwartung zusahen.

Aus Furcht, daß ihnen der Rückzug verlegt werden könnte, hatten die Spanier ihre befestigten Stellungen aufgegeben und konnten unter den ständigen Angriffen der Wassergeusen das Vorrücken der Retter nicht verhindern. Durch den tiefen Matsch kroch die schwerfällige amphibische Prozession wie eine Schildkröte, die das Wasser verlassen hat, immer näher an die belagerte Stadt heran. Aufs neue von einer frischen Brise unterstützt, kam die seltsame Flotte den Stadtmauern bis auf ein paar hundert Fuß nahe. Die Mannschaften sprangen heraus und trugen die Schuten durch das flache Wasser über die letzte Strecke. Die Boote wurden triumphierend in die Straßen der Stadt geschoben, und tropfnasse Seeleute warfen den Bürgern, die vor Freude über die Erlösung weinten, Brotlaibe zu. 6000 Leydener waren an Hunger und Krankheit gestorben, ein Drittel der Bevölkerung, aber die Stadt war vor der Kapitulation

III. Bettler der See – der Aufstieg der Holländer 47

gerettet. Hohläugige Überlebende strömten in der Kathedrale zusammen, um einen Dankgottesdienst abzuhalten. Um die Standhaftigkeit der Stadt zu ehren, bot ihr Wilhelm von Oranien Steuerfreiheit während der jährlichen, lukrativen zehntägigen Messe an oder die Einrichtung einer Universität. In nüchterner Kalkulation entschieden sich die Bürger für die Universität. Steuern, so meinten sie, kamen und gingen je nach der politischen Lage, aber eine Universität würde, einmal begründet, ihrer Stadt auf immer nützen. Seit dem Tag steht als Geschenk der narbigen Wassergeusen und der flachen Schuten eine der berühmtesten europäischen Stätten der Gelehrsamkeit in Leyden.

Der spanische Stolz, der vor Leyden mit Füßen getreten worden war, entschädigte sich in der furchtbaren Plünderung Antwerpens im Jahre 1576. Antwerpen war ein geschäftiger, reicher Hafen an der Mündung der Schelde, in dem der Handel ganz Nordeuropas umgeschlagen wurde. Ausgelöst wurde die Plünderung durch eine Meuterei spanischer Truppen, die seit 22 Monaten keinen Sold erhalten hatten. Philip II. hatte die Kriegskosten in riesige Schulden bei den Händlern und Magnaten Spaniens umgewälzt und erklärte 1575 den Bankrott seiner Staatskasse. Der Papst erteilte ihm prompt einen Dispens, der ihm erlaubte, alle Versprechungen und Verpflichtungen zurückzunehmen, »damit er nicht durch Zinseszins ruiniert würde, während er die Ketzerei bekämpfte«. Mit dem für ihn üblichen Unverstand wandte der reichste Monarch seiner Zeit den Dispens auch auf seine Armeen an, verweigerte ihnen den Sold mit der Begründung, daß er Gottes Werkzeug in der Unterdrückung der Ketzerei sei und daß daher alles, was er tat, ob klug oder nicht, auf jeden Fall richtig war. Wie die meisten von Philips politischen Einschätzungen kehrte sich auch diese Entscheidung gegen ihn selbst. In ihrer Raserei zündeten die Meuterer jede Straße im wohlhabendsten Viertel von Amsterdam an, als sie in die Stadt einbrachen. Vorher hatten sie nicht vergessen, auf die Knie zu fallen und den Segen der Heiligen Jungfrau für ihr Unternehmen zu erbitten. Es ist eine seltsame Eigenart des Christentums, sich die mitleidsvollsten und mildesten Gottheiten zu ersinnen und sie dann dafür zu gebrauchen, die wildesten Greueltaten zu legitimieren. Bei der Eroberung Mexikos segneten die Banner Christi tragenden spani schen Priester die Conquistadoren, die der Folterung und Ermordung der Eingeborenen des Landes entgegenmarschierten.

In Antwerpen brachten die Meuterer jeden Bürger um, der ihnen über den Weg lief; sie erschlugen ohne Unterschied alte Haushälterinnen, junge Frauen mit Kleinkindern, katholische Priester und Mönche oder Kaufleute aus fremden Ländern. In einer Orgie der Plünderei, die drei Tage währte, verwüsteten sie jeden Speicher, jeden Laden, jedes Wohnhaus, sie sammelten Silber, Geld, Juwelen und Mobiliar von unerhörtem Wert. Jeder, den sie verdächtigten, seinen Besitz versteckt zu haben, wurde auf grauenvolle Weise gefoltert. Tausende starben, und der Abscheu vor den Spaniern verbreitete sich über die umliegenden »gehorsamen« Provinzen. Die unmittelbare Folge war die für die Spanier denkbar schädlichste – die Provinzen schlossen sich enger zusammen. Der Bund war noch nicht fest und andauernd, aber stark genug, um der herrschenden Macht den Anfang ihres Endes zu signalisieren.

Ständige Zankereien zwischen französisch sprechenden Wallonen und holländisch sprechenden Flamen, zwischen Katholiken und Protestanten, zwischen den Küsten- und den Inlandsprovinzen, zwischen Adligen und einfachen Leuten, zwischen Amsterdam in seiner Hegemonie und allen anderen Städten hatten bisher ein vereintes Handeln in der Revolte verhindert. Aber jetzt begannen die Niederländer zu begreifen, daß sie sich zusammenfinden mußten, wenn sie die Spanier je vertreiben wollten. Wilhelm von Oranien, der schon lange von der Notwendigkeit gemeinsamen Handelns überzeugt war, hatte eine Reihe von Briefen an die Provinzregierungen gesandt, in denen er einen allgemeinen inneren Frieden forderte, um das gemeinsame Ziel zu erreichen. In Gent fanden bereits Verhandlungen statt. Vier Tage nach der »Spanischen Furie«, wie die Plünderung von Antwerpen genannt wurde, brachten die Abgesandten von neun Provinzen einen Vertrag oder Pakt zustande, der die »Genter Pazifikation« genannt wurde. In ihm versprachen die Provinzen, untereinander Frieden zu halten und Leben und Besitz zu dem Zweck einzusetzen, das Land von den Spaniern und anderen fremden Unterdrückern zu erlösen. Wie im Fall der dreizehn amerikanischen Kolonien 200 Jahre später, die auch bis dahin immer in Uneinigkeit gelebt hatten, war das einheitliche Handeln der

III. Bettler der See – der Aufstieg der Holländer 49

holländischen Rebellen das eine Element, das die Herrscher nicht besiegen konnten und von dem sie immer angenommen hatten, daß es sich nie ereignen könne. In Amerika sollten es ebenfalls die Übergriffe der Briten sein – die Boston Port Bill und die Zwangsgesetze –, welche die zerstrittenen Kolonien zusammenschmiedeten.

Der Pakt von Gent war in ein ganzes Netzwerk von Verträgen und Bedingungen eingebettet, die Rechte und Pflichten, geographische, kommerzielle und insbesondere religiöse Bestimmungen für jede Stadt und jede Provinz enthielten, dazu die Bedingungen, die dem neuen spanischen Statthalter, Don Juan d'Austria, dem Halbbruder Philips, aufgezwungen werden sollten. Es erscheint merkwürdig, daß die Holländer so bald, nachdem sie sich darauf verpflichtet hatten, die Spanier aus dem Land zu werfen, bereit waren, mit ihm zu verhandeln. Aber zu einer Zeit, da die Mystik der Krone noch immer jeden Monarchen mit dem Glanz des Absolutismus umgab, waren die Holländer nicht bereit, den neuen Herrscher direkt herauszufordern. Sie besaßen auch nicht die militärischen Mittel, um einen solchen Kampf zu bestehen. In der Periode, die direkt auf die Pazifikation von Gent folgte, fielen sie in ein Chaos von regionalen Rivalitäten, von Kämpfen um die Vorherrschaft des alten gegen den reformierten Glauben und von lokalen und außenpolitischen Verbindungen und Auseinandersetzungen zurück, die fast einem Bürgerkrieg glichen – aus der vermeintlichen Pazifikation war nicht mehr als ein Fetzen Papier geworden. Erst die Furcht vor einer separatistischen Konföderation der nördlichen Provinzen ließ aus Hader und Verwirrung wieder eine Bewegung für eine »engere Union« als die in Gent erreichte entstehen.

Unter diesem Druck trafen sich die Abgesandten der Provinzen 1579 in Utrecht, der zentral gelegenen Stadt, von deren Domkirche fünfzig Städte zu sehen waren, darunter der jetzt größte Hafen der Welt, Rotterdam. Obwohl die Versammelten sich einig waren, daß sie von nun an sein wollten »wie eine Provinz«, konnte auch die Union von Utrecht den Pakt von Gent nicht befestigen. Im Gegenteil, die unauflösbaren religiösen Gegensätze sorgten dafür, daß in der Union von Utrecht die Bedingungen festgeschrieben wurden, die für die traurige Teilung der jungen Nation verantwortlich waren. Die nördlichen sieben Provinzen, die in einem Ring um den Zuider Zee, das große Inlandgewässer des Nordens, lagen, schlossen sich zu einer eigenen Union zusammen. Die vier Inlandsprovinzen und die drei an der Küste der Nordsee gelegenen sollten als die Vereinigten Provinzen zum holländischen Staat werden. Als Reaktion darauf schlossen sich auch die katholischen Provinzen der südlichen Niederlande mit den Städten Brüssel, Antwerpen und Gent zusammen und bildeten eine eigene Union, die praktisch sezessionierte und schließlich mit einigen Grenzkorrekturen der Staat Belgien wurde. Die Folgen waren tiefgreifend. Hätte sich dieses so tüchtige Volk nicht gespalten und sich eine breitere territoriale Basis und eine größere Bevölkerungszahl erhalten, so hätte es mit dem Willen zur Eroberung zur beherrschenden Macht in Europa werden können. Aber die Kraft der Einheit war durch den religiösen Streit, durch den inneren Kampf, der immer der leidenschaftlichste und der giftigste von allen ist, gebrochen. Immerhin – wenn sie auch die Herrschaft über Europa verloren, so gewannen sie zu dieser Stunde doch endlich die Herrschaft über ihr eigenes Land.

Die calvinistische Partei mit ihrer starken Betonung der Rechte des einzelnen verlangte von den Generalstaaten eine klare Absichtserklärung. 1581 in Den Haag zusammengerufen, verabschiedete die Versammlung eine entscheidende Resolution, welche die »Abschwörungsakte« genannt wurde und als niederländische Unabhängigkeitserklärung bezeichnet werden kann. Die Abgeordneten legten nieder, daß Philip II. den Herrschaftvertrag und seine Pflicht, seinen Untertanen Gerechtigkeit widerfahren zu lassen und ihnen eine gute und keine schlechte Regierung zu geben, verletzt und daher sein Recht auf Herrschaft verwirkt habe. Die Versammlung berief sich auf das ererbte Recht des Untertanen, seine Treuepflicht aufzukündigen und einen tyrannischen Souverän abzusetzen, da ihnen kein anderes Mittel bleibe, ihre Freiheit zu erhalten. Das hat einen vertrauten Klang: Es war eine Glocke, deren Ruf die Amerikaner zweihundert Jahre später vernahmen.

Wenn Thomas Jefferson glaubte, daß die Abfassung der Amerikanischen Unabhängigkeitserklärung sein stolzestes Werk war, wie die Inschrift auf seinem Grabstein andeutet, so hätte er einen Gedanken an die niederländische Proklamation erübrigen sollen, die –

III. Bettler der See – der Aufstieg der Holländer 51

1581 – seine Argumentation in fast gleichen Begriffen um zweihundert Jahre vorwegnahm. Das soll nicht heißen, daß Amerikas wichtigstes Dokument ein Plagiat war, sondern daß des Menschen Drang zur Freiheit und der Glaube an das Recht des Volkes, einen ungerechten Herrscher abzusetzen, tief im gemeinsamen menschlichen Boden wurzelt.

Um den Bruch mit Spanien zu bekräftigen, wurde allen Magistraten und Beamten auferlegt, den Treueeid einzeln und persönlich zu revozieren, was jenen viel Qual bereitete, die ihr Leben im Gehorsam vor einer Krone gelebt hatten. Die Zurücknahme des Treueeids hatte eine so mächtige Wirkung auf einen Rat aus Friesland, daß er, als er den Abschwörungseid sprach, eine Herzattacke oder einen Schlag erlitt, zu Boden fiel und starb.

Der zähe Widerstand der Holländer war für König Philips Ressourcen ein ständiger Aderlaß, aber noch mehr erschöpfte er seine Geduld. Um den Aufstand mit einem Schlag zu beenden, setzte er auf den Kopf Wilhelms von Oranien 25000 Goldkronen oder 75000 Gulden aus, ein großes Vermögen, zusammen mit weiteren Belohnungen und Ablässen – und er fand einen Abnehmer. Balthazar Gérard, der Attentäter, verschaffte sich durch Verrat Zutritt zu Wilhelms Haus in Delft und tötete ihn 1584 mit einem Pistolenschuß auf der Treppe.

Die niederländische Politik erscheint zu dieser Zeit, das muß gesagt sein, in einer Weise närrisch, daß sie dem gesunden Menschenverstand spottet. Da sie daran verzweifelten, die Spanier je allein vertreiben zu können, suchten die Holländer die Verbindung mit einem anderen mächtigen Monarchen in Europa und boten die Herrschaft über ihr Land einer ganzen Reihe von fürstlichen Kandidaten an, darunter sogar der Königin von England, Elisabeth I., deren autokratische Natur weithin bekannt war und die wahrscheinlich die schlimmsten holländischen Erwartungen erfüllt hätte.

Der offensichtliche Kandidat für den Königsthron war bis zu seinem Tod der Prinz von Oranien, aber er besaß nicht die militärische Stärke und den Reichtum anderer Herrscher. Elisabeth, die selbst bis zum Hals in katholischen Intrigen und drohenden Rebellionen steckte, war zu klug, sich noch mehr Ärger im Ausland aufzuladen, und schlug das Angebot aus.

Die Ermordung Wilhelms erfüllte Philips Erwartungen nicht, denn
Wilhelm war es gelungen, der Revolte ein eigenes Leben einzuhauchen. Als indessen Antwerpen von Philips Statthalter in den Niederlanden, dem Herzog von Parma, erobert wurde und dies Spanien
eine strategische Öffnung der Kanalküste gab, brachte dieser Schlag
den Niederlanden unerwartete Hilfe ein. Er weckte die Briten auf,
die nun begriffen, daß es sinnvoller sein mochte, den Niederländern
gegen die Spanier zu helfen, als sich mit ihnen endlose Scharmützel
zur See zu liefern. Denn die Absicht der Spanier, in England einzufallen, beschwor noch immer große Ängste herauf, die durch den Fall
Antwerpens neu belebt wurden.

Im Unterschied zu anderen Herrschern, die Veränderung an sich
fürchten, war die Königin von England, die kühne und listige Elisabeth I., bereit, die alte Feindschaft umzukehren und den niederländischen Rebellen ein Bündnis anzubieten. Im Jahre 1585 entsandte
sie eine Expeditionsstreitmacht von 8000 Mann unter ihrem Favoriten, dem Earl von Leicester, um den Rebellen dabei zu helfen, Parmas Vormarsch aufzuhalten. Prahlerisch, ehrgeizig und dickschädelig, war Leicester keine gute Wahl für diese Aufgabe. Ihm wurde
der Titel eines Generalstatthalters der Niederlande verliehen, den
die Holländer in ihrem unnötigen Respekt vor der Auslandshilfe
akzeptierten, um auf diese Weise, wie sie dachten, Elisabeth noch
tiefer in ihren Kampf hineinzuziehen. Leicester griff in die niederländischen Beratungen ein und setzte seine eigene Strategie ohne
Rücksicht auf die Erfahrungen und Ziele seiner Verbündeten
durch. Als er in einem Edikt den Handel mit dem Feind verbot, eine
normale zeitgenössische Praxis, beging er die unverzeihliche Sünde: Die Holländer erlaubten keine Eingriffe in ihre Handelsgeschäfte. Die hochgelobte Allianz brach unter gegenseitigen Vorwürfen auseinander, und Leicester zog unbeweint von dannen. Seine Irrtümer und Fehler wurden in der Geschichtsschreibung überschattet von dem romantischeren und erinnerungswürdigeren Bild
seines Leutnants, des Dichters Sir Philip Sidney. In der Schlacht
von Zutphen tödlich verwundet, reichte er eine Tasse Wasser an
einen ebenso schwer verwundeten Kameraden mit den Worten weiter: »Deine Not ist noch größer als die meine.« Viel mehr als eine
unsterbliche Zeile hinterließ die englische Intervention nicht. Sie

III. Bettler der See – der Aufstieg der Holländer 53

war allerdings indirekt für einen der Wendepunkte der europäischen Geschichte mitverantwortlich. Indem sie den Zorn Philips II. entfachte, hinterließ sie in seinem eindimensionalen Denken den fest verankerten Plan, die englisch-holländische Allianz zu zerbrechen, die Engländer zu vernichten und der Ketzerei mit einem letzten großen Schlag den Garaus zu machen.

Diesen Schlag wollte Philip auf See führen. Eine gewaltige Armada sollte die englische Flotte versenken, und dem würde die Invasion Großbritanniens folgen. Mit hartnäckiger Unfähigkeit in jedem Aspekt von Führung, Strategie und Nachschub ging Philip daran, den großen Plan zu verwirklichen. Als Kommandeur wählte er einen Admiral, den Herzog von Medina Sidonia, der noch nie ein Seekriegskommando innegehabt hatte und der in Meere segeln sollte, die ihm ganz unbekannt waren. Es gab keinen Zufluchtshafen, auf den er sich im Notfall hätte stützen können, und die Erfolgschancen hingen von dem Plan einer Vereinigung mit Parmas Kräften in den Niederlanden ab. Dessen Armee sollte die Invasion ausführen. Von den Holländern blockiert, erreichten Parmas Truppen den Treffpunkt nie. Philips große Galeonen, schwer von Stürmen und der englischen Flotte geschlagen, sanken oder wurden bei den Hebriden zerstreut. Eine übel zugerichtete Armada, die die Hälfte ihrer Mannschaften an den Wind, feindliche Kanonen und den Hunger verloren hatte, machte sich kampfunfähig auf den langen und kalten Weg um Schottland herum und an der Westküste von Irland entlang, zog elend und ungeordnet nach Hause, nicht im strahlenden Licht des Ruhms, sondern unter den langen Schatten der Niederlage. Der katastrophale Fehlschlag von Philips Seeangriff auf Großbritannien bezeichnete das Ende von Spaniens Primat in der Machtpolitik Europas. Es sollte diese Rolle nie zurückgewinnen.

Verrannt in seinen einen großen Plan, gab Philip nicht auf, sondern warf alle Mittel, die Spanien geblieben waren, in die Unterdrückung der Niederländer. Philip selbst aber erwies sich als sterblich und verschied 1598, zehn erschöpfte Jahre nach der Armada und nachdem er den Escorial, das größte königliche Grabmal seit den Pyramiden, zu seinem Mausoleum gemacht hatte. Sein unnachgiebiger Kreuzzug gegen den Protestantismus, der ihn pausenlos in die Glaubenskriege des 16. Jahrhunderts verwickelt hatte, entzog

Spanien alle offensiven Kräfte, die es noch gegen die auf den Handelsmärkten der Welt reich und mächtig gewordenen Holländer hätte einsetzen können. Philips Tod nahm der Bemühung, die Herrschaft über die Niederlande zu bewahren, den Rückhalt, und mit dem Anbruch des 17. Jahrhunderts begann das Goldene Zeitalter der Niederlande. Bezeichnenderweise machte sich das zuerst in Amerika bemerkbar, wohin die Winde der Geschichte, die sich nach Westen gedreht hatten, nun wehten.

Im Jahre 1609 entdeckte ein englischer Navigator in den Diensten der Niederländischen Ostindischen Kompanie den Hudson River. In demselben Jahr, das auch die Begründung der Bank von Amsterdam sah, stimmte Spanien einer zwölfjährigen Waffenruhe zu, womit es praktisch die Unabhängigkeit der sieben Vereinigten Provinzen der Niederlande anerkannte. Das Schauspiel des großen, imperialen Spanien, das von einer sumpfigen kleinen Republik, die noch jung war unter den Staaten Europas, zum Waffenstillstand gezwungen wurde, beeindruckte die älteren Mächte. Sie begannen die früheren Bettler der See nun als einen Faktor im europäischen Mächtespiel ernstzunehmen. Es beeindruckte auch die Holländer selbst, die endlich dem Ziel ihrer Anstrengungen nahe waren. Nachdem die Waffenruhe ausgelaufen war, führte Spanien den Krieg hier und da ohne einschneidende Ergebnisse fort, es lockerte den Griff und ließ schließlich los.

Der Westfälische Frieden beendete 1648 den allgemeinen europäischen Konflikt des Dreißigjährigen Krieges, des größten und zerstörerischsten Krieges vor 1914. Die unterzeichnenden Mächte, darunter Spanien, erkannten die lange umkämpfte Unabhängigkeit der Vereinigten Provinzen der Niederländischen Republik an. Die Artikel wurden in dem vorläufigen Frieden von Münster unterschrieben – die Spanier legten die Hand auf ein Kruzifix, und die Holländer hoben zwei Finger zum Himmel. Bürger der Stadt bildeten ein Ehrenspalier, als die holländischen Abgesandten zur Ratskammer schritten, während Salutschüsse durch die mittelalterlichen Straßen hallten, um die Stunde zu feiern. Es war die Mitte des 17. Jahrhunderts, ein Jahr bevor der Schatten des Henkerbeils auf den königlichen Absolutismus fiel, als König Karl I. von England geköpft wurde.

III. Bettler der See – der Aufstieg der Holländer 55

Während sie damit beschäftigt waren, die Spanier zu vertreiben, hatten die Holländer ein Leben von großer kultureller Fruchtbarkeit geführt. Obwohl ihre Stadtväter als steif und konservativ galten und sehr wahrscheinlich auch in ihrem Kunstgeschmack kaum liberal gewesen sein können, war die kulturelle Atmosphäre offen und tolerant. Den Juden wurde die freie Religionsausübung ebensowenig verwehrt wie einer Vielzahl von christlichen Sekten, und die holländischen Städte waren berühmt für ihre Gastfreundschaft gegenüber jenen, die vor frömmelndem Fanatismus und Verfolgung in anderen Ländern fliehen mußten. Die Bemerkenswertesten unter diesen Flüchtlingen waren die englischen Dissidenten, die sich auf der Suche nach Religionsfreiheit zur Jahrhundertwende in Leyden niederließen und zwanzig Jahre später zu der Reise in die Zukunft aufbrachen, die 1620 in Amerika am Plymouth Rock endete. Eine andere bedeutende Gruppe waren die jüdischen Auswanderer aus Spanien und Portugal, unter ihnen die Eltern Spinozas, der 1632 in Amsterdam zur Welt kam.

Europäische Gelehrte und Autoren, deren Werke in ihren Heimatländern durch Zensur unterdrückt wurden, kamen, angezogen von den reichhaltigen Veröffentlichungsmöglichkeiten, in die Niederlande, wo sie tüchtige Verleger und eine internationale Leserschaft vorfanden. Es war eine holländische Presse, die die Ehre hatte, eines der bedeutendsten Bücher der Welt zu verlegen, geschrieben von einem Franzosen, der es zwanzig Jahre lang vorzog, in Holland zu leben, wo es ihm besser gefiel als zu Hause unter der Herrschaft Ludwigs XIII.: Descartes' *Abhandlung über die Methode* wurde 1637 in Leyden veröffentlicht. Viele andere bedeutende Gestalten der europäischen Kultur arbeiteten in Holland. Baruch Spinoza, der Philosoph einer humanen Religion, war Bürger von Amsterdam, und obwohl er von seiner eigenen Synagoge wegen seiner häretischen Ansichten ausgeschlossen wurde, blieb er und veröffentlichte seinen *Tractatus Theologico-Politicus* in seinem Geburtsland. Anton van Leeuwenhoek, der das Mikroskop entwickelte, ging seiner wissenschaftlichen Arbeit in seiner Heimatstadt Delft nach. Grotius van Delft, ein Holländer, formulierte in seinem Werk *Mare Liberum* für alle Zeiten das Prinzip der Freiheit der Meere und schrieb mit seinem *De Jure Belli ac Pacis* eines der einflußreichsten

56   *Der erste Salut*

Werke des Völkerrechts. Das Buch mußte allerdings in Paris veröffentlicht werden, weil Grotius von persönlichen Feinden unter falschen Anklagen ins Gefängnis gebracht worden war.

Der berühmte Gelehrte Pierre Bayle, Vorkämpfer einer rationalen
Skepsis gegenüber der Religion, dessen Werke seine Auffassung
verbreiteten, daß der religiöse Volksglaube eher auf der Leichtgläu-
bigkeit des Menschen beruhe denn auf Vernunft und Wirklichkeits-
nähe, war kein Philosoph, der einem autoritären Regime genehm
gewesen wäre. Gezwungen, Frankreich zu verlassen, kam er nach
Holland, wo ihm an der *Ecole Illustre* in Rotterdam eine Professur
und ein Stipendium gegeben wurden. Dieser Lehrstuhl war von der
Stadt geschaffen worden, um Gelehrten, die aus anderen Ländern
flüchten mußten, ein Auskommen zu sichern. Sein berühmtes *Dictionnaire,* eine Ein-Mann-Enzyklopädie, die 1697 in Rotterdam
veröffentlicht wurde, legte seine Erklärungen der Naturerscheinun-
gen dar. Das Werk wurde zwar in der ersten Ausgabe in Frankreich
unterdrückt, entwickelte sich aber gleichwohl zu einer Quelle und
Inspiration für Diderot und die französischen Enzyklopädisten. Indem es Bayle willkommen hieß, gab Rotterdam einem Mann eine
Heimat, der wie kein zweiter in seiner Zeit für Toleranz und Freiheit
stand. Bayle wies auf die Loyalität der religiösen Minderheiten
gegenüber dem holländischen Staat hin, solange ihnen Religionsfreiheit gewährt wurde, und riet, daß »eine ideale Gesellschaft alle
Religionen unter ihren Schutz stellen sollte, denn da die meisten
theologischen Probleme durch Beweiskraft nicht zu lösen sind, sollten die Menschen für die, die sie nicht überzeugen können, lieber
beten, anstatt sie zu unterdrücken«.* Diese Worte nehmen die Argumentation des Ersten Amendments der amerikanischen Verfassung vorweg. Ungewöhnlich an den Herrschenden in Holland war
in der Tat, daß sie, die in Sicherheit und Bequemlichkeit lebten,
eine Gesellschaft förderten, die auch den Unorthodoxen Schutz gewährte. Die amerikanischen Puritaner dagegen, deren Erfahrung

---

* Sein Werk und sein Denken sollten von seinem Schicksal verhöhnt werden. Denn
für die französischen Hugenotten, die nach Holland geflohen waren, war er genauso
wenig zu ertragen wie für die Katholiken in Frankreich. Ihr Einfluß führte dazu, daß
er seinen Lehrstuhl verlor. Er lebte und veröffentlichte aber weiterhin in den Niederlanden.

III. Bettler der See – der Aufstieg der Holländer   57

großer Härten sie nichts an Großzügigkeit ihren Mitmenschen gegenüber gelehrt hatte, bildeten eine heuchlerisch enge und hart strafende Herrschaftsgruppe heraus.

Angesichts der Toleranz der niederländischen Gesellschaft fühlte sich keine große Gruppe von holländischen Emigranten getrieben, sich im amerikanischen Neu Amsterdam anzusiedeln. So wurden Kaufleute, die reich genug waren, mindestens fünfzig Siedler zu finanzieren, und dafür von der Westindischen Kompanie Landzuweisungen bekamen, zu den Schirmherren der neuen Siedlungen. Da es keine ausreichende Anzahl wirklich verwurzelter holländischer Siedler gab, konnte Peter Stuyvesant keine schlagkräftige Verteidigungstruppe aufstellen, als 1664 die Briten die gesamte Gegend eroberten und ihr den Namen New York gaben.

War es die Freiheit der niederländischen Gesellschaft, die dem Goldenen Zeitalter der Malerei in der Mitte des 17. Jahrhunderts Nahrung und Ausdrucksmöglichkeit gab? Sowohl Rembrandt, der Meister einer tief humanen Malkunst, als auch Vermeer, der Exponent heiterer Vollkommenheit, arbeiteten zu dieser Zeit. Zugleich war es die Blütezeit der lebhaften Porträtisten Frans Hals und Van Dyck und der Darsteller häuslicher Szenen Jan Steen, Ter Borch und de Hooch sowie der Landschaftszauberer Ruysdael und Hobbema mit ihren dichtbelaubten Wäldern und segelübersäten Kanälen. Wenn die Welt auch das Goldene Zeitalter kaum erklären kann, so wird sie ihm doch dankbar sein.

Politisch war das Goldene Zeitalter nicht friedvoll, sondern erfüllt von Lärm, Blutvergießen und Schrecken, von Invasionen und Kriegen. Die Armee Ludwigs XIV. überrannte 1672 die Grenzen und wütete mit einer Brutalität, die in Erinnerung an die spanische Schreckensherrschaft die »Französische Furie« genannt wurde. Die Franzosen stießen bis ins Zentrum des Landes, nach Utrecht, vor, und die Holländer griffen wieder auf die Waffe des Wassers zurück und rissen die Deiche auf, um das Land zu überfluten. Zur gleichen Zeit erneuerte England, getrieben von seinen Handelskaufleuten, den Seekrieg gegen die Niederlande, um die Konkurrenz der holländischen Kaufleute in Gewalt zu ersticken. Es war der dritte dieser Kriege, und er endete mit dem Frieden von Westminster im Jahre 1674, in dessen Artikeln Regeln für die Durchführung neutralen

58   *Der erste Salut*

Handels niedergelegt wurden, die sich in der Zukunft als Schlangennest erweisen sollten.

Aber so unruhig die Zeiten auch waren, nichts konnte das strahlende politische Ereignis des Goldenen Zeitalters verdunkeln, die Souveränität und Unabhängigkeit der Niederlande, die 1648 in Münster bekräftigt wurde. Mit diesem Vertrag besiegelten die Holländer ihren Kampf um politische Freiheit, ein Kampf, den die Amerikaner im nächsten Jahrhundert aufnehmen sollten.

Kapitel IV
»Die verrückteste Idee der Welt« – eine amerikanische Marine

Die *Andrew Doria,* die die Hauptrolle im Drama des ersten Saluts spielte, war nicht einfach nur ein Schiff, sondern bereits Trägerin einer historischen Auszeichnung. Sie war eines von vier umgerüsteten Handelsschiffen des »einzigartig kleinen« Verbandes – so beschrieb ihn bedauernd einer seiner Offiziere, John Paul Jones –, der die erste Marine der Vereinigten Staaten bildete. Sie war auf Beschluß des Zweiten Kontinentalkongresses vom 13. Oktober 1775 geschaffen worden, und sie sollte schon bald in ihre erste Kriegshandlung verwickelt werden.

Der Name des Schiffes ging auf eine berühmte Gestalt im Kampf um die Freiheit zurück, auf den tapferen Admiral von Genua (italienisch Andrea Doria), der die Truppen seiner Stadt im Kampf gegen die Franzosen im Jahre 1528 befehligte. Die *Andrew Doria* war etwa 75 Fuß lang und 25 Fuß breit, sie hatte eine gemischte Takelage von Rahsegeln am Hauptmast und dreieckigen Stag- und Schonersegeln am Besan. Bewaffnet war sie mit sechzehn Sechspfündern – Kanonen, die kleine 6-Pfund-Kugeln abfeuern konnten –, sowie mit einer Anzahl von Drehbassen, kleineren drehbaren Kanonen, die auf Deck angebracht waren, um ein breiteres Schußfeld zu haben. Die Mannschaft zählte 130 Köpfe.

Die Bedeutung der Seemacht als strategischer Arm eines Landes war im 18. Jahrhundert weithin bekannt und akzeptiert – lange bevor Admiral Alfred Thayer Mahan sie zur Überraschung aller seefahrenden Nationen, die durch die Jahrhunderte aufgrund ihrer Seemacht aufgestiegen oder aufgrund ihrer Ohnmacht zur See abgestiegen waren, als fundamentales Prinzip niederlegte. Die Niederlage der Spanischen Armada hatte den Aufstieg Großbritanniens und den Niedergang Spaniens dreihundert Jahre vor Mahans Entdeckung bestimmt, und Nelsons Schiffe setzten in der Schlacht von Trafalgar der Bedrohung Großbritanniens durch Napoleon ein Ende und veränderten das Kräfteverhältnis zwischen Britannien und Frankreich, neunzig Jahre bevor Mahans berühmtes Buch *Der Einfluß der Seemacht auf die Geschichte* veröffentlicht wurde. Nationen – wie Menschen – sind oft pragmatischer in ihrem Handeln, als sie selbst wissen oder zu erklären vermögen.

Die amerikanischen Kolonien brauchten auch kaum auf ein Prinzip zu warten. Ihr Bedarf an Nachschub von Waffen und Pulver und die Notwendigkeit, die Nachschublinien des Feindes zu unterbrechen und sich gegen die Angriffe auf ihre Küstenstädte zu verteidigen, war zwingend. Die Amerikaner hatten das Glück, einen Oberbefehlshaber gefunden zu haben, der selbst zu der festen Überzeugung gelangt war, daß die Armee der Kolonien niemals ohne den Einsatz von Seestreitkräften siegen könnte. Im August und September 1775 hatte Washington mehrere kleine Fischfangschoner angemietet und bewaffnet, die von den Staaten Massachusetts, Rhode Island und Connecticut den Auftrag erhalten hatten, ihre Küsten vor britischen Überfällen zu schützen. Im Oktober bewachten bereits vom Kongreß beauftragte Schoner die Einfahrt zum Hafen von Boston, um britische Transporte zu überfallen, die nicht bewaffnet waren, da sie überhaupt nicht mit Seekriegsmaßnahmen der Kolonien rechneten. »Washingtons Marine«, wie die Schoner genannt wurden, kaperten auf diese Weise Musketen, Kugeln und Pulver und einen dicken 13-Zoll-Mörser, den sie gut gebrauchen konnten, um die Briten in Boston zu bombardieren.

In seinem drückenden Mangel an Schießpulver forderte Washington im August 1775, kaum vier Monate nachdem bei Lexington und Concord die ersten Schüsse gefallen waren, den Rat von Rhode Island auf, ein bewaffnetes Schiff nach Bermuda zu schicken, wo, wie er sagte, »es in einem entfernten Winkel der Insel ein beträchtliches Pulvermagazin gibt und die Einwohner nicht nur im allgemeinen unserer Sache wohlwollend gegenüberstehen, sondern uns auch in diesem Unternehmen insbesondere zu helfen bereit sind«.

IV. »Die verrückteste Idee der Welt« – eine amerikanische Marine   61

Rhode Island mit seinen großen Buchten und seiner langen verwundbaren Küste teilte verständlicherweise Washingtons Haltung
und auch die Dringlichkeit, die er der Entwicklung von Seestreitkräften zumaß. Noch über Washingtons Wünsche hinausgehend,
verabschiedete die Kolonie im August 1775 zusammen mit den ihr
assoziierten Providence Plantations eine verblüffende Resolution,
die nichts Geringeres als den Aufbau einer »amerikanischen Flotte«
vorsah, und legte die Resolution im selben Monat dem Kontinentalkongreß vor. Washington seinerseits forderte den Staat Massachusetts im Oktober auf, ihm zwei bewaffnete Schiffe zur Verfügung zu
stellen. Mit ihnen wollte er zwei englische Briggs, die mit militärischer Ausrüstung beladen von England nach Quebec segelten, kapern. Aus der Notwendigkeit, solche Unternehmungen in größe-
rem Stil zu organisieren und den britischen Nachschub während der
Belagerung von Boston zu unterbrechen, wurde die Marine der
Vereinigten Staaten geboren. Freibeuter und Fischereischoner, die
von Handelsmatrosen und Fischern bemannt waren, wurden von
den einzelnen Kolonien offiziell beauftragt und ausgerüstet. Aus
diesen schwachen Anfängen wollte der Kongreß eine nationale Seestreitmacht aufbauen, die der kontinentalen Regierung verantwortlich war.

Aufgrund der starren Seekriegsmethoden des 18. Jahrhunderts, die
den Kampf Schiff gegen Schiff, Kanone gegen Kanone vorsahen,
galt Quantität immer als der entscheidende Faktor, und die Anzahl
ihrer Schiffe sprach gegen die erste amerikanische Marine. Sie
brachte es auf weniger als ein Drittel der Schiffe und weniger als ein
Viertel der Kanonen des Feindes in amerikanischen Gewässern.
Die Flotte der Briten war über die ganze Länge der Küste von Halifax bis Florida eingesetzt. Sie verfügte über drei Linienschiffe und
sechs kleinere Kriegsschiffe, die 300 Kanonen auf sich vereinigten.
Ihre Stützpunkte waren Boston und die neuenglischen Häfen weiter
im Norden. Zwei Kanonenboote lagen in der Narragansett Bay vor
Rhode Island, ein Linienschiff und zwei Kanonenboote in New
York, drei Kanonenboote in der Chesapeake Bay, ein anderes mit
16 Kanonen in Charleston und zehn kleinere Schiffe mit sechs bis
acht Kanonen in verschiedenen Häfen dazwischen. Angesichts
einer solchen Übermacht war es kein Wunder, daß einige Amerika-

ner, denen das Offizierspatent der neuen Marine angeboten wurde, mit der Begründung ablehnten, »sie hätten wenig Neigung, gehängt zu werden«. Soldaten der Armee wurden, wenn sie in die Hände der Briten fielen, als Kriegsgefangene behandelt, Matrosen und Offiziere zur See aber als Piraten. Kühnere Männer nahmen das Angebot an, darunter Kapitän Nicholas Biddle aus Philadelphia, der das Kommando der *Andrew Doria* übernahm, sowie sein Nachfolger auf diesem Posten, Kapitän Isaiah Robinson, der das Schiff nach St. Eustatius segeln sollte.

»War das erste Korps von Seeoffizieren verrückt«, fragte John Paul Jones, als er nach dem siegreichen Ende der Revolution zurückblickte, »in einer so kritischen Zeit mit nur zwei bewaffneten Handelsschiffen, zwei bewaffneten Brigantinen und einer Korvette auf den Ozean hinauszufahren?« (Ein fünftes Schiff, die *Providence,* war den ersten vier hinzugefügt worden.) Eine so kleine Streitmacht »hatte in der Auseinandersetzung mit einer so großen Macht wie Großbritannien kein Vorbild in der Geschichte«.

Die Delegierten des Kongresses wußten nur zu genau, wie recht Jones hatte, und sie diskutierten den Vorschlag einer nationalen Flotte mit großen Bedenken. Samuel Chase aus Maryland bekräftigte, daß es in der Tat »die verrückteste Sache der Welt« sei, eine amerikanische Flotte gegen die Briten zu stellen, aber der Vertreter von Virginia, George Wythe, wiederholte, was auch Washingtons These war. »Keine Macht mit langen Küsten kann ohne eine Flotte sicher sein. Hat nicht auch Rom für den Krieg gegen Karthago eine Flotte gebaut? Warum sollten wir uns dieses Beispiel nicht eine Lehre sein lassen?« Mehr noch als die praktische Notwendigkeit oder das historische Beispiel war es die schmerzliche Sehnsucht nach einer Vergeltungswaffe gegen die Briten, welche mit solcher Grausamkeit die Küstenstädte angegriffen hatten, die eine amerikanische Marine schuf. »Ihr habt begonnen, unsere Städte zu verbrennen und unsere Menschen zu morden«, schrieb Benjamin Franklin an ein Mitglied des britischen Parlaments. »Seht auf Eure Hände. Sie sind befleckt vom Blut Eurer Verwandten. Ich war lange Euer Freund. Jetzt seid Ihr mein Feind, und ich bin der Eure.«

In der Verblendung aller Invasoren zu allen Zeiten glaubten die Briten, daß strafende Brutalität das verteidigende Volk einschüch-

IV. »Die verrückteste Idee der Welt« – eine amerikanische Marine   63

tern und zur Kapitulation zwingen würde. So verbrannten die britischen Truppen Häuser, Farmen, Scheunen und Wälder, schlachteten Vieh und hinterließen eine Spur der Zerstörung, wo immer die Rotjacken und die Hessen auftauchten. Der brennende Wunsch, diese Untaten in irgendeiner Weise zu rächen, beflügelte das maritime Unternehmen der Kolonien.

Der Kongreß billigte die Resolution Rhode Islands und beschloß, eine nationale Marine ins Leben zu rufen. Am 13. Oktober 1775 ernannte er einen Ausschuß zu diesem Zweck, der über 500000 Dollar verfügen durfte, um vier bewaffnete Schiffe zu kaufen und auszurüsten sowie dreizehn Fregatten bauen zu lassen. Fregatten waren die Schiffsklasse, die weniger als 44 Kanonen besaß, die nächstkleinere Klasse nach dem Linienschiff. In einem Übermaß an Selbstvertrauen kündigte der Ausschuß an, die Schiffe seien in drei Monaten seetauglich. Die ersten vier wurden im November angekauft. Es war die physische Geburt der amerikanischen Marine, die zu der Zeit noch Kontinentalmarine genannt wurde. Da die Vereinigten Kolonien keine regulären Kriegsschiffe besaßen, mußten Handels- und Fischereifahrzeuge angekauft, umgerüstet und bewaffnet werden. Die Schiffsrümpfe mußten verstärkt, Löcher in die Seitenwände gebohrt werden, damit die Kanonen die Breitseiten abfeuern konnten, die als grundlegende und einzige Taktik des Kampfes auf See galten. Mast und Takelage mußten zum Kriegseinsatz verstärkt werden, und man mußte Mannschaften auf die Beine stellen. Washington besetzte die Geschütze der kleinen Kriegsschiffe mit Soldaten der neuenglischen Regimenter. Die Matrosen allerdings mußten gepreßt werden, denn der Dienst auf See in den engen und feuchten Unterdecksquartieren war für Freiwillige nicht verlockend. Auch für Kapergeld gab es auf diesen Schiffen geringere Aussichten, da der größere Teil der Beute an die Regierung abgeführt werden mußte, was für Offiziere und Mannschaften weniger übrigließ als auf Freibeuterschiffen. Überdies schreckten auch die größere Gefahr auf Schiffen der nationalen Marine und die längeren Verpflichtungszeiten Freiwillige ab. Freibeuter griffen ja in der Regel nur schwachbewaffnete Handelsschiffe an. Preßpatrouillen waren für die Kontinentalmarine eine Notwendigkeit. Freibeuter waren im wesentlichen Schiffe, denen die örtliche oder nationale Regierung einen Freibrief zur Piraterie ausgestellt hatte. Diese Praxis war ein Paradox in der Entwicklung von Recht und Ordnung, die, so nimmt man zumindest an, den Fortschritt der Zivilisation repräsentiert. Freibeuter liefen mit der expliziten Absicht aus, Handelsschiffe anzugreifen und ihre Ladung zu rauben – und dies zum Profit des Besitzers, der Mannschaft und der Regierung, die den Freibrief ausgestellt hatte. In diesem maritimen Einbruchsgeschäft autorisierte die Lizenz den Angriff, während der Kaperbrief den Raub der Ladung abdeckte. Es war, als gäbe der Polizist dem Einbrecher seine freundliche Genehmigung, und die Theorie dahinter war eine der glücklichen Heucheleien, die Menschen so hervorragend gelingen, wenn sie das Gesetz mit der Gier kombinieren wollen.

Der durch Vetternwirtschaft geschwächte Marineausschuß verhieß nichts Gutes für die Kampfkraft der neuen Marine. Esek Hopkins, Kommodore der Flotte, war ein älterer Handelsschiffer, der vierzig Jahre zur See gefahren war. Mit dem Hochmut des Praktikers gegenüber den Bürokraten bezeichnete er den Ausschuß als »einen Haufen verdammter Narren [obwohl einer von ihnen John Adams war], die denken, die Marine könnte für den Krieg bezahlen helfen«. Eseks Bruder, Stephen Hopkins, war Vorsitzender des Marineausschusses, und seinem Sohn John wurde das Kommando der *Cabot,* eines der ersten vier Schiffe des Verbandes, anvertraut.

Eine Flagge war so notwendig wie ein Kommodore oder eine Mannschaft, denn ohne sie war eine nationale Marine nichts. Wenn eine Flagge für eine Armee-Einheit oder ein Hauptquartier auf Land eine Tradition war, die ein Gefühl des Stolzes und der Loyalität ausdrücken sollte, so war sie für ein Schiff auf den endlosen Meeren eine Notwendigkeit, denn sie bezeichnete seine Identität, die eine Verwechslung mit einem Piraten verhinderte. Bis zu diesem Zeitpunkt hatten Schiffe, die von den einzelnen Kolonien beauftragt worden waren, die Fahne der jeweiligen Kolonie gehißt, so zum Beispiel die Fichte von Massachusetts, oder aber einen persönlichen Stander, wie die sich aufrichtende Schlange George Washingtons mit dem Wahlspruch: »Tritt nicht auf mich.« Die Kontinentalmarine aber brauchte eine Flagge, um den hart erkämpften Zusam-

IV. »Die verrückteste Idee der Welt« – eine amerikanische Marine   65

menschluß der Kolonien unter eine Souveränität zu symbolisieren, den großen Schritt, der einen Revolutionskrieg möglich machte. Diese Flagge wurde am Sitz des Kongresses in Philadelphia genäht, von einer Putzmacherin namens Margaret Manny. Sie wehte am Mast der *Andrew Doria,* als diese den ersten Salut entgegennahm. Jeder kennt Betsy Ross*, warum wissen wir nichts über Margaret Manny? Wahrscheinlich hatte sie einfach nur weniger redefreudige Freunde und Verwandte, und so wurde sie vergessen.

Auf die Frage, woher genau diese Flagge stammte, wollen wir uns nicht einlassen, denn hier gibt es über jedes Detail heftige Dispute. Wir wollen statt dessen einfach die Tatsache akzeptieren, daß ein rot und weiß gestreiftes Tuch im Dezember 1775 am Mast eines Schiffes der neuen Marine in seinem Dock in Philadelphia erschien. Die Archive sagen uns, daß Margaret Manny, Putzmacherin, von James Wharton aus Philadelphia 49 Yards Flaggentuch und 52½ Yards des schmaleren Tuchs bekam, aus dem sie eine Standarte zu nähen hatte. Die Kosten für die Tuchwaren wurden den Rechnungen für das Schiff *Alfred,* das Flaggschiff des Verbandes und mit 30 Kanonen das größte der ersten vier Schiffe, zugeschlagen. Wir wissen nicht genau, wer das Tuch entwarf, aber wir wissen, daß das Endprodukt schließlich dreizehn rote und weiße Streifen besaß, die den Zusammenschluß der dreizehn Kolonien repräsentierten. Im oberen linken Quadranten erschienen die kombinierten Kreuze von St. Andrew und St. George, die von der britischen Union Jack übernommen worden waren. Diese Kreuze waren auf der britischen Fahne erstmals 1707 erschienen, als die beiden Königreiche von England und Schottland unter Großbritannien eine Union wurden. Ihr Erscheinen auf der amerikanischen Flagge deutete an, daß die Kolonien noch nicht vollständig bereit waren, sich von der britischen Krone zu distanzieren oder sich selbst zu einem neuen souveränen Staat zu erklären. Richard Henry Lees bahnbrechende Resolution im Kongreß vom Juni 1776, »daß diese Vereinigten Kolonien

---

* Betsy Ross (1752–1836), geb. in Philadelphia; soll von Washington persönlich den Auftrag bekommen haben, die erste amerikanische Fahne zu nähen. Diese Geschichte wurde von ihrer Familie erzählt und ist eine der Legenden der Revolution, für die es keinerlei Beweise gibt. A. d. Ü.

freie und unabhängige Staaten sind und von Rechts wegen sein sollen; und daß alle politische Verbindung zwischen ihnen und dem Staat von Großbritannien hiermit gänzlich aufgehoben ist und aufgehoben sein soll«, war noch heftig umstritten. Was die Kolonien zu diesem Zeitpunkt wollten, war mehr Autonomie und das unersetzliche Gefühl der Freiheit eines selbständigen Volkes. Sie bestanden darauf, sich selbst zu besteuern, und wollten nicht, daß ihnen Statuten und Steuern vom britischen Parlament ohne ihre Zustimmung auferlegt wurden. Und sie kämpften dafür, Großbritannien diese Position aufzuzwingen.

An einem Wintertag, dem 3. Dezember 1775, wurde die neue Flagge von John Paul Jones, dem Ersten Offizier der *Alfred,* am Mast eines Schiffes gehißt, das noch im Dock in Philadelphia an der Mündung des Delaware River lag. »Mit meinen eigenen Händen hißte ich die Flagge der Freiheit«, erinnerte sich Jones. Der Kommodore, die Offiziere der Flotte und eine jubelnde Menge von Bürgern sahen dem Ereignis von der Küstenstraße aus zu. Washington hißte kurz danach, am 1. Januar 1776, während seiner Belagerung Bostons, eine Fahne auf dem Prospect-Hügel in Cambridge, Massachusetts. Es war wahrscheinlich die gleiche Fahne. Es gibt keinen wirklich überzeugenden Nachweis dafür, daß diese Flagge, genannt die Grand Union, bei Trenton und Brandywine und anderen Landschlachten den Truppen voranwehte, aber sie flog mit Sicherheit bei Kampf auf See. Aus der Grand Union entstanden die Stars and Stripes, die vom Kongreß offiziell im Juni 1777 übernommen wurden. Die Fahne hatte dreizehn weiße Sterne in einem blauen Feld, das die britischen Kreuze ersetzte. 1795 wurden zwei Sterne hinzugefügt, die Kentucky und Vermont als neu zur Union gehörige Staaten symbolisierten.

Der neugeborenen Marine aber wurde noch vor der offiziellen Übernahme der Flagge ihre erste Mission gegeben. Kommodore Hopkins erhielt vom Kongreß den Befehl, den Feind in der Chesapeake Bay anzugreifen, wenn dies möglich wäre, aber er entschied auf eigene Verantwortung, sich einem anderen Ziel zuzuwenden. Sein Plan war es, durch eine überraschende Landung seiner Seesoldaten die Häfen von Nassau auf der Insel New Providence in den Bahamas zu erobern und den militärischen Nachschub, der dort la-

IV. »Die verrückteste Idee der Welt« – eine amerikanische Marine 67

gerte, an sich zu bringen. Das Marinekorps für Landungsoperationen, die den Seekrieg unterstützen sollten, war schon einen Monat nach der Begründung der Kontinentalmarine geschaffen worden. Das Eis des Delaware brechend, mit der Kontinentalflagge am Mast der *Alfred,* segelte der kleine Verband in das stürmische Februarmeer hinaus. Er ging in keinem verheißungsvollen Moment des Krieges in See, denn die Amerikaner hatten nach dem Verlust von Long Island und New York im August 1776 die Kontrolle über die New Yorker Küste an die Briten verloren. Wenig später gelang es Washington immerhin, seine Truppen aus Manhattan abzuziehen und auf die Hügel von Harlem und von dort bis nach New Jersey zurückzuweichen. Auf diese Weise bewahrte er seine Armee vor der Auflösung und hielt die zerbrechliche Verbindung zwischen Neuengland und dem Süden aufrecht.

Die Marine aber errang auf ihrer Mission zu den Bahamas einen Erfolg. Sie eroberte in einem Überraschungsangriff auf New Providence 88 Kanonen, 15 Mörser und 24 Faß Schießpulver. Auf der Reise zurück nach Hause wurden überdies zwei kleine britische Kaperschiffe, die die Küste von Rhode Island beunruhigt hatten, aufgebracht.

Das erste größere Seegefecht folgte am 6. April 1776. Gegen den dunklen Horizont vor Block Island sichtete die *Andrew Doria* um etwa ein Uhr nachts ein fremdes Segel und alarmierte die anderen Schiffe des Geschwaders. Das fremde Segel erwies sich als ein britisches Kriegsschiff, die *Glasgow,* die die Depeschen der Admiralität den britischen Garnisonen in den südlichen Häfen brachte. Zum Glück war sie allein, denn das amerikanische Geschwader litt unter unerprobten Mannschaften, von denen viele an den Pocken erkrankt und andere nicht dienstbereit waren, »weil sie aus ihren Kaperungen zuviel Alkohol zu sich genommen hatten«. Die amerikanischen Schiffe waren unbewegliche Segler, überdies behindert durch das Gewicht der eroberten Kanonen. Das Drei-Stunden-Duell, das bis zum Morgengrauen dauerte, war ein wildes Durcheinander ohne einheitlichen Befehl, bei dem jeder Kapitän sich selbst überlassen war. Die *Andrew Doria,* die aus großer Nähe ihre Breitseiten abfeuerte, lieferte ein gutes Gefecht, bis sie sich mit der manövrierunfähig geschossenen *Alfred* verhakte und vom Feind weggezogen wurde. Das Feuer der anderen Schiffe des Verbandes aber fand sein Ziel und zwang den Feind, alle verfügbaren Segel zu setzen, um nach Newport zu entkommen. »Da floh die arme *Glasgow* dahin«, berichtete ein Beobachter an der Küste, »unter allen Segeln, die sie setzen konnte, aus den Mündungen ihrer Kanonen japsend wie ein Hund mit gebrochenem Bein, um ihnen [der britischen Flotte in Newport] zu signalisieren, daß sie so traurig verwundet war.« Die Amerikaner setzten nach, aber die überlegene Schnelligkeit der *Glasgow* brachte sie trotz ihrer Beschädigungen so nahe an Newport heran, daß die Hetzjagd aufgegeben wurde, um nicht in die Reichweite der britischen Kanonen zu geraten, die aus dem Hafen heraus das Alarmgebell der *Glasgow* beantworteten.

Das gekaperte Kriegsmaterial hatte keinen Schaden genommen. Die Amerikaner segelten nach New London und brachten damit die erste Aktion der Kontinentalmarine zu einem erfolgreichen, wenn auch nicht heroischen Ende. Die Offiziere waren mit ihrer Leistung in dem Gefecht allerdings gar nicht zufrieden. In Kapitän Biddles Worten: »Eine unbedachtere und schlechter geführte Affäre hat sich nie zugetragen.«

Andere Gefechte vor den Delaware Capes, vor Bermuda, Nova Scotia und Cape Breton Island folgten. Sie sind aber für diese Geschichte nur insofern von Bedeutung, als sie die kontinentale Flagge bei Feinden und neutralen Nationen bekannt machten.

Nach ihrem Kampf mit der *Glasgow* wurde die *Andrew Doria* in ihrem Heimathafen in Gloucester, New Jersey, repariert und neu ausgerüstet. Am 23. Oktober lief sie unter einem neuen Kapitän, Isaiah Robinson, mit versiegelten Befehlen des Marineausschusses aus. Die auf See geöffnete Order gab dem Schiff als Ziel St. Eustatius an. Seine Mission war es, eine Abschrift der Unabhängigkeitserklärung dorthin zu bringen und dem Gouverneur de Graaff zu übergeben, sowie Tuch, Waffen und Munition für die Kontinentale Armee zu kaufen. Mit einem Schiff der neuen nationalen Marine unter den Füßen und »in dem Bewußtsein, eine diplomatische Mission auszuführen«, wollte Kapitän Robinson eindrucksvoll in den Hafen von St. Eustatius hineinsegeln. Mit der gestreiften Kontinentalflagge am Fockmast und der holländischen Fahne am Hauptmast ankerte er praktisch unter den Kanonen von Fort Oran-

IV. »Die verrückteste Idee der Welt« – eine amerikanische Marine 69

ge. Den maritimen Gebräuchen folgend, dippte er die Flagge, und als die Fahne des Forts als Antwort darauf ebenfalls gedippt wurde, feuerte er Salut. Wie Abraham Ravené, der Kommandeur des Forts, später aussagte, hatte er die Identität seines Besuchers erkannt, und ihm war klar, daß eine Anerkennung dieser Flagge ihm Ärger mit den Briten eintragen würde. Er war unsicher, was er tun sollte.

Hastig wurde nach dem Gouverneur gesandt, der in der Nähe wohnte. Der instruierte ihn, mit zwei Kanonenschüssen weniger als dem üblichen nationalen Salut zu antworten. Die Geschütze donnerten, und die weißen Pulverwölkchen stiegen auf. Drei englische Matrosen an Bord einer Sloop, die die Reede überquerte, sahen die Szene und beeilten sich, sie den Einwohnern von St. Kitts mitzuteilen.

Der Salut der *Andrew Doria* löste in Amerika offensichtliche Genugtuung aus, und man versuchte eine Wiederholung des Ereignisses herbeizuführen. Im Februar 1777 gab der Marineausschuß Kapitän Nicholas Biddle von der kontinentalen Fregatte *Randolf* den Befehl, er möge, da er »die erste amerikanische Fregatte kommandiert, die ausgelaufen ist, sich bei allen geeigneten Gelegenheiten für die Ehre der amerikanischen Flagge einsetzen. Wann immer Ihr in einen ausländischen Hafen einlauft, schießt Salut…« Es ist indessen kein weiterer Austausch von Salutschüssen festgehalten.

Ob es nun eine Verrücktheit war, eine Flotte auf Kiel zu legen oder nicht, der Kongreß machte die maritime Herausforderung an Großbritannien am 25. November des Jahres deutlich, als er britische Kriegsschiffe, aber noch keine Handelsschiffe, formell zur Vergeltung für die britischen Angriffe auf amerikanische Küstenstädte zur Kaperung freigab. Zugleich gab er die Artikel der Vereinigten Kolonien von Nordamerika für die Seekriegsführung heraus.

Kapitel V
Freibeuter – die *Baltimore Hero*

In seiner Ungeduld, in den Kampf einzugreifen, hatte ein Freibeuter mit dem Namen *Baltimore Hero,* der nicht zur Kontinentalen Marine gehörte, aber eine Autorisierung des Sicherheitsrats von Maryland besaß, eine formale Erlaubnis nicht abgewartet. Am 21. November 1776 kaperte die *Baltimore Hero* mit mehr Kühnheit als Bewaffnung (sie hatte nur zwischen sechs und vierzehn Kanonen) ein britisches Frachtschiff, die *May,* drei Meilen vor der Küste von St. Eustatius. Die *May,* die aus dem Hafen von St. Kitts kam, wurde in Sichtweite dieser Insel und St. Eustatius' gekapert. Ein Prisenkommando, das den Befehl hatte, das Schiff nach Delaware in Amerika zurückzubringen, kam an Bord. Der Besitzer, ein britischer Einwohner von Dominica, der südlichsten der Leeward-Inseln, protestierte scharf über den Gouverneur von Dominica beim höchsten Offizier des britischen Empire in der Gegend, dem Präsidenten von St. Kitts, der mit angemessenem Aplomb den Namen Craister Greathead trug.

Ein Hagel diplomatischer Botschaften ging auf Den Haag nieder. In ihnen fanden sich Präsident Greatheads Anklagen wieder, daß die Einwohner von St. Eustatius »täglich und offen« Nachschub für die Amerikaner geliefert hätten, daß sie »ihnen in ihrem Verrat geholfen hätten und die Beschützer ihrer Piraterie geworden seien«; schließlich, daß die Kaperung durch die *Baltimore Hero* in Reichweite der Kanonen des Forts von St. Eustatius stattgefunden habe. Daß es dem amerikanischen Schiff danach, so behauptete Greathead, erlaubt worden sei, auf die Reede von St. Eustatius zurückzukehren, »offensichtlich im Genuß jeder Protektion«, sei der keineswegs neutralen, permissiven Haltung, wenn nicht der aktiven Mithelferschaft des Gouverneurs von St. Eustatius, de Graaff, zuzuschreiben. Greathead forderte de Graaff ultimativ zu einer Erklärung auf. Er verlangte Entschädigung für den Besitzer der *May,* und er bestand darauf, daß die »Anstifter« gefunden, gefangengenommen und gebührend bestraft würden – als »Abschreckung für andere«. Auf die vorausgegangene Ungeheuerlichkeit des Saluts für die *Andrew Doria* zurückgreifend, behauptete Greathead, ohne Beweise anzubieten, daß die Identität der Rebellenflagge de Graaff sehr wohl bekannt gewesen sei, als er ihr Salut schießen ließ. Die Frage des Saluts stimmte ihn sogar noch empörter als die der Kaperei. Und er forderte »eine exemplarische Buße für die Demütigung der Farben Seiner Majestät durch die Ehre, die Fort Orange Seinen rebellischen Untertanen erwiesen habe«.

In wortreicher Polemik beklagte er weiter »die flagrante Verletzung« der vielen Vereinbarungen, die zwischen »unseren beiden Höfen« existierten, sowie den Verstoß gegen das Völkerrecht, »indem den bekannten Rebellen gegen Großbritannien Hilfe und Ehre zuteil geworden war... Diese verblendeten Menschen können unter dem Gesetz in keinem anderen Licht gesehen werden... und das Gesetz der Nationen kennt kein solches Recht wie das eines rechtlichen Krieges von Untertanen gegen ihren souveränen Staat, und daher können diese Kaperungen unter der Autorität ihrer usurpierten Macht nur piratische Räubereien sein... Zum Skandal allen hergebrachten Rechts und der nationalen Ehre ist es einer holländischen Kolonie vorbehalten geblieben, der erklärte Komplize jener Verrätereien und Piraterien zu werden. Und die Hochmögenden Herrschaften [der Titel, der in diplomatischer Sprache für die Generalstaaten benutzt wurde] sind die ersten, die eine bisher im Katalog der nationalen Insignien unbekannte Flagge öffentlich anerkannt haben.« In diesem belehrenden Ton und in überfließender Rhetorik geht es weiter und weiter. (Es ist immer wieder erstaunlich, wie es möglich war, daß die Briefschreiber des 18. Jahrhunderts – besonders offizielle Briefschreiber – die Zeit und die Fähigkeit hatten, ihre sorgfältig gemeißelten Sätze, diese grammatische Perfektion und diese *mots justes* hervorzubringen, während ihre Nachfolger im 20. Jahrhundert die Vergangenheit nur beneiden

V. Freibeuter – die Baltimore Hero 73

können und ihre Leser dazu zwingen, sich einen Weg durch die Dik-
kichte der akademischen Sprache oder den Sumpf des bürokrati-
schen Jargons zu bahnen.)
Der weitere Vorwurf, daß der Freibeuter in der Tat zur Hälfte Van
Bibber gehörte, dem Agenten des Staates Maryland, und daß er
einem Verwandten auf der Insel Anteile an der Kaperprise versprochen hatte, wurde von Mr. Van Bibber und einem Mr. Aull, dem
angeblichen Teilhaber an der Piraterei, emphatisch abgestritten.
In einer letzten bitteren Klage fügte Craister Greathead schließlich
hinzu, daß es de Graaff, als er gebeten wurde, sich dem Gouverneur
von St. Kitts zu erklären, abgelehnt habe, mit ihm zu sprechen. Um
dem Brief noch mehr Gewicht zu geben, ordnete Gouverneur
Greathead an, daß er »in aller Form« durch ein Mitglied des Rates
Seiner Majestät, durch niemand Geringeren als den Kronanwalt
Seiner Majestät, übergeben werden sollte. De Graaff war nicht beeindruckt. In seinem hochmütigen Antwortschreiben weigerte er
sich, auf die Forderungen Präsident Greatheads einzugehen oder
die Affäre auch nur mit ihm oder sonst jemandem von St. Kitts zu
diskutieren.
Als die Proteste Seiner Majestät Georg III. zunehmend drohender
wurden, behaupteten die Generalstaaten, daß ihre Neutralität sie
dazu verpflichte, die Kolonien genauso zu behandeln wie die Krone, und daß die Niederlande aus diesem Grund ihre Häfen den amerikanischen Schiffen offenhielten. Indirekt bedeutete dies, daß die
Niederlande die amerikanische Seite in dem Kampf als einen gleich-
berechtigten Kriegsführenden betrachteten, nicht einfach als Rebellen. Nichtsdestoweniger war die holländische Republik – zerrissen zwischen der proamerikanischen Partei von Amsterdam, die
vor allen Dingen dem Handel und seinen Profiten loyal war, und der
probritischen Seite, die dem Prinzen von Oranien treu blieb – nicht
bereit, sich der Drohung eines Krieges auszusetzen. Die Generalstaaten befahlen, de Graaff zu einer Anhörung zurückzurufen.
Überdies setzten sie eigene Kriegsschiffe vor St. Eustatius ein, um
holländische Schiffe auf Waffen, Munition und andere Konterbande zu durchsuchen.
De Graaff versuchte, die Reise nach Hause zu vermeiden. Er
schützte Gesundheitsgründe und Familienverantwortlichkeiten,

die Last der offiziellen Pflichten und, etwas seltsam für einen holländischen Untertanen, eine »Furcht und Abneigung gegen die See« vor, da er »der Seekrankheit in erstaunlichem Maße« unterworfen sei, so daß er die ganze Reise über nicht in der Lage sein werde, den Kopf zu heben, zu essen oder zu trinken. Man entschuldigte ihn nicht. Die Seekrankheit war, wie ein Zeitgenosse bemerkte, »eine Krankheit, die kein Mitleid erhält, wenngleich sie es in hohem Maße verdient hätte«. Obwohl es de Graaff gelang, die Reise um mehr als ein Jahr aufzuschieben, mußte er schließlich fahren. Er überlebte die Seekrankheit und traf 1778 in Amsterdam ein, wo er von einem Ausschuß der Westindischen Kompanie befragt wurde. Drei Hauptvorwürfe wurden gegen ihn erhoben: das Schmuggeln verbotener Ware, die Tolerierung der Kaperung eines englischen Schiffes und der Salut der Rebellenflagge. In Erwiderung auf den dritten Vorwurf behauptete er, daß der Salut der *Andrew Doria* eine übliche Höflichkeit für einlaufende Schiffe gewesen sei, die unabhängig von der Nationalität des Schiffes sei und daher auch eine Anerkennung nicht implizieren könne.

Die zentrale Frage – ob de Graaff die Identität der Flagge, der er Salut schoß, erkannt habe oder nicht – wurde nicht aufgeklärt. Greathead behauptete, ohne dies näher auszuführen, daß die Flagge »bereits als die Fahne der amerikanischen Rebellion bekannt war«. Er zog diesen Schluß wahrscheinlich aus der Aussage eines jungen Matrosen der *Andrew Doria* mit Namen John Trottman, der, als er vom Rat von St. Kitts befragt worden war, ausgesagt hatte, daß die *Andrew Doria,* als sie vor St. Eustatius ankam, das Fort Orange mit 13 Kanonenschüssen salutiert hatte und daß der Salut nach einer kurzen Pause vom besagten Fort mit 9 oder 11 Kanonenschüssen beantwortet wurde; er konnte sich nicht genau entsinnen, wie viele. Aber er erinnerte sich genau, daß das Schiff während dieser Zeit »die Farben des Kongresses gehißt hatte«. Dieses Zeugnis deutete an, daß andere die amerikanische Flagge kennen mußten, wenn der siebzehnjährige Trottman sie kannte. Tatsächlich war Trottman in Philadelphia in die Mannschaft der *Andrew Doria* gepreßt worden, dem Geburtsort der Flagge, und es kann sehr gut sein, daß er Zeuge war, als sie zum ersten Male gehißt wurde. Deshalb war seine Kenntnis kein Beweis gegen de Graaff. Sehr wahrscheinlich aber

V. Freibeuter – die Baltimore Hero

erkannte de Graaff die Flagge, als er sie salutieren ließ; warum sollte er gegenüber dem Kommandanten des Forts auf einem Salut für eine unbekannte Flagge bestanden haben? De Graaff bestätigte dies nicht, aber er stritt es auch nicht ab. Er fragte einfach, wie seine Ankläger beweisen wollten, daß er die Flagge erkannt habe. Angesichts der Tatsache, daß sie in bewaffneten Auseinandersetzungen auf Land und See schon seit den vorhergehenden zehn Monaten gezeigt worden war und der Beobachtung in einem geschäftigen Hafen wie St. Eustatius kaum entgangen sein konnte, war seine Antwort sehr wahrscheinlich unaufrichtig.

Im ganzen war das Dokument seiner Aussage auf 202 Seiten mit 700 Seiten Anhang alles andere als eine vollmundige Herausforderung, sondern eher eine umsichtige, fast juristische Verteidigung. Er führte die wiederholten britischen Eingriffe in den holländischen Handel an und erinnerte die Kompanie daran, daß er das Recht gehabt habe, britische Durchsuchungen und Beschlagnahmungen mit Gewalt zu verhindern. Er habe aber geglaubt, »vorsichtig sein zu müssen, da ihm nicht genügend Mittel zur Verfügung standen«. In seinem Realismus stellte er die zentrale holländische Schwäche heraus – St. Eustatius war in seiner Versorgung ausschließlich von Lieferungen von außen abhängig, und deshalb habe er es als seine Pflicht angesehen, alles zu verhindern, was seinen Handel hätte stören können. Auslaufende Frachtschiffe seien so streng wie möglich durchsucht worden, aber es würde immer Menschen geben, die die Gesetze verletzten. Er leugnete, daß in St. Eustatius amerikanische Schiffe ausgerüstet worden seien, ihnen sei nur erlaubt worden, Lebensmittel und Wasser für eine Zeit von sechs Wochen an Bord zu nehmen. Die Niederländer »erklärte Komplizen« der Amerikaner zu nennen, sei »eine Beleidigung der gröbsten und schändlichsten Art«. Wenn er in dem Punkt ein wenig zu sehr protestierte, so beeilte er sich gleich darauf, Zeugen für alle seine angeblichen Verfehlungen zu fordern, und versicherte, daß es gegen seinen Auftrag als Gouverneur verstoßen hätte, irgend jemanden ohne Ankläger zu verfolgen oder ohne Beweis zu verurteilen. Wenn es hier um Beleidigungen ginge, sagte er, so fühle er sich beleidigt, da ihn die Engländer immer wieder als »Mynheer« angesprochen hätten, was in der englischen Sprache, so behauptete er, ein Versuch war, die

76   *Der erste Salut*

holländische Nation der Lächerlichkeit und der Verachtung preis-
zugeben. Stolz bestand er darauf, daß »niemand auf Erden außer
seinen Vorgesetzten das Recht habe, ihn für die Maßnahmen seiner
Verwaltung zur Rechenschaft zu ziehen«.
Was nun die *Baltimore Hero* anging, so sagte er aus, daß ihr Kaper-
angriff sich außerhalb der Reichweite seiner Kanonen zugetragen
habe und daß er genausowenig in der Lage gewesen sei, ihn zu verhindern, wie wenn er sich vor der Küste Afrikas zugetragen hätte.
Er erwähnte nicht, daß Abraham Ravené, der Kommandeur von
Fort Orange, in einer ähnlichen Situation ein paar Monate zuvor,
als der britische Kapitän Colpoys von der *Seaford* versucht hatte,
ein amerikanisches Schiff vor den Küsten von St. Eustatius zu kapern, in der Tat in der Lage gewesen war, dies zu verhindern.
Zum Angriff übergehend, klagte de Graaff, daß die Niederlande
den Briten mehr vorzuwerfen hätten als umgekehrt, und erinnerte
das Komitee daran, daß zwei holländische Handelsschiffe, die angeblich Schmuggelware beförderten, von den Briten ergriffen worden waren, und daß diese mit ihrer Fracht freigegeben werden und
die Briten für Kosten und Schäden Wiedergutmachung leisten sollten.
Offensichtlich sehr einverstanden mit dieser Sicht der Dinge, erklärte das Untersuchsungskomitee de Graaffs Verteidigung als vollkommen zufriedenstellend und empfahl den Generalstaaten, ihn
als Gouverneur nach St. Eustatius zurückzuschicken. Mit mehr
Mut, als Bürokraten normalerweise zeigen, weigerten sich die Generalstaaten, sich den britischen Forderungen zu beugen, übernahmen das Urteil der Kompanie und schickten de Graaff zurück, um
das Gouvernement wieder zu übernehmen. Der Stolz auf die eigene
Souveränität war ohne Zweifel ein Motiv, und das Wissen, daß de
Graaff den gewinnträchtigen Handel mit den Kolonien zur Zufriedenheit der Kaufleute offenhalten würde, war ebenso gewiß ein
weiteres.
De Graaff trat sein Amt in Statia im Jahre 1779 wieder an. Nach
seiner Rückkehr als Gouverneur stieg der Handel seiner Insel mit
den Amerikanern deutlich. Die Affären um die *Andrew Doria* und
die *Baltimore Hero* schienen die Eustatier eher ermutigt als einge-
schüchtert zu haben. Nach den genauen Aufzeichnungen des hol-

V. Freibeuter – die Baltimore Hero

ländischen Admirals, der die Konvois für Handelsschiffe kommandierte, liefen 1778/79 in dreizehn Monaten 3182 Schiffe aus dem Hafen der Insel aus, was die erstaunliche Zahl von sieben oder acht Schiffen am Tag ergibt. Ein Segler, der von den Briten aufgebracht und durchsucht worden war, trug 1750 Faß Schießpulver und 750 Musketen, dazu Bajonette und Munitionskisten. Lieferungen wie diese füllten die fast leeren amerikanischen Kriegstruhen. Im selben Jahr trugen amerikanische Schiffe 12000 Faß Tabak und 1,5 Millionen Unzen Indigo nach St. Eustatius, um sie gegen Schiffsbedarf einzutauschen.

Die zunehmende Präsenz britischer Wachhunde vor dem Hafen und ihre aggressiven Durchsuchungen und Beschlagnahmungen verminderten ohne Frage die Zahl der Schiffe, die es wagten, dieses Spießrutenlaufen auf sich zu nehmen. Die Historiker sind sich nicht einig, ob der Handel zwischen St. Eustatius und Amerika nach der Verschärfung der britischen Drohungen und Proteste zu- oder abnahm. John Adams scheint keine Zweifel gehabt zu haben. »Nach dem Erfolg verschiedener Unternehmungen via St. Eustatius zu urteilen, scheint es, daß der Handel zwischen den beiden Ländern [den Vereinigten Provinzen und den Vereinigten Staaten] sehr wahrscheinlich zunehmen wird«, schrieb er im August 1779 an den Präsidenten des Kongresses.

An den Gouverneur, der all diese Aktivitäten kontrollierte, sollte man sich nicht wegen einer Heldentat oder einer heroischen Äußerung erinnern, sondern eher, weil er stetig und unbeirrbar an einem Ziel festhielt. Die Bedeutung dessen, was er für die Versorgung der Revolution getan hatte, wurde von den zeitgenössischen Amerikanern in der Taufe zweier Freibeuterschiffe anerkannt. Eines wurde nach ihm benannt, ein anderes, die *Lady de Graaff,* nach seiner Frau – ihr schockierender Geschmack, was Tafelleinen anging, scheint dem nicht im Wege gestanden zu haben. Darüber hinaus gab ein »dankbarer amerikanischer Bürger«, wie er sich selbst nannte, F. W. Cragin aus New Hampshire, Bewohner von Surinam, ein Portrait de Graaffs in Auftrag – »in Anerkennung des ersten Saluts«. Das Portrait hängt jetzt im Staatshaus von New Hampshire, dem Geburtsstaat des Stifters.

Immer noch der Flaggenaffäre auf der Spur, ließen die Briten die

Generalstaaten in Sir Joseph Yorkes bündigsten Formulierungen wissen, daß Holland den Salut an die Rebellen in aller Form zurücknehmen, den Schuldigen bestrafen und den Gouverneur von St. Eustatius zurückrufen und entlassen müsse. Weiterhin warnten sie, »daß Seine Majestät keinen Moment zögern werde, solche Maßnahmen zu ergreifen, die er für die Interessen und die Würde seiner Krone für geeignet hält«, bis ihr Satisfaktion geschehen sei. In den langen, intimen und an Besonderheiten reichen Beziehungen zwischen Großbritannien und Holland war dies offene Feindseligkeit.

Yorkes Démarche war in dem Ton gehalten, den man von diesem hochmütigen Botschafter erwarten konnte. Sein Vater war im April 1754 in den Stand eines Earls erhoben worden – dieser Schritt im Leben der Engländer, der ihnen zu Kopfe stieg wie Wein –, und sein Sohn konnte nun von diesen Höhen auf seine Umgebung herabblicken, Höhen, die die konventionelle, sogar ratsame Höflichkeit eines Botschafters verächtlich erscheinen ließen. Adams berichtet, daß Yorke die Generalstaaten im selben Ton ansprach, den die Briten in Boston angeschlagen hatten.

Die verschleierte Drohung erregte den Zorn des Herzogs von Braunschweig, des Hauptberaters des Prinzen und inoffiziellen Premierministers, der sie als »die unverschämteste und unangebrachteste Haltung« bezeichnete, »die ich je von einem Souverän einem anderen gegenüber erlebt habe«. Als Yorkes Démarche veröffentlicht wurde, erregte sie wütende Empörung, wenn auch ein anderer Berater des Prinzen darauf hinwies, daß sie »nicht leicht zu schlucken war, aber *vana sine viribus ira* [Zorn ohne Macht ist vergeblich], und so werden wir gezwungen sein, das eine oder andere zuzugestehen«. Denn die Macht, wie der Berater zu Recht ausführte, besaßen die Niederlande nicht.

Für die Briten war de Graaffs Rückkehr an seinen Posten in St. Eustatius eine Beleidigung und nicht die Satisfaktion, die London gefordert hatte. Sie begannen, Vergeltungsmaßnahmen zu planen. Erste Warnungen tauchten in dem Gerücht auf, daß Großbritannien daran dachte, das ein Jahrhundert alte anglo-holländische Abkommen von 1674 aufzukündigen. Großbritannien hatte dem Vertrag immer ablehnend gegenübergestanden, da er das Recht

V. Freibeuter – die Baltimore Hero   79

neutraler Länder bekräftigte, nach dem Prinzip »frei Schiff, frei Gut« zu handeln. Aber die Niederlande waren politisch zu konfus, um dem Gerücht Aufmerksamkeit zu schenken. Dies war die Zeit, als zornige Bürger vorschlugen, Lebensmittel- lieferungen an die britische Botschaft zu blockieren. In heiterer Un- wissenheit darüber, wie knapp er der Unbequemlichkeit entronnen war, berichtete Sir Joseph mit einiger Befriedigung seinem Minister in London, daß seine Denkschrift »im ganzen Land große Unruhe ausgelöst« und das Volk alarmiert und erschreckt habe. Seinerseits antwortete der Herzog von Braunschweig Wilhelm V. von Oranien, daß die Drohung, die der Botschafter des Königs von England aus- gedrückt habe, eine Beleidigung und auch eine Ungerechtigkeit ge- genüber den Vereinigten Provinzen darstelle. Noch schlimmer sei seiner Meinung nach Yorkes mündliche Feststellung, daß er nach London zurückgerufen würde, wenn den Briten nicht innerhalb von drei Wochen Satisfaktion geschehe. Der Herzog brauchte Yorke kaum daran zu erinnern, daß die Notwendigkeit, von all den bera- tenden Körperschaften im niederländischen System Zustimmung einzuholen, jede Entscheidung innerhalb von drei Wochen aus- schloß. Die Ehre und die Würde forderten, sagte der Herzog von Braunschweig, daß die Niederlande das Ansinnen der Briten nicht erfüllten, bevor nicht der Angeklagte gehört werde. Die General- staaten seien verpflichtet, den Handel des Landes und seine Häfen zu schützen. Der Herzog war deutlich erbost. Yorkes übermäßig grobe Ausdrucksweise hatte nur dazu geführt, diesen Freund der Briten zu verletzen und zu befremden. Yorkes Drohung war, so schloß der Herzog von Braunschweig, eine Einschüchterungstak- tik, die jede Durchsuchung und Beschlagnahmung holländischer Schiffe im Vorgriff rechtfertigen sollte.

In dieser Affäre hatte Yorke das exakte Gegenteil dessen geleistet, was eigentlich Aufgabe eines Botschafters ist – die Aufrechterhal- tung gegenseitiger Höflichkeitsform, die jedes Mißvergnügen, das darunter liegen mag, verhüllt. In dieser Atmosphäre brach eine tie- fe und sehr ernsthafte Debatte über die holländische Politik auf, die sich gegen die Briten wandte. Der Streitpunkt, um den sich alles drehte, war die Forderung der Amsterdamer Handelsschiffer, die Generalstaaten möchten unbegrenzten Geleitschutz gewähren, was praktisch bewaffneten Widerstand gegen Durchsuchung und Beschlagnahmung bedeutete. Die Amsterdamer wollten die volle Anwendung des Prinzips »frei Schiff, frei Gut«. Von Anfang an hatte Großbritannien die Idee eines *mare liberum* oder »offenen Meeres«, wie die Vereinigten Staaten es später nennen sollten, erbittert bekämpft. Der Prinz-Statthalter, dem es sehr darum zu tun war, sich Großbritanniens guten Willen zu erhalten, das er als seine Schutzmacht gegen eine französische Invasion und auch gegen einen revolutionären Umsturz durch die pro-französische patriotische Partei ansah, war, ebenso wie seine Anhänger, die Partei der Oranier, eindeutig gegen das sogenannte Unbegrenzte Freie Geleit. Die Befürworter des Geleits, die Handelsmagnaten von Amsterdam, jener Provinz, die am meisten Steuergelder zahlte und den größten Einfluß im Lande ausübte, waren entschlossen, nicht nur ihren eigenen, sondern den Seehandel des ganzen Landes zu schützen, denn der Handel war die Lebensader und die Quelle des Reichtums der Niederlande. In einem unkontrollierten Eingriffsrecht Großbritanniens sahen sie den Ruin des Landes. Die Debatte teilte das Land, wenn auch nicht entlang der Klassenlinien, denn der Mittelstand, bestehend aus Bauern, Handwerkern und Ladenbesitzern, sowie viele aus der Arbeiterklasse, besonders die Seeleute, unterstützten die Forderung der Kaufleute, da sie vom Seehandel und vom Import der Rohstoffe für die Fabrikanten, die sie entlohnten, abhingen. Also schrien sie zusammen mit den Reichen nach Geleitschutz.

Die Regierung wollte keinen Krieg, der den Handel total unterbrochen hätte. Als nach einer einjährigen stürmischen Debatte Amsterdam für Unbegrenztes Freies Geleit stimmte, weigerten sich die Generalstaaten, die Entscheidung der Provinz zu bestätigen. Während die Holländer auf den Westindischen Inseln den Streit zu beschwichtigen versuchten, begannen alle wohlhabenden Männer in den Niederlanden, so schrieb Adams, »vor Furcht zu zittern«, und solange Yorke diese Unruhe aufrechterhielt, »wird es mir sicher nicht gelingen, eine Anleihe bei der niederländischen Regierung zu bekommen«. Er werde, schrieb er, »von jedem Mann in der Regierung wie die Pest gemieden«.

Kapitel VI
Die Niederländer und die Briten:
noch ein Krieg

Bald nachdem sich das 17. Jahrhundert verabschiedet hatte, endete der Spanische Erbfolgekrieg, in den viele Nationen Europas verwickelt waren. Er wurde im wesentlichen geführt, um Frankreich daran zu hindern, Europa durch die Vereinigung der Königreiche von Spanien und Frankreich zu beherrschen. Der Friede von Utrecht, 1713, widerlegte den prahlerischen Ausspruch Ludwigs XIV.: »Il n'y a plus de Pyrénées« (Es gibt keine Pyrenäen mehr). All ihrem weltlichen Erfolg zum Trotz verloren die Holländer bis 1780 durch ein schlecht funktionierendes Regierungssystem, innere Zerrissenheit, uneinheitliche Politik und offensichtliche militärische Schwäche viel von ihrer Macht. Unendlich tüchtig in der Zeit ihrer Entwicklung, tapfer und entschlossen im 16. Jahrhundert, unternehmungslustig, unbesiegbar und sogar ruhmvoll im 17. Jahrhundert, hatten die Niederländer es im 18. Jahrhundert zugelassen, daß die Uneinigkeit der verschiedenen Landesteile eine effektive Politik praktisch lähmte. Das fragmentierte politische System der Holländer konnte kaum zu einem anderen Ergebnis führen. Ihre Verfassung war »eine so komplizierte und launische Sache«, die Struktur der Regierung so schwerfällig, der Antagonismus der Parteien so vielfältig, daß sein Posten in diesem Lande »die schwierigste Botschaft in Europa« sei, schrieb Adams an den Präsidenten des Kongresses.

Jede Provinz in Holland besaß ihren eigenen Statthalter, wobei dieses Provinzamt durch Wahl oft an den Prinzen von Oranien fiel, der gleichzeitig Statthalter des ganzen Landes war. Auf die Weise hielt Wilhelm der Schweiger neben der Statthalterschaft der gesamten

Niederlande noch die von Holland, Zeeland und Utrecht. Jede Provinz hatte außerdem ihren eigenen Ratspensionär, ein exekutives Amt, das in etwa dem des Gouverneurs eines amerikanischen Staates entsprach. Die Ratspensionäre aller Provinzen wählten einen Ratspensionär auf nationaler Ebene, der praktisch als der Premierminister des Landes fungierte. Der Ratspensionär von Holland, Pieter Van Bleiswijk, wurde zwar von Adams als »ein großer Gelehrter, Linguist, Naturphilosoph, Mathematiker und sogar Arzt... mit großer Erfahrung in der Politik« beschrieben, aber er hatte zu wenig Persönlichkeit, um diese Talente umzusetzen, und überdies offenbar keine eindeutige politische Position.

Geld und ein Kolonialreich strahlten nicht genug Zauber aus, um den Separatismus in den Niederlanden zu beschwichtigen und die Holländer zur Einigung zu verlocken. Kaufmännische Interessen hatten in der Tat die Handelsabenteurer in den großen Kompanien zusammengeführt, aber die Leitung der Marine und die Aufgabe, die über die Meere verstreuten Kriegsschiffe zu führen, war auf nicht weniger als fünf regionale Admiralitäten verteilt: auf Rotterdam an der Meuse in Südholland, Amsterdam, Seeland, Friesland und das »Nordviertel«. Die rivalisierenden Interessen dieser Admiralitäten, die von ihrer geographischen Lage bestimmt waren, machten eine nationale Marinepolitik, die unerläßlich war, um eine zureichende und gesunde Flotte aufrechtzuerhalten, unmöglich. Die fünf Admiralitäten beschäftigten sich denn auch hauptsächlich mit dem Schutz der Küstengewässer gegen Freibeuter und andere räuberische Elemente und mit der Überwachung der Prisengerichte. Überdies mußten sie in den Häfen des Landes die Ordnung aufrechterhalten, denn die Seeleute von Holland, die angeblich 80 000 Köpfe zählten, waren nicht weniger unruhig und rauh als die in anderen Ländern. Jeder Mann, der die entsetzlichen physischen Bedingungen des Lebens an Bord ertragen konnte – die Prügelstrafen, den Schmutz, die schlechte und oft einfach unzulängliche Ernährung, dazu die Stürme und das Einschlagen von Granaten und Eisensplittern des feindlichen Feuers –, war aller Wahrscheinlichkeit nach ein harter Mann und auch an Land durchaus bereit, jeden Aufruhr mitzumachen, wenn er mit der Verteilung des Prisengeldes

VI. Die Niederländer und die Briten: noch ein Krieg 83

oder aus irgendeinem anderen Grund unzufrieden war – oder auch nur, um sich nach der langen Zeit der Enge an Bord Luft zu schaffen. Obwohl sie zu Recht den Ruf genossen, ein ordentliches Volk mit einer Neigung zu Rechtschaffenheit und Nüchternheit zu sein, besaßen die Holländer, wie andere Nationen, ihren Anteil an rauhen Gesellen.

Die herrschende Klasse, deren Mitglieder Regenten genannt wurden, setzte sich ausschließlich aus Patriziern zusammen. Die Regenten waren Leib und Seele der niederländischen Regierung. Sie nahmen die Ämter von Stadträten und Abgeordneten in den Provinzversammlungen und den nationalen Ständeversammlungen wahr. Eigentlich waren diese Ämter Wahlen unterworfen, aber kein Kandidat hatte auch nur die geringste Chance, wenn er nicht Angehöriger einer bekannten und wohlhabenden Familie war oder selbst Eigentum und eine anerkannte gesellschaftliche Stellung, die wiederum auf Vermögen und Beziehungen basierte, besaß. Die Regentenfamilien heirateten untereinander, sie unterstützten einander, wählten einander in die wichtigsten Ämter der Stadtregierung – Bürgermeister, Kapitän der Miliz, Mitglied des Stadtrats, Direktor von Handelsgesellschaften (unter ihnen die Heiligen Siebzehn, die den Aufsichtsrat der Ostindischen Kompanie bildeten) bis hin zu Abgeordnetensitzen in den Provinzialstaaten und den Generalstaaten. Außenseiter wurden zu diesem Zirkel nicht zugelassen. Das System spiegelte noch das des Mittelalters wider, als die Stände alle Ämter der örtlichen Regierung vergaben. Mit der Verfestigung dieses Systems wurde die Republik nach der Abschwörung von 1581 mehr und mehr von einer Oligarchie der oberen Mittelklasse beherrscht, die etwa 10 000 Personen, nur ein Achtel der Zahl arbeitender Seeleute, repräsentierte. Ob aber Matrose oder Regent, jeder einzelne nannte sich Haarlemer oder Leydener oder Amsterdamer und identifizierte sich mit seiner Stadt mehr als mit seiner Nation.

Träge und konservativ, teilten die Regenten die Ansichten aller privilegierten Klassen in der Zeit vor der Französischen Revolution. Sie sahen die arbeitende Klasse als »kleine Leute« – *populo minuto,* wie die Italiener sie nannten – und zögerten nicht, das offen auszusprechen. »Der Bürger ist klein«, sagte ein Regent von Dordrecht, dessen Familie seit Generationen die Regenten dieser Stadt gestellt hatte, »und er sollte kleingehalten werden.« Es war eine ruhige Bekräftigung der gesellschaftlichen Ordnung, die, wie man fest glaubte, vom Allmächtigen so eingerichtet war.

Wie die herrschende Klasse in England, die die Arbeit der Regierung auf sich nahm, und im Unterschied zum französischen *Gratin*, der nichts für den Staat tat, sondern sich nur um Protokoll und Präzedenz nach Maßgabe der Titelanciennität kümmerte, glaubten die Regenten, für ihre Aufgabe qualifiziert zu sein, während »unqualifizierte und kleine Personen«, nach den Worten Jan de Witts, der der »vollkommene Holländer« genannt wurde, nichts mit der Regierung und der Verwaltung zu tun haben sollten. Als Ratspensionär oder auch Gouverneur der Provinz von Holland und als der effektivste Staatsmann, den sein Land bis dahin hervorgebracht hatte, konnte Jan de Witt sich zu Recht qualifiziert nennen, außer vielleicht was sein politisches Taktgefühl anging. In seiner offenen Verachtung für die Gemeinen zog de Witt großen Haß auf sich, was schließlich dazu führte, daß er und sein Bruder Cornelis 1672 von einem Lynchmob in Stücke gerissen wurden, als die Gemeinen, die unter der Furie der französischen Invasion litten, annahmen, daß de Witt die Schuld an der unzureichenden Verteidigung des Landes trug. Der Mord war ein seltsames Paradox des Extremismus, der plötzlich die ordentliche Oberfläche des niederländischen Lebens durchbrach.

Die Regenten der Niederlande hielten allerdings eine Tradition der Armenpflege aufrecht, die nicht in jedem Land mit einer unangefochtenen herrschenden Klasse üblich war. Sie bauten ein System der öffentlichen Fürsorge auf, das ausländische Besucher beeindruckte. In Amsterdam besaß jedes Haus einen kleinen an einer Kette hängenden Kasten, auf dem stand: »Denk an die Armen.« Wechselgeld von jedem Handelsgeschäft wurde in diese Kästen gesteckt, die verschlossen blieben, bis die Geistlichen auf ihrer Runde durch die Stadt das Geld einsammelten. Zweimal die Woche klingelten sie an jedem Haus, um zu fragen, was für Beiträge von dem Bewohner zu erwarten waren. Amsterdams Armenhaus für die Alten und Bedürftigen war ein schönes Gebäude mit einem zauberhaften Garten, das noch immer in den Touristenführern als Sehenswürdigkeit ausgewiesen ist. Waisenhäuser, Hospitäler für »lahme

VI. Die Niederländer und die Briten: noch ein Krieg

und gebrechliche« Soldaten, Obdachlosenheime für alte Seeleute und für die Pflege der Geisteskranken waren Teil eines Systems, dessen Barmherzigkeit William Carr, ein zeitgenössischer englischer Besucher, als »dem aller anderen Städte in der Welt überlegen« bezeichnete.

Eine politische Stimme hatte nur die Oberklasse. Da die Gemeinen ohne Besitz kein Stimmrecht hatten, konnte es keine allgemeinen Wahlen geben. Politische Fragen wurden durch eine Abstimmung in den Generalstaaten entschieden, deren Beschluß wiederum in den Provinzialstaaten bestätigt werden mußte. An deren Spitze standen die Bürgermeister der Stadtversammlungen. Sie setzten sich aus zwei Räten, zwei Bürgermeistern, zwei *Schepens* oder Schöffen und dem Ratspensionär der Provinz zusammen. Obwohl er eine bedeutende Rolle spielte, war der Ratspensionär der Autorität der Bürgermeister untergeordnet.

Das politische System erreichte ein Extrem an nomineller Demokratie. Politische Beschlüsse der Generalstaaten wurden an die Provinzialstaaten überwiesen, um dort bestätigt oder abgelehnt zu werden, und von ihnen an die Stadträte und dann zurück an die Generalstaaten. Im Ergebnis mußte eine Entscheidung von etwa 2000 Leuten, die fünfzig Städte repräsentierten, diskutiert werden. Wie vom polnischen Reichstag gesagt worden ist: »Sie schufen das Chaos und nannten es eine Verfassung.« Das System brachte der Furcht vor der Diktatur ein enormes Opfer an Effizienz. Die Zersplitterung der Autorität und die daraus resultierenden Verzögerungen hatten manchmal, vor allem in Krisenfällen, ernsthafte Konsequenzen. Ein kleines Beispiel, in dem sich das Problem widerspiegelt, war ein Gespräch eines Ratspensionärs mit dem französischen Botschafter über eine wichtige Angelegenheit. Als der Ratspensionär um eine schnelle Antwort an den König von Frankreich gebeten wurde, antwortete er verzweifelt und fast in Tränen: »Sie wissen doch, ich kann keine Antwort in drei Wochen bekommen.«

Obwohl die holländische Regierung aus einer kleinen, begrenzten Gruppe, die nur *eine* ökonomische und soziale Schicht der Bevölkerung repräsentierte, bestand, war sie durch ihr politisches System so gefesselt wie Gulliver durch die Stricke der Liliputaner. Die Holländer hatten, wie Adams enttäuscht herausfand, als er mit ihnen arbeiten mußte, »eine komplizierte und verworrene Verfassung«. Wer eigentlich, um damit anzufangen, herrschte in der Republik? Für die Niederländer selbst war das ebenso schwer zu beantworten wie für Fremde. Dem Namen nach herrschte der Prinz-Statthalter, aber hatte nun er das letzte Wort oder die Hochmögenden der Generalstaaten, die die Vereinigten sieben Provinzen repräsentierten? Die Präsidentschaft der Generalstaaten rotierte wöchentlich unter den Abgeordneten, was kaum eine effektive Methode war, aber die Niederländer schienen so viel Angst davor zu haben, daß irgendein Herrscher diktatorische Macht gewinnen könnte, daß sie fast lächerliche Vorsichtsmaßnahmen den Gefahren der Effizienz vorzogen. Auch die Amerikaner fürchteten jeden Hauch einer Monarchie, als sie ihre Konstitution entwarfen, aber es gelang ihnen, diese Gefahr auszuschließen, ohne den Vorsitzenden ihres Parlaments in einen Zustand völliger Hilflosigkeit zu versetzen. Im allgemeinen kamen die Amerikaner, die in vieler Hinsicht ähnlichen Problemen der Staatsautorität wie die Holländer gegenüberstanden, zu vernünftigeren Lösungen, ohne Zweifel weil sie das Glück hatten, vernünftige und kultivierte Denker in ihren Reihen zu haben.

Staatschef der Niederlande war der Statthalter, früher der Repräsentant oder Vizekönig des Kaisers Karl V. in seiner Eigenschaft als König von Spanien, Enkel von Ferdinand und Isabella, der die Niederlande von Philip dem Kühnen, dem Herzog von Burgund und Sohn des Königs von Frankreich sowie vom Heiligen Römischen Kaiser Maximilian von Habsburg über ein verwirrendes Netz von Verwandtschaften und dynastischen Heiraten, die wir ignorieren dürfen, geerbt hatte. Der Besitz der Niederlande ging, als Karl V. 1555 abtrat, an seinen Sohn Philip II. über.

1579, im Jahr der Union von Utrecht, wurde das Amt des Statthalters, damals gehalten von Wilhelm dem Schweiger, vererbbar, aber die Königswürde wurde ihm nicht zuerkannt. Als die Niederlande ihre Unabhängigkeit erkämpften, hatte der Enkel von Wilhelm dem Schweiger, Wilhelm II., das Amt inne. Als junger Mann, der den ganzen Trotz der Oranier besaß, war er gegen die Unabhängigkeitsbedingungen des Vertrages von Münster, weil er glaubte, daß man mit Spanien nicht verhandeln, sondern bis zum bitteren Ende

VI. Die Niederländer und die Briten: noch ein Krieg 87

Krieg führen sollte. Bedeutender aber war, daß er die älteste Tochter Karls I. von England heiratete und damit eine ganze Reihe von Eheschließungen der Oranier mit englischen Prinzessinnen in Gang setzte. Diese Heiraten schmiedeten trotz aller Kriege der Vergangenheit und den Streitigkeiten der Zukunft eine Verbindung mit der königlichen Familie von England. Der Sohn aus dieser Verbindung, Wilhelm III. von Oranien, schloß die bemerkenswerteste dieser Allianzen, als er Mary, die Tochter Jakobs II. von England, heiratete. Als ihr Vater seinen Thron in dem Umsturz, der die Glorreiche Revolution von 1688 genannt wurde, verlor, wurde sein niederländischer Schwiegersohn zur Nachfolge aufgerufen. Wilhelm, der sich zumindest numerisch in die englische Thronfolge gut einreihte, akzeptierte und wurde als Wilhelm III. König von England. Er herrschte zusammen mit seiner Ehefrau als William und Mary.

Als Englands König und zugleich Souverän des verbündeten Holland war Wilhelm das Zentrum und die treibende Kraft der europäischen Koalition, die versuchte, Ludwig XIV. daran zu hindern, die Herrschaft über Europa zu erringen. Ludwig, der in ihm seinen europäischen Hauptfeind sah, haßte ihn und war rachsüchtig entschlossen, ihn zu vernichten und die früheren französischen Niederlande an seinen Grenzen zurückzugewinnen. In seinem unersättlichen Hunger nach Erweiterung des französischen Territoriums war Ludwig XIV. die Hauptursache für die Kriegsepidemie, die Europa während seiner reifen Herrschaft traf (ca. 1660–1715). Seine Anstrengungen, die Vormacht in Europa zu gewinnen, und die Entschlossenheit der anderen Nationen, ihn zurückzudrängen, war die Quelle endloser Grenzkämpfe. Der berühmteste dieser Konflikte war die Schlacht von Blenheim im Jahre 1704, bei der der Herzog von Marlborough die englische Koalition führte. »Wofür sie aber kämpften, konnte ich nicht gut erkennen«, antwortet der alte Großvater dem Kind in Southeys Gedicht. Aus entfernterer Sicht könnten wir eine Antwort vorschlagen. Wofür sie kämpften, war jene körperlose, aber gewichtige Sache, die das Gleichgewicht der Kräfte genannt wurde. Im wesentlichen hieß das, es mußte verhindert werden, daß Frankreich, indem es die Territorien der Habsburger oder des Spanischen Reiches an sich brachte, zur Vorherrschaft in Europa gelangte.

König vom fünften Lebensjahr an, war Ludwig der XIV. so reichlich mit autokratischen Befugnissen gefüttert worden, daß sein Appetit ins Unermeßliche wuchs. Der Hunger nach Macht ist alt und ununterdrückbar und in seinen Folgen fast immer destruktiv. Man kann von ihm nicht sagen, daß er zur Wohlfahrt oder zum Glück der Völker etwas hinzufügt oder daß er die Lebensqualität der Beherrschten erhöht oder auch nur dem Herrscher Zufriedenheit bringt. Wozu ist der Machthunger also gut? Als eine unauslöschliche Tätigkeit unserer Spezies ist er vor allem eine Zeitverschwendung. Zwischen Dschingis Khan und Hitler war Ludwig XIV. sein größter Exponent, und er spiegelte in dieser Hinsicht seine Ära wider, die, wie Lord Acton, der eine ganze Menge über Macht zu sagen hatte, erklärte, eine Ära der »elenden Götzenverehrung der Macht war, in der menschliche und göttliche Gesetze der Trunkenheit der Autorität und der Herrschaft des Willens unterworfen wurden«. Der Historiker Macaulay fand noch einen anderen Schuldigen für diese Kriege, die sich auf die Welt außerhalb Europas ausbreiteten: Friedrich der Große und seine endlosen Streitereien mit Maria Theresia von Österreich um den Besitz von Schlesien. Ein Land, das nur wenige kannten oder auch nur auf der Landkarte bestimmen konnten, war Schlesien so etwas wie ein magischer Stein, aus dem, wenn er gerieben wurde, Kriege herauszuwachsen schienen. Friedrichs Gier und List, schrieb Macaulay, der die Lehre der Geschichte mit großer Sprachgewalt vertrat, »erschütterte noch Länder, in denen der Name Preußen unbekannt war«, und »damit er eine Nachbarin berauben konnte . . . kämpften schwarze Männer an der Küste von Coromandel [Indien] und rote Männer skalpierten einander an den Ufern der Großen Seen von Nordamerika«.

Wilhelm III. starb kinderlos im Jahre 1702, als sein Pferd über einen Maulwurfshügel stolperte, ein Hindernis, das symbolische Bedeutung geradezu einlädt, aber sie, soweit man sieht, nicht besaß. Wilhelms Thronfolgerin in England war die Schwester seiner Frau, Königin Anne, und in den Niederlanden folgte ihm ein Vetter aus dem nassauischen Zweig der Familie, der sich Wilhelm IV. nannte. Alles andere als ein Abenteurer, folgte Wilhelm IV. pflichtbewußt dem Pfad der englischen Heirat und nahm Anna, die Tochter Georges II., zur Frau. Sie war eine echte Hannoveranerin – keine leichtblütige

VI. Die Niederländer und die Briten: noch ein Krieg 89

Familie. Wilhelm starb und ließ sie mit einem drei Jahre alten Sohn, Wilhelm V., zurück, der in den Jahren, die uns beschäftigen, zum Statthalter werden sollte. Als Regentin der Niederlande während Wilhelms Minderjährigkeit wird sie von englischsprechenden Historikern die Gouvernante Anna genannt, ein schlecht gewählter Begriff, da sie nichts anderes als ein weiblicher Gouverneur war. Anna herrschte mit strenger Autorität und hinterließ ihrem Sohn als Berater einen weiteren starken Charakter, der den Prinzen beherrschen sollte und eigentlich die Regierungsgeschäfte in der für uns interessanten Zeit führte. Dies war der Herzog von Braunschweig, Ludwig Ernst Wilhelm von Braunschweig-Wolfenbüttel, um ihn von den vielen anderen Braunschweigern seiner Familie zu unterscheiden. Er war ein Bruder des berühmteren Karl Wilhelm, des regierenden Herzogs des an Preußen grenzenden deutschen Fürstentums, eines bewunderten Kriegers, der als das Muster des »aufgeklärten Despoten« galt. Er wurde diesen Attributen in der Episode, für die er in die Geschichte eingegangen ist, in keiner Weise gerecht – das notorische Braunschweig-Manifest exemplifizierte in großer Eindeutigkeit das Wesen der herrschenden Fürsten des alten Regimes. Und zugleich ihren Fall. Als er 1792 die österreichischen und preußischen Armeen, die in einem gemeinsamen Feldzug die Französische Revolution zerschlagen sollten, kommandierte und seine Streitkräfte sich der französischen Grenze näherten, verkündete er, daß die Alliierten Ludwig XVI. wieder auf den Thron setzen wollten und daß alle Franzosen, die es wagen sollten, sich seinen Armeen entgegenzustellen, nach den strengsten Kriegsgesetzen »bestraft« und »ihre Häuser verbrannt« werden sollten. »Falls dem König und der Königin irgend etwas angetan werden sollte, werden die Alliierten eine Rache ausüben, die nie vergessen werden wird. Sie werden die Stadt von Paris der militärischen Exekution und der vollständigen Zerstörung überliefern.« Diese feuerspeiende Ankündigung überzeugte natürlich die französische Öffentlichkeit davon, daß der König, in dessen Namen der Herzog sprach, ein Verräter Frankreichs und mit den Preußen und Österreichern im Bunde war. Das Manifest des Herzogs von Braunschweig trug zur Rettung Ludwigs XVI. nicht nur nichts bei, es pflasterte geradezu seinen Weg zur Guillotine, was man hätte voraussehen können, wäre Karl Wilhelm mit ein wenig Umsicht an das Problem herangegangen, aber das Vorausdenken ist eine Gabe der Schachspieler, nicht der Autokraten.

Wir dürfen nicht den Fehler machen, die Torheit Karl Wilhelms einfach auf Ludwig Ernst von Braunschweig zu übertragen, denn er scheint ein vernünftiger Mann gewesen zu sein. Er war der Neffe und ein Favorit Friedrichs des Großen, des preußischen Königs, der ihn mit einigem Grund – wenn auch wenig Höflichkeit – den »fetten Ludwig« nannte, denn der Herzog war in der Tat von großem Leibesumfang. Sind Könige höflich? Vielleicht nicht am preußischen Hof.

Einst Feldmarschall der Österreichischen Armee, war Ludwig von Braunschweig von Wilhelm IV. von Oranien, der seine Bekanntschaft im Verlauf eines der europäischen Kriege machte und von den Fähigkeiten des dicken Herzogs beeindruckt war, in die Niederlande geholt worden. Wilhelm IV. war von Geblüt kein Oranier, und er besaß keine großen militärischen Talente, aber immerhin reichten sie aus, um zu erkennen, daß sich die holländische Armee in einem elenden Zustand befand. Er bot dem Herzog die Aufsicht über die Reform der Armee an und versprach ihm einen Lohn von 60 000 Gulden im Jahr, den Titel des Feldmarschalls sowie einen Herrensitz. Nachdem der Herzog dreimal abgelehnt hatte, nahm er schließlich an und wurde zum Oberbefehlshaber ernannt. Auch die Regentin Anna hatte eine hohe Meinung von ihm und übergab ihm die Verantwortung für die Erziehung des sechsjährigen Prinzen, des zukünftigen Wilhelm V. Der Herzog überredete den Prinzen, einen Geheimen Beratervertrag zu unterschreiben, der die Herrschaftsbefugnisse auf ein persönliches Kabinett übertrug, das aus dem Herzog Ludwig, dem Großpensionär, dem erfahrenen Kanzleichef Fagel und dem im hohen Alter stehenden Sekretär des Kabinetts, De Larrey, bestand.

»Ich habe nur selten«, schrieb der englische Besucher Sir William Wraxall über den Herzog von Braunschweig, »einen Mann von größeren körperlichen Dimensionen gesehen... aber diese überfließende Fleischmasse, von der man eigentlich annehmen sollte, daß sie ihn enervieren oder die Kraft seines Denkens schwächen sollte, schien ihn weder träge noch inaktiv gemacht zu haben.«

VI. Die Niederländer und die Briten: noch ein Krieg 91

Der Herzog von Braunschweig war natürlich der pro-britischen Partei seines Patrons zugetan, und so war es vielleicht nicht überraschend, daß ihn ein britischer Beobachter wohlwollend beschrieb. »Die Kraft seines Charakters«, fuhr Wraxall fort, »und die Solidität seiner Talente, die in mancher Weise die Mängel des Prinzen von Oranien kompensierten, animierten und trieben die gewaltige Maschine des Körpers, den er bewohnte, an . . . Sowohl bei Paraden als auch in seinen militärischen Aufgaben«, fügte Wraxall hinzu, »zeigte Braunschweig die gleiche Lebhaftigkeit und professionelle Kenntnis . . . Er offenbarte nie Schläfrigkeit, wenn er sich in Gesellschaft befand; auch ließ er sich nie zu Exzessen bei Tisch, die seiner Reputation abträglich gewesen wären, hinreißen.« Dieses waren delikate Anspielungen auf den Prinz-Statthalter, der selbst dazu neigte, an der Tafel und im Rat einzuschlafen. Er litt, wie Wraxall diagnostizierte, unter einer »konstitutionellen Schläfrigkeit . . . die nur zu oft von Unmäßigkeit bei Tisch begleitet war, insbesondere solcher des Weins«.

Unter der Aufsicht einer hannoveranischen Mutter und eines preußischen Tutors konnte der karge Anteil oranischer Energie, der durch entfernte Verwandtschaft in Wilhelms Blut geraten sein mag, nicht aufblühen, um so weniger als nach seiner Heirat eine weitere starke Persönlichkeit in den häuslichen Kreis eintrat. Seine Frau war Frederika Sophia Wilhelmina, eine Nichte Friedrichs des Großen. Als »gebildet, intelligent, energisch und liebenswürdig« beschrieben, war sie gut gerüstet, sich der Mutter und dem Tutor darin anzuschließen, dem Prinzen, dem ihre Überlegenheit nur allzu bewußt war, das Denken abzunehmen.

»Er ist so eifersüchtig, und dies nicht auf ihre Tugend, sondern auf ihren Verstand und ihre Macht«, schrieb Malmesbury, »daß er nicht einmal ins Paradies gehen würde, wenn sie ihm den Weg wiese. Und sie hat eine so geringe Meinung von seiner Fähigkeit und zeigt meistens die Art von Verachtung, die eine Frau von hohem Mut für den unterlegenen Mann empfindet, daß ich keine Hoffnung auf irgendeine Art der Gemeinsamkeit hege.«

Äußerlich ähnelte Wilhelm V. seinem Cousin von hannoveranischem Blut, Georg III. von England. Er hatte dieselben hervortretenden Augen, die dicken Lippen und den stämmigen Körper. Aber ihm fehlte Georgs emphatisches Temperament. »Er war durchaus kultiviert«, berichtete Wraxall, »seine Konversation . . . war unterhaltend und sogar belehrend, überfließend von historischem Wissen, das eine gründliche Kenntnis der Literatur verriet.«

Wilhelm litt unter demselben Gefühl der Unzulänglichkeit wie viele seiner englischen Zeitgenossen, die aufgrund ihres Ranges und nicht aufgrund des Verdienstes und der Erfahrung wichtige Regierungspositionen hielten. Er war überzeugt, daß er für die Stellung, die er innehatte, schlecht gerüstet war, ein Gefühl, das ihn unfähig machte, mit Festigkeit und Überzeugung zu handeln. Er versuchte diesen Mangel durch gewissenhaftes Pflichtbewußtsein wiedergutzumachen. So stand er morgens um sechs Uhr auf und arbeitete oft bis Mitternacht, füllte seinen Tag mit höfischen Empfängen und militärischen Paraden, in die Gebets- und Mahlzeiten eingestreut waren. Aber Geschäftigkeit konnte seine Ängste nicht vertreiben und auch nicht seinen Glauben, daß seine ganze militärische Ausbildung ihn allenfalls zum Unteroffizier qualifizierte. In einem schwierigen Moment rief er aus, daß er wünschte, sein Vater wäre nie Statthalter gewesen. »Ich wünschte, ich wäre tot«, fügte er hinzu. Dies war der unglückliche Mann, der über die Niederlande herrschte.

In einer solchen Situation ging die Schwäche und Unentschlossenheit der Regierung schon von ihrer Spitze aus. Auch unter den Beratern des Prinzen war kein Mann von verläßlicher Stärke und Festigkeit, auf den er sich hätte stützen können. Der Herzog Ludwig von Braunschweig war stark, aber unpopulär, weil seine Bemühungen, sich die Freundschaft aller Parteiungen zu erhalten, ihn bei allen verdächtig machte, und weil man ihm seinen Einfluß auf den Prinzen mißgönnte. Prinzessin Wilhelmina, die mit dem Herzog eine Partnerschaft zur Unterstützung Wilhelms hätte eingehen können, nahm dem Herzog übel, daß er ihren Mann so beherrschte. Von den pro-französischen Sympathien ihres Onkels, Friedrichs II., beeinflußt, stellte sie sich gegen Braunschweig und verschärfte noch die Zerrissenheit zwischen den pro-britischen und den pro-französischen Parteiungen in den Niederlanden. Infolgedessen konnten Wilhelms zwei engste Ratgeber ihm immer nur entgegengesetzte Meinungen statt fester Führung bieten. Engelbert François Van

VI. Die Niederländer und die Briten: noch ein Krieg   93

Berckel, Ratspensionär von Amsterdam, war den kommerziellen
und daher antibritischen Interessen seiner Stadt zu eng verbunden,
um irgend etwas anderes als einseitigen Rat geben zu können. Die
eifersüchtigen Reibereien zwischen den geographischen Regionen
und den großen Städten waren zum Fluch der Niederlande geworden. In ihrem alten Kampf gegen den König von Spanien und den
Herzog Alba hatten die Grafschaften und Herzogtümer und Bistü-
mer auch untereinander ständig gefochten und damit die Grundlagen der Rivalitäten gelegt, die das Land zerrissen.
Der tiefste und für den Staat gefährlichste Riß entstand durch den
Streit darüber, ob die Ausrüstung mit neuen Waffen eher der Armee oder der Marine zugute kommen sollte. Beide waren in
schlechtem, fast kampfuntüchtigem Zustand, und die Frage, welche
Streitkraft die Priorität bei den Ausgaben des Staates haben sollte,
teilte das Land in zwei bitter streitende Parteien: die Freunde Englands, die die Landstreitkräfte gegen Frankreich aufrüsten wollten,
und die Vertreter der merkantilen Interessen, angeführt von Amsterdam, die die Marine stärken wollten, um den britischen Eingriffen in den holländischen Handel zu begegnen. Der Statthalter,
selbst halb englisch, favorisierte natürlich die britische Position,
konnte sich aber zu keiner klaren Entscheidung durchringen. Von
ihm war keine Führung zu erwarten. Da die Provinzen und die Generalstaaten einander in der entscheidenden Abstimmung blockierten, wurden überhaupt keine Gelder bereitgestellt und weder die
Armee noch die Marine verstärkt.
Die Mannschaftsstärke der Armee war zu der Zeit unter das besorg-
niserregende Niveau von 30 000 Mann gefallen, von denen die
Mehrheit deutsche Söldner waren. Es gab keine Neurekrutierun-
gen, weil, wie Sir Joseph Yorke, der natürlich unermüdlich auf die
Unzulänglichkeit der Armee hinwies, ausführte, der Dienst zu
schlecht bezahlt wurde und die Armee ohnedies nicht funktionieren
konnte, da immer die Hälfte der Soldaten Urlaub hatte. Irgendeine
tiefe Unlogik scheint darin zu liegen, daß die so kriegsorientierten
Gesellschaften jener Jahrhunderte so nachlässig waren, wenn es
darum ging, ihre Streitkräfte zu bezahlen. Das Ausbleiben des Sol-
des führte zur Raserei der Truppe, die sich zum Beispiel in der
schrecklichen Plünderung Roms 1527 und wieder, wie wir gesehen

haben, in der Meuterei der spanischen Truppen in Antwerpen aus-
tobte. Dies traf auch auf den amerikanischen Kongreß zu, der sich
in der Frühzeit der Revolution nicht besonders bemühte, Gelder
aufzutreiben, um die Farmer und Bürger zu bezahlen, die ihre Heimat verließen, um für das Geburtsrecht ihres Landes zu kämpfen.
Wenn die Sache einen Krieg wert war, warum wurde der Mannschaftsstärke und der Ausrüstung der Streitkräfte so wenig Aufmerksamkeit geschenkt? Warum wurden die Soldaten, das Mittel
jeder Staatspolitik, so geizig behandelt, daß sie geradezu in die Entmutigung und schließlich in die Meuterei getrieben wurden? Die
Ursache lag wahrscheinlich einfach in dem Fehlen einer regelmäßigen Einkunft für die stehenden Armeen. Der militärische Dienst
war einst ein feudaler Dienst gewesen, den die Einwohner dem
Staat ohne Entschädigung schuldeten. Als geschichtliche Verände-
rungen sich noch sehr langsam entfalteten, wie sie es vor 1900 taten,
brauchten auch die Herrscher eine lange Zeit, um die neuen Realitäten der Regierungsausübung zu erlernen. Und einige, wie die
Bourbonen, lernten es nie. Es dauerte sehr lange, bis die Herrschenden begriffen, daß der Waffendienst bezahlt werden mußte
und daß sie für die Bedürfnisse der unteren Klassen, aus deren Mit-
gliedern sich die Armeen zusammensetzten, Sorge tragen mußten.
Unsere Epoche steht im Zeichen von Henry Adams' Gesetz von der
Beschleunigung der Zeit, und das macht für uns die Zeitverzöge-
rung so schwer verständlich, die für unsere Vorfahren zwischen der
Tatsache der Veränderung und der gesellschaftlichen und politischen Einsicht in das, was sich verändert hatte, lag.
Die niederländische Marine, so kühn und kampftüchtig in den
Tagen von Tromp und de Ruyter, lag nun vernachlässigt mit zerrissenen Segeln und verrottenden Planken an ihren Liegeplätzen.
Häfen und Werften waren verlandet; sogar Texel, die Tiefwasser-
reede an der Zuider See, die das Tor nach Amsterdam war, besaß
nicht mehr genug Tiefgang für große Schiffe. Da die Entlohnung
für Matrosen in der Marine zu sehr gesunken war, um mit der
Heuer für den Dienst auf Kaufmannsschiffen im Schmuggelhandel
konkurrieren zu können, gab es nicht mehr genug Mannschaften
für die Schiffe, selbst wenn sie seetüchtig gewesen wären. Die Befestigung der Küstenstädte war vernachlässigt worden, so daß

VI. Die Niederländer und die Briten: noch ein Krieg 95

jeder kleine Pirat oder englische Freibeuter kühn in die Häfen einbrechen konnte. Dies verstärkte die Verachtung für den Statthalter, und die Bevölkerung in den Häfen und in den Städten an der See forderte nachdrücklich, daß endlich Maßnahmen ergriffen würden, um die Handelsschiffahrt gegen die britischen Unverschämtheiten zu schützen.

Als der Plan entworfen wurde, einen Verband von zwanzig Schiffen in die Karibik zu schicken, um die holländischen Kolonien der Westindischen Inseln und die Schiffahrt, die sie versorgte, zu sichern, konnte die Marine keine zwanzig Schiffe aufbringen und hatte weder die Matrosen, um sie zu bemannen, noch das Geld für konkurrenzfähige Heuer. 1767 hatte Wilhelm V. die Generalstaaten gemahnt, endlich eine frühere Entscheidung zu verwirklichen, die den Bau und die Ausrüstung einer Flotte von 25 Schiffen vorsah, aber die Provinzen hatten es abgelehnt, die Kosten zu tragen. Zehn Jahre später erklärte die Provinz Holland, daß die Marine dem Ruin nahe sei, wenn nicht etwas geschehe, und schlug den Bau von 24 Linienschiffen – der größten Schiffsklasse – vor. Die Kosten wurden auf 4 Millionen Gulden beziffert. Der Plan wurde sieben Jahre lang diskutiert und erst 1778 angenommen, als Holland damit drohte, seine Landstreitkräfte aufzulösen, um der Admiralität die Möglichkeit zu geben, die Schiffe zu bezahlen. Zu dem Zeitpunkt war die Lage bereits bedrohlich.

Besucher der Niederlande stellten zu dieser Zeit einen spürbaren Verfall fest. Der außerordentliche Aufstieg der Vereinigten Provinzen zu einer Großmacht war vorüber. Was von Hollands dynamischer Energie übrigblieb, sagte Sir Joseph Yorke, der zwar sicherlich nicht objektiv war, aber mit seinem Urteil nicht alleine dastand, »war die Leidenschaft der Bevölkerung für das Geldmachen. Sie waren alle buchstäblich Kaufleute oder Geldraffer geworden.« Sir Joseph setzte, wie der gesamte englische Adel, Handel mit Habgier gleich, ohne zu bemerken, daß man dasselbe von der Politik in England sagen konnte, wo die Gier nach Ämtern und ihrem finanziellen Potential genauso heftig war. Europäische und sogar amerikanische Besucher in Holland vollzogen mit dem Snobismus von Leuten, die die Werte jener übernehmen, die auf sie herabblicken, die englische Verachtung des niederländischen kommerziellen Erfolgs nach und betrachteten ihn als ein Zeichen der Dekadenz. Ein deutscher Besucher, Johann Herder, glaubte Holland 1769 »unter seinem eigenen Gewicht sinken zu sehen... die Republik hat viel an Bedeutung in Europa verloren... Die Zeit wird kommen, wenn Holland nur noch ein toter Speicher ist, der all seine Waren verbraucht hat und unfähig ist, sie zu ersetzen.« John Adams, desillusioniert nach seiner anfänglichen Begeisterung und verstimmt darüber, daß es ihm nicht gelungen war, die Holländer zu einer Anleihe für sein Land zu bewegen, schrieb: »Dieses Land ist in der Tat in einer melancholischen Lage; in Bequemlichkeit versunken, ganz der Gewinnsucht verschrieben, durch eine komplizierte und verworrene Verfassung belastet, im Inneren von Interessen und Gefühlen zerrissen – Holland scheint sich vor allem zu fürchten.« Obwohl die Ökonomie des Landes verfiel, es keine nationale Einheit gab und das Volk zudem, wie Adams es nun sah, unter einer tiefen Kluft zwischen reich und arm litt, blieb es »zu selbstzufrieden«. Der Stolz auf »ihre tiefempfundene Unabhängigkeit und ihr republikanisches Temperament«, der einmal ein so vitaler Zug des Nationalcharakters gewesen war, erschien ihm verblichen.

Aus der Perspektive des folgenden Jahrhunderts gestand der holländische Historiker des 19. Jahrhunderts, Herman Colenbrander, zu, daß das Geldmachen in der Tat zu einer nationalen Leidenschaft geworden war, aber er sagte auch, daß es unter der Herrschaft Wilhelms V. »für die Niederländer nicht länger notwendig war, wie in den früheren Tagen auf der Suche nach Profit durch die ganze Welt zu schweifen. Sie waren nicht mehr darauf angewiesen, nach Übersee zu gehen, um mehr Gold zu gewinnen, sondern konnten es zu Hause in der Erbschaft ihrer Väter finden, und alles, was sie wollten, war, es durch Zins und Zinseszins zu vermehren.«

Aber mehr noch als die holländische Selbstzufriedenheit waren es die wachsende Konkurrenz und die neue Unternehmungslust anderer Nationen im Außenhandel, die den Niedergang einleiteten. Die Briten hatten eine konkurrenzfähige Gesellschaft gegründet, die sich der Heringsfischerei in der Nordsee zuwandte und holländische Fischer in ihren Dienst lockte; die zahllosen Fischerboote der holländischen Heringsflotte, die Tausenden von Seeleuten ein Auskommen geboten hatten, wurden auf ein paar verstreute Boote re-

VI. Die Niederländer und die Briten: noch ein Krieg   97

duziert. Die Briten übernahmen auch den Handel und, in einigen
Fällen, die Territorien in Ostindien; Horace Walpole war von den
Produkten Ceylons so hingerissen, als die Briten mit der Hilfe der
ansässigen Rajahs den Handel mit der Insel 1782 eröffneten, daß
er in geradezu lyrischem Ton schrieb:»Ceylon wird ein irdisches
Paradies genannt. Wir werden in Rubinen, Elefanten, Zimt und
Pfeffer versinken. Die Insel bringt... langen Pfeffer, hervorragen-
de Baumwolle, Elfenbein, Seide, Tabak, Ebenholz, Moschus, Kri-
stall, Salpeter, Sulfur, Blei, Eisen, Stahl, Kupfer, daneben Zimt,
Gold und Silber und alle Arten wertvoller Steine, außer Diamanten, hervor... Ihr Hauptprodukt ist Zimt, der beste in ganz Asien.«
Noch ein weiterer Superlativ findet sich bei Horace Walpole:»Der
Ceylon-Elefant wird allen anderen vorgezogen, besonders wenn er
gefleckt ist.«
Preußen, Schweden und jede andere Nation, die ein Segelschiff auf-
treiben konnte, bemühte sich hektisch, einen Anteil am ostindischen Handel zu ergattern. Schweden beanspruchte den Teehandel
mit China; der Handel Spaniens und Portugals wurde von Frankreich, England, Schweden und den Kaufleuten der Hanse übernommen. Märkte und Manufakturen, die einst das Monopol der
Niederländer gewesen waren, litten nun überall unter dem Eindringen ausländischer »Unternehmer«. Die Industrien, denen die früher immer prompte Lieferung von Rohmaterialien für Tuch und
andere Produkte fehlten, verloren ihre Märkte und mußten schließen. Die Arbeitslosigkeit wuchs, breitete sich von Stadt zu Stadt
und von einer Zunft zur nächsten aus. Bettler und Obdachlose erschienen in den Straßen. Früher fleckenlos reine Bürgersteige waren nun verunreinigt, einst glänzende und polierte Fenster so staub-
bedeckt, daß sich das Grün der hohen Bäume am Kanalufer nicht
mehr in ihnen spiegelte.
Die Unzufriedenheit der Liberalen wuchs, und ihre Sprecher, des
konservativen *status quo* überdrüssig, waren aktive Parteigänger
der amerikanischen Sache. Ihr Führer war der radikale Freiherr
Johan Derck van der Capellen tot den Pol, ein Abgeordneter der
Generalstaaten von Zwolle, der Hauptstadt der Provinz Overijssel.
Van der Capellen war Mitglied einer alten Adelsfamilie, die vom
Freiheitsideal des 18. Jahrhunderts durchdrungen war, und er hatte

98   *Der erste Salut*

ein Pamphlet über die Geschichte der Freiheit vom antiken Theben
bis zum Kampf seines eigenen Landes gegen Spanien verfaßt. Seine
Kritiker nannten ihn »einen Lafayette mit einem noch lockereren
Kopf«.

Van der Capellen stand im Dezember 1775 im Parlament auf und
verursachte mit seiner Rede eine Sensation. Er wandte sich scharf
dagegen, daß die Niederlande England ihre Schottische Brigade
ausliehen, was zu der Zeit das wichtigste Vorhaben der pro-engli-
schen Partei war, und schlug eine Anleihe vor, um die finanziellen
Nöte der amerikanischen Kolonien zu erleichtern, deren Geldman-
gel sie bei ihren Kriegsanstrengungen fast ebenso behinderte wie
ihr Mangel an Schießpulver. Die Schottische Brigade war nach der
Unabhängigkeit nach Holland gekommen, um die Niederländer
gegen das katholische Spanien zu unterstützen, und als Abschrek-
kung der Franzosen im niederländischen Dienst geblieben. Nach
den Bedingungen des Niederländischen Verteidigungsbündnisses
mit Großbritannien von 1678 mußte sie nach England zurückge-
sandt werden, wenn einer der beiden Vertragspartner aufgrund
eines Angriffes von dritter Seite Hilfe brauchte. Die Stärke der
Brigade sollte auf 6000 Mann gehalten werden, aber um Geld zu
sparen, hatte man sie auf eine Mannschaftsstärke von 1800
schrumpfen lassen. Sie war daher den Lärm, den sie verursachte,
kaum wert.

Falls die Truppe England unterstellt würde, boten die Briten den
Niederländern ein hannoveranisches Regiment oder die Übernahme der Kosten für die Ausrüstung eines niederländischen Regiments an, das an die Stelle der Schotten treten konnte. Den vielen
Streitigkeiten noch eine hinzufügend, stellte sich der Herzog von
Braunschweig als Oberbefehlshaber in dieser Frage gegen den Prinzen, weil er glaubte, daß durch den Verlust der Brigade die Landstreitkräfte weiter geschwächt würden, da sie wahrscheinlich kaum
ersetzt werden würde. Politische Gegner der Truppenentsendung
hatten den Verdacht, daß Lord North, der britische Premierminister, die Übergabe der Brigade in der Überzeugung gefordert habe,
daß sie abgelehnt werden würde. Er konnte die Weigerung der Niederlande dann als Rechtfertigung dafür nutzen, vom Parlament zusätzlich deutsche Söldner für den amerikanischen Krieg zu verlan-

VI. Die Niederländer und die Briten: noch ein Krieg 99

gen. Der Einsatz dieser Söldner wurde von den Whigs in der Opposition bekämpft, da sie in den Kolonien verhaßt waren.

Die Briten dachten nicht daran, es den Niederländern leichtzumachen, und forderten, obwohl sie wußten, daß die Diskussion um die Schottische Brigade in den Vereinigten Provinzen eine lange Zeit in Anspruch nehmen würde, eine Antwort innerhalb eines Monats.

Van der Capellen, der in seiner Rhetorik wenig Rücksicht auf die örtliche Tradition moderaten Diskurses nahm, wandte sich in großer Schärfe gegen die Überstellung der Schottischen Brigade. Er nannte sie eine Verletzung der Neutralität und einen Akt der Ungerechtigkeit gegenüber den Amerikanern, die für eine gerechte Sache kämpften. Van der Capellen war der erste, der sich in aller Offenheit für die amerikanischen Rebellen aussprach, und er wankte nicht. Er sagte, wie immer der Krieg in Amerika ausginge, er werde es als ruhmreich und ehrenvoll betrachten, ihre Sache zu vertreten, da sie die Sache aller Menschen sei. Er schmähte die Neutralität als eine Position, die nur zugunsten des holländischen Handels und der holländischen Industrie übernommen worden war. Für ein Volk, das selbst rebelliert habe, wäre es in seinen Augen schändlich, sich gegen eine tapfere Nation zu wenden, die den Respekt der ganzen Welt verdiente, da sie Rechte verteidigte, die ihr von Gott, nicht von England gegeben worden seien. Es wäre eine Schande für Holland, rief er aus, eine niederländische Brigade zu entsenden, um sie zu bekämpfen.

Der Aufruhr schwoll an, als van der Capellen seine Rede drucken und verteilen ließ. Der Statthalter war außer sich, denn er konnte entschieden beleidigt sein, auch wenn er keine Entscheidung traf. Ob nun auf Veranlassung des Prinzen oder weil die Parlamentarier selbst die amerikanische Sache nicht zu übernehmen gewillt waren – van der Capellen wurde aus den Generalstaaten ausgeschlossen, ein Vorgang, der wie im ähnlichen Fall des John Wilkes in England einen großen parlamentarischen Skandal verursachte.

In seiner direkten Unterstützung der amerikanischen Revolutionäre schockierte van der Capellen sogar seine eigene Provinz. Er wurde aus dem Provinzparlament ausgeschlossen und verlor die Regentenwürde. Seine Widersacher drückten damit ihre Mißbilligung aus; sie wollten die Amerikaner nicht ermutigen, denn trotz ihrer

100 *Der erste Salut*

goldenen Handelsträume war die Abneigung der Regenten gegen
die gesellschaftliche »Gleichmacherei«, die sie in der Revolution
spürten, stärker. Darüber hinaus fürchteten sie, die Unabhängigkeit Amerikas könnte den eigenen Kolonien ein Beispiel sein.
Die Frage, ob man der Forderung der Briten auf Überstellung der
Schottischen Brigade nachkommen sollte oder nicht, legte eine weitere glühende Kohle in das schwelende Feuer der Unzufriedenheit
zwischen Großbritannien und den Niederlanden. Der Streit führte
zu turbulenten Debatten in den Generalstaaten. Die pro-amerika-
nischen Provinzen, vom einflußreichen Holland angeführt, oppo-
nierten standhaft. Holland wandte sich vor allem deshalb gegen die
Überstellung, weil die Brigade ersetzt werden mußte, wollte man
die Armee nicht weiter schwächen. Daher entschieden die Generalstaaten im April 1776 ironischerweise nicht aufgrund von Cappel-
lens leidenschaftlichen Plädoyers, sondern weil Amsterdam sich
weigerte, Geld für den Ersatz der Brigade bereitzustellen. Die
Mehrheit votierte dagegen, England die Schottische Brigade zur
Verfügung zu stellen, gleichgültig was der britische Zorn das Land
kosten würde. Der Beschluß war ein unfreundlicher Akt und angesichts der Tatsache, daß Großbritannien sich bereit erklärt hatte,
die Kosten zu tragen, nicht sonderlich klug. Dies um so weniger, als
er von keinen Vorbereitungen begleitet war, den voraussehbaren
feindseligen Reaktionen Großbritanniens zu begegnen.
Die Briten gaben ihrer Forderung nicht unmittelbar Nachdruck,
aber in London wuchs der Eindruck, daß die Niederlande sich nicht
als ein wahrer Verbündeter in den Begriffen des »Gesetzes der Verträglichkeit« erwiesen. Dieses charmante Konzept, das für den
Wunsch des 18. Jahrhunderts nach höflichen Umgangsformen so
bezeichnend ist, war natürlich kein verabschiedetes Gesetz, sondern ein Ideal internationaler Beziehungen. Demnach erwartete
man von einem Staat, daß er einen Verbündeten oder einen Nachbarn, zu dem er gute Beziehungen unterhielt, hilfsbereit und zuvor-
kommend behandelte. Er sollte dessen Staatsangehörigen zum
Beispiel bei der Durchreise keine Schwierigkeiten machen, dessen
Schiffen im Sturm den Schutz der eigenen Häfen anbieten und den
Verwundeten nach einer Schlacht Zuflucht gewähren. Diese Hilfs-
bereitschaft konnte auch zwei verfeindeten Staaten zugleich gelten,

VI. Die Niederländer und die Briten: noch ein Krieg   101

wenn das dritte Land zu beiden gutnachbarliche Beziehungen hatte. Zu einer Zeit, da fast jeder Staat Europas in einen anderen verkrallt war und versuchte – wie es in der britischen Nationalhymne heißt –, »seine Politik zu verwirren, seine Bubenstücke zu vereiteln«, erinnert uns die Idee der »Verträglichkeit« in den internationalen Beziehungen daran, daß dies das Zeitalter Lord Chesterfields war.*

Die britische Feindseligkeit war seit de Graaffs Salut der Rebellenflagge stetig gestiegen. Die Empörung der Briten über diese Affäre ging inzwischen über ihre eigentliche Bedeutung weit hinaus. »Ich stelle fest«, schrieb Kapitän Colpoys von der *Seaford* an seinen Vorgesetzten, Admiral Young, »daß der Salut ihrer [der amerikanischen] bewaffneten Schiffe sowohl in St. Croix als auch in Statia erwidert wird.« Diese zusätzliche Beleidigung hatte nur in Colpoys Phantasie stattgefunden, denn es hatte in St. Croix keine solchen Salutschüsse gegeben. Sir Joseph Yorke brauchte allerdings seine Phantasie nicht zu bemühen, um sich über den fortgesetzten Schmuggel der Holländer auf dem laufenden zu halten. Er hatte das bestorganisierte Agentennetz in Europa aufgebaut, das ihm eine Flut von Informationen über Frachten, die das holländische Embargo umgingen, über ihre Mengen und Routen lieferte. Schiffseigner ließen ihre Lieferungen über Portugal gehen, wo die Fracht an amerikanische Agenten verkauft wurde. Die Brigg *Smack,* die den Hafen von Amsterdam nicht verlassen konnte, weil britische Kriegsschiffe draußen auf sie warteten, wurde von einem amerikanischen Beauftragten in Amsterdam verkauft und lief unter einem angeblich neuen Eigner, mit einem neuen Namen, frisch bemalt und mit neutralen Papieren aus. Ein anderes Schmuggelschiff, die Brigg *Betsy* – Heimathafen Boston – trug den Berichten zufolge 200 Faß Schießpulver zu je 112 Pfund, 1000 Musketen, 500 Paar Pistolen sowie andere militärische Ausrüstung.

Großbritanniens beschämende Unfähigkeit, die Rebellion zu unterdrücken – eine Unfähigkeit, für die die Briten den anhaltenden

---

* Lord Chesterfield (1694–1773) zeichnete sich im diplomatischen Dienst aus und wurde berühmt durch die *Letters to his Son* (1774–1777), einer Art Kompendium höfischer Weltklugheit (A. d. Ü.).

102   *Der erste Salut*

niederländischen Nachschub an Waffen und Munition verantwortlich machten –, entlockte Yorke den enthüllendsten britischen
Kommentar des Krieges. Irgendein militärischer Erfolg sei unbedingt notwendig, schrieb er im Mai 1778 an Lord Suffolk, einen
Minister im Kabinett von Lord North, »um Großbritannien das Ansehen zurückzugeben, das ihm zukommt«. Nur dann nämlich sei
gesichert, daß seine Nachbarn »wieder die Sprache des Respektes
und der Freundschaft« sprächen. Das Ansehen der Nation war sicherlich von essentieller Bedeutung für das Kolonialreich, aber
Yorke drückte damit noch etwas Tieferes aus, nämlich das Bedürfnis der Briten, nicht nur respektiert, sondern als mächtigste Nation
überhaupt anerkannt zu werden. Philosophen mögen über die
Gründe, warum Männer in den Krieg ziehen, reden, soviel sie wollen – eine Antwort findet sich sicher bereits in Joseph Yorkes Aussage. Was er über den Wunsch, anerkannt zu werden, sagt, um-
schreibt genau das Deutschland Kaiser Wilhelms II. von 1914. In
dem festen Glauben, als das fleißigste und zivilisierteste Volk seiner
Zeit von der Vorsehung zum höchsten Platz unter den Nationen
ausersehen zu sein, verlangte es die Deutschen verzweifelt danach,
von den geringeren Nationen als überlegen anerkannt zu werden.
Es erbitterte den Kaiser, daß Besucher Paris und nicht seine Hauptstadt Berlin als die Krone zivilisierter Kultur betrachteten. In diesem Sinne kann der Krieg, wie Joseph Yorkes Worte andeuten,
ebensowohl aus verletzter Eitelkeit wie aus ernsteren Gründen entstehen.
Die Gegenströmungen der holländischen Politik – Aufrüstung entweder der Landstreitkräfte oder der Marine – bestimmten auch die
Haltungen der politischen Lager gegenüber der amerikanischen
Revolution. Natürlich war der Statthalter zusammen mit seiner Partei gegen die amerikanischen Rebellen. Nicht nur, weil er aus Fami-
lientradition dem britischen Lager angehörte, sondern auch, weil
seine innenpolitischen Gegner, die mit der Sache der Amerikaner
sympathisierten, revolutionäre republikanische Ideen ausdrückten,
die seinen Status als erblicher Souverän bedrohten. Diese Gruppe
gab sich den französischen Namen *patriotes* und gewann in dem Maße an Stärke, wie das Ansehen des Prinzen in der Öffentlichkeit
sank. Der Herzog von Braunschweig wurde von der Gruppe der

VI. Die Niederländer und die Briten: noch ein Krieg   103

Patrioten insbesondere gehaßt, weil er Parteigänger der Briten war,
und weil man glaubte, er halte den Prinzen über den wahren Stand
der Dinge im dunklen.
Am tiefsten aber beeinflußte das von Amsterdam dominierte mer-
kantile Interesse die Haltung der Niederlande zu den amerikanischen Rebellen. Die Führer dieser Fraktion waren überzeugt, daß
der große unbekannte Kontinent Amerika, war er nur erst unabhängig und aus dem Griff des britischen Merkantilismus befreit,
unbegrenzte Handelschancen für den Export von Tuchen aus Haarlem und Gin aus Schiedam sowie für den Import von Reis, Indigo,
Zucker, Baumwolle, Kaffee und Rum bot. Dies zusammen mit der
Finanzierung von Anleihen amerikanischer Kaufleute würde die
britische Vorherrschaft auf dem Atlantik brechen. Wie ein französischer Gesandter in Den Haag berichtete, erwarteten die Niederländer, daß sich die Handelsgelegenheiten »wie Sand vermehren«
würden, und sie wollten verhindern, daß irgendeine andere Nation
ihnen im Handel mit einem Land so »riesiger Möglichkeiten« zu-
vorkam.
Dennoch, selbst in Amsterdam fand Adams nur wenige einflußrei-
che Männer, die den Kampf der Kolonien ernst nahmen, ihn als mehr
denn »die ziellose Wut einiger Fanatiker ohne Disziplin, Ordnung,
Gesetz oder Regierung« ansahen. Kaum einer kannte Amerika, seine wachsende Bevölkerung und deren zunehmenden Handel aus
erster Hand. Was wußten die Niederländer in ihren goldenen Träumen wirklich von Amerika? Seine Unermeßlichkeit hinterließ ein
Gefühl ehrfürchtigen Staunens, das einige sehr wirre, von Pseudo-
wissenschaftlern unters Volk gebrachte Vorstellungen einschloß. Einer dieser gelehrten Allwissenden war der Abbé Raynal, der seine
Ideen in einer *Philosophischen und politischen Geschichte der Siedlungen und des Handels der Europäer in den Beiden Indien* niedergelegt hatte. Das spät geschaffene Amerika sei, so urteilte er, noch
unvollständig und für menschliches Leben oder gar die Zivilisation
nicht geeignet. Der berühmte Naturalist Buffon sprach in einem der
wilderen Ausflüge europäischer Phantasie von Amerikas »unfrucht-
baren Böden unter kärglichen Himmeln«. Dies verhindere eine gesunde Entwicklung von Flora und Fauna und selbst der menschlichen
Gattung; die Eingeborenen seien von geringer Virilität. Buffon

hatte natürlich nie den Atlantik überquert, um Amerika selbst in Augenschein zu nehmen. Ähnlich qualifizierten Wissenschaftlern zufolge verließen erwachsene Menschen aus anderen Klimazonen, die sich dort niederließen, die Kräfte, und Buffon gelang es sogar, sich mit der Feststellung zu befriedigen, die eingeborenen Indianer hätten »kleinwüchsige Organe der Fortpflanzung« und »geringe geschlechtliche Kapazität«. Das Klima der Neuen Welt, befand eine sich gut verkaufende Abhandlung, die 1775 aus dem Französischen ins Holländische übersetzt wurde, mache die Menschen träge und faul; sie würden dort vielleicht glücklich, aber niemals widerstandsfähig und stark. Amerika, bekräftigte dieser Gelehrte, sei »für ein glückliches Leben geschaffen, nicht für die politische Macht«. Wenn das beruhigend sein sollte, so deutet es auf eine verborgene Furcht Europas vor einer riesigen, primitiven Kraft, die sich erheben und es überwältigen könnte.

Diese Hirngespinste über Amerika brachten zwei gegensätzliche Schlußfolgerungen hervor, die aber letztlich beide die goldenen Träume erschütterten. Der einen Denkschule nach war Amerika zu groß, zu zerrissen, um jemals ein einziges Land zu werden, seine Verbindungswege zu weit auseinandergezogen, um den Kontinent je zu vereinigen. Sollte das Land die Unabhängigkeit erreichen, würde es in Bürgerkriegen zerfallen. Auch würde es seine lange Küste nie verteidigen können, ohne eine gewaltige Seemacht aufzubauen. Die andere Schule behauptete, daß Amerikas Größe und seine enormen Ressourcen es zu einer Großmacht prädestinierten, die unvermeidlich mit den Niederlanden zusammenprallen und ihren Handel, vor allem den in den Kolonien, bedrohen würde. Die Hoffnung auf lukrativen Handel mit Amerika, warnten die Pessimisten, müßte in diesem Rahmen gesehen werden. Beide Argumente, daß Amerika zu schwach oder im Gegenteil zu stark sei, wurden von britischen Propagandisten wahlweise aufgenommen, um die Begeisterung der Amsterdamer Gruppe für engere Beziehungen zu den amerikanischen Kolonien zu bekämpfen.

Seegefechte, die sich aus den verworrenen Streitfragen des Neutralitätsrechtes ergaben, erhöhten die Spannungen zwischen Großbritannien und den Niederlanden. Der Status der Neutralität war deshalb ein so unerschöpflicher Quell der Auseinandersetzung, weil

VI. Die Niederländer und die Briten: noch ein Krieg 105

die Nationen in einem Klima immerwährender Kriege ständig
Nachschub brauchten, den nur neutrale Schiffe heranschaffen
konnten. Das Neutralitätsrecht, das angeblich auf dem einfachen
Prinzip »Frei Schiff, frei Gut« beruhte, war von dem großen holländischen Rechtsgelehrten Hugo Grotius 1625 formuliert worden. Im
wesentlichen sah es vor, daß in neutralen Schiffen alles außer Waffen und Munition »frei« an eine kriegführende Seite geliefert werden durfte, während alles in einem Schiff eines kriegführenden
Staates *ipso facto* Kriegsbeute war. Untergeordnete Fragen, welche
Materialien »frei« und welche Konterbande waren, welcher Art die
Rechte einer kriegführenden Nation auf Durchsuchung und Beschlagnahmung und die eines Schiffers auf Geleitschutz waren, hatten sich indessen zu einem Labyrinth aus Verträgen und Protokollen
ausgewachsen, aus denen selbst ein Theseus keinen Ausweg gefunden hätte. Die Reinheit von Grotius' Prinzip war durch die Ausnahme von »Schiffsbedarf« – was Materialien für den Bau von Schiffen,
hauptsächlich Holz, bedeutete – getrübt worden. Bei den Briten war
die Ausnahmeregelung für »Schiffsbedarf« und das Prinzip »Frei
Schiff, frei Gut« verhaßt, da beides die britische Handlungsfreiheit
auf See einschränkte. Aber sie waren auf diese Bestimmungen im
Frieden von Westminster 1674 eingegangen, um die teuren und endlosen Kriege mit den Niederländern zu beenden.
Die Frage des »Schiffsbedarfs« brachte die Franzosen auf die Szene.
Während einzelne in Frankreich von den Idealen der amerikanischen
Revolution begeistert waren, interessierte sich die französische
Regierung wenig für die Freiheit, sah aber in der Unterstützung
der Rebellen ein Mittel, sich an Großbritannien für den Verlust von
Kanada und andere Niederlagen im Siebenjährigen Krieg zu rächen. Wollte Frankreich den Kolonien wirkungsvoll helfen, mußte
es seine vernachlässigte Flotte neu aufbauen, und dazu brauchte das
Land Holz aus den Ostseeländern, das in neutralen niederländischen Schiffen geliefert werden sollte. Daher war ein ausreichender
niederländischer Geleitschutz ein dringendes französisches Interesse. Diesen Geleitschutz zu reduzieren und streng zu begrenzen, war
das Ziel der Briten.
Die Debatte in den Provinzparlamenten über die Notwendigkeit
und die Kosten von neuen Schiffen war heftig und stürzte die Pro-

vinzen in innere Streitigkeiten, die über die üblichen hinausgingen. Holland und Friesland, die am meisten vom Außenhandel und vom Schiffsbau abhingen, standen gegen Utrecht, Overijssel und Gelderland, die auf einer Verstärkung der Landstreitkräfte beharrten. Brennpunkt der Debatte war die heißumstrittene Frage des »Unbegrenzten Freien Geleits«, was eine Eskorte für alle Handelsschiffe bedeutete, die mit Waren, welche nicht als Konterbande geführt wurden, aus holländischen Häfen ausliefen. Da dies die Frage des »Schiffsbedarfs« nach sich zog und die Lieferung von Holz an die Franzosen geschützt hätte, wollten die Briten dem nicht zustimmen, während die Franzosen darauf bestanden. Für Großbritannien ging der Streit aber noch über das Schiffsbaumaterial für Frankreich hinaus. Freies Geleit bedeutete, daß die Schiffe nicht durchsucht werden durften, was Großbritanniens Anspruch auf die Gewässer zwischen seiner Küste und dem europäischen Kontinent in Frage stellte, der zur großen Befriedigung der Nation von dem hochgebildeten Rechtshistoriker John Selden in seinem *Mare Clausum* (Das geschlossene Meer) als Antwort auf Grotius niedergelegt worden war. Indem er Großbritanniens exklusives Anrecht auf die Gewässer, die seine Inseln umgaben, anmeldete, bestätigte Selden die Vorrangstellung, die Großbritannien in den Worten Yorkes »rechtmäßig zukam«. Unbegrenztes Freies Geleit berührte den Stolz der Briten und konnte daher zum *casus belli* werden. Es gab viele Leute in Holland, die davon überzeugt waren, daß Großbritannien eher Krieg führen als sein Recht auf Durchsuchung aufgeben würde, und sie rieten davon ab, diese Entschlossenheit auf die Probe zu stellen.

Die Debatte riß Parteiungen und Gruppen in einen wilden Konflikt, der vor den Provinzgrenzen nicht haltmachte. Der Statthalter, der sich von Großbritannien Unterstützung gegen die revolutionären Ideen der *patriotes* versprach, war diesmal entschlossen genug, sich standhaft gegen das Unbegrenzte Freie Geleit zu stellen. Die Handwerker der Mittelklasse und die Proletarier, die den Geleitschutz als Mittel betrachteten, den holländischen Handel zu vermehren und die Manufaktur im Lande zu beleben, waren genauso entschlossen dafür. Wären die Niederländer einig gewesen, sie hätten ihren Einfluß in der einen oder anderen Richtung spürbar machen können, aber es gab keine Person und keine Körper-

VI. Die Niederländer und die Briten: noch ein Krieg 107

schaft, die Kraft oder Autorität genug hatte, eine Entscheidung zu erzwingen.
Der französische Botschafter de la Vauguyon, ein verbindlicher, leiser Diplomat, geschult in den taktvollen Manieren des französischen Hofes, an dem sein Vater Lehrer Ludwigs XVI. gewesen war, empfahl den Niederländern eine ruhige, unaufgeregte Politik mit geringen Kosten. Er sagte, das Land habe von Frankreich nichts zu fürchten, brauche aber um seiner nationalen Ehre willen eine starke Flotte. Yorke, der immer grober und überheblicher wurde, je mehr er daran verzweifelte, den niederländischen Schmuggel unterdrükken zu können, griff auf düstere Warnungen zurück und malte die Aufkündigung des Friedens von Westminster an die Wand, was den gesamten niederländischen Handel der Beschlagnahmung ausgeliefert hätte.
Die Generalstaaten erkannten nicht, daß dies ein Anzeichen dafür war, wie dicht britische Vergeltungsmaßnahmen bevorstanden. Vielleicht hatte Sir Joseph, der Donnerer, schon zu oft gedroht, vielleicht konnten die Abgeordneten nicht glauben, daß Großbritannien, bereits im Kriegszustand mit Frankreich, Spanien und Amerika, so leichtsinnig wäre, sich einen weiteren Kriegsschauplatz zu schaffen.
Die Ereignisse bewiesen das Gegenteil. Im Juni 1779 war Spanien in den Krieg gegen Großbritannien eingetreten. Als die konservativste Monarchie in Europa hatte es kein Interesse am Erfolg der amerikanischen Rebellion, eher im Gegenteil, und schloß daher mit den Amerikanern kein Bündnis, sondern nur mit Frankreich, mit dem es bereits durch den sogenannten »Bourbonischen Familienpakt« verbunden war. Diese Verbindung sollte beiden den langerwarteten Tag näher bringen, von dem schon viele Feinde der Briten geträumt haben – die Invasion Großbritanniens. Als Spanien den Briten den Krieg erklärte, plante es diese Invasion für das Jahr 1779, einhunderteinundneunzig Jahre nach den ertrunkenen Hoffnungen von Philips Armada. Bescheidenere Kriegsziele waren die Wiedereroberung von Gibraltar und Menorca, die es 1704 im Spanischen Erbfolgekrieg an Großbritannien verloren hatte. Da Britannien nun von den beiden großen Mächten des Kontinents zugleich bedrängt wurde, glaubte Spanien, seine Stunde sei gekommen.
Niederländische Schiffe, die Frachten nach Frankreich trugen, wur-

108   *Der erste Salut*

den jede Woche von den Briten auf See aufgebracht. Der Krieg stand
unmittelbar bevor, und die holländischen Seeoffiziere befürchteten,
dem Feind hoffnungslos unterlegen zu sein. Fürsprecher der Marine
hatten dringend zu Neubauten geraten, um den Geleitschutz für
Handelsschiffe zu ermöglichen, aber das Zögern der inländischen
Provinzen, die Kosten zu billigen, und die darauffolgende lange
Debatte hatten eine Verstärkung der Flotte verhindert. Zur gleichen
Zeit berichtete Admiral Bylandt, ein Kommandeur von Geleit-
zügen, daß die Westindischen Inseln kaum verteidigungsfähig waren. Er erwähnte insbesondere St. Eustatius, das Waffen und neue
Befestigungsmaßnahmen brauche, damit es einen Angriff zurück-
schlagen und seinen blühenden Handel schützen könne. Auch diese
Forderung blieb ohne Folgen. Acht Schiffe, nicht die geforderten
vierundzwanzig, wurden Bylandts Kommando unterstellt, als das
Schiffsbauprogramm überhaupt erste Ergebnisse zeitigte.
Unaufgeregtheit und Ruhe sollte den Holländern im neuen Jahrzehnt nicht beschieden sein. Um in der Geleitschutzfrage Druck
auszuüben, drohte Frankreich damit, Importprivilegien, die einzelnen Städten und Provinzen Hollands gewährt worden waren, zu
kassieren, was dem niederländischen Geldbeutel geschadet hätte.
In der Erkenntnis aber, daß ein Geschenk immer überzeugender ist
als eine Drohung, gewährte Frankreich Amsterdam und Haarlem
eine Befreiung von Einfuhrsteuern. Es wurde dadurch belohnt, daß
die Provinz Holland sich im März 1779 für das Unbegrenzte Freie
Geleit entschied. Aber die Kontroverse war damit noch nicht aus
der Welt, denn die Generalstaaten weigerten sich aus Furcht vor der
britischen Reaktion, den Beschluß der Provinz zu bestätigen.
Ein Schiffsverband unter dem Befehl von Admiral Bylandt, der auf
die Erlaubnis gewartet hatte, Handelsschiffe mit Schiffsbedarf aus
den Ostseeländern zu eskortieren, ignorierte die Weigerung der
Generalstaaten, die praktisch einem Verbot gleichkam, und setzte
die Segel. Admiral Bylandt verfügte über vier Kriegsschiffe. Am
31. Dezember 1779, dem letzten Tag des Jahres und dieser unruhigen Dekade, stieß Bylandt vor der Isle of Wight auf einen britischen
Verband von sechs Schiffen. Befehlshaber der Briten war Kommodore Fielding, der Befehl hatte, alle Schiffe, ob sie nun unter Geleitschutz segelten oder nicht, zu durchsuchen. Als ihm die Absicht des

VI. Die Niederländer und die Briten: noch ein Krieg 109

Briten signalisiert wurde, lehnte Bylandt es ab, die Schiffe unter
seinem Befehl durchsuchen zu lassen und erklärte unter Eid, daß
keines der Handelsschiffe Konterbande oder Holz geladen habe.
Kommodore Fielding bestand darauf, daß auch Eisen und Hanf als
Konterbande angesehen werden konnten, und schickte eine Scha-
luppe zu den niederländischen Schiffen hinüber, um die Durchsu-
chung auszuführen. Admiral Bylandt ließ ihr zur Warnung zwei
Schüsse vor den Bug setzen und wurde sofort durch eine schwere
Breitseite von Fieldings Schiffen angegriffen. Ob er nun fürchtete,
einer Übermacht gegenüberzustehen oder nicht zur Ursache eines
Krieges werden wollte, jedenfalls signalisierte Bylandt seinen Kapitänen, sich zu ergeben, und wurde, da er sich weigerte, seine
Schutzbefohlenen allein zu lassen, vom Feind in einen englischen
Hafen geleitet. Ungläubiges Staunen in den Niederlanden verwandelt sich bald in wütende Empörung über den Tyrannen England,
die Geißel der See, und man begann davon zu sprechen, die Neutra-
litätsrechte mit Waffengewalt aufrechtzuerhalten, wenn dies notwendig sei. Immer noch in der Hoffnung, die Profite der Neutralität
unbehelligt genießen zu können, wollten die Niederländer eigentlich keinen Krieg, aber Britanniens Eingriffe in ihren Handel und
die Sorge, daß die Briten im Grunde auf die Zerstörung ihrer Rolle
als Handelsnation zielten, machten sie unvorsichtig. Als sich diese
Unvorsichtigkeit mit der Empörung über die Fielding-Affäre verband, stimmten die Generalstaaten im April 1780 geschlossen für
das Unbegrenzte Freie Geleit.
Für die Briten stellte das einen feindseligen Akt dar, ebenso empö-
rend wie Fieldings Feuer für die Niederländer. Beide Seiten hatten
nun Grund zum Zorn, und in Großbritannien kam hinzu, daß das
Land einen Schlag gegen seinen Ruf und seine Selbstachtung hinnehmen mußte, der das Kriegsfieber steigen ließ. Der Schlag wurde
nicht von den Vereinigten Provinzen geführt, sondern von den auf-
ständischen Kolonien, und er kam von einem einzelnen Kämpfer,
dem unerschrockensten, den die Reihen der Amerikaner bisher
hervorgebracht hatten.
John Paul Jones ging im Alter von dreizehn Jahren als Seemann in
die Lehre, diente als Seeoffiziersanwärter und Steuermann auf
Handelsschiffen zu den Westindischen Inseln. Als auf einer Reise

110   *Der erste Salut*

sowohl der Kapitän als auch der Erste Offizier starben, übernahm
er das Kommando. In der Kontinentalmarine, die aufgrund ihrer
Rekrutierungsschwierigkeiten von einem Kongreßmitglied als eine
Ansammlung von »Kesselflickern, Schuhmachern und Pferdejok-
keys« beschrieben wurde, bekam er sein Leutnantspatent, übernahm vorläufig das Kommando der *Alfred* und war an dem Seegefecht mit der *Glasgow* auf der Rückreise von dem Überfall auf New
Providence beteiligt. Obwohl Jones als streitsüchtig, überaus ehrgeizig und exzentrisch bekannt war – »der Jähzorn stand in seinen
Augen« –, und obwohl er angeklagt worden war, vor Tobago einen
Meuterer auf seinem Schiff erschossen zu haben, wurde er 1776 zum
Kapitän befördert. Der Marineausschuß, der die Unternehmungslust dieses Kapitäns spürte, ließ sich zu visionären Plänen hinreißen, die Jones ausführen sollte, als wäre er ein Märchenprinz der
See: Er sollte Nachschubschiffe, die auf dem Weg nach Quebec waren, kapern, die britische Fischerei vor Neufundland zerstören, die
Flagge zwischen den französischen Inseln im St. Lawrence-Strom
zeigen, amerikanische Gefangene befreien, die in den Kohleminen
von Cap Breton arbeiten mußten, und die britischen Kohlenschiffe
angreifen, die General Howes Armee in New York belieferten. Im
Verlauf von ein wenig begrenzteren Operationen erwies Jones sein
Draufgängertum in der Kaperung von acht Schiffen und der Zerstörung verschiedener britischer Schoner und Briggs von überlegener
Größe.
Im Jahre 1777 segelte er mit der frohen Botschaft von Burgoynes
Kapitulation in Saratoga nach Frankreich. Sein Schiff war die mit
achtzehn Kanonen bestückte *Ranger,* und in Frankreich sollte er das
Kommando des großen neuen Linienschiffes *L'Indien* übernehmen, das in Amsterdam im Bau war. Großbritannien betrachtete
das als Bruch der Neutralität und versuchte, über seine Parteigänger in Holland eine Überstellung des Schiffes nach Frankreich zu
verhindern. Statt der *L'Indien* wurde Jones zunächst ein altes französisches Handelsschiff gegeben, das er umbauen und als Kriegsschiff ausrüsten ließ. Zu Ehren Benjamin Franklins taufte er es *Bonhomme Richard.* Bevor die Umrüstung und die Lizenzierung mit
ihren diplomatischen Feinheiten geleistet werden konnten, erreichte
ihn ein Befehl aus Amerika, eine freie, selbständige Kaperfahrt

VI. Die Niederländer und die Briten: noch ein Krieg 111

zu unternehmen, auf der er »die Feinde der Vereinigten Staaten in
Bedrängnis bringen« sollte. Es war eine Mission, die seinem Temperament vollkommen entsprach. Er setzte sofort Segel und stieß
von Frankreich aus in feindliche Gewässer vor, segelte ganz um
Großbritannien herum, überfiel Küstenstädte, verbrannte Schiffe
in ihren Häfen, kaperte Handelsschiffe und krönte sein Unternehmen mit der Kaperung und Übernahme der mit zwanzig Kanonen
bestückten Fregatte *Drake*. Als er diese Prise und andere nach
Frankreich zurückbrachte, wurde er als Held begrüßt. Seine europäische Reputation begann zu wachsen.

Auf der Suche nach noch mehr Ruhm und jetzt an Deck der *Bonhomme Richard* hörte Jones von einem britischen Geleitzug, der
eine große Zahl von Handelsschiffen nach Hause brachte, und
suchte die See nach ihm ab. Am 23. September 1779 gegen Sonnenuntergang sichtete er ihn vor Flamborough Head an der Küste von
Yorkshire. Vor sich hatte er eine riesige Beute von 41 Schiffen, die
von dem mächtigen neuen britischen Zweidecker *Serapis* eskortiert
wurden. Sie war mit 50 Kanonen bestückt, darunter zwanzig 18-
Pfünder, und damit Jones' 40 Kanonen mit sechs 18-Pfündern überlegen. Als die Kriegsschiffe aufeinander zustrebten, eröffneten beide das Feuer. Die nächsten drei Stunden, während die Szene sich
zwischen Sonnenuntergang und dem Aufsteigen des Mondes verdunkelte, beobachteten die Zuschauer das Melodrama einer in der
Marinegeschichte unvergeßlichen Schlacht.

Als die Schiffe einander auf Pistolenschußentfernung nahegekommen waren, jagte ein Treffer der *Serapis* Pulverladungen auf dem
Kanonendeck der *Richard* in die Luft, tötete viele der Kanoniere
und schaltete Jones' schwerste Kanonen aus. Aber er hatte den
Wind in den Segeln, unbesiegbaren Kampfgeist und exzellente Seemannschaft. Er ließ das Hauptsegel einholen, um die *Richard* zu
verlangsamen, legte sie hinter dem Heck der *Serapis* quer, um ihre
Decks mit Breitseiten bestreichen zu können. Dann sah er seine
Chance, das feindliche Schiff zu entern, brachte die *Richard* mit
einem geschickten Manöver längsseits der *Serapis* und rief nach
Enterhaken. Während er sein Schiff an das feindliche legte, schossen Jones' Scharfschützen auf alles, was sich an Bord des britischen
Schiffes bewegte, sie holten Männer aus den Rahen und bedeckten

die Planken mit Toten. Auf das Deck der *Serapis* geworfene Granaten entzündeten einen Stapel Pulverpatronen, und die Explosion zerstörte die Hälfte ihrer Kanonen. Unter dem sich verdunkelnden Himmel schossen beide aus nächster Nähe unaufhörlich weiter ineinander hinein. Stichflammen erleuchteten die Silhouetten der beiden Schiffe, die sich in ihrem tödlichen Kampf ineinander verkrallt hatten wie zwei kämpfende Elche. Die Decks der *Richard* brannten, und sie zog Wasser. Jones' Hauptkanonier, der sah, daß sein Schiff in Gefahr war zu sinken, schrie zur *Serapis* hinüber: »Wir ergeben uns! Gnade! Um Gottes willen!« Jones warf seine Pistole nach dem Mann und fällte ihn. Aber der Ruf war von Pearson, dem Kommandanten der *Serapis,* gehört worden, und er rief: »Ergebt ihr euch?« Durch den Lärm der Schlacht, die Gewehrschüsse und das Tosen der Flammen drang die berühmte Antwort schwach, aber hörbar zu ihm: »Ich habe noch nicht angefangen zu kämpfen!« Wie um das zu beweisen, sprang Jones zu einem Neunpfünder, dessen Bemannung tot oder verwundet war, lud ihn und feuerte ihn selbst. Er zielte auf den Hauptmast der *Serapis,* lud und feuerte noch einmal. Als der Mast krachend herunterkam, holte Pearson, umgeben von Toten, die Takelage in Flammen, sein rotes Banner als Zeichen der Aufgabe ein. Er wurde auf das Achterdeck der *Richard* eskortiert, wo er Jones seinen Säbel genau in dem Moment übergab, als der Mast der *Serapis* die Reling durchbrach und über Bord rollte und ihr Hauptsegel, das nie mehr vom Wind erfüllt werden sollte, sich zum letzten Mal über den Wogen blähte.

Bonhomme Richard, die arg mitgenommene Siegerin, war zu beschädigt, um repariert werden zu können, und sank am nächsten Tag. An Bord der gekaperten *Serapis* segelte Jones nach Osten und kam nach einer mühsamen Zehntagereise mit Notmasten am 3. Oktober vor Texel an. Daß er diesen Hafen anlief und in einem neutralen Land Schutz für sein gekapertes Schiff und Lebensmittel und Pflege für die Verwundeten sowie Wachen für seine Gefangenen erbat, mußte den Holländern große Schwierigkeiten bereiten, weil es die Ressentiments der Briten vertiefte.

Schon damals kam der Verdacht auf, daß genau dies die Absicht von Jones gewesen sei, als er nicht nach Frankreich, das er auch hätte anlaufen können, sondern nach Holland segelte. Man glaubte, daß

VI. Die Niederländer und die Briten: noch ein Krieg   113

das *Committee of Secret Correspondence* des Kontinentalkongresses, das in den ersten Kriegsjahren die Außenpolitik leitete, durch den umtriebigen Charles Dumas, den halboffiziellen Agenten des Ausschusses, einen entsprechenden Befehl an Jones übermittelt habe. Dumas war ein Mitarbeiter von Benjamin Franklin, der zu der Zeit als amerikanischer Gesandter in Paris war und in diesem Fall als Mittelsmann gedient haben soll. Angeblich war es eine französische Idee, Jones als Köder zu benutzen, um Holland in den Krieg mit Großbritannien zu ziehen. Die Briten wiederum erfuhren angeblich davon durch Sir Joseph Yorkes geheime Kanäle. Er hatte Zugang zu Dumas' Korrespondenz mit Vergennes, dem französischen Außenminister, die für ihn von einer eigens auf diese Aufgabe angesetzten Person abgefangen und dekodiert wurde. Im 18. Jahrhundert wurden feindliche Botschaften noch ohne die Hilfe elektronischer Geräte oder verführbarer *Marines* ausspioniert. Es war allgemeine Praxis aller Nationen, die Korrespondenz von Außenministern abzufangen, zu öffnen und abzuschreiben.
Jones ging auf die französische Idee bereitwillig ein. Seine größte Befriedigung sei es,»die Position hier dazu gebraucht zu haben, die Beziehungen zwischen Holland und England so zu belasten, daß sie nicht wiederhergestellt werden können. Nichts hält Holland mehr in der Neutralität außer dem Einfluß der Schiffseigner, die fast den ganzen Handel Europas mit enormen Profitraten betreiben.« Dies schrieb er an Edward Bancroft, einen Korrespondenten der amerikanischen Ausschußmitglieder, der tatsächlich ein Geheimagent in den Diensten der Briten war und der »größte Spion seines Jahrhunderts« genannt worden ist. Das holländische Volk sei auf seiten der Amerikaner, berichtete Jones. »Jeden Tag kommen die Frauen, die Gott segnen möge, in großer Zahl auf die Schiffe; Mütter, Töchter, sogar kleine Mädchen, und bringen all die zahllosen kleinen Annehmlichkeiten der holländischen Haushalte für unsere Verwundeten mit. Es ist ein Tribut, der aus dem Herzen des Volkes kommt, und er überwiegt bei weitem alle gegen uns gerichtete Staatskunst und Diplomatie.«
Jones wurde in populären Liedern gefeiert, und Balladen, die seine Anwesenheit in Amsterdam feierten, wurden in den Straßen verkauft. Seine Gegenwart – und mehr noch die der mastlosen *Serapis,*

über deren Deck nichts mehr aufragte und die einsam und traurig wie ein verirrter Hund im Hafen lag – war dem britischen Botschafter ein täglicher Dorn im Auge. Er begann sofort, seine üblichen Forderungen nach Vergeltung herunterzubeten und verlangte, daß Jones des Landes verwiesen werde. Als Untertan des Königs, informierte er die Generalstaaten, könne Jones nur als Rebell und »Pirat« betrachtet werden und sollte der Regierung Seiner Majestät mit Schiff und Mannschaft ausgeliefert werden. Er teilte dem Prinzen mit, daß er glaube, Jones' Ankunft in Texel sei »ein Plan, der entwickelt wurde, um die Vereinigten Provinzen in einen Streit mit Großbritannien zu verwickeln«, eine Konsequenz, die er, wie er drohend eingestand, willkommen hieß, denn es sei besser, einen klaren Feind zu haben als einen, der sich in die Maske der Neutralität kleide. Die Begeisterung des Volkes für Jones sei eine ständige Quelle des Mißvergnügens.

»Gestern fiel mir ein«, schrieb Yorke am 8. Oktober 1779 der Admiralität, »daß wir ihn festnehmen könnten, wenn er sein Schiff verläßt, um in die Stadt zu kommen.« Sir Joseph war nicht der Mann, sich Sorgen darüber zu machen, ob es einem Botschafter in einem neutralen Land anstünde, einen Gast des Landes verhaften zu lassen. »Ich entsandte einen Freund, um dies zu versuchen«, fuhr er nüchtern fort, aber der Vollstreckungsbeamte, den dieser aufsuchte, sagte, daß es »ohne Beweise und eidliche Aussagen gegen die Räubereien« nicht in seiner Macht stand, etwas zu unternehmen, da die Affäre sich sofort in eine hochpolitische Angelegenheit verwandeln würde. »Zu meinem größten Bedauern mußte ich von dieser Fährte ablassen.« Es liegt etwas Unwiderstehliches in den direkten Methoden dieser Zierde des britischen Außendienstes.

Da die Festnahme nicht möglich war, versuchte Yorke als nächstes, einen Gerichtsbeschluß zu erwirken, der Jones des Landes verwies, aber auch das scheiterte an den Sympathien der Kaufleute Amsterdams und anderer Städte für den Amerikaner. Jones' Bemühungen um Pflege für die Verwundeten – auch für die verletzten englischen Gefangenen – wurden hochkompliziert, denn das Problem, englische Gefangene auf neutralem holländischen Boden von amerikanischen Soldaten bewachen zu lassen, trotzte jeder Lösung. Schließlich wurde es Jones erlaubt, eine gewisse Anzahl verwunde-

VI. Die Niederländer und die Briten: noch ein Krieg   115

ter Gefangener auf Texel an Land zu bringen und sie »von unseren amerikanischen Soldaten im Fort dieser Insel bewachen zu lassen, wobei wir entscheiden konnten, wann die Zugbrücken herabgelassen und wann sie hochgezogen wurden«. Ohne die Lieferung von Proviant und Wasser und ohne Reparaturarbeiten am Schiff konnte Jones nicht auslaufen. Auch dies löste weitere Diskussionen aus. Schließlich gelang es, Hilfe zu bekommen. Jones wurde dabei von Jean de Neufville, dem Leiter einer prominenten Handelsfirma in Amsterdam, unterstützt, der zu der Zeit tief in eine andere amerikanische Frage von größerer Bedeutung verwickelt war.

Während Jones auf günstigen Wind wartete, der ihn aus dem Kanal hinaustragen und vor den Briten bewahren sollte, die auf dem Meer vor Texel auf ihn warteten, steckte de Neufville in Verhandlungen um ein Projekt, das die widersprüchliche holländische Haltung schließlich klären und zu entschiedenem Handeln führen sollte. Im Jahr zuvor hatte Frankreich einen Freundschafts- und Handelsvertrag mit Amerika unterzeichnet, der gültig werden sollte, sobald die Kolonien ihre Unabhängigkeit gewonnen hätten. Benjamin Franklin, Silas Deane und Arthur Lee, die amerikanischen Bevollmächtigten in Paris, hatten eine Abschrift an den Ratspensionär van Bleiswijck geschickt. In ihrem Begleitschreiben forderten sie die Niederlande auf, einen ähnlichen Vertrag mit den Amerikanern abzuschließen. Die Sache wurde ebenfalls dem energischeren Ratspensionär der Stadt Amsterdam, Engelbert van Berckel, einem streitbaren Anwalt, vorgelegt. Als einer der Führer der Stadt, die davon träumte, zum Handelspartner Amerikas zu werden, war er sehr daran interessiert, einen Handelsvertrag mit den Kolonien abzuschließen, bevor sie unter Umständen den britischen Friedensangeboten nachgaben und wieder unter die Herrschaft Großbritanniens fielen.

Da die Friedenskommission Carlisles dem Kontinentalkongreß zu dieser Zeit Angebote unterbreitete, fürchteten nun auch jene, die in einem Sieg der Revolution nichts Gutes erkennen konnten, daß die Kolonien nachgeben und damit als Handelspartner der Niederlande ausfallen könnten. Van Berckel nährte aus irgendeinem in der Vergangenheit liegenden Grund einen Haß auf die Briten, und er wußte, daß de Neufvilles Vertrag sie in ihrem Stolz treffen würde.

Obwohl der Vertrag mit den Feinden Englands geheimgehalten werden sollte, konsultierte der Ratspensionär van Bleiswijk pflichtgemäß seinen Souverän. Wilhelm V. erklärte in einem leidenschaftlichen Wutanfall, daß der Vertrag gleichbedeutend mit der Anerkennung der Kolonien als unabhängiger Staat sei. Er würde eher die Statthalterschaft niederlegen und das Land mit seiner ganzen Familie verlassen, als einen solchen Vertrag zu akzeptieren. Dem Herzog von Braunschweig gelang es, ihn zu beruhigen und dazu zu überreden, den Vorschlag zumindest in aller Geheimhaltung diskutieren zu lassen. Inzwischen riet van Berckel dem Rat von Amsterdam, das Vertragsangebot den Generalstaaten zunächst nicht offiziell vorzulegen, sondern diesem durch Information der anderen Stadträte den Weg zu ebnen. Daraus folgte, daß das Geheimnis bald einigen hundert Leuten bekannt war. Vor Ende des Jahres schwirrten Gerüchte durch die Republik und führten zu Veröffentlichungen in englischen Zeitungen. Van Berckel autorisierte de Neufville, mit den Amerikanern einen Vertragsentwurf auszuhandeln, der geheimgehalten werden sollte, bis England die amerikanische Unabhängigkeit anerkannt hatte. Für Joseph Yorke waren die Gerüchte der Gipfel einer Reihe von Affronts, die von de Graaffs Salut bis zur Verherrlichung John Paul Jones' reichten. Und hinter allem stand die ständige quälende Unfähigkeit der Briten, die Rebellion in Amerika niederzuschlagen. Als Krönung war nun davon die Rede, daß eine große Macht Europas in der Tat bereit war, mit den Rebellen einen Vertrag abzuschließen.

Yorke sah keine andere Antwort als Krieg. Als Fortsetzung der Politik war der Krieg in jener Ära keine schreckenerregende Vorstellung, sondern eine mögliche und unter Umständen vorteilhafte Alternative. Wenn er mit angemessener Energie und ausreichenden Mitteln geführt wurde, bot er den britischen Planern die Gelegenheit, verlorene Kolonien zurückzuerobern oder neue zu gewinnen, um in der öffentlichen Meinung die Fehlschläge in Amerika zu kompensieren. Die Nachteile – Großbritannien hatte schon jetzt Schwierigkeiten, genug Soldaten nach Amerika zu entsenden, und Hollands zwanzig Linienschiffe würden die feindlichen Flotten gegen die schon jetzt nicht ausreichenden britischen Verbände verstärken – wurden wie die meisten Bedenken gegen einen verlocken-

VI. Die Niederländer und die Briten: noch ein Krieg   117

den Plan leicht verdrängt. Yorke traf sich unbesorgt zu einem vor-
wurfsvollen Gespräch mit dem Prinzen von Oranien und drückte
seine tiefe Betroffenheit darüber aus, daß Wilhelm das Vertragsangebot nicht zuerst mit seinem britischen Verbündeten besprochen
habe. Der Prinz, der in der holländischen Republik zum großen
Ärger seiner königlichen Verwandten in England keinen königlichen Status besaß, antwortete in aller Würde, daß es sich um ein
Staatsdokument handele und er sich nicht verpflichtet fühle, es mit
irgend jemandem zu besprechen. Yorke zögerte nicht, den Herrscher zurechtzuweisen. Er sagte, die Pläne »dreier erbärmlicher
Schufte« – damit meinte er die amerikanischen Beauftragten in Paris –, die gegen ihren König rebellierten, könnten kein Staatsge-
heimnis sein. Da es keine weiteren Vorfälle oder Informationen
gab, konnte Yorke nicht wie üblich nachdrücklich die »gebührende
Bestrafung« der Missetäter fordern; für den Augenblick ruhte die
Sache.

Während der geheime Vertrag still wie eine Lunte vor sich hin
glomm, loderte plötzlich ein für die Briten unangenehmeres Feuer
auf. Dies war eine internationale Liga Bewaffneter Neutralität, die
von einem Neuankömmling auf der politischen Bühne, der Zarin
Katharina II., persönlich erdacht und betrieben wurde. Die Liga
sollte den gemeinschaftlichen Widerstand gegen britische Übergriffe
auf See organisieren. Katharina II., die Voltaire die Semiramis des
Nordens nannte, war eine Abenteurerin der Machtpolitik, die die
Welt später als Katharina die Große kennenlernen sollte. Mit einem
territorialen Appetit, der dem Ludwigs XIV. nicht nachstand, wollte
sie ihre Grenzen nach Österreich und Polen, von dem sie sich bereits ein Teil angeeignet hatte, hinein verschieben. Diesem sollten
im Verlauf der drei Teilungen des Landes noch zwei weitere folgen.
Ein anderes ihrer Ziele war der Sturz der osmanischen Herrschaft,
um dann das Byzantinische Reich unter russischer Vorherrschaft
wiederzubeleben. Vor allem aber wollte sie einen Warmwasser-
hafen im Mittelmeer. Als Malmesbury, bevor er nach Den Haag
versetzt wurde, britischer Botschafter in St. Petersburg war, hatte er
es tatsächlich geschafft, seine Regierung in London zu überreden,
Katharina Englands kostbares Menorca anzubieten, wenn Rußland
in ein Angriffs- und Verteidigungsbündnis einträte und einen ge-

rechten Frieden zwischen Großbritannien, Spanien und Frankreich aushandelte. Obwohl ihr der Vertrag die Beute versprach, die sie schon so lange begehrte, widerstand Katharina der Versuchung, weil sie den Verdacht hatte, übervorteilt zu werden und zu hohe Gegenleistungen erbringen zu müssen. Oder – wie sie es in einem Satz ausdrückte, der zum geflügelten Wort der Diplomatensprache wurde: »*La mariée est trop belle. On veut me tromper.*« (Die Braut ist zu schön. Man will mich betrügen.)

Die Liga bewies, daß Holland in seinem Zorn über die britischen Eingriffe in den Handel keineswegs allein stand. »Jede Nation in Europa«, schrieb Benjamin Franklin an den Auswärtigen Ausschuß des Kongresses, »möchte Großbritannien gedemütigt sehen. Sie sind alle im Laufe der Zeit von der Dreistigkeit der Engländer beleidigt worden.« Katharina wollte die Liga nicht nur, weil die gebündelten Kräfte der Nationen offensichtlich mehr ausrichten konnten als eine einzelne Nation, sondern auch, weil sie sich nicht zu sehr als Feindin Großbritanniens exponieren wollte. Ihr Wunsch war es, in dem Konflikt, der sich aus einer kolonialen Angelegenheit zu einem allgemeinen Krieg entwickelt hatte, als Vermittlerin zu agieren. In dieser Rolle sah sie eine Möglichkeit, ihr Prestige zu erhöhen, dessen sie sich, wie alle russischen Herrscher, nicht ganz sicher war. Außerdem wollte sie, wie alle anderen, möglichst früh Zugang zum amerikanischen Handel, von dem sie, wie alle anderen, ein Füllhorn von Waren und Profit erwartete, sobald sich die Amerikaner von den Briten befreit hatten. Zusätzlich wollte sie den Export Rußlands erhöhen, um die steigende Nachfrage der kriegführenden Parteien nach russischen Waren, vor allem Schiffsbedarf, der von den Niederländern nach Frankreich und Spanien transportiert wurde, ausnutzen zu können. Die Flammen zweier Zündschnüre – die Bewaffnete Neutralität und der noch geheimgehaltene Handelsvertrag – krochen aufeinander zu. Sobald sie sich trafen, sollten sie gemeinsam den Krieg aufflammen lassen.

Als vor Gibraltar zwei russische Schiffe von den Spaniern aufgebracht wurden, die eine verkündete, aber nicht in die Tat umgesetzte spanische Blockade mißachtet hatten, beschloß die Zarin, daß sie die Frau war, der maritimen Anarchie ein Ende zu machen. Sie pro-

VI. Die Niederländer und die Briten: noch ein Krieg   119

klamierte ihre Absicht am 29. Februar 1780, indem sie fünf Prinzipien der Neutralität niederlegte, die zu verteidigen sich die Unterzeichner der Liga verpflichten sollten. Drei der Prinzipien sagten aus, daß »Schiffsbedarf« wie zuvor nicht als Konterbande gezählt werden sollte; daß eine verkündete Blockade eines Hafens oder mehrerer Häfen nur anerkannt werden sollte, wenn die blockierende Macht genügend Kräfte abstellte, um die Blockade physisch wirksam zu machen; daß neutrale Schiffe sich frei von Hafen zu Hafen der Küste eines kriegführenden Landes bewegen dürften. Die verbleibenden beiden Prinzipien betrafen das Eigentumsrecht kriegführender Nationen an beschlagnahmter Konterbande.

Schweden und Dänemark schlossen sich Rußland an und unterzeichneten. Sie erklärten, daß sie ihre Flotte einsetzen würden, um ihre Schiffe im Sinne der fünf Prinzipien der Liga zu schützen. In den Niederlanden, die ebenfalls zur Unterzeichnung aufgefordert worden waren, entzündete die Liga sofort einen Flächenbrand innerer Streitigkeiten. Amsterdam stand gegen die Oranier, und alle Fraktionen im Lande schlugen sich auf die eine oder die andere Seite. Acht Monate lang konnte man sich auf keine Entscheidung einigen. Die bekannte Unfähigkeit der holländischen Marine, sich gegen einen Vergeltungsschlag der Briten zu wehren, falls die Niederlande sich der Bewaffneten Neutralität anschlossen, war Grund genug zu zögern. Amsterdam, das entschlossen war, seinen Handel zu schützen, brachte die Ständeversammlung der Provinz Holland dazu, für die Unterzeichnung zu stimmen, aber als die Generalstaaten dies zunächst akzeptierten, protestierten die Provinzen Zeeland, Gelderland und Utrecht. Unter ihrem Druck und den Zornesausbrüchen Sir Joseph Yorkes, der den Beschluß als Verletzung des Verteidigungsbündnisses zwischen den Niederlanden und Großbritannien von 1678 bezeichnete und wieder einmal »Satisfaktion für diese Beleidigung« verlangte, nahmen die Generalstaaten ihre Zustimmung zurück und eröffneten die Debatte aufs neue.

Sir Joseph und seine Regierung aber waren damit nicht zufrieden. In ihren Augen wurden die Niederländer in ihrer Einstellung und in ihrem Handeln immer feindseliger. Die Weigerung der Stadt Amsterdam, John Paul Jones zur Rückgabe seiner Kaperprisen zu zwingen, die Ablehnung der Hilfsleistungen unter dem alten Vertei-

digungsbündnis und der unfreundliche Akt der Generalstaaten, für
Unbegrenztes Freies Geleit zu stimmen, der gerade zu dieser Zeit,
im April 1780, bekannt wurde, machten, so die Briten, alle Rechte
und Privilegien der Niederländer unter den alten Verträgen nichtig.
Die britische Regierung wollte in den Kampf ziehen. Ihre Entscheidung war in einer Kabinettssitzung gefallen, bei der Lord North
während der Diskussion des niederländischen Problems eingeschlafen war und die Lords Hillsborough und Sandwich vor sich hin dö-
sten. Der Beschluß war eine Folge – so sagte man – des Politisierens
nach dem Dinner. Dies bedeutete, schrieb Malmesbury an einen
Kollegen, daß Großbritannien sich nun allein mit vier Nationen
herumschlagen müsse – Frankreich, Spanien, den Niederlanden
und dem rebellierenden Amerika, »von denen drei zu den nach
Großbritannien größten Seemächten zählen«.
Sich gegen vier Gegner zugleich zu wenden, kann nicht als besonders umsichtige Politik gelten, aber die Briten scheinen die Kriegserklärung an die Niederlande als eine Demonstration der Entschlossenheit willkommen geheißen zu haben – trotz oder vielleicht
gerade wegen der eher schwachen britischen Leistungen in Amerika. Außerdem waren sie wütend auf die Niederländer, und das ist
keine gute Voraussetzung für klares Denken. Die Notwendigkeit,
die holländischen Lieferungen zum Aufbau der französischen Flotte zu unterbrechen, erschien ihnen noch dringender, als den Nachschub für die Amerikaner zu verhindern. Die Emotion gegen die
Niederländer wird in den Bemerkungen Malmesburys deutlich, der
sich, noch bevor er den Botschafterposten von Sir Joseph Yorke
übernahm, die Bitterkeit seines Vorgängers zu eigen gemacht zu
haben scheint. Die Holländer, schrieb er böse an einen Botschafter-
kollegen, als er noch in St. Petersburg war, »sind undankbare, drek-
kige, dumme Bauern«, und »da sie ihren Ruin unbedingt wollen,
müssen sie ihr Schicksal erleiden«.
Aber die Briten hatten auch materiellere Motive als den Zorn. Sogar sie, die mit solcher Verachtung auf den Handel blickten, hatten
sich von den gierigen Träumen der anderen, von der Aussicht auf
einen »neuen und lukrativen Handel mit Amerika« anstecken lassen. Malmesbury erwähnt auch das mit großer Offenheit in seinem
Brief als einen der zum Entschluß, den Holländern den Krieg zu

VI. Die Niederländer und die Briten: noch ein Krieg 121

erklären, »beitragenden Faktoren«, da sie die ernsthaftesten Konkurrenten um den amerikanischen Handel gewesen wären. Die Zeitfrage war von großer Bedeutung. Man konnte nicht ahnen, was die Niederländer bei ihrem seltsamen politischen System in Hinsicht auf die Neutralitätsliga tun würden, aber falls sie sich ihr anschlossen, durfte dies nicht zum *casus belli* gemacht werden, denn dann hätten die Niederlande die anderen Mitglieder der Liga auf ihrer Seite. Es war klar, daß die Briten, wenn sie denn den Krieg erklären wollten, dies vor und nicht nach dem Anschluß der Niederlande an die Liga tun mußten.

Auf der Suche nach einem näherliegenden Vorwand beklagten sie sich über die niederländische Weigerung, ihnen Hilfsleistungen und Subsidien (darunter die Schottische Brigade) zu erbringen, zu denen sie nach dem Vertragsbündnis von 1678 verpflichtet gewesen wären. Gleichzeitig aber hüteten sie sich davor, irgendeine offene Maßnahme zu ergreifen, die den Anschluß der Niederlande an die Liga hätte bewirken können. Zu diesem Zeitpunkt half ihnen ein ebenso kurioser wie willkommener Vorfall, den niemand hätte voraussehen können, aus dem Dilemma. Der Entwurf des Freundschafts- und Handelsvertrages zwischen Amerika und den Niederlanden, den de Neufville verfaßt hatte, wurde feucht, aber noch durchaus brauchbar, samt ihn betreffender Korrespondenz aus der See gefischt.

Gemeinsam mit de Neufville hatte der Amerikaner William Lee, ein überaus geschäftiger Angehöriger der großen Lee-Familie aus Virginia, an dem Entwurf gearbeitet. Der Kongreß hatte ihn zum Gesandten in Preußen und Österreich ernannt, aber er war bisher weder in Wien noch in Berlin akkreditiert worden, da beide Staaten nicht bereit waren, den Ärger der Briten auf sich zu ziehen, indem sie einen amerikanischen Botschafter offiziell anerkannten. Lee reiste nach Holland, wo er die Ernennung Silas Deanes zum amerikanischen Gesandten (als Nachfolger von John Adams) zu verhindern hoffte, um den Posten selbst antreten zu können. Unter den Fittichen des Ratspensionärs van Berckel, der jede Chance nutzte, den Handel seiner Stadt Amsterdam zu fördern, lernte er schon bald de Neufville kennen und arbeitete mit ihm an dem Vertragsentwurf. Der Freundschafts- und Handelsvertrag folgte einem Muster, das Benjamin Franklin und Arthur Lee, Williams Bruder, 1776 in der Hoffnung auf zukünftigen Gebrauch einmal ersonnen hatten. Als der Entwurf vollendet war, schickte ihn William Lee triumphierend an Freunde im Kongreß. Diese Leistung sollte helfen, seine Aussichten auf den diplomatischen Posten in den Niederlanden zu verbessern. Er war ebensowenig autorisiert, einen Vertrag für sein Land zu verhandeln, wie van Berckel oder de Neufville für das ihre, aber in dem Augenblick machte sich darüber niemand Sorgen.

In Philadelphia wurde der Entwurf Henry Laurens vorgelegt, einem wohlhabenden Pflanzer aus South Carolina und bis vor kurzem Präsident des Kongresses. Ihn hatte man jetzt zum Gesandten in Den Haag und Nachfolger Adams' ernannt. Als er im August 1780 die Seereise antrat, um seinen Posten zu übernehmen, nahm er den Vertragsentwurf mit, um die Bedingungen genau zu studieren. Er fuhr nicht in einem Geleitzug, sondern auf einem einsamen Paketboot (einem Passagier- oder Postschiff), der *Mercury,* die vor Neufundland von einem britischen Kreuzer, H. M. S. *Vestal,* gesichtet und verfolgt wurde. Laurens holte hastig alle Diplomatenpapiere aus seinem Koffer, stopfte sie in einen Beutel, den er mit Schrotkugeln beschwerte, und warf ihn über Bord. Unglücklicherweise hatte er vergessen, die Luft aus dem Beutel zu drücken. Dieser blieb an der Oberfläche, wurde von einem wachen Matrosen der *Vestal* ausgemacht und mit einem Enterhaken an Bord gehievt. Die Entermannschaft der *Vestal* erkannte in Laurens »einen Gentleman auf der Reise nach Holland, wo er eine Anleihe für die Personen, die sich die Regierung der Vereinigten Staaten von Amerika nennen, abschließen sollte«, und nahm ihn fest. Er wurde im Tower von London eingesperrt, wo er bis zum Ende des Krieges blieb.

Die Entdeckung des Vertrags samt der dazugehörigen Korrespondenz unter Laurens' Papieren kam den Briten entgegen, weil sie hier den feindlichen Akt der Niederlande fanden, auf den sie gewartet hatten. Dies war der Beweis, schrieb Lord Stormont, jetzt britischer Kolonialminister, an Yorke, daß Amsterdam in direktem Kontakt mit den Amerikanern stand. Dieses Verhalten beschrieb er genüßlich als in »jeder Hinsicht gleichbedeutend mit tatsächlicher Aggression«. Angesichts der Tatsache, daß es sich um einen vorläufigen Entwurf handelte, der von Personen verfaßt worden war, die

VI. Die Niederländer und die Briten: noch ein Krieg 123

weder von den Niederlanden noch von Amerika autorisiert waren, hatte die britische Aufregung alle Züge einer bewußten Übertreibung. Sie wollten eine Unruhe erzeugen, die die Holländer einschüchtern und sie davon abhalten sollte, sich der Liga anzuschließen, und machten daher einen Lärm um Laurens' Papiere, als handelte es sich um einen Anschlag auf den König. Wenn man beweisen konnte, daß die Generalstaaten ihre Hand im Spiel gehabt hatten, schrieb Lord Stormont an Yorke, könnte dies als *casus belli* dienen. Falls nun die Niederlande der Neutralitätsliga unter dem Druck der Franzosen beiträten, würden die Laurens-Papiere »vor der ganzen Welt jede Maßnahme rechtfertigen, die wir zu ergreifen wünschten« und »der Kriegserklärung die glücklichste Richtung geben, indem sie als ein besonderer Streit zwischen Großbritannien und Holland erschiene, der keine andere neutrale Macht etwas anginge«. Yorke übernahm sofort die angenehme Aufgabe, dem Prinzen die britische Drohung zu übermitteln. Die Veröffentlichung der Affäre, berichtete er, könne »eine wunderbar alarmierende Wirkung in diesem Lande nicht verfehlen ... und wird den Eifer für die Nordische Liga gründlich abkühlen«. Aber Yorke trat wieder einmal ein wenig zu gewichtig auf. Er forderte in seiner herrischen Art, daß der Vertragsentwurf vom Statthalter selbst für nichtig erklärt und daß van Berckel und seine Komplizen als »Störer des öffentlichen Friedens und Brecher des Völkerrechts« exemplarisch bestraft werden müßten. Andernfalls sähe sich Seine Majestät gezwungen, zur Wahrung ihrer Würde Maßnahmen zu ergreifen. Adams, der in seinem Amt noch nicht ersetzt worden war, berichtete, daß »die arroganten Engländer Amsterdam genauso behandelten wie Boston«. Mit der fatalen Begabung, aus der Erfahrung keine Lehren zu ziehen, erzielten die Briten dasselbe Resultat: Einigkeit gegen den Unterdrücker, die auch die zerstrittenen Kolonien in Amerika zu ihrer ersten Konföderation getrieben hatte. Adams berichtete von einer weitverbreiteten Kriegserwartung. Am Weihnachtstag schrieb er, daß »ein wilder Kampfesmut« die Republik gepackt habe. Anti-englische Lieder, die auf den Geschmack der Seeleute zielten, wurden in den Straßen gesungen. »Eine Frau, die eines gesungen hat ... verkaufte vorgestern sechshundert Abschriften auf der Stelle. Dies sind Kriegssymptome.«

Während die Debatte über die Neutralitätsliga wiederaufgenommen wurde, stellten die Briten den Holländern ein Ultimatum, in dem sie behaupteten, die Niederlande hätten die Bedingungen des Verteidigungsbündnisses von 1678 nicht erfüllt. Ihrerseits antworteten die Holländer, daß der Vertrag auf eine koloniale Revolte nicht anwendbar sei und sie nur verpflichtet seien, bei Angriff durch einen dritten Staat Hilfe zu leisten. Sie wiesen das Ultimatum zurück und traten am 20. November 1780 offiziell der Neutralitätsliga bei. Kriegführende Nationen wurden von diesem Schritt am 10. Dezember offiziell unterrichtet.

Getrieben von ihrer Empörung über den Geheimvertrag einer angeblich befreundeten Nation mit Rebellen und zornig über die eigene Unfähigkeit, den Strom der Konterbande einzudämmen, beschlossen die Briten nun eine drastische Maßnahme: die Eroberung von St. Eustatius. Es heißt, daß Sir Joseph Yorke seiner Regierung diesen Schritt empfahl. Der Mann, der die Mission ausführen sollte, war Admiral Rodney.

Ein zurückgewiesenes Ultimatum erfordert von der Partei, die es aufgestellt hat, irgendeine Reaktion. Am 20. Dezember erklärten die Briten, wie vorauszusehen gewesen war, den Vereinigten Provinzen den Krieg. Es gelang ihnen, ihre Befehlshaber zur See, insbesondere Admiral Sir George Rodney, schnell zu informieren. Der Admiral erhielt den Befehl, gegen St. Eustatius vorzugehen, bevor die Holländer die Insel vor einem möglichen Angriff warnen konnten. In seiner Rede vor dem britischen Parlament zählte Lord North alles Unrecht auf, das Großbritannien von den Niederlanden zugefügt worden war: »In offener Verletzung der Verträge« hatten die Holländer die Hilfe verweigert, die Großbritannien rechtmäßig zustand; sie hatten Frankreich Kriegsmaterial geliefert; sie hatten zugesehen, wie Amsterdam »dieses Land durch einen Vertrag mit den rebellierenden Kolonien beleidigte«; sie hatten John Paul Jones, »einem Schotten und Piraten [offenbar gleichwertige Vergehen] erlaubt, britische Schiffe in ihre Häfen zu bringen und sie dort neu auszurüsten«; sie hatten es zugelassen, daß »einem Rebellenfreibeuter« in St. Eustatius Salut geschossen wurde, nachdem er zwei britische Schiffe »in Kanonenreichweite ihrer Befestigungen« gekapert hatte. Wenn auch Lord North die Verbrechen der *Andrew*

VI. Die Niederländer und die Briten: noch ein Krieg   125

Doria übertrieb, die, wie wir wissen, kein englisches Schiff, ganz zu
schweigen von zweien, gekapert hatte, so zeigt die Tatsache, daß er
den Salut der Kontinentalflagge in seiner Liste von Kriegsgründen
erwähnt, welch tiefer Groll de Graaffs Geste bei den Briten hinterlassen hatte. Nicht nur, weil er die »verräterischen Rebellen« anerkannt hatte, sondern auch, weil er die Amerikaner, die für die Briten irgendwie zweitklassig waren, als gleichberechtigt behandelt
hatte.
Was Lord North seltsamerweise am meisten zu ärgern schien, war
die fehlende Vorbereitung auf holländischer Seite. Es war, als fühlte
er sich schuldig, in die Offensive zu gehen. Trotz all ihrer Provoka-
tionen, sagte dem Parlament, »haben sie ohne jedes Maß an Vorsicht gehandelt, sie haben sich nicht auf den Krieg oder einen möglichen Angriff vorbereitet; und obwohl sie gewußt haben müssen,
daß ihre Handelsschiffer in flagranter Verletzung des Völkerrechts
Britanniens Feinde ständig mit Kriegsmaterialien und Lebensmitteln beliefert haben, zu deren Lagerplatz sie St. Eustatius machten,
haben sie es nicht für notwendig gehalten, irgendwelche Vorsichtsmaßnahmen zu ergreifen oder sich gegen einen Überraschungsangriff der britischen Befehlshaber, deren Wachsamkeit und deren
Vorbereitungen ihnen nicht entgangen sein können, in jenen Meeren zu schützen.« Offensichtlich hätte sich Lord North besser ge-
fühlt, wenn Großbritannien einem kampfbereiten Gegner den
Krieg erklärt hätte.
Der periphere, fast unbeachtete Konflikt, der folgte, wurde von
den Holländern der Vierte Englische Krieg genannt. Er war aus
globaler Sicht eine kleine Affäre mit großen Folgen. Örtlich gesehen, sollte sie in Fortsetzung der Saga von de Graaffs Salut St. Eustatius niederwerfen und eine Hauptgestalt auf die weltpolitische
Bühne heben: Admiral Sir George Brydges Rodney – eine zentrale
Figur der britischen Seemacht. Er sollte durch eine Unterlassung
eine entscheidende Rolle im amerikanischen Krieg spielen.
Für Holland führte der Krieg zum Verlust von Kolonien, Handel
und Schiffen an die Briten; der Prinz von Oranien sollte im eigenen
Land alles Prestige verlieren, da ihm die Schuld für die Vernachlässigung der Flotte, für das Zögern beim Eintritt in die Neutralitätsliga und alle anderen Katastrophen der holländischen Politik zuge-

126 *Der erste Salut*

schrieben wurde. Die pro-französische Partei der Patrioten riß die politische Macht an sich, die Statthalterschaft wurde gestürzt, und der vorherrschende französische Einfluß führte dazu, daß die Vereinigten Provinzen schließlich 1795 durch Napoleon Frankreich einverleibt wurden. Weniger als 150 Jahre nach der harterkämpften Unabhängigkeit war dies das vorläufige Ende der Niederländischen Republik.

Kapitel VII
Admiral Rodney tritt auf

Als Admiral Sir George Brydges Rodney die Aufgabe übertragen
wurde, St. Eustatius anzugreifen, war er Befehlshaber des Flotten-
stützpunktes der Leeward-Inseln in der Karibik. Schon lange er-
grimmt über die Rolle von St. Eustatius als Hauptumschlagplatz des
Nachschubs für die Feinde Großbritanniens, hieß er die Gelegenheit zur Bestrafung der Insel willkommen. Er war ein Mann, der
nichts verzieh und energisch handelte. Die Order, die am 27. Januar
1781 eintraf, als er am östlichen Rand der Windward-Inseln vor
Barbados lag, informierte ihn, daß Großbritannien sich nun im
Kriegszustand mit den Vereinigten Provinzen befinde. Angesichts
der »vielen Fälle, in denen die Generalstaaten der Vereinigten Provinzen und ihre Untertanen Großbritannien Schaden zugefügt haben, und um Reparation und Satisfaktion durch die Unterwerfung
von solchen holländischen Besitzungen in Westindien zu erlangen,
welche die Befehlshaber der Land- und Seestreitkräfte Seiner Majestät für einen erfolgreichen Angriff geeignet halten«, riet die Admiralität zu sofortigem Handeln. Sie empfahl als »erste Angriffsziele St. Eustatius und St. Martin's, da keine der beiden in der Lage
sein sollte, ernsthaft Widerstand zu leisten«.
Rodney war autorisiert, sich über das »Vorgehen« mit General
Vaughan abzusprechen, dem Kommandeur der Landstreitkräfte,
die schon ein paar Wochen zuvor in der Erwartung von Kriegshandlungen auf die Westindischen Inseln geschickt worden waren. Mate-
rielle Gewinne, die Rechtfertigung aller kriegerischen Unternehmungen des 18. Jahrhunderts, wurden nicht vergessen: Da »dort
große Mengen von Lebensmitteln und anderen Waren lagern«,

führte die Admiralität aus, »die in unsere Hände fallen könnten, wenn wir die Inseln schnell in unseren Besitz bringen, wird der sofortige Angriff und die Unterwerfung dieser Inseln« empfohlen. Strategisch gesehen war, wie Rodney dem Ersten Lord der Admiralität, Sandwich, am 25. Dezember schrieb, Martinique, mit dem besten Hafen der Leeward-Kette, »die Insel, die wir eigentlich angreifen sollten«. Eine britische Eroberung dieser Insel hätte den Verlauf des Krieges wirklich beeinflussen können, aber Großbritanniens nächstliegendes Ziel war es, den Schmuggelhandel zu unterbrechen, der von St. Eustatius aus sowohl den Franzosen als auch den Rebellen in Amerika zufloß.

Zwei Drittel der Lebensmittel und des Schiffsbedarfs, der Holland unter Geleitschutz verließ, gelangte, wie Sandwich dem Kabinett schon vor zwei Jahren erklärt hatte, nach St. Eustatius, von wo aus die Waren in die Hände der Franzosen auf Martinique gerieten. Rodney kannte diesen frevelhaften Weg der Konterbande genau, denn seine Verbände hatten oft genug Schiffe auf dieser Route aufgebracht. Und St. Eustatius hatte dem Admiral einmal Tauwerk zur Instandsetzung seiner Takelage verweigert – mit der Ausrede, das Material sei ausgegangen. Seitdem haßte Rodney die Insel und brauchte daher von London kaum ermuntert zu werden. Er »verlor keine Sekunde« in der Ausführung des Befehls, berichtete er nach London. Truppen gingen an Bord, die Schiffe wurden verproviantiert, Kanonen und Takelagen inspiziert und bereitgemacht. »Dabei blieb das Ganze streng geheim«, damit der Angriff geführt werden konnte »wie ein Donnerschlag«. Am späten Abend des 30. Januar lief Rodneys Verband von fünfzehn Schiffen aus und tauchte am 3. Februar vor St. Eustatius auf.

Es gehört zu den technischen Merkwürdigkeiten der Geschichte, daß die Küstenbatterien auf Inseln im allgemeinen kein hinreichendes Kaliber und nicht genug Reichweite besaßen, um ein Schiff, das sich mit feindlicher Absicht näherte, zu versenken. Man fragt sich wirklich, warum das so war, denn wenn ein Zehnpfünder auf dem schwankenden Deck eines Linienschiffes aufzustellen war, warum sollte man nicht ein gleichschweres oder schwereres Geschütz an Land in Stellung bringen können? Tatsache ist, daß der blinde Geiz der Verteidiger die Küstenbatterien in der Regel zu schwach hielt,

VII. Admiral Rodney tritt auf 129

um den schweren Kanonen eines Linienschiffes im Gefecht gewachsen zu sein. Wenn eines dieser großen Schiffe sich auf einen Feuerwechsel mit Küstenbatterien einließ, war es wahrscheinlicher, daß das Schiff die Geschütze an Land zerstörte als umgekehrt. Die Kanonen von Fort Orange auf St. Eustatius können noch immer besichtigt werden. Sie sind im Hof des Forts aufgestellt und weisen hinunter auf den Hafen. Wenn sie die Insel nicht gegen eine Landungsstreitmacht verteidigen konnten, wozu waren sie da? Weder die Technik noch die Geschichte gibt Antwort.

Rodneys Truppen wurden an Land gesetzt, und er ließ dem Gouverneur der Insel die Aufforderung überbringen, sich innerhalb einer Stunde zu ergeben. Verlangt wurde »die Kapitulation der Insel von St. Eustatius und allen vorgelagerten Inseln mit allem, was darin ist und dazugehört, zum Gebrauch Seiner besagten Majestät. Falls Ihr Widerstand leistet, müßt Ihr die Konsequenzen tragen.« Mit lediglich einem holländischen Kriegsschiff im Hafen und ohne Verteidigungsbereitschaft hatte de Graaff gegen Rodneys schwere Kanonen und seine 3000 Mann Landstreitkräfte keine Wahl. Um nicht ganz kampflos zu kapitulieren und zu Ehren Admiral Bylandts, der die niederländische Marine im Hafen repräsentierte, feuerte er zwei rituelle Schüsse ab und übergab St. Eustatius den Briten. Fünfzig bewaffnete amerikanische Handelsschiffe auf der Reede, die keine Möglichkeit hatten, sich gefechtsbereit zu machen, wurden von den Briten beschlagnahmt. Ihre Papiere lieferten, schrieb Rodney, weitere Beweise der Bedeutung von St. Eustatius für die Rebellen. »All ihre Takelage, Segel, Kanonenpulver, Munition und Waren aller Art wurden von dieser Insel verschifft, ohne deren Hilfe die amerikanische Seefahrt unmöglich hätte weiterbestehen können.« Zweitausend amerikanische Seeleute und Händler auf der Insel wollten kämpfen, aber da sie von den Briten ausgehungert worden wären, mußten sie sich ergeben und wurden gefangengenommen. Am 3. Februar 1781 war die Insel erobert und besetzt.

»Aus tiefstem Herzen gratuliere ich Euren Lordschaften«, schrieb Rodney, als er den Erfolg des Unternehmens an die Admiralität meldete, »zu dem harten Schlag, den wir der Niederländischen Westindischen Kompanie und den treulosen Magistraten von Amsterdam mit der Eroberung dieser Insel versetzt haben.« Er hoffte, daß »sie den Holländern nie zurückerstattet werden möge, da sie England schädlicher gewesen ist als alle Streitkräfte ihrer Feinde und allein zur Fortsetzung des amerikanischen Krieges beigetragen hat«.

»Die Überraschung und das Erstaunen des Gouverneurs und der Einwohner«, schrieb er weiter, »ist kaum zu glauben.« Die Ankunft des Grafen Bylandt von der Admiralität in Amsterdam zwei Tage zuvor hatte »ihnen die Furcht vor Kriegshandlungen« genommen. Man hätte annehmen können, daß Graf Bylandt zu einer Zeit, da die Gefahr eines Krieges mit England heraufzog, deutlichere Warnungen mitgebracht hätte. Wahrscheinlich sah er keinen Sinn darin, die Einwohner der Insel zu Verteidigungsanstrengungen zu treiben, da er nichts mitbrachte, was ihnen hätte helfen können. Wie auch immer, »die Überraschung und das Erstaunen« über die britische Aufforderung, sich zu ergeben, war noch aus einem anderen Grund verständlich, denn Berichten zufolge segelte Rodneys Verband unter französischer Flagge in den Hafen. Es gibt dafür allerdings keine Quelle, die sich auf Augenzeugen berufen kann. Wenn es wahr ist, so handelte es sich um ein überraschend unehrenhaftes und ganz ungewöhnliches Täuschungsmanöver für einen Admiral der Königlichen Flotte, von dem man erwarten sollte, daß er eine solche Tarnung unter der Flagge des traditionellen Feindes verachtete. Aber die Krieger aller Zeitalter, die so viel von Ehre und Ruhm der Schlachten reden, waren immer schon schnell bereit, nach der Maxime zu handeln, daß im Krieg alles, egal wie unehrenhaft, erlaubt sei. In der Tat war der Gebrauch falscher Farben im Völkerrecht der damaligen Zeit nicht ausdrücklich verboten und erregte wenig Anstoß. Rodney sollte ein weiteres Täuschungsmanöver ausführen, als er noch einige Wochen nach der britischen Eroberung die niederländische Flagge über der Insel wehen ließ, um ahnungslose Schiffe in den Hafen zu locken, wo sie prompt beschlagnahmt wurden.

Rodney fiel mit solchen Zerstörungen und Beschlagnahmungen über Statia her, daß die Opposition in London sich tadelnd mit dem Thema beschäftigte. Ausgesprochen wurde der Vorwurf vom größten Redner und dem Meister der Empörung in ihren Reihen, Edmund Burke. Zunächst war die Beschlagnahmung von 130 Handelsschiffen aller Art auf der Reede, deren Frachten auf einen Wert

VII. Admiral Rodney tritt auf 131

von 500 000 Pfund geschätzt wurden, nicht mehr als eine normale Kriegsbeute. Dann aber folgte das zweifelhafte Plündern privaten Eigentums in Läden und Häusern, das Einziehen von Schiffsbedarf und Waren in den Speichern, von Waffen und Munition in den Arsenalen, von Zucker, Reis und Tabak, die am Strand lagerten. Der Wert aller Waren wurde, die eroberten Schiffe selbst nicht mitgezählt, auf drei Millionen Pfund veranschlagt.

Rodney ließ sich eine Liste aller Händler der Insel mitsamt ihrem Inventar geben, suchte sich die Juden, die eine kleine, wohlhabende Gemeinde auf Statia bildeten, heraus und befahl, sie zu entkleiden und auf Bargeld oder Edelsteine, die sie am Körper tragen mochten, zu durchsuchen. Aus einer weitverbreiteten Antipathie gegen die Juden heraus wandte er sich mit unnötigem Eifer gegen sie und befahl, daß sie die Insel innerhalb eines Tages zu verlassen hätten, ohne ihre Familien benachrichtigen oder ihr Haus noch einmal betreten zu dürfen. Mit mehr Grund wurden Inselbewohner französischer Nationalität auf die benachbarten französischen Inseln deportiert. Ähnlich nachtragend verfolgte Rodney den Gouverneur de Graaff mit Strafen, die der »erste Mann, der die britische Fahne beleidigte, indem er den Salut eines Rebellen und Piraten erwiderte, und der während seiner ganzen Amtszeit Großbritannien bemerkenswert feindlich gegenüberstand und die amerikanische Rebellion begünstigte ...«, seiner Meinung nach verdient hatte. Zwei amerikanische Schiffe mit den Namen *de Graaff* und *Lady de Graaff,* das eine mit 26 und das zweite mit 18 Kanonen, »beweisen, wie sehr die Amerikaner sich ihm verpflichtet fühlten ... Er hat ein erstaunliches Vermögen angehäuft und dies, den Berichten zufolge, vor allem durch Unterdrückung. Seine Plantage wird für Seine Majestät beschlagnahmt.« De Graaff selbst wurde als feindlicher Gefangener festgesetzt und sollte mit seinem gesamten Hausstand nach Großbritannien geschickt werden. Mit angemessenem Respekt vor einem reichen Mann erklärte Rodney weiter, daß der Gouverneur »seine Haushaltsgegenstände, Möbel, Geschirr, Juwelen, Leinen und alle häuslichen Diener mitnehmen darf, und er wird auf einem guten Schiff, das geeignet ist, ihn und seine Familie aufzunehmen, nach Großbritannien überführt«.

Während die Beute gezählt wurde, befahl Rodney zwei Linienschiffen und einer Fregatte, einem Geleitzug von dreißig holländischen Schiffen nachzujagen, der, »reich beladen«, 36 Stunden vor Rodneys Ankunft ausgelaufen war. Der holländische Befehlshaber des Geleitzuges, Admiral Krull, der zu Ehren seiner Flagge gegen diese hoffnungslose Übermacht kämpfte, fiel in dem Seegefecht, und der Geleitzug wurde gekapert und nach St. Eustatius zurückgebracht. »Kein Schiff entkam«, berichtete Rodney zufrieden. Drei große Handelsschiffe aus Amsterdam und ein Geleitzug aus Guadeloupe erreichten die Insel wenig später und wurden gekapert, und »wir erwarten stündlich einen Verband von fünf Großseglern«. Als der Verband unter dem Schutz eines Kriegsschiffes, der *Mars,* mit 38 Kanonen und einer Mannschaft von 300, eintraf, war er natürlich Rodneys Schiffen nicht gewachsen. Die *Mars* »wird nun neu bemannt, und in einigen Tagen wird sie unter britischer Flagge segeln«. Rodney konnte weiterhin berichten, daß seine Schiffe fünf amerikanische Fregatten mit 14 bis 26 Kanonen gekapert hatten. In den ersten Monaten des Krieges wurden insgesamt 200 Schiffe der holländischen Handelsflotte von den Briten gekapert. Diese Lähmung der niederländischen Schiffahrt war ein ebenso wichtiges Kriegsziel wie die Eroberung von St. Eustatius und beschleunigte den Niedergang der Republik.

Weil Rodney an Land damit beschäftigt war, die Reichtümer der Insel zu sammeln, sie für die sichere Überfahrt nach England vorzubereiten und die verräterischen englischen Kaufleute, die mit dem Feind Handel getrieben hatten, zu verfolgen, war er nicht an Deck des Flaggschiffs seiner Flotte, die im Seegebiet um St. Eustatius patrouillierte, um eine eventuelle französische Intervention in Amerika zu verhindern. Man hat Rodney die Verantwortung für diese schicksalhafte Unterlassung zugeschrieben, aber der Fehler lag in Wirklichkeit weniger bei ihm, als bei der wenig stringenten Kriegsführung der Minister in London, die eine französische Intervention nicht als ernsthafte Möglichkeit einschätzten. Zu keiner Zeit erhielt Rodney Order, daß es die wichtigste Mission seiner Flotte sei, um jeden Preis französische Verstärkungen für die Rebellen in Amerika aufzuhalten. Wenn er oder seine Regierung die Gabe besessen hätten, in die Zukunft zu sehen und die für Großbritannien fatalen Auswirkungen der französischen Präsenz in York-

VII. Admiral Rodney tritt auf   133

town zu ahnen, wären die Befehle an den Admiral wohl definitiver und im Ton jenem spartanischen näher gewesen, der lautete: »Kehre mit deinem Schild zurück oder auf ihm!« Nichts so Eindringliches wurde Rodney übermittelt, da die Briten nie wirklich daran dachten, daß die Amerikaner siegen und die französische Hilfe dazu entscheidend beitragen könnte. Die Minister in London griffen nicht ein, um eine Einschließung der Armee General Cornwallis' in Yorktown zu verhindern, weil ein solches Ereignis ihr Vorstellungsvermögen überschritt. Es konnte nicht geschehen.

Rodneys strengster Zorn richtete sich gegen die britischen Kaufleute von Statia und St. Kitts, die Waffen an einen Feind verkauft hatten, der sie gegen die eigenen Landsleute einsetzte. Blitzschnell ließ er die Papiere in ihren Buchhaltungen, die aufgrund der Geschwindigkeit und der Überraschung des britischen Angriffs nicht verbrannt worden waren, beschlagnahmen und sandte sie nach England an das Kriegsministerium von Lord George Germain. Zwei amerikanische Beauftragte des Kontinentalkongresses, Isaac Gouverneur und Samuel Curzon oder Courson, die die Käufe vermittelt hatten, wurden als Gefangene zusammen mit den Papieren zurückgeschickt. Sie sollten als Verräter vor Gericht gestellt werden. Aber hier setzte selbst Rodney bei all seiner Erfahrung zuviel Vertrauen in die Regierung. Als er wegen seines räuberischen Verhaltens in St. Eustatius in Prozesse verwickelt wurde und die Papiere zu seiner Verteidigung brauchte, weil sie die Praktiken und die Profite der britischen Kaufleute, die mit dem Feind handelten, enthüllten, waren sie verschwunden. Sie hatten bei William Knox gelegen, Germains Staatssekretär für die Kolonien, und der hatte ihre Herausgabe »wegen Staatsgefährdung« schon vorher untersagt. Das Ganze illustrierte einmal mehr die Nützlichkeit der richtigen »Beziehungen«.

Rodney konnte vor Gericht nur noch ein Beispiel belegen, das zeigte, auf welchen Wegen der Handel ablief. Die Waren wurden von englischen Handelsschiffern über den Kanal nach Holland gebracht, von wo sie weiter nach St. Eustatius verschifft wurden. Dort wurden sie an amerikanische Agenten verkauft, die sie nach Amerika bringen ließen, wo zum Beispiel britische Munition gegen britische Soldaten eingesetzt wurde. Die beiden amerikanischen Agenten wurden in der Tat des Hochverrats angeklagt, aber *in camera*, das heißt unter Ausschluß der Öffentlichkeit, und später ins Gefängnis gebracht. Als der Krieg in Amerika vorüber war, wurden sie freigelassen. Einer der beiden starb bald darauf. Ihre Korrespondenzen und Geschäftspapiere, die dem britischen Oberhaus für den Prozeß übergeben worden waren und wichtigen Leuten in London peinlich, wenn nicht sogar gefährlich werden konnten, ließen sich nie wieder auffinden. Zu dieser Zeit war die britische Kapitulation in Amerika schmählich genug, und niemand war dringend daran interessiert, den Skandal um die verschwundenen Papiere der verräterischen Kaufleute zu erhellen.

Als er die Schätze von St. Eustatius zusammentrug, wußte Rodney genau, daß diese nicht als Kaperprise gelten konnten. Kapergut wurde üblicherweise zwischen dem Admiral, dem Kapitän, der Mannschaft und dem Schiffseigner geteilt, nachdem es auf einer angekündigten Versteigerung von Schiff und Ladung in Bargeld umgesetzt worden war. Territorium aber, das erobert wurde, oder Besitzungen an Land, die im Namen der Nation eingezogen wurden, gehörten dem König. Rodney indessen, ungeduldig, Geld in die Hand zu bekommen, verfuhr in seiner Gier oder Torheit wie bei einem Prisengericht und verkündete öffentlich, daß die Güter, die den Einwohnern der Insel weggenommen worden waren, versteigert würden. Da bei diesen Auktionen viele Dinge unter ihrem eigentlichen Wert zugeschlagen wurden, zogen die früheren Besitzer Rodney in jene langwierigen Prozesse in London, die die Stunde seines Sieges trüben und ihn ein Leben lang quälen sollten.

Im Moment aber strahlte sein Ruhm im hellsten Glanz. »Dir Freude und Dank, mein lieber Sir George«, schrieb ihm glücklich seine Frau, »so, wie Du Deinen Freunden zu Hause Freude bereitet hast, und ich kann sagen, der ganzen Nation mit Deinen glorreichen Erfolgen... Jedes Antlitz strahlt vor Glück, jede Stimme preist Dich... Mein Haus ist, seit die Nachricht kam [am 13. des Monats], wie ein Jahrmarkt. Jeder Freund, jeder Bekannte ist gekommen.« Beim Empfang am Donnerstag »war die Aufmerksamkeit, die Ihre Majestäten mir zukommen ließen, derart, daß es mir fast den armen Verstand verdrehte. Am Abend ging ich ins Cumberland House, wo die Glückwünsche ebenso warm und schmeichelhaft waren... Die

VII. Admiral Rodney tritt auf

glorreiche Neuigkeit hat wie ein Blitz bei der Opposition einge-
schlagen, nur wenige von ihnen erschienen im Unterhaus. Ich habe
gehört, daß Du zum Peer erhoben werden sollst.«
Der Schock in Holland war ebensogroß wie die Freude in England.
»Ihr könnt Euch nicht vorstellen«, schrieb John Adams, »welche
Düsterkeit und welchen Schrecken dieses Ereignis hier verbreitet.«
Rodney berichtete London, daß auch die französischen Westindischen Inseln unter »unvorstellbaren« Schwierigkeiten litten. »Ihnen fehlt jede Art von Lebensmitteln und Schiffsbedarf«, und er
hoffte, »die Blockade so aufrechterhalten zu können, daß nichts zu
ihnen durchdringt.«
Durch seine Eroberung von St. Eustatius, erinnerte Rodney die
Lordschaften in London, habe »Holland, aber auch Frankreich und
Amerika, einen Verlust erlitten, der größer ist, als man sich vorstellen kann . . . Die Eroberung ist gewaltig und bedeutet mehr, als ich
zu sagen wage. Alles ist für den König gesichert und steht zu Seiner
Verfügung.« Tatsächlich war die Rolle, die St. Eustatius spielte,
nicht mehr entscheidend, da Frankreich seit seinem Eintritt in den
amerikanischen Krieg den Kolonien, seinen Verbündeten, das meiste ihres Waffenbedarfs lieferte. Rodneys Eroberung der Insel kam,
wenn es um mehr ging als die Beute, zu spät.
Keine Peerage, sondern nur die Ernennung zum Ritter des Bath-
Ordens sprang für Rodney dabei heraus. Das war recht mager,
wenn man bedachte, daß Georg III. sich immer über passive Befehlshaber beklagte und kühne, unternehmungslustige Männer
suchte. Die Berichte über Rodneys zweifelhafte Methoden mögen
der Grund dafür gewesen sein. Der Admiral hatte die Hoffnung
ausgedrückt, »Seine Majestät möge, wenn Sie irgendeinen Teil der
Güter der Flotte und der Armee gnädig zu überlassen gedenkt, dik-
tieren, in welcher Weise diese gnädige Gabe zugeteilt werden soll,
damit aller Zank verhindert werden möge«.
Der Ingrimm, den Rodneys Härte gegenüber den Inselbewohnern und die Beschlagnahmungen des Eigentums jener britischen
Kaufleute, die mit dem Feind Handel getrieben hatten, auslöste,
erreichte natürlich die Kritiker der Regierung zu Hause. Die mächtigste Stimme der Opposition, Edmund Burke, erhob sich im
Parlament, um eine Untersuchung zu fordern. In der Kraft und

Leidenschaft der zornerfüllten Sturzbäche seiner Rhetorik konnte Burke jeden dazu überreden, seine eigene Mutter für ein Werkzeug des Satans zu halten. Sein Thema war dieses Mal die »Grausamkeit und Despotie«, mit der Rodney die Einwohner von St. Eustatius behandelt habe. Dies könnte, sagte er, Vergeltung ihrer Nationen auslösen, wodurch »wir in einen Krieg gestürzt würden, in dem wir viele Feinde hätten und keine Freunde«. Er bemerkte mit einigem Optimismus, daß, statt »den Krieg bis in sein Extrem zu treiben«, sanftere Methoden den Feinden gegenüber »den Groll mindern« und sie »dem Frieden geneigter machen könnten«. Auch die Neutralen »könnten so dazu gebracht werden, der Würde unseres Auftretens als Volk Beifall zu zollen und uns in dem Konflikt beizustehen. Aber ein gegenteiliges Verhalten von unserer Seite wird sie dazu provozieren, sich gegen uns zu vereinigen und den Schutz der Menschheit vor Plünderei und Raub zur gemeinsamen Sache zu machen«.

Für einen so scharfen politischen Denker und einen so gut informierten Beobachter des wirklichen Verhaltens von Staaten war diese Art verschwommener Träumerei uncharakteristisch. Es ist kaum anzunehmen, daß Burke selbst daran glaubte oder erwartete, auf diese Weise auch nur einen einzigen Abgeordneten der Regierungspartei umzustimmen. Burke konnte aber durch die Kraft seiner Sprache und die hypnotische Magie seines Vortrags selbst bei solcher Schwärmerei das Haus in seinen Bann ziehen. Die Formulierungen, in denen den Niederlanden der Krieg erklärt worden war, fuhr er fort, »ließen keine unmenschliche Grausamkeit, keine übermäßige Strenge erwarten«, sondern »schienen eher eine kurze Auseinandersetzung alter Verbündeter anzuzeigen, in der die alte Freundschaft und Zuneigung eher als mildernd denn entflammend auf das gemeinsam erlittene Unheil des Krieges wirken würden. Aus ihnen atmete der Ausdruck von Freundlichkeit und langem Leiden«, und die Drohungen »schienen dem Herzen unter dem Zwang der Situation abgerungen zu sein, einem Herzen, das unter der Not ungewollten Streites blutete«. Dann aber wurde die Expedition gegen St. Eustatius befohlen – kurz nach »der bedauerlichen und allgemeinen Katastrophe« eines Hurrikans, »der all die Inseln in gemeinsames Leid und gemeinsames Unglück gestürzt hatte«.

VII. Admiral Rodney tritt auf

Daran war etwas, denn die Inseln waren kurz zuvor durch den Sturm schwer verwüstet worden. »Man hätte erwarten mögen, daß die tödlichen Furien des Krieges in jener Gegend der Welt für eine Weile zum Schweigen gebracht worden wären . . ., um das Maß an Unglück nicht noch zu erhöhen . . . Sicherlich stand es uns an, da menschlicher Stolz im Staube lag und wir sahen, daß wir Gewürm sind in der Hand des Allmächtigen, mit einem Gefühl brüderlicher Liebe aus unseren Löchern zu kriechen, unseren Haß ein wenig zu stillen und nicht die Verheerungen des Krieges denen des Hurrikans hinzuzufügen. Aber Großbritannien handelte nicht so.« Er ließ dieser schluchzenden Passage eine Schilderung des »nackten, unvorbereiteten, schutzlosen« Zustands der Inseln folgen, als wäre dies Britanniens Schuld, und kam dann zu einer großen Ausführung über die Beschlagnahmungen.

»Ohne Rücksicht auf Freund oder Feind«, auf Neutrale oder Briten, »wurden der Besitz des Reichen, die Waren des Kaufmanns, die Werkzeuge des Handwerkers, die Notdurft des Armen ergriffen und über ein ganzes Volk das Urteil allgemeinen Bettlertums verhängt. Eine Grausamkeit, die in Europa seit vielen Jahren unerhört ist . . . eine nie zu rechtfertigende, rasende und prinzipienlose Verletzung des Völkerrechts . . . zusätzlich begleitet von Grausamkeiten, die fast unerhört sind in der Geschichte selbst barbarischer Zeitalter . . . Speicher wurden abgeschlossen und ihren Besitzern der Zutritt verwehrt«, wodurch sie der »ehrlichen Früchte ihrer Arbeit« beraubt wurden. »Ist bis zu diesem Augenblick ein schlimmerer Akt der Tyrannei als dieser bekannt? . . . ohne Vergleich in den Annalen der Eroberung, aber er wurde von dem, was folgte, noch übertroffen.« Der nächste Schritt bestand darin, »all ihre Briefe und privaten Papiere zu ergreifen«, was es ihnen unmöglich machte, sich in Übersee um Kredite zu bemühen. »Kaufleute und Einwohner waren all dessen beraubt, was sie in dieser Welt besaßen, und aller Hoffnung, ihren Besitz je zurückerstattet zu bekommen.« In seinem Mitleid mit den verarmten Kaufleuten mit ihrem Silber und ihren Dienern und ihren wohlgefüllten Speichern schien Burke von der Tatsache, daß sie mit dem Feind Handel getrieben hatten, ganz ungerührt. Über diesen Aspekt verlor er kein Wort und auch nicht über die Tatsache, daß aus diesem Grund die Bücher beschlagnahmt worden waren.

Er benutzte die Affäre, um die Regierung anzuklagen, und da war jeder Versuch, objektiv zu sein, nur hinderlich.

Als Burke in seiner langen Rede zu Rodneys Behandlung der Juden kam, bewies er Intelligenz und Interesse eines weitsichtigen Mannes. Nachdem er über den Befehl gesprochen hatte, der sie zwang, die Insel innerhalb eines Tages ohne ihren Besitz, ohne Frau und Kinder, zu verlassen, beschrieb er ihre Verwundbarkeit aufgrund ihrer Staatenlosigkeit – achtzig Jahre bevor die Juden selbst das Wesen ihrer Probleme formulierten. »Wenn Briten in ihrem Recht verletzt werden«, sagte Burke, »haben Briten Armeen und Gesetze, zu denen sie sich flüchten können, um Schutz und Gerechtigkeit zu suchen. Aber die Juden haben keine solche Macht und keinen solchen Freund. Also muß die Menschheit ihr Beschützer und Verbündeter werden.« Burke sah das Problem, wenn auch nicht die Lösung durch einen eigenen Staat der Juden, der auf das nächste Jahrhundert warten mußte. Aber ihm ging es hier nicht um das jüdische Problem, sondern um die Missetaten seiner Regierung, die er in Rodney verkörpert sah. Sein Votum löste eine lebhafte Debatte darüber aus, ob es ein anerkanntes Völkerrecht gebe oder nicht.

Lord George Germain sprach als Rodneys Hauptverteidiger. Er sagte, Burke habe sich den Fragen der Kriegsführung »vollkommen fremd« gezeigt, da es kaum eine Insel oder ein Territorium gebe, das bei seiner Eroberung nicht Ähnliches als »unvermeidliche und allgemeine Folgen der Eroberung« erlitten habe. Wie sehr auch »die Menschlichkeit vor ihnen zurückschrecken« mochte, diese Folgen waren unvermeidlich. Die Holländer hatten die Insel zu einem Lagerplatz für die Feinde Großbritanniens gemacht. »Ohne regelmäßige Lieferungen von dieser Insel aus hätten die Franzosen den Krieg nicht führen können.« Dasselbe gelte für die Amerikaner. Als Rodney »in großer Not« nach den Oktoberstürmen um Tauwerk für seine Takelagen gebeten habe, sei er mit dem Vorwand abgewiesen worden, daß nur wenig übrig sei, während in Wirklichkeit mehrere tausend Tonnen auf der Insel lagerten – genug, um alle Schiffe auf Jahre hinaus zu versorgen. Was die Konfiszierungen betreffe, so sei aller Privatbesitz versiegelt und nach Eigentümern markiert worden, bis die Gerichte darüber verfügten. Kurz, er finde »im Verhalten der Kommandeure nichts Verwerfliches«.

VII. Admiral Rodney tritt auf 139

Die Debatte schwoll zu einem hitzigen Austausch von Anklage und Verteidigung an. Charles James Fox, der eine scharfe Zunge hatte, begann. Mit einer kunstvoll formulierten Verbeugung vor Persönlichkeit und Charakter Sir George Rodneys und General Vaughans, für die, da sei er sicher, auch der ehrbare Gentleman, der die Ermittlung beantragt hatte (Mr. Burke), »einen so tiefen Respekt empfand, wie es auf Erden möglich sei«, stellte er fest, daß ihre persönliche Verantwortlichkeit hier nicht in Frage stehe. Es gehe vielmehr »um die große nationale Frage« – um den Ruf Großbritanniens. »Werden die Nationen Europas auf die langsame Entscheidung der Gerichte der Admiralität warten, bevor sie über den Fall ihr Urteil sprechen und daran gehen, Vergeltung zu üben . . .? Nein, sie werden sich nicht die Mühe machen nachzufragen, ob es die Lust auf Plünderei oder die ausschweifende Grausamkeit eines unersättlichen Militärs oder das barbarische System einer bedenkenlosen Regierung war, das hier die Schuld trug. Vielmehr werden sie den Fall sofort und mit Recht als eine Verletzung aller Kriegsgesetze von seiten Großbritanniens beurteilen und uns entweder für die entsetzliche Erneuerung solcher wilden Praktiken, die England schon einmal in Schutt und Asche gelegt haben, bestrafen oder mit gekreuzten Armen zusehen, wie wir von jenen Feinden ausgerottet werden, die unser Wahnsinn und unsere politische Torheit gegen uns vereinigt hat.« Aus diesem Grund müsse das Parlament sofort einen Beschluß fassen: »Es muß seine Überraschung und seinen Schrecken über solche Vorgänge erklären und sie in den deutlichsten und emphatischsten Begriffen verdammen . . .« Er freue sich zu hören, daß der edle Lord [Germain] in der Sache nichts Verwerfliches finde, denn »nun würde in ganz Europa bekanntwerden, daß Minister der Regierung und nicht unsere Kommandeure die Plünderer von St. Eustatius und die Verletzer der Kriegsgesetze sind«, und die Armee und die Marine waren auf diese Weise »vor den schändlichsten Schmähungen sicher, und der Charakter von Sir George Rodney«, sein Kollege als Mitglied des Parlaments für Westminster, »ist ebenfalls vor der Verleumdung sicher, unter der selbst große und gute Männer hin und wieder zu leiden haben«.

Mit schwerem Sarkasmus erklärte Fox weiter, er sei »sehr glücklich über den großzügigen Freispruch, den der edle Lord der Marine

und der Armee zukommen läßt«. Das Militär dieses Landes und vor allem die Marine seien ihm teuer, und ihr Ruf sollte jedem britischen Herzen heilig sein. Diesen tugendhaften Verbänden schuldete das Empire all seinen Respekt und all seine Stärke, und von ihm hingen auch in Zukunft die Sicherheit und der Ruhm des Landes ab. Sollten sie durch einen hastigen Akt der Raubgier oder der Habsucht die Reinheit ihres Charakters beflecken und ihre früheren Taten diskreditieren, so würde Großbritannien in einen Zustand versinken, aus dem es sich weder durch Reue noch durch Tapferkeit wieder erheben könnte, »einen Zustand von Schimpf und Schande, schrecklicher als eine Katastrophe, da Kraft und Mut Nachteile aufwiegen, aber keine einmal so zerstörte Reputation wieder herstellen können«. Fox' wortreiche Vision der Vergeltung und Verachtung anderer Nationen floß in einer wunderbaren Rhetorik dahin, gepaart mit einer Übertreibung der Gefühle, die eigentlich, sollte man denken, seine Zuhörer eher abstoßen als anziehen mußte. Auf Fox' Rede erwiderte der Kronanwalt von Schottland. Der Protokollant des Parlaments beschrieb seine Rede als eine ernste »Verteidigung des Vorgehens auf St. Eustatius«, das in den Worten des Kronanwalts »aus Gründen der Notwendigkeit, der Politik und nach dem Völkerrecht zu rechtfertigen ist«. Es sei »eine gute Politik der Kommandeure, jenes Magazin zu zerstören, aus dem der Feind mit Waffen gegen uns beliefert wurde, es war sogar ihre Pflicht . . . sie handelten nach einem Prinzip, in dem Grotius, Pufendorf, Vattel und jeder andere Autor übereinstimmten. Es war gerecht, nicht nur die Waffen zu zerstören, sondern auch die Kriegsmaterialien«.
Sechs weitere Sprecher hielten die Debatte bis in die späten Nachtstunden am Leben, und dann wurde sie mit weiteren bombastischen Sätzen Burkes beschlossen. Als abgestimmt wurde, stellte sich heraus, daß man sich all die Worte hätte sparen können. Burkes Antrag auf eine Ermittlung wurde mit einer sicheren Regierungsmehrheit von 160 : 86 niedergestimmt. Argumente treffen auf taube Ohren, wenn die Parteizugehörigkeit diktiert.
Rodneys Zorn auf die Gier und den Verrat der englischen Kaufleute war echt. Es war die Wut eines Mannes, der sein Leben im Kampf gegen einen Feind aufs Spiel setzt und sich Waffen gegenübersieht, die von den eigenen Landsleuten geliefert worden sind. Er beab-

VII. Admiral Rodney tritt auf   141

sichtigte, auf St. Eustatius zu bleiben, schrieb er dem Gouverneur
von Barbados am 27. Februar, drei Wochen, nachdem er die Insel
besetzt hatte, bis die frevelhaften »englischen Kaufleute, die nied-
rig genug waren, aus Motiven des Profits die Feinde Großbritanniens zu unterstützen, für ihren Verrat den gerechten Ruin erleiden... bis alle Waren verschifft und bis die *Lower Town,* dieses
Schlangennest, zerstört und eurer unglücklichen Insel und St. Lucia
das Holz, das hier liegt, zugesandt ist«. Er werde nicht aufbrechen,
bis diese »ruchlose Insel nicht länger als Markt für den Schmuggelhandel dient«.
Es ist oft gesagt worden, daß Rodney, fasziniert von den Reichtümern vor seinen Augen, zu lange auf St. Eustatius blieb, weil er sie
ausnahmslos an sich bringen wollte, aber seine Empörung und sein
Wunsch, die Verräter zu bestrafen, waren offensichtlich ebenso
starke Motive. »Der Oberste Richter von St. Kitts, Mr. Georges,
wird herkommen, um die Schurkerei der englischen Kaufleute, die
auf dieser Insel der Diebe residierten, offenzulegen«, bemerkte er.
»Sie haben ihre Züchtigung verdient, und sie werden gezüchtigt
werden«, schrieb Rodney mit einiger Leidenschaft an Lord George
Germain, und in dieser Absicht war er unbeirrbar. Der Richter von
St. Kitts »nimmt alle ihre Bücher und Dokumente an sich«, die
Rodney hatte beschlagnahmen lassen und in denen »alle ihre niedri-
gen Absichten ans Licht gebracht werden. Siebenundfünfzig englische Kaufleute von St. Kitts und Antigua sind gleichermaßen schuldig.« An einen Regierungsbeauftragten schrieb er, daß er »täglich
die niederträchtigen Praktiken und die verräterischen Korrespondenzen« der britischen Kaufleute auf dieser Insel und den benachbarten erfahren habe, da er Hunderte von Briefen abgefangen habe
und »vollständig überzeugt« sei, »daß der amerikanische Krieg
längst beendet wäre, wenn sie den Feinden nicht geholfen hätten...« Sie, die einst Engländer gewesen seien, hätten sich zu holländischen Bürgern gemacht – »die Vorsehung hat diese gerechte
Strafe über sie verhängt«. Hier gab der Admiral der Verführung
nach, die Vorsehung mit sich selbst gleichzusetzen.
Die geplünderten Reichtümer der Insel wurden auf 34 Handelsschiffe verladen und Ende März nach Hause geschickt. Rodney ließ
die Admiralität wissen, daß ein »sehr reicher Konvoi« nach Eng-

land segelte und von vier Kriegsschiffen eskortiert wurde: der *Vengeance,* bestückt mit 74 Kanonen, der ehemals holländischen *Mars* mit 62 Kanonen (sie war jetzt auf den Namen *Prince Edward* getauft), und zwei anderen, die mit 38 und 32 Kanonen bestückt waren, alle unter dem Kommando von Kommodore, später Admiral, Hotham, der »unter meinem Befehl steht, die Schiffe mit größter Aufmerksamkeit zu sichern«. Inzwischen würden die »vier Linienschiffe und vier großen Fregatten des Feindes, die immer noch bei Guadeloupe und Martinique liegen, streng überwacht. Jede Kriegslist, die man hat ersinnen können, ist unternommen worden, um General Vaughan und mich dazu zu verführen, die Insel zu verlassen, damit sie im Handstreich wieder genommen und auf diese Weise die Ware zurückerobert werden könne...« Die verräterischen Kaufleute »werden sich nicht scheuen, jede Fälschung der Vorgänge zu verbreiten, die ihre verderbten Geister erfinden können...«

Allen Vorsichtsmaßnahmen zum Trotz ging der kostbare Konvoi verloren. Die Franzosen fingen genaue Nachrichten über seinen Aufbruch und darüber, was er enthielt, auf. Sie entsandten einen ihrer besten Admiräle, La Motte Piquet, mit einem Geschwader von sechs großen Linienschiffen, darunter eines mit 110 Kanonen und zwei mit 74, sowie zusätzlichen Fregatten, um nach dem Konvoi Ausschau zu halten. Sie sichteten ihn am 2. Mai vor den Scilly-Inseln und verfolgten ihn. Admiral Hotham signalisierte seinem Konvoi, sich zu zerstreuen. Jedes Schiff sollte sich selbst retten. Aber die schnelleren französischen Kriegsschiffe holten die Handelsschiffe ein und kaperten 22 von ihnen, den größeren Teil. In der Minderzahl und den Franzosen in der Bewaffnung unterlegen, verteidigte Hotham seine Schutzbefohlenen nicht bis zum bitteren Ende. Außer ein paar Schiffen, die nach Irland entkamen, fiel die reiche Beute – ihr Wert wurde auf 5 Millionen Pfund geschätzt – an die Franzosen. Zwischen Rodney und Hotham gab es wenig Sympathie, und Hotham hatte schon früher erfolglos darum gebeten, versetzt zu werden. Rodney muß sicherlich gewußt haben, daß Hotham ihn nicht verehrte, aber er vertraute dem Kommodore trotzdem den Konvoi an, weil dessen Schiff, die *Vengeance,* das stärkste und größte in Rodneys Verband war.

Die Admiralität in London ihrerseits hatte erfahren, daß La Motte

VII. Admiral Rodney tritt auf 143

Piquet den französischen Flottenstützpunkt in Brest verlassen hatte und in See gestochen war. Sie sandte Schiffe aus, die ihn abfangen oder, als Alternative, Hotham aufsuchen und ihm den Befehl geben sollten, via Nordschottland und Irland zurückzukehren, über die alte Fluchtroute der spanischen Armada. Aber der Verband, der zwei Wochen vor Großbritannien kreuzte, fand den St. Eustatius-Konvoi nicht und konnte ihn daher nicht warnen. Für die Minister der Regierung war der Verlust des Schatzes eine tiefe Enttäuschung, denn sie hätten eine große Prise als Bestätigung ihrer Politik gerne willkommen geheißen. Statt dessen mußte Lord Sandwich in einem Brief an den König den Fehlschlag in dieser, wie er es nannte, »unangenehmen Affäre« eingestehen.

Für Rodney, dem nach der Teilung mit General Vaughan ein Sechzehntel der Beute zugestanden hätte – geschätzte 150 000 Pfund –, war die Enttäuschung noch beträchtlich tiefer. Auch St. Eustatius selbst ging wieder verloren. Die Insel wurde von den Franzosen im November 1781 erobert, einen Monat nachdem die Briten Amerika durch die Niederlage von Yorktown verloren hatten. Rodney und General Vaughan waren entschlossen gewesen, die Befestigungen der Insel so zu verstärken, daß sie uneinnehmbar wurde, »um diese wichtige Eroberung für Großbritannien zu sichern, damit es über sie und all ihre Reichtümer verfügen konnte als Genugtuung für die Schäden, die ihm von hier aus zugefügt worden sind«.

Was Rodneys private Erwartungen anging, so schrieb er: »Wenn mein großer Konvoi sicher in England ankommt, werde ich glücklich sein, da nach der Bezahlung aller Schulden etwas für meine lieben Kinder übrigbleiben wird.« Wenn es um seine zwei Töchter und seine Söhne ging, sprachen Sorge und Zuneigung aus seinen Briefen. Dies war einer der sympathischen Aspekte seines Charakters. »Vor allem anderen möchte ich Sorge tragen«, schrieb er an seine Frau, als der unglückliche Konvoi in See gegangen war, »daß weder Du noch meine lieben Mädchen jemals wieder Mangel leiden oder anderen verpflichtet sein sollen.«

In dem Glauben, daß er die eroberte Insel als ein Gibraltar der Westindischen Inseln mit starken Landstreitkräften und wiederhergestellten Befestigungen zurückließ, segelte Rodney nach Antigua und von dort nach Barbados. Als St. Eustatius sechs Monate später von den Franzosen eingenommen wurde, fanden sie die Stadt in Schutt und Asche gelegt, ohne Einwohner, vor. Obwohl sie während der französischen Besatzungszeit wieder aufgebaut wurde und die Bevölkerung zurückkehrte, gewann sie ihre frühere extravagante Wohlhabenheit nie zurück.

Die wechselhafte Karriere, die Rodney nach St. Eustatius brachte und bestimmte, was er dort tat, begann mit seinem Eintritt in die Royal Navy im Alter von zwölf Jahren. Er war der Sohn einer alten Familie, die seit dem 13. Jahrhundert in Somersetshire ansässig war, wo sie den Gutsbesitz von Stoke Rodney innehatte. In den zwanzig Generationen vor dem Admiral dienten seine Vorfahren in verschiedenen militärischen und diplomatischen Funktionen ohne große Auszeichnung, aber sie erfüllten die Pflicht, die man vom englischen Landadel erwartete. Ihr Ruf, so sagte man, stützte sich mehr auf das Alter als auf die Berühmtheit der Familie. Über James Brydges, den ersten Herzog von Chandos, bekamen sie Verbindung zum Hochadel. Er heiratete eine Erbin eines frühen Rodney und geriet so in den Besitz von Stoke Rodney.

Chandos zählte zum Hof Georgs I. und war zusammen mit dem König Pate des Rodney-Sohnes, dem ihrer beider Namen gegeben wurde, George und Brydges. Chandos' Enkel, der in Rodneys Zeit zum dritten Herzog wurde, blieb ein loyaler Anhänger der Hannoveraner und unterstützte Georg III. und seine amerikanische Politik bis etwa 1780, als ihre Fruchtlosigkeit so offensichtlich wurde, daß der Herzog sich allmählich der Opposition näherte. Er war offensichtlich kein Mann, der sich jeder Veränderung verschloß, sondern durchaus in der Lage, die Realitäten wahrzunehmen. Obwohl er zu keiner der großen herrschenden Whig-Familien gehörte, war Rodney ein junger Gentleman von »exzellenten Verbindungen«. Verbindungen waren der Schlüssel zu einem »Posten« in der Gesellschaft des 18. Jahrhunderts, was eine einträgliche Stellung in der offiziellen Welt bedeutete. Ein »Posten« war unbedingt notwendig, besonders für einen jüngeren Sohn, der nicht erbte. Sein älterer Bruder starb, als Rodney etwa zwanzig war.

Persönliche Eigenheiten beförderten und behinderten seine Karriere. Zierlich und elegant, war er mehr als gutaussehend. Wenn das

VII. Admiral Rodney tritt auf 145

Portrait von Joshua Reynolds, das gemalt wurde, als Rodney 42 und schon Witwer und Vater von drei Kindern war, nicht lügt, dann war er einfach ein schöner Mann. Mit einem energischen sinnlichen Mund, einer breiten Stirn und eindrucksvollen großen dunklen Augen war das Gesicht jugendlich und verführerisch. Es muß ihm seine Liebesabenteuer außerordentlich erleichtert haben, auf die der geschäftige Tagebuchschreiber, Sir William Wraxall, hinweist. »Zwei Leidenschaften, die seiner Gemütsruhe beide in hohem Maße abträglich waren, Frauen und das Glücksspiel, trieben ihn in viele Exzesse«, schreibt Wraxall über seinen Freund. Laut Horace Walpole, dem Kaiser des Klatsches, gewann Rodney die Gunst der Prinzessin Amelia, einer Tochter Georgs III., und hinterließ ein »Andenken« ihrer Liaison. Das »Andenken« wuchs zu einer hübschen, jungen Dame von kleiner Statur heran, die in ihrem Kreis als »die kleine Miss Ashe« bekannt war. Unermüdliche Forscher, die die Briefe und Journale des 18. Jahrhunderts herausgeben, behaupten allerdings, daß Rodney zu jung war, um für diesen königlichen Nachkömmling verantwortlich zu sein. Obwohl Rodney sehr redselig war, wie Wraxall sagt, und insbesondere dazu neigte, »sich selbst oft zum Gegenstand seines Diskurses zu machen« und überdies »viel und frei über jedes Thema sprach, ohne irgend etwas zu verbergen, gleichgültig, wer anwesend war«, hinterließ er selbst, soweit bekannt ist, keine Erwähnung der Prinzessin Amelia oder eines »Andenkens«.

Über seine Neigung zum Glücksspiel indessen gibt es keinen Zweifel. Er war ein regelmäßiger Gast des Spieltisches bei White, wo die Spielsucht herrschte, und wenn seine Schulden nicht so spektakulär waren wie die des aufsteigenden politischen Sterns Charles James Fox, dann nur deshalb, weil Rodney keinen reichen Vater hatte, der sie hätte bezahlen können. Die Schulden aber blieben, und da viele seiner Gläubiger Männer in Ämtern oder mit politischem Einfluß waren, sollten sie zu Stolpersteinen seiner professionellen Karriere werden. Die Schulden führten zusammen mit seinem Hang zu einem verschwenderischen Lebenswandel dazu, daß er sein ganzes Leben lang unter finanziellem Druck stand. »Persönlich war er eleganter«, fügte Wraxall hinzu, »als es seiner rauhen Profession zuzukommen schien. In seiner Gestalt gab es etwas, das der Delikatesse und sogar der Verweichlichung nahekam. Aber kein Mann zeigte ruhigere und unerschütterlichere Courage im Gefecht.« Ebenso »furchtlos« in der Rede, »teilte er seine Rügen so freigiebig aus wie sein Lob . . ., was ihm notwendigerweise viele Feinde, besonders in den Reihen der Marine, eintrug«.

Reynolds portraitierte ihn 1761, in dem Jahr, als der Maler, wie später Byron, praktisch über Nacht berühmt geworden war. Jeder Mann, der bekannt oder modisch genug war und 25 Guineen besaß, stellte sich in die Schlange vor seiner Tür. Ganz London, alles, was gesellschaftliche und politische Bedeutung hatte, traf sich auf Reynolds' Leinwänden. Von Admiral Anson, dem Weltumsegler, der die reichste spanische Schatzgaleone gekapert hatte und später Erster Lord der Admiralität wurde, bis zum schläfrigen Lord North, der bald seine verhaßte Pflicht als Premierminister anzutreten hatte, von exquisiten Herzoginnen in den Seidengewändern, die unter den Pinseln von Reynolds' Gehilfen entstanden, bis zu der eckigen Figur des brillanten Redners Dr. Samuel Johnson. Das lebensgroße Portrait eines Helden maritimer und politischer Schlachten, des Admirals Keppel, zog die meiste Aufmerksamkeit auf sich. In statuarischer Pose aufrecht stehend vor dem Hintergrund eines sturmerfüllten Himmels und heranrollender Wogen, übertraf Keppel in dieser Darstellung alle anderen, aber unter den männlichen Köpfen glich keines dem Porträt des faszinierenden Gesichts von George Rodney.

Der Besitzer dieser schönen Gesichtszüge ist von einem Historiker als »der unternehmungslustigste und jähzornigste, der fähigste und bombastischste, der intoleranteste, unerträglichste und erfolgreichste Seeoffizier zwischen Drake und Nelson« beschrieben worden. Das ist eine aufregende Vorstellung eines Mannes, aber es ist auch, das muß man gleich hinzufügen, ein typischer Fall historischer Fehleinschätzung. Jähzornig, ja, aber das war jeder Seekommandeur zu der Zeit. Es war eine anhaltende Nervenprobe, ein so schwerfälliges Kampfschiff zu navigieren, dessen Antriebskraft der unbeständige und vom Menschen nicht kontrollierbare Wind war und dessen Manöver davon abhingen, daß eine rauhe Mannschaft sofort und mit perfekter Routine auf Befehle reagierte, die die Feineinstellung von Segeln durch eine unendliche Anzahl von Tauen regulierten,

VII. Admiral Rodney tritt auf 147

die kaum voneinander zu unterscheiden waren. Daß ein Befehlshaber, der unter solchen Bedingungen Schlachten zu gewinnen hatte, zum Jähzorn neigte, kann nicht verwundern. Vielleicht ist es auch so, daß irgend etwas an dem Befehl über ein Schiff, ob Segel- oder Dampfschiff – etwas Geheimnisvolles wie ein verborgener Pilz an Bord – diese Reizbarkeit in den Menschen hervorbringt. Von einem großen Kriegsadmiral eines anderen Zeitalters ist gesagt worden: »Er war rachsüchtig, jähzornig, arrogant, verhaßt und gefürchtet.« Dies war kein Mann des 18. Jahrhunderts, sondern Ernest J. King, Oberbefehlshaber der amerikanischen Marine im Zweiten Weltkrieg. Die Reizbarkeit war eine Berufskrankheit.

»Intolerant und unerträglich« gehören in dieselbe Kategorie, denn das Leben an Bord wurde auch durch die elenden physischen Bedingungen auf den Segelschiffen nicht gerade erleichtert. Da war der Gestank von verrottetem Fleisch und verfaultem Käse, von feuchter Kleidung, von Bilgenwasser, von offenen Bottichen voller Urin, in die die Männer sich zu erleichtern hatten, da man damals diese Fässer als Feuerlöscher einsetzte, dazu der Geruch von fünf- oder sechshundert ungewaschenen Körpern, die in ihren Hängematten unter Deck schliefen, in rumdurchtränkter Trunkenheit herumrollten oder es mit den Dirnen trieben, die an Bord gebracht wurden.

Der Gestank eines Schiffes, von einer Brise an die Küste getragen, verriet oft sein Einlaufen, bevor es den Hafen erreichte. Die Berichte über die zügellosen Temperamente und Streitereien von Kapitänen und Admirälen – mit der einen Ausnahme Nelsons – wiederholen sich durch die Geschichte. John Paul Jones hatte nicht nur einen Meuterer umgebracht, der den Tod verdient haben mochte, er führte auch eine wütende Vendetta gegen einen Kapitän eines seiner Schiffe – Kapitän Landais von der *Alliance* –, den er »des Verrats im Gefecht« anklagte. »Seine Nörgelei, seine Mäkelei und sein Perfektionismus verbunden mit seinen unvorhersagbaren Launen machten ihn bei vielen Schiffskameraden unbeliebt«, ist das Urteil seines Biographen, Admiral Samuel Eliot Morison. Admiral Hyde Parker, der Befehlshaber auf Barbados, der bei verschiedenen Gelegenheiten unter Rodney diente, besaß ein »bitteres, cholerisches Temperament« und wurde aufgrund seiner barschen Manieren und verletzenden Redeweise »Old Vinegar« [Essig] genannt. Richard Lestock, dessen öffentliche Anklagen gegen seinen kommandierenden Offizier, Admiral Mathews, nach der Schlacht von Toulon historische Folgen haben sollten, hatte schon vorher mit Mathews in einem »bösartigen Streit« gelegen. Mathews, der am Hof von Sardinien gedient hatte, gaben die Italiener wegen seines gewalttätigen Temperaments den Spitznamen *Il Furibondo*.

Bei den Franzosen war es nicht anders. Der Graf d'Estaing, der die Briten in amerikanischen Gewässern und Rodney in Westindien bekämpfte, wurde »brüsk und autokratisch« und bei seinen Offizieren und Männern unbeliebt genannt, während Admiral de Grasse, der für die Geschichte Amerikas bedeutendste Seeoffizier, seine Kapitäne an Deck des Flaggschiffes versammelte, um ihnen »die schärfsten Vorwürfe« zu machen, weil er mit ihrer Gefechtsführung und ihrem Versagen in der Verfolgung des Feindes während eines Seegefechts vor Martinique unzufrieden war. Wenn sie seinen Signalen nicht genauer gehorchten und ihre Pflicht nicht besser erfüllten, sagte er, so würde er lieber sein Kommando niederlegen. Rodneys eigener berüchtigter Wutausbruch über die Irrtümer und das Versagen seiner Kapitäne in der Schlacht von Martinique, 1780 – ausgedrückt in seiner öffentlichen Aussage vor der Admiralität, daß »die britische Flagge nicht angemessen unterstützt wurde« –, wird noch zu besprechen sein. Wenn das Jähzorn war, so war es offensichtlich nicht nur eine Frage des persönlichen Temperaments. »Es gibt keine andere Gruppe von Männern, die diese Dinge so schlecht verstehen wie Seeoffiziere«, klagte Lord Sandwich, der unter seinen Erfahrungen als Erster Lord der Admiralität schwer zu leiden hatte. »Kaum jemals geschieht es, daß sie nach einem Gefecht nicht der ganzen Welt zutragen, welche Vorwürfe sie einander zu machen haben.« Jähzorn in der Marine war ein anerkanntes Phänomen, wie zum Beispiel das Tagebuch eines französischen Offiziers beweist, der ein Beispiel fehlender maritimer Kooperation beschreibt und beiläufig die »charmante Übellaunigkeit auf See« bemerkt.

Schädlicher für die effektive Führung eines Kriegsschiffs als der Jähzorn war das rabiate politische Parteigängertum, das die Offiziere gegeneinander trieb und den geschlossenen Willen zum Sieg untergrub. So brach ein zorniger Streit zwischen dem Whig-Admiral

VII. Admiral Rodney tritt auf 149

Keppel und dem Tory-Admiral Palliser aus. Pallisers Behauptung, Keppel habe in einem Seegefecht versagt, führte zu einer explosiven Kriegsgerichtsverhandlung. Sie spaltete die Bevölkerung und die politische Klasse in zwei feindliche Hälften, führte sogar dazu, daß wutentbrannte Pro-Keppel-Pöbelhaufen die Admiralität angriffen, und hinterließ in der Marine permanente Animositäten, die so tief waren, daß Offiziere es einander sogar zutrauten (und vielleicht war das gar nicht ganz falsch), einen Admiral der anderen Partei durch bewußte Fehler im Gefecht zu schädigen. Diese Streitereien setzten sich durch die ganze Periode des amerikanischen Krieges fort, denn die Politik der Regierung, die amerikanische Rebellion mit Gewalt zu unterdrücken, war Gegenstand der tiefsten Verachtung der Opposition.

Rodney verließ als Zwölfjähriger die Schule in Harrow, wo ihm alles an Schulbildung zuteil wurde, was er je empfing, und ging in die Marine. Da er eine Zierde der gebildeten Welt wurde, weithin für seine angenehme Konversation gerühmt, muß er dies spontan oder durch den Verkehr mit anderen gebildeten Männern gelernt haben. Die zukünftigen Offiziere von Großbritanniens Seemacht gingen alle früh von der Schule ab. Die Geschichte und die Ideen der fernen und der näheren Vergangenheit blieben ihnen deshalb unbekannt, was für die Kurzsichtigkeit militärischen Denkens in der Marine verantwortlich gewesen sein mag. Es war eine Welt, die ganz dem unmittelbaren militärischen Handeln verpflichtet war. An Strategie wurde kaum ein Gedanke verschwendet, und es gab weder Studium oder Theorie des Krieges noch langjährige Planung. Die »gloriose Kriegskunst« mag glorios gewesen sein, war aber, mit individuellen Ausnahmen, mehr oder minder gedankenlos. Die vorhandene Intelligenz in der Royal Navy war ohne Zweifel genauso hoch wie bei jeder anderen Nation, aber um das gewünschte Ergebnis in einem schwierigen Beruf zu erreichen, war sie ungenügend. Admiral Alfred Thayer Mahan, Vater und Hohepriester der Theorie des Seekrieges, schrieb, daß man aus dem Versagen Englands, die Früchte seiner Überlegenheit zur See zu ernten, die Lehre ziehen müsse, die Offiziere besser auszubilden. Sie sollten »durch ein Studium der Bedingungen des Krieges in ihrer Zeit vorbereitet und gerüstet« werden. Aber welche Ausrüstung an Wissen

150   *Der erste Salut*

hat ein heranwachsender Offizier sich angeeignet, wenn er im Alter
von zwölf Jahren aufhört zu lernen?
Weit vor Mahan, noch während der Herrschaft der Queen Elizabeth, sprach der große Reisende Hakluyt von der Notwendigkeit,
die Seeleute auszubilden. In seinem klassischen Werk *The Principal
Navigations, Voyages, Traffics, and Discoveries of the English Na-
tion** wies er in seiner Widmung für den Lord High Admiral von
England darauf hin, daß der verstorbene Kaiser Karl V. mit »großer Umsicht einen Hauptnavigator eingesetzt hat, um jene zu prüfen, die es sich zum Ziel gemacht haben, Schiffe zu führen«, und
auch »einen bemerkenswerten Lehrstuhl für die Kunst der Naviga-
tion« geschaffen habe, »auf dem bis heute... in Sevilla gelehrt
wird«. Hakluyt dachte dabei nur an die Seemannschaft, nicht an
Strategie und noch weniger an das Studium von Geschichte und
Politik. Seine Idee, Seeleute auszubilden, wurde für die Offiziere
des Achterdecks nur in Frankreich aufgegriffen, das Akademien
zur Ausbildung von Seeoffizieren schuf. Ob eine bessere Ausbildung an der unfähigen Kriegführung der Briten im amerikanischen
Unabhängigkeitskrieg etwas geändert hätte, ist schwer zu sagen. Es
war Amerikas Glück, in diesem Moment seiner Geschichte eine
Gruppe von außerordentlich fähigen und politisch begabten Männern hervorzubringen, während es Großbritanniens kaum bemerk-
tes Pech war, zur selben Zeit unter dem genauen Gegenteil zu
leiden. Georg III., Sandwich, Germain und die aufeinander folgenden Oberbefehlshaber des Krieges, Sir William Howe und Sir Henry Clinton, beides energielose Männer, gehören nicht zum Besten,
was Großbritannien in der Krise hervorgebracht hat.
Der Einfluß seiner Paten sorgte dafür, daß Rodney als ein »King's
Letter Boy« in die Marine eintrat. Dies bedeutete, daß er einen
Einführungsbrief des Königs besaß, der ihm anfänglich nicht mehr
als einen Posten als Diener des Kapitäns garantierte, im Status noch
niedriger als ein Seeoffiziersanwärter, der aber hochbegehrt war,
weil er schließlich mit Sicherheit zum Offiziersrang auf dem Achterdeck führte, wenn der Kandidat die üblichen Stufen auf der Karriere-

---

* Die wichtigsten Navigationen, Reisen, Verkehrswege und Entdeckungen der englischen Nation

VII. Admiral Rodney tritt auf   151

leiter hinter sich gebracht hatte. Im Jahr von Rodneys Eintritt,
1730, herrschte Friede, denn Frankreich und Großbritannien waren
beide nicht mehr in der Lage, die Kriegskosten zu tragen, und taten
unter der umsichtigen Führung ihrer Premierminister, Sir Robert
Walpole und Kardinal Fleury, alles, um den Krieg nicht neu aufflammen zu lassen. Die so wenig aggressiven Bedingungen ließen
einem ehrgeizigen jungen Lehrling keine Chance, seinen Aufstieg
zu beginnen. Der Frieden aber, das war zu erwarten, würde nicht
lange halten und tat es auch nicht. Der Streit über Handelsrechte
auf Spaniens Westindischen Inseln führte 1739 zum Krieg mit Spanien. Ausgelöst wurde die Kriegserklärung durch die öffentliche
Aufregung über die Verletzung eines Handelsschiffskapitäns mit
Namen Jenkins, dem im Streit mit einem spanischen Zolloffizier
das Ohr abgeschnitten worden war. Dieser »Krieg von Jenkins'
Ohr«, der auch Frankreich als Verbündeten Spaniens einbezog, war
der Beginn kolonialer und kontinentaler Konflikte zwischen Frankreich und Großbritannien, die mit Unterbrechungen Rodneys ganzes Leben hindurch anhalten sollten und die Kampfgelegenheiten
schufen, die seine Karriere begründeten.
Der Krieg hatte alte Wurzeln. Aufgrund von Kolumbus' Entdeckungen hatte sich zunächst Spanien zum Besitzer der Neuen Welt erklärt.
Dann folgte 1493 die Teilung der neuen Territorien zwischen Spanien
und Portugal durch einen spanischen Papst (Alexander VI.), wobei
der größere Teil an Spanien fiel. Nach der Eroberung von Portugal im
Jahre 1580 übernahm Spanien die ganze Neue Welt und brachte auf
die Weise auch den Handel von Brasilien bis Kuba ausschließlich
unter seine Kontrolle. Damit war die Bühne für die überseeischen
Konflikte Europas bereitet. Der englische Schmuggel in dieser Gegend, der auf einen Einbruch in den Handel der spanisch-amerikani-
schen Kolonien zielte, kostete Kapitän Jenkins das Ohr.
Prisengelder, die unter den Offizieren und der Mannschaft aufge-
teilt wurden, waren für die Marine derzeit eine Antriebskraft, die
genauso bedeutend war wie der Wind, und einfacher Raub war das
unmittelbare Ziel der Seegefechte in dem »Krieg von Jenkins'
Ohr«, wie in den meisten Kämpfen der Zeit. Ohne eine klar formulierte strategische Zielsetzung, die Beherrschung der Seefahrtsrou-
ten etwa oder die Errichtung von Stützpunkten zur Kontrolle von

Kolonien, gingen die Kapitäne hauptsächlich in Gefechte, um Prisengelder zu erkämpfen. Ein Staat schädigte den anderen, indem er ihm möglichst große Bissen seines Handelsanteils wegschnappte. In der spektakulären Schlacht vor Kap Finisterre in Spanien im Mai 1747 vernichteten die Engländer unter Admiral Anson die französischen Bedeckungsschiffe eines nach Ostindien fahrenden Konvois. Sie kaperten sechs französische Linienschiffe und von den vierzig Schiffen des Konvois fünf bewaffnete Ostindiensegler und sechs oder sieben andere Handelsschiffe. Der Rest entkam. Nichtsdestoweniger erbeuteten die Engländer etwa 300 000 Pfund in Wertgegenständen und Waren, dazu die gekaperten Schiffe. In einem heroischen Abwehrkampf lieferte die kleine französische *Gloire,* die nur mit 40 Kanonen bestückt war, drei englischen Linienschiffen ein Gefecht bis in die Nacht, dann wurde ihr Kapitän von einer Kanonenkugel enthauptet, 75 Männer der Mannschaft lagen tot an Deck, Masten und Segel waren zerrissen, die Munition bis zur letzten Patrone verschossen, und der Frachtraum füllte sich mit Wasser. Erst jetzt wurde die Flagge als Zeichen der Kapitulation gestrichen. Die Anwesenheit eines Leutnants zur See auf der *Gloire,* des 25 Jahre alten François de Grasse, mag mit dieser hartnäckigen Weigerung, sich zu ergeben, etwas zu tun gehabt haben. Er war ein Adeliger aus der Provinz, der schon als Kadett für seine Energie und Kraft gerühmt wurde. Als die *Gloire* gekapert wurde, ging er als Gefangener nach Winchester in England, wo er drei Monate blieb. Geld, Gold und Güter der gekaperten Schiffe wurden in Portsmouth auf zwanzig Wagen verladen, um unter dem Jubel der Bevölkerung durch die Straßen gezogen zu werden, bevor sie in der Bank von England deponiert wurden.

In einem zweiten Seegefecht im Juni vor Brest (das oft mit Kap Finisterre verwechselt wird, weil es in dem französischen Departement Finistère liegt) schlug ein englischer Verband einen großen französischen Konvoi, der reich beladen von den Westindischen Inseln zurückkehrte. Die britischen Schiffe, darunter die *Eagle,* auf der Rodney fuhr, kaperten 48 Schiffe, die mit wertvoller Ladung gefüllt waren. Obwohl mehr als diese Zahl an französischen Handelsschiffen entkam, verdienten sich Rodney und die anderen Kommandanten ein Vermögen an Prisengeldern. Im Siebenjährigen

VII. Admiral Rodney tritt auf 153

Krieg, 1756–63, dem zentralen Konflikt der Ära, aus dem die Briten als die beherrschende Seenation hervorgingen, kaperten sie in dem einen Jahr 1755, sogar noch vor der formellen Kriegserklärung, dreihundert französische Handelsschiffe und erbeuteten die geschätzte Summe von 6 Millionen Dollar.

Einzelne Admiräle und Kapitäne kamen durch ihren Anteil an den Prisengeldern zu einem Vermögen. Verteilt wurde die Beute nach einem Prisengesetz von extremer Kompliziertheit – was wiederum auf seine Bedeutung für das gesamte System hinweist. Schiffskapitäne eines siegreichen Verbandes bekamen drei Achtel des Gesamtwertes der gekaperten Schiffe und der Ladung, wobei es darauf ankam, ob der Verband unter dem Befehl eines Admirals segelte, denn dann war ein weiteres Achtel für den Kapitän reserviert, der als Flaggoffizier unter dem Admiral das Kommando führte. Leutnants, Deckoffiziere, Stabsbootsleute, Marinegeistliche und jüngere Offiziere teilten das fünfte Achtel unter sich auf. Ein weiteres Achtel ging an die Seeoffiziersanwärter und Segelmacher, und die restlichen zwei Achtel bekamen die Seeleute, Köche und Stewarts. Das Prisengesetz ließ darüber hinaus eine genaue Anpassung, die auf Größe und Bewaffnung der Schiffe basierte, zu, um den Anteil größerer und kleinerer Schiffe auszugleichen – nach der Theorie, daß die stärkeren Schiffe mehr für den Kampf taten und auch größere Mannschaften trugen. Auf die angepaßte Rate kam man, indem man jedem Schiff einen Faktor beimaß, der sich aus der Multiplikation der Mannschaftszahl mit der Summe der Kaliber der Schiffskanonen ergab. Es ist offensichtlich, daß dem Prisengeld mehr ernste Aufmerksamkeit zugewandt wurde als dem Skorbut oder dem Signalsystem.

Als Kapitän der *Eagle* in dem Seegefecht vor Brest betrug Rodneys Anteil 8165 Pfund, was es ihm erlaubte, ein Haus auf dem Land zu kaufen und den Grundstock eines Vermögens zu legen, das er später verspielen sollte. Die Eroberung von Havanna im Jahre 1861 erbrachte Prisengelder, die sich auf 750000 Pfund beliefen. Davon bekam Admiral Keppel, im Rang der Zweite nach dem Oberkommandierenden, 25000 Pfund, und sein Vorgesetzter, Admiral Pocock, 122000 Pfund. Admiral Anson, der bedeutendste Flottenkommandant seiner Zeit, soll Berichten zufolge im Laufe seiner

Operationen 500000 Pfund zusammengerafft haben. Der Reiz solchen Lohns zog junge Männer trotz aller Gefahren und Härten in die Marine.

Im Spanischen Erbfolgekrieg, der 1713 zu Ende ging, hatte England sich durch die Eroberung von Gibraltar und Menorca eine beherrschende Stellung im Mittelmeer geschaffen. Die koloniale Rivalität in Amerika trat zu den alten Konflikten in Europa hinzu, überdeckte sie manchmal sogar. Frankreich, eifrig auf der Suche nach kolonialem Territorium, war auf dem Landweg durch die Wälder des amerikanischen Nordens von Kanada und Neuschottland herab den Ohio hinunter vorgestoßen, um Siedlungen zu errichten, die die westliche Ausdehnung der von den Engländern besiedelten Kolonien blockieren sollten. Auch in Indien gerieten französische Kolonien mit den britischen in Konflikte. Aber Frankreich, ausgeblutet von den Landkriegen Ludwigs XIV., hatte seine Kriegsmarine in einen Zustand so schäbiger Vernachlässigung versinken lassen, daß sie keine ernsthafte Seemacht mehr darstellte, auf die sich der Handel und ein Kolonialreich hätten stützen können.

Die nächsten fünfzig Jahre lang, von 1739 bis 1789, von dem »Krieg von Jenkins' Ohr« bis zur Französischen Revolution, setzte sich der Krieg im 18. Jahrhundert unter verschiedenen Bezeichnungen fort, bis die Kriegsziele durch die Französische Revolution neu definiert wurden und der Kampf unter Napoleon neu entflammte. Zwischen Frankreich und England war es hauptsächlich ein Seekrieg um den Überseehandel und die Kolonien in Amerika und Indien. Dies wandelte sich nicht grundsätzlich durch die Amerikanische Revolution, obwohl sie die Kriegsziele politisch änderte.

Es ist seltsam, daß alle drei großen Seemächte, Holland, England und Frankreich, einen Verfall ihrer Flotten, des Instruments ihrer Seemacht, zuließen. Der Niedergang entstand durch unzureichende Finanzierung, Gleichgültigkeit und die Korruption, die fast alle zur Verfügung stehenden Mittel in die Taschen von Bürokraten und Werftbesitzer umleitete. Darüber hinaus wurde die Royal Navy in ihrer effektiven Kampfkraft dadurch halbiert, daß sie zwei Funktionen hatte: Angriff und Verteidigung. Von den Briten als die »hölzernen Wälle Englands« verehrt, war die Flotte zugleich das einzige Transportmittel, mit dem Großbritanniens Landstreitkräfte gegen

VII. Admiral Rodney tritt auf 155

einen Feind eingesetzt werden konnten – ob es nun die kolonialen Rebellen oder Frankreich waren. Als Inselreich konnte Großbritannien Landstreitkräfte gegen einen äußeren Feind nur in dem Maße einsetzen, wie es seine Seemacht erlaubte. Trotzdem verlor die Kriegsmarine, der noch 1762 sieben Millionen Pfund zugewiesen worden waren, nach dem Ende des Siebenjährigen Krieges, 1766, mehr als die Hälfte ihres Etats. Sie bekam nur noch 2,8 Millionen Pfund und wurde 1769 noch einmal auf jämmerliche 1,5 Millionen Pfund zurückgestutzt.

Sandwich hatte zu dieser Zeit das Amt eines Ministers für das sogenannte Nördliche Department inne, was eigentlich das Außenministerium war. Obwohl er enge Verbindungen zur Admiralität hielt, die noch aus seiner dortigen Dienstzeit herrührten, und obwohl er angeblich die Marine liebte, bemühte er sich nicht, ihr die Mittel zu verschaffen, die sie brauchte. Dies ganz im Gegensatz zu seinem Gegenspieler Choiseul in Frankreich, der nur ein Ziel kannte: die französische Flotte zu einem stolzen und hervorragenden Kampfverband zu formen.

Die britische Marine war nicht nur innerlich durch Politik und Fraktionsbildung zerrissen, sie wurde, im Gegensatz zur Armee, auch nicht von einem professionellen Soldaten geführt, sondern von einem Politiker, der aus einer Gruppe ausgewählt wurde, die man zu der Zeit die»Freunde des Königs« nannte. Elf Jahre, von 1771 bis 1782, war der vierte Earl von Sandwich der Erste Lord der Admiralität. Er wurde zu dieser Zeit oft als der unpopulärste Mann Englands bezeichnet. Die Korruption seiner Verwaltung und seine persönlichen Schwächen, von Faulheit bis zur Ausschweifung, waren wohlbekannt. Er kam aus dem Hochadel, erbte von einem Großvater im Alter von elf Jahren die Earlswürde und durchlief die normale Ausbildung eines Peers, besuchte Eton und Cambridge und absolvierte die Grand Tour*. Dann folgten mehrere Regierungsämter, die ihm für kein bestimmtes Verdienst zugewiesen wurden. Er hatte lediglich die richtigen »Verbindungen« sowie eine intensive Loyalität dem König gegenüber, und er befürwortete eine harte Politik gegen die Amerikaner. Das brachte ihm im Alter von 26 Jahren ein hohes

---

* Die übliche Bildungsreise junger englischer Adliger. (A. d. Ü.)

Amt in der Admiralität ein, aus dem er, dreißigjährig, zum Ersten Seelord befördert wurde. Er füllte dieses Amt zunächst nur für die kurze Zeit von 1748 bis 1751 aus und kehrte dann wieder für eine längere Amtszeit in den 70er und frühen 80er Jahren zurück.

Sandwich verdankte seinen schlechten Ruf einem selbstverursachten Skandal. 1768 verlas er im Oberhaus ein obszönes Gedicht mit dem Titel *Essay on Woman*. Das Gedicht war geschrieben von einem früheren Freund Sandwichs, dem berüchtigten John Wilkes, der bereits verhaftet worden war – gesetzwidrig, wie seine Parteigänger behaupteten. Ihm wurde *lèse majesté* vorgeworfen, weil er in der Nummer 45 seines eigenen Journals, des *North Briton*, eine angeblich verleumderische Kritik des Königs veröffentlicht hatte. Nachdem Sandwich nun die obszönen Verse bekanntgemacht hatte, wurde eine weitere Anklage gegen Wilkes erhoben, und er wurde aus dem Parlament ausgeschlossen und zum »outlaw« erklärt, während sein Kumpan Sandwich von nun an im Volksmund nur noch Jemmy Twitcher hieß – nach dem Verräter in *The Beggar's Opera,* der seinen Freund ans Messer liefert. Unter seiner Ägide herrschte die Patronage, die den Interessen einer Gruppe von siebzehn Abgeordneten im Unterhaus diente. Diese Gruppe war Sandwichs Machtbasis. Als Erster Seelord präsidierte er einer Konferenz der Lords Commissioners der Admiralität. Sie bestand aus Männern, die selbst noch zur See fuhren und zugleich als Politiker Sitze im Unterhaus innehatten.

Zu dieser Zeit war Spanien, beinahe zweihundert Jahre nach der verlorenen Armada Philips II., noch immer niedergedrückt und ohne militärischen Ehrgeiz zur See. Auch die französische Flotte war am Tiefpunkt ihrer Vernachlässigung angekommen. Aber die Energien Choiseuls, des führenden Ministers Ludwigs XV. und fähigsten Politikers Frankreichs im 18. Jahrhundert, waren auf einen Wiederaufbau der Flotte gerichtet. Er gründete Marineakademien für den Entwurf und Bau von Kriegsschiffen und für die Ausbildung von Offizieren und befahl eine *inscription maritime,* um der Einziehung von Seeleuten eine gesetzliche Basis zu geben. Er wollte sich offenbar nicht wie die Briten auf das Pressen von Betrunkenen und Landstreichern und anderen elenden Gestalten, die in den Straßen aufge-

VII. Admiral Rodney tritt auf 157

lesen wurden, verlassen. Ein Korps von 10000 Kanonieren wurde
auf Feuergenauigkeit gedrillt. Die Werften von Frankreich waren
voll damit beschäftigt, neue Schiffe zu erbauen, die größer und besser waren als die Großbritanniens. Was die Seemannschaft betraf, so
wurden die französischen Offiziere so ausgebildet, daß die Manöver
in abgestimmter Schönheit verliefen. Sie übten so lange, bis die Teile
eines Verbandes ihre Wende gemeinschaftlich oder nacheinander
mit der Präzision eines Balletts vollziehen konnten, die Segel gebläht
oder gerefft wie in einem künstlerischen Entwurf. In einer Stadt nach
der anderen organisierte Choiseul Geldsammlungen für den Schiffsbau. Jedes neue Schiff, das vom Stapel lief, wurde nach der Stadt
benannt, die am meisten Geld gestiftet hatte. Das riesige Flaggschiff
der Flotte, das mit 110 Kanonen bestückt war, trug den Namen *Ville
de Paris,* und es war das Kriegsschiff, das Rodney eines Tages in seiner letzten und größten Schlacht zur Kapitulation zwingen sollte.
Im Gegensatz zur Lethargie Spaniens herrschte in Frankreich Auf-
bruchstimmung. Die französische Seegefechtstaktik allerdings ging
von einer Doktrin der Verteidigung aus. Das leitende Prinzip für
einen französischen Seekapitän, der in ein Seegefecht hineinging,
war es, die Leelage zu gewinnen, eine defensive Stellung, die den
Feind zum Angriff zwingen sollte, was den Franzosen theoretisch
erlaubte, die auf sie zusteuernden Schiffe zu zerstören, während die
eigenen intakt blieben. Nach den Worten des französischen Admirals Grivel basierte die Theorie darauf, daß der Unterlegene zweier
Verbände, »derjenige, der die geringere Anzahl an Schiffen hat,
jedes zweifelhafte Engagement vermeiden muß . . . oder aber, wenn
er zum Kampf gezwungen wird, sichergehen muß, daß er die gün-
stigsten Bedingungen geschaffen hat«. Kurz gesagt, »Umsicht,
Sparsamkeit und defensive Kriegsführung« waren die Losungen der
französischen Politik. Das Ziel war, die Unterlegenheit der Franzosen zur See – das Ergebnis der Niederlagen im Siebenjährigen Krieg
– umzukehren. Man muß logischerweise annehmen, daß eine solche Theorie, wenn ihr auf Jahre hinaus treu gefolgt wird, den Geist
und die Unternehmungslust der Offiziere beeinträchtigt. Aber
wenn dies auch auf den Durchschnitt zutreffen mag, so hatte der
herausragende französische Seeoffizier Admiral de Grasse in seiner
historischen Entscheidung, die Amerika rettete, wenig Schwierig-

keiten, die Stimme der Vorsicht zu unterdrücken und sich für ein kühnes Risiko zu entscheiden.

Rodneys erster aktiver Dienst führte ihn nach Neufundland, wo er zum Leutnant befördert wurde. Ins Mittelmeer versetzt, erhielt er von Admiral Mathews das Kommando der *Plymouth,* eines Linienschiffes mit 64 Kanonen. »Linienschiff« bedeutete damals die größte Klasse der Schiffe, die 64 oder mehr Kanonen hatten und die in ihrer Konstruktion und in der Bewaffnung mächtig genug waren, um in der Linie der Schiffe zu kämpfen, die direkt auf den Feind zusegelten und im Vorbeifahren Breitseiten abschossen. Dies war die konventionelle und einzige taktische Formation, die im Kampf von Segelschiffen im 18. Jahrhundert benutzt wurde. Die größten Linienschiffe, auf drei Decks mit 100 Kanonen bestückt, waren 70 Meter lang, aus Eichenholz gebaut und kosteten etwa 100000 Pfund. Das größte, Nelsons H. M. S. *Victory,* die 1776–77 gebaut wurde, trug eine Besatzung von 875 Mann, während kleinere Schiffe Besatzungen von 490–720 Mann hatten. Der Bau der *Victory,* die 75 m lang war, erforderte 2500 Bäume, was 60 Morgen Wald entspricht. Sie hatte einen Hauptmast aus Fichtenholz, der fast 70 Meter über der Wasserlinie emporragte und an seinem Fuß einen Meter Durchmesser hatte. Aus drei Teilen zusammengesetzt, konnten die drei Hauptmasten eines Linienschiffes 36 Segel tragen, was sich auf vier Morgen Stoff belief. Schiffe dieser Bauart konnten es auf zehn Knoten bringen. Wenn starker Wind auf den Segeln lag und die Masten schwer belastete, konnten die Verziehungen im Rumpf Lecks verursachen, die ständiges Pumpen erforderten. Fregatten, die als Kaperschiffe eingesetzt wurden, waren 45 bis 50 Meter lang und in der Regel mit einer Freiwilligenmannschaft besetzt, die auf Prisengelder aus war.

Die Kanonen, die nach dem Gewicht der Kugeln bemessen wurden, waren 12- bis 14-Pfünder (Fregatten waren mit 4- bis 6-Pfündern bestückt). Sie hatten im äußersten Fall – wenn sie mit 40 Pfund Schießpulver abgefeuert wurden – eine Reichweite von einer Meile. Es wurden aber nicht nur Kanonenkugeln abgefeuert, sondern Geschosse jeder Art und Gestalt – Nägel, scharfkantige Eisenstücke, manchmal glühend gemacht, um die Segel zu verbrennen. Die Kanonen waren auf fahrbare Lafetten montiert, die mit Tauen und

VII. Admiral Rodney tritt auf 159

Taljen versehen waren, damit sie in die Stückpforten hinein- und aus ihnen herausgezogen und der Rückstoß aufgefangen werden konnte.

Jeder Schuß erforderte eine Folge von neun oder zehn Kommandos an die Geschützmannschaft: »Lafettentaljen abschlagen« – die Taue, die zur Sicherung der Geschütze während der normalen Fahrt dienten, werden abgenommen; »Kanonen richten!« – die Rohre werden parallel zum Schiffsdeck ausgerichtet; »Mündungspfropfen heraus!« – die Verschlüsse werden aus den Mündungen genommen; »Patrone einführen!« – die Patrone, Schwarzpulver in einem Tuchsack, wird ins Rohr gerammt; »Kanonen bestücken!« – die Kugel oder andere Geschosse werden ins Rohr gedrückt; »Kanonen ausrennen!« – die Kanonen werden so weit vorgerollt, daß die Mündungen durch die Stückpforten ragen; »Zündladungen klar!« – Pulver aus dem Pulverhorn wird ins Zündloch geschüttet; »Klar bei Lunten!« – der Kanonier legt den Luntenstock an den Verschluß, vorsichtig blasend hält er die Flamme am Leben; »Höhe richten!« – durch das Visier wird auf den Feind gezielt; »Feuer!« – sobald das Rollen des Schiffes das Ziel klar ins Visier hebt, wird das Feuer an das Zündloch gehalten. Nach dem Abfeuern der Kanone folgt das Kommando: »Rohr auswischen!« Ein großer Schwamm, der an einem versteiften Tau festgemacht ist, wird in eine Pütz Wasser getaucht und dann in die Mündung geschoben, um noch brennende Reste des Pulversacks zu löschen. Dann werden die Kanonen wieder in Stellung gebracht, und der Ladeprozeß wiederholt sich. Zu Nelsons Zeit konnte eine perfekt gedrillte Mannschaft nach etwa zwei Minuten wieder feuern.

Die Handhabung der Segel beim Kreuzen – was nötig war, um die Richtung zu ändern, gegen den Wind zu segeln oder im Gefecht das feindliche Schiff von der Luv-Seite angreifen zu können, manchmal auf den Feind zuzustoßen, ihn zu verfolgen oder sich zurückzuziehen – erforderte eine weitere präzise Folge von Kommandos. Über Brassen, Schoten, Fallen und Bullinen wurden die vielen Segelarten, die Großsegel, Toppsegel, Bramsegel, Stagsegel, Klüver und viele andere, deren Namen der Landratte wenig sagen, kontrolliert. Eine Mannschaft mit einem Offizier oder Bootsmann stand an jedem Mast, um die Segel anzuluven oder sie wegzufieren, während der Kapitän einerseits die Kommandos rief, andererseits die Verbindung mit dem Rudergänger aufrechterhielt. Ein Schiff über Stag gehen zu lassen, das heißt, beim Kreuzen den Bug herumzubringen und die Segel auf der anderen Seite wieder in den Wind zu stellen, war eine Aktion voller Energie und Aufregung. Das Hauptsegel klatscht einen Moment lose im Wind und fängt dann mit einem lauten Knall den Wind von der anderen Seite wieder ein. Hier ist eine Beschreibung dieses Manövers von Admiral Morison. Er nimmt als Beispiel einen südöstlichen Wind mit einer Wende nach Südwest und schildert die unterschiedlichen Befehle für die verschiedenen Segel und Rahnocken (die am Mast befestigten Holzstangen, an denen die Segel hingen):

»Zunächst brassen die Seeleute die Rahen so scharf wie möglich – so, daß sie fast parallel zur Achse des Rumpfes stehen. Dann holen sie die Stagsegel vorne und hinten sowie den Besan ganz dicht, um das Heck herumzudrücken. Der Deckoffizier ruft: ›Klar zur Wende!‹, und die Bootsleute geben das Kommando mit ihren Pfeifen weiter. Der Rudergast wirbelt das Rad herum, ganz nach Steuerbord, was das Ruder nach Luv legt, und wenn er das getan hat, singt er aus: ›Ruder in Luv, Sir!‹ Klüver und Stagsegel werden weggefiert. Das Ruder luvt das Schiff in den SO-Wind, die Rahnocken weisen direkt in ihn hinein, die Segel haben Lose, und die Schoten und Brassen, auf denen keine Spannung liegt, tanzen wild. Sobald der Bug durch den Wind gegangen ist und das Schiff auf südsüdöstlichen Kurs abfällt, werden der Klüver und die Stagsegel in Backbord dichtgeholt, und ihre Wirkung sowie die der Focksegel, Vorbramsegel und Vortoppsegel, die jetzt back gesetzt sind – das heißt, an den Mast gedrückt werden –, arbeiten als Hebel, die den Bug des Schiffes durch den Wind und auf den gewünschten neuen Kurs drücken. Sobald der Wind das Großrahsegel oder das Haupttoppsegel von Backbord zu erfassen beginnt, ruft der Deckoffizier: ›Hauptsegel rund!‹ Dies ist der große Augenblick der Wende ... Alle Hände an Deck, die nicht anderweitig beschäftigt sind, packen die Leebrassen der Bäume des Hauptmastes und des Besanmastes und ziehen sie um etwa siebzig Grad herum, bis der Wind von der Backbordseite einkommt. Wenn dies im genau richtigen Moment geschieht, hilft der Wind, sie herumzupeitschen. Inzwischen hat das

Admiral Sir George Brydges Rodney im Alter von 42 Jahren.
Von Joshua Reynolds, 1761.

St. Eustatius, Kupferstich von C. F. Bendorp,
Dordrecht, Holland, 1782.

Blick auf den Hafen von New York von Südosten
in den Jahren direkt vor der Revolution.
Von einem unbekannten Künstler, 1775.

Sir Joseph Yorke, von Perroneau.

Rechts: Admiral François Joseph Paul de Grasse in Yorktown. Aus *London Magazine,* 1782.

Der Kampf zwischen der *Serapis* und der *Bonhomme Richard*, 23. September 1779, Stich von Lerpinière und Fittler, 1780.

Sir Henry Clinton, 1787,
Miniatur von Thomas Day.

General Comte de Rochambeau,
von Charles Willson Peale.

Die Schlacht von Cowpens, 1781, von Frederick Kemmelmeyer, 1809.

»Amerika triumphierend und Britannia in Trauer«
1. Amerika sitzt auf ihrem Viertel der Welt, die Fahne weht über ihrem Kopf. In der Hand hält Amerika den Olivenzweig, womit sie alle Nationen einlädt, an ihrem Handel teilzuhaben. In der anderen Hand hält sie die Kappe der Freiheit.
2. Fama verkündet die frohe Botschaft der ganzen Welt.
3. Britannia beweint den Verlust Amerikas, hinter ihr ein böser Geist.
4. Die britische Flagge über einer Festung gestrichen.
5. Französische, spanische, holländische Schiffe in den Häfen Amerikas.
6. Ein Blick auf New York, darin auch der Verräter Arnold, der sich selbst in Reue erhängt hat, nachdem er sein Land wie ein Judas verkaufte.

(Amerikanischer Stich, der in *Weathernise's Town und Country Almanac* 1782 veröffentlich wurde.)

VII. Admiral Rodney tritt auf 161

Schiff, wenn es nicht sehr schnell und handig und die See nicht ruhig ist, alle Fahrt verloren . . .

Das nächste wichtige Kommando ist: ›Fiert weg und holt dicht!‹ Dies bedeutet, daß die Vorbrassen und Vorsegel weggefiert und die Fockrahen, deren Segel die ganze Zeit über back gestanden haben, herumgezogen werden, bis der Wind sie von Backbord erfaßt. Der Luvklüver und die Stagsegel werden getrimmt, so daß das Schiff wieder Fahrt aufnimmt und auf seinem neuen Kurs davon-schießt . . . Auf einem Kriegsschiff mit einer großen Mannschaft dauert dieses Manöver mindestens zehn Minuten, wahrscheinlich länger.«

Dieser mühsame Vorgang, der jede Richtungsänderung beim Kreu-zen begleitete, war zwar spannend und aufregend, kann aber kaum als eine effiziente Form der Vorwärtsbewegung bezeichnet werden. Eine Wende mit einem großen Schiff und seinen sich blähenden Segelmassen konnte mit einer gutausgebildeten Mannschaft bei gu-tem Wetter vielleicht in zehn Minuten vollzogen werden, aber sie konnte auch mehrere Stunden beanspruchen, bei rauhem Wetter sogar einen halben Tag, und bei einem wirklich schweren Sturm war sie oft ganz unmöglich. Um einen Hafen zu erreichen, der gegen die Windrichtung lag, mußte man die ganze Reise über kreuzen, was Schiff und Mannschaft zermürbte, so daß es kein Wunder war, wenn beide oft schwach und kaum noch diensttauglich waren.

In dem erneuten Kampf um die Seeherrschaft, der die Mitte des Jahrhunderts erfüllte, fand der erste Zusammenprall der Flotten im Jahre 1744 bei Toulon statt. Es war keine heroische Schlacht wie die von John Paul Jones gegen die *Serapis,* sondern eine chaotische An-gelegenheit, in der sich alle Schwierigkeiten und Mängel der See-kriegsführung in dieser Zeit ballten. Einem französischen Minister, Jean Frédéric Maurepas, entlockte die Schlacht einen angeekelten Kommentar zu den Seeschlachten und ihrer Vergeudung von Leben und Material – meist mit unentschiedenem Ausgang: »Ich halte nicht viel von diesen Kämpfen auf See. *C'est piff poff* auf der einen Seite, dann auf der anderen, und die See ist danach so salzig wie zuvor.« Bei Toulon stand Großbritannien gegen Frankreich und Spanien, den Nationen des Bourbonischen Familienpakts, die unter denselben Streitereien litten wie die meisten um Einigkeit bemühten Familien. Neben den Konflikten um die Kolonien in Amerika und Indien, die der eigentliche Kern der Auseinandersetzung waren, ging es in zweiter Linie wie üblich um einen Komplex europäischer Streitigkeiten, die dieses Mal als der Österreichische Erbfolgekrieg bezeichnet wurden. Wieder wurde um das ferne und unbedeutende Schlesien gekämpft. Es wäre eine unsinnige Mühe, den verworrenen Spuren zu folgen, die in diesen Krieg führen. Es mag genügen zu sagen, daß Friedrich der Große den Thron von Preußen 1740 bestieg, gerade als Kaiser Karl VI. starb und die umstrittenen, verstreuten österreichischen Dominien seiner ältesten Tochter, Maria Theresia, deren Thronfolge die europäischen Mächte garantiert hatten, hinterließ. Als Friedrich II. neben anderen feindseligen Akten Schlesien an sich zu reißen versuchte, brach der Krieg zwischen Österreich und Preußen aus, und die anderen europäischen Mächte traten je nach Bündnisverpflichtung auf die eine oder andere Seite.

Aus diesem Durcheinander kristallisierte sich bei Toulon, dem wichtigsten Flottenstützpunkt der Franzosen, der auf halbem Weg zwischen Nizza und Marseille liegt, die Schlacht der drei großen Seemächte Spanien, Frankreich und Großbritannien heraus. Zur Seeschlacht von Toulon kam es, als Spanien 1744 als Feind Österreichs versuchte, die italienischen Besitzungen Österreichs an sich zu bringen. Die spanische Flotte lief in Toulon ein, wo sie vier Monate festsaß, eingeschlossen von einer englischen Blockade. Als Spanien an Frankreich appellierte, seinen Schiffen den Ausbruch zu ermöglichen, stimmte die französische Regierung zu. Der Admiral der französischen Flotte, der der spanischen Kampfkraft mißtraute, forderte, daß die spanischen Schiffe sich in seine Kampfverbände einreihten, was der spanische Admiral Navarro natürlich ablehnte. Ein Kompromiß wurde gefunden, und die Spanier bildeten einen eigenen Verband innerhalb der Linie aus französischen und spanischen Kriegsschiffen. Diese Linie zerfiel traditionell in Vorhut, Mitte und Nachhut. Mit neun Franzosen in der Vorhut, sechs französischen und drei spanischen Schiffen in der Mitte und neun Spaniern in der Nachhut segelte die alliierte Flotte mit 27 Kriegsschiffen aus dem Hafen hinaus, um sich einer britischen Linie von 29 Schiffen zu stellen, die von Admiral Mathews vom Mittelmeerflottenverband

VII. Admiral Rodney tritt auf   163

kommandiert wurde. Mathews' Stellvertreter, Admiral Lestock,
war ein Mann, den er verachtete, und der erwiderte die Gefühle
seines Kommandeurs in vollem Umfang. Der Streit war persönlich
und kleinlich, nicht politisch; er rührte daher, daß Lestock es unter-
lassen hatte, Mathews eine Fregatte entgegenzuschicken, als dieser
aus England kam, um sein Kommando anzutreten. Mathews, der
als ungebildet, ungehobelt und autoritär geschildert wird, machte
seinem Mißvergnügen in »groben Beleidigungen« seines Untergebenen Luft, was den Historiker Mahan zu der recht schüchternen
Bemerkung veranlaßte, »ein Schatten bösen Willens« zwischen den
beiden sei möglicherweise mitverantwortlich für das »Fiasko« vor
Toulon.

Als er die aus Toulon herauskommenden Segel gegen Abend sichtete, ließ Mathews, der den Vorteil des Windes hatte, das Signal zur
»allgemeinen Verfolgung« hissen. Aber als seine Vorhut am Morgen den Feind eingeholt hatte, war seine Nachhut unter Lestock zu
weit – etwa fünf Meilen – achtern, um zu ihm aufzuschließen und die
Überlegenheit der britischen Flotte spürbar zu machen. Schon während der vorangegangenen Nacht hatte Lestocks Nachhut ihre Position nicht eingehalten. Als Mathews seiner Flotte signalisierte,
»beizuliegen« – das heißt, für die Nacht liegen zu bleiben –, ließ er
zugleich das Signal »Geschlossene Formation« hissen, das einem
gutwilligen statt einem grollenden Untergebenen klar bedeutet hätte, über Nacht aufzuschließen und seine Position in der britischen
Linie einzunehmen. Aber Lestock war am Morgen immer noch
einige Stunden entfernt. Er zog es vor, dem ersten Signal zu gehorchen.

In wilder Ungeduld über den langsamen Lestock und in der Angst,
daß seine Beute ihrer geplanten Zerstörung entgehen könnte, entschloß sich Mathews, den Kampf ohne die Nachhut zu beginnen,
und brach aus der Linie aus, um den Feind anzugreifen. Er glaubte
oder hoffte, die spanische Nachhut und die spanisch-französische
Mitte zerschlagen zu können, bevor die französischen Schiffe der
Vorhut die Möglichkeit hatten zu wenden, um ihnen zu Hilfe zu
kommen. Ob nun aus einem Irrtum heraus oder in der Aufregung
seines Wagemuts – er ließ das Signal zum Angriff hissen und das für
Kiellinie gleichzeitig stehen, was seine Kapitäne gründlich ver-

wirrte. Weder in ihren Signalbüchern noch in dem wichtigen Handbuch mit dem Namen *Fighting Instructions* fanden sie Hilfe. Sie wußten nur, daß das Signal »Kiellinie« alle anderen aufhob. Einige Schiffe seines Verbandes brachen aus der Linie aus und folgten Mathews mit oder ohne Signal, aber andere blieben in der Kiellinie des vorausfahrenden Schiffes, unterstützten ihren Admiral nicht oder feuerten aus einer Entfernung, aus der sie nichts bewirken konnten. In dem Durcheinander entkam der Feind. Nur ein Schiff wurde in einer kühnen Aktion eines Kapitäns gekapert, der später berühmt werden sollte: Es war der zukünftige Admiral Hawke. In der Abenddämmerung mußte Mathews sich zurückziehen und seinen Verband neu formieren. Sein Wagemut hatte ihm nichts eingetragen – außer der Befriedigung, Lestock festzunehmen und ihn nach Hause zu schicken.

Die traurige Geschichte wurde mit groben Worten im Unterhaus debattiert. Strenger Kritik an der Admiralität folgte eine Serie von Kriegsgerichtsverhandlungen, die mit der ungetrübten Logik von Männern in Uniform darin gipfelten, den Mann, der gekämpft hatte, Mathews, zu bestrafen, und den, der es nicht getan hatte, Lestock, freizusprechen. Mathews wurde verurteilt und aus dem Dienst entlassen. Der Hauptvorwurf gegen ihn lautete, er habe das Signal für »Kiellinie« gegeben, während sein eigenes Verhalten die Bewahrung der Linie unmöglich gemacht habe. Lestock wurde, da er, wie er behauptete, lediglich den Signalen gehorcht hatte, von jeder Schuld freigesprochen.

An diesem Punkt müssen wir uns dem einschüchternden Drachen stellen, der den Namen *Fighting Instructions* trug. Dies war ein tyrannisches Dokument, das jedes Linienschiff verpflichtete, dem vor ihm liegenden mit einem Abstand von etwa 200 Metern zu folgen und das ihm gegenüberliegende Schiff der feindlichen Linie zu bekämpfen, Vorhut gegen Vorhut, Mitte gegen Mitte, Nachhut gegen Nachhut. Niemals durfte die Linie verlassen werden. Das Gebot »Kiellinie« sollte die Verwirrung verhindern, die *mêlée* genannt wurde, ein Gewühl, in dem die Schiffe in das Feuer der eigenen Seite geraten konnten. Gleichzeitig gewährte nur diese strenge Anordnung die Möglichkeit, den gegenüberliegenden Abschnitt der feindlichen Linie zu zerstören. Der Zusammenhalt der Linie war so

VII. Admiral Rodney tritt auf 165

wichtig, weil sonst zwei Schiffe der gegenüberliegenden Flotte eines der eigenen unter Feuer nehmen konnten.

Die *Fighting Instructions* wurden während der ersten Holländischen Kriege unter dem Regime von Oliver Cromwell, dessen autokratische Gesinnung sie sicherlich widerspiegelten, herausgegeben. Allerdings sind sie auch jenem armen Geschöpf, Jakob I., zugeschrieben worden, dessen Charakter ein Dokument von solcher Intransigenz aber ganz und gar nicht angemessen wäre. Da die Kapitäne jener Zeit häufig in Seeschlachten nach eigenem Gutdünken handelten, was oft zu einem nicht mehr beherrschbaren Getümmel führte, gab die Admiralität die *Fighting Instructions* heraus. Sie sollten die Wirkung der Verbände in Seegefechten verstärken, indem sie die Schiffe auf eine gemeinsame Taktik verpflichteten. Kommandos wurden vom Führer des Verbandes mit Signalflaggen übermittelt, Kampfmaßnahmen auf persönliche Initiative einzelner Kapitäne waren verboten. Im allgemeinen führte das zu einer größeren Effizienz im Kampf, obwohl es unter besonderen Umständen – wie zum Beispiel bei Admiral Graves' Verhalten in der entscheidenden Seeschlacht in der Chesapeake Bay, die der Belagerung von Yorktown unmittelbar vorausging – zu katastrophalen Fehlern führen konnte. Die *Fighting Instructions* konnten nämlich einem zu unterwürfigen Kapitän als Vorwand dienen, sich lieber an die Regeln zu halten, als auf eine momentane Krise mit eigenständigem Handeln zu reagieren. Da Abweichungen von der Regel immer von irgendeinem unzufriedenen Offizier gemeldet wurden und dann zu Kriegsgerichtsverfahren führten, reduzierten die *Instructions* natürlich die Eigeninitiative, zerstörten sie manchmal ganz. Nur ein Kapitän mit starkem Selbstbewußtsein nutzte unter solchen Umständen die Gunst einer unerwarteten Situation. Es gab eine nicht unbeträchtliche Zahl solcher Männer, auch wenn wenige Völker dem Althergebrachten so treu verbunden waren wie die Briten. Die *Fighting Instructions* gestanden dem Unerwarteten, das in der Unberechenbarkeit der Menschen – von Wind und Meer ganz zu schweigen – liegt, keinen Raum zu und waren somit von einer militärischen Rigidität, die den Laien immer wieder erstaunen muß.

Ob Lestock vor Toulon aus bösem Willen gegen seinen Kommandeur nicht aufgeschlossen hatte, oder ob er, wie er vor dem Kriegsgericht behauptete, alle Segel gesetzt hatte, den Abstand aber nicht verringern konnte, wurde nicht entschieden. Gegen den Vorwurf, auch dann nicht angegriffen zu haben, als er es hätte tun können, verteidigte er sich mit den Artikeln der *Fighting Instructions*. Er sagte aus, das Signal, in der Linie zu bleiben, sei zugleich mit dem Signal anzugreifen gehißt worden, und er habe die Linie nicht verlassen können, ohne gegen das übergeordnete Kommando zu verstoßen.

Die Linie, das Kernstück jeder Seeschlachttaktik, wurde durch die Schiffe selbst bestimmt, deren Hauptwaffe notwendigerweise die Breitseite war. Der Verband fuhr in Linie hintereinander, auf das Signal »Angriff« wandten alle Schiffe zugleich dem Feind den Bug zu und näherten sich ihm bis auf Schußweite, dann legten sie wieder das Ruder herum, um ihm die Breitseite zu zeigen und zu feuern. Das Gesetz der Kiellinie führte zu einer Schlacht formaler Bewegungen – wie ein gewaltiges Menuett, zur Musik der Kanonen auf dem Wasser getanzt. Die Kriegsschiffe schritten vor, verbeugten sich und zogen sich zurück, während Trommelwirbel die Mannschaften an die Kanonen rief und die Pulverladungen donnerten. Die Linie bewegte sich an der Linie des Feindes entlang, jedes Schiff feuerte seine Breitseiten ab, sobald es einem feindlichen Schiff gegenüberlag. Die Briten zielten auf den Schiffsrumpf, die Franzosen auf Mast und Takelage. Sie luden ihre Kanonen mit Ketten und Kartätschen und Metallstücken, um die Segel zu zerreißen. Flammen züngelten empor, Holzsplitter, die schlimme Wunden schlugen, flogen umher, auf den Decks lagen die Toten, und die Planken wurden schlüpfrig von Blut. Die Verwundeten lagen hilflos da, voller Furcht, über Bord gespült zu werden, wo die Haie auf sie warteten. Die destruktive Gewalt der Seeschlacht war laut und mächtig, wenn auch nicht immer von hohem strategischen Wert. Der sprichwörtliche Besucher von einem anderen Planeten, hätte er eine solche Schlacht beobachtet, wäre voller Bewunderung für diese Sarabande weißer Segel gewesen, aber er hätte wahrscheinlich keinen Sinn darin erkennen können.

Wer auf dem unbestimmbaren Territorium der See den Sieg davongetragen hatte, wurde in der Regel selbst von Historikern dadurch entschieden, daß man die Zahl der Toten und Verwundeten und der

VII. Admiral Rodney tritt auf   167

zerstörten Schiffe verglich. Die Zahl der Menschen, die in irgendeinem sinnlosen »piff poff« ihr Leben verloren, war groß, oft 700 bis 800. Der einzige, der, soweit wir wissen, jemals irgendeine Sorge darüber aussprach, war kurioserweise der König von Frankreich, Ludwig XVI., der sonst nicht wegen seiner Sympathien für den einfachen Mann bekannt war. In einer Ansprache vor seinem Rat sagte er: »Aber wer wird uns die tapferen Seeleute wiedergeben, die ihr Leben in meinem Dienst geopfert haben?« Daraus spricht ein höheres Maß an Anteilnahme, als wir es von irgendeinem Offiziellen kennen, der die Verluste zählte, oder von irgendeinem Admiral, der sah, wie sich die Leichen auf seinen Schiffsdecks häuften.

Das Endziel jeden Krieges ist der Gewinn politischer und materieller Macht. Und die hing, so sah man es zu jener Zeit, von Kolonien und vom Handel ab. Da diese wiederum auf die Seewege, damit auf die Seeherrschaft und auf Stützpunkte – aber nicht zu viele, wie Mahan vorsichtig mahnte! – angewiesen waren, und da die Stützpunkte durch die Flotte geschützt werden mußten, war es das Ziel des Seekrieges, die Flotte des Feindes zu finden und sie zu zerstören. Nimmt man die Logik dieses Arguments ernst, so mußte es das Ziel des Schwächeren sein, Seeschlachten überhaupt zu vermeiden. Die Franzosen, die ein logisches Volk sind, waren zu diesem Schluß gekommen und folgten ihm, wann immer sie konnten.

Der Kampf bewaffneter Segelschiffe, wie er im 18. Jahrhundert geführt wurde, ist für das rationale Denken ein wirkliches Problem. Offensichtlich hing die Taktik der Linie davon ab, daß der Feind sich ebenfalls dem Gesetz der Linie unterwarf. Aber nehmen wir an, er tat dies nicht, manövrierte so lange, bis er die Luvseite gewann, und segelte dann davon in einen Stützpunkt oder Heimathafen? Die Franzosen taten oft genau dies, was die Briten zu ihrer Frustration immer wieder ins Leere stoßen ließ.

Ein Paradox des 18. Jahrhunderts, das aufgrund seiner Vernunft und Aufklärung so bewundert wird, ist die Unvernunft, die es oft zeigt, wie im Fall der wirkungslosen Küstenbatterien auf den Inseln oder der starren Taktik der Linie – einem Manöver, das jeder auf See so gut kannte wie den eigenen Namen. Sie war wie eine alte Geschichte ohne Überraschungen, obwohl doch die Überraschung die schärfste Waffe im militärischen Arsenal ist.

Seit den mittelalterlichen Tagen der sechzig Pfund schweren Ritterrüstung, in der Männer im Kampf vor Hitze umkamen und nicht aufstehen konnten, wenn sie stürzten, hat es keine Kriegserfindung mehr gegeben, die es an Unbequemlichkeit und Unsinnigkeit mit dem Linienschiff in den Tagen der Segelschiffahrt aufnehmen könnte. Diese schwimmende Burg verstieß gegen die Gesetze der Natur und war doch in ihrer Fortbewegung ganz von den Launen des Windes abhängig. Endlosen Schwierigkeiten waren diese Schiffe unterworfen: Um sich zu orientieren, waren sie auf die fernen Sterne angewiesen, ihr wichtigstes Ausrüstungsstück, der Mast, erforderte abgelagertes Holz, das schwer zu bekommen war; Fortbewegung und Steuerung hingen von einer Takelage ab, die so kompliziert war, daß sie die Philosophen der Sorbonne verwirrt hätte, wieviel mehr dann die obdachlosen, unausgebildeten Armen von den Straßen, aus denen sich die Mannschaften zusammensetzten; schließlich war die Kommunikation zwischen dem Kommandeur und seinem Geschwader auf Flaggensignale angewiesen, die in der Entfernung oder durch den Rauch der Kanonen und im Rollen der Schiffe nur schwer zu deuten waren. Diese plumpen Fahrzeuge konnten ihren Aufgaben nicht gerecht werden. Es war, als müßten die Cowboys ihre Kuhherden auf Dinosauriern zusammentreiben. Die Strapazen, denen sich Menschen willig unterwerfen, um ihre Kampfeslust zu befriedigen, sind nie besser verkörpert worden als in Kriegsschiffen unter Segeln. Nicht wenige Zeitgenossen schüttelten die Köpfe über die Merkwürdigkeiten maritimer Kriegsführung, die zu Maurepas' bündigem Urteil führten, dies sei »piff poff«.

Die Kriegsgerichtsurteile im Toulon-Verfahren waren kaum dazu angetan, den Geist der britischen Flotte aufzurichten. Sie führten vielmehr dazu, daß die Diktatur der *Fighting Instructions* sich verschärfte, während die Öffentlichkeit völlig verwirrt war und sich das Mißtrauen gegen die Regierung vertiefte. Elf der 29 Kapitäne des Verbandes mußten sich einem Verfahren stellen, einer von ihnen starb, einer desertierte und tauchte nie wieder auf, sieben wurden unehrenhaft entlassen und nur zwei freigesprochen. In der Flotte richteten diese Urteile natürlich großes Unheil an, da viele Seeoffiziere sich durch sie entmutigt fühlten.

Als 1777 eine Inspektion der Linienschiffe der *Grand Fleet* unter-

VII. Admiral Rodney tritt auf 169

nommen wurde, stellte sich heraus, daß die Admiralität, die von 35 einsatzfähigen Schiffen dieser Klasse ausging, von der Realität weit entfernt war. Die Mehrheit der Linienschiffe erwies sich als nicht seetüchtig, nur sechs waren diensttauglich, und selbst diese, so kommentierte der neue Oberbefehlshaber der Flotte, Admiral Keppel, »konnten das Auge eines Seemannes nicht erfreuen«. Wenig hatte sich seit der Untersuchung von 1749 verbessert, als die Inspektoren nachlässige und schlecht ausgebildete Offiziere, beschäftigungslose und ungedrillte Mannschaften, eine desorganisierte Versorgung, schäbige und verrottende Ausrüstung und nicht seetüchtige, dreckige, unzureichend bemannte Schiffe antrafen.

Die Beamten der Admiralität rührten das zentrale Problem einer korrupten Verwaltung an der Spitze der Flotte nicht an, obwohl die Unzulänglichkeiten darauf zurückzuführen waren. Sie beschlossen vielmehr, eine noch strengere Version der *Fighting Instructions* zu verabschieden. Sie trug den Titel *Additional Fighting Instructions* oder, förmlicher, *Naval Discipline Act* von 1749. Diese zusätzlichen *Fighting Instructions* fügten dem Katalog strafbarer Handlungen die »Nachlässigkeit« hinzu. Damit war ein Verhalten gemeint, das nicht jede Kampfgelegenheit bis zum letzten ausnutzte. Unter dieser Gesetzgebung ereignete sich der berüchtigtste Akt der britischen Marine in diesem Jahrhundert, die Hinrichtung Admiral Byngs, der 1757 angeklagt, der »Nachlässigkeit« schuldig gesprochen und zum Tode verurteilt wurde. Es war die Strafe für das, was man in London als einen nur halbherzigen Versuch betrachtete, das bedrohte Menorca zu entsetzen.

Als Byng das Kommando erhielt, aus dem sich seine Tragödie entwickelte, hatte die Admiralität wie so oft die Kräfteverteilung vor Ort falsch eingeschätzt. Sie entsandte Byng zur Verteidigung Menorcas mit einem kleinen, unzureichenden und schlecht ausgerüsteten Verband. Der Feind war schon auf der Insel gelandet und hatte sie überrannt, als dieser Gibraltar erreichte. Nur das Fort verteidigte sich noch. Der Gouverneur von Gibraltar, der Byng Truppen zur Verfügung stellen sollte, weigerte sich mit dem Argument, er könne sie auf Gibraltar nicht entbehren. Obwohl Byng bereits über die Unzulänglichkeit seines Verbandes geklagt hatte, protestierte er nicht, sondern lief aus und suchte das Gefecht mit den Franzosen, die in der Defensive blieben, obwohl sie größere Schiffe mit schwererer Bewaffnung hatten als Byng.

Als die beiden Flotten aufeinandertrafen, lagen die Franzosen in Lee, und Byngs Verband hatte den Vorteil des Windes. Er hißte das Signal »Kiellinie«, ließ aber das Signal »Angriff« nicht folgen, weil seine Schiffe die Linienformation noch nicht vollständig gebildet hatten. Erst als er den Vorteil der Luvseite fast verspielt hatte, befahl er anzugreifen. Offensichtlich unter dem Eindruck des Mathews-Lestock-Falls wollte er auf keinen Fall angreifen, solange seine Schiffe nicht vollständig auf Kiellinie lagen. Byng hatte beim Kriegsgerichtsverfahren gegen Mathews selbst mit zu Gericht gesessen und wies seinen Flaggoffizier sogar auf das Urteil hin: »Ihr seht, Kapitän Gardiner, das Signal für die Linie ist gehißt.« Er fügte hinzu, daß zwei Schiffe noch nicht in Kiellinie lägen und sagte: »Es war Mr. Mathews' Unglück, daß er den Verband nicht zusammenhielt. Ich will versuchen, das zu vermeiden.«

Als Byng schließlich das Signal zum Angriff hißte, stieß seine Vorhut in einem so ungünstigen Winkel auf die französische Linie, daß es den feindlichen Breitseiten voll ausgesetzt war. Die Mitte und die Nachhut aber waren noch zu weit von der feindlichen Linie entfernt, um ihre Feuerkraft ausspielen zu können. Die britische Vorhut wurde vernichtet. Die Flotten trennten sich, als die Nacht hereinbrach. Byng machte keine Anstrengung, seinen Verband neu zu ordnen, sondern rief einen Kriegsrat zusammen und nahm bereitwillig dessen Empfehlung an, sich zurückzuziehen und Menorca seinem Schicksal zu überlassen. Also kehrte er ohne weitere Gefechte mit seiner Flotte nach Gibraltar zurück, wo er seines Kommandos enthoben und unter Arrest nach Hause gesandt wurde.

Nach Artikel 12 der Kriegsgesetze wurde er angeklagt, nicht sein Äußerstes getan zu haben, das Fort von Menorca zu entsetzen oder die Schiffe des Feindes zu kapern oder zu zerstören, wie es seine Pflicht gewesen wäre. Artikel 12 bezieht sich auf Dienstverletzungen durch »Feigheit, Nachlässigkeit oder Illoyalität«. Da Byng ausdrücklich von den Vorwürfen der Feigheit und Illoyalität freigesprochen wurde, blieb implizit der Vorwurf der Nachlässigkeit. Das Urteil hinterließ die *Fighting Instructions* verworrener denn je, da Mathews vor ein Kriegsgericht gestellt wurde, weil er die Linie ver-

VII. Admiral Rodney tritt auf

lassen und angegriffen hatte, während Byng bestraft wurde, weil er sich geweigert hatte, dies zu tun. Die Admiräle standen vor einer unlösbaren Frage. Ein Kommando, das dem persönlichen Urteil keinen Raum läßt, kann keine Schlachten gewinnen, und das wichtigste Kommando, jenes, welches das Schicksal Amerikas entschied, stand noch aus.

Der Aufschrei über das Todesurteil war gewaltig. Aber die Minister ließen es durchgehen, da es ihr eigenes Versagen, ausreichende Kräfte zur Verteidigung Menorcas zu entsenden, überdeckte. König Georg II., dem jedes Mitgefühl fremd war, begnadigte nicht. Der immer unabhängige Rodney, der das Absurde an Byngs Fall deutlich erkannte, schloß sich dem Hauptverteidiger des Admirals, Kapitän Augustus Hervey, an und half Petitionen für die Begnadigung zu sammeln. Aber es war vergeblich. Byngs Tod hielt die Diskussion am Leben: ein weiterer bitterer Streit, der die Marine in zwei Lager teilte. Byng wurde von einem Exekutionskommando aus Mitoffizieren standrechtlich erschossen, zu keinem erkennbaren Zweck, außer dem, wie ein zynischer Franzose bemerkte, »die anderen zu ermutigen«. Voltaire sollte den Vorgang, dessen seltsame Radikalität eine weitere Verirrung dieses aufgeklärten Jahrhunderts war, durch seinen Kommentar unsterblich machen. Die Exekution war absolut sinnlos, denn selbst damals konnte niemand annehmen, daß Menschen durch die Androhung von Strafen tapfer gemacht oder durch die Furcht vor Bestrafung von Schwäche abgeschreckt werden könnten.

Warum wurde das Todesurteil vollzogen, wenn es doch offenbar keinen Sinn erfüllte? Einfach weil es da war, in den Statuten stand, von den Juristen in ihrer Weisheit dem besonderen Versagen, dessen Byng schuldig gesprochen worden war, zugedacht. Weil es da war und es keine alternative Bestrafung gab, konnte man ihm nicht ausweichen. Die Macht der Krone war eingeschränkt worden, und auch der König behauptete, keine Wahl zu haben. Die Wahl zu haben, ist indessen eine der Bürden des vernunftbegabten Menschen. Sich einer Wahl nicht zu stellen, mag bequemer sein, aber es macht das Denken träge, was einer der Gründe für das nicht eben brillante Auftreten der Briten im amerikanischen Krieg gewesen sein mag.

Byng litt für seine Zeit – eine Zeit, in der die britischen Bürger die wilden Anschläge der von Gin benebelten Armen und die Anarchie einer sogenannten »kriminellen Klasse« fürchteten, an deren Existenz sie tatsächlich glaubten. Um sie zu unterdrücken, wurden Gesetze mit grausamen Strafen verabschiedet. Gleichgültig, was Vernunft, Mitleid oder praktischer Menschenverstand gegen die lebenslange Verbannung eines elfjährigen Jungen, der einen Strumpf gestohlen hatte, und seine Trennung von Heim und Familie vorbringen mochten, es wurde nicht gehört. Vom Gesetz durfte man keinen Zoll abweichen. In gewissem Sinne war diese gedankenlose Strenge eine Folge der politischen Freiheit, deren Vorläufer die Briten mit ihrer glorreichen Revolution waren. Denn sie stützten sich auf das Prinzip, daß nicht menschliche Willkür, sondern das Gesetz herrschen sollte, die Verfassung und nicht das autokratische Diktat. Nun kämpften die Kinder Großbritanniens, die Kolonien, um diese Rechte. Die Briten allerdings ignorierten ihre Forderungen hartnäckig, indem sie die amerikanische Rebellion als eine Art fehlgeleiteter Raserei betrachteten, und sich damit den Weg zu Versöhnung und erneuter Loyalität selbst verlegten.

Als Byngs Richter das Todesurteil verkündeten, hofften sie offenbar, daß der König oder die Minister ihn begnadigen würden. Aus Angst vor dem Mob auf den Straßen, der in seiner Wut über das verlorene Territorium – Menorca, das die Briten 1708 Spanien entrissen hatten, war seit 48 Jahren britisch – nach Blut schrie, zog es die Regierung vor, den Admiral nicht zu begnadigen. Byng wurde als Sündenbock geopfert. Das Erschießungskommando feuerte auf Befehl; der Körper des Admirals sank zusammengekrümmt auf das Achterdeck der *Monarch,* ein stummer Zeuge der Greuel des Gesetzes, des Hüters menschlichen Verhaltens.

Angesichts des Schußfeldes einer Schiffskanone war die Linie in der Seeschlacht vielleicht unvermeidlich, aber innovative Geister hätten sich taktische Variationen oder Überraschungen ausdenken können, wie Rodney selbst es eines Tages tun sollte. Aber die Kriegsmarine war keine Heimat für innovative Geister, sondern wurde als die Institution betrachtet, in die man den unbelehrbaren oder dummen Sohn einer Familie mit begabteren Brüdern, die zur Armee oder in die Geistlichkeit gingen, abschieben konnte. Das

VII. Admiral Rodney tritt auf 173

»Aufbrechen der Linie« war der radikalste und bedeutendste Beitrag zur Seetaktik der Zeit, aber es war nicht die Idee eines Seemannes, sondern eines Schuljungen aus Edinburgh, der selbstgemachte Holzschiffchen in einem Teich schwimmen ließ und später seinen Plan in einer Abhandlung ausarbeitete, die Rodney, als sich die Gelegenheit bot, kaltblütig in die Tat umsetzte. Dieser Junge, John Clerk, wurde zuerst durch die Erzählung vom Schiffbruch des *Robinson Crusoe* zur Schiffahrt gezogen. Er beobachtete, wie die Schiffe in Edinburghs Hafen Leith vom Wind bewegt wurden, und begann mit dem Modellboot eines Schulkameraden zu experimentieren. Bald baute er sich selbst Modelle und ließ sie auf dem Teich seines Vaters schwimmen.

Zu dieser Zeit gab es große Aufregung um das Kriegsgerichtsverfahren Keppel-Palliser, und als der Junge die Zeugenaussagen in der Zeitung las, hörte er von der »Kiellinie« und den Problemen, die sie im Seekampf mit sich brachte. Clerk besaß die wache schottische Intelligenz, die südlich der Grenze so oft Unbehagen auslöste. Er bemerkte die zentrale Schwäche der »Kiellinie«: Wenn sich der Feind nicht ebenfalls in einer vergleichbaren Linie formierte, gab es an dem Tag nach den Regeln der *Fighting Instructions* kein Gefecht. Während er beobachtete, wie seine Schiffchen vor der Brise hertrieben, entwickelte er seine Lösung. Um den Würgegriff der Linie aufzubrechen, mußte man dem ganzen Verband erlauben, sich auf einen Abschnitt der feindlichen Linie zu konzentrieren. An der Stelle mußte die Linie des Feindes durchbrochen und dann umschifft werden, während der Feind noch in dem langsamen Manöver der Wende steckte, um den angegriffenen Schiffen zu Hilfe zu kommen. John Clerk zeichnete Karten, um seinen Text zu begleiten, und band seinen Aufsatz zu einem Heft, dem er den Titel *An Essay on Naval Tactics** gab. Die Schrift zirkulierte unter Freunden und Marinebegeisterten, fand einen Verleger und fiel bald auch Leuten in der Marine in die Hände, darunter auch Rodney. Forscher fanden später heraus, daß er sich eine Abschrift des Manuskriptes besorgt hatte, in die er eigene Notizen eintrug. Vor Kap São Vicente, in der vereitelten Schlacht vor Martinique 1780 und vor allem bei seinem

---

* Ein Aufsatz über die Taktik des Seegefechts

schließlichen Triumph in der Schlacht der Saints von 1782 sollte er sie benutzen.

Die Bedingungen, unter denen die Schiffsmannschaften leben mußten, waren ein anderes Beispiel für träge Ergebung in alte Gewohnheiten. Oft war die halbe Mannschaft krank, weil die Seeleute monatelang in stinkenden, ungelüfteten Zwischendecks lebten, sich in heißem Klima von verrotteten Lebensmitteln ernährten und Brackwasser tranken. All dies wäre zu ändern gewesen, wenn die Beamten der Admiralität den Willen gehabt hätten, auch nur einen Sonnenstrahl der Aufklärung auf diese Lebensbedingungen fallen zu lassen. Zwei Jahrhunderte lang, von 1622 bis 1825, bestand die offizielle Diät der Royal Navy aus Bier, gepökeltem Schweine- und Rindfleisch, Haferbrei, getrockneten Erbsen, Butter und Käse, in der Regel ranzig, und Zwieback, der dank der Würmer, die ihn zu ihrem Heim auserkoren hatten, laufen konnte, wie Roderick Random es in Smolletts Roman erzählt.

Da diese Diät kein Vitamin C enthielt, war Skorbut weitverbreitet. Die Symptome waren Zahnfleisch- und Hautblutungen, gefolgt von allgemeiner Schwäche, die sich zur völligen Erschöpfung ausweitete und schließlich zum Tode führte. Die Admiralität brauchte vierzig Jahre, um das längst bekannte Gegenmittel der Zitrusfrüchte zu übernehmen. Gefunden wurde es in der Marine von einem Schiffsarzt namens James Lind, der durch das Austeilen von Orangen, Zitronen und Limonen wunderbare Heilungserfolge selbst bei Todkranken erzielte. Lind publizierte seine Erkenntnisse unter dem Titel »Eine Abhandlung über den Skorbut« im Jahre 1754. Er riet zu einer täglichen Ration Limonensaft. Weil dies als zu teuer betrachtet wurde, führte man es erst im Jahre 1795 ein. Auch das aufklärerische Denken der Epoche scheint nicht zu der Erkenntnis verholfen zu haben, daß die Versorgung einer Mannschaft, die zu schwach für die Arbeit an Bord war, mehr Kosten verursachte als ein Faß Limonensaft. All das erinnert an einen legendären Philosophen aus dem sechsten Jahrhundert vor Christus, der gesagt haben soll, es gebe drei Arten von Menschen auf der Welt: die Lebenden, die Toten und jene, die zur See führen. Ist es möglich, daß die See auf irgendeine Weise die Admiräle resistent gegen jeglichen Wandel machte? Noch im 20. Jahrhundert beherrschte eine unbeirrbare

VII. Admiral Rodney tritt auf 175

Trägheit das Achterdeck. Als Erster Lord der Admiralität betrachtete Winston Churchill 1914 nach der Aussage des Marinehistorikers Richard Hough »die professionelle Hierarchie der Royal Navy im Ersten Weltkrieg als traditionsgebunden, entscheidungsscheu und von geringer Intelligenz und Initiative«.

Rodney war in dem Sinne nicht typisch, denn er besaß beides und dazu ein reichliches Maß an Selbstvertrauen, das ihn nie verließ. Wenn er Verbesserungsmöglichkeiten sah, handelte er sofort, war immer zu Neuerungen bereit – einmal zu seinem eigenen Schaden. Während seines Dienstes auf Jamaika installierte er eine Leitung von den Wasserreservoirs zum Schiff, um den Seeleuten die lange und mühsame Arbeit, Wasserfässer über diese Entfernung zu rollen, zu ersparen. Ihre Freude verwandelte sich schnell in Ärger, als sie merkten, daß die Aufgabe durch das neue System so schnell zu erledigen war, daß sie um ihren Landgang kamen. Da die Unzufriedenheit seiner Mannschaften ein Grund war, warum Rodney die Gouverneurswürde auf Jamaika versagt wurde, zeigte seine Innovation, daß in der Trägheit mehr Sicherheit lag.

Die abscheulichen Lebensbedingungen an Bord wurden ohne den Versuch einer Abhilfe hingenommen, was deutlich auf die geistige Lethargie hinweist, die der starren Beibehaltung alter Gewohnheiten zugrunde lag. Alternativen waren durchaus in Reichweite. Sicher war es schwierig, unter so vielen kriegführenden Nationen offene Häfen zu finden, in denen frische Lebensmittel aufgenommen werden konnten, aber es war nicht unmöglich. Man hätte frische Luft ins Zwischendeck einlassen können, wenn man jeweils die Geschützpforten auf der Luvseite geöffnet hätte. Da das Schiff in der Fahrt krängte, hätte dort kein Wasser eindringen können. Aber solche Dinge scheinen damals keinem Offizier eingefallen zu sein. Die Konservierung von Lebensmitteln mag zu dieser Zeit nicht möglich gewesen sein, aber sicher hätte man etwas gegen menschliche Verunreinigungen machen können. Der menschliche Körper ist keine saubere Maschine, und seine Ausflüsse – Schweiß, Erbrochenes, Fäkalien und Samen – können in gedrängten Quartieren ein Extrem an Unannehmlichkeit erreichen. Wenn man gewollt hätte, wäre eine Verbesserung der Hygiene und der sanitären Einrichtungen möglich gewesen, denn die Menschen finden in der Regel Wege, um das zu erreichen, was sie für notwendig halten. Wenn allerdings die Trägheit regiert, sind diese Wege versperrt.

Es gab ab und zu Innovationen – nicht für das Wohlergehen der Männer, wohl aber, um die Funktion der Schiffe zu verbessern. Die wichtigste Neuerung war der Kupferbeschlag für den Rumpf, um den Befall durch Krustentiere, Würmer und Pflanzen zu verhindern, die das Holz verrotten ließen, die Geschwindigkeit des Schiffes herabsetzten und es oft sogar untauglich machten. Rodney forderte immer wieder kupferbeschlagene Schiffe, und wenn die Admiralität Geld hatte, was selten vorkam, bekam er sie auch. Ein Steuerrad auf der Brücke, das über Flaschenzüge mit dem Ruder verbunden war, stellte einen weiteren Fortschritt dar, der durch seine klare Effizienz die Kraft der Trägheit überwand. Sogar die altehrwürdigen »Kastelle«, die in mittelalterlichen Seegefechten die Bogenschützen beherbergten, wurden abgeschafft, um den Schwerpunkt der Schiffe niedriger zu legen und mehr Platz für Segel zu schaffen. Dreieckige Klüver wurden unter dem Spott alter Seebären eingeführt, um das Schiff manövrierfähiger zu machen.

Rodney vollbrachte seine erste große Tat im Jahre 1742. An Bord seines ersten Schiffes, der *Plymouth,* führte er einen schwerfälligen Konvoi von 300 Handelsschiffen von Lissabon durch die freibeuterverseuchte Biskaya nach Hause. Durch diese Leistung machte er die Öffentlichkeit und die dankbaren Kaufleute von London und Bristol sowie die Seelords der Admiralität auf sich aufmerksam. Er wurde zum Kapitän befördert und bekam später das Kommando der *Eagle,* eines Linienschiffes mit 64 Kanonen.

Auf Kaperfahrt an Bord der *Eagle,* war Rodney vor Toulon nicht dabei. Er hätte dem englischen Angriff vielleicht jene energische Entschlossenheit verleihen können, die er vor Brest und drei Jahre später, im Oktober 1747, in der zweiten Seeschlacht von Finistère bewies. In jenem Jahr diente Rodney in einem Verband unter dem Kommando von Admiral Hawke, den Großbritannien in den Atlantik entsandt hatte, um französische Handelskonvois aufzubringen. Im ersten Gefecht stürzte sich Rodneys Geschwader unter Kommodore Thomas Fox auf vier französische Kriegsschiffe, die etwa 150 schwer mit Zucker, Kaffee, Indigo und anderen westindischen Waren beladene, von Santo Domingo kommende Handelsschiffe es-

VII. Admiral Rodney tritt auf 177

kortierten. In den zwei Tagen, die das Geschwader auf der Jagd
nach den weitverstreuten Schiffen des Konvois verbrachte, kaperte
Rodney sechs Handelsschiffe, brachte sie nach England und lief sofort wieder aus. Er hatte sich Hawke wieder angeschlossen, als aus
London der Befehl eintraf, einen nach Westen fahrenden Konvoi
von 250 französischen Handelsschiffen anzugreifen, der von neun
Linienschiffen eskortiert wurde.

Als die Engländer in den Gewässern vor Finisterre an der Küste
Spaniens, dem westlichsten Punkt Europas, auf die Franzosen stießen, gab es in der folgenden Seeschlacht keine Spur von Passivität
oder »Nachlässigkeit«. Um den Handelsschiffen unter seinem
Schutz die Flucht zu ermöglichen, legte sich der französische Admiral L'Etenduère mit seinen Linienschiffen zwischen sie und die britischen Angreifer und kämpfte sechs Stunden lang erbittert. Seine
Kapitäne ließen sich von ihm anstecken und fochten so entschlossen, als trügen sie den Dauphin an Bord. Sie erlitten schreckliche
Verluste. Auf der 70-Kanonen-*Neptune* fielen sieben Offiziere und
300 Mann, bevor sie die Flagge strich. Rodney bekämpfte eine
Stunde lang die schwerere *Neptune* und ein zweites französisches
Schiff auf seiner anderen Seite, bis die *Eagle,* von einer Breitseite,
die das Ruder zerstörte und Segel und Takelage zerriß, manövrierunfähig gemacht, davontrieb. Nach heldenhaftem Widerstand ergaben sich bis zum Abend sechs der feindlichen Linienschiffe. Nur
zwei entkamen, von Rodney, der sein Schiff notdürftig flottge-
macht hatte, und zwei anderen Schiffen der britischen Flotte in die
Nacht hinein verfolgt. Der französische Konvoi kam davon.

Rodneys Kaperungen erhöhten seinen Ruhm, vor allem, weil der
Kampfgeist der Briten vor Finisterre die Schatten vertrieb, die die
Toulon-Kriegsgerichte geworfen hatten. Hinzu kam, daß die Beute
der englischen Flotte über 300 000 Pfund betrug. Sie wurde diesmal
in einem Triumphzug durch London getragen – wie immer zur Begeisterung der Bürger.

Da er der Regierung dieses freudig aufgenommene Vermögen ver-
schafft hatte, wurde Rodney zum Protegé der Pelhams. Henry Pelham, der Premierminister, und sein Bruder, der Herzog von Newcastle, waren die Herrscher über ein Netz von »Verbindungen« in
London. Durch sie wurde Rodney zum Favoriten der Regierungs-

partei, und er bekam das, was jeder ehrgeizige Mann als Notwendigkeit auf dem Weg des persönlichen Aufstiegs ansah – einen Sitz im Parlament. Admiral Anson, Oberbefehlshaber der Flotte vor Finisterre, stellte ihn König Georg II. vor, der von Rodneys Jugend sehr beeindruckt war. Er bemerkte vor den aufmerksam lauschenden Höflingen, daß er sich vorher nicht habe vorstellen können, »einen so jungen Mann als Kapitän in meiner Marine zu haben«, worauf Lord Anson erwiderte: »Ich wünschte, Eure Majestät hätten zum Schrecken Ihrer Feinde einhundert weitere solcher Kapitäne.« »Das wünschen wir auch, my Lord«, antwortete der König sehr schlagfertig.

Als Jünger Walpoles war es das Ziel der Pelhams, den Krieg zu beenden, und nach dem reichen Fischzug von Finisterre brachte der Frieden von Aix-la-Chapelle die Waffen 1748 zumindest offiziell zum Schweigen. Der Friedensvertrag regelte den Austausch verschiedener Territorien, aber in Wahrheit war er nur ein vorübergehender Waffenstillstand, der in dem Kampf um die Kolonialherrschaft nichts entschied. Beide Seiten waren nicht geneigt, gründlich zu verhandeln, da dies den Krieg verlängert hätte. Die Grenzen zwischen Kanada und Neuschottland, die Handelsrechte und Seewege, die Spanien beanspruchte, blieben offen. In Westindien und Nordamerika wurde weitergekämpft.

Im nächsten Jahr, 1749, trug die königliche Gunst Rodney das Kommando der *Rainbow* und damit verbunden den Befehl über den Stützpunkt Neufundland sowie die Gouverneurswürde ein. 1753 heiratete er eine Schwester des Earls von Northampton. Noch bevor er diese Verbindung einging, hatte er ein Herrenhaus, das er als angemessen empfand, auf dem Grund eines alten Anwesens in Hampshire erbaut. Für die Landschaftsgestaltung des Besitzes wählte er mit sachverständigem Sinn für das Beste, was zu haben war, Capability Brown aus, genauso wie er sich Reynolds als Portraitmaler ausgesucht hatte. Zur gleichen Zeit erwarb er – mit für einen Kapitän recht herrschaftlichen Kosten – ein Privathaus in der Londoner Hill Street.

Als er 1752 von Neufundland nach England zurückkehrte, mußte er in Portsmouth an Land getragen werden und seinem Ersten Offizier das Schiff anvertrauen. Der Grund war ein schwerer Gichtanfall,

VII. Admiral Rodney tritt auf 179

der erste von vielen, die ihn während der verbleibenden vierzig Jahre seines Lebens quälen und manchmal dienstunfähig machen sollten. Er war erst 33 und jung für ein Opfer der Gicht, aber das schwere Trinken des 18. Jahrhunderts, das die Krankheit begünstigte, war an Bord besonders verbreitet, wo man mit Alkohol die abscheulichen Gerüche zu unterdrücken und die Langeweile der leeren Tage auf See zu betäuben trachtete. Wie die Gicht die Gesundheit des Älteren Pitt, des Earls von Chatham und größten Staatsmanns des Jahrhunderts, zerstörte, so untergrub sie auch Rodneys, der allerdings erst im Alter von 74 Jahren starb. Bei dieser Heimkehr indessen war die Krankheit ihm nützlich, denn aufgrund einer »schweren Gallenkolik« entging er der Pflicht, über Admiral Byng zu Gericht sitzen zu müssen. Die Exekution sollte auf seinem Schiff, der *Monarch,* stattfinden, aber durch einen noch größeren Glücksfall wurde er kurz vorher auf die *Dublin* versetzt und brauchte das Erschießungskommando auf seinem Achterdeck nicht zu befehligen. Das Glück blieb ihm nicht lange treu, denn im Februar 1757 starb seine Frau Jane, die ihm zwei Kinder geschenkt hatte, bei der Geburt eines dritten. Es war ein Mädchen, das überlebte. Der Verlust seiner Frau trieb Rodney wieder aufs Meer, er suchte den Kampf und fand ihn in dem »wundervollen Jahr 1759« auf dem Höhepunkt des Siebenjährigen Krieges, als Großbritannien seine Feinde in jedem Treffen besiegte.

Der Siebenjährige Krieg, der vorwiegend Frankreich und Großbritannien in ihrem Kampf um die Seeherrschaft und die Kolonien in Amerika und in geringerem Maße in Indien aufeinanderprallen ließ, war der zentrale Konflikt des Jahrhunderts. In Amerika wurde er *The French and Indian War* genannt. Im nachhinein haben ihn Historiker als den ersten wirklichen Weltkrieg bezeichnet, weil er neben England und Frankreich auch viele Nationen Europas in untergeordnete Konflikte zog, die sich aus dem Netz von territorialen und dynastischen Streitigkeiten und verworrenen Allianzen ergaben. Im Zentrum der europäischen Konflikte stand der Kampf zwischen Preußen und Österreich um die Vorherrschaft in Mitteleuropa. Großbritannien kämpfte auf seiten Preußens, Frankreich war mit Österreich verbunden, und Schweden, Spanien und die Vereinigten Provinzen der Niederlande griffen zeitweise in die Kämpfe ein.

Das Ergebnis des Krieges bestätigte Großbritanniens Seeherrschaft, und seine unangefochtene Kontrolle der Meere wurde bald
als gegeben hingenommen. Als Horace Walpole die Rückkehr eines
Konvois aus Indien verkündete, konnte er ruhig versichern, daß er
»durch die Straßen unserer Hauptstadt, des Ozeans« heimwärts se-
gele. Zu Lande bestand der wichtigste britische Gewinn in der Ab-
tretung Kanadas durch Frankreich und der Übernahme Floridas im
Austausch gegen die Rückgabe Havannas an Spanien. In einer bün-
digen Zusammenfassung formulierte Admiral Mahan das Kriegs-
ergebnis in einem Satz: »Das Königreich von Großbritannien war
zum Britischen Empire geworden.«
Während des Siebenjährigen Krieges war die Handelstonnage Großbritanniens auf 500 000 Tonnen gestiegen, etwa ein Drittel der Ge-
samttonnage Europas. Sie wurde von 8000 Handelsschiffen getragen, die die Produkte der neuen Industrien auf neue Märkte schafften. Die Konvois wurden geschützt wie Heiligtümer. Handel bedeutete Macht. Aus ihm flossen die Gelder, mit denen die Flotte und
200 000 Soldaten und Söldner unter britischer Fahne bezahlt wurden,
unter ihnen 50 000 in Amerika. Die britische Vorherrschaft gründete
in der Tat auf dem Handel und dem Einkommen, das er lieferte. So
viele britische Handelsschiffe befuhren die Seewege, daß die Verluste durch französische Kaperschiffe und Freibeuter den Krieg nicht
merklich beeinflußten. Die Westindischen Inseln, die mit ihren wertvollen Produkten ein Zentrum des Handels waren, wurden durch
fünfzehn Pflanzer, die Sitze im Parlament hatten, repräsentiert.
Aber mehr als durch ihre Zahl übten sie durch ihren Reichtum und
ihre Verbindungen großen Einfluß in London aus. Der bekannteste
unter ihnen war Sir William Beckford, der größte Landbesitzer Jamaikas und zweimal Oberbürgermeister von London in den 1760er
Jahren. Wie gering dagegen die Bedeutung Amerikas auch noch
nach Beginn der bewaffneten Revolution war, zeigte sich, als 1778
fünftausend Soldaten aus Philadelphia abgezogen wurden, um nach
den Westindischen Inseln verschifft zu werden, wo eine französische
Rückeroberung drohte. 1779 wurden noch einmal vier Regimenter
zu den Leeward-Inseln und vier weitere nach Jamaika entsandt. Als
General Clinton in New York um diese Zeit nach Verstärkung
schrie, und die britische Regierung in Irland jeden Stein umdrehte,

VII. Admiral Rodney tritt auf 181

um Rekruten zu suchen, und sogar Gefängnisinsassen mobilisierte,
waren seit Beginn des amerikanischen Krieges bereits 22 Bataillone
auf die Westindischen Inseln verlegt worden.

Den bedeutendsten Sieg des »wundervollen Jahres 1759« erfocht
General Wolfe, als er die Franzosen bei Quebec schlug. Es war ein
indirekter Sieg der britischen Seemacht, an die Pitt geglaubt und die
er als das Instrument gesehen hatte, das Großbritannien schließlich
in dem jahrhundertealten Kampf mit Frankreich um die Vorherrschaft zum Triumph verhelfen würde. Wolfes 9000 Soldaten konnten nur nach Kanada gebracht werden, weil England die See beherrschte, und bevor sie in Quebec kämpfen konnten, war ihnen
der Weg durch die vorhergehenden Siege bei Ticonderoga und
Crown Point geöffnet worden. Der Sieg von Quebec war sogar den
Tod eines Helden wert – General Wolfe wurde auf einer Hügelkup-
pe tödlich getroffen –, denn die darauf folgende Besetzung von
Montreal durch Truppen, die von einer britischen Flotte den
St. Lawrence-Strom hinaufgebracht worden waren, stellte die britische Eroberung Kanadas sicher und vertrieb die Franzosen aus einem Territorium, von dem aus sie den Briten den Besitz Amerikas
hätten streitig machen können.

Als er sich Angriffen von zwei Seiten her – von unten aus der Ebene
und im Rücken durch General Amhersts Streitkräfte, die über den
Ontario-See kamen – gegenübersah, kapitulierte der Marquis de
Vaudreuil, der französische Gouverneur in Kanada, im September
1759 und übergab die Provinz Quebec oder Neufrankreich an die
Briten. Die französische Präsenz als eine katholische Macht und ihr
Zusammenspiel mit den Irokesen, die den Siedlern der neuenglischen Kolonien feindlich gegenüberstanden, war sowohl von Briten
als auch von Amerikanern immer als ein Faktor verstanden worden,
der die Kolonien der britischen Krone loyal hielt. Solange die Bedrohung aus dem Norden existierte, brauchten sie den britischen
Schutz. Auf einem der verschlungenen Wege der Geschichte, die
die Eitelkeit menschlicher Planung enthüllen, lösten die Briten
durch ihren Sieg in Quebec den Impuls der amerikanischen Rebellion aus.

Rodney segelt 1758 mit der Flotte unter Admiral Boscawen, die
gegen Louisburg eingesetzt werden sollte. Die *Dublin,* die er kom-

mandierte, war offenbar ein ungesundes Schiff, denn die halbe Mannschaft wurde von einer Fieberepidemie niedergestreckt. Sie blieb in Halifax zurück, wo die Kranken in Schuppen an Land untergebracht wurden, die von den Schiffszimmerleuten hastig errichtet worden waren. Aufgrund dieser Epidemie verpaßte Rodney den Angriff auf das große französische Fort, dessen Eroberung den Weg nach Quebec öffnete. Er schloß sich der siegreichen Flotte erst kurz vor der Kapitulation an und segelte dann mit ihr nach England zurück. Er verpaßte ebenfalls die entscheidende Seeschlacht von Quiberon Bay im November 1759, in der Admiral Hawke die Hauptflotte Frankreichs, die eine Invasion Englands vorbereiten sollte, vor der bretonischen Küste zerschlug. Ein unidentifizierter Beobachter jener Zeit nannte dies »den größten Sieg seit der Armada«, und er fügte dem »wundervollen Jahr« weitere Lorbeeren hinzu.

Rodney hatte zu der Zeit eine andere Mission zu erfüllen, die ebenfalls mit dem Invasionsplan zu tun hatte. Er kommandierte ein Geschwader, das mittels Bombenschiffen eine Flottille von Flachbooten zerstören sollte, die in Le Havre zusammengezogen worden war, um den Invasionstruppen als Landeboote zu dienen. Diese Boote waren dreißig Meter lang und konnten jeweils 400 Mann tragen. Im Mai 1759 zum Konteradmiral der blauen Flagge (blau, weiß und rot waren Farben, die ursprünglich die Position eines Geschwaders in der Linie bezeichneten, aber sie bedeuteten auch feine Abstufungen in der Hierarchie von blau als der untersten Stufe über weiß zu rot) befördert, segelte er mit seinem 60-Kanonen-Flaggschiff, der *Achilles,* sowie vier anderen Linienschiffen, fünf Fregatten und sechs Bombenschiffen, zweimastigen Ketchen, nach Le Havre, um den Hafen zu bombardieren und die Landungsboote zu verbrennen. Die Batterien des Hafens antworteten zwar mit, wie Rodney berichtete, »sehr lebhaftem Feuer«, aber seinen Schiffen gelang es, die französischen Boote zu zerstören. Sie lagen mastlos und »offenbar mit gebrochenem Rücken« da, und der Hafen, so nahm er an, war als Schiffsarsenal zur weiteren Belästigung Großbritanniens während des Krieges nicht mehr zu gebrauchen. Sein Beschuß zerstörte das, was nach der Niederlage in der Quiberon Bay vom Invasionsplan der Franzosen übriggeblieben war.

Bei seiner Rückkehr von der hitzigen Mission nach Le Havre fand

VII. Admiral Rodney tritt auf 183

Rodney in England einen neuen König vor. Im Oktober 1760 war
Georg III. seinem Vater auf den Thron gefolgt. Er war der erste in
England geborene König der hannoverschen Linie, und er glaubte
fest an seine Rechte und den Auftrag seiner Mutter:»George, sei
ein König!« Seinem Land wollte er ein guter Herrscher sein und
dem Empire ein entschlossener Souverän. Dies vor allem gegenüber jenen unruhigen Amerikanern, die für den Krieg gegen die
Franzosen, der ihretwegen geführt wurde – so sahen es zumindest
König Georg und seine Landsleute –, so undankbar waren. Der
amerikanische Widerstand gegen eine Besteuerung, die die Kosten
dieses Krieges und zukünftige Verteidigungsmaßnahmen bezahlen
sollte, wurde als himmelschreiende Undankbarkeit betrachtet,
nicht als ein grundlegendes verfassungsrechtliches Problem. Die
Amerikaner wehrten sich gegen eine Besteuerung ohne Repräsentation im Britischen Parlament. Ob Georg III. nun diese Sicht der
Dinge begriff oder nicht – er war entschlossen, das Recht des Parlaments oder, wie er es sah, der Krone auf Besteuerung der Kolonien
durchzusetzen, und dazu bedurfte es entschiedenen Handelns und
entschlossener Kommandeure.

Eines begriff der König auf jeden Fall: Die Westindischen Inseln
waren für Großbritannien von entscheidender Bedeutung. »Unsere
Inseln«, schrieb Georg III. 1779 – also zwanzig Jahre später, als aus
der amerikanischen Revolution ein Krieg geworden war – an Lord
Sandwich, »müssen gehalten werden, selbst wenn wir riskieren, daß
es eine Invasion dieser Insel hier gibt.« Georg neigte zu extremen
Formulierungen, und mit dem Risiko einer Invasion Großbritanniens wären seine Minister sicher nicht einverstanden gewesen.
Aber die Kriegsmarine konnte nicht überall gleichzeitig sein, und
wenn sie in heimatlichen Gewässern gehalten wurde, um eine französische Invasion zurückzuweisen, konnte sie nicht in ausreichender Stärke die Karibischen Inseln sichern.

»Wenn wir die Zuckerinseln verlieren«, hieß es im Brief des Königs
weiter, »wird es unmöglich, das Geld aufzubringen, um den Krieg
fortzusetzen.« Wenn auch dieses als zu extrem gelten muß, so war es
doch richtig, daß aus dem Reichtum der Pflanzer und Händler in
Westindien hohe Summen nach London flossen. Sandwich war mit
seinem König einig, daß der französische Griff nach der Seeherr-

schaft die Zuckerinseln gefährdete und deshalb der Schwerpunkt der englischen Kriegsmaßnahmen zur See in der Karibik liegen sollte. Obwohl der Zustand der Flotte auf den Leeward-Inseln im Jahre 1779 »sehr beklagenswert« sei und Verstärkungen unbedingt benötigt würden, sei eine erfolgreiche Operation gegen Martinique »höchst wünschenswert«, denn wenn es fiele, würden sich auch die anderen französischen Inseln nicht lange halten können. Dies wäre für die Franzosen ein so harter Schlag, daß »er dem Krieg wahrscheinlich ein Ende setzen würde«. Sandwich sollte in einem Memorandum an den König aus dem Jahre 1779 auch einen Angriff auf St. Eustatius empfehlen, von dem aus die Franzosen ihre westindische Flotte mit Nachschub versorgten. Gelinge es, die französische Seemacht in der Karibik zu brechen und die französischen Inseln einzunehmen, könnte die ganze Wucht der britischen Kriegsmarine gegen Nordamerika gewandt und die Rebellion dort niedergeworfen werden. Jetzt, im Jahre 1759, hatten die Amerikaner noch nicht zu den Waffen gegriffen und die Briefe des Königs und des Ersten Seelords beziehen sich auf eine spätere Strategie, aber sie verweisen auf die alles beherrschende Bedeutung, die den Westindischen Inseln im britischen Denken der Zeit eingeräumt wurde.

Der König rief immer wieder nach »kühnen und männlichen« Operationen und Angriffen, um die Pläne der Franzosen zu durchkreuzen. Er hatte wenig Geduld mit den »vorsichtigen Maßnahmen« seiner Minister, und er war deshalb froh, im Jahre nach seiner Thronbesteigung, 1761, die Ernennung Rodneys zum Oberbefehlshaber auf Barbados, der Station der Leeward-Inseln, bestätigen zu können. Mit der Ernennung verband sich der Auftrag, einen See- und Landungsangriff auf Martinique zu unternehmen. Die bevölkertste und blühendste der französischen Inseln, war Martinique die größte jener Inselkette, die auf alten Karten manchmal die Windward-Inseln und manchmal die Leeward-Inseln genannt werden. Den geographischen Beschreibungen fehlte es, wie ein Historiker dieser Region beklagte, »an Präzision«. Auch wenn es manchmal den Leewards zugeschlagen wurde, beherrschte Martinique durch seine Lage die Gewässer im Westen der Insel. In Fort Royal besaß es den besten Hafen, und es war als reichste der französischen Inseln Sitz des französischen General-Gouverneurs und des Ober-

VII. Admiral Rodney tritt auf 185

sten Rates, der die Jurisdiktion über die Französischen Antillen innehatte. Barbados weiter südlich in dieser Inselkette und weiter im Wind, also weiter in den Ozean hinausgeschoben, besaß keinen guten Hafen. Die Briten benutzten English Harbor auf Antigua, das in der Kette nördlich von Martinique lag.

Als Rodney am 21. Oktober 1761 von Plymouth aus in See stach, um sein neues Kommando anzutreten und sich der Flotte in Westindien anzuschließen, lagen Pläne für einen Angriff vor, die noch von Pitt verfaßt worden waren, als dieser Erster Minister war.

Nach dreißig Tagen, am 22. November, ankerte Rodney vor Barbados und traf dort auf die Landtruppen von General Monkton. Die Flotte mit den Soldaten an Bord erreichte Martinique am 7. Januar, und die Operation erwies sich trotz der überraschend starken Verteidigung als eine routinegemäße westindische Landung. Nachdem sie die Forts an der Küste »zum Schweigen gebracht hatte«, ankerte die Flotte in der Bucht von St. Pierre. Sie hatte nur ein Schiff verloren, und auch das war nicht von französischen Kanonen getroffen worden, sondern auf ein Felsenriff gelaufen. »Wir haben Monktons Mannschaft und die Vorräte des gestrandeten Schiffes geborgen, und ich hoffe auch, bald alle seine Kanonen zu bekommen«, berichtete Rodney. Nachdem die Flotte die Landung der Truppen gesichert und einen hervorragenden Hafen erobert hatte, wurde ein Geschwader mit zwei Brigaden an Bord zur Bucht von Petite Anse entsandt und ein zweites Geschwader nach Grande Anse. Als Kapitän Herveys *Dragon* die Kanonen der Küstenbatterien ausgeschaltet hatte, griffen Rodneys Landetruppen und Matrosen an und eroberten das Fort.

»Am 14. Januar verlegte ich die ganze Flotte und Armee hierher« – wobei wiederum die feindlichen Batterien entlang der Küste vernichtet wurden. Nach der Erkundung der Küste beschloß er zusammen mit General Monkton, Fort Royal am 16. des Monats anzugreifen. Nachdem die Küstenbatterien (die hier eine noch größere Nutzlosigkeit als gewöhnlich bewiesen zu haben scheinen) »zum Schweigen gebracht wurden, landete ich General Monkton mit dem größten Teil seiner Kräfte vor Sonnenuntergang; und so war die ganze Armee kurz nach Tagesanbruch am nächsten Morgen ohne den Verlust eines Mannes an Land«, mit sämtlichem Nachschub. »Alle Schiffe und Landeboote lagen in der Sicherheit, die diese Küste zuläßt, vor Anker.« Zwei Bataillone Marinesoldaten zu je 450 Mann wurden zusätzlich an Land gebracht und erklommen den Höhenzug, von dem aus General Monkton Fort Royal zu belagern beabsichtigte.

Am 10. Februar konnte Rodney den Lordschaften in London zur Kapitulation der bedeutenden Zitadelle von Fort Royal gratulieren, durch die »Seiner Majestät Streitkräfte in den Besitz des schönsten und besten Hafens in diesen Breiten« gelangten. Überdies bedeutete die Einnahme des Hafens die Beschlagnahmung der »besten Kaperschiffe des Feindes«, und er erwartete noch mehr aus anderen Teilen der Insel, die sich ihm unter den Kapitulationsbedingungen ergeben würden. Er zeigte sich glücklich, »von der vollkommensten Harmonie« zwischen Armee und Marine, die darum wetteiferten, König und Heimatland zu dienen, sprechen zu können. Ein lebhafter Bericht eines Infanterieoffiziers preist die rauhe Kraft, mit der die Seeleute Schiffskanonen und schwere Mörser auf die Hügel zogen, um die Stellung zu sichern. »Was die Männer auf See und an Land leisteten, ist unglaublich«, schrieb Rodney. Die Matrosen waren wahrscheinlich froh, dem Elend ihrer Schiffe entronnen zu sein, und zogen deshalb so energisch.

Die Kapitulation Martiniques gab die Kleinen Antillen britischen Angriffen preis, was dazu führte, daß zwei der Inseln sich Rodneys Flotte kampflos ergaben. Es waren St. Lucia, die südliche Nachbarinsel Martiniques, sowie Grenada am südlichen Ausläufer der Inselkette. Beide waren wertvolle Stützpunkte, zu deren »friedlicher Übernahme« Rodney der Admiralität gratulierte. St. Lucia galt als die schönste der Windward-Inseln, und Rodney hatte sie schon immer für besonders wertvoll gehalten, da sie viele gute Häfen besaß, während die »bedeutende Insel« Grenada einen geschützten Hafen für die Hurrikanmonate und eine sehr starke Zitadelle bot.

Unterdessen wurde Rodney ein dringender Hilferuf Jamaikas überbracht, das einen Angriff kombinierter französischer und spanischer Streitkräfte befürchtete. Rodney war sofort bereit, Jamaika auf eigene Verantwortung zu entsetzen, da er sich von dem Unternehmen lukrative Prisen versprach. Ohne Befehl aus London aber

VII. Admiral Rodney tritt auf 187

wollte der weniger eigenständige General Monkton keine Landstreitkräfte abstellen. Rodney ließ die Admiralität von seiner Absicht wissen, sagte, er glaube sich »autorisiert und verpflichtet, jeder gefährdeten Kolonie Seiner Majestät zu Hilfe zu kommen«. Er versicherte die Lordschaften, daß er »nichts anderes im Sinne habe, als den Nutzen Seiner Majestät durch meinen Dienst zu mehren«. Die Admiralität aber verdächtigte ihn offenbar anderer Ziele, denn zu Rodneys wütender Enttäuschung trafen Befehle ein, die ihn instruierten, seinen Plan nicht weiterzuverfolgen, weil eine geheime Expedition geplant sei, vor der »alles andere zurückstehen« und der er durch sein Verbleiben am Stützpunkt dienen müsse.

Voller Groll darüber, einer Gelegenheit beraubt zu sein, der andere Admiräle große Vermögen verdankten, bereitete er seine Flotte darauf vor, sich mit dem Schiffsverband zu vereinigen, der Havanna, den Angelpunkt des spanischen Handels, angreifen sollte. Durch den Erfolg in Kuba verdiente sich Admiral Pocock, der den Marineverband kommandierte, in der Tat ein Vermögen an Prisengeldern, während der verbitterte Rodney nichts bekam. In seinem Verdruß stritt er sich mit General Monkton, mit dem er noch auf Martinique in »vollkommenster Harmonie« zusammengearbeitet hatte, und behauptete nun, der General habe die Prisen aus jener Operation unfair verteilt.

Eine allgemeinere Enttäuschung gab es im nächsten Jahr, als Großbritannien im Frieden von Paris 1763 mit wenig Verhandlungsgeschick, so schien es, fast alle Vorteile vertraglich aufgab, die es im Siebenjährigen Krieg militärisch gewonnen hatte. Martinique, das so kürzlich eroberte Juwel der Antillen, und seine Nachbarinseln Guadeloupe und St. Lucia wurden Frankreich im Austausch für ganz Kanada mit Neuschottland und Cape Breton sowie den Inseln des St. Lawrence-Stromes zurückerstattet. Wie England schätzte Frankreich die Westindischen Inseln höher ein als Kanada. Es war bereit, Kanada abzutreten, wenn es dafür Martinique, Guadeloupe und St. Lucia zurückbekam, weil es glaubte, daß der Verlust dieser Inseln den Handel Großbritanniens mehr als alles andere schädigen würde. Die Franzosen waren ebenso wie König Georg überzeugt davon, daß der Handel für Großbritannien lebenswichtig war. Die britische Öffentlichkeit fand den Austausch völlig unangemessen, weil sie annahm, die Regierung stelle das Interesse der Kolonien über den immensen Reichtum und die kommerziellen Vorteile der Westindischen Inseln. Ähnlich negativ wurde die Einigung mit Spanien aufgenommen, die vorsah, daß Kuba und die Philippinen an Spanien zurückgegeben wurden, während Spanien dafür Großbritannien Florida und alles spanische Territorium östlich des Mississippi außer New Orleans garantierte. Als ein Austausch, der darauf zielte, die südlicheren Kolonien zu sichern, wurde auch dies als eine Überbetonung der Interessen der amerikanischen Kolonien angesehen.

Für die britische Öffentlichkeit wurde der Siebenjährige Krieg in der Hauptsache geführt, um die Kolonien vor den französischen Übergriffen zu schützen, wobei die Siedler selbst, so glaubte man, nicht einen Finger zu ihrer Verteidigung gerührt hatten. Die Tatsache, daß die Amerikaner General Wolfe den Weg durch Ticonderoga nach Quebec geöffnet hatten, die erste Belagerung von Louisburg durchgeführt und ihre eigenen Siedlungen gegen die von den Franzosen unterstützten Indianer verteidigt hatten, wurde ignoriert. Die Nachgiebigkeit in Paris erschien um so unnötiger, als die Briten aus dem Krieg in der stärksten Position und unzweifelhaft als Beherrscher der Meere hervorgegangen waren. Daß Großbritannien unter diesem Vertrag praktisch die totale Kontrolle des nordamerikanischen Kontinents gewonnen hatte, wurde nicht als ein großer Erfolg angesehen. In den Augen der Öffentlichkeit hatte die Regierung einem wilden, ungerodeten Land, bedeckt von undurchdringlichem Buschwerk und weglosem Wald, den Vorrang vor den greifbaren Einkünften des Zuckers und des Handels gegeben – ein Austausch, der den Zeitgenossen absurd erschien. Wenn dies bedeutete, daß die Regierung das Potential von Amerikas Zukunft dunkel ahnte, war das vielleicht mit Blick auf diesen Kontinent das erste Anzeichen gesunden Menschenverstands in dem aufgeklärten Jahrhundert – ein Anzeichen allerdings, das unter den britischen Bürgern gründlich unpopulär war.

Aber auch aus anderen Gründen war die Aussicht auf ein vor weiteren Übergriffen Frankreichs oder Spaniens sicheres Nordamerika nicht unproblematisch. Von dem Moment an, wo sie »den Schutz Großbritanniens nicht länger brauchen«, schrieb Rodneys Bio-

VII. Admiral Rodney tritt auf   189

graph und Schwiegersohn zu einem späteren Zeitpunkt, »haben sie
praktisch schon die Unabhängigkeit gewonnen«. Er war der Geschichte voraus, denn ereignisreiche Jahre sollten vergehen, bevor
die Unabhängigkeitsbewegung Wurzeln schlagen konnte. Aber die
Befreiung der Kolonien von der Furcht vor Franzosen und katholischer Herrschaft war in der Tat ein Wendepunkt.
Für Rodney persönlich, der im Oktober 1762 zum Vizeadmiral der
blauen Flagge befördert wurde, bedeutete die Einstellung der
Kriegshandlungen eine Periode langsameren Aufstiegs, der Frustration und einer Verschuldung, die zu einer seltsamen und entscheidenden Episode seines Lebens führen sollte. Zunächst aber lebte er
nach dem Frieden von Paris ruhig in London. Er hatte wenig Geld,
weil sein Sold auf die Hälfte herabgesetzt worden war, das gemeinsame Schicksal aller Offiziere und Schiffsmannschaften, wenn sie nicht
im Einsatz waren. Als Anerkennung dafür, daß er dem britischen
Empire drei wertvolle Inseln hinzugefügt hatte, wurde er im Jahr
1764 zum Baronet gemacht. Im nächsten Jahr, nach sieben Jahren als
Witwer, heiratete er zum zweiten Mal – eine Dame namens Henrietta
Clies, von der man wenig weiß, außer daß sie ihm nach einiger Zeit
seinen zweiten Sohn und drei Töchter gebar.
Im November 1765 wurde ihm ein Posten an Land angeboten – als
Governor des Greenwich Hospital, einer Zufluchtsstätte für verwundete und mittellose Seeleute, ein Posten, der viele Gelegenheiten zur »jobbery« bot, was der zeitgenössische Begriff für die Korruption der Bürokratie war. Rodney nahm an, und von seiner
Dienstzeit ist vor allem festzuhalten, daß er seinen Stellvertreter
scharf tadelte, weil der sich geweigert hatte, den Pensionären warme Mäntel für den Winter auszuhändigen, insbesondere, da sein
Stellvertreter selbst dann einen trug, wenn er am Feuer saß. Seine
Regel auf diesem Posten sei, sagte Rodney selbst, »das Leben der
alten Männer so bequem zu machen«, daß jüngere Besucher sagen
sollten: »Wer würde nicht gerne Seemann werden, wenn man so
glücklich wie ein Prinz in hohem Alter leben kann!«« Die warmen
Mäntel wurden ausgegeben.
Ohne Schiff und in der Nähe von London und dem modischen Leben gab Rodney der Lockung des Glücksspiels wieder nach. Ruinö-
ser aber war der Kampf um seinen Parlamentssitz. Er hatte von

wohlmeinenden Politikern drei Sitze hintereinander praktisch geschenkt bekommen, aber 1768 mußte er in Northhampton, das er repräsentierte, plötzlich eine Wahlkampagne gegen einen Außenseiter führen, um seinen Sitz zu behalten. Auch im Zeitalter vor dem Fernsehen und den modernen Wahlkampagnen waren die Kosten für Unterhaltung, Getränke und den direkten Kauf von Stimmen enorm. Die mystische Bedeutung eines Parlamentssitzes war aber so mächtig, daß Rodney bereit war, für die Illusion der Macht 30 000 Pfund auszugeben. Dies, obwohl die Mitgliedschaft im Parlament ihm weder Einfluß noch Nutzen bot. Sie stürzte ihn nur tiefer in Schulden. 1771 wurde er in den Ehrenrang eines Konteradmirals von Großbritannien erhoben und zum Oberbefehlshaber von Jamaika ernannt. Da er den ihm eigentlich zukommenden Sold als Konteradmiral nicht bekam, bis er über seine Verwendung von Staatsgeldern auf Jamaika Rechenschaft abgelegt hatte, bat er darum, seinen Posten am Greenwich Hospital behalten zu dürfen, wie es, so führte er aus, drei seiner Vorgänger hatten tun dürfen. Lord Sandwich verweigerte ihm dies aus irgendeinem unerklärten Groll, und als Rodney nach seinem Dienst auf Jamaika darum nachsuchte, zum Gouverneur der Insel ernannt zu werden, wurde ihm auch dies verweigert.

Verbittert und ressentimentbeladen mußte er sich am Ende seines dreijährigen Aufenthaltes in Jamaika der Aussicht stellen, wieder auf Halbsold in England leben zu müssen, wenn ihm nicht ein anderer Posten gegeben wurde. Als er im September 1774 wieder in London war, riet man ihm, das Land lieber zu verlassen, als sich der Möglichkeit auszusetzen, in den Schuldturm geworfen zu werden. Er floh nach Paris. Hier überwältigten ihn wiederum die Vergnügungen des eleganten Lebens und die geselligen Freunde, die den gutaussehenden englischen Admiral bewunderten, bis die Last neuer Schulden ihn auch in der französischen Hauptstadt wie mit Gefängnismauern umgab. Die französische Polizei machte ihm deutlich, daß man ihm nicht erlauben würde, die Stadt zu verlassen, bis er seine Gläubiger in Paris bezahlt hatte.

Zu diesem Zeitpunkt kündigten die Schüsse in Lexington und Concord die amerikanische Rebellion an und versetzten Rodney in einen Zustand wilder Ungeduld, an den Kriegshandlungen teilzuneh-

VII. Admiral Rodney tritt auf 191

men. Er war indessen praktisch handlungsunfähig, denn trotz aller dringlichen Briefe an Lord Sandwich, in denen er seinen Dienst anbot und seine Bereitschaft, »zu jedem Unternehmen . . . auf der Stelle aufbrechen zu wollen«, beteuerte, hörte er nichts von der Admiralität und empfing nur eine formale und nichtssagende Antwort vom Ersten Lord, der sich in pompösen Briefen immer als Rodneys »wahrer Freund« ausgegeben hatte.

Die Rebellion der amerikanischen Kolonien war nun eine Tatsache, und sie wirkte wie ein warnendes Vorzeichen internationalen Konflikts. Dieser trat ein, als Frankreich im Februar 1778 ein Bündnis mit den Kolonien schloß, nachdem diese im Oktober 1777 einen verblüffenden Sieg bei Saratoga erfochten hatten. Die Niederlage der Briten brachte die fast unfaßbare Kapitulation von General Burgoynes Armee von 5700 Mann mit sich, die als Gefangene nach Hause geschickt wurden, unter Eid, nie wieder die Waffen gegen Amerika zu erheben. Vier Monate später, im März 1778, informierten die Franzosen die britische Regierung, daß sie die Unabhängigkeit der Vereinigten Staaten von Amerika anerkannten und mit dem Kontinentalkongreß Bündnis-, Freundschafts- und Handelsverträge abgeschlossen hatten; dies unter der Bedingung, daß keine Seite einen Separatfrieden abschließen würde, bevor England die amerikanische Unabhängigkeit anerkannte. Das Bündnis veränderte den Lauf des Krieges, denn es stellte den Rebellen eine Großmacht an die Seite und verwickelte Großbritannien einmal mehr in den Kampf mit seinem alten Feind.

Kapitel VIII
Die französische Intervention

Die Allianz mit den Rebellen mußte Frankreich in den Krieg mit Großbritannien treiben, was natürlich auch die französische Absicht war. Die Politik der Bourbonen entsprang nicht einer Sympathie mit Jeffersons Prinzip, daß eine Zeit kommt, zu der ein Volk genötigt ist, »unter den Mächten der Erde eine abgesonderte und gleiche Stelle einzunehmen, wozu selbiges die Gesetze der Natur und des Gottes der Natur berechtigen...«. Dies war keine monarchische Idee, auch wenn sie von den Amerikanern hochgehalten wurde, deren Sache die Bourbonen sich nun annahmen. Weniger philosophisch, war das französische Motiv einfache Feindseligkeit gegen die Briten, die aus sieben Jahrhunderten der Rivalität seit 1066 gewachsen war, und der Wunsch, die Verluste im Siebenjährigen Krieg wiedergutzumachen. In diesem Sinne brachte ein Machtkampf der Alten Welt, nicht die Sorge um Amerika, die französische Intervention zustande. Die Allianz setzte sich aus zwei Verträgen zusammen, einem Freundschafts- und Handelsvertrag und einem Vertrag, der beide Seiten verpflichtete, keinen Separatfrieden mit Großbritannien zu schließen, bevor die amerikanische Unabhängigkeit anerkannt war.

Im Juli 1778, fünf Monate nachdem es das Bündnis mit Amerika unterzeichnet hatte, erklärte Frankreich Großbritannien den Krieg. Ein Jahr später schloß sich Spanien in Erneuerung des bourbonischen Familienpakts den Franzosen an. Der Preis der Spanier war das französische Versprechen, ihnen bei der Rückeroberung von Gibraltar und Menorca zu helfen.

Die größte französische Sorge war, daß sich die Kolonien mit ihrem

Mutterland versöhnen, den Handel mit ihm aufnehmen und ihren kolonialen Status wiederherstellen könnten, was Großbritannien die unumstrittene Vorherrschaft zurückgeben würde, die zu brechen Frankreichs Hauptkriegsziel war. Benjamin Franklins bewußte Andeutungen den Franzosen gegenüber, daß eine solche Versöhnung nicht undenkbar sei, sowie Anzeichen und Omen, die die Franzosen selber zu entdecken meinten, hatten überhaupt erst dazu geführt, daß sie die Allianz eingingen. Die Verpflichtung, auf einen Separatfrieden unter allen Umständen zu verzichten, milderte die französische Furcht vor einer friedlichen Einigung zwischen Großbritannien und den Kolonien – zumindest für den Augenblick. Sie sollte aber schnell wieder aufleben, als die Briten selbst einen Kompromiß mit den Kolonien vorschlugen.

Siebzehn Tage nachdem die Franzosen in den Krieg eingetreten waren, fand das erste Seegefecht im Kanal in der Nähe von Ushant vor der französischen Küste statt. Dieses Gefecht hatte mit Amerika nichts zu tun, dennoch sollte es auf lange Sicht den britischen Kriegserfolg auf schwer greifbare Weise beeinträchtigen. Es war das Ziel der Franzosen, die Kontrolle über den Kanal zu gewinnen, um eine Invasion Englands vorzubereiten. Die Briten hatten erfahren, daß zwei französische Geschwader aus Brest und Toulon sich vereinigen sollten, und ihr Ziel war es, dies zu verhindern. Falls es den beiden Verbänden doch gelang, sich zusammenzuschließen, sollten die Briten sie angreifen, wenn diese nicht »deutlich überlegen« waren. In diesem Falle sollte der englische Verband zurückkehren, um verstärkt zu werden.

Admiral Augustus Keppel, der britische Kommandeur der Kanalflotte, sichtete zwei Fregatten, die vor der französischen Flotte hersegelten, und eröffnete in seinem Eifer, das Gefecht herbeizuführen, das Feuer. Es war zu der Zeit üblich, daß der Admiral mit seinem Flaggschiff im mittleren Abschnitt der Linie segelte, von wo aus die Vorhut und die Nachhut der Flotte in gleichem Maße sichtbar waren oder in gleichem Maße unsichtbar, je nach Wetter und Lage. Um eine Flotte erfolgreich zu führen, bedurfte es eines perfekten Verständnisses zwischen dem Admiral und seinem Stellvertreter, der meistens die Nachhut kommandierte. Nun war es

VIII. Die französische Intervention 195

aber so, daß Admiral Keppel und sein Stellvertreter, Admiral Hugh
Palliser, verschiedenen politischen Parteien angehörten. Wieder
wurden die Signalflaggen falsch gedeutet – ob nun durch ein Miß-
verständnis oder aus Bösartigkeit, darüber wurde danach von den
Parteigängern der beiden bis zum Punkt von Schlägereien gestrit-
ten. Wie auch immer, die Signaltabelle war für ihre Zwecke kraß
ungeeignet. Der britische Code besaß kein Signal, das es einem Kapitän erlaubte, darauf hinzuweisen, daß er ein Kommando nicht
gesehen oder nicht verstanden hatte, und auch keines, durch das ein
Admiral darauf hinweisen konnte, daß ein zweites Signal ein erstes
aufhob und die Befehle veränderte. Man fand auch kein besseres
System der Kommunikation als diese Signale oder den Gebrauch
von leichten Kurierbooten, die wie die galoppierenden Boten eines
Generals an Land mündliche Instruktionen überbrachten. Dies war
nicht sehr praktisch, weil Linienschiffe nicht wie Brigade- oder Di-
visionskommandeure an Land stillstehen konnten, um auf Befehle
zu warten. Die Alternative, den Admiral in einer Fregatte an der
Spitze der Linie fahren zu lassen, damit er den anderen durch sein
Vorbild statt durch Signale zeigen konnte, was er beabsichtigte,
wurde später von Nelson erprobt, aber nie allgemein übernommen.

Bei Ushant fochten dreißig Linienschiffe auf jeder Seite; keines
wurde gekapert oder versenkt, und beide Flotten kehrten ruhmlos
in ihre jeweiligen Häfen zurück. Die britische Öffentlichkeit, die
erwartet hatte, daß ihre Flotte mit dem französischen Skalp am
Gürtel zurückkommen würde, suchte nach einem Schuldigen und
verfiel in eine wütende Debatte, als Palliser und Keppel Anklagen
gegeneinander erhoben, die in Kriegsgerichtsverfahren kulminier-
ten: erst gegen den einen, dann gegen den anderen, wobei beide
einen Teil der öffentlichen Meinung und der Flotte auf ihrer Seite
hatten. Die Volksstimmung begünstigte Keppel, der ein Whig war
und damit zur Opposition gehörte und der 1775 angekündigt hatte,
daß er nicht gegen die amerikanischen Siedler dienen würde. Erst
als die Franzosen in den Krieg eingetreten waren, hatte er das Kommando der Heimatflotte angenommen. Jetzt, da er von Palliser beschuldigt wurde, den Sieg vor Ushant dadurch verspielt zu haben,
daß er seiner Flotte das Kommando gab, sich zurückzuziehen, ob-

wohl die Franzosen bereits auf der Flucht waren, forderte er ein Kriegsgerichtsverfahren, um diese Anklage zu entkräften.

Palliser war ein Protégé Sandwichs und ein loyaler Parteigänger der Regierung. Sein Angriff auf einen Vorgesetzten und einen Whig trug ihm die Ablehnung seiner Kameraden ein. Zwölf Admiräle unterzeichneten einen Protest gegen sein Verhalten, so daß auch er in ein Kriegsgerichtsverfahren geriet. Die Verfahren und die Zeugenaussagen stachelten die Leidenschaft in der Öffentlichkeit weiter an. Viele warfen Sandwich vor, er habe Admiral Keppel mit einer schlecht ausgerüsteten Flotte in den Kampf geschickt, weil er hoffte, daß dieser mit einer Niederlage nach Hause käme und auf die Weise die Opposition diskreditierte, die Keppel offen unterstützte. Die Mißwirtschaft und Korruption in den Werften hatte in der Tat dazu geführt, daß die Schiffe schlecht ausgerüstet, ohne Vorräte und mit unzureichenden Mannschaften praktisch nicht seetüchtig ausliefen. Die Opposition im Parlament griff Sandwich »mit einem so wilden Sturm von Schmähungen an, wie er nur je im Unterhaus gehört worden war«, man warf ihm »grobe Inkompetenz und kriminelle Vernachlässigung« in der Beaufsichtigung der Marine vor. Charles James Fox, der eine Gelegenheit sah, die Regierung in Verlegenheit zu bringen, forderte seine Entlassung. Der Antrag wurde mit der sicheren Regierungsmehrheit von 103 Stimmen abgewiesen. Sandwich blieb auf seinem Posten.

Die Aufregung stieg, als das Kriegsgericht in Portsmouth Keppel mit Begeisterung freisprach. Der Londoner Mob feierte dies, indem er Pallisers Haus plünderte und alle Fenster von Lord Norths Residenz einwarf. Der gleichmütige Premierminister, ein Meister des Überlebens, kletterte auf das Dach und blieb in aller Ruhe dort, bis sich die Aufrührer verliefen. Noch immer nicht befriedigt, stürzten sie weiter, um an den Toren der Admiralität zu rütteln und nach dem Sturz Sandwichs zu brüllen. Nachdem auch Palliser freigesprochen worden war, gab er sein Offizierspatent zurück und wurde später von der Regierung durch die Ernennung zu dem Posten des Governors des Greenwich Hospitals entschädigt, den auch Rodney gehalten hatte. Keppel erklärte lauthals, daß er nicht wieder in der Marine dienen würde, solange Sandwich Erster Seelord war.

Der Rückzug der beiden Antagonisten beruhigte in keiner Weise

VIII. Die französische Intervention 197

die Gemüter. Zwist und interne Feindseligkeit waren nun durchgängig im ganzen Dienst, von den Offizieren bis zu den Werftarbeitern; und dies gerade zu der Zeit, als Großbritannien mehr denn je eine fähige, selbstbewußte Marine für Angriff und Verteidigung an vier Kriegsschauplätzen auf einmal brauchte – in Amerika, in heimatlichen Gewässern, in Westindien und in Indien. Marineoffiziere, die der Whig-Partei angehörten, stellten sich hinter Keppel, folgten seinem Beispiel und erklärten es zur Ehrensache für Opponenten der Regierung, nicht unter Sandwich zu dienen. Durch den Parteienstreit zerrissen, war die Marine nun vieler ihrer fortschrittlicheren Offiziere beraubt.

An der Spitze der Kriegsmarine standen die Lord Commissioners, die berufsmäßige Seeleute waren und ihre politische Macht über ihre Parlamentssitze ausübten. Unter ihnen war der Erste Lord, der auch Mitglied des kleinen nationalen Regierungskabinetts war, das aus acht oder neun Ministern bestand. Die Admiralität war eine riesige Institution, die mehrere hundert Kriegsschiffe mit genug Kanonen, um eine Armee auszurüsten, und genug Personal, um Mannschafts- und Offiziersränge, Werften, Nachschublager und Speicher in der ganzen Welt zu besetzen, verwaltete. Der Schaden, den die offene Politisierung des Offizierskorps nach dem Fehlschlag von Ushant anrichtete, ist von Rodneys Freund Wraxall festgehalten worden, der sich bei seiner Einschätzung auf seine private Korrespondenz mit Rodney bezog. »So leidenschaftlich war die Parteilichkeit und Zersplitterung in seiner Flotte, daß sie fast die Liebe zum Herrscher und zum Vaterland überdeckte und auslöschte...« Und so »erbittert war die Feindschaft gegen die Verwaltung... insbesondere gegen den Ersten Lord, daß viele sich fast nach einer Niederlage sehnten, wenn sie nur eine Entlassung der Minister nach sich zog«. Offiziere der Flotte bestätigten diese Empfindungen. Als Aufseher der Werft von Portsmouth erklärte Admiral Hood in einem Brief an seinen Bruder, daß »es einen solchen Mangel an Disziplin und Ordnung in einer Flotte nie zuvor gegeben hat und auch keinen solchen Mangel an Respekt und Pflichterfüllung im Dienst des Königs. Die Nachlässigkeit der Offiziere im allgemeinen ist wirklich verblüffend, und nur Gott weiß, wohin dieses Unheil noch führen wird.«

Admiral Samuel Barrington, der im Alter von elf Jahren in die Marine eingetreten war, sein erstes Schiff mit achtzehn kommandiert hatte und dessen Bruder einer der Lord Commissioners der Admiralität war, lehnte das Kommando der Kanalflotte ab und begründete das mit dem »völligen Verfall der Disziplin«. Er fügte hinzu, daß die »Anstrengung und Sorge« ihn umbringen würden. »Wenn ich das Kommando gehabt hätte, so hätte mich das, was ich, seit ich hier bin, gesehen habe, in den Wahnsinn getrieben.« Er hatte kein Vertrauen zu Sandwich oder zur Admiralität, die »der verruchteste Haufen« sei, »unter der gute Männer je gedient haben«. Amerika sollte in unserem Jahrhundert zu seinem Schaden lernen, daß die Uneinigkeit des Militärs über Methoden und Strategien sowie die Zweifel einer Nation über die Richtigkeit des Kriegsziels es unmöglich macht, einen Krieg von einiger Dauer effektiv zu führen und zu gewinnen.

Ein moderner Historiker, Geoffrey Callender, hat den provokativen Gedanken geäußert, daß der unentschiedene Ausgang bei Ushant historische Folgen hatte, denn falls die Franzosen geschlagen worden und danach in ihren Häfen blockiert gewesen wären, hätten sie den Amerikanern nicht zu Hilfe kommen können. Wahrscheinlich hätte dies bewirkt, daß die Briten die Revolution niedergeschlagen hätten und Amerika Teil des britischen Empire geblieben wäre. Wie interessant so eine Spekulation auch sein mag, sie ist nicht realistisch, denn sie setzt voraus, daß die Briten den Willen und die Fähigkeit gehabt hätten, eine Blockade der französischen Atlantikhäfen zu unternehmen und aufrechtzuerhalten. Aber die Flotte auf eine statische Rolle festzulegen, wenn der Schutz des Handels und die Verteidigung der über den Globus verstreuten Positionen von Gibraltar bis Ceylon als die Hauptpflicht der Kriegsschiffe galt, wäre wahrscheinlich undenkbar gewesen, selbst wenn die Briten bei Ushant gesiegt hätten.

Die verbreitete Ansicht, daß unzureichende Seestreitkräfte der Hauptgrund für Großbritanniens Niederlage im amerikanischen Unabhängigkeitskrieg waren, läßt eine Frage offen. Die Royal Navy war gewiß uneinig und ohne Disziplin. Sie hatte zu wenig Schiffe für ihre Aufgaben, und als Folge der Schiebereien in den Werften und der Nachlässigkeit der Admiralität waren die Schiffe in

VIII. Die französische Intervention

einem so schlechten Zustand, daß ein Linienschiff, das den königlichen Namen *Prince William* trug, tatsächlich sank, während es in der Themse vor Anker lag. Die Seelords waren Männer von begrenzter Intelligenz und begrenzter Erfahrung, sie hatten keine zusammenhängende Strategie und waren viel zu siegesgewiß. Die offene Frage ist aber, ob das Durchhaltevermögen, das sich in Männern wie George Washington und Reverend Daggett von New Haven (den wir später kennenlernen werden) manifestierte, sowie die geographischen und logistischen Probleme des amerikanischen Kontinents einen Sieg der Briten nicht ohnehin unmöglich machten. Denn immerhin mußte jeder einzelne Soldat der 50 000 Mann starken britischen Armee in Nordamerika und jede Kugel und jedes Stück Zwieback des Nachschubs und jeder Befehlsbrief an die Kommandeure die Sechs- bis Acht-Wochen-Reise über den Atlantischen Ozean hinter sich bringen. Eine größere Marine, so ist oft gesagt worden, hätte zu einem anderen Kriegsverlauf führen können, weil es so möglich gewesen wäre, Schiffe der Kanalflotte oder von den Westindischen Inseln für die Blockade der französischen Atlantikhäfen einzusetzen, was in der Tat die französische Intervention zur See verhindert hätte. Aber das wäre nur geschehen, wenn die Briten der Blockade eine ausreichende Bedeutung zugemessen hätten. Das taten sie jedoch nicht, weil sie zu keiner Zeit des Krieges die Möglichkeit eines amerikanischen Sieges wirklich in Betracht zogen. Die Blockade der französischen Häfen hätte eine große Zahl von Schiffen gebunden. Dies wäre nur durch einen einmütigen Entschluß des Kriegskabinetts möglich gewesen, das sich nie entscheiden konnte, ob eine Blockade irgendwo es wert war, die Seestreitkräfte zu schwächen, die die Handelskonvois, die karibischen und ostindischen Kolonien sowie England selbst schützten.

Wie in älteren und späteren Imperien waren die Ressourcen Großbritanniens dem Anspruch seines Kolonialreiches nicht gewachsen. Dazu kam die Schwäche der Entscheidungsprozesse in der britischen Regierung. Lord Sandwich bat den König, dafür zu sorgen, daß das Kabinett seine Beschlüsse schriftlich niederlegte, »und wenn eine Frage umstritten ist, sollte sie doch in der einen oder anderen Weise entschieden und nicht aufgeschoben werden, wie es nun fast immer geschieht«. Die Strategie litt darunter, daß zur Ver-

fügung stehende Ressourcen nicht auf ein einziges Ziel konzentriert wurden, da es kein Ziel gab, das absolute Priorität hatte. Der geläufigen Meinung zum Trotz können menschliche Wesen lernen, und manchmal tun sie es. 1941, nach Pearl Harbor, entschieden die Amerikaner nach vorheriger Absprache mit Großbritannien, der Befreiung Europas und der Unterwerfung Hitlers die Priorität zu geben, und erst das ermöglichte den Sieg im Zweiten Weltkrieg.
1778 besaß Großbritannien niemanden, der zu solchen Entschlüssen fähig gewesen wäre. Am wenigsten der König. Georg III. war durchaus in der Lage, Entscheidungen zu treffen, aber er hatte nur einen Gedanken – zu erobern, egal wie. Pitt war nicht mehr da – von einem Schlaganfall im April zur Zeit des französischen Bündnisses mit Amerika niedergestreckt und einen Monat später tot. Die beiden Kriegsminister des Königs, Germain und Sandwich, führten zwar emphatische Reden, besaßen aber keine klare Strategie und waren höchst nachlässig in der Verwirklichung irgendeines von ihnen ersonnenen Plans. Saratoga, die erschütterndste britische Niederlage vor dem Ende des Krieges, war das Resultat simpler Sorglosigkeit. Die beiden britischen Armeen Howes und Burgoynes, die sich nach dem Feldzugsplan in einer Zangenbewegung treffen sollten, waren angeblich beide über Ablauf und Zeitplanung ihrer Bewegung informiert. Wie sich herausstellte, wußten beide von nichts. Darüber hinaus war der von Lord Germain gebilligte Plan von der, wie William Willcox, der Biograph Clintons, schreibt, »unglaublich falschen Prämisse« geleitet, daß Howes Hauptarmee in ganz Pennsylvania operieren könnte, während ein wichtiger Teil dieser Armee in New York gebunden war, und daß Burgoyne sich unabhängig von Howe im Norden bewegen konnte. Professor Willcox schreibt die Verantwortung für diese »schlimmste britische Fehlplanung des Krieges« den »intellektuellen Unzulänglichkeiten« der drei Planer, Howe, Germain, Burgoyne, und dem »fast völligen Mangel an Kommunikation zwischen ihnen« zu. Der grundlegende Fehler war weniger geistige Unfähigkeit als Trägheit und Selbstgefälligkeit.
Selbstgefälligkeit ist das Attribut zu lang anhaltender Macht. Seine ganze Geschichte hindurch begriff sich China als das Zentrum des Universums, als das Reich der Mitte, das von Barbaren umgeben war. Außenseiter, deren Unglück es war, »jenseits seiner Grenzen

VIII. Die französische Intervention   201

zu leben«, waren Minderwertige, die den Kaiser, wenn sie ihm zu
begegnen wünschten, mit dem Kotau begrüßen mußten, liegend,
mit dem Gesicht auf dem Boden. Wenn vielleicht nicht ganz so ex-
plizit, so empfanden die Briten doch ähnlich; sie hatten das Gefühl,
der Mond der Welt zu sein, der die Gezeiten der Weltpolitik bestimmte.

Die Gefahren der Selbstgefälligkeit liegen darin, daß der Selbstgefällige die örtlichen Faktoren und Bedingungen, die andere Völker
bestimmen, als unwichtig ignoriert. Die Briten, die sich der amerikanischen Revolution gegenüber sahen, waren an den Amerikanern oder an ihrem gewaltigen Kontinent, der von Ozean zu Ozean
reichte, nicht interessiert. Kein britischer Monarch hatte jemals seine Domäne jenseits des Atlantiks gesehen, kein britischer Minister
hatte in den fünfzehn Jahren von 1760–75, als die Aufsässigkeit zu
brodeln begann, die Kolonien besucht, um zu erfahren, was die unruhigen Untertanen trieben oder was für Leute sie waren. Die Folge
war Ignoranz, ein großer Nachteil im Krieg.

»Kenne deinen Feind« ist das *sine qua non* jeder erfolgreichen militärischen Operation. Diese Kenntnis fehlte den Briten im Krieg mit
Amerika völlig, und die Selbstgefälligkeit ließ ihnen keine Möglichkeit, dies nachzuholen. Lord Sandwich zum Beispiel machte sich
nicht die Mühe, Nachrichten über die französischen Flottenbewe-
gungen einzuholen. Dies ergibt sich aus einem im Parlament vorge-
brachten Vorwurf Lord Stormonts, des britischen Botschafters in
Paris. Lord Sandwichs »Nachlässigkeit« sei »unvorstellbar«, sie erlaubte französischen Kriegsschiffen, aus ihren Häfen auszulaufen
und zu den Westindischen Inseln zu segeln, ohne daß britische
Schiffe, die sie aufhalten sollten, alarmiert wurden. »Wir haben einfach keine Kenntnis von ihnen«, sagte der Botschafter vor dem
Oberhaus. Stormont berichtete, daß er wiederholt sein Äußerstes
getan habe, um zu erreichen, daß kleine Kutter vor die französischen Häfen verlegt würden, um Informationen zu sammeln. Er
habe aber Lord Sandwich nicht dazu bewegen können, die Mittel
freizugeben.

Noch entscheidender war die Haltung des Kriegsministers, Lord
George Germain. Er verdankte seine Position der Gunst des Königs, den er mit seiner Idee beeindruckt hatte, »die äußersten

Kräfte dieses Königreichs« einzusetzen, um die Rebellion in einem einzigen Feldzug niederzuwerfen. Ziel dieser Offensive sollte es sein, die Kolonien vor die Alternative Unterwerfung oder Ruin zu stellen. Das war das Ausmaß der Kenntnis der Regierung über die Rebellen.

Planlosigkeit beherrschte schon den Anfang des Krieges, als die Briten annahmen, daß man keinen Plan brauchte, um eine Rebellion zu unterdrücken – nur harte Schläge. Die Sorglosigkeit entstammte der Annahme, daß die Überlegenheit der britischen Kräfte so groß sei, daß man ihrer Führung und ihrer Leistung nicht allzuviel Aufmerksamkeit zu schenken brauchte. Ein weiterer zerstörerischer Faktor war die Uneinigkeit zu Hause.

Die Politik war sicher eine der primären Ursachen für die Niederlage der Briten im amerikanischen Krieg. Die Engländer sind immer von Politik besessen gewesen, nicht so sehr in den Begriffen zweier opponierender Systeme als in den Begriffen gesellschaftlichen Erfolgs oder Mißerfolgs. Die politische Uneinigkeit wurde durch den Keppel-Palliser-Streit in die Marine getragen, wo sie wie ein Messer durch die Geschlossenheit des Offizierskorps ging. »Selbst patriotische Gefühle schwiegen angesichts der wilden Parteilichkeit in der Flotte«, schreibt Wraxall.

Mißtrauen gegen Sandwich war nach der Keppel-Affäre durchgängig. Nur der König, der nichts von der praktischen Seite einer seetüchtigen Flotte verstand, stützte sich noch auf ihn und glaubte pflichtgetreu an die Flotte als den britischen Adler, der sich auf seine Feinde stürzen und sie zerstören würde. Von seinem ganzen Charakter her unfähig, Minister auszuwechseln, da er immer fürchtete, das Unbekannte könnte noch schlimmer sein als das Vertraute, klammerte sich der König an Sandwich wie vorher an Bute und nun an Lord North, so wie ein untergehender Schwimmer, über dessen Kopf das Wasser zusammenschlägt, sich an eine Planke klammert.

Die Opposition verachtete den Ersten Lord. Einer ihrer Führer, der Herzog von Richmond, schrieb an Keppel, als diesem das Kommando der Königlichen Flotte vor der Schlacht von Ushant angeboten wurde, daß er nicht glaube, Grund zu haben, ihm zu gratulieren, denn wenn Sandwich »eine schlechte Flotte hat«, so würde er sie

VIII. Die französische Intervention 203

»freudig unter das Kommando eines Mannes stellen, den er nicht
liebt«. Er riet Keppel, jedes Schiff selbst zu untersuchen oder durch
seine Offiziere inspizieren zu lassen und »Lord Sandwich nicht ein
Stück Tau weit zu trauen«.

Großbritanniens größtes Schreckensbild, das feindselige Frankreich im Bündnis mit der amerikanischen Rebellion, war nun Wirklichkeit geworden. Kräftemäßig war Großbritannien überfordert,
und das überzeugte viele in der Regierungspartei, daß es unbedingt
nötig war, Großbritannien von einem fruchtlosen und teuren Krieg
in den Kolonien zu befreien, damit es sich ganz auf die französische
Herausforderung konzentrieren konnte. Der einzige Weg, dies zustande zu bringen, war eine Einigung mit den Kolonien, wofür die
Whigs seit langem eingetreten waren. Die entmutigende Wahrheit,
daß der Krieg nicht zu gewinnen war, drängte sich allmählich auch
denen auf, die Edward Gibbon, der 1774 ins Parlament gewählt
worden war, »die *denkenden* Freunde der Regierung« nannte.
Chatham, früher Pitt, der große Premierminister, war der erste, der
darauf in einer Rede am 20. November 1777 hingewiesen hatte.
Noch bevor er von dem amerikanischen Sieg bei Saratoga wußte,
sagte er dem Oberhaus: »Ich weiß, daß die Eroberung des englischen Amerika eine Unmöglichkeit ist. Man kann nicht, ich wage es
zu sagen, man kann Amerika nicht erobern...« Der Krieg sei »ungerecht in seinen Prinzipien, inpraktikabel in seinen Mitteln und
ruinös in seinen Konsequenzen«. Der Einsatz jener »Söhne des
Raubs und der Plünderei« (damit meinte er die Hessen und andere
deutsche Söldner) hätte »unheilbaren Groll« entfacht. »Wenn ich
ein Amerikaner wäre, so wie ich ein Engländer bin, würde ich niemals, solange fremde Truppen in meinem Land stünden, die Waffen
niederlegen – niemals – niemals – niemals.« Durch sein Beharren
auf Unterwerfung würde Großbritannien allen Profit aus dem Handel mit den Kolonien und ihre Unterstützung gegen die Franzosen
verlieren und für sich selbst nur einen erneuten Krieg gegen Frankreich und Spanien ernten. Das einzige Heilmittel sei, die Kriegshandlungen einzustellen und einen Friedensvertrag auszuhandeln.

Die Logistik, fügte Charles James Fox hinzu, machte einen militärischen Erfolg unmöglich. Im Land standen die Generäle mit ihren

Armeen zu weit auseinander, um einander Unterstützung zu gewähren, während Amerikas unendlich lange Küste mit ihren unzähligen Buchten, natürlichen Häfen und Flußmündungen und die amerikanische Selbstversorgung mit Lebensmitteln, wenn auch nicht mit Waffen, das Land von See her praktisch unverwundbar machten. Ja, Großbritanniens Flotte litt mehr unter den Feindseligkeiten als die Amerikaner selbst, da sie der hohen Weißfichten aus Amerika, die sie für ihre Masten brauchte, und des abgelagerten Holzes sowie Teers und anderer Rohstoffe für den Schiffsbau beraubt wurde. Während in einem Konflikt mit einem europäischen Land die Belagerung der Hauptstadt gewöhnlich zur Kapitulation des ganzen Landes führte, bedeutete die Differenziertheit der kolonialen Gebiete, daß die Eroberung von New York oder Boston oder Philadelphia dem Krieg noch kein Ende setzte. Und schließlich gab es noch ein Problem, das Chatham ebenfalls bemerkt hatte. Selbst wenn man die Amerikaner besiegte, hieß das noch nicht, daß sie zu willigen Handelspartnern wurden.

Die Unfähigkeit, den Aufstand durch herkömmliche militärische Maßnahmen zu ersticken, war für Großbritannien demütigend. Und es war eine große Enttäuschung, daß die Briten von Loyalisten in Amerika kaum aktive Unterstützung bekamen. In London hatte man angenommen, daß jene Untertanen, die treu zur Krone standen, sich erheben und ihre irregeführten Landsleute überwältigen würden. Dies war sogar als eine wichtige Komponente in die militärische Planung eingegangen, und auch nach der Enttäuschung dieser Hoffnung schienen die Briten nicht zu begreifen, daß das Ausbleiben dieser Unterstützung auf ihre eigenen Fehler zurückging. In ihrer durchgehenden Verachtung für die Siedler machten die Briten keine Anstrengung, die Loyalisten in einer organisierten Streitmacht zu sammeln oder loyalistische Divisionen oder auch nur Brigaden zu bilden. Auch wurde keinem Loyalisten ein Offizierspatent der britischen Armee angeboten. Wenn die Loyalisten überhaupt den Wunsch hatten, mehr zu tun, als sich nur gegen die Belästigung und die Verfolgung durch die amerikanischen Patrioten zu schützen, welchem militärischen Kommando konnten sie sich anschließen? Zwar zahlte die britische Regierung für die deutschen Söldner einen zunehmend lästigen Preis, und sie verstärkte auch die Trup-

VIII. Die französische Intervention 205

pen in Amerika durch das allerdings elende Ergebnis ihrer irischen Rekrutierungsversuche, aber sie nutzte das Potential im Lande selbst nicht aus, sondern beschränkte sich darauf, zu beklagen, daß keine loyalistische Armee spontan der Erde entsprang.

Die amerikanischen Loyalisten, die in der Mehrheit der wohlhabenden Klasse angehörten, hatten in der Tat ein größeres Interesse am Ausgang des Krieges als die herrschende Klasse Großbritanniens. Ihre Gefühle allerdings hatten ihren Ursprung weniger in der Treue zur Krone als in der Sorge um ihre privilegierte Stellung, die von der Revolution bedroht war. Obwohl die revolutionären Führer selbst Großgrundbesitzer wie Washington und Jefferson und Männer von großem Reichtum wie die Morrises waren, wurden sie weitgehend als Repräsentanten eines umstürzlerischen Geistes angesehen, der sich in der Welt erhob. Die Loyalisten sahen die Revolution im wesentlichen als einen Klassenkampf an, der wie alle Konflikte, die das Eigentum der Menschen bedrohen, die tiefsten Gefühle weckte.

Großbritannien hatte seine Pläne darauf ausgerichtet, die Rebellion bis zum Frühjahr 1777 zu beenden. Statt dessen war noch 1778 ein erfolgreicher Abschluß des Krieges in Amerika weiter in die Ferne gerückt denn je. Der Kriegseintritt Frankreichs verstärkte die Argumente, daß der Krieg nicht zu gewinnen sei, und bewirkte eine erstaunliche Kehrtwendung der Regierung des Lord North – er bot den Kolonien einen Friedens- und Versöhnungsvertrag an. Mit diesem Vertragsangebot verband sich die Hoffnung, daß die Kolonien in das Haus ihrer Eltern zurückkehren und die Verlobung mit Frankreich auflösen würden. Die *Conciliatory Propositions,* Versöhnungsvorschläge, wie man sie nannte, wurden einem völlig verblüfften und ungläubigen Parlament im Februar 1778 vorgelegt. Ihre wirkliche Absicht aber war es eher, die Opposition zu beschwichtigen als einen Frieden mit den Amerikanern auszuhandeln. Die Opposition, in deren Reihen sich die glänzendsten und wirksamsten Redner im Unterhaus, Fox und Burke, befanden, war es nie müde geworden, den Krieg als ungerecht zu brandmarken. Sie waren sicher, daß die wachsenden Kosten der verstärkten Armeen und Flotten, die nur zum Preis stark erhöhter Steuern zu haben waren, Großbritannien ruinieren würden.

Um die wachsende Unzufriedenheit einzudämmen, entwarf die Regierung ihren Friedensvorschlag eigentlich nur, um im Amt zu bleiben – das Hauptanliegen jeder Regierung, welcher Richtung auch immer. Im März wurde eine Friedenskommission ernannt, an deren Spitze Frederick, der fünfte Earl von Carlisle, ein junger Mann von großem Vermögen, Sproß der Howards und Eigner des königlichen Schlosses Howard, stand. In erster Linie als Dandy bekannt, qualifizierte ihn ansonsten vor allem die Tatsache, daß er Schwiegersohn von Lord Gower war, einem prominenten Mitglied der Bedford-Bande, einer politischen Gruppe, die treu zum König und Lord North stand. Überfließender Reichtum und großer Landbesitz sind in der Regel keine Attribute, die den Eigentümer daran gewöhnen, vorsichtig aufzutreten und sich auf Kompromisse einzulassen. Das Leben hatte den Earl von Carlisle nicht darauf vorbereitet, ein Unterhändler zu sein, insbesondere nicht in Gesprächen mit den Gefolgsleuten von so einfachen Männern wie Samuel Adams und Benjamin Franklin.

Mit der Ausnahme eines wichtigen Elements schienen die Friedensbedingungen, die Großbritannien vorschlug, alles einzuschließen, was die Amerikaner forderten: Befreiung von der Besteuerung durch das Parlament, das prinzipielle Einverständnis, daß die Kolonien im Unterhaus repräsentiert sein müßten (wie und in welcher Stärke, sollte noch diskutiert werden), die Anerkennung des amerikanischen Kongresses als einer verfassungsmäßigen Körperschaft, die Zurücknahme der Teesteuer und anderer Strafmaßnahmen – kurz, alles, außer dem Zugeständnis der Unabhängigkeit, auf dem die Amerikaner indessen als Voraussetzung für und nicht etwa als ein Thema von Gesprächen bestanden. An diesem Felsen der Unabhängigkeit scheiterte die ganze Mission; auch fehlte in den Vorschlägen jede Erwähnung eines Rückzugs der britischen Truppen und Schiffe aus dem Land, was eine weitere amerikanische Bedingung war. Ohne Erfüllung dieser Vorbedingungen aber waren die Kongreßmitglieder nicht bereit, sich mit dem Friedensausschuß der Briten auch nur zu treffen. Außerdem war das Friedensangebot sowieso zu spät gekommen. Da sich die Amerikaner Frankreich gegenüber verpflichtet hatten, keinen Separatfrieden zu schließen, konnten sie sich mit den Briten nicht einigen, selbst wenn sie dies

VIII. Die französische Intervention 207

gewollt hätten. »Der menschliche Stolz«, bemerkte Edmund Burke, »läßt der Vernunft oft so lange keinen Raum, bis auch die Vernunft keinen Dienst mehr zu leisten vermag.«

Einen Krieg zu beenden und den Frieden wieder herzustellen, bedarf der Umsicht und des Taktes. Die Strategie von Carlisle und seinem Kollegen im Ausschuß – dem Gouverneur Johnstone, immer noch so genannt, weil er früher als Gouverneur von Westflorida gedient hatte – war indessen so plump, daß sie den Verdacht erregte, von vornherein auf einen Fehlschlag angelegt gewesen zu sein. Vielleicht war sie das auch wirklich. Die britische Regierung, die den Gedanken einer Unabhängigkeit der Kolonien zutiefst scheute, hatte sich, wie man weithin glaubte, die Friedenskommission als eine Geste ausgedacht, um die Opposition zum Schweigen zu bringen. Es war auch sehr unwahrscheinlich, daß ausgerechnet die Methoden des Gouverneurs Johnstone ein positives Ergebnis zeitigen sollten, denn diese waren, wie wir sehen werden, so kontraproduktiv wie nur möglich.

Vor seiner Zeit als Gouverneur von Westflorida war Johnstone ein Flottenoffizier der aggressiven diktatorischen und streitsüchtigen Art gewesen. Er duellierte sich gern und war aufgrund eines Duells von einem Kriegsgericht der Gehorsamsverweigerung schuldig befunden, aber nicht verurteilt, sondern nur verwarnt worden, weil er große Tapferkeit im Gefecht zeigte. In Florida hatte sich sein Stab offiziell über sein autokratisches Verhalten beschwert. Er war keine ideale Wahl für eine Friedensmission. Carlisle selbst hatte überhaupt keine Verhandlungserfahrung. William Eden, das dritte Ausschußmitglied, war Geheimer Sekretär des Board of Trade and Plantations, der Aufsichtsbehörde für den Handel und die Überseegebiete, gewesen, die die Beziehungen zu den Kolonien kontrollierte. Als Mitglied sowohl des englischen als auch später des irischen Parlaments mußte er sich mit Amerikanern und Iren, zwei unruhigen und aufsässigen Völkern, auseinandersetzen. Während des amerikanischen Krieges diente er als Direktor des Geheimdienstes. Man darf annehmen, daß er in diesen Positionen die Nützlichkeit taktvollen Vorgehens gelernt hatte, aber wenn es so war, so scheint er nicht in der Lage gewesen zu sein, seinen Kollegen dieses Wissen zu vermitteln.

Die britische Regierung selbst schwächte die Mission, bevor sie überhaupt handeln konnte, denn sie befahl den Abzug der Truppen aus Philadelphia und ihre Versetzung nach New York, was einem britischen Rückzug gerade zu dem Zeitpunkt gleichkam, als der Friedensausschuß in Amerika eintreffen sollte. Der Anschein des Rückzugs wurde noch durch die Verlegung von 5000 Soldaten verstärkt, die Philadelphia gesichert hatten und nun zu den Westindischen Inseln verschifft wurden, um dort einem erwarteten französischen Angriff zu begegnen. Philadelphia war auf diese Weise nicht mehr zu verteidigen und Carlisle seiner Theorie beraubt, daß »Kanonenpulver oder Dukaten die Angelegenheit erledigen werden«.

Das Friedensangebot einer kriegführenden Seite vermittelt immer den Eindruck, daß Kampfkraft und Siegeswille geschwächt sind. Die andere Seite, die diese Schwäche spürt, wird weniger bereit sein, die vorgeschlagenen Bedingungen zu akzeptieren. Dies ist ein Grund, warum es immer schwieriger ist, einen Krieg zu beenden als ihn zu beginnen. Der Friedensausschuß und die Versöhnungsvorschläge führten unvermeidlicherweise zu dem Eindruck, daß die britische Begeisterung für den Krieg im Abklingen war. Und da dies in der Tat so war, gab es natürlich den Amerikanern jeden Grund, die vorgeschlagenen Bedingungen abzulehnen. Sie ließen sich noch nicht einmal auf eine Diskussion ein.

Frustriert und verletzt durch die Weigerung des Kongresses, sich auch nur mit ihm und seinen Kollegen zu treffen, kam Johnstone die Idee, einzelne Mitglieder des Kongresses durch weltliche Entlohnung zu bewegen, den widerspenstigen Kongreß zugänglicher zu machen. Diese Vorschläge legte er sogar schriftlich nieder. So bot er Robert Morris aus Philadelphia, einem der reichsten Männer in Amerika und einem begeisterten Anhänger der Revolution, Bestechungsgelder an. Joseph Reed, der Patriot aus Pennsylvania, sollte 10000 Pfund bekommen, wenn er die Kolonien mit Großbritannien versöhnte. Johnstone deutete sogar an, daß die Erhebung in den Adelsstand für Mitglieder des Kongresses möglich sein könnte, die zu einer Einigung beitrügen. Unter den Angesprochenen war auch Henry Laurens, der Präsident des Kongresses. Als die empörten Empfänger die Briefe an die Presse gaben, zwang ein öffentlicher

VIII. Die französische Intervention 209

Aufschrei den zu unternehmungslustigen Johnstone, aus dem Friedensausschuß auszuscheiden und nach England zurückzukehren. Der umsichtigere Eden hatte zumindest keinen dokumentierten Anteil an den zu eifrigen Manövern seines Kollegen. Er schrieb lediglich seinem Bruder in England, daß, wenn »meine Wünsche und Maßnahmen es leisten können, dieses edle Land bald wieder zu Großbritannien gehören wird«.

Seinem Missionschef, Lord Carlisle, blieb schließlich nichts anderes übrig, als auf eine Taktik von Terror- und Zerstörungsdrohungen zurückzugreifen. In einem öffentlichen Manifest vom Oktober 1778, das auf seinen Befehl an alle Mitglieder des Kongresses sowie an George Washington und alle amerikanischen Generäle, alle Provinz-Gouverneure und Versammlungen, alle Geistlichen und alle Kommandeure der britischen Streitkräfte und Gefangenenlager verteilt wurde, proklamierte er im Namen des Friedensausschusses, daß es Großbritanniens Pflicht sei, auf strengere Praktiken zurückzugreifen. Da die Kolonien sich mit dem Feind Großbritanniens verbündet hätten, müsse Großbritannien »mit allen in seiner Macht stehenden Kräften eine Verbindung zu zerstören oder unschädlich zu machen suchen, die zu seinem Ruin hergestellt worden sei«; kurz gesagt, die Truppen müßten auf die »Humanität und Milde, mit denen sie bisher den Krieg geführt haben«, verzichten. Carlisles Idee, zu einem Volk, das in jeder Kolonie bereits unter Plünderung und Zerstörung, unter der Verbrennung von Dörfern und der Verwüstung von Farmen, Feldern und Wäldern gelitten hatte, von Humanität und Milde zu sprechen, machte ihn nicht glaubwürdiger. Der Kongreß erkannte sofort die Nützlichkeit von Carlisles Drohungen und empfahl den örtlichen Behörden, den britischen Text in den Gazetten ihrer Distrikte zu veröffentlichen, »um die guten Leute dieser Staaten von den hinterlistigen Plänen der Friedenskommission zu überzeugen«.

Die Drohungen der Carlisle-Proklamation waren verglichen mit den Absichten des ersten unveröffentlichten Entwurfes noch bescheiden. In diesem fand sich »ein Plan umfassender Verheerung«, der von der Armee und der Flotte durchgeführt werden sollte und von dem der Autor mit Sicherheit annahm, daß er »*Wirkung* zeigen wird«. Dieser Plan wurde in Connecticut auf die Probe gestellt. Ob nun aufgrund der Carlisle-Proklamation oder nicht, im Juli 1779 kam es in dem Staat unter dem Gouverneur von New York, Tryon, zu einer kurzen Schreckensherrschaft. Von Henry Laurens mit den Maßnahmen des Herzogs von Alba während des spanischen Terrors in den Niederlanden verglichen, war der Angriff auf Connecticut zwar kein Massaker, aber bösartig genug, um Widerstand zu wecken, statt ihn zu unterdrücken – ein bekannter Effekt solcher Maßnahmen. Wiederum wurden die Ereignisse in vielen Zeitungen der Kolonien genau beschrieben.

Connecticut wurde für diese Strafaktion einerseits aus geographischen Gründen ausgewählt. Andererseits war es den Briten in und um New York ein besonderer Dorn im Auge, weil hier Munition für die Kolonialstreitmacht hergestellt wurde und weil Connecticut mehr Soldaten für die Rebellenarmee stellte als jede andere Kolonie außer Massachusetts. Bürger von Connecticut führten darüber hinaus häufig Überfälle zu Land und Wasser durch, die die militärischen Pläne von Sir Henry Clinton, dem britischen Oberbefehlshaber, störten. Die Bevölkerung galt zu drei Vierteln als illoyal. So hatte Clinton beschlossen, »eine strenge Bestrafung« der Kolonie vorzunehmen. Diese Strafaktion sollte eine Streitmacht von 2000 Mann aus New York unter dem Kommando von Major General Tryon durchführen, der sich 2000 Seeleute und Marinesoldaten anschließen sollten, die in 48 Leichtern unter dem Schutz von zwei Kriegsschiffen von Long Island übergesetzt werden sollten. Als die größte Ansammlung von Schiffen, die man jemals im Long-Island-Sound gesehen hatte, war die Armada sehr eindrucksvoll, als sie nach New Haven segelte und im frühen Licht des 5. Juli 1779 dort vor Anker ging.

Am Tag zuvor, am 4. Juli, hatte Tryon eine wortreiche Proklamation verteilt, die er offensichtlich für wahrhaft überzeugend hielt. Auch wenn ihre Wirkung, wie er schilderte, »nicht wirklich ermessen werden kann, bis wir weitere Operationen an dieser Küste durchgeführt haben«, erwartete er, daß seine Worte »Schrecken und Verzweiflung« unter den »leicht beeindruckbaren« Menschen der Küste hervorrufen würden. Die Tatsache, daß sie noch lebten, und »die Existenz eurer Häuser an eurer unverteidigten Küste« erwiesen, verkündete er, »Großbritanniens Geduld und Nachsicht in

VIII. Die französische Intervention 211

seinen milden und edlen Anstrengungen«. Er drang in die Amerikaner, ihren »kleinlichen und leichtfertigen Aufstand, in den sie
sich durch tückische Männer mit eigensüchtigen Zielen hineintrei-
ben ließen«, aufzugeben. Der Appell des Generals Tryon spiegelte
den hartnäckigen britischen Glauben wider, daß die Masse der
Amerikaner im Grunde loyal war und nur darauf wartete, die Dem-
agogen und Agitatoren niederzuwerfen und in die alte Untertanen-
treue zurückzukehren. »Kann die Kraft eurer ganzen Provinz«, fuhr
die Proklamation fort, »es mit der Macht Großbritanniens aufnehmen? Ihr wißt, daß sie es nicht kann. Warum dann verharrt ihr in
einem ruinösen und unklugen Widerstand? Wir hoffen, daß ihr
euch von dem Wahn erholt, der über dieses unglückliche Land gekommen ist, und wir glauben, daß der Tag kommen wird, an dem
der größere Teil dieses Kontinents angesichts dieser Verblendung
erröten wird.«
Wie war es möglich, daß Tryon, der Gouverneur einer Kolonie, so
wenig über die Menschen wußte, die er bekämpfte? Nur ein Jahr
zuvor hatten Connecticut und sechs andere Kolonien – zwei neu-
englische, zwei mittelatlantische und zwei südliche – die Konföde-
rationsartikel unterzeichnet, die zur Grundlage der Vereinigten
Staaten von Amerika werden sollten.
Bei Sonnenaufgang am 5. Juli war ein Kanonenschuß von Tryons
Schiff das Signal für die Landung und den Beginn der Strafexpedition. Auf der Stelle löste sich eine lange Reihe von Booten, die mit
Rotjacken gefüllt waren, vom Heck der Transportschiffe und ruderten auf direktem Wege zur Küste. Ihnen schlug beißendes Muske-
tenfeuer von Leuten, die weniger »beeindruckbar« waren als angenommen, entgegen. Im voraus von Landsleuten in New York über
Tryons Absichten informiert, ergossen sich Verteidiger aus den na-
hegelegenen Städten in einer Kopfzahl von mehreren Tausend nach
New Haven. Sie waren mit alten weitreichenden Queen-Anne-
Musketen bewaffnet, kannten jeden Baum und jeden Zaun und
kämpften für ihre Häuser und ihre Rechte. Als gute Schützen sorgten sie für hohe Verluste unter General Tryons Landetruppen, aber
sie konnten sie weder aufhalten noch ihre Häuser und Nachbarn vor
Plünderung, Feuer und Mord retten. Das scharfe Krachen von Mus-
ketenfeuer und der Rauch brennender Gebäude markierte die Spur

der einmarschierenden Armee. Die Soldaten brachen in jedes Haus ein, zerschlugen Türen und Fenster, stapelten das Mobiliar, um es anzuzünden, schlugen, vergewaltigten und mißhandelten die Einwohner und ermordeten in einem Fall einen alten und verteidigungsunfähigen Mann. Dies war Benjamin English, der einem zwei Tage später erschienenen Bericht im *Connecticut Journal* zufolge eine Gruppe von betrunkenen Rotjacken beschimpfte, weil sie sich seiner Tochter gegenüber rauh und verletzend verhalten hatten, als sie in sein Haus einfielen und Lebensmittel forderten. Daraufhin rammten sie ihm ihre Bajonette mehrfach durch den Körper.

Während eines Gefechts in New Haven brach eine Gruppe Studenten vom Yale College, die auf dem Weg in den Kampf waren, in Jubel aus, als sie ihren früheren Präsidenten, den ehrwürdigen Dr. Naphtali Daggett, auf einer alten schwarzen Mähre sahen, in der Hand seine Vogelflinte, grimmig zum Kampf entschlossen. Daggett war Professor der Theologie und neun Jahre lang Präsident von Yale gewesen. Er galoppierte an den Studenten vorbei, und bald darauf sah man ihn allein auf einem Hügelhang in der Nähe stehen, auf die heranmarschierenden britischen Truppen schießend. Der Offizier der Briten rief ihm zu: »Was machst du da, alter Narr, was fällt dir ein, auf Seiner Majestät Truppen zu schießen?« Daggett antwortete fest: »Ich übe mein Kriegsrecht aus.« Als ihn die Briten fragten, ob er auf solchen Unsinn in Zukunft verzichten würde, wenn jetzt sein Leben geschont würde, antwortete er: »Das ist kaum wahrscheinlich. Ich glaube bestimmt, ich würde es wieder tun.« Kühler Trotz kann durchaus Respekt hervorrufen, und statt ihn zu erschießen, erlaubten die Briten Daggett, sich zu ergeben, und ließen ihn an ihrer Spitze von Bajonetten getrieben in die Stadt zurückmarschieren und verwundeten ihn dabei mit kleinen Stichen. Dies spielte sich in der Mittagshitze eines der heißesten Tage, die ein Zeuge erlebt hatte, ab: »Auch der kräftigste Mann schmolz fast in der Hitze.« Als Daggett die Kräfte verließen und er sich nicht mehr auf den Beinen halten konnte, trieben ihn die Soldaten mit Kolbenschlägen vorwärts und nahmen ihm die Schuhe weg, weil sie silberne Schnallen hatten. Aus seinen Wunden blutend, wurde er schließlich in der Stadt liegengelassen, wo Nachbarn ihn in ihr Haus zogen und sich um ihn kümmerten, aber die Schläge waren zu viel

VIII. Die französische Intervention   213

für ihn gewesen. Er starb bald darauf – und der Bericht von der Behandlung, die er erlitten hatte, verbreitete sich im Lande. In New Haven wurden auch drei Kirchen und ein Gemeindehaus niedergebrannt, was Tryon damit zu entschuldigen suchte, daß das Feuer von brennenden Häusern in der Nachbarschaft übergesprungen war. Der Universität Yale gestohlene Papiere und Manuskripte wurden nie wieder aufgefunden. Präsident Ezra Stiles beschwerte sich empört bei Tryon und teilte ihm mit, daß ein Krieg »gegen die Wissenschaft« seit vielen Jahrhunderten »von den weisesten und mächtigsten Generälen mißbilligt« worden sei. Immerhin antwortete Tryon, was der Herzog von Alba wohl kaum getan hätte. Er benachrichtigte Stiles, daß eine Untersuchung keine Information über die Papiere ergeben habe. Es war ein unbedeutsames Detail in der Tragödie, die nicht auf New Haven begrenzt war. Gouverneur Tryons Streitkräfte marschierten weiter, um Fairfield und Norwalk auszuplündern und zu verbrennen und die Salzbekken in Horse Neck zu zerstören, bevor sie sich wieder nach New York einschifften.

Was konnten sich die Briten von der Verfolgung der Zivilbevölkerung erhofft haben – glaubten sie, die Amerikaner auf diese Weise zwingen zu können, ihre Sache aufzugeben und gehorsam unter die Souveränität Großbritanniens zurückzukehren? Der Krieg fordert politisch ein langfristiges und militärisch ein kurzfristiges rationales Ziel, nicht einfach nur törichte Aggression. Letztlich versucht jede Seite zu bewirken, daß der Feind kapituliert und seine Absicht, was immer sie gewesen sein mag, aufgibt. Voraussetzung ist die Zerstörung seiner Streitkräfte und Ressourcen, die Invasion und Besetzung seines Territoriums. Der Terror hat von den Tagen der Tarquinier an den Ufern des Tibers bis zu den Deutschen in Belgien 1914 und wiederum in Lidice 1942, als jeder Erwachsene in der kleinen Stadt zur Vergeltung erschossen wurde, selten die gewünschten Ergebnisse gehabt. Hatten Clinton und Tryon wirklich etwas anderes erwartet? Es ist wahrscheinlicher, daß sie und ihre Soldaten einfach aus der wütenden Frustration eines erfolglosen Krieges heraus ihrer Gewalttätigkeit Luft machten. Dieses Gefühl ist gewöhnlich für Greueltaten verantwortlich – zum Beispiel im Falle der Amerikaner bei My Lai –, außer wenn es von oben autorisiert und organisiert wird, wie im Falle der Spanier in den Niederlanden, der Japaner in China und der Deutschen in beiden Weltkriegen. Es ist immer möglich zu sagen, und es wird gewöhnlich hinterher gesagt, daß die Ausführenden nur auf Befehl einer höheren Autorität handelten, aber gibt es nicht eine normale Hemmung in den einfachen Soldaten, die sich gegen die Greuel wendet? Wenn diese Hemmung allerdings durch eine konsequente Politik systematisch geschwächt worden ist, kann sie nicht wirken.

Angesichts der festen Absicht der Briten, sich die amerikanischen Kolonien zu erhalten, und der ebenso festen Absicht der Kolonien, sich die Unabhängigkeit zu erkämpfen, gab es in der Tat keine Lösung für den Konflikt. Von König Georg abwärts glaubte jeder Engländer, einschließlich einer Mehrheit der Opposition, daß die Aufgabe Amerikas das Ende Großbritanniens als Weltmacht bedeutete. Es würde auf den Status eines »elenden kleinen Eilands«, wie Walpole schrieb, zurückfallen, vergleichbar mit »Dänemark oder Sardinien«. »Sollte die amerikanische Unabhängigkeit anerkannt werden«, erklärte Shelburne, ein Oppositionsführer, »ginge an jenem Tag die Sonne Großbritanniens unter.« Selbst im Falle des Sieges würde der Handel und jede andere nützliche Verbindung mit einem zornigen niedergeschlagenen Volk austrocknen, wenn nicht sofort Maßnahmen ergriffen würden, um die alte Freundschaft wiederherzustellen. Tryons Überfall war sicher kein Weg, alte Freundschaften zu erneuern.

Ohne Handel oder Kolonien schien Großbritannien mit Sicherheit zum Untergang verurteilt. »Wie Karthago wird es stürzen, wenn der Handel, auf den das Land gegründet ist, schwindet«, prophezeite Germain und fand ein unerwartetes Echo in den Worten des Weisen von Strawberry Hill: »Als nächstes wird Großbritannien seine ostindischen Kolonien verlieren«, sagte Walpole voraus, »und dann wird Frankreich uns seinen Willen herrischer aufzwingen, als wir es je gegenüber Irland taten.« Frankreich hegte ohne Zweifel solche Intentionen, aber die Geschichte hatte andere Wege vorgesehen. Die Herausforderung Napoleons etwa dreißig Jahre später brachte Großbritannien eine Wiederbelebung seiner Energien und seines Willens, und als die wiedererstarkte Marine unter Nelson den Herausforderer am Nil und bei Trafalgar zurückschlug, errang Großbri-

VIII. Die französische Intervention 215

tannien, statt zu einem zweiten Dänemark oder Sardinien zu werden, seine dominierende Rolle als Weltmacht zurück und behielt sie weitere hundert Jahre bis zum großen Einbruch von 1914.

Der demütigende und endlose amerikanische Krieg jedenfalls war durch Carlisles Friedensangebot nicht zu beenden. Angesichts der absoluten Weigerung der Kongreßmitglieder, in Verhandlungen einzutreten, kehrten Carlisle und seine Kollegen im November 1778 mit leeren Händen nach England zurück. Ihr Besuch war wie der Überfall Tryons auf Connecticut ein fruchtloses Unterfangen gewesen.

Zur gleichen Zeit erlitten die Amerikaner ein ernsteres Fiasko. Die erste Militärhilfe, die sich aus der Allianz mit den Franzosen ergeben sollte, endete in einem völligen Fehlschlag – dies war um so enttäuschender, als es sich um eine Hilfeleistung zur See handelte, wo Amerika Unterstützung am dringendsten brauchte. Eine französische Flotte von zwölf Linienschiffen und drei Fregatten unter Admiral Comte d'Estaing war im frühen Juli 1778, kurz nach dem Eintritt der Franzosen in den Krieg, vor der Küste Virginias angekommen und nach New York hinaufgesegelt. Die Planung sah einen gemeinsamen Angriff auf New York vor, bei dem die französische Flotte in enger Verbindung mit amerikanischen Landstreitkräften operieren sollte. Aber die großen französischen Kriegsschiffe waren, wie sich herausstellte, nicht in der Lage, die Untiefe bei Sandy Hook in der Bucht von New York zu überqueren. Washington schlug daraufhin einen kombinierten Angriff auf Newport, Rhode Island, vor, und d'Estaing segelte nach Norden. Eine britische Flotte unter Admiral Howe von New York verfolgte ihn, aber beide Verbände hatten mit großen Schwierigkeiten zu kämpfen, die in einem Sturm gipfelten, der die Flotten zerstreute. Es kam zu keiner Schlacht, weil d'Estaings Flaggschiff in dem Sturm Masten und Ruder verlor, was ihn zwang, sich mit einer Behelfstakelage in den Bostoner Hafen zurückzuziehen, um zunächst sein Schiff reparieren zu lassen.

Er verließ Boston, ohne die Briten auch nur einmal angegriffen zu haben, was bei den Amerikanern tiefe Enttäuschung und wenig Wärme hinterließ. In ihrer Empörung behaupteten sie, sie seien »in der spitzbübischsten Manier im Stich gelassen worden, als ob der

Teufel selbst in der französischen Flotte steckte«. Es bedurfte einer ernsthaften Anstrengung Washingtons und anderer, den Zorn auf die Franzosen zu beschwichtigen, aber auch das war vergebliche Liebesmüh, da d'Estaing vom Schicksal wirklich nicht begünstigt war. Von Boston segelte er nach Westindien und kehrte im folgenden Jahr für eine weitere gemeinschaftliche Unternehmung mit den Amerikanern zurück: Savannah sollte zurückerobert werden, das von den Briten im Jahr zuvor eingenommen worden war. In dem Gefecht wurde d'Estaing verwundet, und auch dieser Angriff schlug fehl. Die Hoffnung auf die Seeüberlegenheit in amerikanischen Gewässern, die den britischen Landstreitkräften die Nachschublinien abgeschnitten hätte, verlor sich mit dem letzten Blick auf d'Estaings Schiffe, die am Horizont verschwanden, um den frustrierten Admiral nach Frankreich zurückzutragen.

Kapitel IX
Der Tiefpunkt der Revolution

In Paris interniert, saß Admiral Rodney, Großbritanniens fähigster Marineoffizier, weit entfernt von Mast oder Segel fest, ein Admiral ohne Meer. Der Verzweiflung nahe, versuchte er durch Freunde vergeblich, eine Privataudienz beim König zu erhalten. Er schrieb an seine Frau und drang in sie, seine Sache persönlich bei Sandwich vorzutragen und seinen Sohn zu Lord North zu schicken. Sandwich weigerte sich, Lady Rodney zu empfangen und antwortete auf ihren Brief, daß es politisch unmöglich sei, ihrem Gatten ein Kommando zu geben, bevor er nicht seine privaten Gläubiger befriedigt und auch der Staatskasse das Ihre gegeben hätte, wobei er sich, so mag man annehmen, auf Ausgaben wie die warmen Mäntel für die Pensionäre des Greenwich Hospitals bezog, die der Marine angelastet worden waren. In einem unnötig bösartigen Brief an den König schrieb Sandwich:»Wenn Sir George Rodney aufgrund seines Geldmangels der Versuchung erliegen sollte, sich beim Einkauf von Schiffsbedarf oder von irgend etwas anderem dieser Art einen Vorteil zu verschaffen, so wird ihm das nicht möglich sein, weil immer ein Bevollmächtigter zur Stelle sein wird, durch dessen Hände solche Geschäfte gehen werden.« Es war solches Verhalten, das Sandwich bei seinen Zeitgenossen verhaßt machte.

Als Rodney später in den aktiven Dienst zurückberufen wurde, wurde ihm in der Tat ein Beauftragter der Admiralität zugesellt, der sicherstellen sollte, daß er seinen Posten nicht zur persönlichen Bereicherung mißbrauchte. Niemand wußte mehr über persönliche Bereicherungen im Dienst als Sandwich selbst, der seine ganze Laufbahn hindurch vom Scheitel bis zur Sohle korrupt war. Da Bereicherung durch Amtsmißbrauch für englische Beamte praktisch ein Lebensstil war, ist es schwer zu verstehen, warum die Admiralität, wenn sie Verschuldung so schockierend fand, Rodney praktisch in die Insolvenz trieb, indem sie ihm seinen Sold nur zur Hälfte auszahlte, möglicherweise unter dem Vorwand, daß er im Ausland lebte. Wenn die Admiralität »mir nur die Hälfte von dem zahlte, was mir als Konteradmiral von England zusteht«, schrieb er im April 1778 an seine Frau, »würde das ausreichen, um jedermann zufriedenzustellen, und es wäre noch Geld übrig«. In seinen Briefen wies er ganz logisch darauf hin, daß der aktive Dienst die einzige Möglichkeit war, durch die er sowohl seinem Land dienen als auch seine Schulden ehrenhaft abgelten konnte.

Sandwich muß irgendeinen Groll gegen ihn gehegt haben, denn es war wohl kaum im nationalen Interesse, den dynamischsten Seemann in der Royal Navy, als welcher Rodney sich bald in dramatischer Form erweisen sollte, zu diesem kritischen Zeitpunkt des gerade ausgebrochenen Krieges nicht zu berufen. Darüber hinaus war Rodney einer der wenigen Offiziere, die überhaupt bereit waren, unter Sandwich als Erstem Lord zu dienen, während sich die meisten anderen Offiziere aufgrund der Keppel-Affäre weiterhin verweigerten. Als Grund gab Sandwich an, daß Rodney zu aggressiv sei und wahrscheinlich irgendeine Aktion ausführen würde, die Spanien zum Kriegseintritt bewegen könnte. Aber dies scheint keine reale Befürchtung gewesen zu sein, denn die Briten machten immer wieder herabsetzende Bemerkungen über Spaniens Mangel an Unternehmungslust und seine vorsichtige Vermeidung jeder offensiven Aktion im Kanal, obwohl es zusammen mit Frankreich numerisch überlegen gewesen wäre.

Aus Paris schrieb Rodney – der weder Botschaften noch Geld empfing – in tiefster Qual an seine Frau: »Verzögerungen sind schlimmer als der Tod, besonders zu dieser kritischen Zeit, da jede Stunde die Erwartung eines Krieges erhöht.« Ein französischer Verband, berichtet er, sei Ende Januar nach Amerika ausgelaufen, zusammen mit einem Konvoi von dreizehn Segel- und zwei Kriegsschiffen. »Die beiden Kriegsschiffe mit 28 Kanonen führten die Farben des amerikanischen Kongresses und schossen Salut. Der wurde von dem französischen Admiral offen und öffentlich erwidert, wodurch

IX. Der Tiefpunkt der Revolution

Frankreich die amerikanische Republik anzuerkennen scheint – die größte Beleidigung, die sie uns antun könnten.«

Neben der Qual erzwungener Untätigkeit war Rodney nun in akuter Not, was seinen Lebensunterhalt anging. In diesem Moment kam von so unerwarteter und unwahrscheinlicher Seite Hilfe, daß sie ihm wie ein Traum erschienen sein muß. Ein französischer Adliger, der Duc de Biron, Marschall von Frankreich, Oberst der Gardes Françaises und Kommandeur der Truppen von Paris, der von seiner Internierung gehört hatte, stellte ihm, wie Rodney schrieb, »seine Geldbörse zur Verfügung«. Der Marschall bot an, »ihm jede Summe zu geben, die er brauchte, sogar bis zu 2000 Pfund«. Die englischen Freunde, in deren Haus der Vorschlag gemacht wurde, seien gebeten worden, gewisse Bankiers darüber zu informieren, daß sie ihm die Summe, die der Marschall zahlen würde, vorstrekken sollten. Da Rodney anfänglich zögerte, eine solch erstaunliche Großzügigkeit anzunehmen, versicherte ihm der Duc de Biron in Anwesenheit der englischen Gäste, »daß dies keineswegs eine französische Prahlerei sei, sondern ein Angebot reiner Freundschaft und großer Achtung«, und daß »ganz Frankreich wüßte, welche Dienste ich meinem Land erwiesen hätte, und daß die Behandlung, die ich erfahren hätte, eine Schande für die Nation und ihre Minister« sei. Der Marschall betonte, er wäre sehr glücklich, wenn man ihm erlaubte, seinen »Respekt und seinen guten Willen« zu beweisen, »damit ich Paris ohne Vorwurf verlassen könne«.

Das Angebot de Birons erfolgte im Mai, nach dem Bündnis der Franzosen mit den amerikanischen Rebellen, aber vor der Kriegserklärung an Großbritannien. Biron war sich sicherlich darüber im klaren, daß er einen formidablen Gegner freisetzte, denn viele seiner Landsleute machten ihm später, als sein Eingreifen bekannt wurde, Vorwürfe. Er hatte sich indessen mit dem französischen Kabinettschef Maurepas beraten, der der Sache keine große Bedeutung zubilligte. Dies war ja der Mann, für den Seeschlachten nicht mehr als »piff poff« waren. Biron ging auch nach Versailles, um des Königs Erlaubnis einzuholen. *»Je vous envie d'avoir eu cette idée«*, antwortete der König nach den Aufzeichnungen in Birons Familiengeschichte. *»Elle est Française et digne de vous.«* (Ich wünschte, ich hätte Eure Idee gehabt. Sie ist französisch und Eurer würdig.)

Wenn es französisch war, so war es vielleicht ein Nachklang mittelalterlicher Ritterlichkeit und ihrer Orden, in denen sich die Ritter ohne Rücksicht auf ihre Nationalität zusammenfanden und einander mehr verpflichtet waren als ihrem Land.

Der Duc de Biron gehörte der Gontaut-Lauzun-Familie an, die einstmals Parteigänger des Usurpators Henri IV. von Navarre gewesen waren. Ein Vorfahr, Charles de Biron, wurde zum Admiral und Marschall Frankreichs ernannt, bevor er dem König zu gefährlich schien und das übliche Schicksal erlitt. Er wurde der Konspiration und des Verrats angeklagt und auf Befehl seines launischen Monarchen geköpft. Nichtsdestoweniger blühte die Familie im königlichen Dienst auf und hatte zu Rodneys Zeit enorme Reichtümer gesammelt, wie sich aus den erschreckenden Ausgaben von Birons Neffen, Armand Louis de Gontaut, geboren 1747, ergibt. Er nahm den Titel eines Duc de Lauzun an, und es wird über ihn berichtet, daß er die Stelle eines Obersten in der Armee für 1,5 Millionen Livres kaufte. Sein Sitz in Paris ist heute das Hotel Ritz. Er gab 1337 Livres und 10 Sous für die Hälfte einer Loge in der Oper, 1500 für die Hälfte einer Loge im *Théâtre des Italiens* und dieselbe Summe für eine Loge in der *Comédie Française* aus. Zwischen theatralischen Ablenkungen und den vielen Liebesaffären, die mit Leporellos stolzen Aufzeichnungen über Don Giovannis »tausendunddrei« Liebschaften in Spanien durchaus konkurrieren können, schrieb er eine Abhandlung über das Thema des Tages mit dem Titel: *Die Verteidigung von England und aller seiner Besitzungen in den vier Ekken der Welt.* Ob nun unter dem Eindruck dieses Themas oder nicht, auf jeden Fall wurde er einer der jungen Adeligen, die freiwillig in der amerikanischen Revolution fochten und eine aktive Rolle im Yorktown-Feldzug spielten. Außerdem wurde er zu einem Parteigänger der Französischen Revolution und kommandierte die Revolutionsarmee am Rhein, fiel dann aber im Verlauf von Fraktionskämpfen dem gleichen Schicksal wie sein Ahne zum Opfer und wurde 1793 auf der Guillotine hingerichtet.

Da man von Rodney oft genug die Prahlerei gehört hatte, daß er mit der französischen Flotte schon fertig würde, wenn man ihn nach England zurückkehren ließe, und da englische Zeitschriften immer wieder andeuteten, die Franzosen hielten Rodney fest, damit er

IX. Der Tiefpunkt der Revolution 221

sein militärisches Talent nicht nutzen könnte, wurde oft gesagt, daß Birons Großzügigkeit eher von verletztem Nationalstolz als von Ritterlichkeit bestimmt war. Was immer sein Motiv gewesen sein mag, die Wärme und der Respekt, die er Rodney entgegenbrachte, kamen für diesen nach der Vernachlässigung durch seine Landsleute in einem kritischen Moment. Denn sein Paß war abgelaufen, und seine Gläubiger waren so »laut« geworden, daß er mit einer Anklage oder Schlimmerem rechnen mußte, da sie nur noch von der Polizei zurückgehalten wurden – und von den Besuchen »jener großen Familien, deren Aufmerksamkeiten meine Gläubiger davon abhielten, so lästig zu werden, wie sie es sonst wohl gewesen wären«. An seine Frau schrieb er am 6. Mai: »Mehr als einen Monat habe ich nun keinen Brief erhalten, außer von Mr. Hotham und von Dir.« Solche erstaunliche Mißachtung durch seine Freunde zu Hause scheint darauf hinzuweisen, daß Rodney in seinen Kreisen in England nicht sehr populär war, was den Gegensatz zu der bemerkenswerten Freundlichkeit und Großzügigkeit des Duc de Biron und der »großen Familien« von Paris um so augenfälliger und rätselhafter macht – es sei denn, die Franzosen fanden ein eigenartiges Vergnügen daran, einem Feind aus seinen Schwierigkeiten zu helfen, insbesondere einem englischen Feind.

An demselben 6. Mai, an dem er über das Fehlen jeder Botschaft aus England klagte, legte Rodney in verständlicher Depression seine Skrupel ab und nahm Birons Angebot an, ihm 1000 Louis vorzustrecken. Damit konnte er seine Gläubiger befriedigen. Als er im Mai 1778 nach England zurückkehrte, lieh ihm Drummond's Bank, deren Direktor, Henry Drummond, ein Verwandter von Rodneys erster Frau war, das Geld, um den Kredit zurückzuzahlen. Rodneys noch dringenderer Wunsch nach Rückkehr in den aktiven Dienst wurde ein weiteres Jahr lang nicht erfüllt. Man begründete dies damit, daß die wichtigsten Kommandos in Amerika, Westindien und in der Grand Fleet zu Hause besetzt seien, was allerdings nicht der Wahrheit entsprach. Zu der Zeit, als man mit Spaniens Kriegseintritt rechnete und die alten verbündeten bourbonischen Feinde sich auf den Angriff auf Großbritannien vorbereiteten, wurde Rodney als Nachfolger von Keppel im Kommando der Grand Fleet übergangen. Man zog Sir Charles Hardy vor, einen der überalterten Ad-

miräle, die Sandwich aus dem Hut zaubern mußte, da aktive jüngere Offiziere keine Ernennung annahmen, weil sie fürchteten, zum
Sündenbock gemacht zu werden, wenn etwas schiefging.

Hardy, der seit zwanzig Jahren nicht zur See gefahren war, wurde
aus seinem bequemen Pensionärsdasein am Greenwich Hospital
herausgeholt. »Glauben die Leute zu Hause, daß die Nation nicht in
Gefahr ist?« schrieb ein Kapitän der Grand Fleet, während er unter
Sir Charles Hardys schlaffem Kommando zu leiden hatte. »Ich muß
Euch informieren, daß die Führung hier so konfus ist, daß ich vor
jedem Gefecht zittere. Es gibt keine vorausschauende Planung . . .
wir werden von morgens bis abends mit Details geplagt, während
die wesentlichen Dinge vollständig vernachlässigt werden . . . Mein
Gott, was habt Ihr großen Leute mit so einer Ernennung angerichtet?« Die politische Zerissenheit der Flotte hatte nicht nur Offizierskameraden zu Gegnern gemacht, sondern auch den Dienst
selbst schwer geschädigt, weil die Auswahl an aktiven Offizieren
und sogar Beamten für die Admiralität auf alte und erschöpfte Ve-
teranen begrenzt war, schwach in Geist und Gesundheit, die Relikte
besserer Tage.

Die Natur nahm sich des Problems an. Sir Charles Hardy starb nach
einem Jahr der zu schweren Verantwortung im Mai 1780. Der Seuf-
zer der Erleichterung aber war nicht angebracht, denn Hardys
Nachfolger, da Admiral Barrington das Kommando ablehnte, wurde der 70 Jahre alte Admiral Francis Geary, ein weiterer verschrum-
pelter Apfel, den ein Offizier als »völlig debil« beschrieb. »Er besitzt weder ein Gedächtnis noch ein Urteil, er schwankt in allen
Dingen.« Nach drei Monaten war Geary zwar nicht tot, aber doch
so erschöpft, daß er morgens nicht aufstehen konnte und seinen
Arzt entsandte, um seine Bitte um Entlassung zu bekräftigen. Als
Barrington, der sein Stellvertreter war, sich wiederum weigerte, das
Kommando zu übernehmen, suchte die Admiralität in ihren eigenen Amtsstuben nach einem Offizier, der nicht gleich zusammenbrechen würde, und stieß auf ein Mitglied der Admiralität, Vizead-
miral Darby, der in den Fünfzigern war und sich bereit erklärte, das
Kommando zu übernehmen.

Während Rodney zur Muße verurteilt war, kam es auf den Westindischen Inseln zum ersten Gefecht, als die Franzosen nach dem Patt

IX. Der Tiefpunkt der Revolution 223

von Ushant ihre Offensive gegen den britischen Handel in die Karibik verlagerten. Sie eroberten Dominica, eine Insel, die zwischen Martinique und Guadeloupe liegt, was ihnen eine starke Stellung in der Mitte zwischen den Leeward- und den Windward-Inseln gab. Zur selben Zeit eroberten die Briten St. Lucia zurück, das Rodney immer als einen Schlüsselstützpunkt angesehen hatte, von dem aus Fort Royal auf Martinique zu kontrollieren war. Im darauffolgenden Sommer 1779 fielen weitere Inseln an die Franzosen, St. Vincent in der Nähe des Zentrums der Windward-Kette und Grenada an ihren südlichen Ausläufern.

Als Spanien sich im Juni 1779 Frankreich im Krieg gegen Großbritannien anschloß, kamen beide Mächte zu dem Schluß, daß der gemeinsame Feind eher durch einen Angriff auf das Herz als auf die Glieder zu besiegen war; statt die Seewege und die über die ganze Welt von Ceylon bis Jamaika verstreuten Kolonien anzugreifen, wollten sie die britischen Inseln selbst erobern. Dieser Angriff wurde für den Sommer 1779 geplant. Vorgesehen war eine spanisch-französische Flotte von 66 Linienschiffen, eine größere Seestreitmacht als die 45 Linienschiffe, die Großbritannien im Kanal für seine Verteidigung mustern konnte. Die Briten wurden nur dadurch gerettet, daß die französischen Minister noch unentschlossener und schlampiger waren als ihre eigenen. Seit Dezember waren Botschaften zwischen Versailles und Madrid hin- und hergegangen, aber die Koordination der Flotten und Kommandeure stand nur auf dem Papier. D'Orvilliers, der französische Oberkommandierende, brachte seine Flotte bereits in der ersten Juniwoche an den Treffpunkt, aber die spanische Hauptflotte traf erst am 23. Juli ein. Bis dahin war d'Orvilliers sechs Wochen lang ohne Aufgabe hin- und hergekreuzt, mit Schiffen, auf denen inzwischen bereits Lebensmittel und Wasser fehlten. Überdies waren sie schlecht bemannt, wie er klagte, geführt von »mittelmäßigen Kapitänen«, von denen es »bei dieser Unternehmung eine noch größere Anzahl gibt als bei der letzten«. Epidemien, die den Spaniern bereits einen schrecklichen Zoll abverlangt hatten, breiteten sich nun unter seinen Mannschaften aus. Weitere Zeit wurde durch die Übersetzung von Signalbüchern und Befehlen verloren, die in der Friedenszeit nicht vorbereitet worden waren. D'Orvilliers war sich sehr bewußt, daß es auf beiden Seiten zu wenig Erfahrung in der Zusammenarbeit gab, um gute gemeinsame Manöver zu erwarten, und schrieb, daß er seine Hoffnungen auf »Tapferkeit und Festigkeit« setzen mußte.

Ganz England war alarmiert, als Leute an der Küste die gewaltige Zahl feindlicher weißer Segel sichteten, die den Kanal heraufkreuzten. Eine königliche Verfügung befahl, daß Pferde und Vieh von den Weiden an der Küste ins Landesinnere getrieben werden sollten. Truppen wurden nach Südengland verlegt, Häfen verbarrikadiert. Wieder kam das Wetter den Briten zur Hilfe. Nicht der Sturm, der die Armada Philips II. zerstreut hatte, sondern sein Gegenteil – eine Flaute, die den Feind bewegungslos in Sichtweite von Plymouth stillegte. Die Lage der französischen Flotte, berichtete d'Orvilliers, »wird mit jedem Tag schlimmer«. Krankheiten wüteten an Bord, und die Wasservorräte gingen zur Neige. Um d'Orvilliers' Unglück vollzumachen, überbrachte eine leichte Fregatte eine totale Umstellung der Angriffsbefehle. Nun war Falmouth an der Küste Cornwalls als Landungsstelle ausersehen, nicht mehr, wie im ursprünglichen Plan, die Isle of Wight. Außerdem wurde dem Admiral erklärt, der König wünsche, daß die Flotte »mehrere Monate« auf See bliebe. Ein Versorgungskonvoi werde »in Kürze aus Brest auslaufen«, um ihn zu treffen. Einen so gewaltigen Operationsplan im letzten Moment, da die Flotte und die Landungstruppe bereits auf See waren, zu ändern, kann kaum ein vernünftiges Vorgehen genannt werden. Die Verschiebung des Angriffs zu einem Zeitpunkt, da die Vorräte fast erschöpft waren und »diese schreckliche Epidemie« seine Mannschaften schwächte, war, wie d'Orvilliers es ausdrückte, »sehr unglücklich«.

Dasselbe galt für den Beschluß des Königs, die Flotte auf See den Herbst- und Winterstürmen auszusetzen. Es sei klar, schrieb ein Mann des Hofes, der Duc de Chatelet, dem Kommandanten in Le Havre, daß das Ministerium sich entschlossen habe, »alle Risiken auf sich zu nehmen ... um irgendeine Art von Operation gegen England zustandezubringen, damit die Verpflichtung Spanien gegenüber erfüllt werde«. Der Hof sei nicht in der Lage gewesen, zu einer Entscheidung zu kommen, was die »Ignoranz und Schwäche« der Minister widerspiegele, die sich »wie schwachsinnige Leute verhalten, die nie wissen, was sie tun sollen, bis der Moment kommt, in

IX. Der Tiefpunkt der Revolution 225

dem sie handeln müssen . . .« Die Todesrate auf den spanischen Schiffen war inzwischen so angestiegen, daß sie praktisch nicht mehr kampffähig waren. Daher wurde der Invasionsplan im Herbst 1779 aufgegeben. Die vereinigte Flotte zerstreute sich. England war durch das Eingreifen Gottes, nicht der Marine, gerettet worden. Es wäre seit der Eroberung durch die Normannen 1066 die erste Invasion gewesen.

Zu diesem späten Zeitpunkt, im Oktober 1779, in einem Monat vieler Bedrohungen, als Spanien und Frankreich Gibraltar belagerten, die Neutralitätsliga sich feindlich verhielt, und die Holländer erwogen, sich ihr anzuschließen, rief man Rodney schließlich in den aktiven Dienst zurück. Er verdankte seine Berufung vor allem seiner bekannten Aggressivität als Kommandant. Da er nicht der politischen Opposition angehörte, sondern die Regierung unterstützte – er glaubte, daß »Zwangsmaßnahmen gegen die Kolonien vollkommen gerechtfertigt« seien –, hatte er endlich die langersehnte Audienz beim König bekommen, der ihm eine baldige Ernennung versprach. Nun, nach der langen, zermürbenden Wartezeit von einem Jahr in London, als kein anderer Offizier mit gutem Ruf unter Sandwich dienen wollte, wurde ihm das Kommando der Station auf den Leeward-Inseln und Barbados angeboten. Die Entsetzung Gibraltars, dessen Vorräte fast erschöpft waren, sollte sein erster Auftrag sein, bevor er nach Westindien segelte.

Die Sorge um das große Tor zum Mittelmeer, Großbritanniens wichtigstem Stützpunkt auf dem Kontinent, war groß. Unter Zeitdruck hastete Rodney sofort nach Portsmouth, um seine Flotte vorzubereiten, sich der Seetüchtigkeit der Schiffe und voller Mannschaftsstärken zu versichern. Er fand dort einen Zustand vor, der von einem »außerordentlichen Mangel an Fleiß und Disziplin in den verschiedenen Behörden« gekennzeichnet war, wie sein Biograph schrieb, und von einem »Fehlen angemessenen Einsatzes bei den Offizieren seiner Flotte, die ihm fast alle unbekannt waren; viele von ihnen begegneten ihm mit deutlichem Mangel an Respekt und Herzlichkeit«.

Die Haltung der Offiziere war politisch begründet, denn Rodney war als Parteigänger der Regierung und Befürworter des amerikanischen Krieges bekannt. Die Auseinandersetzungen um diese Frage waren noch hitziger geworden – ein Bürgerkrieg der Meinungen, der sich natürlich stark auf die Marine auswirkte. Im Parlament hieß es in Schmähreden der Opposition, »eine verderbliche Regierung« habe Großbritannien und die Kriegsmarine »in Verwirrung, Uneinigkeit und Ruin« geführt. Die Marine war weit von der Stärke entfernt, die eine ungeschriebene Regel vorschrieb: die britische Flotte sollte immer mindestens auf der gleichen Stärke gehalten werden wie die Seestreitkräfte von Frankreich und Spanien zusammen. Alle Vorwürfe konzentrierten sich auf Sandwich, den Ersten Lord.

Die Parlamentarier spürten den kalten Wind der weitverbreiteten Unzufriedenheit und antworteten in Furcht um ihre Sitze auf den in seiner Thronrede vom November 1779 formulierten Appell des Königs, den Krieg energischer zu führen, mit dem Beschluß, zusätzliche Gelder für Söldner freizugeben und einer Einziehung von 25000 Seeleuten und 18000 Marinesoldaten für die Flotte zuzustimmen. Rodney gelang es nach einem Hagel von Klagen über Verzögerungen und Disziplinlosigkeiten, zumindest eine seetüchtige Flotte zusammenzustellen. Ein letztes Mal wurde er durch westlichen Wind gefolgt von einer »starken Flaute« aufgehalten, die ihn zwei Wochen lang im Hafen fesselte. Sandwich sandte ihm sofort nörgelnde Botschaften, wenn er in London eine Brise spürte: »Um Gottes willen, stecht ohne Verzögerung in See. Ihr könnt Euch nicht vorstellen, von welcher Bedeutung es für Euch, für mich und die Öffentlichkeit ist, daß Ihr diesen günstigen Wind nicht versäumt.« Schließlich gab es Wind auch in Portsmouth, und am 24. Dezember 1779 konnte Rodney zu dem Treffen auslaufen, das ihn zum Helden der Stunde machen sollte.

Er kommandierte eine große Flotte von 22 Linienschiffen, 8 Fregatten und nicht weniger als 66 Versorgungs- und Transportschiffen, die mit Proviant für Gibraltar und Menorca beladen waren. Hinzu kamen 300 Handelsschiffe, die er nach der Mission in Gibraltar im Konvoi nach Westindien bringen sollte. Mit seiner langen Schleppe von schweren Schiffen, die sich über Meilen des Ozeans zog, segelte er nach Süden in den Atlantik auf die spanische Küste zu. Unterwegs stieß er auf einen spanischen Konvoi, der ebenfalls auf dem Weg nach Gibraltar war, um die belagernden Streitkräfte zu versor-

IX. Der Tiefpunkt der Revolution 227

gen. Als die Spanier, die der britischen Flotte kraß unterlegen waren, sich kampflos ergaben, übernahm er das 54-Kanonen-Kriegsschiff, die sechs Fregatten und sechzehn Versorgungsschiffe und ordnete sie seiner Flotte ein. Am 16. Januar kam vor Kap São Vicente an der portugiesischen Küste nördlich von Cádiz ein spanisches Geschwader in Sicht. Es lauerte dort, um der Entsatzflotte für Gibraltar, von der die Spanier Nachricht erhalten hatten, den Weg zu verlegen. Mit nur elf Linienschiffen und zwei Fregatten, also nur der Hälfte von Rodneys Kräften, hätten die Spanier das Weite suchen und nach Cádiz entfliehen sollen. Statt dessen versuchten sie, einen kleinen Hafen vor Kap São Vicente zu erreichen.

Rodney, der, mit der Gicht daniederliegend, seine Flotte aus der Kabine befehligte, jagte die Spanier eine Nacht lang unter dem aufsteigenden Mond bis um zwei Uhr morgens. Um sich den Triumph nicht entgehen zu lassen, traf er einen schnellen Entschluß von großer Kühnheit – etwas, das nur wenige gewagt hätten. Trotz eines starken Windes mit Sturmböen, hißte er das Signal, aus Lee anzugreifen. Die britischen Linienschiffe sollten zwischen den Feind und die Küste stoßen, um den Spaniern den Weg in den Hafen zu versperren. Die Leeseite war eine hilflose Position, die jeder Kapitän normalerweise vermied. Dazu kam in diesem Fall die Gefahr, in Dunkelheit und Sturm auf die Klippen der Küste geworfen zu werden. Kein vorhergehender Kriegsrat hatte die Kapitäne auf eine solch unorthodoxe Aktion vorbereitet. Rodney hatte lediglich allen befohlen, »sich auf den Kampf vorzubereiten, wenn mein Schiff sich besagtem Kap nähert«.

Im Gegensatz zu Nelson hielt Rodney nichts davon, Ratsversammlungen abzuhalten und sich mit seinen Offizieren anzufreunden. Das Risiko, das er im Mondlicht einging, hing ganz von seiner Seemannschaft und dem Vertrauen seiner Offiziere in ihn ab. Angesichts ihrer Haltung in Portsmouth konnte er sich dessen nicht sicher sein. Vielleicht weckte er nun durch seine Kühnheit Vertrauen. Sie folgten ihm, setzten alle Segel, warfen Fässer und Holz über Bord, um die Geschwindigkeit zu erhöhen.

Der »brillante Sturm« der britischen Flotte jagte auf die Küste zu, während jetzt der volle Mond die fliehenden Spanier beleuchtete. »Sie flogen auf den Hafen zu wie ein erschreckter, von Haien verfolgter Schwarm von Tümmlern.« Rodney befahl seinem Steuermann, die kleineren Handelsschiffe nicht zu beachten und sein Schiff neben das größte der feindlichen Flotte zu legen, »neben den Admiral, wenn einer da ist«. Das Flaggschiff der Spanier erwies sich als die 80-Kanonen-*Fenix,* das Schiff des spanischen Kommandeurs Don Juan de Langara. Zusammen mit fünf anderen Linienschiffen strich er nach kurzem Gefecht die Flagge. Ein weiteres spanisches Schiff flog mit einer gewaltigen Explosion in die Luft, vier wurden nach Gefechten mit den Engländern zwischen den Klippen gekapert. Als der blasse Morgen des Januar heraufdämmerte, mußten die Briten bei einem Wind in Sturmstärke Prisenkommandos auf die gekaperten Schiffe bringen, während sie von der Felsenküste freizukommen versuchten. Am Morgen konnte Rodney sechs gekaperte feindliche Linienschiffe zählen. Der spanische Admiral war sein Gefangener. Drei weitere spanische Linienschiffe scheiterten auf den Felsen. Nur zwei Schiffe von Langaras Verband entkamen. Seinen eigentlichen Auftrag, den Entsatz Gibraltars, trotz seines Triumphes nicht vergessend, schickte Rodney Fregatten nach Tanger, um dem britischen Konsul zu sagen, daß Großbritannien nun die Meerenge kontrolliere und er die Verschiffung von Proviant nach Gibraltar sofort vorbereiten möge. Durch Sturm und schwere See erreichte er die Meerenge, trieb den Blockadeverband auseinander und ankerte vor Gibraltar. Garnison und Bevölkerung hatten schon lange von kleinsten Rationen gelebt und waren dem Verhungern nahe. Wachen standen vor jedem Lebensmittellager, um einen Sturm auf die letzten Vorräte zu verhindern. Nachdem er erst Gibraltar und dann Menorca mit Proviant für zwei Jahre versorgt hatte, segelte Rodney nach Westen, Richtung Karibik, während schnelle Kutter nach London zurückeilten, um die ruhmreichen Nachrichten vom Entsatz Gibraltars und der Schlacht im Mondschein zu überbringen.

Rodneys numerische Überlegenheit vor Kap São Vicente läßt es nicht zu, den Sieg als heroisch zu bezeichnen, aber ohne Zweifel verdankte er seinen Ruhm persönlicher Unerschrockenheit und perfekter Führung seiner Flotte. Horace Mann, Walpoles treuer Korrespondent, schrieb aus Florenz, daß Rodneys Sieg »wie ein Lauffeuer durch die Stadt ging«, und daß jedermann, den er traf, gratulierte.

IX. Der Tiefpunkt der Revolution 229

Zu Hause wurde Rodney als der Retter nicht nur Gibraltars, sondern der Ehre der Kriegsmarine, mehr noch, der Ehre der britischen Fahne gerühmt. Kanonenschüsse wurden vom Tower abgefeuert, und zwei Nächte hintereinander erleuchtete Feuerwerk den Himmel über London. »Fast jedermann betet dich an«, schrieb ihm seine älteste Tochter, »und jeder ist voll des Lobes.« Es sei unmöglich, schrieb seine Frau, »den allgemeinen Beifall, der Dir zufällt«, zu schildern, oder »die Zahl der Freunde zu nennen, die mich aufgesucht haben, um mir zu dem glücklichen Ausgang zu gratulieren«. Viele von ihnen waren ohne Zweifel dieselben »Freunde«, die ihn in Paris seinem Elend überlassen hatten. Rodneys Belohnung war das ziemlich ephemere Geschenk eines formellen Danks des Parlaments, dem beide Häuser zustimmten, und die Ehrenbürgerschaft von London. Die Urkunde wurde in einer Goldschatulle überreicht. Befriedigender war da schon seine Wahl zum Mitglied des Parlaments für den Bezirk Westminster. Auf der Woge seines großen Sieges hatte er keinen Gegenkandidaten.

Rodneys Flaggoffizier, Walter Young, behauptete später, daß er es gewesen sei, der den Befehl zum Nachsetzen und zum Angriff aus Lee gegeben habe. Rodney dagegen habe aufgrund seiner schlechten Gesundheit und seiner »natürlichen Unentschlossenheit« versucht, die Verfolgung abzubrechen. Da er ans Bett gefesselt war, mußte sich Rodney selbstverständlich auf die Beobachtungen eines anderen stützen, aber Sir Gilbert Blane, der Schiffsarzt, bezeugte, daß der Admiral den Leekurs mit Young bei Sonnenuntergang diskutiert hatte. Unentschiedenheit war kein Charakterzug, den man Rodney glaubhaft zuschreiben konnte. Die Order für den Kurs nach Lee konnte nur der Admiral aussprechen, und die ganze Aktion mußte er verantworten. Daß es keine Verwirrung und kein Zögern der anderen Kapitäne gab, deutet darauf hin. In seinem Bericht zeigte sich Rodney hocherfreut darüber, daß »alle Ränge und Dienstgrade« prompt und tapfer reagiert hatten. Er pries die Überlegenheit der kupferbeschlagenen Rümpfe, die es ermöglicht hatten, den Feind noch rechtzeitig zu stellen. »Ohne sie hätten wir kein einziges spanisches Schiff gekapert.«

Sandwich gratulierte Rodney in einer Art, die, wenn man an seine frühere Ablehnung Rodneys denkt, nur mit dem Modewort *Chuzpe* umschrieben werden kann: »Auch meine schlimmsten Feinde gestehen nun ein, daß ich auf einen Mann gesetzt habe, der seine Pflicht kennt und ein tapferer, ehrlicher und fähiger Offizier ist.« Als ihn einer von Rodneys Kapitänen, Sir John Ross, informierte, daß »unsere Expedition in neun Wochen 36 feindliche Handelsschiffe, die auf einen Wert von einer Million Sterling geschätzt werden, und neun Linienschiffe gekapert sowie die Garnisonen von Gibraltar und Mahon mit Proviant für zwei Jahre versorgt hat«, besaß Sandwich zumindest den Anstand, Rodney zu schreiben, daß er »Seiner Majestät nahezubringen hoffe, substantiellere Beweise seiner Zufriedenheit hinzuzufügen«. Das tat er, und die Belohnung erwies sich als stattlich.

Die Nachricht vom Sieg bei Kap São Vincente entlockte Horace Walpole einen seltsamen Kommentar, der dem Ereignis nicht ganz angemessen erscheint. »Es ist für mich eine fast grundlegende Annahme«, schrieb er an Reverend William Cole, einen weiteren seiner regelmäßigen Korrespondenten, »daß, da List und Kraft nur selten zu guten Zwecken eingesetzt werden, es die Absurdität der Menschheit ist, die das Gleichgewicht aufrechterhält, das der Himmel vorbestimmt hat.« Auf die Mondschein-Schlacht, wie sie bald überall genannt wurde, nicht anwendbar, war Walpoles Bemerkung wahrscheinlich eher als philosophische Maxime der menschlichen Geschichte, denn als Kommentar zu Rodneys Triumph gedacht. »Adieu mein lieber Sir«, schloß er den Brief, »werden wir in unserem Leben noch einmal den Kopf in Frieden niederlegen können?« Auch John Adams sah den Frieden zu dieser Zeit in weiter Ferne. Mit einem so kühnen und unternehmungslustigen Admiral würden die Briten seiner Meinung nach einer friedlichen Einigung weniger geneigt sein, denn »Siege zur See begeistern sie bis zur Tollheit«. Adams traf wie so oft den Nagel auf den Kopf, denn Rodney hatte durch die Mondschein-Schlacht und die Befreiung Gibraltars das britische Selbstbewußtsein gestärkt. Im amerikanischen Krieg sollte es sich allerdings in fataler Weise bis zur Vermessenheit steigern.

Die Prisen von Kap São Vicente wurden mit dem Hauptteil der Flotte nach London zurückgeschickt, während Rodney selbst mit vier Linienschiffen den Kurs in die Karibik und zu seinem Stütz-

IX. Der Tiefpunkt der Revolution   231

punkt auf St. Lucia einschlug. Er kam dort in derselben Woche an,
in der eine französische Flotte unter dem Kommando des Comte de
Guichen in Fort Royal auf Martinique einlief. De Guichen hatte
den Auftrag, mit Frankreichs erneuerter Seemacht den Krieg in die
Westindischen Inseln zu tragen.

In diesem Stadium des Konflikts hatte Großbritannien mit einem
Nachteil zu kämpfen, den es so im Siebenjährigen Krieg nicht gegeben hatte. Das Land steckte tief im Krieg mit den amerikanischen
Kolonien, was der Marine Ressourcen entzog, während für den
Feind das Gegenteil galt. Frankreich hatte sich nach dem Frieden
von Paris aus allen kontinentalen Streitigkeiten herausgehalten, die
vor 1763 die Kräfte des Landes an die Armee gebunden hatte, was
den Aufbau einer schlagkräftigen Kriegsmarine verhindert hatte.
Aber seitdem hatte man Menschen und Ressourcen, Ausbildung
und Schiffsbau auf die Marine konzentriert, mit der man Großbritannien zu besiegen hoffte. 1778, als Frankreich Großbritannien offiziell den Krieg erklärte, besaß es 75 bis 80 Linienschiffe und 50
Fregatten – und dies waren Schiffe, die besser und schneller waren
als die der Briten. Dazu kamen 60 spanische Linienschiffe, obwohl
der geringe Kampfwille Spaniens – wie der Italiens im Ersten Weltkrieg – es zu einem zweifelhaften Verbündeten machte, der in vielen
Fällen eher eine Behinderung als eine Hilfe darstellte. Gegen die
bourbonische Allianz konnte Großbritannien 69 Linienschiffe stellen, von denen nur 35 wirklich seetüchtig und 11 in amerikanischen
Gewässern waren. Somit war die britische Flotte von der Parität mit
den kombinierten Flotten Frankreichs und Spaniens weit entfernt.

Die Absichten der Franzosen auf die Leeward-Inseln sollten Rodney innerhalb weniger Monate nach dem Triumph von Gibraltar
die enttäuschendste Seeschlacht seiner Laufbahn bescheren. Zum
Glück wurde dieser Schlag, wenn nicht aufgehoben, so doch gemil-
dert durch gute Nachrichten, die er in St. Lucia vorfand, als er dort
im März 1780 ankam. Diese bestanden aus einem Brief von Lord
Sandwich, in dem er Rodney offiziell mitteilte, daß der König ihm
eine jährliche Pension von 2000 Pfund zugestanden hatte. Wichtiger
noch, die Pension sollte nach seinem Tode in der Form jährlicher
Zahlungen von 500 Pfund an seine Witwe, 1000 Pfund an seinen

ältesten Sohn und jeweils 100 Pfund an den zweiten Sohn und die
vier Töchter fortgesetzt werden, »und dies ihr Leben lang«. Diese
Belohnung nahm Rodney die ärgsten Sorgen um seine Familie. Die
Pension gebe ihm innere Ruhe, schrieb er etwas zu zuversichtlich an
seine Frau. »Alles, was ich will, ist, meine Schulden so schnell wie
möglich zu begleichen... Laß mich von diesen Forderungen frei
sein, und unser Einkommen wird mehr als zureichend sein, um so
zu leben, wie es uns gebührt, und noch etwas zu sparen.« So einfach
sollte es nicht werden, denn die Gerichtsverfahren, welche die Kaufleute von St. Eustatius und St. Kitts, deren Waren er konfisziert
hatte, gegen ihn anstrengten, sollten ihn bis an sein Ende in finanziellen Schwierigkeiten halten.

Mit der finanziellen Erleichterung erwachte sofort die alte Sehnsucht nach der Mitgliedschaft in dem Club, den er über alles schätzte, dem Parlament. Er war über seinen Wahlerfolg in Westminster
noch nicht informiert und schrieb an Lord Germain: »Nicht im Parlament zu sein, heißt, aus der Welt zu sein, und mein Herz drängt
darauf, wieder hineinzukommen.« Sandwich gestand er die gleiche
Sehnsucht und schrieb ihm, daß »die glückliche Lage meiner Finanzen« nicht nur die Schulden abdecken würde, sondern auch »eine
gewisse Summe, wenn nötig, übrigbliebe, um mich ins Parlament zu
bringen«.

Auf der Reise von Gibraltar nach Westindien hatte er von entflohe-
nen britischen Seeleuten, die in Brest gefangengehalten worden waren, gehört, daß ein starker französischer Verband von 15 bis 20
Linienschiffen sowie Transportschiffen mit 15 000 Soldaten nach
Westindien in See gegangen war. Das Ziel der Flotte war es, nachdem sie sich in Fort Royal mit dem einen oder anderen Linienschiff
verstärkt hatte, Barbados zu befreien, wo die Briten etwa 2000 französische Soldaten gefangenhielten, und St. Lucia zurückzuerobern.
Rodney sah darin die Gelegenheit für einen bedeutenden, vielleicht
entscheidenden Schlag. Nie zufrieden mit den Paradetaktiken und
zeremoniellen Duellen seiner Ära und nie ein Sklave der *Fighting
Instructions,* wollte er mit seinen Gefechten ernsthafte Resultate
erzielen. »Das Ziel, an dem er unbeirrbar festhielt«, wie Mahan
bewundernd schreibt, »war die französische Flotte«, die organisierte Seemacht des Feindes. Das war in der Tat der springende Punkt.

IX. Der Tiefpunkt der Revolution 233

Solange die französische Seemacht Zugang zu Amerika hatte und es
ihr möglich war, die Rebellen mit Soldaten, Waffen und insbesondere mit Geld zu versorgen, konnten diese nicht besiegt werden.
Rodneys Gefechtstaktik kam dem von John Clerk im Hafen von
Edinburgh ersonnenen Aufbrechen der Linie sehr nahe. Es war ein
unorthodoxes Manöver, in dem alle seine Schiffe auf einmal, statt
Abschnitt um Abschnitt, das französische Zentrum und die Nachhut angreifen und zerstören sollten, bevor die Vorhut wenden und
eingreifen konnte. Er erklärte den Plan seinen Kapitänen vor dem
Auslaufen, aber da dieser den *Fighting Instructions* widersprach,
wurde er offenbar nicht verstanden, oder aber, wie Rodney später
klagte, es wurde ihm aus zwielichtigen politischen Gründen nicht
gehorcht.
Wieder einmal sollte die Erbsünde eines Signalsystems, das seit
hundert Jahren nicht verändert worden war, eine Aktion der Flotte
vereiteln, die entscheidend hätte sein können. Entsprechend der
Theorie, daß es zur besseren Verständigung nur einfache und wenige Flaggensignale geben sollte, hatte man das System primitiv gehalten. Die Regel sagte, daß nur eine Signalflagge zur Zeit gehißt
werden durfte, so daß unterschiedliche Bedeutungen nur durch
Hinzufügung von Standern oder durch die Position der Flagge am
Mast oder an verschiedenen Masten dargestellt werden konnten.
Angesichts dieser engen Grenzen bezog sich eine Flagge in der Regel auf den einen oder anderen Artikel der *Fighting Instructions*.
Wenn sein Schlachtplan nicht sehr ausführlich und gründlich erklärt
wurde, was nicht Rodneys Stärke war, konnte er bei der laxen Disziplin der Flotte kaum mit prompten und präzisen Reaktionen rechnen.
Am 17. April 1780 sichteten die britischen und französischen Flotten einander vor der Küste von Martinique. Mit dem Vorteil des
Windes und in geschlossener Formation, während die Franzosen
weit auseinandergezogen waren, befahl Rodney seinen Überraschungsangriff. Er glaubte sich am Rande eines überwältigenden
Sieges. Aber statt dem großen Entwurf zu gehorchen, ließen sich
seine Kapitäne vom britischen Signalsystem verwirren. Um seine
Absicht kundzutun, ließ Rodney Signal 21 aus den *Additional Fighting Instructions* hissen. Eine im Sinne der regulären Taktik einfache

Sache, bedeutete Signal 21, daß jedes Schiff auf den Feind zusegeln und das nächstliegende Schiff bekämpfen sollte. Es bestand aus dem Hissen der Signalflagge an der Großbramstange und dem Abfeuern eines Kanonenschusses – nicht gerade die präziseste Botschaft mitten in einem Gefecht.

Die müden Kapitäne, die von der unorthodoxen Vorplanung ohnedies verwirrt waren, brachen regellos aus der Formation aus. Einige von ihnen griffen wie in einer herkömmlichen Schlacht die französische Vorhut an, andere, unsicher, wen sie angreifen sollten, folgten im Kielwasser eines anderen und griffen den falschen Abschnitt der französischen Linie an. Sie ließen ihren Admiral ohne Unterstützung, seine Taktik ein Scherbenhaufen. Eine Stunde lang kämpfte er allein gegen eine Übermacht, bis sein Flaggschiff so beschädigt war – mit achtzig Einschlägen im Rumpf, davon drei unter der Wasserlinie, gebrochenem Groß- und Besanmast, mit gähnenden Löchern in den Segeln, die Hauptspiere nutzlos herabbaumelnd wie ein gebrochener Arm –, daß er alle Hände voll zu tun hatte, es die nächsten 24 Stunden über Wasser zu halten, und schließlich auf ein anderes Schiff der Nachhut überwechseln mußte. Zwei seiner Schiffe wurden in dem Gewühl so schwer getroffen, daß sie später in der Bucht sanken. Keine der beiden Flotten hatte einen Vorteil erfochten, als sie sich trennten.

In dem rasenden Zorn seiner Enttäuschung warf Rodney in seiner Privatkorrespondenz seinen Untergebenen »nackten Ungehorsam gegenüber Kommandos und Signalen« vor. Dies alles sei eine Verschwörung, um ihn und durch ihn die Regierung zu diskreditieren, und ziele darauf, die Opposition an die Macht zu bringen. Aus heutiger Sicht scheint es möglich, daß der Ungehorsam der verwirrenden neuen Taktik, die gegen die geheiligte Regel der Kiellinie verstieß, ebensoviel schuldete wie der Politik.

Etwas zurückhaltender in seinem offiziellen Bericht an die Admiralität, fühlte sich Rodney doch gezwungen, die Lordschaften darüber in Kenntnis zu setzen, daß »die britische Flagge nicht angemessen unterstützt wurde«. Er sage dies »mit großer Sorge, in die sich Empörung mischt«. Selbst das ging der Admiralität zu weit, die diese Passage aus der in der *Gazette* veröffentlichten Fassung herausstrich. Aber Rodneys private Anklagen offenen Ungehorsams

IX. Der Tiefpunkt der Revolution

machten schnell die Runde und drohten – nach dem Keppel-Streit – ungewollte neue Kriegsgerichtsverfahren nach sich zu ziehen. Sandwich versprach »Schande und Strafe« für diejenigen, die »Euch um den Ruhm der Zerstörung eines beträchtlichen Teils der französischen Seestreitmacht gebracht haben«. Rodney, der selbst keinesfalls eine öffentliche Untersuchung der Vorfälle wollte, weil er weiteren Schaden für die Kriegsmarine befürchtete, entschied sich statt dessen, seine Offiziere zu warnen, daß auch der höchste Rang niemanden vor seinem Zorn schützen werde, wenn sie den Signalen nicht gehorchten. Wenn nötig, würde er Fregatten als Meldeschiffe einsetzen, um Disziplin zu erzwingen.

In der Bitterkeit, seiner großen Chance beraubt zu sein, die »aller Wahrscheinlichkeit nach vernichtend für die Seemacht des Feindes« gewesen wäre, war Rodney fest entschlossen, die Franzosen nicht davonkommen zu lassen. Guichen, sein Gegenspieler, hatte sich in einen Stützpunkt auf Guadeloupe zurückgezogen und würde mit Sicherheit, so glaubte Rodney, innerhalb kurzer Zeit versuchen, in den Schutz von Fort Royal zurückzugelangen. Rodney hatte trotz seiner beschädigten Schiffe die feste Absicht, ihm den Weg zu verlegen und den französischen Admiral erneut zum Kampf zu zwingen. Guichen jedoch, der beim Auslaufen in Luv lag, ließ sich nicht aus seiner vorteilhaften Position locken. Als er erneut gesichtet wurde, fünfzehn Meilen von Martinique entfernt in der Meerenge zwischen Guadeloupe und St. Lucia, hätte er Kampfhandlungen einleiten können, falls er es gewollt hätte – aber dies zu vermeiden entsprach eher dem französischen Stil. In der Absicht, ihre Schiffe zu schonen, und von der Doktrin geleitet, strategische Ergebnisse ohne taktische Risiken zu erzielen, wichen die Franzosen aus. Dies um so mehr, als sie in Rodney einen Gegner erkannten, der bereit war, zu überraschenden Taktiken zu greifen, denen sie sich lieber nicht aussetzen wollten. Bei unbeständigen Winden versuchten beide Admiräle, den anderen auszumanövrieren. Guichen gelang es dank professioneller Seemannschaft, sich in eine Position zu bringen, die ihm beides erlaubte: in Fort Royal einzulaufen oder St. Lucia anzugreifen. Rodneys Bemühen war es indessen, den Vorteil des Windes zu erlangen, um Guichen angreifen zu können, bevor dieser eine seiner Optionen nutzen konnte. Um seine Drohung wahrzumachen und seine Kapitäne besser zu kontrollieren, ging Rodney an Bord einer Fregatte. Er glaubte, seine Offiziere seien von dieser Entscheidung »wie vom Blitz getroffen«, weil sie »mein Auge mehr fürchten als die Kanone des Feindes«, wie er Sandwich später schrieb. »Es war unvorstellbar, in welcher Furcht ich sie hielt.« In der Einschätzung der eigenen Wirkung war er nie zurückhaltend. Noch immer nicht zufrieden, belehrte er seine Kapitäne über das Wesen von Befehlen. »Die schwierige Arbeit des Denkens«, sagte er ihnen, »kommt mir zu. Ihr braucht den Kommandos lediglich sofort und ohne Einwand zu gehorchen.«

Zwei Wochen lang, Tag und Nacht mit geladenen Kanonen und entzündeten Lunten, manövrierten die beiden Gegner im Ringen um die Luv-Position. Die Flotten waren einander so nahe, daß »weder Offiziere noch Mannschaften ernsthaft Schlaf bekamen«. »Die Größe des Ziels«, schrieb Rodney an Sandwich, »gab meinem Geist die Kraft auszuhalten, was mein Körper kaum ertragen konnte.« Während der vierzehn Tage und Nächte ging er nicht zu Bett. »Nur wenn die Flotte in vollkommener Ordnung segelte, stahl ich mir ab und zu eine Stunde Schlaf auf dem Kabinenboden.« Rodney dramatisierte sich selbst mit großer Lust; man fragt sich, warum er sich nicht für die Stunde in das Bett legte, das in einer Kapitänskajüte auf einer Fregatte sicherlich zu finden war. Sechs Wochen lang versuchte er, die Franzosen zu stellen, aber es kam nicht zur Schlacht. Trotz seiner eigenen beschädigten Schiffe mit ihren zerschmetterten Marsstengen und Lecks im Rumpf beharrte Rodney hartnäckig auf der Verfolgung, bis er entdeckte, daß Guichen den Befehl hatte, seine Flotte aus der Karibik abzuziehen, und auf dem Weg nach Hause war. Rodney kehrte um, und damit waren die Kämpfe des Jahres 1780 in einem weiteren ergebnislosen »piff poff« vor dem Einsetzen der Hurrikanzeit im Frühherbst zu Ende gegangen. Rodney hatte lediglich erreicht, daß die ständige Bedrohung durch seine Flotte die Franzosen von weiteren Angriffen auf die Inseln abgeschreckt hatte.

Guichens Rückzug befreite Rodney von der Sorge um das Schicksal der ihm anvertrauten Leeward-Inseln, aber das nahm ihm nichts von seinem Zorn über die verpatzte Schlacht, die ihm die »glorreiche, vielleicht nie wiederkehrende Gelegenheit« verdorben hatte,

IX. Der Tiefpunkt der Revolution 237

»den Kampf um die Vorherrschaft zur See in diesen Gewässern zu entscheiden«. Er dürstete nach neuen Aktionen. Gerade zu diesem Zeitpunkt erfuhr er durch ein gekapertes amerikanisches Schiff, daß ein französisches Geschwader mit sieben Linienschiffen, die Truppentransporte eskortierten, zur Unterstützung der Rebellen nach Amerika geschickt worden war. Dies war das Geschwader de Ternays mit Rochambeaus Armee an Bord. Rodney erkannte, daß die Briten damit den Franzosen numerisch unterlegen sein würden. Um zu verhindern, daß die Seeherrschaft in amerikanischen Gewässern an die französische Flotte überging, beschloß Rodney, nach New York zu segeln, um die Situation zu retten.

Während seiner erzwungenen Muße in Paris hatte er bereits an einer umfassenden Strategie gearbeitet und seine Gedanken dazu in einem Brief an Sandwich im Jahre 1778, kurz nachdem Frankreich in den Krieg eingetreten war, zusammengefaßt. Von diesem Schreiben existiert kein Exemplar mehr, aber Äußerungen von ihm selbst und anderen, die sich auf den Brief beziehen, deuten darauf hin, daß Rodney vor allem anderen an die Notwendigkeit glaubte, Großbritanniens Konflikte als Ganzes zu sehen, als einen einzigen Krieg, der eines einheitlichen Plans für all seine Streitkräfte und eines klaren, übergreifenden Kriegsziels bedurfte. Er erkannte schon früh, daß die Unterstützung der Rebellen durch die Franzosen den Krieg in Amerika entscheiden konnte, und riet, die französische Flotte in Westindien in Atem zu halten, so daß sie keine Schiffe und Truppen für Amerika entbehren konnte. Während der Hurrikanmonate, wenn Operationen in der Karibik ruhten, wollte er seine Flotte vor die amerikanische Küste führen und die Rebellion durch die Vereinigung aller verfügbaren Kräfte in einer einzigen großen Anstrengung zerschlagen. Sandwich hatte diesen Plan – wahrscheinlich in einem Brief an Rodney – gebilligt, aber die Verwirklichung scheiterte an der einfachen Tatsache, daß Großbritannien seinerseits nicht genug Schiffe in die Karibik entsenden konnte, um die Franzosen dort effektiv in Atem zu halten.

Zu dieser Zeit ernannten die britischen Kriegsminister einen neuen Oberbefehlshaber der britischen Streitkräfte in Amerika. Sir William Howe, der zuwenig Energie und Kampfwillen gezeigt hatte, wurde durch Sir Henry Clinton ersetzt, der sich indessen nicht als große Verbesserung herausstellte. Die Ernennung Clintons – eines Vetters des Herzogs von Newcastle, dem schon erwähnten Großmeister der Beziehungen – war wiederum eher auf die richtigen Verbindungen als auf Leistung zurückzuführen. Sie übertrug die Leitung des Krieges einem Mann von neurotischem Temperament, dessen notorisches Zögern dazu führte, daß Entscheidungen den Ereignissen, die sie betrafen, ständig hinterherhinkten.

Innerhalb von drei Monaten nach seiner Ernennung im Mai 1778 belehrte eine Überprüfung der entscheidenden Elemente des Krieges Clinton über die Schwierigkeit seiner Situation: die unendliche Weite des Landes, die feste Entschlossenheit der Rebellen, sich mit nichts Geringerem als der Unabhängigkeit zufriedenzugeben (was die Carlisle-Kommission zu der Zeit gerade entdeckte), und das Fehlen einer großen und aktiven Loyalistengruppe, auf die die Briten gezählt hatten. Die Lageeinschätzung hinterließ bei dem neuen Oberbefehlshaber wenig Begeisterung und keine Illusionen. Es war fast seine erste Handlung, den König um seine Entlassung zu bitten, da der Krieg »inpraktikabel« sei. Das Gesuch wurde abgelehnt, und Clinton war genauso unglücklich in seinem Amt als Oberbefehlshaber wie Lord North als Premierminister. Auch bei North erwuchs die Unzufriedenheit nicht aus der Erkenntnis eigener Unfähigkeit, sondern aus der Überzeugung, daß der amerikanische Krieg nicht zu gewinnen war. Das hatte schon Pitt vor ihm gesagt. Clinton beschwerte sich über die Verspätungen versprochener Verstärkungen, ohne die er nicht über hinreichende Truppen verfügte. Ihm fehlte es an »Geld, Proviant, Schiffen und Truppen, um irgendein sinnvolles Ziel zu erreichen«. Gleichzeitig wurde er von Lord Germain, dem Kriegsminister und Vorgesetzten, dem er mißtraute und den er persönlich nicht schätzte, zu energischerem Handeln an allen Fronten getrieben.

»Um Himmels willen, my Lord«, schrieb er in einem verzweifelten Ausbruch, »wenn Ihr wollt, daß ich etwas unternehme, laßt mich in Ruhe und laßt mich meine Anstrengungen den sich stündlich verändernden Bedingungen anpassen.« Im September 1780 teilt er Germain nüchtern mit, daß »es völlig unmöglich ist, diesen Krieg ohne Verstärkungen weiterzuführen«. Aber das war einfach zuviel verlangt. Großbritannien besaß weder die Bevölkerung, die der Weite

IX. Der Tiefpunkt der Revolution 239

seiner Dominien entsprach, noch die Mittel, mehr Söldner in den britischen Dienst zu stellen, wogegen sich im übrigen die Opposition in grimmiger Wut gewandt hätte. Verstärkungen würde es nicht geben. Es war die alte – und immer neue – Geschichte eines kriegerischen Ehrgeizes, der die Ressourcen des Landes überstieg.

Clinton glaubte fest daran, daß seine Armee in New York den Rebellen nicht gewachsen sei (das scheint eine Frage der Nerven gewesen zu sein, da er sehr wohl wußte, daß Washingtons durch Nachschubmängel und Meuterei geschwächte Armee nicht angreifen konnte), und er war von »drohenden dunklen Wolken ... die sich überall sammelten«, in »tiefste Unruhe« versetzt. Unablässig bombardierte er den König mit Ersuchen, ihn vom Oberkommando zu befreien und es dem Befehlshaber der britischen Truppen im Süden des Landes, Lord Cornwallis, zu übertragen. In seiner Sorge bat er nun nicht mehr, sondern »flehte Seine Majestät an«, ihn von seinem Oberkommando zu entbinden, bei einer dritten Gelegenheit wird dies sogar zum »Gebet«. Obwohl sehr deutlich war, daß er keineswegs dem Bild des Königs von einem kühnen, angriffslustigen General entsprach, wurde seinem Wunsch nicht entsprochen. Trotz seiner leidenschaftlichen Überzeugung von der Notwendigkeit wagemutigen Handelns und offensiver Entschlossenheit hatte der König in seinen wichtigsten Kriegsführern zwei zögernde Kutscher, die beide nichts so sehnlich wünschten, wie die Zügel loszulassen und vom Bock hinunterzuklettern. Auf diese Weise werden keine Kriege gewonnen.

Die aktivsten britischen Truppen standen zu der Zeit in den Südstaaten. Ihr Feldzug zielte darauf, die Gegend des Landes zurückzuerobern, in der am meisten Loyalisten lebten, deren Unterstützung man zu gewinnen hoffte. Der tatkräftigste englische Armeeführer, von dem London am meisten erwartete, Lord Cornwallis, schrieb von seinem Quartier aus fast wehmütig an einen Offizierskameraden in Virginia: »Nun, mein lieber Freund, was ist unser Plan? Ohne einen können wir keinen Erfolg haben.« Clinton, sagte er seinem Freund, habe keinen Plan, »und ich versichere Dir, ich bin es recht müde, auf der Suche nach Abenteuern durch das Land zu marschieren«. Cornwallis' Armee wurde durch die Hartnäckigkeit Nathanael Greenes, Washingtons zuverlässigstem General, der sich trotz ständiger Niederlagen im Feld hielt, daran gehindert, durch Virginia nach Norden vorzurücken. Greenes Armee führte gegen die britischen Truppen einen Abnützungskrieg und verwirklichte damit eine Pyrrhus-Strategie, die ein Feind bereits vorhergesehen hatte. General Murray, Wolfes Stellvertreter und Gouverneur von Quebec, hatte vorausgesagt, daß die Strategie der Amerikaner, wenn sie gewinnen wollten, dem chinesischen Vorbild entsprechen müsse: »Jede Woche eine Schlacht verlieren, bis uns [den Briten] nichts mehr bleibt.«

Während sich der Landkrieg in Amerika ergebnislos weiterschleppte, wollte Rodney zur See Entscheidendes bewirken. Er brach auf eigene Verantwortung nach Nordamerika auf. Sein Auftrag als Oberbefehlshaber der Leeward-Inseln und der umliegenden Gewässer gab ihm in der westlichen Hemisphäre praktisch freie Hand. »Ich flog auf den Schwingen patriotischer Begeisterung dorthin«, schrieb er einem Freund, »um die ehrgeizigen Pläne der Franzosen zu vereiteln und den rebellischen und verblendeten Amerikanern alle Hoffnung zu nehmen.« Wenn irgendwo Verblendung zu finden war, dann in der Annahme der Briten, daß die Amerikaner sich irgendwie durch selbstsüchtige Agitatoren zur Rebellion hatten verführen lassen. Die grundlegende Sehnsucht nach Unabhängigkeit nahmen sie nicht zur Kenntnis und konnten deshalb die Revolution nicht ernst nehmen.

Bei seiner Ankunft in amerikanischen Gewässern im September 1780 säuberte Rodney zunächst die Küste der beiden Carolinas von Freibeutern und segelte dann nach New York weiter, wo seine Hoffnung, den englischen Kriegsanstrengungen einen frischen Geist einzuhauchen, schnell an Clintons Trägheit und dem Ressentiment des reizbaren, ältlichen Admirals Arbuthnot scheiterte. Arbuthnot, der Kommandeur der Seestreitkräfte in Amerika, nahm Rodneys Auftreten als Vorgesetzter nicht freundlich auf. Siebzig Jahre alt, war er ein weiteres Relikt, das Sandwich in seiner Verzweiflung aus irgendeinem Winkel geholt hatte. In einem Kommentar der Zeit heißt es über ihn, daß ihm »selbst die rudimentärsten Kenntnisse maritimer Kriegstaktik fehlten«. Er hatte sich bereits mit Clinton überworfen und wehrte sich nun gegen alle Befehle Rodneys, der die ganze südliche Küste ungeschützt vorgefunden hatte: »Keine

IX. Der Tiefpunkt der Revolution 241

einzige britische Fregatte zwischen jener Küste (Carolina) und Sandy Hook«, während die Gewässer von amerikanischen Freibeutern wimmelten. Rodney ordnete an, daß vor der Küste jeder Provinz Schiffe zu stationieren seien, »wodurch«, wie er später schrieb, »bereits dreizehn Rebellenfreibeuter gekapert wurden und der Handel der Untertanen Seiner Majestät wirkungsvoll geschützt wurde«. Ein Strom von Befehlen und Gegenbefehlen ging zwischen den beiden Admirälen hin und her, während ihre zornigen, wunderschön abgefaßten Klagen übereinander, die an den Ersten Lord adressiert waren, zur erhofften Einigkeit wenig beitrugen.

Im Jahre 1780, als die Rebellen Charleston verloren, Benedict Arnold die amerikanische Sache verriet und kaum noch Mittel vorhanden waren, um eine Armee im Feld zu halten, hatten die Briten allen Grund zu erwarten, daß die Amerikaner aufgeben und die lästigen Kämpfe auf dem Kontinent ein Ende finden würden. Clinton glaubte, daß Rodneys Eintreffen in Amerika eine zusätzliche Kalamität für die Rebellen war. »Es hat sie in große Bestürzung versetzt«, stellte er fest, »da es Washingtons oft wiederholte Erklärung, eine zweite französische Flotte und Verstärkungen seien zu erwarten, als grundlos und falsch entlarvt hat.« Das aber verdarb ihm neue Rekrutierungen, da er nur »unter dem Eindruck dieser erfundenen Verstärkung« eine größere Zahl hatte sammeln können. Washington brauchte eine französische Flotte und mehr Truppen, weil er New York angreifen wollte. »Euer glückliches Eintreffen an dieser Küste«, schrieb Clinton an Rodney, »hat einen solchen Plan völlig zunichte gemacht ... Die Rebellen haben in ihrem Bemühen, Washingtons Armee zu vergrößern, sehr nachgelassen. Sie ist im Gegenteil durch Desertion geschwächt. Daher ist Euer Eintreffen, Sir, aus einer defensiven Sicht von höchster Bedeutung gewesen.« Clinton bedauerte, daß er Angriffspläne auf feindliche Stellungen in Rhode Island nicht ermutigen könne, da sie jetzt zu stark befestigt seien. Statt dessen hielt er eine Expedition zur Chesapeake Bay für besser, »über deren Notwendigkeit und Bedeutung wir uns einig waren« – ein zu diesem Zeitpunkt sehr interessanter Vorschlag, der den Verlauf des Krieges hätte ändern können.

Die Verwirklichung aber war kaum zu erwarten. Clinton, der kein Feuerfresser war, zog es vor, der Altersschwäche Arbuthnots alle

Schuld an der Passivität der Briten zuzuschieben. Mit einem kompetenten Admiral, schrieb er an einen Freund in England, »hätte man von diesem Feldzug alles erwarten dürfen, aber von diesem alten Gentleman kann man nichts erwarten: er vergißt von einer Stunde auf die andere, er denkt laut, er beantwortet meine Briefe nicht«. Sein Herz mochte am rechten Fleck sein, aber »sein Kopf ist nicht mehr vorhanden«. Auf diesen Zustand hatte sich die britische Kriegsmarine in einer Zeit der Not durch politische Streitereien reduziert. Das Achterdeck wurde Greisen überlassen.

Das Prisengeld, so oft die Quelle von erbitterten Auseinandersetzungen, tauchte wieder als Streitpunkt auf. Rodneys Ankunft als der nun höchste Offizier der britischen Flotte in Amerika bedeutete, daß Arbuthnot den Hauptanteil an den Prisen verlor. »Ich schäme mich zu erwähnen«, berichtete Rodney der Admiralität ein wenig scheinheilig, »daß der in meinen Augen wirkliche Grund, aus dem Mr. Arbuthnots Chagrin rührt, die Prisengelder sind, wofür es deutliche Beweise gibt.« Und er schickte Belege. Als der Streit dem König unterbreitet wurde, entschied Seine Majestät im Zwist der Admiräle zugunsten Rodneys, dessen Führung, wie er sagte, »wie gewöhnlich zu preisen ist ... [und] die Andeutung, daß Prisengelder« die Ursache waren, »scheint begründet«. Obwohl Clinton und Rodney mit dem Rücktritt drohten, wenn Arbuthnot nicht zurückgerufen würde, unternahm die Admiralität nichts. Sie wollte sich offensichtlich nicht noch einen weiteren Feind schaffen. Erst als Arbuthnot selbst aus Altersgründen und vielleicht wegen der Feindseligkeit seinen beiden Kollegen anbot, sein Kommando niederzulegen, nahm man an. Er wurde 1781 durch einen Vetter von Lord North ersetzt. Noch immer erkannte die Admiralität nicht, wie ernst die Situation in Amerika war und daß sie etwas mehr als die ausgebrannte Hülle eines alten Seemannes erforderte. Sie griff in ihrem Mangel an Auswahl noch einmal in die Sammlung alter Männer und ernannte Sir Thomas Graves. Mit 67 Jahren, was damals als hohes Alter galt, hatte Sir Thomas das beste Mannesalter hinter sich und war sicher für den Kampf an Bord eines Schiffes nicht mehr rüstig genug. Graves' Haupteigenschaft war eine hochentwickelte Vorsicht, und seine Karriere hatte ihn bereits einmal nur um Haaresbreite einem Kriegsgerichtsurteil wegen »Nachläs-

IX. Der Tiefpunkt der Revolution 243

sigkeit« – wie im Falle des verurteilten Admiral Byng – entgehen lassen. Die Richter hatten in Graves' Fall auf das Schlimmste verzichtet und ihn mit dem Verdikt, er habe »die Lage falsch eingeschätzt« davonkommen lassen. Auch so etwas kann fatal sein. Wenn negative Eigenschaften jemals die Geschichte bestimmt haben, dann in Graves' Fall.

Der verheerendste Fehler in Amerika war – in Rodneys Urteil – die »fatale Maßnahme« gewesen, sich aus Rhode Island zurückzuziehen. Clinton hatte es im Oktober 1779 aufgegeben, um seine Kräfte auf den Feldzug im Süden zu konzentrieren – oder, wie er später behauptete, aufgrund des nachdrücklichen Rats Admiral Arbuthnots, der gesagt habe, »Rhode Island sei für die Marine ohne Bedeutung, und er könne nicht ein einziges Schiff zu seiner Verteidigung entbehren«. Der britische Abzug überließ Newport den Franzosen, was den Verlust von Narragansett bedeutete, das Rodney als den »besten und vortrefflichsten Hafen in Amerika« bezeichnete, »groß genug, um die ganze Flotte von Großbritannien unterzubringen«. Von dort aus, fügte er in einer großartigen Vision hinzu, könnte die Flotte »die drei bedeutendsten Städte Amerikas, nämlich Boston, New York und Philadelphia« innerhalb von 48 Stunden blockieren.

Rodneys größte Frustration war der Fehlschlag seiner »angestrengtesten Bemühungen«, Clinton und Arbuthnot zu überreden, eine Offensive zur Rückeroberung Rhode Islands zu unternehmen. Arbuthnot wollte die Flotte einer solchen Gefährdung nicht aussetzen, und die Animosität zwischen ihm und Clinton machte jeden gemeinsamen Angriffsplan unmöglich. »Die Flotte würde Rhode Island nie zu Gesicht bekommen«, versicherte ein Seeoffizier, »weil der Admiral den General haßt.« Clinton seinerseits sagte, es sei nun zu spät. Die Franzosen hatten Rhode Island stark befestigt, und wenn man es vorher mit 6000 Mann hätte erobern können, so seien nun 15000 nötig, die er nicht entbehren könne, da er mit einem Angriff Washingtons auf New York rechnen müsse. Angeblich hatte er durch abgefangene Briefe, die ihm loyalistische Agenten überliefert hatten, davon erfahren. Dieselbe Geschichte der abgefangenen Briefe ist auch von der anderen Seite bekannt. Viele Jahre lang wurde behauptet, Washington habe sie Clinton bewußt in die Hände gespielt, um ihn zu lähmen, aber Recherchen haben ein solches Manöver des amerikanischen Oberbefehlshabers nicht bestätigt.

Rodney hatte eine Idee, wie man die Franzosen aus Rhode Island herauslocken könnte. Sie war erfindungsreich, tollkühn und typisch für seinen Hang zu eigenständigem, von Befehlen nicht gedecktem Handeln. In einer Diskussion mit Clinton, bei der dieser protokollierte, unterbreitete er seinen Plan: Zu dieser Zeit glaubten die Briten, ein zweites französisches Geschwader sei unterwegs, um sich de Ternay, dem Kommandierenden der französischen Seestreitkräfte, in Newport anzuschließen. Einige britische Schiffe sollten unter französischer Flagge bei für de Ternay günstigem Wind vor Block Island auftauchen und ein Scheingefecht mit Arbuthnots Schiffen führen. De Ternay würde sicherlich auslaufen, um seinen scheinbaren Landsleuten zu Hilfe zu kommen, und konnte dann von den vereinten Kräften von Rodneys Flotte und dem New Yorker Verband zerstört werden. Dieser Plan weist auch deutlich darauf hin, daß Rodney nicht gezögert hätte, in seinem Angriff auf St. Eustatius die französische Flagge zu führen. Dieses Unternehmen war zweifellos eine Zumutung für die furchtsamen Gemüter von Clinton und Arbuthnot, denn man hörte nie wieder etwas davon, und »der vortreffliche Hafen« von Rodneys visionärem Entwurf blieb in französischem Besitz.

Als er Amerika wieder verließ, schrieb Rodney in seinem Bericht an Sandwich, der Krieg werde in »jeder Waffengattung mit unvorstellbarer Nachlässigkeit geführt«, und er wies besonders auf Clintons Trägheit hin. Washingtons abgefangene Briefe, ob nun echt oder eine Fälschung, wirkten auf Clinton wie ein zu starkes Schlafmittel und ließen ihn über die folgenden kritischen Monate krampfhaft an seiner Passivität festhalten, obwohl die prompte Entsendung von Verstärkungen Cornwallis hätte retten können. Aber zu dieser Zeit machten sich die Briten wenig Sorgen, da die Lage der Amerikaner so schlecht war, daß sie auf einen frühen Zusammenbruch zu deuten schien.

Die Zeit von 1779 bis 1780, die der kläglichen Enttäuschung von d'Estaings Intervention folgte und in die der Verlust von Charleston und die schrecklichen Entbehrungen der Winter in Valley Forge und Morristown fielen, markierte bei der kärglichen Finanzierung

IX. Der Tiefpunkt der Revolution 245

durch den Kongreß und dem Fehlen einer engagierten Unterstützung durch die Bevölkerung das Jahr des Krieges, in dem die Revolution ihren Tiefpunkt erreichte.

In einer Mutlosigkeit, die der Verzweiflung nahe war, schrieb Washington im Dezember 1779: »Ich habe das Gefühl, daß unsere Aussichten unendlich viel schlechter sind, als sie es zu irgendeinem Zeitpunkt des Krieges je waren, und wenn nicht sofort irgendeine Abhilfe geschaffen wird, ist eine Auflösung der Armee aufgrund von Proviantmangel unvermeidlich. Ein Teil der Soldaten ist schon wieder seit Tagen ohne Brot.« Gefechte in den Carolinas und in Georgia drohten trotz örtlicher Erfolge den Süden vom Norden abzuschneiden. Die Lage verschärfte sich im Mai 1780, als die amerikanische Armee mit dem Fall von Charleston, der Gefangennahme von 5000 amerikanischen Soldaten und dem Verlust von vier Schiffen die schwerste Niederlage des Krieges hinnehmen mußte.

Im September 1780 traf Washington ein noch härterer persönlicher Schlag durch den Verrat von Benedict Arnold, der West Point, die Schlüsselstellung für das Hudson-Tal, an die Briten übergeben wollte. Dies wurde durch die zufällige Festnahme seines Mittelsmannes bei den Briten, eines Majors André, des Adjutanten Clintons, verhindert – wenige Stunden bevor die Schlüssel und Pläne der Festung in britische Hände gefallen wären.

Das Winterquartier von 1779/80 in Morristown, New Jersey, litt unter noch härteren Bedingungen als Valley Forge im Jahr zuvor. Den hungrigen Männern wurden die Rationen noch einmal auf ein Achtel der normalen Menge gekürzt, und das bei tiefer Kälte. Zwei Anführer eines Protests von Regimentern aus Connecticut, die volle Rationen und ausstehenden Sold forderten, wurden gehängt, um eine Meuterei zu ersticken. Im Januar 1781 meuterten die Regimenter aus Pennsylvania, und bevor der Aufstand unterdrückt werden konnte, desertierten etwa die Hälfte der Soldaten zusammen mit einer Anzahl Männer aus New Jersey. In den westlichen Territorien brannten von Loyalisten geführte Indianer Farmen und Häuser nieder und richteten Massaker unter der Zivilbevölkerung an. Die Armee auch nur im Feld zu halten, war schwierig, weil die Soldaten der Miliz beurlaubt werden mußten, um zu Hause die Ernte einzufahren. Wenn ihnen dies verweigert wurde, desertierten sie.

Einen Krieg unter solchen Umständen zu führen, sagte General von Steuben, der preußische Drillmeister der Armee, »hätte auch Caesar und Hannibal den Ruf gekostet«.

Auf Washingtons Pult stapelten sich die Briefe seiner Generäle im Feld mit Bitten um Nachschub für alles, was eine Armee brauchte: Proviant, Waffen, Feldausrüstung, Pferde und Wagen für ein reguläres Transportsystem. Wenn es nicht vom Kongreß bezahlt wurde, mußte all dies von der lokalen Bevölkerung requiriert werden, was natürlich großen Widerstand gegen die patriotischen Streitkräfte auslöste. »Statt daß alles bereitläge, um ins Feld zu ziehen«, schrieb Washington am 1. Mai 1781 in sein Tagebuch, »haben wir nichts, und statt eines ruhmreichen Angriffsfeldzugs liegt ein verworrener und düsterer Verteidigungskampf vor uns – wenn wir nicht eine mächtige Hilfe in Form von Schiffen, Landtruppen und Geld von unseren großzügigen Verbündeten bekommen, und die ist zur Zeit zu ungewiß, als daß man darauf bauen könnte.«

Sich über solche Dinge zu erheben und trotz solcher Entmutigungen durchzuhalten, forderte eine innere Kraft, eine Art von Größe, die in der Geschichte der Heerführer selten ist. Washington hatte etwas von den Qualitäten Wilhelms des Schweigers, die ihn zum offensichtlichen und einzigen Kandidaten für den Oberbefehl machten. Diese Qualitäten, die in Europa von einem anderen amerikanischen Genie, Benjamin Franklin, und von der Wärme Lafayettes vermittelt wurden, brachten Ludwig XVI., das letzte Blatt am ausgetrockneten Stamm des *ancien régime,* dazu, das Schicksal der Monarchie mit dem Kampf von provinziellen Rebellen gegen Autorität und Königtum zu verbinden, die Stützen von Ludwigs eigenem Thron. Im Gefolge Lafayettes – dessen Charme Washington dazu brachte, ihn wie einen Sohn zu lieben, den Kongreß, ihn zum Generalmajor zu ernennen, und amerikanische Rekruten, die nicht gerne unter Ausländern dienten, sich willig unter sein Kommando zu stellen – gingen viele junge französische Adlige nach Amerika, um dort freiwillig zu kämpfen.

Unruhig in der Langeweile und Leere des höfischen Lebens, in dem die einzige Aufregung darin lag, um ein Kopfnicken des überfütterten Königs unter seiner gepuderten Perücke oder um ein träges Winken der Hand, das zum morgendlichen Ankleidungsritual in

IX. Der Tiefpunkt der Revolution 247

seinen Räumen lud, zu wetteifern, sehnten sie sich nach der Möglichkeit, um etwas Bedeutendes zu kämpfen und ihre Liebe und Tapferkeit der magischen Göttin Freiheit zu widmen. Etwas am Kampf der Amerikaner wirkte auf die Herzen der Menschen in den müden und zänkischen Staaten der Alten Welt. »Regierung durch die Zustimmung der Regierten« war die Verheißung der amerikanischen Unabhängigkeitserklärung, und sie faszinierte die Untertanen, die seit vielen Generationen nur das Diktat von Monarchie und Adel kannten. Diese Verheißung schien sich in der jungen Nation zu verkörpern, die in Amerika um ihr Geburtsrecht kämpfte. Ihr Auftritt auf der Weltbühne, so glaubte man, würde eine neue Ordnung der Freiheit, der Gleichheit und der Herrschaft der Vernunft auch im alten Europa einläuten. Welch höhere Aufgabe konnten sich Männer von liberaler Gesinnung stellen, als dieser neuen Ordnung mit Waffen und Vermögen den Weg zu ebnen?

Daneben belebte der Wunsch, sich für den Verlust von Kanada zu rächen, den alten Impuls, gegen die Briten zu kämpfen, den schon Wilhelm der Eroberer im 11. Jahrhundert verspürt hatte. Der König und Vergennes, sein scharfsinniger und energischer Außenminister, dachten eher daran, den Kampf der Kolonien am Leben zu erhalten, um im Machtkampf mit Großbritannien jemand anderen die Kohlen aus dem Feuer holen zu lassen. Indem sie die Rebellen stärkten und unterstützten, konnten sie das britische Schwert stumpf machen, in Amerika die Übermacht erringen, und indem sie die britische Seemacht ablenkten und die eine oder andere Zuckerinsel eroberten, konnten sie vielleicht sogar die hölzernen Wälle durchbrechen und die britischen Inseln selbst angreifen.

Die französischen Absichten, wie Vergennes sie entworfen hatte, sahen nicht vor, den Kolonien zum Sieg zu verhelfen oder sie so weit zu stärken, daß Großbritannien eine Versöhnung anzubieten gezwungen wäre, was den Briten freie Hand gegeben hätte, ihre Kräfte auf Frankreich zu konzentrieren. Das Ziel war vielmehr, die Kolonien in einen Stand zu versetzen, der es ihnen erlaubte, ihren Kampf fortzusetzen und Großbritanniens Streitkräfte zu einem Teil zu binden.

Aus dem Wunsch heraus also, Großbritannien die Vormacht zu entreißen, löste das bourbonische Frankreich eine ganze Reihe von Ironien aus. Es lieh den amerikanischen Rebellen seine Gelder, seine Soldaten und Waffen, half einer Rebellion, deren Ideen und Prinzipien das Zeitalter der demokratischen Revolution einläuteten und – zusammen mit den wirtschaftlich ruinösen Folgen des Krieges – das *ancien régime* in dem gewaltigen Sturz niederwarfen, der für immer die Grenze zwischen alter und moderner Welt markierte.

Kapitel X
»Eine erfolgreiche Schlacht
kann uns Amerika geben«

Wenn die Franzosen die Bedeutung des Bündnisses mit den Rebellen für die Geschichte des eigenen Landes nicht erkannten, so begriffen die Briten nicht, welchen Rang ihr Konflikt mit den amerikanischen Kolonien in der Geschichte hatte oder haben würde. Sie sahen in ihm einfach einen Aufstand undankbarer Siedler, der gewaltsam niedergeworfen werden mußte. Für jene mit einem weiteren Horizont war es ein Machtkampf mit Frankreich.

In der ewigen Auseinandersetzung zwischen links und rechts sah man die Rebellion ideologisch als eine Bewegung, die die bestehende gesellschaftliche Ordnung untergrub, und die Amerikaner als »Gleichmacher«, deren Beispiel, wenn es Erfolg hatte, revolutionäre Bewegungen in Irland und anderswo auslösen konnte. Die britische Regierung und ihre Parteigänger empfanden sich im Gegensatz zur Opposition, den Whigs und den Radikalen, als die Stützen des Rechts und des herkömmlichen Privilegs und erwarteten für ihren Kampf die Unterstützung Europas, nicht Feindseligkeit. Aber Frankreich und Spanien waren erklärte Feinde, Holland stand dicht vor der Kriegserklärung, die Neutralitätsliga konnte Großbritanniens Seeherrschaft gefährden. Daß Europa sich den Briten gegenüber so verhielt, ja, die Amerikaner sogar aktiv unterstützte, erschien den britischen Regierungspolitikern als geradezu selbstmörderisch. Wenn die Siedler in Amerika den Krieg gewannen, würden in ganz Europa die Radikalen aufstehen, und der Schrei nach Freiheit würde durch alle Länder gehen.

Erstaunlicherweise erkannte ausgerechnet der schläfrige Premierminister Lord North, der den König immer wieder bat, ihn gehen zu lassen, da er sich den Amtsgeschäften nicht gewachsen fühle, den historischen Kontext des Konflikts zwischen seinem Land und den Kolonien und die historischen Folgen eines Sieges der Amerikaner. »Sollte Amerika ein eigenständiges Reich werden, wird es«, sagte er voraus, »eine Revolution im politischen System der Welt bewirken, und wenn Europa Großbritannien jetzt nicht unterstützt, wird es sich eines Tages unter der Herrschaft eines von demokratischem Fanatismus erfüllten Amerika wiederfinden.«

Die Meutereien und Entbehrungen in Mr. Washingtons Armee (die Briten brachten es nicht über sich, ihm den Titel »General« zuzugestehen) waren ein Funke der Hoffnung, daß die amerikanische Revolution aus Mangel an Material, Geld und neuen Rekruten zusammenbrechen könnte. Clinton war ermutigt und schrieb behaglich: »Ich habe alles zu hoffen und Washington alles zu fürchten.« Ein distanzierter Beobachter hätte allerdings keinen Grund zur Ermutigung gesehen, denn für Clinton war »Hoffnung« ein weiteres Motiv, nicht zu handeln, und für Washington bedeutete »Furcht« ein weiterer Faktor, den es zu überwinden galt.

Noch immer fühlten sich die britischen Verwalter des Krieges ihrer militärischen Überlegenheit so sicher, daß sie überzeugt waren, die Rebellen müßten bald aufgeben und Frieden schließen. Wie es Lord Germain, der Hauptberater des Königs, ausdrückte: »Die Rebellenstreitkräfte sind nun in allen Teilen des Landes so geringzuschätzen... und unsere Überlegenheit ist so gewaltig, daß kein Widerstand von ihrer Seite die schnelle Unterdrückung der Rebellion mehr aufhalten kann.« Eine unerschütterliche Selbstgefälligkeit ließ keinen anderen Gedanken zu. Die Erwartung eines frühen Zusammenbruchs der Rebellen war um so intensiver, als alles andere Großbritannien vor große Probleme stellte – bei aller Selbstgefälligkeit waren die britischen Ressourcen außerordentlich angestrengt; Rekrutierungen hatten nur geringen Erfolg, die Proviantierung war schlecht, die Finanzen erbärmlich. Die Briten klammerten sich an den Glauben, daß sie den Krieg nur im Gange halten müßten, dann würden die Amerikaner kapitulieren. Die Autorität des Kongresses würde nachlassen und die öffentliche Meinung sich wieder dem Mutterland zuwenden. Das schlagendste Argument für ein baldiges Ende des Krieges war der unabwendbare finanzielle Zusammen-

X. »Eine erfolgreiche Schlacht kann uns Amerika geben« 251

bruch der Amerikaner. »Ich gehe davon aus«, schrieb General Murray aus Menorca, »daß der Feind die Kosten dieses Krieges ebenso unerträglich findet wie wir.« Walpoles Brieffreund Horace Mann, weder Beamter noch Militär, war skeptischer: »Wenn der französischen Flotte«, schrieb er an seinen Freund, »kein entscheidender Schlag versetzt werden kann, ob nun in Amerika oder Europa, wird das Durchhalten der rebellischen Kolonien und Frankreichs *point d'honneur* den Krieg verlängern und uns zermürben.« Georg III. konnte sich einen solchen Ausgang nicht vorstellen. Er glaubte hartnäckig daran, daß der Sieg bevorstand, daß die wahrhaft loyalen Menschen in Amerika sich erheben würden und daß die Rebellion mit ein oder zwei harten Schlägen zu erledigen sei.

Entscheidend für die Erwartungen auf beiden Seiten war die französische Intervention. Als die amerikanische Revolution 1780 ihren Tiefpunkt erreichte, führte das zu gemeinsamen französisch-amerikanischen Planungen, die darauf zielten, die Kampfkraft der Revolution wiederherzustellen. Washington hatte die Franzosen um Geld gebeten, um Truppen, und – trotz der niederschmetternden Fehlschläge von d'Estaings Flotte – vor allem um maritime Unterstützung. Er war absolut überzeugt davon, daß die Amerikaner ohne die Beherrschung der Küste und freien Schiffsverkehr nicht siegen konnten. Die wichtigsten britischen Stützpunkte in Amerika waren New York und Virginia, wo die Chesapeake Bay der Schiffahrt eine lange Küstenlinie zugänglich machte. Die Kommunikation zwischen New York und Virginia war nur auf dem Seeweg möglich, da die Amerikaner die dazwischenliegenden Staaten Pennsylvania und New Jersey hielten. Auch konnte sich die britische Armee nicht aus dem Land ernähren, da die Bevölkerung ihr feindlich gegenüberstand; ihr Nachschub und ihre Stellungen im Land hingen direkt vom Transport über Wasser und damit von der Kontrolle der Häfen und Flußmündungen ab. Wenn ihnen dieser Zugang entrissen wurde, würden sie verhungern. Clinton schrieb einmal, als er die Zeit schilderte, in der die Seeherrschaft auf d'Estaing überzugehen drohte: »Die Armee war dreimal in der Gefahr, zu verhungern.« Wenn auch diese Feststellung eher Sorge als Realität widerspiegelte, so war sie typisch für Clintons klagenden Ton in seinem rechtfertigenden Bericht nach dem Krieg.

Andererseits war eine amerikanische Offensive nur möglich, wenn die Truppen zu Wasser transportiert werden konnten. Dies war der Grund für Washingtons Insistenz auf Seeüberlegenheit. Colonel Laurens, dem Sohn des früheren Präsidenten des Kongresses, der zu einer diplomatischen Mission nach Frankreich aufbrach, erklärte er, daß die Briten »eine große Streitmacht in unserem Lande nicht unterhalten können, wenn wir die Seeherrschaft hätten und ihre regelmäßigen Nachschubsendungen aus Europa unterbrechen könnten... Eine andauernde Überlegenheit zur See vor diesen Küsten würde den Feind sofort auf eine schwierige Defensive zurückwerfen.« Überlegenheit zur See »zusammen mit einer Finanzhilfe würde es uns ermöglichen, den Krieg in eine energische Offensive zu verwandeln«. Washington wollte vor allem New York angreifen, den Grundpfeiler der britischen Militärpräsenz in Amerika. Die Wiedereroberung von Long Island und Manhattan könnte, glaubte er, der »entscheidende Schlag« sein. Sein französischer Verbündeter Rochambeau hielt dagegen wegen der Untiefen bei Sandy Hook, die schon d'Estaing am Anlaufen New Yorks gehindert hatten, einen Angriff in der Chesapeake-Gegend wegen des besseren Zugangs zur Bucht und aussichtsreicherer Angriffsmöglichkeiten für praktikabler und wirkungsvoller. Außerdem stand hier mit der Armee unter Cornwallis die aktivste und bedrohlichste feindliche Streitmacht des Krieges.

Washington und seine Generäle waren tief davon überzeugt, daß der Kampf um die Unabhängigkeit vom eigenen Volk geführt werden mußte, und deshalb war ihre schlimmste Entmutigung der verzagte Patriotismus im Lande, wenn man ihn an der greifbaren Unterstützung der Bevölkerung maß. In Valley Forge sagte Washington in schmerzlicher Erkenntnis der völlig ungenügenden Versorgung, daß es Männer in seiner Armee gab, die »nicht den Schatten einer Decke« hatten, und die man von White Marsh bis Valley Forge »am Blut ihrer Füße« hätte verfolgen können. Als Truppen für die Operationen des Sommers 1780 ausgehoben wurden, waren sechs Wochen nach Ende der Anwerbungen gerade dreißig Rekruten ins Hauptquartier gekommen. Männer aus der Zivilbevölkerung, die sich freiwillig meldeten, wollten gemeinhin den Entbehrungen ihres Lebens entkommen, nicht sich einer Truppe anschlie-

X. »Eine erfolgreiche Schlacht kann uns Amerika geben« 253

ßen, die noch schlimmere erlitt. So hatte es niemand eilig, sich den
ausgezehrten, schlechtgekleideten Reihen der Kontinentalen anzuschließen. Auch Beiträge von Farmern in Gestalt von Wagen und
Pferdegespannen zum Transport gab es kaum.

Nach dem d'Estaing-Fiasko begann die Armee auseinanderzufal-
len. Soldaten und Offiziere waren erbittert über den Kongreß, der
sie nicht bezahlte, und untereinander über Rang und Dienstalter
zerstritten. Viele der Offiziere drohten mit dem Ausscheiden aus
dem Dienst. Selbst General Greene, der zuverlässigste von allen,
der nun als Generalquartiermeister diente, klagte bitter darüber,
daß der Kongreß ihm finanzielle Mittel zugestand, die so ausreichend waren »wie eine Sprotte im Bauch des Wals«. Als er eine
offensive Zurückeroberung Savannahs plante, geriet er über die
Nachlässigkeit des Kongresses so in Wut, daß sogar er von Rücktritt
sprach.

Am Neujahrstag 1781 erreichte der Zorn der Truppen aus Pennsylvania, die nach Valley Forge einen zweiten Winter in Hunger und
Kälte im Quartier von Morristown durchstehen mußten, den Siede-
punkt. Sie fühlten sich in Elend und Hunger im Stich gelassen, während es sich die Zivilbevölkerung, wie sie glaubten, gemütlich
machte. Der Mangel an Kleidung, an Leder für Stiefel, an Pferden
und Wagen für den Transport, an Fleisch und Mehl, an Schießpulver
in allen Einheiten, an neuen Rekruten und schließlich an Vertrauen
und Unterstützung der Bevölkerung hatte eine Armee hinterlassen,
die sich kaum auf den Beinen halten konnte. Selbst wenn Proviant
bereitlag, konnte er manchmal aus Mangel an Transportmöglich-
keiten nicht zu den hungrigen Kompanien geschafft werden. Die
Soldaten konnten ihrer Empörung nur in einer Weise Luft machen:
der Meuterei. Die Truppen aus Pennsylvania begannen, die nicht
weniger vernachlässigten aus Connecticut und New Jersey schlossen sich ihnen an, und der Ausbruch wurde nur dadurch einge-
dämmt, daß zwei der Rädelsführer aus Connecticut gehenkt wurden. »Ich habe fast die Hoffnung verloren«, hatte Washington in
einem Brief von 1780, kurz vor den Meutereien, gestanden. »Das
Land im allgemeinen steht seinem eigenen Interesse so unempfind-
lich und gleichgültig gegenüber, daß ich es nicht wage, mir irgendeinen Wandel zum Besseren vorzugaukeln.«

In Frankreich bereitete sich ein solcher Wandel zum Besseren vor. Vergennes, der Außenminister, war, obwohl er sich nicht gerne etwas von einem Amerikaner sagen ließ, beeindruckt von John Adams' Insistenz, daß nur die Seemacht den Krieg in Amerika entscheiden konnte. Es habe wenig Sinn, argumentierte der Amerikaner, daß Frankreich seine Kraft an die Eroberung von Zuckerinseln in Westindien, an die Belagerung Gibraltars oder die Sammlung einer Angriffsarmee für die Invasion Großbritanniens verschwendete, denn der Schauplatz, an dem die Engländer zu schlagen waren, heiße Amerika. Appelle des Kontinentalkongresses, die in dieselbe Richtung gingen, zeigten Wirkung. George Washington selbst schrieb einen Brief an La Luzerne, den französischen Botschafter in den Vereinigten Staaten, in dem er die Franzosen aufforderte, eine Flotte nach Amerika zu entsenden.

Als Vorläufer trafen sieben Linienschiffe unter Admiral de Ternay, d'Estaings Nachfolger, im Juli 1780 in Newport ein, und sie brachten einen Mann und eine kleine Landarmee nach Amerika, die wesentlich zum entscheidenden Feldzug beitragen sollten. Der Mann war General Jean Baptiste Rochambeau, 55 Jahre alt, und er brachte drei Regimenter unter dem Kommando des Marquis Claude Anne de Saint-Simon mit, dessen jüngerer Cousin Comte Henri de Saint-Simon war, der zukünftige Begründer des französischen Sozialismus. Beide waren verwandt mit dem glanzvollen Duc de Saint-Simon, dem Chronisten am Hofe Ludwigs XIV. Der junge Graf hatte sich freiwillig bereiterklärt, mit seinen Truppen nach Amerika zu gehen und unter Rochambeau zu dienen. Seine Regimenter waren vorher auf Santo Domingo in Westindien stationiert gewesen und standen dort unter dem Befehl der Spanier. Diese Verstärkung konnte unglücklicherweise fast ein Jahr lang nicht eingesetzt werden, weil die Briten Newport blockierten. Da Washington kein Landtransport zur Verfügung stand, fand er keine Möglichkeit, sie einzusetzen. Ohne die Mittel, seine Armeen zu bewegen, konnte Washington nicht zur Offensive übergehen, und der defensive Kampf, das wußte er, konnte nie zum Sieg führen. Mit Geld gut ausgestattet, blieb Rochambeaus Armee unter den besten Bedingungen in Newport, essend und flirtend, militärisch wirkungslos – zur Zeit, aber nicht für immer.

X. »Eine erfolgreiche Schlacht kann uns Amerika geben« 255

Rochambeau, ein kleingewachsener kräftiger Mann von liebenswürdigem Wesen und solider militärischer Erfahrung, erwies sich als ein idealer Verbündeter, als eine starke Stütze und ein loyaler Partner Washingtons, durchaus bereit, sich dem Oberbefehlshaber unterzuordnen, ohne unterwürfig oder ein bloßer Befehlsempfänger zu werden. Er hatte seine eigenen Ideen, die er bereitwillig und eloquent ausbreitete. Obwohl es scharfe Meinungsverschiedenheiten mit seinen dienstältesten Offizieren gab, wurde er von seinen Männern respektiert und anerkannt. Trotz der Entbehrungen und Härten des kommenden gemeinsamen Feldzugs und der erzwungenen Nähe zu Amerikanern mit ihrer fremden Sprache und ihren fremden Gewohnheiten gab es in dieser Partnerschaft keine Zwistigkeiten oder ernsthafte Reibereien. Als es soweit war, marschierten die französischen Soldaten in besserer Ordnung und Disziplin durch Amerika, als es die Engländer auf der einen oder die Amerikaner auf der anderen Seite je geschafft hatten.

In der Armee Rochambeaus befand sich der Duc de Lauzun, der extravagante Neffe von Rodneys Wohltäter in Paris, der sich bald als kühner Kämpfer im Yorktown-Feldzug hervortun sollte. In Newport »gewann er durch seine einnehmenden Manieren große Sympathien unter den Amerikanern«, was wir als seine Großzügigkeit in Gelddingen verstehen dürfen. In seinen Memoiren erzählte er, daß beim Aufbruch der französischen Streitmacht von Brest nur die Hälfte der versprochenen Schiffe zur Hand waren, »was uns zwang, eine Infanteriebrigade, ein Drittel der Artillerie und ein Drittel meines eigenen Regiments zurückzulassen«. Offenbar hatten sich die Führungsqualitäten der französischen Marine seit dem mißglückten Invasionsversuch des Jahres zuvor nicht verbessert.

Das Interessanteste an Lauzuns Erinnerungen an seinen Ausflug in die Neue Welt, wo er der revolutionären Geburt einer neuen Nation beiwohnte, ist das Fehlen jedes Gedankens, jeder Bemerkung oder jedes Kommentars über die historische Bedeutung der Ereignisse, an denen er teilnahm. Auch schweigt er völlig über Eigenheiten des Landes, des Volkes oder der Kriegspolitik. Da Lauzun als Archetyp der jungen Zierden des französischen Hofes betrachtet wurde, mag er seine Klasse, den Charakter und die persönlichen Eigenschaften widergespiegelt haben, die sie aussterben ließ. Vielleicht bedeutet seine Interesselosigkeit aber auch nur, daß er sehr starke persönliche Prioritäten hatte. Diese waren seine Amouren, die die erste Hälfte seiner Erinnerungen, die sich um sein Leben in Frankreich in den letzten Jahren der Aristokratie vor der Revolution drehen, ganz erfüllen. 140 Seiten lang lesen wir einen intimen Katalog seiner Geliebten und ihrer »ausgemachten Vorliebe für mich« in allen Stadien der Bekanntschaft, wobei jeder Name ohne Rücksicht auf Position, Familie oder Gatte genannt wird. Als die Erinnerungen zur Zeit der Restauration, da die zurückgekehrten Emigranten der Aristokratie sehr darauf bedacht waren, die Moral und Rechtschaffenheit ihres Lebens zu betonen, veröffentlicht wurden, sorgte das Buch für einen großen Skandal. Es fand zwei berühmte Kritiker, Talleyrand und Sainte-Beuve, die sich wütend über seine Authentizität stritten. Da das Buch nur für Zeitgenossen interessant sein konnte, die die Damen kannten und ihre Gunst geteilt haben mögen, bleibt es für die Nachgeborenen eine leere Muschel mit einem nur schwachen Rauschen der glitzernden See, aus der sie kam.

Am 25. August erfuhr Washington von Rochambeau, dem eine französische Fregatte die Nachricht gebracht hatte, daß die versprochene zweite französische Division in Brest blockiert war und nicht vor dem Oktober ankommen würde. Er hatte mit dieser Division als Verstärkung für Lafayette und Greene im Süden sehr gerechnet. Bis zum Oktober würde die Armee im Süden alle Lebensmittel, die die Region liefern konnte, aufgebraucht haben, und selbst Washingtons eiserne Standhaftigkeit bei immer neuen Hiobsbotschaften zeigte im Brief an seinen Bruder Samuel Wirkung. »Es ist aus der Distanz niemandem möglich, sich von meinen Schwierigkeiten auch nur eine Vorstellung zu machen oder zu begreifen, wie eine Armee unter solchen Umständen wie den unseren zusammengehalten werden kann.« Er brauchte sein ganzes Selbstvertrauen, um seinen französischen Verbündeten bei der Konferenz in Hartford ins Auge sehen zu können. Dort sollte ein Feldzugsplan entworfen werden.

Nach ihrer Ankunft in Newport marschierten de Ternay und Rochambeau von Rhode Island durch Connecticut zum Treffpunkt in Hartford. Sie brauchten für die 100 Meilen zwei Tage, vom 20. bis

X. »Eine erfolgreiche Schlacht kann uns Amerika geben«   257

zum 22. September. Washington wurde von dem alten, verläßlichen General Henry Knox begleitet, der einmal einen Buchladen in Boston geführt und sich selbst zum Artillerie-Offizier ausgebildet hatte. Er war der Mann, der die eroberten Kanonen von Ticonderoga über Gräben und Hügel hatte ziehen lassen, um die Briten 1776 aus Boston zu vertreiben. Niemand, der auf der Konferenz erschien, brachte gute Nachrichten mit. Lafayette kam direkt von den Kämpfen im Süden, wo die Amerikaner im August 1780, drei Monate nach dem Fall von Charleston, die schwere Niederlage bei Camden erlitten hatten. Die Schlacht war Teil eines Feldzugs des kampflustigen Generals Lord Cornwallis, der ganz South Carolina erobern wollte. Bei Camden hatte er General Gates geschlagen, den Helden von Saratoga und später einer der Verschwörer der Conway-Kabale, die ein Versuch war, Washington zu diskreditieren und ihn durch eine beleidigende Flüsterkampagne aus dem Amt zu treiben.

Washington ließ sich davon nicht beeindrucken, aber er konnte die Unzufriedenen im Kongreß nicht daran hindern, Gates die Ernennung zum kommandierenden General im Süden zuzuschieben. Unter Gates' ungeschickter Führung bei Camden verloren die Amerikaner 800 Soldaten, 1000 wurden gefangengenommen, und dazu kam die Peinlichkeit eines sehr hastigen Rückzugs des Generals selbst. Er flüchtete so weit und so schnell, daß er schon am Abend des Tages der Schlacht die 70 Meilen bis Charlotte zurückgelegt hatte, wo er aber nicht haltmachte, sondern weiterritt, bis er Hillsboro in den Bergen erreichte. Nach einer Aussage von Alexander Hamilton legte Gates in seiner »feigen Selbstvergessenheit« 180 Meilen in dreieinhalb Tagen zurück, eine in der angegebenen Zeit sehr unwahrscheinliche Distanz, selbst wenn er ständig mit frischen Pferden versorgt worden wäre, was offensichtlich bei einer Flucht nicht vorbereitet gewesen sein kann. Wie auch immer, die schändliche Flucht reichte aus, um Gates in Schande zu stürzen. Er wurde suspendiert, und eine offizielle Untersuchung wurde angeordnet, aber nie durchgeführt.

Der Sieger marschierte nun nach der Unterwerfung South Carolinas durch North Carolina nach Norden und auf Virginia zu, den reichsten Staat des Südens. An der riesigen Einbuchtung der Chesapeake Bay hatte der Staat seine engste Stelle, und dies war der Ort, wo Cornwallis die reicheren Ressourcen des Südens vom Norden abschneiden und den Amerikanern den entscheidenden Schlag versetzen wollte. »Eine erfolgreiche Schlacht kann uns Amerika geben«, war sein Lieblingsausspruch. Der Glanz dieser einzigen Schlacht blendete jeden Kommandeur auf beiden Seiten. Es war die Hoffnung, einen elenden Krieg, der nicht enden wollte, mit einem großen Schlag zu entscheiden.

Einen Krieg zu beenden, ist kein einfaches Geschäft. Selbst intelligente Herrscher, wenn es sie gibt, sehen sich oft nicht in der Lage, einem Krieg ein Ende zu setzen, wenn sie es wollen. Beide Seiten müssen zur gleichen Zeit und mit gleicher Sicherheit davon überzeugt sein, daß ihr Kriegsziel entweder nicht erreichbar oder die Kosten und Schäden, die er dem Staat zufügt, nicht wert ist. Diese Sicherheit muß wirklich ausgewogen sein, denn falls eine Seite auch nur einen winzigen Vorteil oder Nachteil erkennt, wird sie nicht zu Bedingungen bereit sein, die die andere Seite akzeptiert. Im Hundertjährigen Krieg, den Frankreich und England durch das 14. Jahrhundert schleppten, hätten beide Seiten den Krieg gerne beendet, konnten es aber nicht, da sie Macht und Status zu verlieren fürchteten; Haß und Mißtrauen, vom Krieg genährt, verhinderten, daß sie miteinander ins Gespräch kamen. In dem gräßlichen Blutzoll und der Sinnlosigkeit von 1914–1918 konnte es kein ausgehandeltes Ende des Krieges geben, nur den Sieg für die eine oder andere Seite, da jede das Gefühl hatte, sie müßte ihrem Volk irgendeine Kompensation in der Form gewonnenen Territoriums oder industrieller Ressourcen nach Hause bringen, um die schrecklichen Kosten zu rechtfertigen. Mit leeren Händen heimzukommen, hätte eine Revolte gegen die Herrscher bedeutet – oder zumindest den Verlust ihrer Position und ihres Status in der Gesellschaft. Der Kaiser und die Hohenzollern mußten 1918 dafür bezahlen.

Einfache Soldaten sind keine Herrscher und brauchen sich nicht um den Verlust von Kronen oder Ämtern zu sorgen, warum also kämpfen sie weiter, auch wenn sie hungern und in Lumpen gehen? Die Antwort ist ein Komplex von vielen Faktoren: weil sie an das Ziel glauben, weil das Desertieren und die Meuterei mit der Todesstrafe

X. »Eine erfolgreiche Schlacht kann uns Amerika geben« 259

geahndet werden, weil sie sich ihren Kameraden verpflichtet fühlen, weil sie nicht wissen, wohin, wenn sie die Armee verlassen. Wenn Herrscher die Kampfhandlungen einstellen, ohne das erklärte Kriegsziel erreicht zu haben, müssen sie ihre eigene Unfähigkeit ebenso wie die ihrer Partei und ihrer Nation eingestehen, und das ist für sie so schwierig wie der Weg eines Kamels durch das bekannte Nadelöhr. Hätten die Führer der amerikanischen Revolution – außer im Fall einer absoluten Niederlage – ihren Kampf um Freiheit und Unabhängigkeit aufgegeben oder der britische König und seine Minister ihren Kampf um die imperiale Kontrolle der Kolonien? »Das möge der allmächtige Gott verhüten!« wäre die Antwort gewesen, und so kämpfte jede Seite in Amerika weiter – mit dem Glanz jener einzigen Schlacht und der Hoffnung auf den »entscheidenden Schlag« vor Augen.

Clinton schrieb nach der Eroberung Charlestons mit uncharakteristischem Optimismus an seine Regierung: »Wenn wir einige Befestigungen angemessen verstärken, haben wir alles zwischen dieser Stadt und dem Hudson in der Hand.« In London hatte Germain den verführerischen Glanz der entscheidenden Schlacht vor Augen, als er sagte: »Ein weiterer Feldzug würde alle südlichen Provinzen niederwerfen.« Gleichgültig, wie wechselnd das Kriegsglück war, er glaubte noch immer, daß eine schnelle Unterdrückung der Rebellion möglich war – es war die alte leichtfertige Annahme der britischen Strategen, die auf ihrem totalen Mangel an Kenntnis der Amerikaner beruhte. Sie konnten nicht glauben, daß Farmer und Holzfäller, die nicht zu Soldaten ausgebildet worden waren – »diese Landclowns«, wie ein hessischer Offizier sie bei Trenton nannte –, gegen die gutausgebildeten Briten und die deutschen Berufssoldaten bestehen könnten. Sie vergaßen die alles entscheidende Waffe, die denen gehört, die für eine Sache kämpfen.

Hauptgrund der unerschütterlichen britischen Unterschätzung der Rebellen war der amerikanische Kampfstil. Sie feuerten aus der Deckung von Hauswänden und Bäumen, und sie trugen farblose handgewebte oder ausgefranste Indianerhemden, die in totalem Kontrast zu dem glänzenden Wichs der strahlend uniformierten europäischen Armeen standen, die in festen Reihen vorrückten, um zu schießen und sich der Beschießung auszusetzen. Bereits der erste

Kampf bei Lexington, als Rotjacken die ganze Straße entlang bis zurück nach Boston von den Kugeln der Minutemen* getötet wurden, die sich hinter Steinwällen versteckten, statt in der anständigen, wohlgedrillten Ordnung der Soldaten des britischen Königs vorzurücken, verfestigte dieses Bild eines Gegners, der aus Bauern, um nicht zu sagen Wilden bestand, die unfähig waren, sich der britischen Infanterie zu stellen. Selbst als die Briten nicht lange nach der Schlacht von Lexington Bunker Hill hinaufmarschierten und dann, in sehr viel geringerer Zahl, wieder herunterflohen, hatten sie immer noch nicht gelernt, ihren Feind richtig einzuschätzen.

Aber trotz der Vorteile des amerikanischen Kampfstils war der Ausblick auf der Konferenz von Hartford düster. Rochambeau zeigte sich pessimistisch und Lafayette mutlos. Die Amerikaner hatten durch den Fall Charlestons, die »sehr ungünstigen Nachrichten« von Camden und die sinkende Finanzierung durch den Kongreß viel an Kredit verloren. Lafayette erklärte daher, »dieser Feldzug« sei an seinem Tiefpunkt angekommen. »Wir benötigen immer dringender Kleidung, Zelte und Wagen für unsere Truppen«, berichtete er Washington. Es sei lebensnotwendig, daß man ihnen Proviant schickte, wenn »es möglich ist, Transportmittel aufzutreiben. Falls es an diesen mangelt, wird so viel Schiffsraum wie möglich auf Flüssen nach Norden geschickt.« Sein Bericht war nicht dazu angetan, irgend jemanden zu ermutigen, aber das Ziel, das vor ihnen lag, überstrahlte alle Erfahrungen der Vergangenheit. Die Hartford-Konferenz wurde von der Begegnung der beiden Armeeführer, Washington und Rochambeau, dominiert, die einander abzuschätzen und die Möglichkeiten ihrer Zusammenarbeit zu ermessen suchten. Zwischen Rochambeau, einem erfahrenen Soldaten, und Washington, der schon durch sein Wesen bei nahezu jedem Verehrung weckte, wuchs die gegenseitige Achtung schnell; sich auf einen Feldzugsplan zu einigen, war schwieriger. Sie stimmten überein, daß ein Angriff auf New York ohne französische Seeherrschaft in den Gewässern um Long Island aussichtslos war. De Ternay aber war zur Zeit nicht in der Lage, diese Voraussetzung zu schaffen.

---

* Minuteman: Freiwilliger, der sich zu unverzüglichem Heeresdienst bei Abruf verpflichtete – daher die »Minute«. (A. d. Ü.)

X. »Eine erfolgreiche Schlacht kann uns Amerika geben« 261

Darüber hinaus konnte Rochambeau keinen klaren Feldzugsplan anbieten, weil er instruiert worden war, daß die französische Flotte und die Landstreitkräfte zusammenzuwirken hätten, und er fühlte sich verpflichtet, zur Unterstützung von de Ternays Verband in Newport zu bleiben, bis zusätzliche Schiffe in Amerika eintrafen. Erst ein Jahr später, als Admiral de Barras mit einem zweiten Kontingent französischer Landtruppen einlief, um den verstorbenen de Ternay zu ersetzen, und diese Verstärkung eine französische Flotte versprach, die den Amerikanern die Seemacht gaben, die sie so dringend brauchten, wurde der kühne Plan eines Umfassungsangriffs zu Land und zu Wasser entwickelt, der den Krieg entscheiden sollte.

Aber Washington war immer noch nicht von New York abzubringen. Er wehrte sich gegen Rochambeaus Alternative einer Kampagne in der Chesapeake-Gegend, die darauf zielte, die britische Bedrohung aus dem Süden auszuschalten, weil er glaubte, die französischen Soldaten würden in der Sommerhitze von Virginia erkranken. Seine eigenen Neuengländer hegten ein tiefes Mißtrauen gegen den Süden, seine Schlangen, Moskitos und die Hitze, fürchteten das Klima, das sie für ungesund, um nicht zu sagen giftig und »Fieber«-verseucht hielten. »Fieber« war damals noch ein undifferenzierter Begriff, da Erreger und Infektionen nicht bekannt waren; er schloß Malaria, Lungenentzündung, Gelbfieber, Typhus, Fleckfieber und Ruhr ein. Für die Verbreitung dieser Krankheiten in Virginia war weniger das Klima, dem damals immer die Schuld für Krankheiten gegeben wurde, verantwortlich, als die Sümpfe mit ihren Moskitos in Verbindung mit der unhygienischen Lebensweise der Männer in militärischen Gruppierungen. Acht von zehn Todesfällen im 18. Jahrhundert wurden dem »Fieber« zugeschrieben.

Eine Armee nach Virginia zu bringen, bedeutete einen Marsch von 500 Meilen, denn das einzige Transportmittel zur See wäre der aus acht Schiffen bestehende Verband unter Admiral Louis de Barras, dem französischen Kommandeur in Newport, gewesen. Angesichts der immer noch überlegenen britischen Flotte vor New York weigerte sich de Barras, mit so vielen Soldaten an Bord praktisch als Truppentransporter die Küste hinunter nach Virginia zu segeln. Washington erschien der Marsch über Land zu riskant und zu kostspielig, und er fürchtete, unterwegs ein Drittel seiner Armee durch Krankheit und Fahnenflucht zu verlieren. Auch glaubte er nicht, daß der Feldzug viel einbringen könne, solange die Briten die Gewässer vor der Küste Virginias beherrschten. Seiner Meinung nach war Lafayette durch einen Angriff auf New York, der Clinton zwingen würde, Verstärkung aus dem Süden herbeizuschaffen, besser zu entlasten als durch direktes Eingreifen im Süden. Am zwingendsten aber war seine gefühlsmäßige Bindung an New York als Stätte seiner ersten großen Niederlage im Verlauf der Revolution – der Schlacht von Long Island. Mehr als alles andere wünschte er sich, New York zurückzuerobern. Nach den Bündnisbedingungen war Washington der Oberbefehlshaber und Rochambeau ihm unterstellt, so daß Washington hätte entscheiden können, aber Rochambeau, der so geschickt wie liebenswürdig war, beherrschte die Kunst des Flankenangriffs. Bald traten aufgrund seiner Überredungskünste La Luzerne, der französische Gesandte, de Barras und andere in Briefen nach Hause für die Chesapeake-Kampagne ein.

Was war die Chesapeake-Bucht und warum konzentrierte man sich so auf sie? Die riesige Bucht bildet eigentlich die Küstenlinie von Virginia, sie erstreckt sich über zweihundert Meilen Atlantikküste bis hinauf nach Maryland und New Jersey. Sie war wie eine große, Europa zugewandte Tür und mit ihren vielen Häfen und Flußmündungen, die das Innere erschlossen, die breiteste Öffnung im südlichen Teil des Landes. Die oberen Bereiche der Bucht kamen dem Delaware-River bei Philadelphia bis auf zwanzig Meilen nahe, und sie bildete dadurch eine natürliche Wasserstraße, die den Süden mit den mittelatlantischen Staaten verband. Sie schuf in Virginia den strategischen Hals, den Cornwallis durchschneiden wollte.

Die Eroberung Charlestons hatte die Briten veranlaßt, weitere Kräfte in den Süden zu ziehen, und die Bedeutung dieser Region erhöht. Sie war einer der Brennpunkte des Krieges. Die Briten glaubten überdies, hier noch am ehesten loyalistische Unterstützung zu finden; hier wollten sie prüfen, ob die Amerikaner als Volk für die britische Krone zurückzugewinnen waren. Wenn die Stimmung der Bevölkerung im Süden der Prüfstein war, so hätten sie lange warten müssen. »Das Überlaufen zu den Rebellen«, berichte-

X. *»Eine erfolgreiche Schlacht kann uns Amerika geben«*   263

te Oberst Balfour, dem das Kommando über das eroberte Charleston übergeben worden war, aus South Carolina, »ist so weit verbreitet, daß ich keine Methode weiß, es zu unterdrücken, außer der Entvölkerung.« Balfour war in seiner Radikalität den wenigen Loyalisten nahe, die in ihrem Widerstand gegen die Patrioten die Grausamkeiten eines Bürgerkriegs erfuhren. Die Fehde zwischen ihnen und den Rebellen war von absoluter Feindseligkeit getragen.

Das strategische Ziel der Kämpfe im Süden war es, den Amerikanern die Ressourcen dieses Landesteils zu nehmen und den Handel mit Europa über seine atlantischen Häfen zu unterbrechen. Hier fanden die härtesten und langgezogensten Gefechte statt. Die Loyalisten schlossen sich den britischen Zerstörungsfeldzügen gegen die Menschen und Ressourcen des Landes an. Die Briten standen dem amerikanischen General Nathanael Greene und Männern wie Francis Marion, dem »Fuchs der Sümpfe«, und dem »unschlagbaren« Daniel Morgan gegenüber, der auch der »alte Fuhrmann« genannt wurde, weil er 25 Jahre zuvor im Alter von neunzehn Jahren ein Gespann mit Nachschub in Braddocks unglücklicher Kampagne gegen die Franzosen und die Indianer gefahren hatte. Feindliche Kampfhandlungen im Süden waren selten mit Geländegewinnen verbunden, da sie vorrangig auf die Zerstörung der Rebellenstreitkräfte und weniger auf die Besetzung des Landes angelegt waren. Die Zerstörung der feindlichen Streitmacht und die Eroberung von Territorium sind die beiden Ziele jedes offensiven Feldzugs. Was das erste angeht, so bestand die gewöhnliche Methode seit Beginn der Zeit – oder seit Beginn der Kriege, was dasselbe gewesen sein mag – außer dem Töten des Gegners in der Zerstörung seiner Ressourcen – Proviant, Unterkunft, Transport, Arbeitskräfte und Einkünfte, um all dies zu bezahlen. Plünderung, Brandschatzung und Verheerung ganzer Landstriche machten die Besetzung unendlich schwierig, wie Balfour dunkel ahnte, und sie waren dem britischen Ziel, die Loyalität der Bevölkerung zurückzugewinnen, kaum behilflich. Trotzdem sahen die Briten ihre Chance für den Endsieg im Süden, weil sie glaubten, daß sich eine im Grunde loyale Bevölkerung in absehbarer Zeit für die Krone erheben würde.

Charles, der zweite Earl Cornwallis, Großbritanniens aggressivster

General, befehligte die Front im Süden. Er diente unter einem Oberbefehlshaber entgegengesetzten Temperaments, Sir Henry Clinton in New York, dessen vorsichtige und schwankende Natur wir schon kennengelernt haben. Auch zwischen den beiden herrschte die Art von Antipathie, die das Offizierskorps der britischen Marine und Armee zerriß. Jeder in der Führung der britischen Truppen haßte jemand anderen, und in diesem Fall standen sich zwei Männer in ihrer Auffassung der Politik und der Kriegsziele und in persönlicher Abneigung unversöhnlich gegenüber.

Clinton war ein sturer, unbeweglicher Mann, der krampfhaft festhielt, was er hatte – das hieß seine Stützpunkte in New York und Charleston, insbesondere New York, dessen Verteidigung für ihn zur Besessenheit wurde. Cornwallis dagegen war ein Draufgänger, der glaubte, daß Charleston nicht zu halten war, wenn er nicht das ganze Hinterland unter seine Kontrolle brachte, und daß der ganze Süden nicht erobert werden konnte, wenn man nicht Virginia besetzte – »das überfließende, reiche Virginia«, wie es in einer loyalistischen Zeitung hieß. Als Mitglied des Hochadels war Cornwallis Clinton gesellschaftlich überlegen, was Clinton schmerzlich bewußt war. Eigenwillig und ehrgeizig auf Beförderung bedacht, wurde Cornwallis zugleich in der Armee als kühner Soldat bewundert, galt fast als ein Ritter *sans peur et sans reproche*. Seine Männer liebten ihn als einen väterlichen Kommandeur, der sehr um ihr Wohlergehen besorgt war. Für Clinton war er ein aufsässiger Offizier, den er nicht kontrollieren konnte, weil er wegen seines hohen gesellschaftlichen Ranges nichts gegen ihn zu unternehmen wagte. Außerdem verdächtigte er Cornwallis als Intriganten, der es auf seinen Posten abgesehen hatte. Da Clinton selbst ständig davon sprach, zugunsten Cornwallis' zurückzutreten, der in der Tat aus London die stille Zusicherung hatte, Clintons Nachfolger zu werden (dies sollte die Möglichkeit des Nachrückens eines deutschen Generals verhindern, wenn dem Oberbefehlshaber etwas zustieß), bedurfte es eigentlich keiner Intrige. Trotzdem fühlte sich Clinton durch seine eigenen Rücktrittspläne eingeengt, weil er meinte, dem Befehlshaber, der ihm nachfolgte, langfristige Entscheidungen nicht vorwegnehmen zu dürfen.

Von Anbeginn ihrer Zusammenarbeit hatte Clinton Cornwallis der

X. »Eine erfolgreiche Schlacht kann uns Amerika geben« 265

Neigung verdächtigt, sich über die Befehle aus New York hinwegzusetzen. »Ich kann zu einem solchen Mann nie ein herzliches Verhältnis haben«, schrieb er in sein Tagebuch. Er glaubte, daß Cornwallis Germains Günstling sei und fühlte sich zurückgesetzt. »Ich werde vernachlässigt und schlecht behandelt«, beschwerte er sich bei Germain, »jede andere Meinung außer meiner wird angenommen, jeder Plan außer meinem akzeptiert . . . ich werde in Operationen gezwungen, die von anderen geplant wurden.« Cornwallis seinerseits war von Clintons Unentschiedenheit, seinen Meinungsänderungen und Verschiebungen tief gequält. Er bat den König um Erlaubnis, das Kommando niederlegen und heimkommen zu dürfen, ein weiterer Offizier Georgs III., der seinen Posten leid war. Die Bitte wurde zurückgewiesen. Gegenseitiges Mißtrauen war keine gute Grundlage für einen gemeinschaftlichen Oberbefehl.

Ab und zu läßt der Entwurf der Geschichte dem Einzelnen Raum, eine so bedeutende Wirkung auf den Verlauf der Ereignisse auszuüben, wie es sonst größere unpersönliche Kräfte, etwa die Ökonomie oder das Klima, tun. Lord Cornwallis war ein solcher Einzelner. Sein Parlamentssitz war der Bezirk Eye in Suffolk, den seine Familie mit Unterbrechungen seit dem 14. Jahrhundert gehalten hatte. Er wurde 1738 geboren, im selben Jahr wie Georg III. Nachdem er Eton besucht hatte, folgte er seinen militärischen Neigungen und ging als Fähnrich zur Grenadiergarde. Im Alter von achtzehn Jahren besuchte er im Verlauf seiner großen Europareise, die er in Begleitung eines preußischen Armeeoffiziers als Tutor absolvierte, die Militärakademie in Turin, die als eine der besten in Europa galt. In der entspannten italienischen Atmosphäre hatte der Stundenplan mit dem eigentlichen Gegenstand der Akademie wenig zu tun. Die Studenten hatten von sieben bis acht Uhr morgens, wahrscheinlich gleich nach dem Aufstehen, formalen Tanzunterricht, dann zum Kontrast Unterweisung in der deutschen Sprache von acht bis neun, zur Erholung darauf zwei Stunden Frühstück. Militärischer Unterricht beanspruchte nur eine Stunde, von elf bis zwölf, sodann gab es nachmittags zwei Stunden Mathematik und Festungswesen von drei bis fünf. Um fünf Uhr folgte weiterer Tanzunterricht, Empfang von Gästen oder der Besuch der Oper bis zum Abendessen. An zwei Tagen der Woche schuldeten die Studenten dem Hof des Königs von

Sardinien einen Besuch. Turin, vormals eine Besitzung Spaniens und dann Frankreichs, war die Residenz der Könige von Sardinien, deren königlicher Titel auf die Herzöge von Savoyen überging und von ihnen auf die Königsfamilie Italiens zur Zeit der nationalen Einigung von 1860.

Wenn die Studien in Turin die Studenten auch nicht tief in die Kriegskunst einführten, vermittelten sie ihnen doch, wie man sich im Militär als Herr betrug. Cornwallis lernte den Krieg selbst in der Grenadiergarde als Verbündeter Prinz Ferdinands von Braunschweig auf Nebenschauplätzen des Siebenjährigen Krieges kennen. Im Jahre 1762 erbte er beim Tod seines Vaters den Titel. Als er in dem Jahr nach England zurückkehrte, um seinen Sitz im Parlament einzunehmen, überraschte er seine Umgebung, indem er sich den Whigs anschloß, der Oppositionspartei, die die Zwangspolitik des Königs und der Regierung gegenüber den unruhigen Amerikanern energisch bekämpfte. Ob das unkriegerische Programm der Turiner Akademie dabei eine Rolle spielte oder ob er von seinem guten Freund, dem Whig-Führer Lord Shelburne, beeinflußt war, ist nicht klar. Wenn er auch äußerlich wie ein typischer Gardeoffizier wirkte, war sein Charakter ambivalenter, als es den Anschein hatte. Obwohl er zu den Whigs zählte, war er angesehen genug, zum Obersten seines Regiments befördert und zum Adjutanten des Königs ernannt zu werden. Es ist nicht bekannt, daß er in Debatten im Oberhaus das Wort ergriff.

Nachdrücklicher als jedes gesprochene Wort war aber, daß er sich unter der kleinen tapferen Minderheit von vier Peers befand, die Lord Camdens Antrag vom März 1766 unterstützten. Lord Camden wandte sich darin gegen die *Declaratory Bill*. Diese Gesetzesvorlage ging von der Regierung aus und bekräftigte das Recht des Parlaments, die Kolonien zu besteuern. Kurz zuvor war der *Stamp Act* zurückgezogen worden, und um den unerwünschten Eindruck einer Beschwichtigung der Amerikaner zu beseitigen, wurde die *Declaratory Bill* verabschiedet. Auch wenn Cornwallis selbst schwieg, die Bemerkungen Lord Camdens im Oberhaus, die er mit seiner Stimme unterstützte, waren unzweideutig. Die *Declaratory Bill*, sagte Camden, sei »absolut illegal, verstößt gegen die Grundgesetze der Verfassung, die auf den ewigen und unveränderlichen Naturgeset-

X. »Eine erfolgreiche Schlacht kann uns Amerika geben« 267

zen beruhen«, da »Besteuerung und Repräsentation untrennbar vereinigt sind... Diese Haltung gründet sich auf das Naturrecht, denn was immer Eigentum eines Menschen ist, muß absolut sein Eigentum sein; niemand hat das Recht, es ihm ohne seine Zustimmung zu nehmen. Wer immer dies versucht, versucht, ihn in seinem Recht zu verletzen, wer immer es tut, begeht eine Räuberei; er wirft die Grenzen zwischen Freiheit und Sklaverei nieder.« Diese Worte hätten auch von Tom Paine oder Patrick Henry stammen können, wenn auch nicht von John Adams, der sich eine so romantische Sicht des »Naturrechts« nicht erlaubt hätte.

Cornwallis stimmte offenbar mit dem Sprecher völlig überein, was ihn allerdings nicht hinderte, ein Kommando in diesem Krieg zu übernehmen. Dasselbe taten Lord Jeffrey Amherst und Oberst Ralph Abercromby, ein Held des Braunschweiger Krieges und ein hervorragender Offizier der Armee, wie auch andere, die die Unterdrückung der Amerikaner eigentlich mißbilligten. Cornwallis meldete sich sogar freiwillig für ein Kommando, als die Amerikaner zu den Waffen griffen und die britischen Streitkräfte in Amerika Verstärkungen brauchten. Von strenger Loyalität geleitet, war er der Überzeugung, daß er als Offizier des Königs jede Rebellion unterdrücken müsse. Dennoch dauerte es fast sieben Monate nach den ersten Schüssen in Lexington, bis er sich entschied, ein amerikanisches Kommando anzunehmen. Entweder das Pflichtgefühl in ihm arbeitete langsam, oder dies Zögern war ein weiteres Zeichen seiner Ambivalenz. Vielleicht auch haben die Bitten seiner Frau, die er sehr liebte, eine Rolle gespielt. Im Februar 1776 brach er schließlich nach Amerika auf. Sieben Regimenter standen unter seinem Befehl, und er brachte sie nach Halifax, wohin General Howe gezogen war, nachdem er Boston aufgegeben hatte. Cornwallis kämpfte in den Schlachten von Long Island und White Plains. Er eroberte Fort Lee am Jersey-Ufer des Hudson und verfolgte danach Washington durch New Jersey bis nach Trenton. Hier hielt er den amerikanischen Vormarsch in der Schlacht von Brandywine auf und zog weiter, um Philadelphia zu besetzen.

Die Pflicht, die ihn nach Amerika gebracht hatte, hielt Cornwallis aber offenbar nicht allzu fest im Griff, denn der Krieg gegen eine zerlumpte koloniale Miliz konnte in seinen Augen nicht viel für den

Ruf eines Gardeoffiziers tun. So nahm er 1777 Urlaub und machte sich auf die lange Schiffsreise nach Hause. Zum Generalleutnant befördert, kehrte er 1778 auf demselben Schiff nach Amerika zurück, auf dem auch die Carlisle-Friedenskommission fuhr. Seine Sorge, daß ihm wegen der Ansprüche der Kommission zuwenig Kabinenraum bliebe, wurde durch das Vergnügen, mit Earl Carlisle Whist spielen zu können, mehr als aufgewogen. In Amerika wurde er zum Stellvertreter Sir Henry Clintons ernannt, als dieser an die Stelle des glanzlosen William Howe getreten war.

Inzwischen hatten die Franzosen das Bündnis mit den Amerikanern geschlossen, und Cornwallis war überzeugt, daß die Türen, durch die die Franzosen hereinkommen und Männer, Geld und Waffen für die Rebellen bringen konnten, versperrt werden mußten – insbesondere die der Chesapeake Bay. Die Häfen der Chesapeake wurden von den Amerikanern regelmäßig für die Verschiffung von Tabak, Baumwolle und anderen Exportwaren nach Europa benutzt, um den Kauf von Waffen und Munition zu finanzieren. Cornwallis stellte sich eine große Offensive zur Unterwerfung des Südens und zur Beendigung des Aufstandes dort vor, aber offensichtlich hatte Clinton dazu wenig Neigung. Clinton wollte, daß Cornwallis sich zufrieden in einem permanenten Stützpunkt niederließ und ihm seine Armee für Operationen in Pennsylvania und für die Verteidigung von New York zur Verfügung stellte. Cornwallis hielt das für zwecklos. Er schrieb seinem Kollegen General Phillips einen Brief, in dem sich der schockierende Vorschlag fand: »Wenn wir einen offensiven Krieg in Amerika führen wollen, müssen wir New York aufgeben.« Statt dessen sollten die Briten »die ganze Streitmacht in Virginia konzentrieren«, wo »wir etwas haben, wofür es sich zu kämpfen lohnt«, und wo Cornwallis' Refrain: »Eine erfolgreiche Schlacht kann uns Amerika geben«, verwirklicht werden konnte.

Der Beweis für dieses Dogma ließ auf sich warten. Die Kampfhandlungen auf seiten der Briten wurden zu dieser Zeit von zwei in Amerika gehaßten und gefürchteten Gestalten geführt, dem Kavallerieobrist Banastre Tarleton, der von Cornwallis als Speerspitze seiner Armee hochgeschätzt wurde, und dem Verräter Benedict Arnold, der, nachdem er sich für – wie er annahm – 10000 Pfund an

X. »Eine erfolgreiche Schlacht kann uns Amerika geben« 269

die Briten verkauft hatte, durch seine Gewalttätigkeit beweisen
mußte, daß er das Geld wert war. (Er hatte 10000 Pfund gefordert,
aber nur 6000 empfangen, berechnet auf der Basis von zwei Guineen pro Mann in der West-Point-Garnison.) Tarletons schwere
Dragoner zertrampelten Korn- und Roggenfelder, während seine
und Arnolds Raubkommandos den geernteten Tabak und das Getreide in den Scheunen plünderten und verbrannten und das Land
verwüsteten. Tarleton wurde beschuldigt, Vieh, Schweine und
Geflügel in die Scheunen zu treiben, um sie dann anzuzünden. Er
wurde der »Kein-Pardon-Tarleton« genannt, weil er die Kapitulationsvereinbarung in dem sogenannten Waxhaw-Massaker verletzt
hatte. Dort war eine amerikanische Kompanie besiegt worden, die
zu lange gewartet hatte, bevor sie das Feuer aus einer Entfernung
von 50 Metern eröffnete, zu spät, um die attackierende Kavallerie
aufzuhalten. Nachdem sie sich ergeben hatte, wurde die Kompanie
niedergemetzelt. Tarletons Männer mit ihren rasiermesserscharfen
Säbeln erschlugen 113 Soldaten und verwundeten 150 weitere, von
denen die Hälfte an ihren Verletzungen starb. Als die Geschichte
von Waxhaw sich durch die Carolinas verbreitete, stieg der Haß auf
die Briten, und der Konflikt zwischen Loyalisten und Patrioten in
der Bevölkerung verschärfte sich.

Da seine Frau ernstlich erkrankt war, eilte Cornwallis ein zweites
Mal nach Hause und wurde, kurz nachdem er England erreicht hatte, zum Zeugen ihres elenden Todes. Tief deprimiert schrieb er an
seinen Bruder, daß der Verlust seiner Frau für ihn »alle Hoffnungen
auf Glück in dieser Welt zerstört« habe. Außer der Armee hatte er
nichts mehr, wofür es sich zu leben lohnte. Seine persönliche Tragödie, die ihn einsam und unbeschäftigt hinterließ, brachte ihn im Juli
1779 wieder in den Krieg zurück.

Im August 1780 schlug Cornwallis Gates in der Schlacht von Camden. Obwohl die Briten Camden als einen glänzenden Sieg betrachteten, war die Rebellion in Amerika nicht geschlagen, und die Miliz
und die Kontinentalarmee lösten sich nicht auf, um den Siegern das
Feld zu überlassen. »Wir kämpfen«, schrieb Greene an Luzerne,
»werden geschlagen und stehen wieder auf, um weiterzukämpfen.«
Er hatte in der Tat recht, ein Sieg im Feld schien die Briten einem
Sieg im Krieg nicht näherzubringen. Greenes einfache Formel hielt

den Kern einer Armee zusammen und das Feuer der Rebellion im Süden am Leben. Die Niederlage bei Camden erwies sich sogar fast als ein Vorteil, weil sie zur Absetzung Gates' führte, und Washington Greene und Steuben beauftragte, die Armee im Süden neu zu formieren. Alles, was ihnen blieb, war ein Rest der Kontinentalmiliz, deren Mitglieder sich zusammenfanden, um ein paar Tage oder Wochen lang zu kämpfen, und dann zu ihren Feldern zurückkehrten, dazu eine kleine, aber wichtige Gruppe von kampftüchtigen Partisanen oder Guerilla-Führern, wie Francis Marion, den »Fuchs der Sümpfe«, Andrew Pickens und Thomas Sumter, die in ihrem Kampfeswillen den Widerstand gegen die Briten am Leben hielten. Die Verwüstungen durch Tarletons sehr bewegliche Kavallerie und die Empörung über das Waxhaw-Massaker weckten die Rachegefühle in der Bevölkerung. Cornwallis mußte zugeben, daß der Fuchs der Sümpfe in South Carolina »die Leute zum Teil durch Schrecken und Strafen, zum Teil durch die Verheißung von Beute so aufgebracht hat, daß es kaum noch einen Einwohner in dieser Gegend gibt, der nicht in Waffen gegen uns steht«.

Seine Erklärung für die Feindseligkeit der Bevölkerung, die die Überfälle von Tarleton und Benedict Arnold unterschlägt, die Häuser plünderten, Getreidemühlen verbrannten und Zivilisten als Gefangene zu den tödlichen Gefängnisschiffen verschleppten, spiegelt die gewollte Blindheit des Invasoren wider, der sich selber dazu überreden will, daß die Eingeborenen durch irgendeine Provokation gegen ihn aufgehetzt worden sind, nur nicht durch seine eigenen Taten. Cornwallis war überzeugt, daß die Amerikaner nach einer so vernichtenden Niederlage wie in Camden die Revolution im Süden nur noch mit Hilfe aus dem Norden aufrechterhalten könnten. Dies bedeutete für ihn vor allem, daß er die Rebellenstreitkräfte in North Carolina zerschlagen und diese Provinz unter seine Kontrolle bringen mußte. Aber die eine notwendige Voraussetzung für den Sieg – die feindliche Armee zu zerschlagen – erwies sich als unerreichbar. In zorniger Hilflosigkeit angesichts der Partisanenkriegführung, die überall in vermeintlich befriedeten Distrikten wieder aufbrach, griff der britische Befehlshaber einer Loyalistentruppe in South Carolina, Major Patrick Ferguson, auf Schreckensdrohungen zurück. Im September 1780 gab er eine öffentliche Pro-

X. »Eine erfolgreiche Schlacht kann uns Amerika geben« 271

klamation heraus, daß er über die Berge marschieren würde, wenn
der Widerstand gegen die britischen Waffen weiterginge, um die
Führer der Rebellen zu hängen und das Land mit Feuer und
Schwert zu verwüsten.

Ferguson war kein Tyrann, sondern normalerweise ein humaner
und gemäßigter Soldat. Er war mit vierzehn Jahren in den Militärdienst eingetreten, als seine Familie ihm eine Fähnrichstelle bei den
Royal Scots Greys gekauft hatte. Nach dem Studium der Militärwis-
senschaft, das technischer war als die Turiner Ausbildung im Tanzen
und in der Oper, erfand er ein schnellfeuerndes Hinterladergewehr,
das vier Kugeln in der Minute abschießen und ein Ziel auf die Entfernung von 200 Metern treffen konnte. Dieses Gewehr war wirkungsvoller als alles, was die britische Armee besaß, und es wurde
natürlich nicht angeschafft; nur 200 dieser Gewehre wurden hergestellt. Ferguson war einer der wenigen englischen Offiziere, die die
amerikanischen Loyalisten als gleichberechtigt behandelten. Er saß
stundenlang mit ihnen zusammen, um über die Lage des Landes
und die verheerende Wirkung der Rebellion zu diskutieren. Für die
einfache Landbevölkerung war er ein Held, und er wurde zum kommandierenden Offizier einer Kampagne ernannt, die das Feuer des
Patriotismus austreten sollte.

Nichtsdestoweniger hatte seine unglückliche Proklamation den
normalen Effekt solcher Dinge. Sie wurde von Partisanenführern
benutzt, um an die »Männer der Berge« zu appellieren, die eiserne
Ferse des Unterdrückers in Verteidigung ihrer Heimat und ihres
Landes abzuwerfen. Mehr als tausend berittene Freiwillige, die sehr
gut mit dem Gewehr umgehen konnten, eilten zu den Waffen. In
Wildleder gekleidet, versammelten sie sich bei Sycamore Shoals in
Tennessee und ritten von dort aus Fergusons Truppe nach. Ferguson
spürte die Gefahr und bat Cornwallis, der mit seiner Armee nur 35
Meilen entfernt in Charlotte, North Carolina, lag, um Verstärkung.
Seine dringende Botschaft lautete: »Es muß etwas geschehen«,
aber Hilfe kam nicht. Die Straße nach Charlotte führte an einem
Hügelkamm vorbei, der King's Mountain genannt wurde, und Fer-
guson beschloß, seine Verfolger an diesem Kamm zu stellen, ob-
wohl es ihm möglich gewesen wäre, Cornwallis innerhalb von zwei
Stunden zu erreichen. Er ging hinter einer gerodeten ovalen Stelle

oben auf dem Kamm in Stellung. Die Hänge um diese Stelle herum waren mit hohen Fichten bewachsen, und er glaubte, eine unangreifbare Position zu besitzen.

Die Amerikaner, die durch Spione über seine Bewegungen auf dem laufenden gehalten wurden, ritten eine Regennacht hindurch mit eingewickelten Gewehren, immer auf der Hut vor einem Hinterhalt. Als das Wetter sich aufklärte, erreichten sie King's Mountain um drei Uhr nachmittags, wo sie von ihren Pferden stiegen und den Hügel einkreisten. Da sie keinen Kommandeur hatten, wählten sie Oberst William Campbell zum Befehlshaber. Dann griffen sie mit lautem Kriegsgeschrei und bellenden Gewehren die Hügelkrone an, sie feuerten aus der Deckung der Baumstämme, während sie aufwärts kletterten. Die Stellung der Briten auf der Höhe, die kaum einnehmbar erschienen war, erwies sich für die Angreifer als ein Vorteil, denn das britische Feuer »ging fast vollständig über uns hinweg, kaum ein Mann, außer denen zu Pferd, wurde verletzt«. Fergusons Loyalisten stürmten mit gefällten Bajonetten den Hügel hinunter, aber ganze Reihen wurden durch tödliches Gewehrfeuer niedergemäht. Die Rotjacken wankten und wichen zurück. In dem Versuch, ihre Flucht aufzuhalten, ritt Ferguson auf einem weißen Pferd nach vorn und schlug mit seinem Säbel nach zwei weißen Kapitulationsflaggen, die in Panik geratene Männer seiner Truppe bereits gehißt hatten. Er wurde zum Ziel von fünfzig Gewehren. Vielfach getroffen, von den Kugeln zerrissen und aus dem Sattel geworfen, stürzte er zu Boden. Der Kamm wurde erobert; die Schlacht von King's Mountain war nach einer halben Stunde vorüber. Das blutbefleckte reiterlose weiße Pferd stürzte in panischer Flucht den umkämpften Hang hinunter, auf dem Ferguson gestorben war.

Die Nachricht von der Niederlage bei King's Mountain verbreitete sich wie der Wind über die ganze Gegend, die Anhängerschaft der Loyalisten schwand dahin. »Heimtückisch und kleinmütig« – Cornwallis' Worte –, weigerten sie sich nach King's Mountain, die Briten zu unterstützen, während die Rebellen »in ihrem Haß noch unbeirrbarer wurden«. Siebenhundert Männer der loyalistischen Streitmacht, die unter Ferguson kämpfte, wurden gefangengenommen. Vierundzwanzig von ihnen mußten sich einem Standgericht der Rebellen stellen, neun wurden schuldig gesprochen und aufgehängt.

X. »Eine erfolgreiche Schlacht kann uns Amerika geben«

Angesichts dieser Lage war Cornwallis überzeugt, daß er den Feldzug in North Carolina aufgeben und sich für den Winter nach South Carolina zurückziehen müsse. Er brach nach Winnsboro auf, das etwa fünfzig Meilen südlich von King's Mountain und dreißig Meilen von Camden entfernt lag, wo er seinen großen Sieg erfochten hatte. Trotz der kurzen Distanz erwies sich der Rückzug als eine schreckliche Qual, und Cornwallis' Winter in Winnsboro ähnelte dem Washingtons in Valley Forge. Unter unaufhörlichem Regen marschierten seine Männer ohne Zelte und mit so wenig Proviant, daß sie nur von Rüben und Mais lebten, die sie auf den abgeernteten Feldern zusammensuchen mußten. Der Ertrag bestand in fünf Maiskolben am Tag für zwei Männer. Auch der Rum war ihnen ausgegangen. Sie zogen ihre Verwundeten auf rumpelnden Holzwagen über holprige Wege. Am schlimmsten waren die Flüsse; die halb verhungerten Pferde schafften es kaum, durch das dahinschießende Eiswasser das andere Ufer zu erreichen. Der letzte Rückschlag war der Verlust eines Blockhauses, das aus dicken Baumstämmen auf einem Hügel von Colonel Rugeley von der Loyalistischen Miliz gebaut und befestigt worden war. Die Erde war an seinem Fuß aufgeworfen, und ein Kreis von Palisaden machte es praktisch uneinnehmbar, außer durch Kanonenbeschuß. Der amerikanische Kavallerieoffizier Oberst William Washington ließ eine Holzkanone aus einem Baumstamm anfertigen und zog sie vor das befestigte Blockhaus, wenn auch nicht nahe genug, um ihre Beschaffenheit zu verraten. Dann forderte er die Verteidiger auf, sich zu ergeben. Oberst Rugeley kapitulierte, ohne einen Schuß abgefeuert zu haben.

Für die amerikanischen Patrioten wurde der kleine Triumph bei King's Mountain überschattet von den Schwierigkeiten der Vorbereitung auf einen Winter, in dem sie eine Wiederholung der Leiden von Morristown und Valley Forge vermeiden wollten. Pennsylvania besaß 5000 Rinder, die schon zu abgemagert waren, um noch der Fleischversorgung zu dienen. Sie konnten sowieso nicht geschlachtet werden, weil es kein hartes Geld mehr gab, um Salz zur Konservierung des Fleisches zu kaufen, und die Kaufleute gaben kein Salz gegen Papiergeld. Alles fehlte, Bargeld vor allem, aber auch Kleidung, Schuhe, Decken, Munition und – weniger materiell, aber noch bedeutender – die Unterstützung der Bevölkerung. Die Gleichgültigkeit im wohlhabenden Virginia war auffällig. Wenn er auch glaubte, daß »die Ansichten und Wünsche der großen Mehrheit des Volkes für uns sprechen«, schrieb Greene an Jefferson, zu der Zeit Gouverneur von Virginia, »sind die Leute mit der Ausnahme einiger weniger doch eine leblose Masse, ohne Geist oder Richtung. Sie weigern sich, die Mittel, die sie besitzen, zu ihrer eigenen Sicherheit einzusetzen.«

Es quälte Washington, daß die Franzosen Zeugen der Armut seiner Armee und des »Mangels an Rekruten« wurden. Er fürchtete, daß sie, wenn sie kamen und herausfanden, »daß wir nur eine Handvoll Männer im Feld haben«, kehrtmachen und wieder wegsegeln könnten. Washington war sich der Unzuverlässigkeit seiner Landsleute trauernd bewußt. Am Neujahrstag 1781 schrieb er: »Es ist ein melancholisches Ding, solch einen Verfall öffentlicher Tugend zu sehen, und die schönsten Aussichten überschattet und bewölkt von einem Haufen niederträchtiger Blutsauger, die nur um des schnöden Mammons willen diesen großen Kontinent in unausweichlichen Ruin stürzen würden ... Wenn die Führer in den Staaten sich nicht besinnen, ist unsere Sache unwiderruflich verloren.« Aber er selber gab die Sache niemals auch nur für einen Moment verloren. Durch alle Schwierigkeiten hindurch hatte er »keinen Zweifel, daß dieselbe großzügige Vorsehung, die uns schon zuvor in einer Reihe von Schwierigkeiten immer wieder errettet hat, uns auch in die Lage versetzen wird, schließlich aus diesen Schwierigkeiten hervorzugehen und unsere Kämpfe mit Erfolg zu krönen«.

Selbst angesichts der sich häufenden Frustrationen und Enttäuschungen – der Meutereien, des Verlustes jeden Kredits, zweifelnder Offiziere und einer sich auflösenden Armee – blieb Washington unerschütterlich. Als er von Laurens hörte, daß de Grasse einen Teil seiner Flotte nach Amerika bringen würde, war er in der Lage, einem Mitglied des Kongresses mit der Selbstsicherheit, die ihn einzigartig machte, zu sagen: »Noch ist das Spiel in unseren Händen ... eine Wolke mag über uns hinweggehen, einzelne mögen ruiniert und das Land im ganzen oder einige Staaten zeitweise Ungemach erleiden, aber ich bin sicher, daß es in unserer Macht liegt, diesen Krieg zu einem glücklichen Ende zu bringen.« Wenn es die Forde-

X. »Eine erfolgreiche Schlacht kann uns Amerika geben« 275

rung der Stunde war, die einen Mann von so solider Kraft hervorbrachte, so hatte dieselbe Stunde es noch nicht vermocht, eine Nation hervorzubringen, die ihm entsprochen hätte.

Trotz der kürzlichen Rückschläge war für Cornwallis die Zerschlagung von Greenes Armee, dem Motor der Rebellion im Süden, das überragende Ziel. Am Neujahrstag 1781, dem Jahr so vieler Entscheidungen, empfing Tarleton, der in der Vorhut von Cornwallis' Armee ritt, den Befehl seines Generals, »Morgan [einen General in Greenes Armee] bis zum äußersten zu bedrängen. Es darf keine Zeit verloren werden.« Tarleton befehligte eine Streitmacht von disziplinierten Dragonern, leichter Infanterie und fünf Bataillonen regulärer britischer Soldaten sowie eine kleine Artillerieeinheit – zusammen etwa 1100 Mann. General Daniel Morgan kommandierte 1600 Infanteristen der Kontinentalarmee, Milizen aus Maryland und Virginia, 200 Schützen aus Virginia und eine Kavallerieeinheit, die aus etwa 160 Mann bestand. Als er über örtliche Partisanen von Tarletons Vormarsch erfuhr, ging Morgan in einem dünn bewaldeten Gebiet am Knie des Broad River in der Nähe der Nordgrenze von South Carolina in Stellung. Der Ort trug keinen heroischen Namen wie Alamo oder die Argonnen, sondern den einfachen ländlichen Namen Cowpens*, weil dort gewöhnlich Vieh zusammengetrieben wurde, wenn die Farmer es zum Markt brachten. Morgan, der von einer schmerzhaften Arthritis gequält wurde, ließ sich am Fuß eines Hügels nieder, der von Wäldern umgeben war. Auf diese Weise konnte er nicht überrascht werden. Er erwartete, daß seine unausgebildeten Milizsoldaten vor dem Angriff der gefürchteten britischen Kavallerie zurückweichen würden, aber er wußte, daß sie hier nicht weit laufen konnten, weil hinter ihnen der tiefe Fluß lag. Er hinkte zwischen den Lagerfeuern umher, ermutigte die Männer, sich am nächsten Tag tapfer zu schlagen und zumindest lange genug stehenzubleiben, um drei Salven abzufeuern. »Kopf hoch, Jungs, drei Salven und ihr seid frei.« Und er erzählte ihnen, wie die Mädchen sie küssen und die alten Leute sie segnen würden, wenn sie nach Hause kamen.

Als die erste britische Infanterieeinheit mit schwerem Schritt und

---

* Pferch, Gehege. A. d. Ü.

grimmigen Rufen auf sie zumarschierte, rief Morgan: »Sie sagen uns ihr britisches Hallo. Antwortet ihnen mit dem indianischen Hallo, bei Gott!« Wilder Jubel und Gebrüll aus den eigenen Linien antwortete ihm. Er forderte seine Männer auf, auf die Schulterstücke der Offiziere zu schießen, dann saß er auf und ritt an eine Stelle der Kampflinie, wo eine Milizeinheit zurückwich und Anstalten machte, zu ihren angebundenen Pferden zu fliehen. Als die Männer die Pferde erreichten, war der General schon da, schwang seinen Säbel, versperrte ihnen den Weg und rief: »Formiert euch wieder! Gebt ihnen noch eine Salve und der Sieg ist unser!« Aus ihren Stellungen hinter den Linien schossen die Scharfschützen aus Virginia Tarletons Reiter aus den Sätteln. Plötzlich stürmten den Dragonern amerikanische Kavalleristen unter Oberst William Washington entgegen, die ihre Säbel mit nicht weniger Energie schwangen als der Feind. Die britische Linie wankte. »Noch eine Salve«, schrie Colonel Washington, »und ich attackiere noch einmal!« Vom Fuß des Hügels schossen Freiwillige und Soldaten der Kontinentalarmee unentwegt auf die britische Infanterie und stürzten sich auf den Befehl »Bajonett frei!« auf sie hinunter. Als sie sahen, daß ihre Infanterie sich zur Flucht wandte, weigerten sich Tarletons Kavalleristen trotz seiner wütenden Befehle, noch eine Attacke zu reiten. Sie wandten ihre Pferde um und galoppierten davon, gefolgt von ihrem Kommandeur.

Von rachsüchtigen Rebellen umgeben, ergaben sich seine leichte Infanterie und seine regulären Fußsoldaten. Eine Gruppe halsstarriger Artilleristen, die sich nicht ergeben wollten, wurde getötet oder überwältigt, während sie ihre Kanonen verteidigte. 110 Briten fielen bei Cowpens, 700 britische Soldaten wurden gefangengenommen, die Amerikaner erbeuteten 800 Musketen, 100 Pferde und Tarletons ganze Bagage von 35 Wagen mit Proviant und Munition. Außer den 300 Reitern, die entkamen, wurde praktisch die ganze Streitmacht Tarletons entweder getötet oder gefangengenommen – ein substantieller Teil von Cornwallis' Armee. »Was dort vor kurzem geschah«, sollte er sagen, »hat mir fast das Herz gebrochen.« General Greene dagegen war tief befriedigt. »Nach diesem hier«, sagte er, »erscheint mir nichts mehr schwierig.«

Entschlossen, den Rebellen keine Chance zu geben, über ihren Sieg

X. »Eine erfolgreiche Schlacht kann uns Amerika geben« 277

bei Cowpens zu jubeln, warf sich Cornwallis wie besessen in die
Verfolgung von Greenes Armee. Er wollte den Feind einholen und
vernichten und ihm jede Ermutigung nehmen, die dieser Sieg ihm
gegeben haben mochte. Die Entschlossenheit der Armee, wie General O'Hara, Cornwallis' Stellvertreter, an den Herzog von Grafton, den Lordsiegelbewahrer im Ministerium von North, schrieb,
war fast fanatisch: »Ohne Bagage, ohne Proviant irgendeiner Art
für Offizier oder Soldat, in der wüstesten, ungastlichsten, ungesun-
desten Gegend von Nordamerika und im Kampf mit den wildesten,
unbeirrtesten, hinterhältigsten und grausamsten Feinden, nur mit
Kampfeslust und Bajonetten ausgerüstet, war sie entschlossen,
Greenes Armee bis an das Ende der Welt zu verfolgen.« Cornwallis
brauchte einen Sieg nicht nur wegen der Wirkung auf die Bevölkerung, sondern auch, um die Kontrolle über das Land zu gewinnen.
Solange Greene als Zentrum des Widerstandes in den Carolinas
blieb, würde man die Rebellion nicht austreten können.
Schwere Regenfälle hatten die Flüsse steigen lassen und die Straßen
in Matschgräben verwandelt, in denen die Stiefel der Marschieren-
den steckenblieben. Die Armee kam nur langsam voran. Aber auch
die Amerikaner hatten Schwierigkeiten. Morgan konnte sich nur
mit Schmerzen im Sattel halten, Traben war nicht möglich. Greene,
der von Morgans Zustand wußte, tat sein Möglichstes, um ihn sicher aus der Gefahr herauszubringen. Mit der für ihn charakteri-
stischen Umsicht hatte er große hölzerne Plattformen mit Rädern
anfertigen lassen, auf denen improvisierte Pontons mitgeführt werden konnten. Mit ihrer Hilfe wurden die Flüsse überquert. Auf die
Art war es ihm möglich, Morgans Flucht zu erleichtern und zu be-
schleunigen und seine eigene Armee über die Flüsse zu bringen, die
jetzt zu tief zum Durchwaten waren. Cornwallis' große Armee, die
sich schwerfällig durch die von Morgans Truppe aufgewühlten,
grundlosen Straßen schleppte, mußte bei jeder Flußüberquerung
Zeitverluste hinnehmen, aber sie rückte hartnäckig vor. In stetigem
Schneeregen kam sie sechs Meilen am Tag voran. Cornwallis begriff
jedoch, daß er auf diese Weise die Amerikaner nie fassen würde,
und beschloß, den Troß zurückzulassen, um sich den Marsch zu erleichtern. Am 25. Januar, mitten im Winter, 250 Meilen vom nächsten Versorgungsstützpunkt entfernt, befahl er, das abzuwerfen,

was die Römer, die das Problem kannten, *impedimenta* nannten, die Behinderungen. Alles, außer einem Minimum an Proviant und Munition, alle »Bequemlichkeiten« – das hieß Zelte, Decken, persönliches Gepäck und zum Entsetzen der Truppe mehrere Fässer Rum – ging in einem großen Feuer auf, als sollte die größte britische Demütigung seit Saratoga ausgebrannt werden. Um ein Beispiel zu geben, warf Cornwallis selbst seine persönlichen Habseligkeiten ins Feuer. Der Extremismus dieses Akts mitten in der amerikanischen Wildnis erscheint fast selbstmörderisch – als hätte Cornwallis eine Vorahnung des Endes berührt wie der kalte Schatten einer Wolke, die die Erde verdunkelt.

Zunächst gewann die Marschkolonne tatsächlich an Geschwindigkeit, dann aber sah sie sich dem Dan-River gegenüber, der Hochwasser führte und ohne Boote oder Flöße nicht zu überqueren war. Alle Boote aber hatten die Amerikaner fortgeschafft. Die radikale Vernichtung des Trosses war vergeblich gewesen. Cornwallis blieb keine andere Wahl als umzukehren, auf die Unterstützung durch Loyalisten im Lande zu hoffen und zu versuchen, einen Versorgungsstützpunkt zu erreichen. In ihrer verzweifelten Suche nach Proviant schlachteten seine Leute Zugochsen, und eine erschöpfte und ausgehungerte Armee erreichte schließlich Hillsboro, zu der Zeit die Hauptstadt North Carolinas und angeblich ein Loyalistenzentrum. Dort ließ Cornwallis die königliche Flagge hissen und rief die örtliche Bevölkerung auf, die Waffen zu ergreifen und sich seinen Truppen anzuschließen. Nach dem Prinzip, daß etwas zu behaupten, manchmal dieselbe Wirkung hat wie die Tat, fügte er dem eine Proklamation hinzu, die erklärte, North Carolina sei für die Krone zurückgewonnen. Das überzeugte niemanden. So wenige Männer folgten dem Ruf zu den Waffen, daß der General O'Hara erstaunt über die trügerischen Erwartungen seiner Regierung ausrief: »Fatale Verblendung! Wann wird die Regierung diese Leute im rechten Licht sehen? Ich glaube, niemals.«

Es war jetzt der Februar des Jahres 1781, und die Briten waren weder einer sicheren Kontrolle des Südens noch »der Schlacht, die uns Amerika geben kann«, nähergekommen. Cornwallis aber weigerte sich, diesen Gedanken aufzugeben. Er suchte nach wie vor den Kampf mit Greenes Armee, von dem, wie er glaubte, die Herr-

X. »Eine erfolgreiche Schlacht kann uns Amerika geben« 279

schaft über den Süden abhing. Greenes sich ständig wiederbeleben-
de Streitkraft war für Cornwallis, was Gallien für Caesar war: der
Süden mußte erobert werden, nicht nur, um die Niederlagen zu ver-
gelten, sondern vor allem, weil allen Operationen der Sinn genommen war, wenn sie nicht in der Restauration königlicher Regierung
im Süden als Basis für ihre Wiederherstellung in ganz Amerika gipfelten. Nur dieses Ergebnis konnte die Opfer der Schlachten von
King's Mountain und Cowpens rechtfertigen und den Schatten der
Männer ewige Ruhe geben, die dort gefallen waren.

Nachdem einige Verstärkungen in Hillsboro eingetroffen waren,
um die Verluste aufzufüllen, brach Cornwallis wieder auf, um Greenes Armee zu suchen. In der Verfolgung war er immer am ener-
gischsten, obwohl er von Rebellenpartisanen und Marions Männern ständig belästigt wurde. Von den örtlichen Loyalisten bekam
er nicht die geringste Unterstützung. »Unsere Freunde in dieser
Gegend«, schrieb er an Tarleton, »sind so ängstlich und dumm, daß
sie ganz nutzlos sind.« Nachschub, der ihn aus New York via Charleston erreichen sollte, kam oft nicht an, weil die Partisanen die
Straßen unpassierbar machten. Die schlimmste Entbehrung für die
Soldaten war das Fehlen von Rum nach einem kalten, feuchten Tagesmarsch. Viele Männer waren durch Malaria geschwächt und
wurden nur durch Opium am Leben gehalten. Die unterernährten
Pferde waren oft zu schwach, um die Artillerie zu ziehen, und Männer, die von Fieber geschwächt waren und unter Schüttelfrost litten,
mußten in die Speichen greifen. Immer wieder durch Hochwasser
führende Flüsse aufgehalten, blieb der Armee zu Cornwallis' hilf-
losem Zorn oft nichts übrig als zu warten, bis das Wasser sank, um
die Furten benutzen zu können.

Am Ufer des Catawba, eines breiten, tiefen und schnellfließenden
Stroms, der voller »sehr großer Felsen« war, wurde Cornwallis, ob
nun durch falsche Information oder bewußte Irreführung, an die
»Wagenfurt« geführt, die nur schwimmend zu überqueren war,
nicht an die flachere »Pferdefurt«. Pferde und Reiter wurden von
der starken Strömung flußabwärts geschwemmt. Cornwallis führte
auf einem temperamentvollen Pferd die Vorhut an und stürzte sich
ins Wasser. Das Pferd wurde in der Mitte des Flusses von Milizsoldaten North Carolinas, die hinter gefällten Bäumen auf der anderen

Seite der Furten in Stellung gegangen waren, getroffen, aber als wahres Generalspferd gelang es ihm noch, das Ufer zu erreichen, bevor es zusammenbrach. General O'Haras Pferd stürzte auf den Felsen und drehte sich mit seinem Reiter vierzig Meter weit in der Strömung. Der Fluß war voller um sich schlagender Rotjacken, die, wie ein loyalistischer Beobachter berichtete, »schrien, husteten, ertranken, husteten, schrien und ertranken«. Mit ihren schweren Tornistern, in denen sich Pulver und Kugeln befanden, und den Gewehren über dem Rücken waren die Rotjacken völlig hilflos, aber aufgrund des dichten Nebels, der über dem Fluß hing, konnten die Milizsoldaten North Carolinas nicht genau zielen, was ein Massaker verhinderte.

Greene, der sich sicher war, daß Cornwallis nicht aufgeben würde, bis er seine Niederlage bei Cowpens vergolten und die Gefangenen befreit hatte, nahm ebenso harte Tagesmärsche auf sich wie sein Verfolger. Seine Strategie war es, Cornwallis in Bewegung zu halten, ihn nach Norden zu ziehen, immer weiter entfernt von seinen Nachschublagern, bis er erschöpft und isoliert war. Greene hatte von Steuben Verstärkungen bekommen, er verfügte jetzt über eine Armee von 4000 Mann, davon ein Drittel Miliz. Gern hätte er kehrtgemacht und sich dem Feind gestellt, aber angesichts der überlegenen Zahlen von Cornwallis' Armee wollte er das Schlachtfeld auswählen und dies nicht dem Feind überlassen. Da er besser ausgebildeten Truppen gegenüberstand, wollte er sich zumindest den Vorteil einer überlegenen Stellung sichern. Ohne schwere Ausrüstung – seine Männer trugen nur kleine Rationen trockenen Rindfleisches und Mais sowie Salz im Tornister – und von Partisanen geführt, die alle Pfade durch Sümpfe und Wälder kannten, hielt er mühelos seinen Vorsprung vor Cornwallis, bis er im frühen März nach Guilford im Zentrum North Carolinas kam.

Guilford lag, wie er vorher hatte erkunden lassen, an der wichtigsten Nord-Süd-Straße. In dem Ort traf eine kleinere von Osten nach Westen verlaufende Straße, die sich über einen Hügelkamm zog, im rechten Winkel auf die Hauptstraße. An der Stelle, wo sich die beiden Straßen trafen, stand das Rathaus von Guilford am Fuß eines sanften Abhangs, den die Hauptstraße überwand. Auf halber Höhe des Hanges befand sich eine große Lichtung, die von dünnem

X. »Eine erfolgreiche Schlacht kann uns Amerika geben« 281

Waldbewuchs flankiert wurde, offen genug, um Gewehrfeuer zu erlauben. Der Ort ähnelte Cowpens, und Greene entschied sich, hier in Stellung zu gehen und Cornwallis zu erwarten. Er hatte Morgan auf einer Trage zurück nach Virginia schicken müssen und vermißte ihn schmerzlich, aber Morgan hatte ihm einen wertvollen ausführlichen Bericht hinterlassen, den er nach der Schlacht von Cowpens verfaßt hatte. Morgan hatte geahnt, daß Cornwallis von der Verfolgung nicht ablassen würde, bis er Greene zur Entscheidungsschlacht gestellt hatte, und er riet Greene, seine am wenigsten zuverlässige Miliz, die Männer aus North Carolina, in die Mitte seiner Linie zwischen erwiesenermaßen standhafte Truppenteile zu legen, und hinter sie eine Linie von alterprobten Kontinentalsoldaten, die den Befehl hatten, den »ersten Mann, der davonlief« zu erschießen. An beide Flanken wurden Scharfschützen aus Virginia und kleine Reitereieinheiten von je sechzig Mann gestellt und neben sie jeweils zwei von Greenes vier Kanonen, um die Hauptstraße bestreichen zu können.

Von Kundschaftern informiert, wußte Cornwallis bald, daß die ersehnte Stunde gekommen war. Der Zusammenprall, der folgte, war ein Lehrbeispiel für die offensichtlich sinnlose Kriegstaktik des 18. Jahrhunderts. Bunt uniformierte Infanterie in festen Blöcken marschierte geradewegs in das Feuer aus den Mündungen des Feindes hinein. Die erwartete Wirkung der Taktik stellte sich auf beiden Seiten ein. Der blitzende Stahl blanker Bajonette, die unaufhaltsam auf sie zukamen, trug Schrecken in die Herzen der Verteidiger, die in ihrer Panik auseinanderliefen, während das Feuer der Scharfschützen aus Virginia furchtbare Lücken in die heranrückenden britischen Reihen schlug. Die gutgedrillten Gardesoldaten und Grenadiere fielen zu Dutzenden, aber ihre Linien zerbrachen nicht. Zweieinhalb Stunden lang bewegten sich die Einheiten vor und zurück, Rückzug und Gegenattacke lösten einander ab, die erschöpften Armeen kämpften, bis beide Befehlshaber, die Auflösung ihrer Linien vor Augen, beinahe gleichzeitig den Rückzug befahlen.

Die Schlacht vom Guilford Courthouse war zu Ende. Cornwallis hatte das Feld behauptet und technisch gesehen einen Sieg erfochten, aber seine eingestandenen Verluste betrugen 532 Mann (Gefallene und Verwundete), etwa 25 Prozent seiner Armee, und waren doppelt so hoch wie Greenes, der 261 Mann verlor. Der Sieg war, wie Cornwallis erkannte, »zur Nutzlosigkeit verurteilt«, da er das Territorium ohne Proviant nicht halten konnte. In einer unfreundlichen Beurteilung sollte Charles Fox, der als Zivilist von Blut und Kugeln angenehm weit entfernt war, sagen: »Noch solch ein Sieg, und die britische Armee ist am Ende.«

Ob es nun ein Pyrrhus-Sieg war oder nicht, das Ergebnis der Schlacht schläferte Cornwallis' Instinkt für aggressive Aktion nicht ein und hielt seinen Vormarsch nach Virginia nicht auf. Er betrachtete die Eroberung dieses Staates, wie er an Clinton schrieb, als »den einzig möglichen Plan, selbst wenn es bedeutet, New York aufzugeben, denn solange Virginia nicht auf irgendeine Art unterworfen wird, ist unsere Kontrolle der Carolinas schwierig, wenn nicht gefährdet«. Obwohl er jede Hoffnung auf Unterstützung durch die Loyalisten aufgegeben hatte, beabsichtigte er den Auftrag, der ursprünglich dem jetzt an Fieber sterbenden General Phillips gegeben worden war, auszuführen: einen Flottenstützpunkt zu etablieren, der eine zentralere Lage als Charleston besaß. Dies hielt er für die Grundbedingung eines Erfolges des britischen Feldzugs.

Die Lage der Amerikaner im Winter 1780/81 hatte sich nach der Konferenz von Hartford nicht verbessert. Die Briten erkannten nicht wirklich, auf welchen Tiefpunkt die Rebellion inzwischen gesunken war. Die Meutereien in der Armee und der katastrophale Verfall der Kreditwürdigkeit des Kongresses – was, wie Rochambeau sagte, die Währung bald auf »totale Wertlosigkeit« herabdrücken könnte – verdunkelten die Zukunft der Bewegung. In Virginia führte Benedict Arnold, von beiden Seiten als General höchsten Ranges anerkannt, an der Spitze von 2000 Mann (zum größten Teil Loyalisten aus dem Süden) »Angriffe wie Donnerschläge« für den Feind. Der Widerstand bröckelte ab.

Unter den düsteren Wolken immer neuer Hiobsbotschaften beschloß der Kongreß, einen Sonderbotschafter in der Gestalt von John Laurens nach Frankreich zu schicken, um dem Hof »die Notlage des Landes im klarsten Licht« darzustellen. Wollte man das sinkende Schiff der Revolution retten, war Hilfe aus Frankreich unverzichtbar. Benjamin Franklin hielt sich als Abgesandter des

X. »Eine erfolgreiche Schlacht kann uns Amerika geben« 283

Kongresses bereits in Frankreich auf, aber man hatte in Amerika das Gefühl, daß eine frische Stimme gebraucht wurde, um die Raffinesse des alten Philosophen zu ergänzen. Der junge Laurens, der die Entbehrungen des Feldes am eigenen Leib gespürt hatte, besaß noch ein zusätzliches persönliches Motiv für den Kampf gegen die Briten, denn sein Vater, der mit dem verräterischen holländischen Vertrag auf See gefangengenommen worden war, saß noch immer im Tower. Man konnte sich darauf verlassen, daß sein Sohn alles tun würde, um französische Hilfe herbeizuschaffen. John Laurens hatte unter Washington bei Brandywine und Monmouth gefochten und war von ihm danach in einer Reihe von Geheimmissionen eingesetzt worden. Er bekleidete den Rang eines Obersten und hatte sich mit dem lästigen Charles Lee duelliert, weil der in Laurens' Augen Washington beleidigt hatte.

Charles Lee war der Offizier, dessen Befehl zum Rückzug bei Monmouth im Verlauf des Feldzugs in New Jersey im Jahre 1778 Washington so erbittert hatte. Danach war Lee nicht müde geworden, den Oberbefehlshaber der amerikanischen Streitkräfte zu verleumden. Seit dem Duell hatte Laurens Washington als Sekretär gedient. Der General charakterisierte ihn einmal als »einen Mann von einer Unerschrockenheit, die an Tollkühnheit grenzt«, und das konnte ihm nur nützlich sein, wenn es darum ging, die diplomatischen Freundlichkeiten zu durchbrechen, die Franklin in seiner Beziehung zu Vergennes aufgebaut hatte. Franklin war vom Zauber der französischen Frauen und seiner Bewunderung für Paris so gefangen, daß die Franzosen ihn sehr schätzten, aber viel an greifbarer Unterstützung war dabei nicht herausgekommen.

Bevor Laurens aufbrach, trug Washington ihm noch einmal seine offene und sehr düstere Einschätzung der Lage vor. Er glaubte, daß der Moment der Krise wirklich erreicht war. Das Volk hatte das Vertrauen in die Revolution verloren und betrachtete die erzwungene Lieferung von Proviant als »niederdrückende Bürde«. Das Beschaffungssystem hatte »ernsthafte Unzufriedenheit« und »alarmierende Anzeichen des Widerstands« heraufbeschworen. Die Armee hatte »katastrophale Rückschläge« erlitten, und die Geduld der Soldaten war »fast erschöpft«. Mit finanzieller Hilfe konnten die Verbündeten noch einmal eine »entschiedene Anstrengung« unternehmen, um Amerikas Freiheit und Unabhängigkeit zu sichern; ohne solche Unterstützung »können wir einen schwachen, erschöpften Versuch machen«, der sehr wohl der letzte sein mochte. In einem Brief vom 9. April an Laurens, der zu der Zeit schon in Paris war, schilderte Washington die Lage so einfach und eindringlich wie möglich: »Wir sind am Ende unserer Kräfte, und die Erlösung muß jetzt oder nie kommen.«

Franklin, der sich durch die Entsendung eines Sonderbotschafters gedemütigt fühlte, ließ sich trotz allem von Laurens anstecken und unternahm nun von sich aus einen energischeren Anlauf. In einem Brief und einem Gespräch mit Vergennes wiederholte er Washingtons »jetzt oder nie« und sagte dem Außenminister, daß er der entsetzlichen Tatsache ins Gesicht sehen müsse, daß Amerika »ohne die tatkräftigste Unterstützung durch unsere Verbündeten, vor allem in Hinsicht auf *Geld*« kapitulieren und um Frieden bitten müsse, was dazu führen würde, daß Großbritannien »den amerikanischen Kontinent zurückgewinnt und zum Schrecken Europas wird«. Er fragte Vergennes in aller Direktheit, was der Kongreß an französischer Hilfe erwarten könne. Vergennes antwortete, daß der König bereit sei, dem Kongreß als Ersatz für die versprochene zweite Division sechs Millionen Livres zu schenken.

Als Laurens ankam, eröffnete er eine Kampagne, die so geradlinig wie eine Gewehrkugel war. Er forderte von Vergennes auf der Stelle einen Kredit von 25 Millionen Livres in bar (etwa sechs Millionen Dollar), dazu Lieferungen von Waffen, Munition, Kleidung, Ausrüstung und Zelten. Vergennes erwiderte, daß der König nicht die Befugnis habe, einen Kredit des Königreiches zu bewilligen, daß er aber als Beweis seiner Freundschaft eine direkte Spende von sechs Millionen Livres anbiete. Laurens wußte, daß diese Summe Franklin bereits zugesagt worden war, und sagte offen, daß dies ohne weitere Hilfslieferungen nicht genug sei. Frankreich sei in Gefahr, alles zu verlieren, was es in der Vergangenheit für Amerika getan habe, wenn seine, Laurens' Forderungen nicht erfüllt würden.

Das Gespräch, das von Laurens' französisch-sprechendem Sekretär William Jackson aufgezeichnet wurde, entsetzte Franklin, der anwesend war und nach Hause berichtete, daß Laurens die Franzosen »zu sehr brüskiert« habe. Laurens ließ der Brüskierung einen

X. »Eine erfolgreiche Schlacht kann uns Amerika geben« 285

Schock folgen. Er sagte Vergennes, daß er »den Säbel, den ich jetzt in Verteidigung Frankreichs und meines eigenen Landes führe«, wenn keine Hilfe käme, »eines Tages als britischer Untertan gegen Frankreich zu ziehen gezwungen sein könnte«. Auch mit diesem Donnerschlag noch nicht zufrieden, erschien er am nächsten Tag beim königlichen Morgenempfang, trat zum König und übergab ihm eine Schriftrolle, auf der seine Forderungen aufgezeichnet waren. Der König kommentierte diesen Einbruch der Politik ins höfische Zeremoniell nicht, übergab die Schriftrolle lediglich dem Comte de Ségur, seinem Kriegsminister, der in der Nähe stand. Am nächsten Morgen fand Laurens, der eher Mißachtung erwartet hatte, eine Einladung des Finanzministers Necker vor, der ihm einen guten Teil der Hilfslieferungen und unmittelbare Übergabe von Bargeld versprach. Auf das Wort des Ministers gelang es Laurens, Hilfsgüter im Wert von zwei Millionen Livres sowie zwei Millionen Livres in bar zusammenzubringen. Er mietete vier Transportschiffe, um sie nach Amerika zu bringen. Schließlich gelang es ihm, mit den Holländern einen von Frankreich verbürgten Kredit über zehn Millionen Livres auszuhandeln.

Während Laurens in Paris verhandelte, schmuggelte sich eine Fregatte durch die englischen Linien. An Bord war der Sohn Rochambeaus. Er hatte die Ergebnisse der Hartford-Konferenz und eine vollständige Aufzählung der benötigten Truppen, Schiffe und Gelder auswendig gelernt, damit ihn im Fall der Gefangennahme nichts verriet. Rochambeau konnte Admiral de Grasse, zu dem er seinen Sohn geschickt hatte, nichts Ermutigendes melden, aber das schien den französischen Admiral und seine Landsleute nicht abzuschrekken.

Laurens' und Franklins Drohung, daß die Kolonien aus dem Kampf gegen Großbritannien ausscheiden könnten, alarmierte die Franzosen. Bisher hatten sie angenommen, daß sie die Briten durch den Angriff auf ihre Peripherie, durch die Eroberung der Zuckerinseln und den Einbruch in ihren Handel, schlagen könnten. Jetzt kamen sie zu der Überzeugung, daß es effektiver war, die Amerikaner in ihrem Kampf um Unabhängigkeit zu unterstützen. Während Laurens' Aufenthalt wurde die Entscheidung getroffen, die Initiative zu ergreifen und die französische Seemacht einzusetzen, um den amerikanischen Krieg zu entscheiden. Nach dem fehlgeschlagenen Versuch einer Invasion Großbritanniens war Frankreich nun bereit, sowohl auf den Antillen als auch in Amerika offensiv zu werden. Das direkte Operationsziel in der Karibik war die Befreiung von 2000 französischen Gefangenen auf Barbados und die Eroberung St. Lucias.

Ludwig XVI. übergab den Befehl für diese Aktion einer jener Gestalten, die die Geschichte zur Verwirklichung ihrer Absichten auswählt. Admiral François de Grasse bekam den Auftrag, mit einer starken Flotte zu den Leeward-Inseln aufzubrechen und – nachdem er dort den Spaniern die unter dem Bourbonischen Familienpakt gebotene Hilfe geleistet hatte – nach Amerika weiterzusegeln, um mit den Generälen der Revolution bei von ihnen geplanten militärischen Aktionen zusammenzuarbeiten. Es war die entschiedenste Handlung von Ludwigs Herrschaft.

De Grasse wurde, um die Bedeutung seiner Mission zu betonen, zum Konteradmiral und zugleich zum Generalleutnant der Armee befördert. Zur selben Zeit benachrichtigte der junge Claude-Anne, Marquis de Saint-Simon, Rochambeau in Amerika, daß er sich ihm mit seinen drei Regimentern von Santo Domingo anschließen wollte. De Grasse schickte mit einem schnellen Schiff die Botschaft an Rochambeau, daß er vom König den Befehl bekommen habe, die amerikanische Mission durchzuführen, und daß er frühestens Mitte Juli des kommenden Sommers, 1781, mit Geld und Soldaten an der amerikanischen Küste ankommen werde. Er fügte hinzu, daß er Befehl habe, nur sechs Wochen zu bleiben, da er den Spaniern Hilfe schulde.

Mit unvergleichlicher Energie erschien de Grasse jeden Morgen um fünf Uhr in seinem Quartier im Arsenal von Brest, um die Reparatur und Verproviantierung der Schiffe zu beaufsichtigen und die Männer zur Arbeit anzutreiben. 1722 geboren – zehn Jahre älter als Washington, drei Jahre jünger als Rodney –, stammte er aus einer Familie, die im 16. Jahrhundert in den Adel erhoben worden war. Im Alter von elf Jahren wurde er in die Garde de la Marine aufgenommen und auf das Marineseminar von Toulon geschickt, wo junge Adlige zu Offizieren ausgebildet wurden. Die Seminargebäude lagen direkt am Hafenkai, und die Seminaristen wurden auf die

X. »Eine erfolgreiche Schlacht kann uns Amerika geben«

Weise schnell mit allen Tätigkeiten im Hafen vertraut. Aus den Fenstern der Schule sahen sie den Wald der Masten mit den unzähligen Tauen der Takelagen, die im Wind schlagenden Flaggen und die Reihen der Stückpforten, aus denen die schwarzen Nasen der Kanonen heraussahen. Nach einem Jahr auf dem Seminar wurde der zwölfjährige de Grasse – so jung wie Rodney, als er zum ersten Mal zur See fuhr – zum Pagen des Großmeisters des Malteserordens ernannt. Die Ritter von Malta, in deren Reihen sich viele Schiffsoffiziere befanden, unterhielten eine Flotte, die Konvois von Handelsschiffen bewachten und sie vor den Korsaren aus Tunis, Algier und den Häfen Marokkos schützten. Bei solchen Konvois lernte der junge de Grasse schon früh Seegefechte kennen, die in dem heldenhaften Widerstand an Bord der *Gloire* bei der Schlacht von Finisterre gipfelten. Er wurde 1781, dem Schicksalsjahr dieser Geschichte, zum Oberkommandierenden der französischen Flotte in der Karibik ernannt. Das war zwei Jahre, nachdem Rodney zum Oberbefehlshaber des britischen Verbandes auf den Leeward-Inseln gemacht worden war. Körperlich unterschied sich de Grasse stark von dem zierlichen Rodney, er war ein großer, schwer gebauter Mann von 1,80 Meter und im Kampf, nach den Worten eines bewundernden jungen Offiziers, zwei Meter groß. Er wurde als »einer der bestaussehenden Männer seines Zeitalters« betrachtet, obwohl sein Ausdruck, wenn er in Zorn geriet, »grimmig« und sein Benehmen »brutal« sein konnte. Dies schrieb ein schwedischer Leutnant, Karl Gustav Tornquist, der in diesen kritischen Jahren auf seinem Schiff diente und Erinnerungen hinterließ.

Während die französisch-amerikanischen Kriegspläne in Hartford diskutiert wurden, war Rodney in New York. Seine offensiven Absichten waren durch Clintons Weigerung, die Verteidigung New Yorks durch die Abgabe von Truppen zu schwächen, und auch durch seine wortreichen Dispute mit Admiral Arbuthnot über Fragen des Vorrangs durchkreuzt worden. Da er einsah, daß er gegen den Widerstand der beiden wenig ausrichten konnte, beschloß er, daß es wichtiger war, mit seiner Flotte zu den Leeward-Inseln zurückzukehren, um sie zu sichern, bevor die Franzosen seine Abwesenheit ausnutzten. Er bereitete sich auf das Auslaufen vor. Clinton

288   *Der erste Salut*

sah ihn mit Bedauern gehen, da ihn die Rückkehr der Flotte nach
Westindien schwächte. Er schrieb ihm einen Abschiedsbrief, in dem
er die Hoffnung ausdrückte, ihn bald wiederzusehen, falls er, wie
Clinton wehmütig schrieb, »zum Oberbefehlshaber sowohl hier als
auch in Westindien ernannt werden sollte, was Gott geben möge«.
Aber Gott stand zu dieser Stunde nicht auf seiten der Briten. Den
altersschwachen und kleinmütigen Arbuthnot als Befehlshaber der
Flotte in den amerikanischen Gewässern zu belassen – zu einer
Zeit, da der große westliche Kontinent den britischen Händen entglitt –, war eine weitere in der Folge der wenig durchdachten, wenn
nicht einfach törichten Entscheidungen, die die britische Führung
des amerikanischen Krieges kennzeichneten. Großbritannien hätte
Arbuthnot durchaus durch einen Mann von Rodneys Energie und
Unternehmungslust ersetzen können. Clinton und Arbuthnot, die
einander verachteten, waren unfähig zusammenzuarbeiten und
wurden doch in ihren Positionen belassen, während Rodneys überlegene Kühnheit und maritimes Können in der Karibik gebunden
blieb, das immer noch als ein wichtigerer Besitz als ganz Amerika
angesehen wurde.
Mit seiner Flotte von 15 Linienschiffen stach Rodney im November
1780 von New York aus in See. Ein wilder Sturm, der 48 Stunden
lang wütete, während er auf dem Weg nach Süden war, zerstreute
seine Schiffe, trug ihm aber keine Warnung der furchtbaren Verwüstungen zu, die er auf den Inseln antreffen würde. Auch wußte er
nichts von der riesigen Aufregung in London über die Holländer
und die Treulosigkeit Amsterdams, das einen Freundschafts- und
Handelsvertrag mit den Rebellen ausgehandelt hatte. Er erreichte
Barbados am 6. Dezember und fand von einem Ende der Leeward-
Inseln zum anderen solche Verheerungen vor, als wäre eine rächen-
de Armee über die Inseln gezogen. Diesmal aber war das Unheil
nicht in Gestalt des menschlichen Feindes gekommen, sondern in
der Form eines Oktober-Hurrikans, des schrecklichsten seit Men-
schengedenken.
Gewaltige Wellen, die der Hurrikan aufgerührt hatte, hatten Jamaika am 9. Oktober überflutet; dann rissen die Winde, die den ganzen
nächsten Tag und die darauffolgende Nacht anhielten, die Dächer
der Häuser auf St. Lucia ab und warfen Schiffe, die vor Anker

X. »Eine erfolgreiche Schlacht kann uns Amerika geben«   289

lagen, an den Strand. Mit gewaltigen Regenfällen, Donner und Blitz wütete der Sturm die ganze Nacht hindurch bis acht Uhr morgens, drückte Häuserwände und Fenster ein, tötete das Vieh, warf die Körper von Menschen auf Dächer und zertrümmerte Häuser. Die Schreie der hilflosen Menschen, die in ihrem Inneren gefangen waren, gingen im Lärm der Elemente und der zusammenbrechenden Mauern unter. Bäume wurden entwurzelt und die Borke von den Stämmen gerissen, so enorm war die Kraft des Windes. Der Teil von Rodneys Flotte, der von dem Sturm vor New York auseinandergetrieben worden war, lief »schwer beschädigt« ein, während acht von zwölf in Barbados liegenden Kriegsschiffen verloren waren. Nur zehn Seeleute von den Mannschaften der Schiffe konnten gerettet werden; 400 Einwohner von Barbados wurden getötet. Wasser und Nahrung, nie reichlich vorhanden, waren jetzt auf einem gefährlichen Tiefstand; die Versorgung und Behausung der Obdachlosen, die Wiederherstellung der Straßen, der Brunnen, der Häuser und jeder anderen Einrichtung wurden zu einer überwältigenden Belastung – die auf den Schiffen der Flotte ebenso spürbar war wie in den Städten. Die Briten, die annahmen, daß der Hurrikan die Befestigungen und Küstenbatterien schwer getroffen hatte, wählten diesen Moment, um den Holländern den Krieg zu erklären. Gleichzeitig bekam Rodney den Befehl, St. Eustatius und andere Inseln, die keinen Widerstand leisten konnten, zu erobern.

Nachdem ihm die Order auf See vor Barbados am 27. Januar 1781 übergeben worden war, bereitete Rodney auf der Stelle seine Schiffe für den Angriff auf St. Eustatius vor und koordinierte seine Kampfmaßnahmen mit General Vaughan. Innerhalb von drei Tagen war er bereit aufzubrechen, und am 3. Februar erschien er unterhalb Fort Orange, wo ein wenig mehr als vier Jahre zuvor der *Andrew Doria* und der Flagge des Kontinentalkongresses von der Festung aus Salut geschossen worden war. Der Eroberung folgte Rodneys Raubzug an Beschlagnahmungen und Zwangsräumungen. Kapitän Frederick MacKenzie, der aktivste und scharfsinnigste Chronist in Clintons Stab, schrieb, daß einem Bericht zufolge bei Rodneys Ankunft in St. Eustatius 6900 Faß Tabak, die 36000 Pfund wert waren, lagerten. »Der Verlust auch nur der Hälfte reicht aus, um alle rebellischen Kaufleute in Amerika zu ruinieren.«

Rodneys Eroberung der Insel bestätigte seinen Wert als Flottenführer in der ansonsten schwachen Führung der Marine. Entweder um ihn unter Kontrolle zu halten oder um ihn zu stärken, schickte ihm die Admiralität einen energischen stellvertretenden Befehlshaber, Admiral Sir Samuel Hood, der schon einmal als Leutnant zur See unter Rodney während dessen früheren Konvoi-Dienstes im Mittelmeer gedient hatte und der später noch einmal als Kapitän in seiner Flotte gefahren war, als Rodney die Invasionsboote in Le Havre bombardiert und verbrannt hatte. Rodney und Hood hatten jetzt zusammen den entscheidenden Auftrag, de Grasse daran zu hindern, nach Amerika zu gelangen, um die Rebellen zu verstärken. Gegenseitiges Vertrauen wäre nützlich gewesen, aber die Beziehung der beiden war im besten Falle ambivalent.

Als ihm der Posten unter seinem alten Vorgesetzten angeboten wurde, bat Hood die Admiralität zunächst, ablehnen zu dürfen, und schrieb dann zwei Tage später wiederum, daß er hoffte, es sei nicht zu spät, seine Meinung zu ändern. Rodney seinerseits schrieb: »Ich kenne niemanden, den ich meinem alten Freund Sir Samuel Hood vorziehen würde.« Das schien eindeutig. Aber ein Offizier aus seinem Stab berichtete, daß er privat gegrummelt habe: »Sie hätten genausogut eine alte Marktfrau schicken können.« Es war ein weiteres Beispiel der durchgehenden Animosität unter Kommandeuren, die typisch für den Zustand der britischen Kriegsmarine war.

Nelson sollte Hood während der napoleonischen Kriege geradezu überschwenglich preisen und von ihm sagen: »Er ist der beste Seeoffizier, den ich je kannte, großartig in allen Situationen, in die ein Admiral geraten kann.« Angesichts dieses Lobes ist Rodneys höhnische Bemerkung schwer verständlich. Da Hood in den kommenden Ereignissen eine bedeutende Rolle spielen sollte, ist dieser bemerkenswerte Unterschied in der Einschätzung seiner Person durch zwei Männer, deren Urteil jeweils auf persönlicher Erfahrung als Vorgesetzte Hoods beruhte, sehr interessant. Nelson war in der Regel zu freundlich zu seinen Offizieren, und in diesem Fall schätzte er Hood sicherlich höher ein, als dieser es verdiente; sein Tribut paßt nicht zu Situationen in Amerika, in denen Hood einen keineswegs glänzenden, sondern eher einen inkompetenten Eindruck machte.

X. »Eine erfolgreiche Schlacht kann uns Amerika geben«   291

»Es ist sehr schwer gewesen, einen guten Flaggoffizier, der unter
Euch dienen kann, zu finden«, informierte Sandwich Rodney ziemlich taktlos, obwohl die Schwierigkeit, wie er sagte, nicht persönlicher Natur war, sondern darauf zurückging, daß einige Offiziere
politisch ungeeignet (Sandwich nannte das »ihre aufrührerischen
Verbindungen«) waren und andere aufgrund von »Krankheit oder
Insuffizienz« nicht in Frage kamen. »So mußten wir schließlich jemanden befördern, um die Sache angemessen zu bewältigen.« Rodney gab sich, wie wir gesehen haben, zunächst sehr erfreut über die
Wahl von Sir Samuel Hood, später aber sollten Spannungen zwischen den beiden die alte Freundschaft zerbrechen und die Flotte in
einem wichtigen Moment einer einträchtigen Führung berauben.
Als Hood in Westindien ankam, erwartete er, eine Expedition zur
Eroberung der beiden holländischen Kolonien Surinam und Curaçao anführen zu können, von der er sich reiche Beute erhoffte.
Aber aufgrund der falschen Nachricht, daß eine große französische
Flotte auf dem Weg zu den Westindischen Inseln sei, fühlte Rodney
sich verpflichtet, all seine Streitkräfte für die Verteidigung der Inseln bereitzuhalten, und sagte die Surinam-Curaçao-Expedition ab.
Dies war die erste von Hoods Enttäuschungen. Dann stritten sie
sich über zwei Beförderungen innerhalb der Flotte. Hood glaubte,
daß Rodney ihm eine dieser beiden Stellen für seinen Ersten Leutnant versprochen habe, während Rodney nun sagte, er müsse zuerst
Versprechungen erfüllen, die er dem Sohn eines Peers gemacht habe, der »zu einer der ersten Familien des Königreichs« gehöre.
Hood schrieb der Admiralität einige sehr bösartige Briefe über
Rodneys »Labilität« und seinen alles andere beherrschenden
Wunsch, auf St. Eustatius zu bleiben, um die Erträge seiner Eroberung zu sichern. Diese beiden englischen Offiziere waren nun tiefer
zerstritten, als dies allen Unterschieden zum Trotz jemals zwischen
französischen und amerikanischen Offizieren geschah.
Die eigentliche Schwierigkeit mag gewesen sein, daß Rodney elend
unter seiner Gicht litt. Auf ihm lastete die Kontrolle über die Ver-
packung der in St. Eustatius beschlagnahmten Güter, ihre Verla-
dung auf dreißig Transportschiffe und die Auswahl der Kriegsschiffe, die den Konvoi sicher nach England bringen sollten. Darüber
hinaus litt er aufgrund einer Harnleiterstriktur qualvolle Schmer-

zen. Sein einziger Gedanke war es, Urlaub zu bekommen, um nach Hause fahren und sich erholen zu können. Er hatte mehrfach an Sandwich geschrieben, um Urlaub zu bekommen, aber er war ihm nicht gewährt worden. »Die unaufhörliche geistige und körperliche Müdigkeit«, schrieb er am 7. März, »unter der ich das ganze Jahr gelitten habe, raubt mir so viel Kraft, daß ich überzeugt bin, nur dann meine Pflicht für Seine Majestät und den Staat in der Form leisten zu können, die ich mir wünsche und an die ich gewöhnt bin, wenn man mir erlaubt, dieses Klima während der Regenzeit zu verlassen.« Er bittet Sandwich inständig, den König zu überzeugen, daß »Er meine Rückkehr nach Großbritannien während der drei regnerischen Monate erlauben möge, wenn mein Zustand am Ende dieser Kampagne so ist, daß ich ein nördliches Klima brauche, um meine Gesundheit wiederherzustellen«. Es schmerze ihn, »auch nur einen Moment Urlaub vom Staatsdienst erbitten zu müssen, aber ich habe eine *Beschwerde,* die auf zu große Aktivität und Anstrengung zurückgeht und die, wie mir mein Arzt sagt, das Verlassen der heißen Zone unbedingt erfordert...«

Das warme feuchte Klima der Sommermonate brütete in der Tat Krankheiten aus. Hunderte von Soldaten und Seeleuten waren zu krank, um sich bewegen zu können, und Rodney war gewarnt worden, daß seine Striktur, falls sie unbehandelt bliebe, zum Tode führen könnte. Sein dringender Wunsch, nach England zurückzukehren, war verständlich. Sandwich antwortete im Mai, daß er Rodneys Bitte in einen »offiziellen Brief« gefaßt und offenbar des Königs Erlaubnis für den Urlaub gewonnen habe. Aber Sandwich hoffte auch, daß »Ihr Euch Eurer Erlaubnis nicht bedienen werdet, um Euer Kommando in der gegenwärtigen kritischen Lage zu verlassen. Die ganze Regierung und die Öffentlichkeit werden es Euch sehr danken, wenn Ihr auf Eurem Posten bleibt.« Der Krieg, versicherte ihm Sandwich mit der umnachteten Selbstsicherheit eines Ministers, der von seinem Feind nichts weiß und sich nie die Mühe gemacht hat, etwas über ihn in Erfahrung zu bringen, »kann nicht viel länger andauern«. Was eine französische Intervention anging, so war Sandwich darüber nicht besorgt und äußerte seine eher beiläufige Meinung, es sei »sehr wahrscheinlich, daß die französische Flotte in Euren Gewässern in den Hurrikan-Monaten nach Nord-

X. »Eine erfolgreiche Schlacht kann uns Amerika geben« 293

amerika segeln wird . . .« Das zeigte, wie wenig er die Vorgänge einzuschätzen wußte, da es noch fünf Monate bis zu den Hurrikan-
Monaten waren und die Franzosen, die auf die dringlichen Hilferufe
der Amerikaner reagiert hatten, keineswegs so lange zu warten
brauchten – und es auch nicht taten. »Ob man sie dann verfolgen
sollte«, schloß Sandwich, »kann niemand so gut beurteilen wie Ihr«,
und er überläßt es Rodney, »von Euren Gefühlen« geleitet zu werden. Rodneys Gefühle, wie er am 18. März seiner Frau anvertraute,
waren einfach: »Ich muß dieses Land spätestens im Juni verlassen.«
Er erwähnt seine schwere Gicht als Grund und dazu »eine sehr
schmerzliche Beschwerde« (wahrscheinlich die Prostata).
Zu dieser Zeit machte er auch seinen rachsüchtigen Gefühlen über
die verräterischen Händler auf St. Eustatius Luft: »Ich kann gar
nicht sagen, wie überdrüssig ich dieser Insel bin. Wäre ich nicht
geblieben, jede Schurkerei wäre von den Menschen hier ausgeübt
worden, die sich Engländer nennen.« Im gereizten Elend seiner
Krankheit sprach er die zornige Drohung aus, die Insel als »eine
bloße Wüste« zu hinterlassen.
Am 21. März schickte Sandwich Rodney einen Geheimdienstbericht, der von einer Flotte von 25 Linienschiffen sprach, die von
Brest aus in See gehen sollte. Allerdings konnte er nicht sagen, wohin sie sich wenden würde. Wahrscheinlich, deutete er an, in die
Karibik und danach nach Nordamerika, oder aber nach Cadiz, um
sich den Spaniern anzuschließen und »Eure Eroberungen rückgän-
gig zu machen«. Seine Annahmen waren zum Teil richtig, denn dies
war de Grasse, der mit seiner Flotte zu seiner Reise nach Amerika
auslief. In Frankreich war das allgemein bekannt. Mme du Deffand,
Walpoles treue Korrespondentin, die ihm allen Klatsch der französischen Hauptstadt vermittelte, hatte ihm bereits über ein Regiment unter Saint-Simon geschrieben, »das nach Amerika gehen
soll. *Voilà nouvelles publiques.*« (Dies ist eine in der Öffentlichkeit
bekannte Neuigkeit.) Wie öffentlich auch immer, der Bericht, daß
eine feindliche Flotte sich näherte, der für Rodney so wichtig war,
erreichte ihn erst, als de Grasse selbst bereits auf den Leeward-
Inseln eingetroffen und mit Hoods Schiffen aneinandergeraten
war.
Die Depeschen der Admiralität wurden von dem Kutter *Swallow*

überbracht – offenbar stand man unter dem Eindruck der Geschwindigkeit, die der Name andeutete. Obwohl schnell für seine Größe, trug ein Ein-Mast-Kutter nur einen Bruchteil der Segelfläche einer Fregatte. Im Gegensatz dazu benutzten die Amerikaner für den Austausch von Informationen zwischen Rochambeau und de Grasse die französische Fregatte *Concorde,* die zwischen Boston und den Leeward-Inseln in schnellen Reisen von 16–18 Tagen hin und her schoß. Der Unterschied in der Reisezeit war nicht einfach nur eine Frage der Schiffe, denn die Briten bestanden in ihrer Gewißheit, das Meer besser als alle anderen zu kennen, darauf, gegen den Golfstrom zu segeln. Der Golfstrom verläuft in einer eigenartigen nördlichen Kreisrichtung, und seine Strömung verlangsamte Schiffe, die von Europa kamen und auf direktem westlichen Kurs in die Karibik segelten, während er die nördlichere Route von Europa nach Amerika beschleunigte. Die ersten Seefahrer, die die Wirkung des Stroms erkannten, waren Walfänger aus Nantucket, die den Zügen der Wale folgten, und einer von ihnen war ein Vetter Benjamin Franklins, Captain Timothy Folger aus Nantucket. Er erklärte Franklin die Richtung und die Geschwindigkeit des Golfstroms, als dieser Generalpostmeister war. Franklin konnte Folgers Kenntnisse für seine Postschiffe verwenden, die regelmäßig über den Ozean kreuzten. Folger erklärte ihm, warum amerikanische Handelsschiffskapitäne die Route von London nach Rhode Island schneller zurücklegten als englische Postschiffskapitäne die von London nach New York. Es lag daran, daß die amerikanischen Kapitäne, von den Walen belehrt, den Verlauf des Golfstroms kannten und ihn nur kurz kreuzten, anstatt tagelang gegen ihn anzusegeln.
Folger hatte Karten und Anweisungen geschrieben, die den Schiffskapitänen vermittelten, wie man den Strom erkennen konnte. Man ließ in regelmäßigen Abständen Thermometer ins Wasser, maß die Geschwindigkeit von Blasen an der Oberfläche und achtete auf die Farbveränderungen des Wassers. Franklin bot 1770 diese Information Anthony Todd an, dem Sekretär des britischen Postamtes. Aber die britischen Seekapitäne, wenig geneigt, von amerikanischen Siedlern und Fischern Rat anzunehmen, ignorierten Franklins Erkenntnisse. Er selbst überprüfte Folgers Theorien bei einer Schiffsreise im Jahre 1776, senkte sein Thermometer zwei- bis vier-

X. »Eine erfolgreiche Schlacht kann uns Amerika geben« 295

mal am Tag von sieben Uhr morgens bis elf Uhr abends ins Wasser. Sein Bericht wurde erst nach dem Krieg veröffentlicht, als er den Briten nicht mehr helfen konnte, aber Folgers Karte, die erste genaue Vermessung des Golfstroms, wurde 1768 herausgegeben, also vor dem Ausbruch offener Feindseligkeiten.

Sandwichs Briefe an Rodney zu dieser Zeit zeigen, daß seine Hauptsorge immer noch den Westindischen Inseln galt. Er schrieb, daß die Franzosen eine überlegene Anzahl von Schiffen in der Karibik haben würden, wenn es Rodney nicht gelang, de Grasse abzufangen, bevor er Martinique erreichte. War dies nicht möglich, so müsse England sich »auf das Geschick und die Führung unseres Oberbefehlshabers und die Tapferkeit der Offiziere und Mannschaften unter ihm« verlassen, da es keine Möglichkeit gab, Verstärkungen zu schicken. Rodney, der die Franzosen täglich erwartete, schickte drei Linienschiffe zu Hood und befahl ihm, auf der Suche nach dem Feind auf der dem Wind zugewandten Seite von Martinique zu kreuzen. Kurz danach bekam Hood Order, sich auf der karibischen Seite von Martinique aufzuhalten, um Fort Royal zu beobachten und zu verhindern, daß die vier französischen Linienschiffe, die dort vor Anker lagen, ausliefen. Sie sollten de Grasse nicht verstärken, wenn er kam. Andererseits sollte Hood de Grasse daran hindern, in den »schönsten und besten Hafen«, wie Rodney ihn genannt hatte, einzulaufen. Hood liebte seine neue Position in Lee nicht und bat Rodney wiederholt, ihn vor die Ostküste der Insel zurückkehren zu lassen, was Rodney ablehnte. Das Zerwürfnis über die Position, von der aus der Feind am besten beobachtet und abgefangen werden konnte, mag der wichtigste Punkt in ihrem Streit gewesen sein.

Rodney blieb zu dieser Zeit auf St. Eustatius, wo er eine Kommission ernannt hatte, die über die beschlagnahmten Waren und Dokumente verfügen sollte. Was ihn auf der Insel hielt, war neben der Hoffnung auf persönlichen Gewinn sehr deutlich sein Wunsch, die verräterischen englischen Kaufleute ihrer gerechten Strafe zuzuführen. Und so blieb er im März und im frühen April auf der Insel, während sein Gegner über den Atlantik auf ihn zusegelte.

Mit einer starken Flotte von 20 Linienschiffen, 3 Fregatten und einem riesigen Konvoi von 150 Transportschiffen, die Versorgungsgüter und Mannschaften auf die Westindischen Inseln bringen sollten, stach de Grasse am 22. März von Brest aus in See. Sein Flaggschiff, der Dreidecker *Ville de Paris* mit 110 Kanonen, war nicht nur das größte Schiff der französischen Flotte, sondern das größte Schiff auf den Meeren überhaupt. Er rechnete damit, Hood oder Rodney in einer Seeschlacht bei den Westindischen Inseln zu begegnen. Nachdem er die Inseln mit Lebensmitteln versorgt hatte, sollte er den Spaniern auf Kuba und Santo Domingo die Hilfe geben, die sie von der französischen Regierung gefordert hatten, um dann, vor Winterbeginn, nach Amerika weiterzusegeln. Da sich ihm noch ein Verband von vierzig Ostindienseglern anschloß, die langsam waren und zum Teil von den Kriegsschiffen in Schlepptau genommen werden mußten, erreichte er die Gewässer vor Martinique erst Ende April 1781.

Die Nachricht, daß de Grasse wirklich auf dem Weg war, nach Westindien segelte, um dann nach Amerika zu kommen, wirkte auf die Amerikaner wie ein plötzlicher Sonnenstrahl in dunkler Stunde. Die Nachricht kam einen Monat, nachdem Washington gestanden hatte: »Wir sind am Ende unserer Kräfte«, und sie versprach, dem amerikanischen Kampf neues Leben und neue Hoffnung zu geben. Monate ungeduldiger Frustration waren vergangen, seit Rochambeau und seine 5700 Mann Infanterie im vorherigen Sommer nach Newport gekommen waren, aber aufgrund der mangelnden Mobilität der Amerikaner und Arbuthnots Blockade der Bucht festsaßen. Inzwischen war de Ternay, der französische Flottenkommandeur, am Fieber gestorben und von Comte Louis de Barras ersetzt worden, der aus Boston kam und Washington die Nachricht übermittelte, daß de Grasse unterwegs sei. Ein Kriegsrat mit Washington, Rochambeau und de Barras (der nicht kommen konnte) wurde auf der Stelle zusammengerufen. Er sollte am 21. Mai in Wethersfield, einer Stadt in der Nähe von Hartford, stattfinden. Im Verlauf der Diskussionen wurde Washingtons Plan eines Angriffs auf New York anscheinend akzeptiert. Die Franzosen machten allerdings die Einschränkung, daß der Angriff nur möglich sei, wenn de Grasse bereit war, seine Landstreitkräfte in einer gemeinsamen Offensive mit den Amerikanern einzusetzen. Trotz der schlechten Erfahrungen der Vergangenheit, dem zweimal fehlgeschlagenen Versuch unter

X. »Eine erfolgreiche Schlacht kann uns Amerika geben« 297

d'Estaing, solche gemeinsamen Operationen zwischen der französischen Flotte und den amerikanischen Landstreitkräften zustande zu bringen, waren die Konferenzteilnehmer sich einig, es noch einmal zu wagen.

Rochambeau, der offensichtlich schon früh der gleichen Meinung war wie eine Reihe von Historikern des 20. Jahrhunderts, daß Washington kein Stratege war (was die wichtigere Fähigkeit der Führung seiner Soldaten außer acht läßt), unterlief den Wethersfield-Plan prompt, indem er de Grasse am 31. Mai seine eigene Empfehlung zukommen ließ, daß die Offensive an der Chesapeake Bay stattfinden sollte. Er legte Abschriften der Wethersfield-Beschlüsse bei und fügte hinzu, daß sich de Grasse ein eigenes Bild von dem Problem der Sandy-Hook-Untiefen machen müsse, und schlug vor, daß er sich bei seiner Ankunft vor der amerikanischen Küste die Chesapeake Bay ansehen und nach New York weitersegeln solle, wenn er dort keine Gelegenheit fände, die Briten anzugreifen. Außerdem bat er darum, die Regimenter, die unter dem Befehl von Saint-Simon ankamen, für drei Monate ausleihen zu dürfen.

Er schrieb zwei weitere Briefe – am 6. und am 11. Juni –, in denen er de Grasse offen sagte, daß die Amerikaner sich in einer »ernsthaften Krise« befanden. Ohne Geld oder Kredit, »sind diese Leute am Ende ihrer Ressourcen . . . Ich darf Euch nicht verhehlen, Monsieur, daß Washington nicht die Hälfte der Truppen haben wird, die wir vorausgesetzt haben, und daß ich glaube, obwohl er selbst darüber schweigt, daß er im Moment nicht mehr als 6000 Mann und M. de Lafayette nur etwa 1000 reguläre Soldaten und einige Miliz sowie noch einmal diese Zahl besitzt, die auf dem Marsch zu ihm sind, um Virginia zu verteidigen . . . Es ist daher von größter Bedeutung, daß Ihr so viele Truppen wie möglich an Bord nehmt, 4000 oder 5000 Mann sind nicht zuviel, ob Ihr uns nun in Virginia helft oder Sandy Hook angreift, um uns später bei der Belagerung Brooklyns zu unterstützen . . . Dies, Monsieur, sind die verschiedenen Möglichkeiten, die zur Verfügung stehen, und das wirklich traurige Bild von der Lage in diesem Land. Wie auch immer, ich bin überzeugt, daß Ihr uns die Überlegenheit zur See bringen werdet.« Er schloß, indem er noch einmal die Notwendigkeit, Truppen und das Geld mitzubringen, betonte.

Man konnte dies kaum einen Bericht nennen, der den Versuch machte, einen Verbündeten dazu zu bringen, sein Schicksal an einen so schwachen Partner zu binden, aber er hatte offenbar die gewünschte Wirkung. Wir wissen nicht, was de Grasse dachte oder empfand, aber er stellte daraufhin allen Einsatz und sein ganzes Geschick in den Dienst einer schwankenden Sache, die nicht einmal seine eigene war. Die Franzosen können in ihrer Beziehung zu Verbündeten und Nachbarn oft außerordentlich schwierig und sogar unangenehm sein, aber in der schicksalsschwangeren Luft von 1781 muß etwas gelegen haben, was das Beste und Bewunderungswürdigste an ihnen zum Vorschein brachte. Sie waren bereit, alles zu tun, was sie konnten, um zu verhindern, daß der amerikanische Unabhängigkeitskampf im Rauch ausgebrannter Freiheit und in der erneuerten Herrschaft ihres alten Rivalen aufging.

Rochambeaus Bevorzugung der Chesapeake Bay in seinen Briefen an de Grasse wurde von anderen französischen Abgesandten in Amerika unterstützt. Sie glaubten, daß ein Angriff auf New York zu gefährlich und kostspielig sei. Auch bezweifelten sie Washingtons Fähigkeit, New York zu halten, wenn de Grasse nach Frankreich zurückkehrte. Der französische Hof war – wie Rochambeaus Sohn berichtete, als er mit de Barras zurückkehrte – nicht bereit, die Truppen und das Geld einzusetzen, die eine längere Belagerung von New York erforderte. Die Franzosen hofften auf eine kriegsentscheidende Schlacht im Jahre 1781 und hatten de Grasse für seine Aktionen in Amerika nur sechs Wochen gegeben. Danach sollte er in die Gewässer Westindiens zurückkehren, um die Briten dort weiter zu bekämpfen. De Grasses Anlaufpunkt an der amerikanischen Küste sowie den Schauplatz des Angriffs überließ Rochambeau de Grasse selbst, ein Vertrauensbeweis, der vielleicht aus Rochambeaus Kenntnis des Mannes herrührte. Dennoch, wenn man bedenkt, wieviel auf dem Spiele stand, war es ein hohes Maß an Vertrauen und drückte zugleich die Hoffnung auf ein Kriegsglück aus, das den Amerikanern bisher nicht zuteil geworden war.

Die Freiheit, die Rochambeau de Grasse ließ, schuf zugleich viel Raum für jede Art Mißgeschick in der Koordination von See- und Landstreitkräften unter verschiedenen Nationalkommandos. An solchen Mißverständnissen war d'Estaing gescheitert. Dazu kamen

X. »Eine erfolgreiche Schlacht kann uns Amerika geben« 299

die enormen Gefährdungen einer transozeanischen Kommunikation, die den Winden, dem Wetter und den Interventionen des Feindes unterworfen war. Daß unter solchen Umständen ein Fehlschlag wie der Howes und Burgoynes in der Kampagne, die bei Saratoga unterging, fast unvermeidlich war, schien keine Seite ernsthaft zu beschäftigen. Das Rad des Glücks aber – oder die Vorsehung, auf die Washington mit ein bißchen Selbsthilfe fest vertraute – begünstigte diesmal die Amerikaner. Fehlerlose Zeitplanung und Glück an jeder Wegscheide sollten diese seltenste aller militärischen Operationen zustande bringen – eine Kampagne, in der alles ineinandergreift und keine von den hundert Möglichkeiten des Scheiterns eintritt.

Während der Überfahrt von Brest in die Karibik traf de Grasse seinen Entschluß. Er schrieb Rochambeau, daß er den Befehlen seines Königs folge und als Vorgeschmack einen Verband von dreißig Schiffen mit siebenhundert Soldaten nach Newport entsende, die sich dort Rochambeau anschließen sollten. Entgegen Washingtons Wunsch wählte er als Gefechtsgebiet die Chesapeake Bay aus, und zwar mit den Gründen eines Seemanns: Sie war von den Westindischen Inseln schneller zu erreichen und besaß tiefere Gewässer, in denen leichter zu navigieren war. Außerdem wies er auf den Rat de Barras' hin. Dieselbe Fregatte, die die Wethersfield-Berichte überbracht hatte, kehrte nun zurück, um seine Antwort dem amerikanischen Kommando so schnell wie möglich zugänglich zu machen. Seine Anforderung amerikanischer Lotsen, die ihn in den Gewässern der Bucht führen sollten, bewies seine ernsthaften Absichten.

Auch Washington gab zu dieser Zeit allmählich seine Präferenz für New York auf und schloß sich mehr und mehr Rochambeaus Vorliebe für die Chesapeake Bay an. Er dachte nun daran, seine Armee über Land in den Süden zu bringen. Berichte aus Virginia, in das Cornwallis jetzt eingedrungen war, waren »alarmierend«, und er war von den Verheerungen, die Benedict Arnolds Raubzüge in seinem Geburtsland anrichteten, tief verstört. Überdies glaubte er, daß sich nun die Möglichkeit bot, Cornwallis einzuschließen, und daß ein Feldzug in Virginia wahrscheinlich entscheidender war als fortgesetzte kleinere Operationen in den Carolinas. Wenn Cornwallis und seine Armee Virginia überrennen sollten, warnte er den Kongreß, würde er bald nördlich des Potomac auftauchen. Endlich aus Furcht um die eigene Sicherheit zum Handeln gezwungen, ließ sich der Kongreß herbei, Milizen aus Pennsylvania, Delaware und Maryland zur Verstärkung Greenes zu entsenden. In einem Brief an La Luzerne mahnte Washington die Franzosen, Truppen von den Westindischen Inseln zu übersenden, damit durch »einen großen Entscheidungsschlag der Feind von diesem Kontinent vertrieben werden und die Unabhängigkeit Amerikas hergestellt werden möge«. Dies eröffnete wesentlich positivere Ausblicke als Rochambeaus deprimierender Bericht der »ernsthaften Krise« und schwindenden Kräfte. Der Brief deutet darauf hin, daß der amerikanische Oberbefehlshaber begonnen hatte, sich mit einer Aktion gegen Cornwallis an der Chesapeake Bay zu beschäftigen und den Fußmarsch nach Virginia ins Auge zu fassen, der ihn nach Yorktown bringen sollte. Die Sicherheit, daß de Grasse wirklich kommen würde, und der Bericht von Rochambeaus Sohn, der bestätigte, daß es die Absicht des Admirals war, mit seiner Flotte die Seeherrschaft in amerikanischen Gewässern zu erzwingen, entschied vollends zugunsten der Chesapeake Bay. Dies wurde noch einmal bekräftigt, als eine Analyse von Clintons Verteidigungsmaßnahmen für New York zeigte, daß sie von beachtlicher Stärke waren.

Der strategische Plan der Amerikaner war das Gegenstück zu dem der Briten. Auch sie sahen den Süden als den Schauplatz an, auf dem der Feind zu schlagen war. Sie hofften darauf, im Verlauf der Kampagne an der Chesapeake Bay Cornwallis und die letzte bedeutende britische Armee in Amerika in einer Zangenbewegung der verbündeten Armeen und der französischen Flotte einschließen zu können, was den Briten den Seeweg verlegen und damit Hilfe aus New York unmöglich machen würde. Zugleich sollten die alliierten Kommandeure im Süden, Lafayette und Greene, ihnen ein Entkommen auf dem Landweg unmöglich machen. Kurz gesagt, Cornwallis' Armee sollte in einer Weise eingeschlossen werden, daß ihr nur noch die Alternative blieb, sich zu ergeben oder im Kampf unterzugehen. Die französische Flotte, die den Zugang zur See verschließen sollte, war natürlich für den Plan unverzichtbar. Cornwallis hatte seinen Stützpunkt an der Chesapeake Bay noch nicht bezo-

X. »Eine erfolgreiche Schlacht kann uns Amerika geben«   301

gen, als die Alliierten bei Wethersfield über diese Planung diskutierten. Er war auf dem Wege dorthin, wo er bleiben mußte, wenn
die Planung Erfolg haben sollte; marschierte er weiter, würde die
Falle bei der Ankunft der Verbündeten leer sein.

Für die Briten ihrerseits war klar, daß sie einen Flottenstützpunkt
brauchten, der zentraler lag als Charleston. Nach der Aufgabe von
Newport waren ihnen nur noch New York und Halifax in Neuschottland geblieben. New York war aufgrund der Sandbänke bei
Sandy Hook kein guter Hafen. Sie entschieden sich für Portsmouth
am südlichen Ende der Chesapeake Bay in Virginia. Aber ihr Kommandeur im Feld, Cornwallis, war von Portsmouth nicht angetan,
weil die Stadt ein heißes und ungesundes Klima hatte und keine
geschützte Reede für vor Anker liegende Linienschiffe besaß. Er
ließ die Gegend inspizieren und entschied sich für Yorktown, eine
attraktivere Stadt etwa hundert Meilen weiter nördlich, an der etwa
eine Meile breiten »schönen blauen Mündung« des York River gelegen, der sich hier am Fuße von Cape Charles in die Chesapeake Bay
ergoß. Damals einfach York genannt, war der Ort nur zwölf Meilen
von Williamsburg, der Hauptstadt von Virginia, entfernt. York war
einmal ein bedeutendes Handelszentrum mit stattlichen georgia-
nischen Ziegelhäusern gewesen, das zum Beginn des Jahrhunderts
besiedelt worden war. Aber jetzt war es auf eine Bevölkerung von
3000 Menschen zurückgefallen und bestand nur noch aus 300 Häusern, da die Tabakkultur sich neuen Gegenden zugewandt hatte und
die britischen Überfälle Händler und Farmer gezwungen hatten,
wegzuziehen. York erhob sich ein wenig über die Flußmündung und
das Sumpfland und eine 500-Morgen-Farm, die sich hinter dem Ort
erstreckte. Die Straße nach Williamsburg verlief am Fluß entlang.
Zur anderen Seite des James River, der mehr oder weniger parallel
zum York River floß, lag Jamestown, die erste von den Engländern
in Amerika erbaute Stadt und, wie Tornquist sagte, Produzent
des »besten Tabaks in der ganzen Welt«. Auf derselben Seite, und
damit York gegenüber, lag ein Hügel, der Gloucester Point genannt
wurde und von Cornwallis als Teil seiner Befestigung von Yorktown
besetzt wurde. Die Mündung des York River in die Bucht hatte
hier den einzigen Tiefwasserhafen für große Schiffe geschaffen,
und eine Flotte, die hier lag, konnte die ganze atlantische Küste

bis hinauf nach New York beherrschen. Aufgrund seiner leichten Zugänglichkeit für den Feind hatte Admiral Arbuthnot die Chesapeake Bay für verwundbar gehalten, aber als eine weitere der vielen müden Negationen des alten Admirals wurde auch diese Warnung kaum beachtet.

Im Mai 1781, dem Monat, als Rochambeau in Wethersfield für eine Offensive an der Chesapeake Bay eintrat, hatte sich Cornwallis mit der Zustimmung auch seiner maritimen Berater entschieden, seinen Stützpunkt in York statt in Portsmouth aufzubauen. Er wählte York nicht nur, weil die anderen Häfen der Gegend zu flach waren, sondern auch, weil Yorks Bevölkerungsstruktur die Arbeitskräfte lieferte, die er für die Befestigung des Stützpunktes brauchte. Die Errichtung der Verteidigungsanlagen mit einem Ring von Erdwällen um die Stadt herum würde etwa drei Monate beanspruchen – ein Zeitraum, der sich, wenn sie es auch nicht wußten, für die französischen und amerikanischen Planer der Offensive als sehr nützlich erweisen sollte. Cornwallis marschierte mit seinen Truppen am 2. August in Yorktown ein, drei Tage bevor de Grasse die Westindischen Inseln verließ, um vor die Küste von Virginia zu segeln.

Aufgrund der schicksalhaften Schlacht, die mit seinem Namen verbunden ist, wurde Cornwallis' Entscheidung für Yorktown viel diskutiert. Ohne Zweifel stimmte Clinton der Entscheidung zu, allerdings nur unter der Bedingung, daß Cornwallis einen Teil seiner Armee als Verstärkung für die Verteidigung New Yorks nach Norden entsandte. Darüber gab es Streit, weil Cornwallis behauptete, daß Yorktown nur mit seiner gesamten Streitkraft verteidigt werden könnte. Da mag er recht gehabt haben, obwohl das Verbleiben seiner gesamten Streitkraft das Problem der Versorgung verschärft hätte. Vorwürfe und Gegenvorwürfe wurden ausgetauscht und verdunkelten die eigentlich zentrale Frage der Verantwortung für die Entscheidung. Clintons Gewohnheit, in Briefen eine ursprüngliche Entscheidung immer wieder in Frage zu stellen und zu relativieren, führte dazu, daß er Cornwallis im Juli versicherte, dieser könne eine so große Streitmacht in Virginia halten, wie er zur Verteidigung des Stützpunktes brauche. Er sei »völlig frei, all seine Truppen in Chesapeake zu halten – dieses großzügige Zugeständnis wird, davon bin ich überzeugt, Eure Lordschaft von der hohen Mei-

X. »Eine erfolgreiche Schlacht kann uns Amerika geben« 303

nung überzeugen, die ich von einem Flottenstützpunkt in Chesapeake habe«. Die Verantwortung für die Entscheidung hatten ganz offensichtlich beide zu tragen. Es gibt keinen Zweifel, daß Cornwallis von Clinton offiziell ermächtigt war, nach Yorktown zu ziehen und sich dort mit seiner Armee niederzulassen – einen Monat, bevor die französische Flotte ankam, um die Tür zuzuschlagen.

Kapitel XI
Der kritische Augenblick

Admiral Comte de Grasse, der auf Befehl des französischen Königs den Amerikanern Unterstützung zur See bringen sollte, war nun eine Schlüsselgestalt im amerikanischen Krieg. Als seine große Flotte im März 1781 von Frankreich aus zu den Westindischen Inseln in See ging, war dies die erste Etappe einer Reise, deren Höhepunkt das Treffen mit Washington bildete. Gemeinsam wollten sie die Aktion durchführen, die Washingtons entscheidender Schlag werden sollte. Der Aufbruch der großen französischen Flotte erregte in Brest Aufmerksamkeit. Bald erreichte die Briten die Nachricht, daß eine bedeutende Intervention bevorstand. Da de Grasse zuerst zu den Westindischen Inseln segelte, wurde es schon geographisch zu Rodneys Verantwortung, die mächtige Flotte aufzuhalten, bevor sie Amerika erreichen und die Kräfteverhältnisse in jenem Krieg verändern konnte. Beiden Admirälen, Rodney und de Grasse, war klar, daß sie auf eine Konfrontation zusteuerten. Ihre Gasten in den hin und her schwankenden Ausgucknestern suchten mit höchster Konzentration die glitzernden Gewässer ab, um jeden Fleck am Horizont, der ein Segel sein konnte, zu identifizieren und die Flotte zu alarmieren.

Als de Grasse am 28. April Martinique erreichte, stieß er auf Hoods Verband, der auf der Leeseite der Insel mit einer unterlegenen Zahl von 17 Linienschiffen und 5 Fregatten kreuzte. Wie erwähnt, hatte er den Auftrag, die französische Flotte abzufangen und Fort Royal zu blockieren, damit sich die dort liegenden vier Kriegsschiffe der französischen Flotte nicht anschließen konnten. Wenn es de Grasse gelingen sollte, in Fort Royal einzulaufen, konnte er sich dort mit dem aggressiven Gouverneur von Martinique, dem Marquis de Bouillé, vereinigen und seine Landstreitkräfte an Bord nehmen, um dann die eine oder andere der von den Briten besetzten Inseln anzugreifen.

Als der Ausguck auf Hoods Schiff die Franzosen sichtete, lagen sie in Luv und segelten anscheinend nach Norden. Da er sich nicht sicher war, was sie während der Nacht tun würden, beschloß Hood, bis zum Morgen beizuliegen. Das hatte die für ihn unglückliche Folge, daß seine Schiffe dem Wind ausgeliefert bis zur Morgendämmerung so weit nach Lee abgetrieben waren, daß sie in eine Flaute gerieten. Während Hood sie noch formierte, tauchte der Feind auf, der Konvoi mit den Handelsschiffen dicht unter der Küste und die Kriegsschiffe weiter draußen segelnd. Während beide Flotten ihre Schlachtlinien bildeten, glitt der französische Konvoi nach Fort Royal hinein. Aus verhältnismäßig weiter Entfernung eröffneten die Linienschiffe das Feuer. De Grasse hielt sich in dieser Distanz, weil er versuchen wollte, seinen Gegner von Fort Royal wegzuziehen, bis der Konvoi sicher im Hafen war. Trotzdem verursachten die Breitseiten der französischen Linienschiffe bei den Briten schwere Schäden. Zwei von Hoods Schiffen sprangen unterhalb der Wasserlinie leck und konnten sich, obwohl die Mannschaft unaufhörlich an den Pumpen arbeitete, nicht länger in der Linie halten; andere hatten die Masten verloren und schieden aus dem Gefecht aus. Vor der Abenddämmerung kam die Großstenge der *Intrepid* krachend herunter, und die *Russell,* die mehr Wasser aufnahm, als mit den Pumpen wieder hinausbefördert werden konnte, war in einer gefährlichen Lage und wurde nach St. Eustatius zurückbeordert, wohin sie die Nachrichten der Schlacht und 37 getötete sowie 125 verwundete Seeleute mitnahm.

Als nach dem zweiten Tag der Seeschlacht der Abend kam, waren die Flotten schon siebzig Meilen von Fort Royal entfernt, und Hood beschloß, sich zurückzuziehen. Am folgenden Abend hatten die Flotten einander aus den Augen verloren, aber den Franzosen war es gelungen, in Fort Royal einzulaufen. In dem Austausch von *ex post facto*-Anklagen, der inzwischen bei den Briten das geläufige Verfahren war, beschuldigten Hood und seine Parteigänger Rodney, für das Scheitern verantwortlich zu sein, da er Hood nicht er-

XI. Der kritische Augenblick

laubt hatte, auf der dem Wind zugewandten Seite der Insel zu kreuzen. Aber es war klar ersichtlich, daß de Grasse Hood ausmanövriert und geschlagen hatte.

Rodney, zunehmend von der Gicht geplagt und gereizt, hielt seine Flotte in Barbados zurück, damit sie das unbedingt benötigte Wasser und frisches Gemüse gegen Skorbut aufnehmen konnte. Barbados war die östlichste Insel der Windward-Kette und Europa am nächsten. Sie war zugleich die Insel, die sich schon am längsten in britischem Besitz befand, fruchtbar, wohlkultiviert und die berühmte Produktionsstätte des feinsten Rums. Mitten in die Verproviantierung der Flotte platzte die alarmierende Nachricht, daß französische Truppen Tobago, das zweihundert Meilen weiter südlich lag, angriffen. Eine Entsatzstreitmacht mit einem Regiment Freiwilliger wurde zur Insel entsandt, nur um festzustellen, daß Tobago sich bereits ergeben hatte, bevor sie ankamen.

An jenem Nachmittag wurde die ganze französische Flotte gesichtet. Sie segelte nach Norden. In einem äußerst kritischen Moment widerstand Rodney der Versuchung, den Franzosen nachzusetzen, weil er fürchtete, durch die Verfolgung nach Lee gezogen zu werden, von wo aus er dann nicht mehr in der Lage gewesen wäre, das schutzlose Barbados zu entsetzen, falls es angegriffen würde. In der Nacht ließ er an den Masten Lichter setzen. Er hoffte, de Grasse auf diese Weise anlocken zu können, um ihn am nächsten Tag in eine entscheidende Schlacht zu verwickeln, aber der französische Admiral hatte andere Pläne. Mit Rodneys Verzicht auf die Verfolgung war de Grasses Weg frei. Er erreichte dem Plan entsprechend Amerika.

Da sich Rodney zweifellos der ernsten Bedeutung einer französischen Intervention in Amerika tief bewußt war, muß die Tatsache, daß er dem Abfangen von de Grasses Flotte keine Priorität zubilligte, teils seinem Gesundheitszustand, teils seiner Überzeugung zugeschrieben werden, daß Hood dies genausogut tun könnte. Darüber hinaus spielte sicher eine wichtige Rolle, daß die Admiralität selbst der Sache keine absolute Priorität zugestand, was wiederum das Fehlen einer zusammenhängenden Strategie auf seiten der britischen Regierung widerspiegelt.

Die Operationen in westindischen Gewässern erstreckten sich über den ganzen Mai und den frühen Juni 1781. Nachdem er Tobago erobert hatte, kehrte de Grasse mit seiner Flotte nach Fort Royal zurück, wo er Schiffe von den umliegenden Inseln sammeln und Wasser, Holz, Vieh und andere Vorräte für die Kampagne in Amerika aufnehmen konnte. Im Juli segelte er nach Cap Français weiter, dem Hafen von Santo Domingo, der aufgrund seiner Eleganz »das Paris der Inseln« genannt wurde. Auf seiner geräumigen Reede, die vierhundert Schiffe aufnehmen konnte, fand de Grasse die dreißig amerikanischen Lotsen vor, die ihm auf seine Bitten hin entgegengeschickt worden waren, um ihn in die Chesapeake Bay zu geleiten. Hier empfing er auch Rochambeaus Briefe aus Wethersfield, die so offen von der »ernsten Krise« des amerikanischen Krieges sprachen und seine Präferenz für einen »großen Schlag« im Bereich der Chesapeake Bay ausdrückten. Mit derselben Post kam ein Brief von de Barras aus Newport, in dem stand: »Das, was wir hier am meisten brauchen, ist Geld.« Diese und andere Briefe von verschiedenen französischen Abgesandten betonten alle die labile militärische Lage im Süden und die Notwendigkeit schneller Hilfe. Unverzagt bot de Grasse zusammen mit einem Kapitän seines Verbandes namens Charitte an, ihr Privatvermögen und Pflanzungen auf Santo Domingo an die Einwohner der Insel als Sicherheit für einen Kredit in Höhe von 300 000 Piastern (die etwa spanischen Dollars entsprachen) zu verbürgen, um die Expedition möglich zu machen. Obwohl der Wert der als Sicherheit angebotenen Güter »in hohem Maße den vorgeschlagenen Kredit überstieg«, lehnte die Regierung der Insel zu de Grasses Ärger das Angebot ab. Er grollte aber nicht lange, sondern rüstete mit eigenem Geld fünfzehn Handelsschiffe aus, die seinen Proviant tragen sollten. Er war der Sache Amerikas total verpflichtet.

Hier in Cap Français kam de Grasse zu zwei Entschlüssen, die für das militärische Ergebnis der amerikanischen Revolution von entscheidender Bedeutung sein sollten. Erstens beschloß er, die ganze Flotte, statt nur eines Teils, mit nach Amerika zu führen; und zweitens, in die Chesapeake Bay zu segeln. Mit einem Verhandlungsgeschick, das seinem Kampfgeist entsprach, holte er sich die Zustimmung der Spanier zu seinem Plan. Da sie derzeit keine Angriffsaktion im Bereich der Westindischen Inseln planten, konnten

Johannes de Graaff (von einem unbekannten Künstler).

Der erste Marquess Lord Cornwallis, Kommandeur der britischen Streitkräfte im letzten Feldzug. Von Thomas Gainsborough, 1783.

Rechts: General George Washington in Trenton. Von John Trumbull, 17

Die Belagerung von Yorktown; Williamsburg und Yorktown links von der Bildmitte, die Seeschlacht in der Bucht rechts von der Bildmitte. Die Blockade der Bucht durch die französische Flotte.

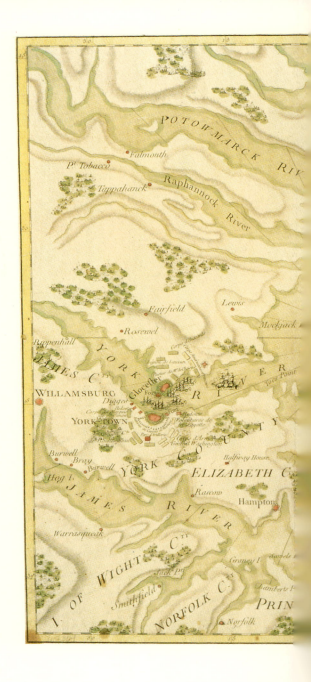

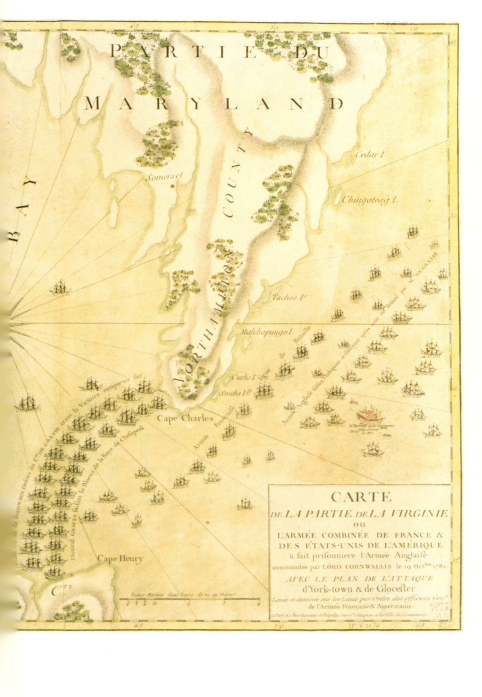

Die Kapitulation der Briten bei Yorktown am 19. Okt. 1781.
Von John Trumbull, 1786–87.

Nächste Seite: Admiral Sir George Brydges Rodney in seinen letzten Jahren.
Von Joshua Reynolds, 1789.

XI. Der kritische Augenblick 309

sie die Antillen ohne französische Hilfe verteidigen, was ihm freie
Hand ließ, alle seine Schiffe mit nach Amerika zu nehmen. Die
ganze Flotte für die Mission in Amerika einzusetzen, das für die
Kurzsichtigen – die immer in der Mehrheit sind – im Wert den Westindischen Inseln nachstand, war eine Entscheidung von großer
Kühnheit und nicht ohne Risiko. Es hieß, daß seine Flotte der
Pflicht, französische Handelsschiffe zurück nach Europa zu geleiten, nicht nachkommen konnte, was die Kritik der in ihrem persönlichen Interesse getroffenen französischen Händler einlud. Dies
war das entschiedene Handeln eines Mannes, der entweder sein
Herz an die Sache der Freiheit verloren hatte oder deutlicher als die
meisten Europäer sah, was aus Amerika werden würde. Die Geschichte hatte de Grasse für die Aufgabe vorgesehen, den Amerikanern den endgültigen Bruch mit Großbritannien zu ermöglichen. Er
schien das zu wissen und das Gefühl zu haben, zu dieser Pflicht
unbedingt berufen zu sein, und, obwohl kein Amerikaner, dem
Geist der Unabhängigkeitserklärung seinen ganzen Einsatz zu
schulden. Ein solch entschiedener Imperativ beflügelt den Geist. Er
berührte sogar den spanischen Gouverneur von Santo Domingo,
der zustimmte, de Grasses Streitkräfte um Saint-Simons drei Regimenter von 2500 Mann zu verstärken, die den Spaniern ausgeliehen
worden waren. Spanien mag wenig Sympathie für die Sache der
Freiheit gehabt haben, aber es hatte noch weniger Sympathie für die
Briten.
Am 28. Juli schrieb de Grasse den abschließenden Brief, der Rochambeau und Washington am 14. August erreichen sollte. Er informierte sie darüber, daß er mit 24 oder 26 Schiffen sowie drei
Regimentern kommen und am 3. August zur Chesapeake Bay aufbrechen würde. Der Brief wurde direkt von der schnellen *Concorde*
überbracht und ging nicht durch die diplomatischen Kanäle, die von
Agenten im englischen Sold überwacht wurden. Obwohl die Briten
bald wußten, daß eine Flotte auf dem Weg war, um die Kolonien zu
unterstützen, war ihnen nicht klar, in welcher Stärke und wohin genau sie segelte.
Rodney hörte von Hoods Gefecht mit de Grasse, als die beschädig-
te *Russell* in den Hafen von St. Eustatius schlich. Er ließ daraufhin
die englischen Verräter vorläufig unbestraft und lief sofort aus, um

sich mit Hoods Flotte bei Antigua, einer britischen Insel und einem Flottenstützpunkt in der Inselkette nördlich von Martinique, zu vereinigen. Von dort aus nahm er Kurs auf Barbados, wo er den nächsten französischen Angriff erwartete. Die drei Hauptakteure in dem Konflikt, der sich der nordamerikanischen Küste näherte, befanden sich nun alle zusammen in den Gewässern der Leeward-Inseln – de Grasse, energisch darauf bedacht, sein Ziel zu erreichen, Rodney und Hood mit dem Auftrag, ihn aufzuhalten. Da Hoods Flaggschiff und andere Schiffe seines Verbandes nicht kampftüchtig waren und de Grasse über die zusätzlichen Schiffe aus Fort Royal verfügte, hatten die Franzosen jetzt 24 Linienschiffe gegen 18* britische, eine Überlegenheit, die normalerweise gegen eine Herausforderung der Briten sprach. Als Kommandeur auf den Leeward-Inseln glaubte Rodney, daß das britische Interesse und die britische Ehre es nicht erlaubten, eine weitere Insel an die Franzosen zu verlieren. Er mußte auch deshalb mit einem Angriff auf Barbados rechnen, weil sich auf der Insel zweitausend französische Gefangene befanden und es nahelag, daß die Franzosen versuchen würden, sie zu befreien. Als Rodney in Barbados ankam, flog die britische Flagge noch über der Insel; St. Lucia, wo de Grasse mit den Landstreitkräften aus Martinique das nächste Landeunternehmen versucht hatte, war es gelungen, die Invasoren mit der Hilfe von Küstenbatterien zurückzuschlagen, die von den Verteidigern mit überraschender Initiative durch die brauchbareren Kanonen eines ausgeschlachteten Schiffes verstärkt worden waren.

Von der Kapitulation Tobagos beschämt, war Rodney voller Ehrgeiz, »den französischen Stolz zu demütigen«, wie er in Depeschen schrieb, vorausgesetzt, »sie geben mir eine angemessene Gelegenheit«. Die Franzosen entsprachen seinem Wunsch nicht. Als er die französische Flotte am 5. Juni gegen Sonnenuntergang sichtete, kam Rodney dicht genug heran, um 29 Segel zu zählen – 24 Linienschiffe und 5 Fregatten –, gegen seine eigenen 20, wie er dieses Mal zählte. Angesichts der Notwendigkeit, seine Flotte für die Verteidi-

---

* Zahlenangaben sind oft ungenau. Es hängt davon ab, ob Fregatten mitgezählt wurden oder nicht. Auch verließen Linienschiffe manchmal während einer Expedition die Flotte, oder neue stießen zu ihr.

XI. Der kritische Augenblick 311

gung der Inseln und den Schutz hereinkommender Konvois aus
Großbritannien und Irland in Bereitschaft zu halten, entschied er
sich gegen die Schlacht. Er begnügte sich damit, de Grasses Flotte
von Fregatten überwachen zu lassen. Einer dieser Fregatten, die vor
Martinique kreuzten, gelang es im frühen Juli, eine Fregatte eines
französischen Konvois, der Fort Royal verlassen hatte, zu kapern.
Der Kapitän des französischen Schiffes sagte aus, daß er zu einer
Flotte gehöre, die vom Comte de Grasse kommandiert würde und
aus 25 Linienschiffen und beinahe 200 Handelsschiffen von verschiedenen französischen Inseln bestehe und daß die Flotte seinen
Informationen nach auf Santo Domingo zusteuere.
Rodney schickte eine Warnung an Admiral Graves in New York,
der nun Kommandeur der britischen Flotte in Amerika war. Er teilte ihm mit, daß eine französische Flotte von 28* Linienschiffen vor
Martinique aufgetaucht sei, und daß »ein Teil« dieser Flotte anscheinend für Nordamerika bestimmt sei. Er glaube, daß dieser Teil
»innerhalb kurzer Zeit« segeln werde, obwohl er nicht in Erfahrung
bringen könne, ob der Verband auf dem Weg in Cap Français auf
Santo Domingo einlaufen werde. »Ich werde, so gut ich kann, ihre
Bewegungen überwachen und meine eigenen danach ausrichten«,
schrieb er. Er fügte hinzu, daß Admiral Hood mit 14 Linienschiffen
und 5 Fregatten den Befehl habe, den französischen Schiffen vor die
Küste von Virginia zu folgen und die Küste hinauf zu den Kaps von
Delaware und von da nach Sandy Hook weiterzulaufen, um sich
unter Graves' Befehl zu stellen. Graves solle Segler bei den Kaps
von Delaware stationieren, um auf Hood zu warten, »damit beide
Flotten ihre Kräfte vereinigen, um die Franzosen aufzuhalten, die
von den Westindischen Inseln kommen«. Er fügt die Versicherung
hinzu, daß Graves' Verband verstärkt werde, »sollte der Feind seine
Kräfte in Eure Richtung wenden«. Germain in London verspricht
Rodney, »den Feind wie ein Luchs zu bewachen«, und Arbuthnot in
New York noch einmal, »Euch jede Verstärkung zu schicken, die in
meiner Macht steht«.

* Die Zahl wechselt, wie bei anderen Flottenzählungen auch, je nach Beobachter.
Soweit man es feststellen kann, besaß de Grasses Flotte 26 bis 28 Linienschiffe sowie
einige Fregatten und bewaffnete Handelsschiffe.

Seine Erwartung und sein Plan, wie er ihn sehr detailliert in einem Brief an den Earl von Carlisle beschreibt, war es, dem Feind nicht zu erlauben, zu »einer Seeüberlegenheit vor der Küste von Amerika« zu kommen, sondern Hood zu entsenden, »damit dieser an jener Küste vor dem französischen Verband aus Cap Français ankomme«, und sich dort mit den englischen Kräften, die bereits da lagen (nämlich die Graves'), zu vereinigen und »den Feind zu vernichten und all seine Pläne zu vereiteln«. Zur gleichen Zeit entsandte Rodney einen Konvoi von fünf Linienschiffen und fünf Fregatten, der Handelsschiffe nach Jamaika geleiten sollte, mit Befehlen an Sir Peter Parker, den Kommandeur dort, die Schiffe sofort nach Nordamerika weiterzuschicken, wo sie zusammen mit Hoods Flotte den Briten eine klare Überlegenheit zur See geben und Graves die versprochene Verstärkung liefern würden. Rodney nahm wie fast alle anderen Beobachter an, daß de Grasse seine Flotte aufteilen würde. Sir Peter Parker führte den Befehl, aus welchem Grund auch immer, nicht aus.

Wie ernst Rodney die Möglichkeit einer französischen Intervention in Amerika nahm, geht auch aus einer Bitte an Hood hervor, in der er den Admiral aufforderte, »mich sofort mit aller möglichen Eile zu benachrichtigen, wenn Ihr französische Schiffe sichtet . . ., denn dies ist von äußerster Bedeutung«. Er selber muß den Eindruck gehabt haben, daß er der einzige war, der ahnte, wie entscheidend de Grasses Intervention sein konnte, denn er entschied sich, auch selber nach Norden zu segeln. Bevor er am 1. August aufbrach, schrieb er an seine Frau: »Wenn der Feind diese Gewässer verläßt, wird er nach Amerika gehen. Wo immer sie auch hinsegeln, ich werde ihre Bewegungen überwachen und sicherlich angreifen, wenn sie mir eine gute Gelegenheit dazu bieten. Das Schicksal Englands mag davon abhängen.«

Die Warnung an Graves und Rodneys sonstige Berichte über diese Tage zeigen, daß er sich in der Tat ein vollständiges Bild der Situation gemacht hatte. Er war sich über den Ort der französischen Intervention, das Problem und eigene Gegenmaßnahmen im klaren. Da er wußte, daß er es mit langsameren Geistern zu tun hatte, gab er Graves sehr präzise Instruktionen. In einer weiteren Depesche sagte er genau voraus, was geschehen würde. Er fügte hinzu, daß er

XI. Der kritische Augenblick 313

Hood zu den Kaps von Virginia entsandt hatte, »wo, davon bin ich überzeugt, die Franzosen versuchen werden, ihren großen Schlag auszuführen«. Das war keine Zauberei. Rodney hatte von den Lotsen gehört, die sich de Grasse in Cap Français angeschlossen hatten, und er zog daraus den natürlichen Schluß (was in der britischen Kriegsmarine allerdings nicht unbedingt verbreitete Praxis war), daß de Grasse, wenn er um Lotsen für die Chesapeake Bay gebeten hatte, zweifellos dorthin zu segeln beabsichtigte.

Zum Unglück für die Briten kam Rodneys Warnung an Graves in einer jener Launen des Krieges nie an, die Clausewitz ein Jahrhundert später zu der grundsätzlichen Aussage inspirierten, daß alle Kriegspläne in Erwartung des Unerwarteten verfaßt werden sollten. Die Warnung an Graves sollte von der britischen *Swallow* überbracht werden. Langsamer als eine Fregatte, war sie nicht flink genug, um der Kaperung durch drei amerikanische Freibeuter im Sund von Long Island zu entgehen. Graves erfuhr nichts von der sich nähernden Flotte de Grasses, und die anonymen Freibeuter hätten eine Nische in den Geschichtsbüchern verdient.

Auch Hood sandte einen warnenden Brief an Graves, aber das Schiff, das ihn trug, wurde ebenfalls gekapert. So wußte Graves weder etwas von der englischen Hilfe, die unterwegs war, noch von der französischen Bedrohung. Als Hood mit seinen Schiffen am 28. August in die Bucht von New York einlief, ließ er sich sofort nach Long Island hinüberrudern, um noch am selben Tag mit Admiral Graves zu konferieren. Rodney hatte geplant, daß sie ihre Verbände sofort vereinigten, um in die Chesapeake Bay zu segeln und vor de Grasse dort einzutreffen. Aber obwohl sie bei ihrem Gespräch übereinkamen, mit beiden Flotten zusammen zur Bucht zu segeln, blieben sie noch drei Tage in New York, ohne etwas zu unternehmen. Doch selbst wenn sie auf der Stelle aufgebrochen wären, hätten sie kaum rechtzeitig dort sein können, um die Bucht mit britischen Schiffen zu füllen, bevor de Grasse am 30. August einlief. Graves' Flotte, die im Hafen von New York ankerte, hätte die üblichen drei Tage gebraucht, um über die Sandbänke bei Sandy Hook zu kommen. Wie auch immer, Tatsache ist, daß sie bis zum 31. August in New York liegenblieben und die Ereignisse abwarteten.

Rodneys Bemühen, vor der Küste von Virginia entweder durch die

Hood-Graves-Flotten oder die Schiffe von Sir Peter Parker für die Seeherrschaft zu sorgen, brach auseinander, wie die besten Pläne es tun, wenn die ausführenden Organe schwache Menschen sind. Graves war, wie sich zeigen sollte, niemals in Eile, und Hood zeigte sich, was immer Nelson später von ihm sagen sollte, in Amerika keineswegs als unternehmungslustig.

Es ergab sich also eine Lage, deren Bedingungen vorhergesehen worden waren und für die man die korrekten Gegenmaßnahmen gefunden hatte. Sie wurden nur nicht verwirklicht. Die Frage drängt sich auf, warum die Engländer so hartnäckig alle Gelegenheiten ausschlugen. Waren sie in einer Trance der Passivität, weil sie sich in einem Krieg verfangen hatten, den sie nicht gewinnen konnten? Pessimismus ist eine Hauptquelle der Passivität.

Warum hatte Rodney als der einzige Brite, der die Drohung einer aktiven französischen Intervention in Amerika ernst nahm und seit langem ernstgenommen hatte, nicht zusammen mit Hood einen energischen Versuch unternommen, die Franzosen abzufangen, solange sie sich in seinen Gewässern um die Leeward-Inseln befanden, statt diesen Versuch auf einen Zeitpunkt zu verlegen, als sie Amerika bereits erreicht hatten? Es gab da einen eigenartig leeren Moment. Daß Rodney die entscheidende Seeschlacht mit den Franzosen nicht energischer suchte, kann nicht an seinem Wunsch gelegen haben, in St. Eustatius zu bleiben, um soviel wie möglich von der Beute für sich zu sichern, wie es seine Ankläger ihm, damals wie heute, vorgeworfen haben. All das war zu diesem Zeitpunkt bereits geschehen, jedenfalls soweit es ihm möglich war; seine Beute aus der Plünderung St. Eustatius' war bereits im Bauch der Schiffe verstaut, die in Hothams Konvoi im März nach England in See gestochen waren. Warum schickte er keine Fregatten auf Erkundungsfahrt, um sicher festzustellen, wohin de Grasse sich gewandt hatte, nachdem er aus Fort Royal ausgelaufen war? Warum übermittelte er kein exakteres Datum seines Auslaufens als »innerhalb kurzer Zeit«? Im Besitz dieser Informationen hätten die kombinierten Kräfte Rodneys und Hoods sehr wahrscheinlich die Flotte de Grasses aufhalten oder zumindest in ihrer Wirkung herabsetzen können, bevor sie nach Amerika weitersegelte.

Rodney unternahm diesen Versuch nicht, weil er es als seine Haupt-

XI. Der kritische Augenblick   315

pflicht empfand, seine Schiffe zur Verteidigung der Inseln in Bereitschaft zu halten. Die Zeit, die die Reparatur von Hoods beschädigten Schiffen beanspruchte, schwächte seine Flotte, so daß er an
Zahl den Franzosen unterlegen war. Vor allem aber setzte sicherlich
sein körperliches Elend die Unternehmungslust herab, die ihn normalerweise dazu gebracht hätte, die Franzosen in seinen eigenen
Gewässern aufzuspüren und zu schlagen. Er suchte nicht ernstlich
den Kampf, und deshalb fand er ihn nicht.

Trotzdem beschloß er, sich Hood in der Verfolgung de Grasses anzuschließen, dies auch in der andauernden Hoffnung, daß seine Beschwerden sich in der Seeluft nördlicherer Breiten lindern würden.
Sein Befehl an Hood, de Grasse zu verfolgen, ging am 25. Juli hinaus. Dem folgten sechzehn Tage Reparaturarbeiten und Proviantierung, bevor Hood bereit war, in See zu stechen. In der Zeit glaubte
Rodney unter den Qualen seiner Krankheit endlich den versprochenen Urlaub antreten zu dürfen, um zu Hause seine Striktur behandeln zu lassen. Nachdem er die Befehle an Hood unterzeichnet
hatte, brach er am 1. August auf. Er wurde von Dr. Blane, dem
Flottenarzt, begleitet. Noch hatte er die Hoffnung, daß er, nachdem
sie die heiße Zone hinter sich hatten, gesund genug sein würde, um
nach Amerika weitersegeln und den Befehl der Flotte übernehmen
zu können. Er nahm die *Gibraltar* und die *Triumph* mit sich, zwei
der größeren Linienschiffe, die anschließend nach Großbritannien
zurückgehen sollten, weil sie reparaturbedürftig waren, sowie die
Fregatte *Pegasus*, in der er, wenn es seine Gesundheit erlaubte,
nach Amerika weitersegeln wollte.

Sein Zustand verbesserte sich aber auf der Reise nicht, und als er
den Breitengrad der Bermudas ohne spürbare Besserung hinter sich
gelassen hatte, war ihm klar, daß er nach Hause segeln mußte. Carlisle gegenüber schilderte Rodney sein Unglück. Er sei »mit einer
Seestreitmacht, die ausreichte, um die Feinde Seiner Majestät im
Zaum zu halten oder zu schlagen« auf dem Weg nach Amerika gewesen, als er »durch eine ernste gesundheitliche Beeinträchtigung,
die mich so sehr einschränkte, daß ich nicht in der Lage war, die
Flotte zu übernehmen, um diese Ehre gebracht wurde«. Er traf am
19. September in England ein.

Wenn man von der Wiedervereinigung mit seiner Familie absieht, war seine Heimkehr alles andere als glücklich, denn die Kaufleute von St. Eustatius und St. Kitts hatten 64 Anklagen gegen ihn eingebracht, und die politische Opposition war, angeführt von Burke und Fox, wild entschlossen, ihn mit einem Chor der Verurteilung und mit parlamentarischen Attacken zu empfangen. Andeutungen einer Erhebung in den Peer-Stand* verschwanden in den Wolken königlicher Ungnade, und als er nach seiner Ankunft zum Windsor Castle eilte, um Georg III. um eine Audienz zu bitten, wurde diese auf einen anderen Tag verschoben. Schlimmer noch war die Nachricht, daß Hothams Konvoi mit dem Löwenanteil der beschlagnahmten Güter von den Franzosen gekapert worden war. Ein Hagel von Beschimpfungen ging auf den ohnedies viel beschimpften Sandwich nieder, weil er angeblich versäumt hatte, genügend Schiffe zum Schutz des nach Hause segelnden Schatzes abzustellen.

Für die Öffentlichkeit war Rodney aufgrund der Befreiung Gibraltars und der Mondschein-Schlacht immer noch eine glanzvolle Figur. Die Werftarbeiter in Plymouth jubelten ihm zu, und Girlanden hingen über der Tür seines Hauses in London. Er eilte nach Bath, um sich den zweifelhaften Wohltaten der Chirurgie des 18. Jahrhunderts zu unterwerfen. Bis spät in den Oktober lag er als Rekonvaleszent darnieder und hatte mit der ihren Gipfel erreichenden Krise in Amerika nichts mehr zu tun.

Rodneys Chirurg, Sir Ceasar Hawkins, scheint mit gutem Resultat operiert und »seinen Patienten kuriert« zu haben, wenn man Rodneys Biographen glaubt, obwohl er selbst am 4. November an Jackson von der Admiralität schreibt: »Meine Beschwerden sind noch immer dieselben und setzen sich fort.« Geistig aber scheint er sich trotz des »Elendes der chirurgischen Operation« erholt zu haben. Er brannte darauf, in den Dienst zurückzukehren, und auch die Regierung, die ihn einst so vernachlässigt hatte, suchte nun eifrig um seine Dienste nach. Im November bot man ihm den Posten eines Vizeadmirals von Großbritannien an und versprach ihm als Flaggschiff den 90-Kanonen-Dreidecker *Formidable*. Er nahm sofort an, obwohl seine Freunde ihn noch immer dünn und krank fanden, aber

---

* Später wurde er in den untersten Rang der Peers-Würde erhoben – eine Baronie. Es war die Belohnung für den Sieg bei den Saints.

XI. Der kritische Augenblick 317

»entschlossen, wieder zu dienen«. Sandwich schrieb ihm Briefe, in denen er ihn praktisch anflehte, seine Dienste der Flotte zur Verfügung zu stellen: »Es wäre ein großer Verlust, wenn Ihr uns Eurer Hilfe beraubt.«

Daraus ergibt sich die Frage: Wenn er so wertvoll war, warum ließ ihn die Admiralität nicht früher nach Hause kommen, um sich wegen der Striktur, die so schmerzhaft war, behandeln zu lassen? Als er zum ersten Mal deshalb um Urlaub bat, am 2. März, hatte man abgelehnt. Hätte er sich zu der Zeit behandeln lassen, wäre er der Admiral gewesen, der die britische Flotte bei der Schlacht der Chesapeake Bay kommandiert hätte, und nicht Graves. Hood erkannte später großzügig an: »Wenn Sir George Rodney den Verband Seiner Majestät von den Westindischen Inseln vor diese Küste geführt hätte, wäre der 5. September [das Datum der Schlacht], wie ich glaube, ein ruhmreicher Tag für Großbritannien gewesen.«

Wenn man Rodneys sensationellen Sieg über de Grasse ein Jahr später in der Schlacht der Saints zum Maßstab nimmt, hatte Hood wahrscheinlich recht. Rodney hätte die Verwirrung in der Schlacht in der Chesapeake Bay wohl kaum zugelassen, und sie führte dazu, daß die Franzosen die Kontrolle über die Bucht gewannen. Wenn die Briten die Bucht in der Hand behalten hätten, wäre es ihnen wahrscheinlich gelungen, Cornwallis zu Hilfe zu kommen, in welchem Fall Washingtons letzte Chance fehlgeschlagen wäre. Die Vermittlung Katharinas der Großen wäre dann der letzte Ausweg gewesen, und unter den entgegengesetzten russischen und britischen Einflüssen wären sehr wahrscheinlich die amerikanische Unabhängigkeit und eine Verfassung nicht zustande gekommen. Rodneys eigene Beurteilung der Schlacht in der Chesapeake Bay war eindeutig. »Nach meiner wenig maßgeblichen Meinung«, schrieb er am 19. Oktober an Jackson, »haben die Franzosen einen höchst bedeutsamen Sieg erfochten, und nichts kann Amerika retten.« In beiden Punkten hatte er recht. Der Tag, an dem er den Brief schrieb, war der Tag von Cornwallis' Kapitulation in Yorktown – London allerdings sollte davon erst einen Monat später erfahren.

Aber zurück zum Juli und zu den Westindischen Inseln, wo de Grasse seine Vorbereitungen für den Aufbruch nach Amerika vollendete. Nur das Problem des Geldes war noch nicht gelöst. Nachdem der

Kredit, den er sich von Einwohnern von Santo Domingo erhofft hatte, gescheitert war, wandte er sich an eine weitere spanische Quelle, die Bevölkerung von Kuba. Mit einer schnellen Fregatte sandte er einen Brief an den Gouverneur von Havanna und erklärte ihm, daß er eine Summe in Höhe von 1,2 Millionen Livres benötige. Während das offizielle Spanien nicht auf einen Erfolg der amerikanischen Rebellen versessen war, weil es die Wirkung auf seine eigenen Kolonien fürchtete, erinnerte sich die Bevölkerung von Havanna an den Angriff der Briten auf ihre Stadt vor weniger als zwanzig Jahren und war froh, eine Gelegenheit zur Vergeltung zu haben. Angeblich gelang es, durch öffentliche Ausschreibung das Geld für de Grasse in weniger als 48 Stunden mit der Hilfe von kubanischen Damen, die ihre Diamanten stifteten, zusammenzubringen. Die Summe wurde prompt zu seinem Flaggschiff gebracht. Tornquist stellt in seinem Buch weniger romantisch fest, daß Kuba eine Anleihe von 700 000 Piastern autorisierte, die innerhalb von fünf Stunden in bar an de Grasse übergeben wurden. Am 5. August 1781, nur zwei Tage später als geplant, stach de Grasse von Cap Français aus nach Amerika und die Chesapeake Bay in See. Seine Flotte bestand aus 28 Schiffen, die die drei Regimenter Saint-Simons an Bord mitführten.

Um der Überwachung der Briten zu entgehen, schlug de Grasse eine schwierige und wenig gebrauchte Route durch den Bahama-Kanal zwischen Kuba und den Bahamas ein, ein Kurs mit vielen Hindernissen, der ihn nur langsam vorankommen ließ. Obwohl die Amerikaner immer wieder Eile angemahnt hatten, erwies sich seine Entscheidung für den Bahama-Kanal als weise – oder als Glücksfall. Admiral Hood verließ Antigua am 10. August, nur fünf Tage nach de Grasse, aber es gelang ihm nicht, die französische Flotte auf dem weiten Ozean zu finden, und da er die direkte Route zur amerikanischen Küste einschlug, traf er fünf Tage vor de Grasse in Amerika ein. Als er sich in der Chesapeake Bay umsah, fand er kein Zeichen eines fremden Segels, da de Grasse noch auf dem Weg von den Bahamas an die amerikanische Küste war. Dies zerstreute die Sorge der Briten über die Ankunft de Grasses und bestärkte sie in ihrem Glauben, daß er, wenn er überhaupt käme, nach New York segeln würde. Der Umstand, daß die Briten ihn zu diesem Zeit-

XI. Der kritische Augenblick 319

punkt verpaßten, war bedeutender als ein physischer Zusammenstoß.

Pflichtschuldig segelte Hood weiter nach New York, um sich am 25. August mit Graves und Clinton zu einer Konferenz zu treffen. Keiner von ihnen schenkte der Möglichkeit einer späteren Ankunft de Grasses viel Aufmerksamkeit. Die Gerüchte, daß eine französische Flotte sich der amerikanischen Küste von den Westindischen Inseln her näherte, waren wahrscheinlich das Werk, versicherte Graves Clinton, einer »überhitzten Vorstellung« oder, soweit sie in abgefangenen französischen Briefen erwähnt worden war, eine französische »Gasconade« – dies war der britische Lieblingsbegriff für französische Übertreibungen, ob sie nun Drohungen oder Versprechungen waren. Hood allerdings wußte mit Sicherheit, daß es sich um mehr als das handelte, da er selbst vor nur kurzer Zeit de Grasse im Gefecht bei den Westindischen Inseln begegnet war. Er kannte die Größe der französischen Flotte und hätte sich mit ein wenig strategischem Gespür vorstellen können, wohin sie segelte. Und obwohl Hood im Rang Graves unterlegen war, hätte er sich durchaus nachdrücklich dafür aussprechen können, daß ihrer beider Flotten zusammen nach Süden in die Chesapeake Bay ausliefen, bevor die Franzosen sie besetzen konnten. Hätten sie dies getan, hätten sie den Verlauf des Krieges einschneidend geändert. Aber Hood sprach sich nicht dafür aus – ohne Zweifel, weil er in der Bucht keinen Feind vorgefunden hatte, als er sie bei seiner Fahrt nach New York durchsuchte. Nach seiner Passivität in der sich entwickelnden Krise um den Entsatz der Armee Cornwallis' zu urteilen, ließ er sich von der Lähmung seiner Kollegen anstecken, sobald er den Fuß auf amerikanischen Boden gesetzt hatte.

Clinton teilte die selbstgefällige Ruhe von Graves und Hood, da ihm Lord Germain versichert hatte, daß er von de Grasse nichts zu befürchten habe. Rodney werde mit seiner überlegenen Flotte alle Bewegungen des Franzosen überwachen. Der alte Admiral Arbuthnot hatte Graves vor seiner Rückkehr nach Großbritannien erklärt, daß es seiner Meinung nach für Rodney ganz unmöglich sei, »wie wachsam er auch immer sein mag«, so rechtzeitig Verstärkung nach Amerika zu schicken, daß sie »vor den Franzosen hier sind«. Er fügte hinzu, daß de Grasse, wenn er käme, in amerikanischen Gewässern die Seeüberlegenheit gewinnen würde, was Cornwallis in seiner verwundbaren Position an der Chesapeake Bay gefährden müsse.

Die Vision der müden Augen des alten Admirals sollte sich bis ins Detail erfüllen, aber er selbst war fort, und die New Yorker sahen keinen Anlaß, sich um den südlichen Kriegsschauplatz Sorge zu machen. Sie betrachteten ihn als zweitrangig. Vielmehr sorgten sie sich um die Verteidigung New Yorks, da sie, wie fast alle, sicher waren, daß die französische Flotte, wenn sie kam, New York angreifen würde. Was Graves und Clinton vor allem fürchteten, war die Vereinigung von de Barras' Verband, der in Newport lag, mit de Grasses Flotte, denn dies hätte die französische Seestreitmacht der britischen überlegen gemacht. Warum wagte es Graves zu keinem Zeitpunkt, Newport anzugreifen und de Barras zu neutralisieren, statt passiv auf die französische Offensive gegen New York zu warten? »Den ganzen Verlauf des Krieges hindurch«, schrieb de Lauzun in einer Passage, in der er kritischen Gedanken über den Krieg noch am nächsten kam, »schienen die Briten mit Blindheit geschlagen zu sein ... Sie ließen die offensichtlichsten und goldensten Gelegenheiten an sich vorübergehen.« Er zitiert die Gelegenheit, die in unserer Geschichte noch bevorsteht. Als Rochambeaus Armee Newport verließ, um sich Washington anzuschließen, »brauchten die Briten nur die französische Flotte vor Newport anzugreifen, um sie zu zerstören. Dies fiel ihnen nicht ein.« Tatsächlich fiel es ihnen sehr wohl ein, aber Graves, der die Anzahl der französischen Schiffe überschätzte, scheute das Wagnis.

An dem Tag, als Hoods Flotte am Ende der vergeblichen Verfolgung de Grasses in New York einlief, kam aus Newport die Meldung, daß de Barras in See gestochen sei. Wohin, wußte niemand. Als die französische Flotte die Blockade Newports ernsthaft auf die Probe stellte – die britischen Schiffe, die den Hafen blockieren sollten, waren 50 Meilen entfernt auf Gardiners Island stationiert –, erwies sie sich, was niemanden überraschen konnte, als nicht besonders effektiv. De Barras' Schiffe wurden nicht aufgehalten. Alle Befürchtungen der New Yorker erwachten aufs neue, aber ihre Vorstellungen des kommenden Konflikts stimmten mit den Plänen, nach denen de Barras handelte, nicht überein. Von ihrer Position in

XI. Der kritische Augenblick 321

New York besessen, glaubten sie, de Barras werde sich mit de Grasse zu einem entschlossenen Angriff auf New York vereinigen. In Wirklichkeit trugen de Barras' Schiffe Versorgungsgüter, Waffen, Munition sowie Ausrüstung zur Belagerung der britischen Stellung nach Virginia, um den französisch-amerikanischen Marsch nach Süden, von dem Clinton und Graves nichts ahnten, zu erleichtern.

Washingtons Verbündete rückten heran. Die geplante Vereinigung mit ihnen war seine letzte Chance. Nach Saratoga waren die Franzosen, die große Erwartungen in die Demütigung Großbritanniens durch einen Sieg der Amerikaner setzten, von der militärischen Schwäche ihres Verbündeten immer wieder enttäuscht worden. Statt an einen aggressiven Alliierten hatten sie sich an einen abhängigen Klienten gebunden, der nicht in der Lage war, eine starke Regierung zu etablieren, und ständig Transfusionen von Soldaten und Geld brauchte, um kampffähig zu bleiben. Der Krieg – wie alle Kriege – wurde teurer, als es die Bourbonen erwartet hatten. Seit Vertragsabschluß hatten die Franzosen den Amerikanern mehr als 100 Millionen Livres, etwa 25 Millionen Dollar, in Form von Krediten, Lieferungen und Geschenken zur Verfügung gestellt. Im ganzen sollten sich die Kosten des amerikanischen Krieges für Frankreich auf etwa 1,5 Milliarden Livres belaufen, eine historische Summe, die das Staatsbudget praktisch ruinierte und eine Einberufung der Generalstände im Jahre 1789 notwendig machte. Dies führte zur Festnahme des Königs und jener Folge von Eruptionen, die zur Französischen Revolution wurden. Den Amerikanern wurde nun, 1781, mitgeteilt, daß die französische Regierung schon mehr gezahlt habe, »als der Kongreß es von der Freundschaft seines Verbündeten erwarten durfte«. Vergennes machte deutlich, daß es nach 1781 weder weitere Truppen, noch Schiffe, noch Kredite geben würde. Washington war sich darüber im klaren, daß er dieses Mal die Verstärkungen des Verbündeten wirkungsvoll einsetzen mußte. Aber eine Armee, die beim Zusammenschluß mit den Franzosen in Virginia eine bedeutende Rolle spielen konnte, mußte erst noch aufgebaut werden. Sie brauchte Proviant, Stiefel und Feldkanonen.

In der Wüste des amerikanischen Mangels tauchte als erster ein Engel namens Robert Morris auf, ein reicher Händler und Kriegsgewinnler, der vom Kongreß im Jahre 1781 zum Finanzsuperintendenten gewählt worden war. In seiner anhaltenden Furcht vor zentralisierter Macht hatte es der Kongreß – darin den Holländern ähnlich – vermieden, die Verantwortung für die Finanzierung des Krieges in die Hände eines einzelnen zu legen. Erst 1781, als der Staat auf einen vollständigen Kreditverlust im Ausland zusteuerte, gestand sich der Kongreß die Notwendigkeit eines Finanzverantwortlichen ein. Morris akzeptierte den Posten, obwohl seine Meinung von der Menschheit »mit wachsender Erfahrung« immer niedriger wurde und er glaubte, daß ein öffentliches Amt einen ehrlichen Mann dem Neid und der Eifersucht und »den bösartigen Attacken jedes schmutzigen Schurken, der sich mit Rufmord beschäftigt«, auslieferte. Morris trug durch die Gelder, die er herbeischaffte, wesentlich dazu bei, daß der Kampf um die Unabhängigkeit fortgeführt werden konnte. Die Reichen sind manchmal nützlich; im allgemeinen gelten sie als Spitzbuben, aber sie können sich wie jeder andere auch als Stützen des Staates erweisen. Tugend und Patriotismus sind kein Privileg der Armen. Durch seinen hohen persönlichen Kredit gelang es Morris, verschiedenen Staaten Kontributionen zu entlokken; er reduzierte die Regierungsausgaben, schuf die Grundlagen für eine Nationalbank und überredete eine Gruppe von Bankiers aus Philadelphia, einen substantiellen Kredit bereitzustellen. Im ganzen lieh er von Rochambeau und den Bankiers eine Summe von 40 000 Dollar, die Washingtons zerlumpte Kontinentalsoldaten zum ersten Mal mit Sold in harter Münze in Kontakt brachte. Das drückte die Zahl der Deserteure und zog sogar neue Rekruten zu den Fahnen. Wichtiger noch, das Geld erlaubte es Washington, zur Offensive überzugehen.

Am 14. August empfing Washington – ein weiterer Sonnenstrahl, der durch die dunklen Wolken brach – den Brief, den de Grasse an Rochambeau gerichtet hatte und in dem er von den Westindischen Inseln aus ankündigte, daß er mit 28 Schiffen und 3000 Landsoldaten zur Chesapeake Bay aufbreche. Ohne noch viele Gedanken an seinen Traum einer Rückeroberung New Yorks zu verschwenden, begann Washington auf der Stelle, einen Feldzug im Bereich der Chesapeake Bay zu entwerfen, der Cornwallis' Armee ein Ende bereiten sollte.

XI. Der kritische Augenblick 323

Er schob seine Entscheidung auch nicht durch ein genaues Abwägen des Pro und Contra eines solchen Feldzuges auf, denn wenn er de Grasses Forderung auf »sofortige Kooperation« bei dessen Ankunft am 13. September gerecht werden wollte, hatte er nur einen Monat Zeit, um seine Truppen auf den Marsch vorzubereiten. Er mußte die Nachschublinien etablieren, die ein Marsch über eine solche Entfernung – auf den örtlichen Straßen waren es ungefähr 500 Meilen – erforderte, er mußte Boote bereitstellen lassen, damit die Armee ohne Verzögerung Flüsse überqueren konnte, und er mußte dafür sorgen, daß die Armee vor Ort versorgt wurde, wenn sie ihr Ziel erreicht hatte.

Auch Rochambeaus Armee, die schon die 200 Meilen von Newport nach White Plains hinter sich hatte, mußte auf den Weitermarsch vorbereitet werden. Das ganze Unternehmen war ein enormes Risiko und ein formidables Organisationsproblem. Diesen langen Treck durchzuführen, Truppen von ungewisser, schwankender Gemütslage an ein Ziel zu bringen, das ihnen ganz und gar nicht zusagte, in der Augusthitze, bei einer Zusammensetzung aus Franzosen und Yankees, die viele Anlässe zu Antipathien und Streitigkeiten bot, unter der Gefahr eines Flankenangriffs durch Clintons Streitkräfte – das alles hieß, sehr viel auf eine ungewisse Karte zu setzen. Um den »entscheidenden Schlag« wirklich führen zu können, mußte die Armee nach einem Monatsmarsch die französische Flotte nach ihrer Ozeanüberquerung in der Stunde ihrer Ankunft treffen. Dies, nachdem beide Seiten einen Hindernislauf von Gefahren und Zufällen hinter sich hatten, von denen jeder einzelne den Zeitplan hätte ruinieren können. Die exakte zeitliche Abstimmung war notwendig, damit sie weder mit nur einem Teil ihrer Streitkräfte auf den Feind stießen, noch die Ankunft einer Teilstreitkraft den Feind warnte und ihm das Ausweichen ermöglichte. Das größte Risiko lag in der Unsicherheit, ob Cornwallis in der Tat lange genug in der Position blieb, die zur Falle werden sollte. Tat er das nicht, mußte die ganze riesige Anstrengung fruchtlos bleiben. Vor allem diese Sorge beschäftigte Washington. Er schrieb an Lafayette, um sicherzugehen, daß er Cornwallis nicht gestattete, nach North Carolina zurückzumarschieren. Und er bat dringend darum, über die Bewegungen des Feindes ständig auf dem laufenden gehalten zu werden.

Es blieb das Problem der Versorgung der Truppen, wenn sie sich erst einmal zur Belagerung von Yorktown eingegraben hatten. Rochambeau hatte 1500 Faß Pökelfleisch mit nach Newport gebracht, wo sie eingelagert worden waren, aber de Barras hatte sich geweigert, sie mit nach Süden zu nehmen. Er grollte, weil man ihm de Grasse vor die Nase gesetzt hatte und er dadurch das unabhängige Kommando verloren hatte, das es ihm erlaubte, vor Neufundland Handelsschiffe der Briten aufzubringen und Prisengelder zu kassieren – auf ähnliche Weise war Hood um seine Expedition gegen Surinam und Curaçao gekommen. Jetzt gelang es Washington und Rochambeau, de Barras umzustimmen und ihn dazu zu bewegen, das Pökelfleisch zusammen mit den für den Landtransport zu schweren Belagerungskanonen die Küste hinunterzubringen, sobald de Grasse die Chesapeake Bay sicherte.

Auf das ganze Chesapeake-Unternehmen konnte sich nur jemand einlassen, der keine Alternative hatte. Washington entschied sich, sobald er de Grasses Brief in Händen hatte. »Ich war«, schrieb er an dem Tag in sein Tagebuch, »durch die kurze Anwesenheit des Grafen an unseren Küsten, durch die offensichtliche Abneigung der [französischen] Seeoffiziere, den Hafen von New York zu erobern, durch die schwache Anteilnahme« seines eigenen Landes, was seine Bitte um neue Rekruten anging, und »durch die geringe Aussicht auf eine größere Anstrengung in der Zukunft gezwungen, jeden Gedanken an einen Angriff auf New York fallenzulassen und statt dessen mit einem Teil der amerikanischen Armee und den französischen Truppen nach Virginia zu gehen«. Er ließ New York auch deshalb so bereitwillig fallen, weil Stichproben der Truppen des Duc de Lauzun im Juli gezeigt hatten, wie stark der Verteidigungsring um New York war. Ein Angriff hätte mehr Kräfte erfordert, als Washington bereitstellen konnte.

Die amerikanischen Soldaten, die schon zu lange die Prügelknaben der Nation gewesen waren – schlecht ausgerüstet, hungernd, ungepflegt, während die Kongreßmitglieder in Kutschen herumfuhren und an wohlgedeckten Tischen aßen –, wollten ohne Sold nicht marschieren. Hier halfen Morris' Gelder und französische Mittel im letzten Moment. Sie brachten Münzen in leere Taschen und den Quartiermeister wieder ins Geschäft. Proviant würde ein weniger

XI. Der kritische Augenblick 325

brennendes Problem sein als bisher. Eine marschierende Armee
war kein solch gefräßiger Inkubus wie eine im Winterlager festlie-
gende Streitmacht, die eine ganze Landschaft kahlfraß und die Bevölkerung gegen sich aufbrachte. Washington war nun in der Lage,
Proviantdepots von Fleisch, Mehl und Rum an verschiedenen Etap-
pen des Marsches anzulegen. Das französische Silber und der Kredit der Bankiers aus Philadelphia brachte die Armee in Bewegung,
aber nur de Grasses ungehinderte Überfahrt, die zu der geplanten
Vereinigung mit den Amerikanern führen sollte, konnte die Revolution auf den Beinen halten und die Schlagkraft für eine Offensive
liefern. Allein wäre die amerikanische Armee zu klein und zu unzulänglich gewesen, um den Briten 1781 standhalten zu können. Der
Kongreß hatte keine finanziellen Reserven mehr.
Aber auch die Briten waren zu dieser Zeit kaum noch in der Lage,
eine entscheidende Offensive einzuleiten. Wenn die französische
Flotte nicht gekommen wäre, hätten sich Großbritannien und die
Kolonien wahrscheinlich zu einem elenden Kompromiß geschleppt,
denn auf beiden Seiten gab es insgeheim viele Stimmen, die sich für
eine Vermittlung aussprachen. Als im März 1781 die Nachricht verbreitet wurde, daß die Zarin von Rußland ihre Vermittlung anbot
und alle Seiten akzeptiert hätten, stiegen die Aktien in England um
sechs Prozent. Sir Joseph Yorke sollte angeblich, wie Walpole an
Mann schrieb, »auf den Flügeln des Windes nach Wien eilen, um
Frieden zu schließen«. Die Börsenkurse sanken traurig in sich zusammen, als das Gerücht sich als unbegründet erwies und Sir Joseph zu Hause blieb. Dasselbe Gerücht einer russischen Vermittlung sorgte auch in Amerika für Aufregung, denn dort war die
Kriegsmüdigkeit ebenso verbreitet. Dann schöpften die Briten im
September wieder Hoffnung, weil es hieß, der König habe Yorke
beauftragt, einen Separatfrieden mit den Niederlanden abzuschließen, was Großbritannien zumindest um einen Krieg erleichtert hätte. Die Whigs wandten sich, obwohl sie für Frieden waren, gegen
ein solches Angebot, weil es in den Worten Walpoles »ein verachtungswürdiges Verhalten des Hofes war, sich durch Grobheiten in
einen Krieg zu verwickeln und dann auf erbärmliche Weise insgeheim um Frieden zu betteln«. Aber auch dieses Gerücht erwies sich
als gegenstandslos.

In der ganzen Aufregung um Friedensverhandlungen zeigte sich aber eine verbreitete Sehnsucht, den Krieg zu beenden, und eine Bereitschaft, auf Vermittlungsversuche einzugehen. Die Generäle im Feld indessen träumten immer noch von der »erfolgreichen Schlacht« und dem »entscheidenden Schlag«, und sie setzten sich, wie fast immer, durch – in diesem Fall vielleicht glücklicherweise, denn ein Kompromiß hätte das Entstehen der Vereinigten Staaten von Amerika zu dieser Zeit verhindert und damit auch den Impuls für die Entwicklung eines demokratischen Zeitalters unterdrückt. Das entscheidende Ereignis spielte sich am Abend des 5. Juni 1781 auf den Westindischen Inseln ab, als Rodney sich für die Verteidigung Barbados' und gegen die Verfolgung de Grasses entschied.

Kapitel XII
Die letzte Chance –
Der Yorktown-Feldzug

Ein Wunder – dieser Begriff ist oft auf den Yorktown-Feldzug ange-
wandt worden. Die Gelegenheit, seine Landstreitkräfte mit der
französischen Seemacht zu vereinigen, um auf die Weise Cornwallis
in seiner verwundbaren Stellung in Yorktown einzuschließen, war,
das hatte Washington erkannt, seine einzige Chance, den Feind zu
schlagen und den langen Kampf zu beenden. Seine Streitkräfte an
Ort und Stelle zu bringen, um dies zu bewirken, war eine Aufgabe
von außerordentlicher Schwierigkeit, die ein hohes Risiko in sich
barg. Er setzte seinen Ruf, seine Armee und die Sache der Unabhängigkeit aufs Spiel. Eine Entscheidung wurde von ihm gefordert,
die nicht minder kühn war als die Hannibals, die Alpen zu überqueren. Washington traf sie ohne sichtbares Zögern. Er, nicht Cornwallis, der im Volksmund der englische Hannibal genannt wurde, war
der Hannibal seiner Zeit. Die erste Voraussetzung des Plans war die
Absprache des Zusammentreffens von französischer Flotte und
amerikanischen Landstreitkräften zu einer bestimmten Zeit an einem bestimmten Ort. Der Zusammenschluß in Virginia mußte von
zwei unterschiedlichen nationalen Befehlsstellen ohne Hilfe von
Telephon, Telegraph oder Funk koordiniert werden. Daß dies ohne
Fehler gelang, ist nur durch eine Folge von Wundern zu erklären.
Rochambeaus Newporter Armee war von Rhode Island aus in der
ersten Woche des Juli 1781 an den Hudson marschiert, um sich dort
mit Washingtons Truppen zu vereinigen. Das Lager der Truppen
war über die Gegend von White Plains verstreut, sein Zentrum hatte es in Philipsburg (Philips Manor), vier Meilen von White Plains
und weniger als zwanzig Meilen von britischen Truppen entfernt,

die zur Besatzung New Yorks gehörten und in früheren amerikanischen Kasernen auf dem Gelände von King's College in der Nähe der Trinity Church, in der heutigen Wallstreet-Gegend, einquartiert waren. Von hier aus sollte Washingtons Armee zusammen mit den französischen Truppen durch New Jersey, Pennsylvania, Delaware und Maryland nach Virginia marschieren. Trotz der Hindernisse und Risiken des Marsches blieb Washington, nachdem er seine Entscheidung getroffen hatte, fest und ließ keine Zweifel mehr zu.

Bei allen Entmutigungen der Vergangenheit, bei allen Unzulänglichkeiten in der Versorgung und Ausrüstung seiner Männer, trotz der Verleumdungen und Komplotte anderer Generäle, die versuchten, ihn zu verdrängen, und trotz der Enttäuschung, den Angriff auf New York aufgeben zu müssen, hatte Washington die Kraft, auf eine neue Idee zu reagieren und alle Energien auf eine neue Kampagne zu konzentrieren. Am 15. August, einen Tag, nachdem er de Grasses Brief bekommen hatte, in dem dieser sich für Chesapeake entschied, gab Washington der Armee den Befehl, sich auf den Marsch vorzubereiten. Seine Order an die Kontinentalsoldaten lautete: »Die Armee wird sich in vollkommener Bereitschaft halten, um innerhalb kürzester Zeit aufbrechen zu können.« Dann schrieb er einen Brief an Rochambeau, in dem er die Route der ersten Etappe bis Trenton genau schilderte. An de Grasse schrieb er mit der Bitte, alle verfügbaren Fregatten und Transportschiffe in den Norden der Bucht zu schicken, um die Truppen bis vor Yorktown zu bringen. Die Armeeteile, die für den Marsch nach Süden ausgewählt wurden, waren 4000 bis 5000 Franzosen aus Rochambeaus Armee, vor allem kampferprobte Regimenter – das Saintonge, das Soissonnais, das Deux-Ponts, das Bourbonnais, das frühere Auvergne – sowie bewaffnete Marinesoldaten der Flotte. Hinzu kamen 2000 amerikanische Kontinentalsoldaten vor allem aus New York, New Jersey und Rhode Island. In der französischen Abteilung befand sich die Kavallerielegion des Duc de Lauzun, deren Satteldecken aus Tigerfell waren, während die Soldaten scharlachrote Hosen, hellblaue Jacken und Pelzmützen trugen. Eine Garnison von 4000 Milizsoldaten und der Rest der amerikanischen Armee blieben zurück, um die Forts am Hudson zu bewachen und den Übergang der Hauptarmee über den Fluß zu sichern.

XII. Die letzte Chance – Der Yorktown-Feldzug 329

Washington schrieb an die Gouverneure von Maryland und Virginia, um von ihnen Hilfsleistungen für die Versorgung und Verschiffung der Amerikaner und Franzosen den Delaware hinunter und über die Chesapeake Bay zu fordern. Noch wußte er nicht, ob de Barras mit der Artillerie und dem Proviant kommen würde, um sich de Grasse anzuschließen, und da er von beiden Flotten nichts gehört hatte, war die Spannung für ihn enorm. »Ihr könnt Euch leicht vorstellen«, schrieb er an Greene, »daß die gegenwärtige Zeit so interessant und sorgenvoll ist, wie ich nur je eine erlebt habe.«
Dann traf die Nachricht ein, daß de Barras zugesagt hatte zu kommen. De Grasse schrieb Washington, daß er »das Unmögliche tun« wolle und ihm sechs oder sieben Kriegsschiffe mit geringem Tiefgang sowie Fregatten und jedes Schiff, das den Fluß hinaufsegeln könne, entgegensenden werde. Dies zusammen mit dem Versprechen, Belagerungskanonen an Land zu schaffen sowie Washington 1 200 000 Francs zur Verfügung zu stellen, bewies, daß die große Zangenbewegung Wirklichkeit werden sollte.
Im Lager bei New York war das Ziel des Marsches streng geheimgehalten worden. Selbst die Verbündeten wußten nicht, wohin es gehen sollte, damit Clinton auf keinen Fall von der geplanten Einschließung Cornwallis' erfahren und ihm Verstärkungen schicken konnte. Selbst der Comte de Deux-Ponts, einer der französischen Regimentskommandeure, erfuhr nichts. »Wir haben nicht die geringste Ahnung, ob wir gegen New York vorrücken oder nach Virginia gehen, um Lord Cornwallis anzugreifen«, berichtete er. Im Lager liefen Wetten, New York gegen Virginia.
Von dem Punkt, an dem die verbündeten Armeen lagen, war ihr erstes und größtes Hindernis der Hudson. Er war zu tief, um ihn durchwaten zu können, und zu breit für eine Brücke. Der große Nordfluß, wie er im Gegensatz zum Südfluß, dem Delaware, genannt wurde, konnte nur mit Fähren überquert werden. 6000 bis 7000 Mann mit Ausrüstung, Proviantwagen, Zugtieren und Kanonen überzusetzen, während der Feind in einer Entfernung lag, die einen schnellen Schlag ermöglichte, war eine gefährliche, leicht verwundbare Operation, die überdies nicht an einem Tag zu vollbringen war. Während dieser Zeit war die Armee einem Angriff fast hilflos ausgesetzt. Die Spannung unter den Amerikanern und Fran-

zosen, die die Fähren bestiegen, war groß. Würden die Briten aus dem südlichen New York plötzlich auftauchen, um vom Ufer aus das Feuer auf die Fährboote zu eröffnen oder, was noch schlimmer wäre, auf die schwerbeladenen Männer, während sie an Bord gingen?

Dobbs Ferry an der Stelle, wo heute die Tappan Zee Bridge steht, war eine von zwei Überfahrtsstellen. Die andere, die als sicherer galt, war King's Ferry stromaufwärts an einer Flußenge – gegenüber von West Point. Hier war 1778 eine Kette über den Fluß gelegt worden, um britische Kriegsschiffe an der Durchfahrt zu hindern.

Die Fähren, die zum Transport über den majestätischen Fluß dienten, waren breit ausgelegte, einmastige Schoner mit geringem Tiefgang, die berühmten Sloops des Hudson, die seit einem Jahrhundert den Warenverkehr des Flusses von Norden nach Süden getragen hatten. Ursprünglich von Holländern gebaut, hatten die Sloops im Durchschnitt 100 Tonnen und waren 20 bis 25 Meter lang. Sie besaßen ein rundes Heck und breite Decks, ein großes Hauptsegel und einen kleinen Klüver. Das Überqueren des Flusses von Ufer zu Ufer stützte sich in seiner Technik auf die uralten Erfahrungen niederländischer Skipper, die geschickter waren als die Engländer. Auf die langen, schweren Ruderpinnen gelehnt, nutzten sie jeden Vorteil, den ihnen der Wind, die Gezeiten und die Strömung boten. Gewöhnlich fuhren sie nachts, um sich die stärkere Tide und den Nachtwind zunutze zu machen.

In heftigem Regen hoben Washingtons und Rochambeaus Armeen ihr Lager am 19. August 1781 auf, um zu den Flußübergängen zu marschieren. Zuerst setzte ein amerikanisches Regiment bei Dobbs Ferry über den Strom, der dort eine Meile breit ist, während der Rest der Amerikaner und die schwerer beladenen Franzosen mit ihren Pferden und ihrer Ausrüstung bei King's Ferry die Überfahrt machen sollten. Hier folgte die Route der Fähre, obwohl der Fluß nur eine Viertelmeile breit war, einem diagonalen und damit längeren Kurs von Verplanck's Point am östlichen Ufer bis zu Stony Point, der westlichen Anlaufstelle, wo eine der drei Landestellen an der Hauptstraße nach Süden lag.

Neben dem Schutz, den die amerikanische Miliz bieten konnte, war die einzige Sicherheit, die Washington hatte, Clintons bekannte

XII. Die letzte Chance – Der Yorktown-Feldzug 331

Schwierigkeit, sich zum Handeln zu entschließen. Würde das ausreichen? Washington hatte eine Reihe falscher Fährten gelegt, die auf Staten Island deuteten, das an der Mündung des Hudson in der Bucht von New York liegt. Er wollte Clinton den Eindruck vermitteln, er plane von dort aus einen Angriff auf New York. Alle Boote, die am unteren Hudson und an den Küsten der Bucht lagen, waren auf seinen Befehl gesammelt worden, als sollten sie für einen solchen Angriff dienen. Patrioten, die in der Gegend lebten, waren aufgefordert worden, sich in den Gasthäusern und im Gespräch mit Nachbarn betont nach Staten Island zu erkundigen.

Clinton nahm diese Andeutungen, die von loyalistischen Agenten eifrig gesammelt und ihm überbracht wurden, für bare Münze. Sie bestätigten ihn in dem düsteren Solipsismus, den er schon lange pflegte. Er selbst, der Oberbefehlshaber, und seine Stadt New York waren das Ziel der Rebellenkräfte, die sich da in seinem Hinterhof sammelten. Er verbrachte seine Tage in ständiger Erwartung des Angriffs, wagte es nicht, auch nur einen Mann oder eine Kanone seiner Verteidigungskräfte aus ihrer Stellung abzuziehen, um gegen den Feind vorzugehen, der sich so zielbewußt sammelte. Neue Sorgen hatten seine Lähmung verstärkt. Gerüchte liefen um, die von einer französischen Flotte von den Westindischen Inseln sprachen, und diese Bedrohung der britischen Seeüberlegenheit raubte ihm den Schlaf. Die Gefährdung der britischen Truppen in Virginia beunruhigte ihn weniger. Am 30. Mai schrieb er nach London: »Cornwallis ist ziemlich sicher, solange sich keine überlegene Flotte zeigt, in welchem Fall ich daran verzweifeln würde, diesem elenden Lande jemals wieder Frieden bringen zu können.« Die »überlegene Flotte« war, während er dies schrieb, bereits in westindischen Gewässern und auf ihrem Weg nach Amerika.

Mit »Frieden« meinte Clinton natürlich die Unterdrückung der Rebellion in Amerika. Dies aber, dessen war er sich bewußter als seine Kollegen zur See, hing direkt von der Seehoheit ab. Er wußte, wie gefährdet die Versorgung der britischen Streitkräfte war, wenn die französische Flotte die Küsten kontrollierte. Großbritanniens Stellung in den Kolonien stützte sich ganz auf die Seeherrschaft und die aktive Unterstützung der Loyalisten. Einer dieser beiden Faktoren war bereits ausgefallen, und wenn die Seeherrschaft verlorenging, waren die militärischen und zivilen Autoritäten der Briten am Ende. Vielleicht war sich Clinton der Bedeutung der Versorgung auf dem Seewege auch deshalb so bewußt, weil er – wie die erhalten gebliebenen Papiere mit Bestellungen für Lebensmittel und Alkohol zeigen – ein Mann war, der gerne gut lebte. Er bestellte Brandy gleich faßweise. Seine Lebensmittelorder war ebenso großzügig: Rindfleisch, Kalb, Lamm, Zunge, Rumpsteak, Fisch, Krebs, Kaldaunen, Bries, Eier. Am 24. August, während die Rebellenarmee dabei war, den Hudson zu überqueren, bestellte Clinton 43 Pfund Rindfleisch, 38 Pfund Kalbfleisch, eine unlesbare Anzahl Geflügel, Krebse und Truthähne sowie zwei Kalbsköpfe (vielleicht wollte er eine Party geben). Auch bestellte er seine Schuhe in London, ja, er ließ sogar die Stiefel seiner Stalljungen in London besohlen. Ein ständiger Vorrat an örtlichem Lavendelwasser sowie »Hemets Zahnputzmittel« und Duftpuder kam herein, und am 27. August kaufte Clinton einen Kamm. Es ist nicht mehr festzustellen, wie viele seiner Stabsleute an seiner Tafel aßen, aber wie viele auch immer (ein Bericht spricht von 148 Stabsoffizieren in New York), sie aßen und tranken gewiß herzhaft. Könnte es sein, daß die faßweise Versorgung mit Brandy die schwache Leistung des britischen Oberkommandos erklärt? Waren sie vom Alkohol abgestumpft?

Während die Armee im südlichen Teil der Stadt einquartiert war, residierte Clinton im Beekman-Haus, in der Gegend der heutigen 52. Straße am East River. Er wohnte in vier verschiedenen Häusern – vielleicht, um möglichen Anschlägen zu entgehen. Ein politischer Journalist schrieb zu der Zeit: »In und um New York hat Sir Clinton nicht weniger als vier Häuser; er ist ein richtiger Monopolist. Manchmal, wenn er sich den Menschen zeigt, reitet er im Galopp zwischen seinen verschiedenen Residenzen hin und her; darin erweist er sich ganz als Affe des Königtums.« Der Besitz dieser Häuser und die Existenz einer langjährigen Geliebten, einer Mrs. Baddeley, mit der er mehrere Kinder hatte, trugen zweifellos zu der Besessenheit bei, mit der er an New York festhielt.

Von Clintons Truppen unbehelligt, erreichte Washingtons Armee einen Tag, nachdem sie das Lager verlassen hatte, die Übergangsstellen. Der mit Kopfsteinpflaster belegte Hang hinunter zur Anlegebrücke der Fähren füllte sich nun mit den Einheiten der alliierten

XII. Die letzte Chance – Der Yorktown-Feldzug   333

Armeen; die Proviantwagen wurden auf die Boote gezogen, gefolgt
von den Fußsoldaten, die sich über die Gangway drängten. Am
Ufer stationierte Spähtrupps suchten nervös nach einem Anzeichen
für ein Auftauchen der britischen Rotjacken. Aber keine Schüsse
und kein plötzlicher Kavallerieangriff brachen in die ordentliche
Prozession ein. Die Fähren füllten sich mit Männern, Taue wurden
los- und den Helfern auf der Brücke zugeworfen, und die Boote
glitten auf den Fluß hinaus.
Washington beobachtete die Fähren, die seine Soldaten über das
Wasser trugen, von einer Plattform aus, die die Franzosen für ihn
auf einem Hügel errichtet hatten. Von hier aus konnte man die Haverstraw Bay, eine fünf Meilen breite Ausbuchtung des Flusses,
überblicken. Die Soldaten, die am anderen Ufer an Land gesetzt
wurden, hatten den ersten Schritt auf dem Marsch zur letzten und
größten Hoffnung auf den Sieg in dem langen Kampf um die Unabhängigkeit hinter sich. Die Amerikaner begannen die Flußüberquerung am 20. August, und am nächsten Morgen war die gesamte Armee am anderen Ufer. Claude Blanchard, der französische Generalquartiermeister, der neben Washington stand, ahnte die Emotion
hinter dem leidenschaftslosen Äußeren. Er schilderte den bunten
Zug über den breiten Strom, der »im Sonnenlicht glitzerte«, und er
glaubte zu spüren, daß in Washington das Bild »eines besseren
Schicksals aufstieg – zu einer Zeit des Krieges, da er, erschöpft und
ohne Ressourcen, einen großen Erfolg brauchte, der Mut und Hoffnung wiederherstellen konnte. Er drückte mir mit großer Bewegung die Hand, als er uns verließ, um selbst den Fluß zu überqueren.«
An Rochambeau schrieb Washington am 21. August von King's
Ferry auf der anderen Seite: »Ich habe die Freude, Eure Exzellenz
zu informieren, daß meine Truppen gestern an den Fährstellen eintrafen, den Fluß ab 10 Uhr morgens zu überqueren begannen und
bei Sonnenaufgang des heutigen Tages alle sicher diese Seite des
Flusses erreicht haben.« Sein Datum stimmt mit dem Blanchards
nicht überein, da Washington offenbar zurückging und noch einmal
mit den Franzosen über den Fluß setzte. Die letzten seiner Soldaten
traten am späten Abend in der Dunkelheit des westlichen Ufers am
Fuß der Catskills an Land, wo das Geheul der Luchse durch die

ungezähmten Hügelwälder hallte, und das Rollen des Donners verriet, daß die Geister von Henry Hudsons Mannschaft immer noch beim Kegelspiel waren.

Die Franzosen, die aufgrund ihrer längeren Route und der schwereren Ausrüstung langsamer vorankamen, gingen einige Tage später über den Fluß, und auch dieses Mal gab es keine Schwierigkeiten. Die Ruhe der Hudson-Überquerung wurde nicht gestört. Die einzige Störung beim französischen Marsch zum Hudson entstand aus Rochambeaus Befehl, unnötiges Gepäck in Peekskill zur Lagerung zurückzulassen, was »bei den unteren Rängen lauten Protest hervorrief«, wie Rochambeaus Adjutant, Ludwig von Closen, berichtete. Von Closen konnte seinem Tagebuch am Tag der amerikanischen Flußüberquerung auch glücklichere Nachrichten anvertrauen, denn ein Offizier, der aus Newport zurückkehrte, überbrachte die für den Feldzug entscheidend wichtige Botschaft, daß de Barras zu Rochambeaus »großer Erleichterung« nun bereit war, Truppen, Proviant und Belagerungskanonen mit seinen Schiffen nach Süden zu bringen. Am 25. August hatten alle Franzosen den Fluß überquert.

Das Fehlen jeder britischen Gegenmaßnahme war für die Verbündeten ein Rätsel. »Ein Feind, der auch nur ein wenig Kühnheit und Geschick besäße«, schrieb der Comte de Deux-Ponts in seinem Tagebuch, »hätte eine für ihn so günstige und für uns so schwierige Gelegenheit, wie es der Übergang über den Nordfluß war, ergriffen. Ich verstehe die Gleichgültigkeit nicht, mit der General Clinton unseren Bewegungen zusieht. Für mich ist es ein unlösbares Rätsel.« Selbst Clintons Geheimdienstoffizier William Smith war sich der britischen Trägheit bewußt. »Es gibt hier keinen Unternehmungsgeist«, schrieb er am 3. September, bald nach der amerikanischen Überquerung des Hudson, »der allgemeine Stumpfsinn erstickt jeden Funken an Initiative, den ein Mann zeigen mag ... Washingtons augenblickliche Bewegungen am Hudson sind die schlimmste Zensur, die man den Offizieren hier im Hauptquartier ausstellen kann.«

Vielleicht spielte auch die Tatsache eine Rolle, daß Clinton zur Zeit der Überquerung zu einer Konferenz mit Graves nach Long Island gegangen war. Sie endete im selben Geist der Unbeweglichkeit, der

XII. Die letzte Chance – Der Yorktown-Feldzug 335

New York beherrschte. Admiral Hood war nach seiner vergeblichen Verfolgung von de Grasses Flotte am 28. August in Sandy Hook eingelaufen. Er hatte sich nach Long Island hinüberrudern lassen, um mit Graves und Clinton zu beraten, und sie waren übereingekommen, daß Graves mit der vereinigten britischen Flotte von 19 Linienschiffen Kurs auf die Chesapeake Bay nehmen und versuchen sollte, de Barras mit seinen acht Schiffen aus Newport aufzubringen und zu vernichten, bevor er sich mit de Grasse vereinigen konnte. Sehr wahrscheinlich aber hinterließ Clinton in New York jemanden, der ihn vertreten und in dem Notfall, mit dem er jederzeit rechnete, Befehle erteilen konnte. Es ist kaum anzunehmen, daß niemand in der Gegend des Hudson die Vorbereitungen für die Flußüberquerung bemerkte oder daß Clintons Hauptquartier über so wenige Agenten verfügte, daß keiner von ihnen die fünfzehn Meilen zurücklegte, um von den Vorbereitungen zu berichten. Es gab sonst einen regen Verkehr von Spionen im Hauptquartier, die jede Bewegung der Rebellen überwachten und die Briten darüber auf dem laufenden hielten. Eine Frau hatte sogar einen Bericht abgegeben, in dem sie behauptete, in das Lager gegangen und bis zu Washingtons Unterkunft vorgedrungen zu sein.

Man muß eigentlich zu dem Schluß kommen, daß Clinton und seine Offiziere so erleichtert waren, den Feind von New York wegziehen zu sehen, daß sie nicht den Wunsch hatten, ihn dabei zu stören. Oder aber die Lethargie und Antriebslosigkeit hatten vom Oberkommando so sehr Besitz ergriffen, daß es jedes Interesse für den Krieg verloren hatte. Das Gefühl, daß die Regierung daheim sich für einen Krieg nicht mehr wirklich engagiert, vermindert den Offensivgeist im Feld, und ein solcher Verdacht durchzieht einen außerordentlich enthüllenden Brief, den Clinton an seinen Freund und Beschützer, den Herzog von Newcastle, schrieb. Er beschwert sich darüber, daß »Verstärkungen überallhin, nur nicht hierher« geschickt würden, und fragt mit Nachdruck: »Liegt es daran, daß Amerika nicht mehr zählt? Wenn das so ist, zieht die Armee zurück, bevor Ihr gedemütigt werdet!« Das war ein nüchterner Rat und eine Sprache, die nur wenige andere gewagt hätten. Wie den meisten unangenehmen Aussagen wurde ihr kein Gehör geschenkt. Wenn Clintons Bemerkung, daß Amerika nicht mehr zähle, ein Schlüssel zur britischen Haltung gegenüber dem amerikanischen Krieg ist, so stellt dies ein weiteres Rätsel dar, denn sie paßt nicht zu den Vorhersagen der Untergangspropheten in England, daß der Verlust Amerikas den Niedergang und Fall des britischen Empire bedeute. Die Menschen nehmen Berichte über ihren eigenen Niedergang selten ernst, und Großbritanniens Führer zu dieser Zeit unterschieden sich darin nicht von anderen. Düstere Prophezeiungen von Niedergang und Fall, die dem Verlust der amerikanischen Kolonien folgen sollten, machten wenig Eindruck auf sie und trugen zu einer effektiveren Kriegführung nichts bei.

In der Hauptsache aber erklärt sich Clintons Passivität aus seiner schon erwähnten Furcht vor einer Entblößung New Yorks. Später, in seiner Apologie nach dem Krieg, behauptete er, daß er die Rebellen nicht habe angreifen können, weil ihre Zahl, die er extravagant übertrieb, seinen Kräften weit überlegen gewesen sei. In Wirklichkeit war nach der Ankunft von 2400 Hessen, die seine Streitkräfte seit dem 11. August verstärkten, das Gegenteil richtig. Er griff nicht an, weil er von der fixen Idee eines unmittelbar bevorstehenden Angriffs auf New York wie gebannt war. Man sollte annehmen, daß die beste Verteidigung in diesem Fall der Angriff gewesen wäre, aber das hätte eine schnelle, harte Entscheidung gefordert, und die war nicht Clintons Sache. Wie Washington gehofft hatte, tat er gar nichts und ließ die amerikanische Armee ziehen, ohne einzugreifen. Als ein Stabsoffizier vorschlug, man solle die Rebellen am anderen Ufer des Hudson verfolgen, lehnte er dies »aus Furcht, die Rebellen könnten in seiner Abwesenheit New York niederbrennen«, ab. Agenten hatten berichtet, daß Washington Proviantdepots quer durch New Jersey hatte anlegen lassen, und andere Informanten lieferten viele Hinweise, die auf einen Marsch nach Süden, nicht gegen New York, deuteten. Aber es ist sehr schwer für den Empfänger geheimer Informationen, an die Richtigkeit von Hinweisen zu glauben, die seinen vorgefaßten Überzeugungen widersprechen. Er glaubt, was er glauben will, und lehnt alles ab, was seine Annahme nicht bestätigt.

Inzwischen hatten es Hood und Graves nicht eilig, zur Chesapeake Bay aufzubrechen. Keiner von beiden besaß Rodneys Instinkt für die Strategie des Feindes. Eigentlich mußte klar sein, daß die Re-

XII. Die letzte Chance – Der Yorktown-Feldzug 337

bellen die große Anstrengung, eine Armee über den Hudson zu setzen, nur mit strategischer Absicht unternommen haben konnten, einer Absicht, der die Briten unbedingt entgegenwirken mußten. Daß dieser Plan darin bestand, die Armee General Cornwallis' einzuschließen, indem die Amerikaner sich mit de Grasses Flotte in Virginia verbanden, scheint beiden Admirälen nicht in den Sinn gekommen zu sein. Als Seeleute hatten sie wenig Interesse an Truppenbewegungen zu Lande, aber sie scheinen sich auch der Notwendigkeit nicht bewußt gewesen zu sein, eine französische Seeüberlegenheit in der Chesapeake Bay zu verhindern. Sie waren von zwei festen Vorurteilen gefesselt: erstens, daß de Grasse auf dem Weg nach New York sei, und zweitens, daß er mit einer unterlegenen Flotte kommen würde – mit vielleicht zwölf Linienschiffen. Außerdem nahm man in New York an, daß der kühne Rodney, der in seinen Versicherungen so fest gewesen war, die Franzosen in der Karibik aufgehalten hatte oder mit seinen Schiffen hinter ihnen war. Vorgefaßte Meinungen können mehr Schaden anrichten als Kanonen. Die Annahmen über de Grasse waren Vermutungen, keine Gewißheiten, und sicher keine Entschuldigung für die Briten, sich nicht in die beste Position zu bringen, falls die französische Flotte wirklich kam, ob nun mit oder ohne einen verfolgenden Rodney. Hood, der von Rodneys schwerer Erkrankung wußte und von ihm beauftragt worden war, an seiner Stelle die französische Flotte zu verfolgen, hätte seine Kollegen eines Besseren belehren können, aber offensichtlich tat er das nicht; seine Unterlassungen während dieser Zeit sind nicht leicht zu erklären.

Die Unfähigkeit aller drei britischen Kommandeure, Hood, Graves und Clinton, die Umklammerung Cornwallis' durch die französisch-amerikanische Armee und die Flotte de Grasses an der Küste von Virginia vorauszusehen, verrät ein außerordentliches Maß an Stumpfheit. Dies um so mehr, als das Ziel von Washingtons Marsch durch Deserteure verraten worden war und, so sagt man, durch ein amerikanisches Mädchen, die Geliebte von Rochambeaus Sohn – ohne Absicht, so möchte man hoffen. Wie üblich, standen Clinton und sein Stab geheimen Informationen skeptisch gegenüber und, wie immer, unterschätzten sie ihren Gegner. Sie konnten einfach nicht glauben, daß Washington die herkulische Aufgabe auf sich nehmen würde, nach Virginia zu marschieren, was seine Forts am Hudson von seiner Hauptstreitmacht entblößte. Wenn es eine Vereinigung mit de Grasse geben sollte, dann – dies schien Clinton noch immer offensichtlich – auf Staten Island zum Zwecke eines Angriffs auf New York.

Einen Monat lang war das britische Kommando in Amerika wie gelähmt. Es war, als hätte man jedem von ihnen – Clinton, dem Oberbefehlshaber; Graves, dem Flottenkommandeur; Cornwallis, dem Armeegeneral – nach dem Auftauchen der französischen Flotte ein Beruhigungsmittel gegeben. Es begann mit der schon erwähnten Depesche Rodneys, die Clinton am 2. September erreichte. Darin schrieb er, daß die Chesapeake Bay das Ziel de Grasses sei, wie er von den Lotsen gehört habe, die de Grasse in Cap Français trafen. Obwohl die Nachricht Cornwallis und nicht ihn als den unmittelbar Bedrohten enthüllte, erkannte Clinton, daß ein schicksalhafter Moment bevorstand. »Die Dinge scheinen sich schnell auf eine Krise zuzubewegen«, schrieb er an Lord Germain. »Wir dürfen daher nicht länger unsere Kräfte an denen der Feinde messen, sondern wir müssen versuchen, so gut wir können, gegen sie zu agieren. Mit dem, was mir zur Verfügung steht, so unzulänglich es ist, werde ich mein Äußerstes tun, um Lord Cornwallis zu retten.« Kurz gesagt, zu diesem Zeitpunkt hatte er begriffen, daß es darum ging, Cornwallis zu »retten«!

Am selben Tag erfuhr er auch, daß die Armee, die er auf dem Marsch nach Staten Island wähnte, in Philadelphia eingetroffen und dort begeistert begrüßt worden war. Nun gab es keinen Zweifel mehr, daß Washington und Rochambeau auf eine Vereinigung mit de Grasse an der Chesapeake Bay zumarschierten. Clinton hatte den ganzen Umriß der feindlichen Planung deutlich vor Augen, und obwohl er von Natur aus der unentschlossenste der drei Kommandeure war, befahl er Graves sofort, 5000 Mann an Bord zu nehmen, um Cornwallis zu verstärken. Er sollte möglichst bald in See gehen, allerdings mit der Einschränkung: »Sobald der Seeweg frei ist« – als erwartete Clinton, daß de Grasse, wenn er tatsächlich gekommen war, höflich aus dem Weg gehen würde.

De Grasse war in der Tat eingetroffen. Nachdem er den Atlantik überquert hatte, ohne von Rodney oder Hood abgefangen worden

XII. Die letzte Chance – Der Yorktown-Feldzug   339

zu sein, und nachdem er Hoods Wachsamkeit entgangen war, indem
er die Route durch den Bahama-Kanal genommen hatte, lief er am
30. August in die Chesapeake Bay ein, während Graves und Hood
in New York die Dinge noch überdachten. Graves' Schiffe ankerten
im Hafen innerhalb der Bänke von Sandy Hook, Hoods Flotte lag
draußen auf der Reede. Drei Tage lang rührte sich nichts. Erst am
31. August setzten sie Segel, um Kurs auf die Chesapeake Bay zu
nehmen. Sie hatten nicht das Gefühl, sich besonders eilen zu müssen, weil sie immer noch glaubten, zahlenmäßig überlegen zu sein –
wenn es ihnen gelang, de Barras an der Vereinigung mit de Grasses
Flotte zu hindern. Aber de Barras' Verband hatte Newport bereits
verlassen und war seit dem 25. August auf dem Weg nach Süden –
lange bevor Hood und Graves in See stachen.
Sehr darauf bedacht, rechtzeitig zum Treffen mit de Grasse an der
Chesapeake Bay anzukommen, befahl Washington den verbündeten Armeen, sich sofort nach der Übersetzung mit Drei-Tage-Ratio-
nen auszurüsten und am nächsten Morgen um vier Uhr abmarsch-
bereit zu sein. An der Spitze marschierte das Erste Regiment aus
New York, gefolgt von der Artillerie, dem Rhode Island Regiment
und der französischen Ersten Division. Der Marsch nach Virginia
hatte begonnen. Das Tagebuch des Adjutanten von Rochambeau,
des Barons von Closen, ist ein unschätzbares Dokument dieser
Tage.
Von Closen wurde in der Rheinpfalz geboren, war nach Frankreich
gegangen, das er als sein Heimatland betrachtete, und dort mit vierzehn Jahren in den Militärdienst eingetreten. Er wurde als ein »angenehmer, fleißiger, extrem intelligenter und sehr gut informierter«
junger Offizier geschildert. Schnell befördert, diente er als Offizier
im königlichen Deux-Ponts-Regiment, als es 1780 mit Rochambeau
nach Amerika ging. Die Deux-Ponts-Soldaten trugen himmelblaue
Uniformen mit zitronengelben Revers und Aufschlägen. Von Closen war einer der ausländischen Tagebuchschreiber, die im Unterschied zu de Lauzun großes Interesse an der amerikanischen Szene-
rie und an den Menschen hatten und ihre Beobachtungen sorgfältig
in Aufzeichnungen zu Papier brachten, die uns 200 Jahre später den
Blick auf das Amerika, durch das sie zogen, freigeben – oft mit
unerwarteten Ansichten und Kommentaren.

Um sich den Marsch auf den engen und primitiven Straßen jener Zeit und die Verpflegung aus dem Land zu erleichtern – vielleicht auch, um Clinton in die Irre zu führen –, teilte sich die verbündete Armee in zwei große Marschkolonnen, die auf parallelen Routen voranrückten. Die Fußsoldaten legten am ersten Tag etwa fünfzehn Meilen zurück, eine Marschleistung, die zum Durchschnitt der nächsten zwei Wochen wurde. Die Offiziere ritten, auch die Franzosen, die ihre eigenen Pferde mitgebracht hatten. Washingtons Armee marschierte in drei Gruppen, die nacheinander an genau abgestimmten Etappenzielen ankamen. Unterwegs befahl Washington, um noch eine Fährte nach Staten Island zu legen, den Bau von Zwieback-Öfen in Chatham, New Jersey, um ein dauerhaftes Lager vorzutäuschen. Außerdem ließ er dreißig flache Transportboote dorthin schaffen, die er für den Wassertransport auf nach Süden fließenden Flüssen gebrauchen konnte, die aber zugleich auch eine Übersetzung nach Staten Island andeuteten.

Von Closen ritt mit einer Gruppe, die durch kultiviertes Land des schon lange besiedelten New Jersey zog, wo gleichmütige Kühe unter knorrigen Apfelbäumen die Köpfe hoben, um die Reiter anzustarren. Die Weidezäune erinnerten ihn an die in Frankreich, »fünf Zaunbretter übereinander«. Er beschreibt ein »sehr schönes kleines Tal«, durch das die Straße am Fluß entlang verlief. Es war die Gegend zwischen Chatham und Elizabethtown, für ihn »ein Land, in dem Milch und Honig fließen, reich an Wild, Fisch, Gemüse und Geflügel«. Die Einwohner – holländischer Herkunft, wie er glaubt – »haben es gut bestellt«, im Gegensatz zu New York, »wo das Elend den Menschen auf die Stirn geschrieben steht« – eine von von Closens seltsamen Bemerkungen, die heute kaum mehr verständlich sind. Die Gruppe reitet auf einer »wunderschönen Route« nach Pompton weiter, kommt an mehreren großen Residenzen vorbei und sieht wohlgenährtes Vieh. In einer »grandiosen Residenz« in Whippany wird ihnen ein »luxuriöses Abendmahl« vorgesetzt, während sie am nächsten Tag in Bullion's Tavern in Basking Ridge »recht mittelmäßig speisen«. Das aber wird durch die Tatsache ausgeglichen, daß von Closen in einem Bett schlafen kann, wenn er es auch mit Oberst Smith, einem Adjutanten Washingtons, teilen muß.

XII. Die letzte Chance – Der Yorktown-Feldzug 341

Bald darauf kommen sie nach Princeton, das Blanchard in seinem *Journal* als ein »hübsches Dorf« beschrieben hatte. Von Closen sagt: »Hier gibt es ein sehr schönes College mit 50 Gelehrten, das Platz für 200 Mann bietet.« Soweit Princeton. Nach einem »sehr guten amerikanischen Frühstück« marschieren sie nach Trenton weiter. 45 Meilen legen sie an diesem Tag zurück. Sie essen mit Washington, und er erzählt von früheren Schlachten. Eine halbe Meile vom Delaware gelegen, ist Trenton ein »zauberhafter Ort, trotz der Verwüstungen durch die Hessen (die sich hier verhaßt machten)«. Der Bezirk besitzt viele große Dörfer und erinnert von Closen an sein Geburtsland, die Rheinpfalz, wenn es hier auch keinen Rheinwein gibt. Statt dessen trinken die Leute einen köstlichen »Pery«, einen Birnenwein.

Während die Armee New Jersey durchquerte, überbrachte ein Kurier am 29. August eine Nachricht, die große Sorge auslöste. Ein Beobachter in Sandy Hook – ein vertrauenswürdiger General der Miliz von New Jersey – berichtete vom Auftauchen einer Flotte mit achtzehn Schiffen unter britischer Flagge. Später wurde die Zahl auf vierzehn berichtigt, aber in jedem Fall war diese Flotte, die man für Rodneys Verband von den Westindischen Inseln hielt, in Verbindung mit Graves' Flotte ausreichend, um dem Feind die gefürchtetste Waffe in die Hand zu geben, die Seeüberlegenheit gegenüber de Grasses Flotte. Die Schiffe waren natürlich nicht Rodneys Verband, sondern Hoods, der nun Teil von Graves' Flotte geworden war. Von einer Flotte unter Rodney statt des trägen Graves wäre in der Tat eine große Gefahr für das amerikanische Unternehmen ausgegangen.

Am 1. September setzten die Marschkolonnen über den Delaware und trafen am nächsten Tag in Philadelphia ein. Sie hatten bis dahin 133 Meilen zurückgelegt. In der Stadt wurden die Generäle, die drei Tage vor der Armee angekommen waren, mit Jubel empfangen. Als sie in der City Tavern abstiegen, wurde ihnen eine Ovation bereitet. Begeisterter Applaus begrüßte später auch das blendende Schauspiel der paradierenden Franzosen in ihren strahlenden weißen Uniformen mit weißen Federbüschen. Mit je nach Regimentszugehörigkeit rosafarbenen, grünen, violetten und blauen Revers und Aufschlägen waren sie die bestgekleideten Soldaten Europas. Die

Gold- und Silberkordeln an den Aufschlägen und Hüten und die
Stöcke mit goldenen Knäufen, die ihre Unteroffiziere trugen, lie-
ßen sie alle wie Generäle erscheinen. Die Artillerie trug Grau mit
roten Samtaufschlägen. Diese extravagante Ausstattung hatte eine
Absicht: sie schuf den Eindruck von Reichtum und Macht beim
Gegner und ein Gefühl des Stolzes beim Träger, das in unserer egali-
tären Zeit verlorengegangen ist.
Es ist übrigens ein Rätsel, wie die weißen Uniformen nach einem
Tagesmarsch noch sauber sein konnten. Schließlich gab es keine
Frauen im Troß, die hätten waschen können. Washington hatte jede
Begleitung dieser Art unterbunden, indem er befahl, niemandem
außer den Soldaten Platz auf den Wagen oder Lebensmittelrationen
zu geben. Es wird sich also weniger um Wäsche gehandelt haben, als
um das Überdecken von Schmutzflecken durch Talg oder weißen
Puder, wie er auch gebraucht wurde, um Perücken zu weißen. Andere Einheiten wechselten vor dem Einmarsch in die Stadt die Uniformen. Major Gaspard Gallatin, ein Stabsoffizier des Königlichen
Deux-Ponts-Regiments, der ein Tagebuch der Kampagne führte,
berichtet, daß die französischen Truppen vor der Stadtgrenze »halt-
machten, um die Waffen zu putzen und die weißen Uniformen vom
Staub zu befreien«, und daß einige Einheiten ihre Paradeuniformen
anlegten, »um einen eindrucksvollen Einmarsch in die Stadt« zu
inszenieren.
Im Gegensatz dazu machten die amerikanischen Soldaten, die wieder einmal nicht bezahlt worden waren, grimmige Gesichter. Sie
waren in sehr schlechter Stimmung, und es wurde sogar eine Meuterei befürchtet; man zweifelte, ob sie den Marsch fortsetzen würden.
Trotzdem salutierten sie pflichtschuldig, als sie an der Fahne, an
Washington, Rochambeau, Luzerne und einigen Kongreßmitglie-
dern vorbeidefilierten, die auf dem Balkon des Staatsparlaments
standen. Während die Soldaten an ihnen vorbeizogen, zogen die
Kongreßabgeordneten zum Gruß die Hüte. Die Blaskapelle, die
die französischen Regimenter begleitete, versetzte die Zuschauer-
menge in äußerste Begeisterung, denn in Amerika kannte man nur
Querflöte und Trommel als Marschmusik. Der exakte Marschtritt
der Franzosen zu der Musik und die farbenprächtigen Regimentsfahnen entzückten die Leute von Philadelphia, die, wie von Closen

XII. Die letzte Chance – Der Yorktown-Feldzug　　　　　343

stolz festhielt, »sich nie hätten vorstellen können, daß französische
Truppen so prächtig waren«. Die Damen, die den Vorbeimarsch
von der Residenz Luzernes aus beobachteten, waren »verzaubert,
so gutaussehende Männer zu erblicken und eine solche Musik zu
hören«. Rochambeau und sein Stab wurden von Luzerne »wie Fürsten« beherbergt. Mit Washington und seinen Generälen genossen
sie »eine exzellente Mahlzeit im Hause Robert Morris', wo es genug
ausländische Weine gab, um endlose Trinksprüche« auf die Vereinigten Staaten, auf die Könige von Frankreich und Spanien, auf die
Verbündeten und auf den Comte de Grasse auszubringen. Danach
wurde die Stadt Washington zu Ehren illuminiert.
Die Offiziere verbrachten den folgenden Tag damit, sich die »riesige Stadt« anzusehen, die mit ihrem geräumigen Hafen und vortreff-
lichen Kaianlagen zur Be- und Entladung von Schiffen, die den Fluß
heraufkamen, so »kommerziell wie Boston« war. Die Läden der
Stadt waren mit feinen Waren gefüllt. Die Kaufleute Philadelphias,
hielt von Closen fest, »profitierten sehr« vom Aufenthalt der Offiziere, die »ihre Vorräte ergänzten«. Die Stadt besaß 72 gerade, breite und gutgepflasterte Straßen mit Bürgersteigen. Von der Kongreßhalle aus hatte man »den schönsten Ausblick, den man sich
vorstellen kann«, und es gab »ein sehr berühmtes College, das den
Titel *Universität* trug«. (Heute die Universität von Pennsylvania.)
Im Hause Joseph Reeds, des »Präsidenten des Staates Pennsylvania« (sic), nehmen die Besucher ein formelles Diner ein, dessen
Hauptattraktion eine gewaltige 90-Pfund-Schildkröte ist – die Sup-
pe wird in ihrem Schild serviert.
Alle Trinksprüche, Ovationen und Ehren konnten indessen nicht
für den Mangel an Transportschiffen entschädigen, die Washington
in Philadelphia erwartet hatte. Morris, der eher damit vertraut war,
Geld heranzuschaffen, hatte nur wenige zusammengebracht. Sie
reichten aus, um die schweren Feldkanonen zu verfrachten, aber
die Hoffnung, die Truppen auf dem Wasserweg transportieren zu
können, mußte aufgegeben werden.
Von Philadelphia marschierte die Armee weiter nach Chester in
Pennsylvania. Ziel war ein Ort mit dem Namen Head of the Elk,
direkt oberhalb des nördlichsten Zugangs zur Chesapeake Bay. Die
Sorge, die Washington vorantrieb, war jetzt, wie aus einem Brief

hervorgeht, den er am 2. September an Lafayette richtete, wie ein brennender Schmerz. »Ich bin zerrissen von Sorge darum, wie es um Comte de Grasse steht. Und mehr als alles fürchte ich, daß die englische Flotte, indem sie Chesapeake besetzt . . ., alle unsere hohen Erwartungen in dieser Gegend durchkreuzt.« Er fügte hinzu, daß er sich auch um de Barras Sorgen mache, der mit Kanonen und Proviant in die Bucht kommen sollte. Wenn Lafayette »aus irgendeinem Winkel etwas Neues« höre, solle er es »ihm *schnell wie der Wind* übermitteln, denn ich bin fast nur noch Ungeduld und Sorge«. Diese Worte aus der Feder eines Mannes, der so lange ein Fels der Ruhe und frei von den Sorgen normaler Menschen gewesen war, enthüllen seine innere Qual auf dem Marsch nach Virginia. Sollte alles Planen, alle Anstrengung, alle Hoffnung vergeblich gewesen sein? Führte er seine Armee ins Nichts?

Am 5. September ritt er in Chester ein, und die Qual wurde in einem erregenden Moment gebannt, als ein Kurier de Grasses ihm entgegenritt, um ihm mitzuteilen, daß der Admiral in der Tat in die Bucht eingelaufen war. Er hatte eine Flotte von nicht weniger als 28 Linienschiffen mit sich gebracht, sowie 3000 Soldaten, die bereits unter Mithilfe Lafayettes dabei waren, an Land zu gehen. Die Falle für Cornwallis war gelegt! Nachdem er seinen Truppen die große Neuigkeit verkündet hatte, trieb Washington sein Pferd nach Norden, um Rochambeau, der mit einem Kahn den Fluß herunterkam, zu benachrichtigen. Als Rochambeaus Boot sich der Anlegebrücke in Chester näherte, erblickten er und sein Stab einen hochgewachsenen Mann, der sich benahm, als hätte er völlig den Verstand verloren. Er sprang auf und nieder und wedelte mit beiden Armen, in einer Hand den Hut, in der anderen ein weißes Taschentuch. Als sie näher herankamen, sahen sie, daß es sich bei dieser exzentrischen Gestalt unzweifelhaft um General Washington handelte, der sonst immer so ernst und beherrscht war. Rochambeau sprang aus dem Boot und wurde sofort umarmt, um dann die wundervollen Neuigkeiten zu hören. Niemand hatte den General je so hemmungslos und fast kindlich glücklich gesehen. Eine einzige Sorge blieb. Wo war de Barras? War er auf der Fahrt zur Bucht aufgebracht und geschlagen worden, waren Proviant und Kanonen so kurz vor dem letzten Gefecht verloren?

XII. Die letzte Chance – Der Yorktown-Feldzug 345

An dem Tag, als Washington die Nachricht von de Grasse in Empfang nahm, traf die Neuigkeit auch in Philadelphia ein. Ein Kurier betrat den Saal, in dem Luzerne Blanchard zu Ehren ein Fest gab. Die achtzig Gäste verstummten, als der Bote Luzerne den Brief übergab, der ihn hastig überflog, um ihn dann mit einer Aufregung, die fast der Washingtons gleichkam, laut zu verlesen. Der Admiral de Grasse sei mit 36 Schiffen (eine Übertreibung) in der Bucht, und 3000 Soldaten würden zur Zeit an Land gesetzt. Die Gesellschaft war außer sich vor Freude, alle drängten sich um den Kurier. Luzerne ließ die Nachricht in der Stadt verbreiten, und die schnell zusammengelaufene Menge brachte Hochrufe auf Ludwig XVI. aus, errichtete Gerüste und Tribünen, um Grabreden auf Cornwallis und Trauerreden auf die Tories in London zu halten.

Wie um der Freude und Erleichterung in Chester keine ungetrübte Stunde zu gönnen, hörten Washington und Rochambeau, als sie nach Süden ritten, das ferne Grollen von Kanonenfeuer aus der Bucht. Das konnte nur eines bedeuten: die Flotten de Grasses und der Briten waren aufeinandergestoßen und hatten die Schlacht eröffnet. Die Spannung der Generäle in Chester muß unerträglich gewesen sein.

Beide Flotten hatten, als sie in die Chesapeake Bay hineinsegelten, die gleiche Route genommen, um das südliche Ende der Kaps herum. De Grasse, der am 30. August ankam, ließ seine Schiffe in Lynnhaven Bay vor Cape Henry ankern. Graves, der am 5. September einlief, kam am Fuß von Cape Charles herein, wo die Mündungen des York und des James River, die an Yorktown vorbeifließen, sich in die Bucht öffnen.

Entsetzt sah der hereinsegelnde Graves statt der zwölf oder vierzehn Schiffe, die er erwartet hatte, die tiefe Staffelung von de Grasses Flotte mit 28 Linienschiffen und mehreren Fregatten und Kanonenbooten. Gegen diese überlegene Streitmacht hatte Graves indessen die bessere Position, da er in Kiellinie und vor dem Wind hereinlief, während de Grasse nach der schwierigen Aufgabe, die 3000 Mann an Land zu setzen, nun versuchen mußte, seine Schiffe aus der Bucht auf das offene Meer hinauszumanövrieren, um sich dort zur Schlachtlinie zu formieren. Seine Absicht war es natürlich, den Kampf zu suchen, um die Briten aus der Bucht zu treiben und sie damit an der Landung von Truppen zu hindern, die Cornwallis hätten unterstützen können.

Graves' Ziel dagegen war es, Cornwallis Hilfe zu bringen und ihm im Notfall den Seeweg offenzuhalten. Er hatte, späteren Analytikern zufolge, eine ideale Gelegenheit, die Franzosen schwer zu treffen, denn er kam mit dem Wind in den Segeln in Kiellinie auf sie zu, während der Feind bei noch langsamer, mühsamer Fahrt die schwierige Passage um Cape Henry herum zu bewältigen suchte. Wenn er die isolierte Vorhut der Franzosen in diesem Augenblick Schiff um Schiff entschlossen angegriffen hätte, wäre es ihm wahrscheinlich möglich gewesen, sie zu vernichten. Aber das war nicht die taktische Formel der *Fighting Instructions,* Graves war ein Konformist, und er litt, wie viele seiner Offizierskameraden, noch immer an der größten selbstgeschlagenen Wunde der Royal Navy, dem Verlust der Initiative, den die Hinrichtung Admiral Byngs und das Kriegsgerichtsverfahren gegen Admiral Mathews nach sich gezogen hatten. Er wußte, daß es unter den Artikeln der *Fighting Instructions* seine Pflicht war, seine Linie in eine Parallele zur feindlichen zu bringen. Da der Feind keine Linie hatte, wußte er nicht, was er tun sollte.

Von ein Uhr bis drei Uhr dreißig kämpfte Graves bei ständig wechselnden Winden, die zuerst die Briten, dann die Franzosen begünstigten, darum, die Formel zu erfüllen, und als er schließlich das Signal zum Angriff hißte, hatte er seinen Vorteil verspielt. Die blauweiß gerasterte Flagge, die »Angriff« bedeutete, stieg auf, und das bedeutete, daß alle Schiffe in der Linie abdrehen und sich dem nächstliegenden feindlichen Schiff nähern und es bekämpfen sollten. Zugleich aber ließ er das alle anderen aufhebende Signal »Kiellinie« am Besanmast weiter fliegen. »Angriff« bedeutete die Auflösung der Linie, während das dominierende Signal befahl, in der Kiellinie zu bleiben. Die verwirrten Kapitäne gehorchten dem übergeordneten Signal. In Linie stießen sie im Winkel auf die Franzosen, statt parallel neben ihnen liegend das Feuer zu eröffnen. Auf die Weise konnten nur die ersten Schiffe in der britischen Linie die Franzosen mit ihrem Feuer erreichen, die anderen waren zu weit entfernt und konnten nicht eingreifen. Die französischen Linienschiffe dagegen konzentrierten ihr Feuer auf die ersten vier Schiffe

XII. Die letzte Chance – Der Yorktown-Feldzug 347

der britischen Linie, die so schwer getroffen wurden, daß sie noch am nächsten Tag außer Gefecht waren.

Zwei Tage lang, am 6. und 7. September, arbeiteten Schreiner und Rigger fieberhaft an den Reparaturen, die zur See möglich waren, während die Flotten einander beobachteten, ohne anzugreifen. Am Tag darauf lösten sie sich voneinander, ohne daß ein klarer Sieg oder eine deutliche Niederlage einer Seite erkennbar war, aber mit Folgen, die diese *Battle of the Bay,* die Schlacht der Bucht, unter die historischen Seeschlachten einreihten. Graves' Flotte war beschädigt und zerstreut; de Grasses Flotte hielt die Chesapeake Bay. Schuld hatte der alte Missetäter, die »mißverstandenen Signale« – so drückte es Graves in einer späteren Erklärung im Parlament aus –, die eine weitere Seeschlacht durcheinandergebracht hatten, obwohl sie in Wirklichkeit nur zu genau verstanden worden waren.

Am 9. September führte de Grasse, um eine Entscheidung zu erzwingen, seine Flotte wieder in die Bucht, und machte damit deutlich, daß er sie als seine Domäne ansah. Gleichzeitig schlüpfte de Barras' Verband, mit seinen acht Linienschiffen eine entscheidende Verstärkung für die Franzosen, in die Chesapeake Bay hinein.

Graves, der wieder einmal nicht wußte, was er tun sollte, rief seine Kapitäne zum Kriegsrat auf seinem Schiff zusammen. Die Mehrheit war angesichts der Verstärkung de Grasses durch de Barras' Verband und der eigenen beschädigten Schiffe der Meinung, daß sie der Garnison in Yorktown keinen »wirksamen Beistand« leisten könnten. Admiral Hood, der ranghöchste Offizier nach Graves, drängte brüsk darauf, daß die Flotte wieder in die Bucht hineinsegeln sollte, um den Franzosen die Beherrschung des Gewässers streitig zu machen, aber sein Überredungsversuch war nicht überzeugend oder nicht kraftvoll genug, um einen Meinungsumschwung zu bewirken.

Graves stand der Frage vieler Kommandeure in schwieriger Lage gegenüber: Sollte er der Vorsicht oder der Tapferkeit den Vorrang geben? Er entschied sich für die Vorsicht und beschloß, daß er unter diesen Umständen die Flotte nur nach New York zurückführen konnte, um dort die Reparaturen ausführen zu lassen, die für eine spätere Rückkehr zur Chesapeake Bay notwendig waren. Das tat er und ließ die Franzosen im Besitz des Seeweges, der Cornwallis' einzige Hoffnung auf Hilfe oder Entkommen war.

Dieses Ergebnis der Seeschlacht in der Chesapeake Bay war in der Tat der Wendepunkt des Krieges und, so könnte man sagen, des 18. Jahrhunderts, denn es erwies sich als der Faktor, der den Erfolg der Rebellen im Yorktown-Feldzug möglich machte.

Cornwallis' Reaktion auf den Feind, der vor seiner Tür Truppen absetzte, war nicht weniger statisch als die Clintons am Hudson. Dasselbe Fehlen von Kampfgeist, ja, fast eine Faulheit charakterisierte beide Verhaltensweisen. Als de Grasse in die Bucht einlief, war es seine erste Handlung – noch vor dem Gefecht mit Graves' Flotte –, seine 3000 Landsoldaten in der Flußmündung abzusetzen, damit sie sich am Gloucester Point den Truppen Lafayettes anschließen konnten, die dort, auf dem anderen Ufer des York, den britischen Truppen gegenüberstanden. Cornwallis hatte natürlich die Flotte in der Bucht beobachtet. Beeindruckt von ihrer Größe, überschätzte er sie sogar noch – auf dreißig bis vierzig Schiffe. Als sich ein Linienschiff nach dem anderen aus dem Verband löste und in die Mündung des Flusses segelte, um dort Truppen auf kleinere Boote umzusetzen, die dem Ufer zustrebten, hätte sich den Briten eine gute Gelegenheit zum Angriff geboten, denn im Durcheinander des Landungsmanövers hätten sich die Franzosen nur schwer verteidigen können. Aber Cornwallis, ob nun aus Unentschlossenheit oder absurder Selbstüberschätzung, griff nicht an. »Es war für unsere Truppen eine sehr angenehme Überraschung«, erinnerte sich Karl Gustaf Tornquist, der schwedische Leutnant, der unter de Grasse diente, »daß Cornwallis keine Anstalten machte, sie auch nur im geringsten bei der Landung zu behindern, da in der Tat schon eine einzige Kanone an dem engen und gewundenen Fluß großen Schaden hätte anrichten können. Statt dessen begnügte er sich damit, näher an Yorktown heranzurücken, wobei er alles zerstörte, was ihm im Weg lag, und wehrlose Frauen und Kinder nicht schonte.« Selbst als die neuen französischen Truppen sich mit Lafayettes Armee vereinigt hatten, konnte Cornwallis mit seinen 7800 Mann noch immer eine etwa gleichstarke Streitmacht gegen sie stellen. Seine Passivität zu dieser Zeit ging wahrscheinlich darauf zurück, daß er Verstärkung aus New York erwartete, die ihm in

XII. Die letzte Chance – Der Yorktown-Feldzug 349

Clintons Brief zugesichert worden war. Aber daß er die landenden
feindlichen Truppen in ihrer verwundbaren Lage nicht angriff, verrät trotzdem einen befremdlichen Mangel an Unternehmungslust.

Da sie an den Kaps keinen Beobachter mit vorher verabredeten
Signalen stationiert hatten, blieb das Ergebnis der Schlacht der
Kaps (wie das Gefecht in der Chesapeake Bay manchmal genannt
wird) Washington und Rochambeau vier Tage lang unbekannt, bis
Kundschafter berichteten, daß die französische Flotte noch in der
Bucht lag, während die Briten hinter dem Horizont verschwunden
waren. Selbst dann waren die Generäle noch nicht von der Sorge
befreit, daß die Briten zurückkehren und die wachsende Hoffnung
auf eine Kapitulation des an Land hartbedrängten Cornwallis zerstören könnten. Dies war nun eine realistische Möglichkeit, und sie
konnte den Krieg zugunsten der Amerikaner und ihrer Verbündeten entscheiden.

Währenddessen stapfte Washingtons Armee immer noch über die
rauhen Straßen, und es sollte eine weitere Woche dauern, bis sie
Williamsburg erreichte und ihnen nur noch zehn Meilen bis zu ihrer
Stellung vor Yorktown blieben.

Während dieser kritischen Tage zeigte Cornwallis weiterhin die für
ihn eigentlich atypische Trägheit, die auch das Verhalten seiner Kollegen in New York gekennzeichnet hatte. Nachdem er die Meldung
über den Ausgang der Schlacht in der Bucht bekommen hatte, blieb
ihm während des langsamen Heranrückens des Feindes Zeit, um
sich für seine Armee einen Rückzugsweg über Land freizukämpfen.
Er wußte von Washingtons Armee, und auch die flüchtigste Erkundung der Stellungen von Lafayettes Truppen hätte ihn darüber
belehrt, daß sie seiner Streitkraft keineswegs deutlich überlegen
waren.

Mit einem entschlossenen Angriff hätte die Armee sicherlich ausbrechen können. Cornwallis versuchte es nicht. Wie William Smith,
Clintons Geheimdienstoffizier in New York, erkannte, war ein Funke erloschen. Was ihn erstickt hatte, ist schwer zu sagen, es sei denn,
es war die heraufdämmernde Erkenntnis, daß Amerika den britischen Händen entglitt und dieser Prozeß nicht aufzuhalten war.
Cornwallis' Passivität kann aber auch Clintons wiederholten Versi-

cherungen, daß er Verstärkungen entsenden werde, zur Last gelegt werden. Es war militärische Tradition, daß ein Kommandeur nicht in Kampfhandlungen eintrat, solange er noch auf Verstärkungen wartete.

Nachdem er von Washingtons Marsch durch Pennsylvania erfahren hatte, korrigierte Clinton seine Annahme, daß Washington nach Staten Island ginge, um New York anzugreifen. Er schrieb nochmals am 2. September an Cornwallis, um ihm mitzuteilen, es sei nun klar, daß die Rebellenarmee nach Süden marschiere und einen Angriff auf Yorktown plane. »Ihr sollt versichert sein«, schrieb Clinton, »daß ich im Falle eines Angriffs auf Yorktown entweder versuchen werde, die Armee unter Eurem Kommando *mit allen in meiner Macht stehenden Mitteln* zu verstärken, oder aber jedes nur mögliche Ablenkungsmanöver zugunsten Eurer Lordschaft durchzuführen.« Ein noch dezidierteres Versprechen traf am 6. September mit einem schnellen Boot ein. »Ich glaube, der beste Weg, Euch zu entsetzen, ist es, Euch alle Kräfte zu schicken, die hier entbehrt werden können, was etwa 4000 Mann sind.« Dies waren die Verstärkungen, die er auf Graves' Schiffe verladen hatte, als er im August die 2400 hessischen Söldner bekommen hatte, die seine Ängste um die Verteidigungsfähigkeit New Yorks gelindert hatten. Daher die Großzügigkeit des Angebots von 4000 Mann. »Sie sind bereits an Bord«, schrieb er nicht ganz wahrheitsgemäß, denn noch waren sie im Hafen untergebracht. Dann fügte er eine Versicherung hinzu, die jeder, der den immer schwankenden Clinton nicht genau kannte, für verläßlich halten mußte: »Die Schiffe mit den Verstärkungen werden am 5. Oktober in See stechen«, sobald er von Graves die Nachricht erhielt, daß »wir es wagen dürfen«.

Keine Einschränkung, kein »vielleicht« schwang in dieser Zusage mit, und wie wenig Vertrauen Cornwallis auch in Clintons Kühnheit und Initiative setzen mochte, er hatte jeden Grund, schnelle und wirksame Unterstützung zu erwarten. Daß er sich auf die Versprechungen eines so unschlüssigen Mannes wie Clinton verließ, mag ein Fehlurteil gewesen sein, aber schon bevor er diese Versicherungen bekam, die für den Weg von New York nach Yorktown zwei Wochen benötigten, hatte Cornwallis weder irgendeine offensive Aktion gegen den langsam heranrückenden Feind unternommen,

XII. Die letzte Chance – Der Yorktown-Feldzug
351

noch den Versuch gemacht, sich einen Rückzugsweg zu öffnen, falls er belagert werden sollte.

Als die Armee der Verbündeten am 6. September in Head of the Elk in Maryland ankam, fand sie wiederum nur leere Kais und Bootshäuser vor. Nur wenige Boote lagen für sie bereit, und sie hatten noch viele Meilen zermürbenden Marsches vor sich. Washington hatte nach Maryland geschrieben und Freunde und Offizielle gebeten, Fischerboote und alle anderen verfügbaren Wasserfahrzeuge zu sammeln, aber man teilte ihm mit, daß die Briten fast jedes Schiff von brauchbarer Größe auf dem Chesapeake entweder mitgenommen oder zerstört hatten. In einer bitteren Beratung verständigten sich die Generäle darauf, etwa 2000 Soldaten, 1200 Franzosen und 800 Amerikaner, in die wenigen vorhandenen Boote zu setzen, und den Rest der Armee in das etwa 55 Meilen entfernte Baltimore weitermarschieren zu lassen.

Dieses Mal hatte Washington mehr Geld als Boote. Harte Münze war von Robert Morris gekommen, der es, persönlich dafür bürgend, von Freunden und von den Franzosen geliehen und von Boston nach Philadelphia gebracht hatte. Der Anblick der Münzen, silberne Halbkronen, die zum Teil vor den Männern aus ihren Fässern gegossen und aufgehäuft wurden, gewann die immer am Rande der Meuterei stehenden Truppen zurück »und hob die Stimmung auf die notwendige Höhe«, schrieb von Closen. In den Worten eines Majors William Popham aus dem New Yorker Regiment war dies ein Tag, »der in die Annalen der Geschichte als der erste eingehen wird, an dem die Truppen der Vereinigten Staaten den Monatssold in harter Münze erhielten«. Die Armee legte auf dieser Route zwanzig Meilen am Tag zurück und erreichte Baltimore am 12. September. Hier fanden sie endlich Transportschiffe vor – einige hatte de Grasse entsandt, und einige lagen in Annapolis. Fünf Fregatten und neun Transportboote trugen sie die Bucht hinunter nach Jamestown am James River, gegenüber von Yorktown.

In Head of the Elk holte Washington der Druck der letzten Tage und Wochen ein. Trotz aller Sorge, daß Cornwallis entkommen oder den Angriff auf Lafayette unternehmen könnte, den er längst hätte vorbereiten sollen, erlaubte sich Washington ein paar Tage, um seine

Frau, seine geliebte Heimat und sein Land in Mount Vernon zu besuchen, die er seit sechseinhalb Jahren nicht gesehen hatte. Nun, da er in der Nähe war, konnte er der Sehnsucht nicht widerstehen, auch wenn die Verzögerung seine Angst erhöhte, daß Cornwallis doch noch entschlüpfen könnte, bevor die Falle endgültig zuschlug. Von Mount Vernon aus schrieb er an Lafayette: »Ich hoffe, Ihr könnt Lord Cornwallis ohne Proviant und Nachschub halten, bis wir eintreffen.« Lafayette hielt ihn fest, wenn auch seine Truppen nicht auf die Probe gestellt wurden, denn Cornwallis versuchte zu dieser Zeit, als es noch möglich gewesen wäre, keinen Ausbruch.

Washington wollte den Franzosen seinen schönen Besitz zeigen und die Gastfreundschaft erwidern, die sie den Amerikanern in Newport erwiesen hatten. Jedem anderen wäre ein Gewaltritt über sechzig Meilen zu weit gewesen, aber Washingtons Heimweh gab ihm die nötige Energie. Mit einem persönlichen Diener und einem Adjutanten brach Washington zusammen mit Rochambeau und seinem Stab am 8. September in Head of the Elk auf. Sie galoppierten einen großen Teil der Strecke und trafen nach einem Tagesritt in Baltimore ein. Schon in der Morgendämmerung des nächsten Tages war der General wieder im Sattel und erreichte seinen Besitz am Abend, als das weiße Haus auf dem Hügel mit seiner Säulenfassade in der Dämmerung lag. Die Franzosen, die ihm nicht folgen konnten, trafen später ein.

Nachdem Washington seine französische Gesellschaft zwei Tage lang bewirtet hatte, ritten sie zusammen zurück und rasteten eine Nacht in Fredericksburg. Am 14. September erreichten sie Williamsburg, wo sie auf Lafayettes und Saint-Simons Regimenter sowie auf eine Vorhut der amerikanischen Armee stießen, die dort lagerte. Hier wurde ihnen noch einmal bestätigt, daß de Grasse die Bucht beherrschte und die Briten nicht zurückgekehrt waren. Daneben tauchten die alten Schwierigkeiten der amerikanischen Versorgung auf. Sowohl Proviant als auch Munition waren fast erschöpft. Wie so oft zuvor, hungerten die Fußsoldaten, die die amerikanische Unabhängigkeit erkämpfen sollten, und die Kanonen drohten gerade zu einem Zeitpunkt durch den Mangel an Kugeln und Pulver zu verstummen, da sie für das Dauerfeuer auf die britische Garnison am dringendsten gebraucht wurden. Trotz einer gu-

XII. Die letzte Chance – Der Yorktown-Feldzug   353

ten Ernte in Maryland und Virginia fehlte es an Lebensmitteln, weil
der Transport schlecht organisiert und der Quartiermeister inkompetent war. Tornquist beschrieb das Land um Williamsburg als »sehr
fruchtbar; ein durchschnittlicher Ertrag ernährte den Besitzer auf
ein ganzes Jahr. Wäre der Boden nicht so gut gewesen, hätten die
Bewohner einen sechs Jahre währenden Krieg nicht überstehen
können; denn obwohl 12 000 Morgen in dieser Gegend brachlagen,
weil viele Farmersöhne schon im Alter von fünfzehn Jahren zur Armee gingen, brachte das Land noch genügend hervor, um die 15 000
Mann der Armeen und eine Flotte von 45 Schiffen zu versorgen –
und dies trotz der Verheerungen, die der Feind auf seinem Marsch
durch das Land angerichtet hatte.«
Die Verwüstungen und Greueltaten, die Tornquist gesehen hatte,
waren die aller Kriege. »Auf einer schönen Besitzung fand man eine
schwangere Frau, die durch mehrere Bajonettstiche in ihrem Bett
ermordet worden war; die Barbaren hatten ihr beide Brüste aufgeschlitzt und über den Baldachin geschrieben: ›Du sollst nie einen
Rebellen gebären.‹ In einem anderen Raum waren fünf abgeschlagene Köpfe anstelle von fünf Gipsabgüssen, die zerschlagen auf
dem Boden lagen, auf einer Anrichte aufgereiht. Auch Tiere wurden nicht verschont. An vielen Orten waren die Weiden bedeckt
von Pferde-, Ochsen- und Kuhkadavern. Ein Tabakspeicher, in dem
10 000 Faß besten Tabaks aus Virginia, Maryland und Carolina lagerten, war in Schutt und Asche gelegt. Das war unser erster Anblick, als wir dieses unglückselige Land betraten. Wir fanden keine
einzige Spur von lebenden Einwohnern, denn alle, die nicht hatten
entfliehen können, lagen niedergestreckt als Zeugen des gottlosen
Wütens der Feinde auf der Erde.« Die Greuelgeschichte der hingemetzelten Mutter verbreitete sich natürlich schnell im Lande. Nach
einem anderen Bericht, den Tornquist wohl nicht wiedergeben
mochte, war das Ungeborene der Mutter aus dem Leibe gerissen
und an einen Baum gehängt worden. Tornquist deutet nur an, wer
die Mörder waren, denn die Passage folgt unmittelbar der bereits
wiedergegebenen Feststellung, daß Cornwallis' Truppen auf ihrem
Weg nach Yorktown alles zerstörten, was auf ihrem Weg lag, und
dabei auch Frauen und Kinder nicht verschonten.
Zum Glück für die Armee der Verbündeten erlaubte es das Gold

der großzügigen Kubaner, das de Grasse mitgebracht hatte, Pferde und Wagen zum Transport anzukaufen. Zur gleichen Zeit gab Washington eine Proklamation heraus, die es allen Schiffseignern und »allen Personen überhaupt« untersagte, »Rindfleisch, Schweinefleisch, Schinken oder Getreide – Weizen, Mais, Mehl oder aus demselben gemachte Speisen . . . über Land oder Wasser« aus dem Land zu bringen. Strenge Strafen drohten Zuwiderhandelnden. Die Munitionsmängel allerdings konnten so nicht behoben werden, sie sollten das Armeekommando weiter quälen.

Eine noch größere Sorge war für Washington, daß de Grasse aufgrund seines Befehls, nur sechs Wochen zu bleiben, in See stechen könnte, bevor der »entscheidende Schlag« geführt wurde. Washington bat um eine Konferenz mit dem französischen Admiral. Entzückt, den von seinen Landsleuten verehrten Oberbefehlshaber der amerikanischen Armee kennenzulernen, schickte ihm de Grasse in einer schönen Geste ein gekapertes britisches Schiff, die *Queen Charlotte,* entgegen, die ihn und Rochambeau den James River hinunter und auf sein vor Cape Henry ankerndes Flaggschiff, die *Ville de Paris,* bringen sollte. Am 18. September erklommen die beiden Generäle zusammen mit General Knox, dem Befehlshaber der amerikanischen Artillerie, und ihren Adjutanten das Fallreep des riesigen Schiffes. Sie wurden von dem Admiral begrüßt, der seine blau-rote Paradeuniform trug, das breite rote Schulterband des Ordens von Saint Louis über der Brust. De Grasse hieß den amerikanischen Besucher, der fast so groß und imposant war wie er selbst, mit einer Umarmung, Wangenküssen und – wenn man den Berichten glauben kann – dem begeisterten Gruß *»Mon cher petit général!«* willkommen. Knox erstickte fast bei dem Versuch, sein Lachen zu unterdrücken. Sicher hatte noch nie jemand den amerikanischen Oberbefehlshaber in seiner römischen Ernsthaftigkeit und Würde mit »mein lieber kleiner« angesprochen, wenn man seine Mutter ausnimmt.

Was die Besucher von de Grasse erfuhren, konnte sie nur halb befriedigen. Der systematische Washington hatte seine Fragen vor dem Besuch zu Papier gebracht. Sein des Französischen mächtiger Adjutant, Oberst Tench Tilghman, der in Europa aufgewachsen war, hielt de Grasses Antworten fest. Washington eröffnete das Ge-

XII. Die letzte Chance – Der Yorktown-Feldzug   355

spräch mit der beredten Feststellung, daß die Sache, die sie hier
zusammengeführt habe,»erfüllt ist von höchster Bedeutung für den
Frieden und die Unabhängigkeit dieses Landes und die allgemeine
Ruhe Europas«. Er sprach von der absoluten Wichtigkeit der Präsenz der französischen Flotte, die die Flußmündungen blockiert
halten müsse, bis»die Schwächung der Stellung von Lord Cornwallis gesichert« sei. Er fragte, ob die Befehle des Admirals ein festes
Datum für seinen Aufbruch vorsähen, und wenn ja, ob er das Datum nennen könne; ob er den Auftrag habe, die Regimenter Saint-
Simons zu einer bestimmten Zeit an einen anderen Ort zu bringen,
und wenn ja, ob er einen Teil seiner Flotte abstellen könne, um sie
fortzubringen, während er seine Hauptflotte in der Bucht hielte,
»um unsere Operationen zu decken und den Feind daran zu hindern, über den Seeweg Nachschub oder Entsatzkräfte zu bekommen«.
Auch fragte er de Grasse, ob er mit einigen seiner Schiffe den Zugang zum York erzwingen könne, um dem Feind auch am oberen
Teil des Flusses den Fluchtweg stromaufwärts zu verlegen, und ob
»Eure Exzellenz uns einige schwere Geschütze – auch Pulver – leihen kann, und in welcher Zahl und Menge«. Aus den Antworten
des Admirals ergab sich, daß Washingtons Hauptanliegen gesichert
war. De Grasse würde seinen Aufenthalt bis zum Ende des Okto-
bers verlängern, und da seine Schiffe nicht vor dem 1. November in
See stechen sollten, durfte Washington »mit den Truppen Saint-
Simons zur Zerstörung Yorktowns bis zu diesem Zeitpunkt rechnen«. Was Kanonen und Pulver angehe, könne de Grasse wegen des
im Gefecht mit Graves Verbrauchten nicht mehr als »eine kleine
Menge« entbehren. Auch könne er sich nicht auf eine Kontrolle des
oberen York verpflichten, da dies von Wind und Gezeiten abhinge
und er es ohnedies für wenig nützlich halte. Sein wirklicher Grund
für diese Absage war, daß er nicht über genügend kleine Schiffe
verfügte, die die Nebenflüsse und den oberen York – »gewunden
wie eine Schlange in der Bewegung« – hätten befahren können.
Aber er würde bleiben; das war der wichtigste Punkt, denn das gab
den Verbündeten Zeit, die Belagerung wirksam werden zu lassen.
Auf der Rückfahrt brachte die *Queen Charlotte* den beiden Generä-

len kein Glück. Zuerst geriet sie auf der Bucht in eine Windstille, dann wurde sie von einem Sturm weit vom Kurs abgebracht, und als sie schließlich den Fluß hinaufkreuzte, wurde sie von der Strömung und den Winden so verlangsamt, daß ihre Passagiere in Ruderboote steigen und sich von Seeleuten den Fluß hinaufrudern lassen mußten. Erst am 22. September stiegen sie in Williamsburg an Land, nach fünf Tagen Abwesenheit. Die Zeit drängte. Am Tag ihrer Landung trafen zur Ermutigung Washingtons und Rochambeaus die Schiffe aus Baltimore und sogar einige aus Philadelphia ein, die den Rest der amerikanischen Armee wieder mit ihren Kameraden und ihrem Befehlshaber zusammenführten.

Wie von Closen aufgezeichnet hat, erreichte seine Truppe Wilmington, die Hauptstadt von Delaware, und fand die Stadt »eine der angenehmsten und schönsten auf dem ganzen Kontinent«. Er besuchte das Schlachtfeld von Brandywine, wo 1777 gefochten worden war, und hörte von einem Offizier, daß die Begeisterung, die in Philadelphia bei der Nachricht von de Grasses Eintreffen in der Chesapeake Bay ausbrach, »unvorstellbar« gewesen sei. Der Moment der Hoffnung schwand in Head of the Elk, einem »uninteressanten kleinen Nest«, schnell wieder, da Truppen aus New Jersey, New York und Pennsylvania sich weigerten, weiterzumarschieren, wenn ihnen nicht seit langem ausstehender Sold ausbezahlt würde. Rochambeau zerstreute die dunkle Drohung einer Meuterei durch ein Geschenk in Höhe von 50 000 Livres an Washington, ein Drittel seiner restlichen Barbestände. Das inspirierte die Truppen immerhin so weit, daß sie den Marsch wieder aufnahmen. Washington sandte Morris eine dringende Botschaft, in der er Geld für mindestens einen Monatssold forderte – 20 000 Dollar seien nicht annähernd genug.

Als sie auf den Susquehanna stießen, mußten die Truppen eine, wie von Closen sich erinnert, »diabolische« Flußüberquerung hinter sich bringen. »Es war eine breite Furt, die Strömung war sehr stark, und man mußte über große Steine reiten.« Obwohl der Fluß nur anderthalb Fuß tief war, stolperten die Pferde bei jedem Schritt, kamen aber ohne Unfall ans andere Ufer. Da sie in Baltimore keine Boote vorfinden, beschließt von Closen mit einer kleinen Gruppe, sich »auf die Kraft ihrer Pferde zu verlassen« und voraus-

XII. Die letzte Chance – Der Yorktown-Feldzug 357

zureiten, ohne auf Boote zu warten. Dabei geraten sie in Schwierigkeiten. Ohne Führer verirren sie sich im Wald, brechen durch Dor-
nenhecken, stürzen über Zäune und Gräben, bis sie mit Blutergüs-
sen und Schnittwunden nach einem orientierungslosen Ritt im Dun-
keln auf ein Haus stoßen, das einer gastfreien Familie namens Walker gehört. Die Walkers stellen die Pferde unter, zwei Töchter bereiten ein Essen und geben ihnen ein Nachtlager. Am nächsten
Morgen erstaunt sie Mr. Walker mit seiner Weigerung, außer ein
paar Schillingen für den Hafer, mit dem die Pferde gefüttert worden
sind, Geld anzunehmen. Dies sei um so bemerkenswerter, schrieb
von Closen, »weil die Amerikaner oft keine Skrupel hatten, von uns
soviel Geld zu verlangen, wie sie nur konnten«.
Am 16. September hören sie mit »unvergleichlicher Freude« die gute Nachricht, daß de Grasse nach einem erfolgreichen Gefecht die
Bucht gehalten hat. Am 18. erreichen sie Williamsburg, begrüßen
in großer Freude Lafayette, und am 22. heißen sie Washington und
Rochambeau bei deren Rückkehr vom Besuch auf der *Ville de Paris*
willkommen.
Vom Heranrücken dieser vergrößerten Streitmacht informiert, begann auch Cornwallis abzuwägen, ob er der Tapferkeit oder der
Vorsicht den Vorrang geben sollte. Er kommandierte die einzige
wirkungsvolle Armee in Amerika, die letzte, die Großbritannien
sehr wahrscheinlich aufzustellen bereit war, und er mußte an ihre
Erhaltung denken. Das Problem war, wie er Yorktown verlassen
konnte, bevor er ganz eingeschlossen wurde. Wenn es ihm gelang,
de Grasses Blockade vor der Mündung des York, die aus einem
Linienschiff und zwei Fregatten bestand, aufzubrechen, konnte es
den Briten vielleicht mit den Transportschiffen, die sie in Yorktown
zusammengezogen hatten, gelingen, nachts an den Feinden vorbei-
zusegeln und die Küste von Virginia auf der anderen Seite der Bucht
zu erreichen.
Um die Blockade zu durchbrechen, wollten sie Brander einsetzen,
eine gefährliche Waffe. Unbemannte Schiffe mit teerbestrichenen
Reisigbündeln und Hölzern, die von glühenden Kanonenkugeln in
Brand gesetzt wurden, ließ man vom Gezeitenstrom und dem Wind
den Fluß hinuntertreiben. Als sich bewegende Fackeln sollten sie
die Blockadeschiffe rammen, sie in Brand setzen und eine solche

Panik auf den französischen Schiffen auslösen, daß die Kapitäne die Ankertaue kappten und davonsegelten. Wenn das Cornwallis' einzige Hoffnung war, so erscheint sie etwas weit hergeholt. Trotzdem, der Versuch wurde in der Nacht des 22. September unternommen. Vier Schoner wurden zu Brandern umgewandelt und vier Freiwilligen übergeben, darunter einem Kapitän eines loyalistischen Schiffes, die nach Entzündung der Fracht abspringen sollten. Mit Hilfe eines günstigen Windes glitten sie den Fluß hinunter und wären, nach den Tagebucheintragungen eines Kapitäns, »mit aller Wahrscheinlichkeit erfolgreich« gewesen, hätte nicht der Loyalistenkapitän sein Schiff zu früh in Brand gesetzt. Die Franzosen feuerten beim Anblick des sich bewegenden Feuers »20 oder 30 Schüsse auf uns ab«, bevor sie »in überstürzter und verwirrter Manier« Segel setzten und sich davonmachten. Auch die anderen Brander hatten sich inzwischen entzündet, und der »ganze Fluß war vom Feuer erleuchtet«, die Flammen loderten zum Himmel auf. Mit brennenden Segeln explodierte ein Boot förmlich, und die Hitze, die es ausstrahlte, als es an einem anderen Brander vorbeitrieb, ließ den Mann, der dort noch am Ruder stand, ausweichen und sein Boot auf Grund setzen. Die französischen Blockadeschiffe kehrten sofort zurück, nachdem die Brander ausgebrannt waren, und das einzige Ergebnis der Aktion für die Briten war der Verlust von vier Schonern. Cornwallis war einem Ausweg keinen Schritt näher.

Am 28. September verkündeten das Klingeln von Pferdegeschirr, das rhythmische Stampfen der Hufe und der Marschtritt von Infanterie den britischen Soldaten im Lager von Yorktown, daß die feindliche Armee aus Williamsburg heranrückte. Am nächsten Abend erstaunte Cornwallis seine Männer mit dem Befehl, sich von der äußersten Verteidigungslinie zurückzuziehen, um die Stellungen kompakter zu machen. Vielleicht glaubte er, daß der hohe Preis für eine Verteidigung der äußeren Stellungen nicht gerechtfertigt war, da er schon bald mit Verstärkungen rechnete. Auf den ersten Blick vernünftig und mitfühlend, war diese Entscheidung die unglücklichste, die er hätte treffen können. Die aufgegebenen Schanzen – Erdwälle, die wie Festungsmauern geformt waren, dick genug, um Kanonenkugeln aufzufangen und um als Barrieren gegen Sturman-

XII. Die letzte Chance – Der Yorktown-Feldzug   359

griffe zu dienen – wurden prompt von den Verbündeten besetzt, als
sie sie am nächsten Morgen leer vorfanden. Die amerikanischen
Truppen bauten die Wälle in geschützte Stellungen für ihre Artillerie um, mit der sie bald die Belagerung beherrschten. Die schweren
Geschütze, die de Barras aus Newport herangeschafft hatte, wurden in diese von den Briten angelegten Schanzen eingegraben.
Sechs Meilen weiter oben am James River hatte de Barras die Geschütze an Land gesetzt, und sie mußten im Schneckentempo über
sumpfige Straßen und durch kleinere Bäche gezogen werden, bis sie
vor Yorktown in Stellung gebracht wurden. Als sie dort zur Zufriedenheit der Ingenieure aufgestellt worden waren, sollten sie – wie
de Grasses Schiffe in der Bucht – zu den »Herren der Lage« werden.
Überdies konnten die amerikanischen und französischen Generäle
aus den ihnen von Cornwallis geschenkten Stellungen das Terrain
vor Yorktown besser überblicken, die britischen Verteidigungsanlagen studieren und den Aufbau eigener Belagerungsanlagen ins
Werk setzen.
Aber es gab auch neuen Grund zur Beunruhigung. Während des
Besuchs der Generäle auf de Grasses Schiff zirkulierte ein Bericht,
daß ein britischer Verband der Heimatflotte unter Konteradmiral
Digby auf dem Weg sei, um Admiral Graves zu verstärken. Die
Neuigkeit machte de Grasse ebenso nervös wie Washington. »Sie
alarmierte und beunruhigte diese leicht erregbaren Gentlemen der
Marine«, schrieb von Closen, der den Bericht über Digby zu de
Grasse gebracht hatte und dessen Reaktion in der Tat beunruhigend
fand. De Grasse war ein Anhänger der französischen Doktrin, jede
Schlacht zu vermeiden, die Schiffe kosten könnte, und er hatte we-
nig Lust liegenzubleiben und auf die Begegnung mit Graves und
Digby zu warten. Baron von Closen kehrte von diesem Gespräch
mit auf den ersten Blick niederschmetternden Nachrichten zurück.
In dem Augenblick, da die beiden Komponenten eines Sieges – die
französische Flotte und die vereinigten Landstreitkräfte – sich zu-
sammengefunden hatten und die Voraussetzung für den »entscheidenden Schlag« erfüllt war, schien de Grasse nahe daran zu sein,
Segel zu setzen und die Blockade des York aufzugeben. In der
Hochstimmung der Verbündeten wirkte dies, als wäre eine Hand-
granate in eine Hochzeit geworfen worden.

Nach der ersten entsetzten Reaktion der Generäle wurde indessen deutlich, daß de Grasse weder einen totalen Abzug noch eine Aufgabe der Blockade beabsichtigte. In einer Depesche an Washington erklärte er, der Feind sei »uns nun fast ebenbürtig, und es wäre unvorsichtig von mir, in einer Position zu verharren, in der ich ihn nicht wirkungsvoll bekämpfen kann«. Er würde zwei Schiffe (zwei!) an der Mündung des York zurücklassen und mit der Flotte auf das offene Meer vor die Bucht segeln, »so daß ich, wenn die Flotte kommen und versuchen sollte, den Zugang zur Bucht zu erzwingen, sie in einer vorteilhafteren Position bekämpfen kann. Ich werde Segel setzen lassen, sobald es der Wind erlaubt.« Wie betäubt von den Worten »Segel setzen«, bemerkten Washington und Rochambeau kaum, daß es de Grasses erklärte Absicht war, auf dem offenen Meer vor der Bucht liegenzubleiben, wo er dem Feind immer noch den Zugang zur Bucht verlegen konnte, wenn dieser einen Angriff unternehmen sollte. Vielleicht mißtrauten die beiden Generäle auch den Versicherungen des Admirals. Sein Verlassen der Bucht erschien ihnen wie Fahnenflucht.

Washington antwortete ihm mit einem Brief, der so aufgeregt war, wie es sein Temperament nur je erlaubte. Er sprach von der »schmerzlichen Sorge«, unter der er leide, seit er von de Grasses Absicht erfahren habe, ein Unternehmen »nach den kostspieligsten Vorbereitungen und ungewöhnlichsten Anstrengungen«, wie er glaubte, aufzugeben. Er »ersuche ihn dringendst«, in Betracht zu ziehen, daß, »wenn Ihr Eure Seestreitmacht aus der abgesprochenen Position abzieht, uns kein zukünftiger Tag eine ähnliche Gelegenheit, einen entscheidenden Schlag zu führen, wiedergeben wird«. Er fügte hinzu, daß es aus seiner Sicht kaum Digbys Absicht sein könne, »gegen eine Flotte vorzugehen, deren Kraft der seinen überlegen ist«.

In ihrer Panik kamen Washington und Rochambeau überein, daß der einzige Mann, der de Grasse umstimmen konnte, Lafayette war, der sich gerade vom Fieber und den Nachwehen eines Malariaanfalls erholte. Mit einer schnellen Fregatte wurde er auf seine verzweifelte Mission nach Lynnhaven Bay vor Cape Henry geschickt. Er sollte Washingtons Brief übergeben. Zu seinem Entsetzen fand er den Ankerplatz der französischen Flotte verlassen vor,

XII. Die letzte Chance – Der Yorktown-Feldzug 361

kein Mast und kein Segel war zu sehen. Der Kapitän der Fregatte versicherte ihm, daß der Admiral nicht fortgesegelt sein könnte, ohne ihn zu benachrichtigen. Nach zwölfstündiger Suche fanden sie schließlich de Grasses Flotte an der Mündung des York, wodurch er den Fluß sehr effektiv blockierte, aber den Eingang zur Bucht unbewacht ließ. De Grasses eigene Flottenkapitäne waren, wie sich zeigte, über den Entschluß ihres Admirals, aus der Bucht zu segeln, nicht glücklich. In einer Beratung mit de Grasse hatten sie zu bedenken gegeben, daß »ein Abzug die Ziele, die wir im Auge hatten, nicht zu erfüllen scheint«. Admiral de Grasse hatte sich daraufhin bereit erklärt, in der Bucht zu bleiben, und bekräftigte seinen Meinungswandel in einem Brief vom 25. September an Washington und Rochambeau. Darin teilte er mit, daß die Flotte an ihren alten Ankerplatz unterhalb von Cape Henry zurückkehren und den Eingang der Bucht weiterhin blockieren werde. Auch die Blockade der York-Mündung werde fortgeführt. Die Generäle empfingen den Brief am 27. September.

Als er am 28. September vor Yorktown eintraf, sah sich Washington die Stellungen genau an und verbrachte die erste Nacht im Freien unter einem ausladenden Maulbeerbaum. Am nächsten Morgen begann er mit der Dislozierung seiner Truppen für die Belagerung. Die Franzosen und ihre Batterien wurden an die linke Flanke gestellt, um das Terrain zwischen dem Fluß und der Stadt beherrschen zu können, während die amerikanische Infanterie und Artillerie auf der rechten aufgestellt wurde. Zusätzliche französische Batterien gingen auf den Hügeln oberhalb der Stadt in Stellung. Lauzuns Legion und die Miliz aus Virginia hielten einen Streifen Land, der sich über den Gloucester Point erstreckte und eine britische Abteilung, die sich auf der Spitze der in den Fluß hineinragenden Halbinsel eingegraben hatte, abschnitt. Cornwallis hatte sich im rückwärtigen Teil der Stadt verschanzt, während Washingtons und Rochambeaus Hauptquartiere direkt vor der Stadt lagen. Vor den Hauptquartieren sollten zwei parallel zueinander verlaufende Gräben im Abstand von 200 Metern ausgehoben werden. Cornwallis' einzige Reaktionen waren bis dahin ausschließlich defensive Maßnahmen gewesen. Nachdem er vom Heranrücken der Armee und dem Ausgang der Seeschlacht in der Bucht gehört hatte, war er mit großer

362   *Der erste Salut*

Energie darangegangen, den Verteidigungsring durch Schanzarbeiten zu verstärken. Den ganzen September hindurch trieben Ingenieure die Arbeitstrupps zu harter Arbeit an – darunter einige tausend Negersklaven, die in der Hoffnung auf Freiheit zu den Briten geflohen waren.

Am 30. September waren die Verbündeten überzeugt, Yorktown »vollständig eingeschlossen« zu haben. Die beiden Hauptziele einer Belagerung – die Verteidiger von jeder Hilfslieferung von außen abzuschneiden und einen Ausbruch unmöglich zu machen – waren verwirklicht. Cornwallis stand kein Weg mehr offen, es sei denn, den Fluß hinauf ins Herz des Landes, und das war eine Möglichkeit, von der man nicht annehmen konnte, daß er sie in Betracht zog. Dennoch blieb in Washington eine bohrende Besorgnis, daß der englische General dies doch tun könnte, wenn ihm keine andere Möglichkeit als ein Ausfall durch die Linien der Belagerer bliebe. Er könnte dann flußaufwärts an Land gehen und sich durch das Farmland von Maryland und Pennsylvania nach New York schlagen. Washington dachte oft an diesen Flußabschnitt, den zu blockieren er de Grasse bei ihrem Treffen auf dem Flaggschiff nicht hatte überreden können. Daß Cornwallis doch noch auf irgendeine Art entkommen und den ganzen Feldzug zur Wirkungslosigkeit verurteilen könnte, war seine ständige Befürchtung. Der Druck, unter dem er stand, war eine dauernde Versuchung, alle Feuerkraft sofort auf den Feind zu richten. Aber da er wußte, daß alles Geringere als wirklich schwere Artillerie und ein darauf folgender gutvorbereiteter Sturmangriff scheitern konnte, zügelte er seine Ungeduld.

An dem Tag, als de Grasse in die Chesapeake Bay segelte und Cornwallis von See her einschloß, stellte William Smith, Clintons Geheimdienstoffizier, in New York fest: »Eine Woche wird vielleicht über den Untergang oder die Rettung des britischen Empire entscheiden.« Innerhalb dieser Woche brachte die Schlacht in der Bucht in der Tat eine Entscheidung – allerdings bedeutete sie weder Untergang noch Rettung Großbritanniens, sondern Selbständigkeit für eine Macht, die später einmal Großbritanniens Rolle in der Weltpolitik übernehmen sollte. Clinton war weniger prophetisch als Smith. »Von den Franzosen habt Ihr wenig zu fürchten«, schrieb er Cornwallis in einem Brief vom 2. September. Trotz aller Informa-

XII. Die letzte Chance – Der Yorktown-Feldzug 363

tion, die ihn erreicht hatte, überstieg ein Verlust der Chesapeake Bay an die Franzosen sein Vorstellungsvermögen. Er hatte genausowenig wie jeder andere damit gerechnet, daß de Grasse die Antillen ganz entblößte und seine Konvoipflichten zugunsten Amerikas zurückstellte. Auch die Schlacht selbst verursachte noch keine große Sorge, und ihre Bedeutung wurde erst klarer, als Graves selbst ein paar Tage später die schrecklichen Worte, die kein Brite je zu hören erwartet hatte, in einem Brief niederschrieb: »Die Feinde haben eine so große Seemacht in der Chesapeake Bay, daß sie die absoluten Herren der Gewässer dort sind.« Alle düsteren Vorhersagen der Whigs konnten in den drei Worten »die absoluten Herren« zusammengefaßt werden, und wenn der Wortlaut des Briefes auch nicht über Clintons Pult hinausgelangte, erklärt seine Botschaft vielleicht, warum in den Versuch, Cornwallis zu retten, kaum noch Energie gelegt wurde.

Viel Energie allerdings hatte es von Anfang an nicht gegeben. Am 13. September, dem Tag, bevor Graves' grimmige Botschaft empfangen wurde, war ein Kriegsrat hoher Offiziere in New York einberufen worden. In der Frustration darüber, daß es anscheinend nicht möglich war, eine Rettungsaktion auf den Weg zu bringen, wurden solche Versammlungen alle paar Tage abgehalten. Nach William Smiths privater Meinung waren die Stabsoffiziere in New York »servil . . . nicht ein Mann von Unternehmungsgeist oder Entschlossenheit unter ihnen«. Bei der Ratsversammlung am 13. September plädierte Generalmajor James Robertson, der Militärgouverneur von New York, den man eher als Verwaltungs- denn als Truppenoffizier ansah, nachdrücklich für schnelles und entschlossenes Handeln. Er war unter den Versammelten eher eine Ausnahme, da er das Thema der Beratungen ernst nahm. Um die Streitmacht, die Cornwallis befreien sollte, schneller voranzubringen und ihr eine bessere Chance zu geben, die Linien des Feindes zu durchstoßen, schlug er vor, daß die Expedition ohne Transportschiffe segeln sollte – alle 5000 Mann sollten an Bord der *Robust* zusammengepfercht werden, dem einzigen sofort verfügbaren Linienschiff in New York.

Gründlich schockiert über eine so unorthodoxe und gefährliche Maßnahme, sprachen sich Clinton und der Rat sofort dagegen aus.

Robertson legte seinen Vorschlag trotzdem am nächsten Tag schriftlich nieder. Wenn Passivität zur Kapitulation Cornwallis' führe, sagte er, würde dies die britische Position in Amerika unhaltbar machen. Wenn es gelinge, die Verstärkungen an den Feind zu bringen, könne Cornwallis zur gleichen Zeit mit seiner ganzen Armee angreifen. Daß dieses Vorgehen Gefahren barg, gestand er zu, Verzicht auf jedes Handeln aber bedeutete den sicheren Untergang.

Er setzte sich nicht durch. Statt dessen rief Clinton einen weiteren Rat zusammen, auf dem Graves' Brief verlesen wurde. Clinton stellte eine Frage, die sich fast von selbst beantwortete: Sollte die Entsatzarmee bei »unserer augenblicklichen Unterlegenheit zur See« aufs Spiel gesetzt werden, oder war es nicht besser, »günstigere Berichte« von Admiral Graves abzuwarten – etwa seine Vereinigung mit den Schiffen Admiral Digbys? Clinton fügte hinzu, daß der Feind die Chesapeake Bay beherrsche und daß Offiziere, die kurz vor der Einschließung aus Yorktown nach New York gekommen waren, ausgesagt hätten, Cornwallis könne sich bis Ende Oktober halten und 10000 Mann bis zu diesem Zeitpunkt bei vollen Rationen ernähren. Sie seien sogar der Meinung gewesen, er könne den Stützpunkt gegen »zwanzigtausend Angreifer« verteidigen, behauptete Clinton.

Aber auch Cornwallis selbst hatte seine Chance längst vertan. Als er die Nachricht bekam, daß die Schlacht in der Bucht verloren war, hätte er immer noch auf dem Landweg ausbrechen können – wenn nicht ganz bis nach New York, so doch durch Maryland bis zur Mündung des Delaware. Wenn er nicht mit Sicherheit auf Clintons Entsatztruppe rechnen konnte, war das Risiko eines Marsches durch halbfeindliches Land, durch das ihm Tarletons Kavallerie als Vorhut einen Weg bahnen konnte, das geringere Übel gegenüber dem sicheren Untergang, der ihm im Fall der Einschließung drohte. Vom 6. September an, als Washingtons Armee Chester und Head of the Elk hinter sich gelassen hatte, muß Cornwallis, wenn seine Aufklärungsarbeit nicht gleich Null war, gewußt haben, daß sie kam. Wann genau er von ihr erfuhr, wissen wir nicht, aber es zwar zweifellos etwa zu der Zeit, als er von der britischen Niederlage in der Bucht hörte, die Graves die niederschmetternden Worte entlockte, die Franzosen seien die »absoluten Herren« der Chesapeake Bay.

XII. Die letzte Chance – Der Yorktown-Feldzug 365

Spätestens am 16. bis 17. September hatte Cornwallis erkannt, was auf ihn zukam, denn er schrieb an seinen Oberbefehlshaber Clinton: »Wenn Ihr mich nicht sehr bald entsetzen könnt, müßt Ihr Euch darauf vorbereiten, das Schlimmste zu hören.« Was das »Schlimmste« war, sprach er nicht klar aus. Wenn es Niederlage oder Kapitulation bedeutete, muß man daraus schließen, daß Cornwallis keine Absicht hatte, sich einen Ausweg über Land zu erkämpfen. Als dieser Brief am 23. September in New York eintraf, berief Clinton für den folgenden Tag einen Kriegsrat ein, in dem diese plötzliche Enthüllung der wirklichen Lage diskutiert werden sollte.

Clinton, für den Zwiespältigkeit zweite Natur war, nahm an, daß »das Schlimmste« Rückzug bedeutete, was ihn sicher erleichterte, denn es nahm ihm die Bürde, durch den Riegel von de Grasses Flotte brechen zu müssen, um Hilfe nach Yorktown zu bringen. Wie er in seiner entlarvenden Apologie nach dem Krieg anerkannte, wäre er »nicht unerfreut gewesen, zu hören, daß Lord Cornwallis sich mit allem, was er mitführen konnte, nach Carolina durchgeschlagen hätte«. Warum er als Oberbefehlshaber Cornwallis zu diesem Zeitpunkt nicht einfach befal, das zu tun, ist damit nicht erklärt, und Cornwallis sollte später dieses Versagen Clintons als Entschuldigung für sein Verharren in Yorktown anführen.

Graves war auch nicht darauf versessen, zur Chesapeake Bay zurückzukehren und de Grasse aufs neue herauszufordern. Mit seinen beschädigten Schiffen kam er am 24. September in New York an, neunzehn Tage nach der Schlacht. Fünf Tage hatte er gebraucht, um die Sandbank bei Sandy Hook zu umschiffen. Jetzt war es seine Aufgabe, seine Schiffe wieder so weit instand zu setzen, daß er gegen de Grasse bestehen oder zumindest eine Entsatzstreitmacht für Cornwallis an ihm vorbei nach Yorktown bringen konnte. Aber in New York angekommen, weigerte er sich standhaft, wieder in See zu gehen, bevor nicht jedes einzelne seiner zehn beschädigten Schiffe vom Rumpf bis zur Takelage vollständig repariert und in seetüchtigem Zustand war. Erst dann durfte es sich dem Verband wieder anschließen. Anfangs war er voller Schwung und Kampfeslust aufgetreten. Er hatte Clinton erklärt, daß alles geschehe, damit seine Schiffe so schnell wie möglich wiederhergestellt würden und daß er bereit sei, die Blockade zu durchbrechen und Truppen an der

Mündung des York an Land zu setzen. Er entwickelte einen Plan, der davon ausging, daß es de Grasse, der in einem Bereich starker Gezeitenströmung ankerte, schwerfallen würde, sich in eine Position zu bringen, die Breitseiten erlaubte, während er selbst die Tide ausnutzen wollte, um im Schutz der Dunkelheit an den Franzosen vorbeizugleiten und dann in der Flußmündung zu ankern und die Truppen abzusetzen.

Dieses Luftschloß sollte ein Phantom bleiben. Die Reparaturarbeiten an seinen Schiffen sollten nach Graves' Aussagen einen Aufbruch in zwölf Tagen, am 5. Oktober, erlauben. Dies war der erste von vielen »letzten« Terminen, die kamen und verstrichen, ohne daß ein Schiff Segel gesetzt hätte. Drei Wochen lang hausten Truppen und Mannschaften auf ankernden Schiffen. Die Verzögerungen und Verschiebungen lösten Gerede, Groll und Unzufriedenheit aus. Generäle waren nicht erschienen, um zu ihren Abteilungen zu stoßen, Admiräle wurden auf ihren Schiffen nicht gesehen. Die Abwesenheit der höchsten Offiziere entlockte Kapitän Frederick MacKenzie eine Bemerkung, die für die gesamte Führung des amerikanischen Krieges stehen könnte: »Unsere Generäle und Admiräle scheinen die ganze Angelegenheit nicht ernst zu nehmen.«

Die Probleme, die zum Verlust eines Kontinentes führten, waren mannigfaltig. Es begann mit fehlerhaften Kommandostrukturen und schlechter Ausrüstung, mit mißverständlichen Signalen und der sinnlosen Starrheit der *Fighting Instructions*. Dazu kam eine skorbuterzeugende Ernährung der Schiffsmannschaften, die politischen Streitigkeiten unter den Offizieren der Kampftruppen, der Einsatz ausgebrannter, überalterter Kommandeure, der Vorrang des Handels vor strategischen Überlegungen, der Mangel an Aufklärung über die Bewegungen und Absichten des Feindes, die völlige Unwissenheit über den Feind und das mangelnde Interesse an ihm. Schließlich der Versuch, eine große Rebellion niederzuschlagen, ohne die Rebellen ernst zu nehmen, die nur allzuoft – wie in den Worten Lord Rawdons, eines geachteten britischen Offiziers – als »verblendete arme Teufel« beschrieben wurden.

Als die letzten Einheiten der verbündeten Armeen am 26. September in Williamsburg eintrafen, hing für Cornwallis nun alles davon ab, wie schnell Clinton die Verstärkungen heranschaffen konnte,

XII. Die letzte Chance – Der Yorktown-Feldzug 367

die er so fest versprochen hatte. Dringlichkeit aber hatte in New York nur eins: die Erwartung der Flottenverstärkung durch Admiral Digby. »Digby, Digby!« war der Hoffnungsschrei, der unter den Armeeoffizieren umlief, die mit der Entsatztruppe nach Süden gehen sollten. Da bekannt war – eine Fregatte hatte eine Depesche überbracht –, daß Digby nur mit drei Schiffen kommen würde, konnte man von ihm kaum Wunder erwarten, aber man nahm an, daß seine Schiffe dem Hood-Graves-Verband von neunzehn Schiffen gerade jenes Quantum an Feuerkraft hinzufügen würden, das im Kampf gegen de Grasse den Ausschlag geben konnte. Die Vision dieser zwei oder drei zusätzlichen Schiffe gab der Hoffnung auf den Sieg neuen Auftrieb. »Wenn unsere Flotte die ihre schlägt«, schrieb Kapitän MacKenzie, »haben wir gute Aussicht, die Rebellion zu beenden.«

In der Tat lief Digby mit seinen drei Schiffen am 24. September ein. Er brachte in der Person des Prinzen William Henry, des Sohns und späteren Thronfolgers Georgs, ein weiteres Element der Hoffnung nach New York. Aufgrund irgendeiner seligen ministeriellen Illusion, so besagte jedenfalls ein Gerücht in Rochambeaus Lager, sollte er Amerika besuchen und später das Amt des Gouverneurs in dem »fruchtbaren und reichen« Virginia übernehmen. 21 Salutschüsse waren die ein wenig leer klingende Begrüßung. Wie vielen Menschen es unglücklich bewußt war, daß die Kanonen hier donnerten und nicht in Yorktown, wissen wir nicht. Der Besuch des Prinzen erwies, daß New York noch die Energie hatte, wenn nicht eine Entsatzexpedition auf den Weg zu bringen, so doch einen Prinzen zu bewirten. Die Lethargie wurde durch eine Folge von Festen, Empfängen und Paraden für den Thronfolger überdeckt. Fahrten durch die Stadt und Inspektionen von deutschen und britischen Regimentern, Bankette mit vornehmen Bürgern und ein Abendkonzert einer Militärkapelle, dem auch Clinton lauschte, lenkten von der Sorge um Cornwallis ab und bewiesen in gefälliger Form die Loyalität der Garnison zur Krone.

Während in New York die Kapellen spielten, suchte Cornwallis vergeblich den Horizont nach britischen Segeln ab. Eine Depesche aus Yorktown, die durch die feindlichen Linien gedrungen war, sprach von seiner »täglichen Erwartung des Erscheinens einer englischen

Flotte, um uns zu entsetzen, denn ohne sie haben wir wenig Hoffnung, der großen Streitmacht, die sich gegen uns gesammelt hat, widerstehen zu können«. Kriegsräte, die Clinton immer wieder in New York einberief, diskutierten ohne Ergebnis, zu einer Entscheidung unfähig.

Cornwallis wartete, während die Kanonenkugeln in seine Schanzen schlugen, auf die Verstärkungen, aber sie kamen nicht. In New York hatte sich das Problem inzwischen verschoben. Im Kriegsrat war man sich einig, daß die Expedition aufbrechen sollte, aber die Frage war nicht mehr, wie sie durch de Grasses Blockade dringen sollte, sondern wie sie wieder aus der Bucht herauskam. Ohne hierauf eine klare Antwort zu wissen, einigte man sich auf das oft wiederholte Aufbruchsdatum des 5. Oktober und teilte dies Cornwallis mit. Clintons Brief mit dieser Aussage brachte, wie schon berichtet, den General dazu, den äußersten Verteidigungsring aufzugeben, um mit der konsolidierten Streitmacht auf die Entsatztruppen zu warten. Aber der 5. Oktober verstrich, und auch die darauffolgenden Termine des 8. und 12. gingen vorüber, ohne daß ein Segel gesetzt wurde.

Spätestens jetzt war den Befehlshabern in New York klar, daß Cornwallis' Armee aufs höchste gefährdet und jede Verzögerung fatal war. Verzweifelt über Graves' Verzögerungen, wandte sich William Smith an Gouverneur Tryon: »Jede Stunde ist für Lord Cornwallis kostbar!« Einem Schiff, der *Montague,* notierte Kapitän MacKenzie, fehlte noch der Mast, und selbst wenn alle am 10. Oktober seetüchtig waren, würden sie für die Manöver bei Sandy Hook drei Tage und weitere sieben für die Reise brauchen, bevor wirksame Hilfe Yorktown erreichen konnte. In Kapitän MacKenzies Tagebuch finden sich erste Zweifel, ob die Flotte je in See stechen wird, und er wünscht sich, daß man zumindest anderswo etwas unternimmt, um »unsere Verluste aufzuwiegen«. Er läßt ein interessantes Eingeständnis einfließen, als er sich fragt, ob eine solche Aktion »den Feind dem Frieden ebenso geneigt machen könnte wie uns«.

Graves behauptete nun, nicht vor dem 12. Oktober in See stechen zu können, während seine Kapitäne davon sprachen, noch zehn Tage für Vorbereitungen zu brauchen. »Wenn sie noch zehn Tage brauchen«, schrieb MacKenzie, »können sie genausogut zehn Monate

XII. Die letzte Chance – Der Yorktown-Feldzug 369

bleiben.« Clinton berichtete Cornwallis in einer Depesche von dem
Ratsbeschluß und schrieb, daß die Flotte, wenn nicht etwas Unvor-
hergesehenes geschehe,»die Bank bei Sandy Hook am 12. Oktober
umschifft haben sollte«. Aber die Depesche zeigte auch, daß Yorktown nicht allein im Zentrum seines Interesses stand, denn er
kam auf ein Lieblingsprojekt zurück: Sollte es nicht möglich sein,
rechtzeitig Hilfe zu bringen, »werde ich sofort einen Angriff auf
Philadelphia unternehmen, um einen Teil von Washingtons Armee
abzuziehen«. Das war für einen Mann, der täglich im Feuer von
16-Pfund-Mörsern lag, ein schwacher Trost. Ein weiterer »letzter«
Termin wurde verpaßt, als am 13. Oktober ein Sturm ausbrach, der
zwei Schiffe von Graves' Flotte gegeneinander warf, wobei ein Bug-
spriet abgerissen wurde.
In der Nacht des 6. Oktober begannen amerikanische Arbeitstrupps den ersten Graben der Verbündeten auszuheben, der den
Schanzen des Feindes gegenüberlag. Er verlief von den Stellungen
der Amerikaner zu denen der Franzosen und wurde durch vier große Schanzen verstärkt, zwei in jeder Stellung. Darin wurden Batterien aufgestellt, die feindliche flußaufwärts segelnde Schiffe erreichen konnten. Das Störfeuer der Verteidiger war unkonzentriert,
und die Amerikaner verloren nur zwei Mann.
Am 9. Oktober eröffneten die ersten amerikanischen Kanonen vor
Yorktown das Feuer auf die britischen Verteidigungsanlagen. Die
vorhergehenden drei Tage hatten Ingenieure die Artilleriesoldaten
im Aufbau der Batterien angeleitet, während die Arbeitstrupps in
der Nacht den Parallelgraben vorantrieben. Tagsüber setzten Männer aus dem Regiment Saint-Simons die Arbeit fort. Sie legten im
Zickzack verlaufende Schützengräben an, die zu den Batterien
führten, und bauten Baumverhaue, um sie zu schützen. Diese bestanden aus Palisaden, angespitzten Pfählen, die mit der Spitze nach
oben in die Erde gerammt wurden, damit Angreifer sie nicht übersteigen konnten. Es gab während dieser Arbeiten nur leichte Verluste: ein Soldat fiel, sieben wurden verwundet, aber je länger die
Arbeiten dauerten, desto mehr Soldaten und Arbeitsleute verloren
ihr Leben.
Nach damals üblichem militärischen Brauch wurde der erste Parallelgraben, sobald er fertiggestellt war, zeremoniell mit fliegenden

Fahnen, mit Querflöte und Trommel besetzt. Diese Ehre wurde einer Abteilung unter Oberst Alexander Hamilton zuteil, dessen Hunger nach Ruhm ihn dazu verführte, seine Truppen sinnlose Exerzierübungen auf der Brustwehr in voller Sicht des Feindes ausführen zu lassen. Die Briten waren von diesem Akt unsinniger Tollkühnheit so verblüfft, daß sie dachten, dies hätte entweder eine besondere und nichts Gutes verheißende Bewandtnis oder der Oberst sei verrückt geworden, und nicht auf die Soldaten schossen. Damit ersparten sie Hamilton eine wohlverdiente Lektion.

Fünfzig Kanonen waren inzwischen in Stellung gebracht worden und feuerten auf die Briten. Die meisten gehörten zum Regiment Saint-Simons, sie waren von de Grasses Schiffen aus Baltimore heruntergeschafft worden; die anderen waren Feldgeschütze, die unter dem Kommando von General Knox von Truppen aus White Plains hierhergezogen worden waren. Als man ihm riet zu warten, bis sie auf dem Wasserweg transportiert werden konnten, hatte Washington, der sich noch sehr bewußt war, daß Knox' von Ticonderoga herübergeschleppte Kanonen Boston befreit hatten, darauf bestanden, daß sie mitgeführt wurden, auch wenn sie den Marsch verzögerten. Die Schwierigkeit, sie über Flüsse und ausgefahrene Wege zu ziehen, hielt die Armee oft auf und vergrößerte Washingtons Sorge, daß Cornwallis entkommen oder seine Verteidigungsanlagen so verstärken könnte, daß sie nicht einnehmbar waren. Aber die Kanonen gingen in Stellung, bevor er das eine oder das andere tat.

Die Europäer hatten aus der Praxis vieler Kriege eine Wissenschaft und ein formales Ritual des Belagerungskrieges entwickelt, die den Amerikanern auf ihrem weiten und offenen Kontinent und ihren aus Holzhäusern bestehenden Städten ganz unbekannt waren. Sie wurden darin in gutturalem Akzent und unter Begleitung fröhlicher Flüche von Baron von Steuben unterrichtet. Die Authentizität seines Freiherrentitels war umstritten, was aber seine Beliebtheit bei den Männern nicht beeinträchtigte. Von morgens bis abends fertigten Rekonvaleszenten und Arbeiter, die ihren Dienst an den Gräben hinter sich hatten, geheimnisvolle Apparate an, die »Schanzkörbe« oder »Faschinen« hießen – mit Erde angefüllte Weidenkörbe und Bündel von trockenen Stöcken, die zur Verstärkung

XII. Die letzte Chance – Der Yorktown-Feldzug   371

der Wälle gebraucht wurden. Bäume, die man gefällt hatte, um ein
freies Schußfeld zu bekommen, lieferten das Material. Zu dieser
Zeit ließ das Störfeuer der Briten nach, denn Cornwallis, der begriffen hatte, daß ihm eine lange Belagerung bevorstand, war dazu
übergegangen, Munition zu sparen.

Nachdem seine Stellung den ersten Salven der Batterien in dem
Parallelgraben ausgesetzt gewesen war, informierte Cornwallis
Clinton am 11. Oktober, daß ihn »nur noch ein direkter Entlastungsangriff auf den York River, verbunden mit einer erfolgreichen Aktion auf See« retten könne. Die Kanonade der 16-Zoll-
Mörser, die am 11. Oktober begann, war so »entsetzlich«, schrieb
Leutnant Bartholomew James von der Königlichen Marine, ein
weiterer Tagebuchschreiber, »daß es schien, als sollte der Himmel
über uns zusammenbrechen«. Das Krachen und Donnern der Geschütze wurde »fast unerträglich«. Leutnant James sah »fast überall
tödlich verwundete Männer, deren Kopf, Arme und Beine abge-
schossen worden waren, herumliegen. Die furchtbaren Schreie der
Verwundeten und das Leiden der Einwohner in den in Brand geschossenen Stadtteilen« begleiteten das Gemetzel.

Als der Belagerungsring enger wurde, gab es auf der Gloucester-
Seite am 3. Oktober ein scharfes Gefecht zwischen den beiden kriegerischen Kavalleriekommandeuren Tarleton und de Lauzun. Um
Cornwallis einen Ausfall in Richtung Gloucester zu verlegen, hatte
Washington Lauzuns 600 Reiter, 800 bewaffnete Marinesoldaten
und 1500 Mann der Miliz von Virginia, die allerdings als unzuverläs-
sig galt, hier in Stellung gehen lassen. Tarleton, der das Lager in
Gloucester befehligte, hatte seine Kavallerieabteilung einen Ausfall machen lassen, um Proviant heranzuschaffen, und die Reiter
kehrten mit Wagen voller Mais zurück, als ihnen auf einer schmalen
Straße Lauzuns lanzenbewaffnete Kavallerie entgegenritt. In dem
Gefecht prallte ein Pferd, das von einem Lanzenstoß verwundet
worden war, gegen Tarletons Pferd, er stürzte, und seine Dragoner
sammelten sich in einer wilden Anstrengung um ihn, was es ihm
ermöglichte, sich auf ein anderes Pferd zu schwingen und unter dem
Sperrfeuer seiner Infanterie zu entkommen. Er befahl angesichts
der überlegenen Kräfte des Feindes den Rückzug, und Lauzuns
Leute hetzten hinter ihm her, ihrerseits vom stetigen Feuer der Vir-

ginia-Miliz unterstützt. Tarletons Dragonern gelang es, das rettende Gloucester zu erreichen, das danach von dem französischen Kommandeur, dem Marquis de Choisy, umzingelt wurde. Der Zusammenstoß der beiden Helden änderte nichts am Verlauf des Kampfes um Yorktown. Allerdings verdiente sich die Miliz aus Virginia aufgrund ihrer Standfestigkeit neuen Respekt.

In der Nacht vom 11. auf den 12. Oktober schoben sich die Verbündeten näher an die britischen Stellungen heran, um die Arbeit am zweiten Parallelgraben zu beginnen. Er lag nur noch etwa 300 Meter von der größten britischen Redoute, dem Hornwork, der zentralen Befestigung der britischen Anlage, entfernt. Der neue Graben war den beiden wichtigsten britischen Befestigungen, den Redouten neun und zehn, so nahe, daß ein Sturmangriff auf sie möglich wurde. Sie mußten genommen werden, wenn in den Schanzen des zweiten Grabens Kanonen in Stellung gebracht werden sollten. Dieser Sturmangriff wurde für den 14. Oktober befohlen. Es mußte ein Bajonettangriff sein, und in Erwartung des Nahkampfs wuchs die Spannung ins Unermeßliche, während die Kompanien, die den Angriff vortragen sollten, ausgewählt wurden und ihre Befehle empfingen. Washington wandte sich in einer für ihn ungewöhnlichen ermahnenden Ansprache direkt an die Soldaten der Kompanien. Er sagte ihnen, daß der Erfolg der Belagerung von der Eroberung der beiden Redouten abhinge, denn wenn die Briten beide hielten, konnten sie sie weiter verstärken und dort neue Geschütze in Stellung bringen, was eine Vollendung des zweiten Parallelgrabens unmöglich machen, die Belagerung verlängern und damit die Gefahr eines britischen Entlastungsangriffs von See erhöhen würde.

In grimmiger Entschlossenheit warfen sich Amerikaner und Franzosen unter dem Kommando Lafayettes in die Schlacht. Die Franzosen des Deux-Ponts-Regiments hatten es schwerer, Redoute Neun zu erstürmen, als die Amerikaner der Leichten Infanterie aus Rhode Island unter Hamilton und Hauptmann Stephen Olney, die Redoute Zehn angriffen, da die Palisadenverhaue vor Neun von den Belagerungsgeschützen nicht so gründlich zerstört worden waren wie vor Zehn. Bajonettkämpfe und Salven aus nächster Nähe forderten viele Opfer unter den Briten, während die Angreifer bei ihrem Versuch, die Palisadenreste zu übersteigen, immer wieder zu-

XII. Die letzte Chance – Der Yorktown-Feldzug 373

rückgeworfen wurden. Mit so gewaltiger Wucht wurde der Angriff vorgetragen, daß der britische Leutnant James glaubte, der Feind hätte zum Sturmangriff 17 000 Mann eingesetzt. Unter dem direkten Eindruck der Schlacht leidet manchmal die Genauigkeit der Berichte. Bei eher geringen Verlusten von fünfzehn Franzosen und neun Amerikanern befanden sich schließlich beide Redouten um zehn Uhr abends in der Hand der Verbündeten. Zur Überraschung der Angreifer, die verzweifelten Widerstand der Briten erwartet hatten, gaben sich 73 Briten gefangen, darunter der Befehlshaber der Redoute Neun, ein Major McPherson, der, wie seine Gegner aussagten, sich mit dreißig Mann sehr bald geschlagen gegeben hatte, was die Redoute praktisch kampflos in die Hände der Angreifer fallen ließ, sobald sie einmal die Palisaden überwunden hatten. Ob dies ein Anzeichen von Defätismus in der Armee Cornwallis' war oder aber das Versagen eines einzelnen, ist schwer zu beurteilen. Sobald die Redouten erobert waren, legten die Männer des Regiments aus Pennsylvania die Gewehre ab und griffen zu den Schaufeln, um den zweiten Parallelgraben weiterzutreiben. Unter dem Feuer der britischen Kanonen wurden im französischen Abschnitt des Grabens 136 Mann verwundet.

In den Redouten Neun und Zehn wurden Kanonen der Verbündeten aufgestellt, und ihr Feuer unterbrach die Verbindung des Feindes mit Gloucester, dem einzig verbleibenden Ausbruchsweg der Briten. Das war auch Cornwallis klar, denn nach diesem Verlust gab er innerlich auf. Er schrieb Clinton einen außergewöhnlichen Brief. Aus der Feder eines Generals kommend, der eine entscheidende Stellung in einem kritischen Moment eines Krieges hielt, der für sein Land und – ob er es nun begriff oder nicht – für die Geschichte von großer Bedeutung war, mag er in den Annalen des Militärs einzigartig sein. Ehrlich und ohne Ausflucht schrieb er: »Meine Lage ist sehr kritisch geworden. Wir wagen es kaum, eine Kanone ihren alten Batterien zu zeigen, und morgen früh werden auf ihrer Seite neue hinzukommen; die Erfahrung hat gezeigt, daß unsere frischaufgeworfenen Wälle ihrer mächtigen Artillerie nicht widerstehen, so daß wir bald hinter zerstörten Schanzen in schlechter Stellung und mit geschwächter Zahl ihrem Sturmangriff ausgesetzt sein werden. Die Sicherheit dieses Stützpunktes ist daher so gefährdet, daß ich nicht länger empfehlen kann, daß die Armee oder die Flotte das große Risiko einer Rettungsaktion auf sich nimmt.« Er sieht dem Ende ins Auge, erhebt keine Vorwürfe, entschuldigt nichts.

Dennoch war er zu sehr Soldat, um einfach dazusitzen und auf das Ende zu warten. Es war bei Belagerungen üblich, einen letzten Ausbruchsversuch zu unternehmen, bevor man sich ergab. Innerhalb von 24 Stunden nach dem Verlust der Redouten Neun und Zehn befahl Cornwallis 350 handverlesenen Männern, den zweiten Parallelgraben der Verbündeten anzugreifen, um die dort aufgestellten Kanonen zum Schweigen zu bringen, indem sie die Rohre mit Bajonetten vernagelten. Kurz vor der Abenddämmerung des 14. Oktober, in der stillsten Stunde des Tages, griffen die Briten an, und es gelang ihnen, sieben Kanonen außer Gefecht zu setzen. Die Franzosen gingen unter dem Befehl des Vicomte de Noailles sofort zum Gegenangriff über und trieben den Feind entschlossen zurück. Die Rohre wurden in der Nacht freigemacht, und bei Tagesanbruch feuerten die Batterien wieder.

Da seine Stellungen unter dem konzentrierten Artilleriefeuer der Verbündeten zerbröckelten und seine Verluste stiegen, entschloß sich Cornwallis, einen letzten Versuch zu machen, mit seiner Armee aus Yorktown auszubrechen. Er plante, seine Truppen in der Nacht des 16. Oktober in drei Wellen über den York auf das Gloucester-Ufer zu bringen, um dann entweder den Entsatzschiffen entgegenzumarschieren, die Clinton versprochen hatte, oder aber zu versuchen, sich irgendwie nach Norden durchzuschlagen. Die Nacht des 16. war sehr dunkel und schützte die Operation anfangs. Der Erfolg wurde nicht durch feindliche Kanonen verhindert. Kein Spion oder Deserteur, kein abtrünniger Loyalist alarmierte Washington. Die Natur, so häufig Schiedsrichter der verworrenen Handlungen des Menschen, vereitelte Cornwallis' Vorhaben. Um Mitternacht brach ein heftiger Sturm aus, schwere Regenfälle durchnäßten die Männer. Die Boote wurden orientierungslos gegen das felsige Ufer geworfen, eine geregelte Landung war unmöglich geworden. Vor der Morgendämmerung kehrten die meisten Boote unter dem Gewehrfeuer der nun alarmierten Verbündeten zurück zu ihrem Ausgangspunkt. Eine gute Anzahl der Boote wurden vom Sturm in die Bucht verschlagen.

XII. Die letzte Chance – Der Yorktown-Feldzug   375

Als der Morgen des 17. Oktober graute, nahmen die Batterien der
eroberten Redouten ihr Bombardement der britischen Stellungen
wieder auf und setzten die letzten kampffähigen britischen Batterien außer Gefecht. Da jede Hoffnung auf Entkommen sich zerschlagen hatte, blieb dem Kriegsrat, den Cornwallis im Hornwork
einberief, nur noch die Kapitulation.
Um zehn Uhr morgens erklang kaum hörbar durch das Donnern
der Kanonen der Schlag einer Trommel. Er kam von einem Jungen,
der in seiner roten Jacke auf der Brustwehr des Hornwork stand.
Die höhere Gestalt eines Offiziers, der statt einer weißen Fahne ein
Taschentuch schwenkte, tauchte neben ihm auf. Er ging mit dem
immer noch wild trommelnden Jungen neben sich auf die amerikanischen Linien zu. Angesichts dieser Erscheinung verstummten die
Kanonen der Verbündeten. Die Stille, die auf die zerstörte Stadt
fiel, war beredter als jeder Lärm der letzten sechseinhalb Jahre.
Ihre Bedeutung war kaum glaublich. Immer noch sein weißes Taschentuch in der Hand, wurde der britische Offizier zum amerikanischen Hauptquartier eskortiert, wo er die Botschaft von Cornwallis
übergab. Im Laufschritt wurde sie zu Washingtons Zelt gebracht.
Die Notiz lautete:

> Sir,
> Ich schlage eine Einstellung der Feindseligkeiten für vierund-
> zwanzig Stunden vor und daß zwei von beiden Seiten abgeordne-
> te Offiziere in Mr. Moores Haus zusammentreffen, um die Kapi-
> tulationsbedingungen für die Posten York und Gloucester auszu-
> handeln.
>
>   Ich habe die Ehre &c
>   Cornwallis

Wie es in Washington aussah, als er das Wort »Kapitulation« las und
seine Antwort schrieb, sagt uns kein Tagebuch. Nach Jahren der
Entbehrungen und Enttäuschungen, nach dem endlosen Kampf mit
Männern, die blutige Fußspuren im Schnee hinterließen, weil er
ihnen nicht einmal Stiefel geben konnte, nun diesen Feind geschlagen und den Krieg seinem Ende nahegebracht zu haben, muß ihn
tief erschüttert haben. Es war zuviel für Tränen, für Worte, er konn-

te es niemandem anvertrauen, weder einem Menschen noch einem Blatt Papier.

In Antwort auf Cornwallis' Kapitulationsnote schrieb er: »Eine inständige Sehnsucht, uns weiteres Blutvergießen zu ersparen, wird mich sehr geneigt machen, solchen Bedingungen für die Kapitulation Eurer Posten und Garnisonen York und Gloucester zuzustimmen, die uns zulässig erscheinen.« Er fügte hinzu, daß Cornwallis seine Vorschläge für die Waffenstillstandsbedingungen schriftlich den Amerikanern unterbreiten möge, bevor sich die Vertreter beider Seiten träfen. Das Wort »Einstellung« der Feindseligkeiten wurde auf Anraten John Laurens', der vor kurzem aus Frankreich zurückgekehrt war und nun als Berater Washingtons und Rochambeaus fungierte, in der amerikanischen Antwort in »Suspendierung« umgewandelt. Immer noch in Sorge, daß ein Entlastungsangriff von See eine Wende bringen könnte, ließ Washington statt der von Cornwallis geforderten 24 Stunden nur zwei zu.

Auch Cornwallis' Gefühle, als er sich den verachteten Gegnern, Rebellen, ergeben mußte, sind nicht festgehalten. In dem interessanten Brief, den er am selben Tag an Clinton schrieb, steht die Notwendigkeit der Selbstrechtfertigung im Vordergrund. Jetzt, da der Kampf vorüber war, begann er, Entschuldigungen zu suchen und Schuld zu verteilen. Wie man erwarten konnte, schob er höflich, aber unverkennbar Clinton ein hohes Maß an Schuld zu. Zur gleichen Zeit scheint er sich aber auch der Tatsache bewußt zu sein, daß seine eigene Passivität der Erklärung bedurfte.

> Sir,
> Ich habe die schmerzliche Pflicht, Eure Exzellenz wissen zu lassen, daß ich gezwungen war, die Posten York und Gloucester aufzugeben und mich mit den Truppen unter meinem Befehl durch Kapitulation am 19. dieses Monats als Kriegsgefangener in die Hände der verbündeten Streitkräfte von Amerika und Frankreich zu geben.

Weiterhin sagt er, daß er »diesen Posten nie in einem günstigen Licht gesehen habe«, und als er bemerkt habe, daß er einem machtvollen Angriff ausgesetzt war, hätte ihn »nichts außer der Hoffnung

XII. Die letzte Chance – Der Yorktown-Feldzug 377

auf Entsatz dazu verleiten können, eine Verteidigung zu unternehmen; denn ich hätte entweder versucht, durch Eilmärsche von der Gloucester-Seite aus nach New York zu entkommen, sobald General Washingtons Truppen in Williamsburg eintrafen [hier erscheint der Gegner zum erstenmal als »General«], oder ich hätte sie auf offenem Feld angegriffen, aber [und hier kommt der schneidende Vorwurf an Clinton] da ich durch die Briefe Eurer Exzellenz versichert worden war, daß von Armee und Marine jedes mögliche Mittel versucht werden würde, um uns zu entsetzen, konnte ich mich nicht frei fühlen, einen dieser beiden verzweifelten Versuche zu wagen...«
Warum nicht? Verzweifelte Versuche, wenn das Schlimmste droht, sind das Geschäft eines Generals. Cornwallis war ein Mann, der, wenn es notwendig gewesen wäre, seine Hand in die Flamme gehalten hätte, aber er war nicht der Mann, die Logistik und Organisation eines großen Feldzugs zu bewältigen. Das glatte Gesicht in dem Porträt von Gainsborough, das keine Falten – weder solche des Grübelns, des Stirnrunzelns noch des Lachens – zeigt, sagt dasselbe. Es ist ein Gesicht, das ein Leben des Erfolgs und der Zufriedenheit geformt hat, ein Leben, in dem verzweifelte Versuche nie notwendig gewesen waren.
Wie wir wissen, folgte Cornwallis keinem der beiden Pläne, die er in dem Brief an Clinton erwähnt. Er tat nichts, als die Armee der Verbündeten am 26. September Williamsburg erreichte. Er befahl seinen Truppen drei Tage später lediglich, den äußeren Verteidigungsring aufzugeben und sich auf die inneren Befestigungen von Yorktown zurückzuziehen. Er unternahm keinen Versuch, über Gloucester zu entkommen, bis es zu spät war. Und er hatte ganz gewiß keine Anstalten gemacht, den Feind »auf offenem Feld« anzugreifen.
Der Schlüssel zu Cornwallis' Verhalten, so könnte man annehmen, lag in seiner ursprünglichen Meinung, daß es ein Fehler sei, die Amerikaner mit Gewalt zu unterdrücken, da dies nicht gelingen könne. Andere Männer der Armee und der Marine, die seine Meinung teilten, weigerten sich, für diesen Fehler ins Feld zu ziehen. Cornwallis weigerte sich nicht; im Gegenteil, er meldete sich freiwillig – wahrscheinlich aus Pflichtgefühl als Offizier des Königs. Es

mag sein, daß diese Zwiespältigkeit seiner Haltung zum amerikanischen Krieg ihn darin hinderte, mehr als halbherzig zu kämpfen. Sein Verhalten während des letzten Monats vor der Kapitulation ist nicht leicht zu verstehen. Wie Hamlet könnte er uns sagen: Ihr könnt nicht »in das Herz meines Geheimnisses dringen«.

Gezwungen, den verkürzten Waffenstillstand zu akzeptieren, übergab Cornwallis seine Vorschläge innerhalb von zwei Stunden. Seine Forderungen hatten mehr mit Vorgehensweisen und protokollarischen Fragen zu tun als mit militärischen Bedingungen, aber sie sorgten doch oder vielleicht gerade deswegen für stundenlange Auseinandersetzungen, als die beiden Parteien schließlich an einem Tisch saßen.

Die Unterhändler auf seiten der Verbündeten waren John Laurens und der Vicomte de Noailles, Lafayettes Schwager. Die andere Seite wurde durch zwei Adjutanten vertreten, Oberstleutnant Thomas Dundas und Major Alexander Ross.

Cornwallis' Vorschlägen konnten die Verbündeten nicht zustimmen. Er forderte, der Garnison bei der Kapitulationszeremonie die Kriegsehre zu erweisen. Darunter verstand man das Recht, der Zeremonie mit fliegenden Fahnen beizuwohnen und nach einer selbstgewählten Musik zu marschieren. Aus irgendeinem byzantinischen Grund war es europäische Sitte, die besiegte Armee die Nationalhymne des Siegers spielen zu lassen, wenn man meinte, sie habe gut und tapfer gekämpft. Washington fand nicht, daß die Briten tapfer gekämpft hatten. In einem Brief an den Gouverneur von Maryland, Sim Lee, schrieb er, daß nach seinem Urteil Cornwallis' Verhalten »über jede Vorstellung hinaus passiv« gewesen sei. In Washingtons Sicht war Gefahr etwas, dem man sich stellte, um es zu überwinden. Überdies hatten die Briten achtzehn Monate zuvor bei der Kapitulation Charlestons den Verteidigern der Stadt keine Kriegsehren zugestanden, sondern sie gezwungen, mit eingerollten und verhüllten Fahnen aufzumarschieren.

Laurens, der in Charleston dabeigewesen war, sprach sich jetzt unerbittlich dagegen aus, den Briten zu erlauben, in Ehren unter Musik ihrer Wahl und mit fliegenden Regimentsfahnen aufzumarschieren. Als ihm Major Ross entgegenhielt, dies sei eine »harte Klausel«, erinnerte Laurens den Major daran, daß man dasselbe

XII. Die letzte Chance – Der Yorktown-Feldzug 379

den Amerikanern nach einem tapferen Abwehrkampf von sechs Wochen in offenen Gräben verweigert hatte. Ross antwortete, daß »Lord Cornwallis nicht der Befehlshaber in Charleston gewesen« sei, aber Laurens blieb fest: »Nicht der einzelne ist hier zu betrachten, sondern die Nation. Dies bleibt eine Klausel, oder ich trete als Unterhändler zurück.« Darauf verlangten die Briten, die Kriegsehren zumindest der Garnison von Gloucester zuzubilligen, aber Laurens bestand darauf, daß sie genau wie der Rest der Briten zu behandeln sei. Schließlich wurde ein Kompromiß gefunden. Er erlaubte es der Kavallerie, mit gezogenen Säbeln und unter Fanfarenstößen aufzureiten, während die Infanterie ihre Fahnen verhüllen mußte.

Es war eine seltsame, aber nicht ungeläufige Eigenart von Männern, die eben noch im Kampf ihr Leben aufs Spiel gesetzt hatten, sich in solche leidenschaftlichen Streitereien um Trivialitäten der sogenannten Ehre zu stürzen. Dies waren Männer, die auf der einen Seite für das Empire, auf der anderen Seite für die nationale Unabhängigkeit gekämpft hatten. Glaubten sie, auf diese Weise das Urteil des Schlachtfelds revidieren zu können?

Ein substantiellerer Streit entspann sich darüber, ob man der britischen Forderung zustimmen könne, daß britische und deutsche Soldaten in ihre Heimatländer zurückkehren sollten, wenn sie ihr Ehrenwort gaben, nicht wieder in Amerika zu dienen. Dieselbe Klausel bei Burgoynes Kapitulation hatte es den Briten erlaubt, Truppen in England durch heimkehrende Gefangene zu ersetzen und die freiwerdenden Soldaten an deren Stelle nach Amerika zu entsenden. Die Forderung wurde abgelehnt. Als das hartnäckigste Problem erwies sich die Behandlung der Loyalisten, die für Großbritannien gekämpft hatten und deren Schutz Laurens nicht garantieren wollte, da er sicher sei, daß Washington dies nicht zugestehen würde. Während draußen die Soldaten beider Armeen unruhig auf das Ergebnis warteten, schleppten sich die Verhandlungen bis in den Abend hinein. Erst gegen Mitternacht wurden sie abgeschlossen.

Als sie abgeschrieben und Washington unterbreitet worden waren, versprach er, seine Entscheidung früh am Morgen bekanntzugeben, und räumte Cornwallis zwei Stunden ein, um dann seinerseits zuzustimmen. Er erwarte Cornwallis' Unterschrift um elf Uhr morgens, und falls er sie bis dahin nicht in Händen halte, werde er die Kampfhandlungen wieder aufnehmen. Die unterzeichnete Kapitulationsvereinbarung wurde zur geforderten Zeit übergeben. Pünktlich um 14 Uhr am 19. Oktober 1781 begann die Zeremonie, die schon so oft beschrieben worden ist, da sie die Geburt einer neuen Nation anzeigte.

Auf einer Seite der Straße nach Williamsburg waren zehn französische Regimenter in ihren weißen Uniformen angetreten. Die weißen Seidenfahnen trugen die königliche Lilie in Gold. Auf der anderen Seite standen die Amerikaner, in den ersten Gliedern die Kontinentalsoldaten und dahinter die weniger disziplinierte, schäbigere Miliz, einige mit aufgerissenen Stiefeln, aus denen die nackten Zehen heraussahen. Die Briten marschierten mit polierten schwarzen Stiefeln und geweißten Gamaschen in neuen Uniformen, die der Quartiermeister noch ausgegeben hatte, damit sie nicht unter das den Amerikanern zustehende Beutegut fielen, mit eingerollten und in Hüllen steckenden Fahnen zwischen den beiden hindurch. Wie gefordert, marschierten sie nicht nach einer Hymne des Feindes, sondern nach eigener Musik. Es soll sich um eine Ballade mit dem sehr passenden Titel »*The World Turned Upside Down*« (Die Welt auf den Kopf gestellt) gehandelt haben, aber das ist eine der denkwürdigsten Legenden der Geschichte. In Wirklichkeit gab es kein Lied oder keine Melodie dieses Titels.

Beim Kapitulationsaufmarsch blieben die Deutschen steif und korrekt im Tritt, aber die Briten, die ihre Vorräte an Rum und Brandy geleert hatten, schienen, wie der französische Quartiermeister, Claude Blanchard, bemerkte, »sehr unter Alkohol« und zeigten *morgue* (Bitterkeit) und Überheblichkeit und mehr als alles andere »Verachtung für die Amerikaner«. Daß die Unterlegenen verächtlich auf die Sieger herabsahen, scheinbar eine unlogische Reaktion, ist das nicht unübliche Empfinden des Verlierers, der seine eigenen Fehler und Unzulänglichkeiten nicht zugibt, sondern glaubt, ihm wäre der Sieg durch die Bösartigkeit unverdienten Schicksals geraubt worden. Die Briten richteten ihren Blick fest auf die Franzosen, sie weigerten sich, ihre früheren Mituntertanen

XII. Die letzte Chance – Der Yorktown-Feldzug 381

anzusehen, bis Lafayette befahl, den *Yankee Doodle* zu spielen, was alle britischen Köpfe schlagartig zur amerikanischen Seite herumriß.

Die Kapitulationszeremonien waren für den soldatischen Heroismus des Lord Cornwallis unerträglich, und er schützte Krankheit vor, um nicht teilnehmen zu müssen. Als Stellvertreter schickte er Brigadegeneral Charles O'Hara, den nach ihm ranghöchsten Offizier. Auch Admiral de Grasse, einer der Urheber des Sieges, konnte aufgrund eines Asthmaanfalls nicht teilnehmen, er ließ sich von de Barras vertreten.

Washington, in seinem üblichen Blau und Lederbraun, saß stattlich an der Spitze des amerikanischen Aufmarsches zu Pferd. Als O'Hara als Stellvertreter Cornwallis' nähertrat, um seinen Degen zum Zeichen der Kapitulation zu übergeben, ging er zunächst auf Rochambeau zu, da er es offensichtlich vorzog, ihn einem Franzosen statt einem Amerikaner auszuhändigen, aber Rochambeau schüttelte lächelnd den Kopf und wies auf Washington auf der anderen Straßenseite. Washington seinerseits, nicht bereit, die Zeremonie mit dem stellvertretenden Kommandeur der Briten zu vollziehen, deutete auf seinen Stellvertreter, General Lincoln, der bei der Kapitulation Charlestons Kommandeur der amerikanischen Truppen gewesen war. Ob Lincoln den Degen für Washington annahm, ist ein umstrittener Punkt. Sicher ist, daß er O'Hara den Platz im Feld zeigte, an dem die Briten ihre Waffen niederzulegen hatten. Betrunken oder nicht, die Rotjacken warfen ihre Gewehre mit trotzigem Schwung zu Boden, vielleicht in der Hoffnung, die Schlösser zu zerbrechen, bis O'Hara, der sie beobachtete, befahl, diese kleinliche Rache einzustellen.

Die Kapitulation von Yorktown war für die Briten auch deshalb besonders bitter, weil sie an einem Hafen der Bucht stattfand, zu deren »absoluten Herren« ein britischer Admiral die französische Kriegsmarine erklärt hatte. Yorktown markierte damit auch einen Wendepunkt in der bis dahin unerschütterten Überlegenheit der Briten zur See. Innerhalb eines Jahres sollte Rodney beweisen, daß diese Wende nur kurze Zeit Gültigkeit hatte, aber im Moment war Yorktown ein Symbol für den Niedergang der britischen Seemacht.

Am 17. Oktober, dem Tag, als Cornwallis durch seinen kleinen Trommler ankündigen ließ, daß er kapitulieren wollte, bestimmten seine vermeintlichen Retter in New York endlich einen Termin für die Mission, die auf sich hatte warten lassen, seit Clinton am 2. September anerkannt hatte, daß Cornwallis »gerettet« werden müßte. Es war ein Rekord in den Annalen verspäteter Aktionen der Militärgeschichte. Eine Streitmacht von 7000 Mann ging an Bord der Schiffe, die Segel wurden gesetzt, und Graves' Flotte mit Clinton an Bord eines der Schiffe bewegte sich langsam den Hudson hinunter. Am 19. Oktober umschifften sie die Sandbank vor Sandy Hook – es war derselbe Tag, an dem Washington und Cornwallis in Yorktown den Waffenstillstandsbedingungen zustimmten und den Vertrag unterschrieben. Fünf Tage später, am 24. Oktober, kreuzten sie vor Cape Charles, ohne bisher auf den gefürchteten de Grasse gestoßen zu sein. Der französische Admiral hatte ja auch keinen Grund, eine Seeschlacht um eine bereits gewonnene Sache zu riskieren. Während kleinere Schiffe zur Erkundung in die Bucht hineinsegelten, kam ein schneller Segler aus New York an, der der Flotte gefolgt war, um die traurige Geschichte zu erzählen. Alle Kosten und alle Anstrengungen von sechs Jahren waren vergeblich gewesen. Kein Sieg, kein Ruhm, keine Rückkehr der Kolonien unter die britische Krone! Das Ergebnis des Krieges glich einer historischen Absage an Selbstgefälligkeit und Trägheit.

Die beiden Meister der Lethargie, Admiral Graves und General Clinton, drehten mit ihren 35 Schiffen und 7000 Soldaten um und segelten zurück nach New York.

Offiziell war der Krieg nicht vorüber und die amerikanische Souveränität nicht anerkannt. Das sollte auch noch lange dauern: zwei Jahre verhandelte man in Paris, bis der Friedensvertrag 1783 unterschriftsreif war. Keine Schüsse, die um die Welt gingen, verkündeten die Kapitulation. Das Ereignis sprach für sich, es bekräftigte die Eigenstaatlichkeit Amerikas, der beinahe sechs Jahre zuvor in St. Eustatius Salut geschossen worden war. Zu der Zeit war die amerikanische Unabhängigkeit keine Tatsache, sondern nur eine neugeborene Erklärung gewesen. Als de Graaffs Kanonen abgefeuert wurden, waren kaum sechs Monate seit der Unabhängigkeitserklärung vergangen. John Adams, der zweite Präsident der

XII. Die letzte Chance – Der Yorktown-Feldzug

Vereinigten Staaten, drückte es später so aus: »Die größte Frage, die je in Amerika debattiert wurde, fand eine Entscheidung, und eine größere war unter den Menschen dieses Kontinents nie zu entscheiden und wird nie zu entscheiden sein.« Die Tragweite dieser Worte lag über der Kapitulation von Yorktown, die der Alten Welt verkündete, daß die Stunde des Umbruchs zu einem demokratischen Zeitalter gekommen war.

Epilog

Die Nachricht des großen Ereignisses wurde von Tench Tilghman, einem Adjutanten Washingtons, nach Norden getragen. Er galoppierte von Yorktown nach Philadelphia und verbreitete wie ein Paul Revere mit umgekehrter Botschaft* die Neuigkeit von der Kapitulation der Briten in Dörfern und auf Farmen. Der Ritt dauerte vier Tage, um zwei Uhr dreißig morgens am 24. Oktober kam er in Philadelphia an. Mit klappernden Hufen, die die Bürger aufschreckten, galoppierte er zum Haus von Thomas McKean, dem Präsidenten des Kongresses, und schlug laut an seine Tür. Von der Wache ergriffen, wurde er durch McKean selbst vor dem Arrest bewahrt, der, durch den Lärm aufgeweckt, herunterstürzte und sich für den lauten Besucher verbürgte. In der Dunkelheit übermittelte ihm Tilghman die wundervolle Botschaft. McKean ordnete an, daß die Glocken der Independence Hall geläutet werden sollten. Der Nachtwächter, ein deutscher Veteran, ging sofort auf seine Runde und rief in wunderlicher deutsch-englischer Mischung: »Basht dree o'glock und Gornwallis ist gedaken!« Fenster flogen auf, aufgeregte Bürger steckten die Köpfe hinaus, um die Worte zu enträtseln, stürzten sich dann auf die Straßen, um einander zu umarmen; Kanonenschüsse donnerten durch die Stadt; Feuerwerk stieg zum Himmel, die Stadt war hell erleuchtet; Dankgottesdienste wurden in den Kirchen abgehalten; die Zeitungen brachten Extrablätter

---

* Paul Revere: Mitkämpfer in der amerikanischen Revolution; berühmt für seinen Mitternachtsritt von Charleston nach Lexington am 18. April 1775. Dort überbrachte er die Warnung vor dem Anmarsch der britischen Truppen aus Boston. (A. d. Ü.)

heraus; prominente Bürger hielten Ansprachen und luden zu Siegesbällen ein; im fernen Newburgh, in New York, verbrannte die begeisterte Bevölkerung Benedict Arnold *in effigium*.

Die Glocken über der Independence Hall läuteten für mehr als nur einen militärischen Sieg. Sie erklangen für das Versprechen einer neuen Welt, für die Erlösung aus Tyrannei und Unterdrückung, für die Hoffnungen und Träume Amerikas, die nicht nur die Amerikaner hegten, die für die Revolution gekämpft hatten, sondern die von den Franzosen geteilt wurden, die freiwillig an ihrer Seite gekämpft hatten, von den holländischen Dissidenten, von den oppositionellen Whigs in England, von Köpfen in aller Welt, die an die Aufklärung glaubten und voller Optimismus von der Vervollkommnung des Menschen träumten. Der Triumph der Revolution war ein Signal, er machte die garantierten Freiheitsrechte der amerikanischen Unabhängigkeitserklärung zu einem real erreichbaren Ziel des Fortschritts. Dafür, nämlich um den »verbessernden Einfluß auf die ganze Menschheit« zu feiern, wie Washington in seinem letzten Rundschreiben an die Staaten 1783 schrieb, brannten auch in Europa die Freudenfeuer – für die große Hoffnung, die Amerika hieß. Darum auch führte Lafayette, als er nach Frankreich zurückkehrte, genug amerikanische Erde mit sich, um einst darin begraben zu werden.

Nachdem er die Gefangenen von Yorktown in bewachten Lagern und Garnisonen untergebracht hatte, plante Washington den Schwung des Sieges für Angriffe der kombinierten Streitkräfte von Frankreich und Amerika auf Wilmington und Charleston zu nutzen. Aber die Rückkehr der französischen Flotte nach Westindien machte dies unmöglich. De Grasse hatte Befehl, bis Anfang November wieder in der Karibik zu sein, und er ging am 4. November in See. Sein Auftrag lautete, britische Inseln, deren Verteidigungsanlagen durch die Hurrikane geschwächt waren, anzugreifen und zu erobern. Die Admiralität in London nahm an, daß Jamaika, Großbritanniens reichste Insel, sein Angriffsziel sei, und betraute Rodney, der sich gerade von seinem chirurgischen Eingriff erholte, mit dem Kommando der Flotte in Westindien. Von ihm konnte man eine entschlossene Verteidigung erwarten, während andere Kandidaten für das Flottenkommando wenig Vertrauen weckten. Einer von die-

Epilog 387

sen, Admiral Kempenfelt, der nach Westindien geschickt worden war, um die französische Flotte abzufangen, war einer Schlacht ausgewichen, weil er nur zwölf Linienschiffe hatte, der Feind aber neunzehn.

Die Franzosen wandten sich indessen zuerst gegen St. Eustatius, das Rodney unangreifbar hinterlassen zu haben glaubte. Gegen eine französische Kriegslist aber war es nicht gefeit. Die Franzosen setzten ein englischsprachiges Regiment unter de Bouillé an Land, das rote Jacken trug – »genau wie die Briten, rot mit gelben Aufschlägen«. Es setzte sich zum Teil aus Briten und zum Teil aus Iren zusammen, die als Söldner in französischem Dienst standen. Die Verteidiger ließen sich davon völlig verwirren, und der Goldene Felsen wurde im November 1781 von den Franzosen zurückerobert – was dem britischen Stolz so bald nach dem Fall Yorktowns eine weitere Wunde schlug. 1784 gaben die Franzosen die Insel den Holländern zurück, deren Fahne seither über dem berühmten Felseneiland fliegt. Johannes de Graaff kehrte privat an die Stätte seines früheren Gouvernements zurück. St. Eustatius hatte sich von den Verwüstungen, die Rodney angerichtet hatte, erholt, wenn es auch den alten Glanz nie zurückgewann. Es gab sich wieder seiner normalen Berufung hin, der Ansammlung von Reichtümern. De Graaffs Besitz und Einfluß erlaubten es ihm, daran kräftig teilzuhaben, und er starb 1813 als sehr reicher Mann.

Nach der Eroberung St. Eustatius' besetzte de Grasse zwei weitere kleinere Inseln und eroberte danach zusammen mit dem aggressiven Marquis de Bouillé St. Kitts. Jetzt war St. Lucia gefährdet. Dies bedrohte, was schlimmer war als verletzter Stolz, den Zuckerhandel und damit das britische Staatsbudget. Angesichts dieser Rückschläge richtete sich der ganze Zorn der Öffentlichkeit in England gegen Lord Sandwich, der es zugelassen hatte, daß Admiral Kempenfelt wie früher einmal Admiral Byng mit unzureichenden Kräften in den Kampf geschickt worden war, während »sechs Linienschiffe in britischen Häfen lagen«. Der Führer der Opposition, Lord Rockingham, sagte im Parlament: »Es ist kein Geheimnis, daß wir jetzt zehn Linienschiffe haben, aber kaum einen Mann für ihre Besatzung.« Ein Mißtrauensantrag gegen den für den schlechten Zustand der Flotte verantwortlichen Lord Sandwich wurde mit der noch intakten 21-Stimmen-Mehrheit der Regierung zurückgewiesen, bevor die noch schlechtere Leistung Admiral Graves' und der Verlust Amerikas bekannt wurden. Sandwich blieb im Amt.

»Möge Eure Lordschaft nie die Folterqualen erleiden, denen ich mich unterziehen mußte«, schrieb ihm Rodney. Aber obwohl er sich noch keineswegs von der Operation erholt hatte, konnte die Kriegsmarine nicht länger auf seine Dienste verzichten. Er mußte Jamaika retten und war trotz der körperlichen Erschöpfung nach dem Eingriff bereit, aktiv zu dienen. Im neuen Rang eines Vizeadmirals von Großbritannien, eines Ehrentitels außerhalb der offiziellen Hierarchie, ging er im Januar 1782 an Bord seines neuen Flaggschiffs, der riesigen *Formidable,* von Plymouth aus in See, um seine Flotte zu übernehmen. Im Alter von 64 Jahren sollte er kurz darauf einen beispiellosen Sieg bei den Inseln The Saints erfechten, der bedeutendsten Seeschlacht vor Nelsons Sieg bei Trafalgar. Seine Taktik, in die Linie des Feindes einzubrechen, sollte für immer die Tyrannei der Kiellinie im Seegefecht brechen.

Dies trug sich im April 1782 zu, als Rodney, verstärkt durch zwölf Linienschiffe und Hoods Verband aus Amerika, de Grasses Flotte sichtete. Sie segelte auf nördlichem Kurs, kam von Fort Royal auf Martinique, wo de Grasse nach seiner Rückkehr aus Amerika vor Anker gegangen war. Mit Verstärkungen aus Westindien verfügte de Grasse über 33 Linienschiffe, während Rodney und Hood 36 kommandierten. Drei Tage vergingen mit Manövern in der Passage zwischen Dominica und Guadeloupe, die aufgrund der vielen kleinen in ihr liegenden Inseln dieses Namens The Saints genannt wurde. Mehrmals kamen die Flotten im Verlauf dieser Manöver um die bessere Position bis auf Schußweite aneinander heran und tauschten sporadische Breitseiten aus. Einige Schiffe glitten in Pistolenschußweite aneinander vorbei, einmal kam es sogar zu einer Kollision. Auf beiden Seiten gab es Verluste, Masten brachen, und Männer fielen.

Als der Wind für kurze Zeit abflaute, während die Franzosen sich formierten, bildete sich eine Lücke in ihrer Linie. Sir Charles Douglas, Flaggoffizier an Bord der *Formidable,* sah, daß der umschlagende Wind es der *Formidable* ermöglichte, in die Lücke hineinzustoßen. Er eilte zu Rodney und rief ihm zu: »Brecht nur die

Epilog 389

Linie, Sir George! Dies ist unser Tag, und ich werde Euch den Sieg bringen!« Ohne vorher verabredeten Operationsplan und in der Ungewißheit, ob seine Kapitäne ihm folgen würden, weigerte sich Rodney, das Ruder herumzulegen. Er war schon einmal von seinen Kapitänen in Stich gelassen worden und hatte allein kämpfen müssen, und er mußte, wollte er das Manöver durchführen, die Regeln der *Fighting Instructions* verletzen, was ihn vor ein Kriegsgericht oder gar, wie einst Byng, vor ein Erschießungskommando bringen konnte. Douglas selbst konnte die Verantwortung nicht auf sich nehmen, der Admiral allein mußte das tun. Aber Douglas gab nicht auf, und unter seinem dringlichen Zureden stimmte Rodney schließlich zu. Die große Chance, die ihm einmal zuvor verdorben worden war, bot sich ihm aufs neue. Er konnte der Gelegenheit nicht widerstehen. »Gut, tut, was Ihr wünscht«, antwortete er fast beiläufig.

Dieses Mal machte er nicht den Fehler, das Signal »Kiellinie« stehenzulassen. Er ließ es einholen und hißte das Signal für »Angriff«. Während der Bug der *Formidable* langsam nach Steuerbord herumschwang, liefen Maaten zu den Kanonieren, um die Geschütze auf der anderen Bordseite gefechtsbereit machen zu lassen. Rodney sah in äußerster Spannung nach achtern, beobachtete, wie die nächsten fünf Schiffe ihm durch die Lücke in der französischen Linie folgten. Die britischen Schiffe waren aus den kleineren Gefechten während der Manöver nicht ungeschoren hervorgegangen, das Topsegel der *Formidable* hing in Fetzen herunter, das Kriegsschiff hinter ihr, die *Prince George,* hatte den Fockmast verloren, ein anderes zog drei Fuß Wasser die Stunde, zwei andere hatten ihr Pulver erschöpft, aber die französischen Schiffe, an deren Decks sich Landstreitkräfte drängten, waren ähnlich zugerichtet, und sie hatten, da sie so dichtbesetzt waren, weit höhere Verluste an Menschen erlitten. Im blutgefärbten Wasser sah man die Flossen der Haie, die sich auf über Bord fallende Männer stürzten.

Viele der französischen Schiffe hatten in der kurzen Flaute Fahrt verloren, da ihre Segel zerrissen waren und einige auch Masten verloren hatten, und es bildeten sich weitere Lücken in ihrer Linie. Englische Kapitäne, von der Entschlossenheit ihres Admirals angesteckt, nutzten ihre Chance. Sie luvten an und stießen noch an drei anderen Stellen in die Lücken. Damit war die französische Linie zerbrochen, und die Schiffe wurden von beiden Seiten unter Feuer genommen, da die durchgebrochenen britischen Linienschiffe auf der anderen Seite der französischen Linie wendeten und ihre Breitseiten abfeuerten, während die nachrückenden der britischen Linie auf der anderen Seite den Kampf eröffneten. Als der Wind in der Abenddämmerung ein wenig auffrischte, wandten sich die Franzosen nach Süden, um zu entkommen, aber die Briten setzten energisch nach. Ein französisches Linienschiff nach dem anderen strich die Flagge und ergab sich. Die mächtige *Ville de Paris* mit de Grasse an Bord versuchte immer wieder, die Flotte neu zu formieren. Der Admiral ließ manövrierunfähigen Schiffen sogar Schlepptaue zuwerfen, um sie aus der Reichweite der Briten herauszuziehen. Die hohe Gestalt de Grasses stand allein auf dem Achterdeck. Aber trotz aller Anstrengungen, die Schiffe wieder flottzumachen, waren die Briten bald heran.

Zuerst bestrich die *Russell* die Decks der *Ville de Paris* mit ihrem Feuer, dann wurde sie von einer mächtigen Breitseite von Hoods Schiff, der *Barfleur*, getroffen, während weitere britische Linienschiffe von allen Seiten feuerten. Ihre Decks und ihre Segel brannten; sie hatte die Takelage verloren, und das Ruder war gebrochen. Nach neuneinhalb Stunden Kampf seit dem Augenblick, da Rodney sein Schiff in die französische Linie gesteuert hatte, kam de Grasses Flagge flatternd herunter. Zugleich wurde auch die Flagge Frankreichs eingeholt. Britische Offiziere ruderten zur *Ville de Paris* hinüber, um die Kapitulation anzunehmen.

Ein Armsessel wurde auf das Achterdeck der *Formidable* gestellt, in dem Rodney Platz nahm, um im Mondlicht seine kolossale Prise anzusehen und sich von Zeit zu Zeit murmelnd dazu zu gratulieren, die Linie durchbrochen zu haben. Als der Morgen anbrach, wurde de Grasse selbst an Bord der *Formidable* geleitet, um sich persönlich dem Feind zu ergeben. »Er sitzt in diesem Augenblick in der Heckkabine«, schrieb Rodney in seinen Siegesberichten an die Admiralität und an seine Familie. »Die Waffen Seiner Majestät haben den Sieg über die der Feinde davongetragen«, schrieb er an seinen Sohn. »Jamaika ist gerettet. Die französische Flotte ist vollständig geschlagen, und ich glaube nicht, daß sie in diesem Krieg noch ein-

Epilog 391

mal die Schlacht mit uns suchen wird. Sie sind so erschüttert, daß es
ihnen unmöglich sein wird, die Verluste zu ersetzen.«
Rodney sollte recht behalten, wenn auch der Sieg zu spät kam, um
den Verlust Amerikas zu verhindern. Das war, wie Hood in einem
Brief schrieb, »die melancholischste Nachricht, die Großbritannien
je empfing«. Der Schock von Yorktown hatte in London für politische Tumulte gesorgt und sollte zum Sturz der Regierung führen.
London hörte von Yorktown erst am 25. November aus Frankreich,
fünf Wochen nach der Kapitulation. Rochambeau hatte zwei Boten
entsandt – den Duc de Lauzun und den Comte de Deux-Ponts, der
den blutigen Angriff auf Redoute Neun angeführt hatte. Die beiden
segelten zur Sicherheit jeweils auf einer Fregatte, und sie sollten die
Nachricht dem französischen König überbringen. Sie traf am selben
Tag in Paris ein, als noch ein verheißungsvolles Ereignis zu verkün-
den war: die Geburt eines Dauphin, der, so schien es, die königliche
Thronfolge sicherte. Aber der Sohn Marie Antoinettes sollte seinen
Thron nie zu Gesicht bekommen, und der König und die Königin
sollten innerhalb von zehn Jahren nicht nur den Thron, sondern
auch die Köpfe verlieren. Ludwig XVI. hatte 1,5 Milliarden Livres
in die Unterstützung der amerikanischen Rebellion gegen die britische Krone gesteckt, in eine Sache, deren Erfolg für seine eigene
Krone nichts Gutes verhieß – was er mit etwas mehr Verständnis für
politische Konsequenzen sehr wohl hätte voraussehen können.
Britische Agenten vermittelten die Nachricht der Cornwallis-Kata-
strophe schnell über den Kanal. Lord George Germain hörte sie
zuerst, und er trug sie seinerseits in die Downing Street zu Lord
North. Der Erste Minister breitete die Arme aus, »als sei er von
einer Kugel in die Brust getroffen«, und rief die meistzitierten
Worte des Krieges aus: »O Gott, es ist alles vorbei!« Diesen Satz
»heftig« wiederholend, schritt er im Zimmer auf und ab. Nicht er,
sondern Germain überbrachte König Georg die Nachricht. Uner-
schüttert in der engstirnigen Fixierung auf ein Ziel, befahl Georg
Germain, Pläne für eine Fortführung des Krieges zu entwerfen. Außer den Ewiggestrigen im Kabinett um Germain und Sandwich teilte kaum jemand im Parlament und im Land diese Entschlossenheit.
Die meisten erkannten, daß der Krieg ineffektiv geführt worden
war und daß es keinen Sinn hatte, ihn, wie Germain vorschlug, de-

fensiv weiterzuführen, um aus einer stärkeren Position mit den Amerikanern verhandeln zu können. Um Cornwallis' Armee zu ersetzen, hätten neue Steuern erhoben werden müssen, und niemand wollte den alten Kosten eines ungewinnbaren Krieges neue hinzufügen.

Allgemein glaubte man in einer Düsterkeit, die der vorhergehenden Apathie im Kampf entsprach, daß die Anerkennung der amerikanischen Unabhängigkeit, wie in Germains schrecklicher Vision, den »Ruin« des Empire bedeutete. Der König bestand in ebenso extremer Sicht der Dinge darauf, daß die Anerkennung die »unvermeidliche Zerstörung« Großbritanniens nach sich ziehen werde, und daß er lieber abdanken wolle, als Anteil daran zu haben. Der wirkliche Grund seiner hektischen Aufgeregtheit war seine Qual angesichts der zunehmenden Wahrscheinlichkeit, die verhaßten Männer der Opposition mit der Regierung beauftragen zu müssen, wenn North und sein Kabinett als Betreiber des Krieges gehen mußten. Er konnte nur seine eher klägliche als donnernde Drohung wiederholen: »Ich will lieber meine Krone verlieren, als eine Gruppe von Männern aufrufen, die mich zum Sklaven machen würden.« Das Unvermeidliche indessen rückte näher. North sagte Germain, daß es unmöglich sei, Amerika zurückzuerobern. Er könne nicht fortfahren, einen Krieg zu finanzieren, nur um eine bessere Ausgangsposition für Friedensverhandlungen zu schaffen. Da die Amerikaner unbeirrbar auf der Unabhängigkeit beharrten, gab es keinen anderen Weg zum Frieden, als dieser Forderung nachzukommen, es sei denn, man wollte den Druck eines fortgeführten Kriegszustandes aufrechterhalten.

Seltsamerweise hält Walpole in einem Brief an Horace Mann fest, daß »Cornwallis' Schande keinen großen Eindruck macht, überhaupt keinen im Parlament. Aber auch ein Tropfen kann ein Faß zum Überlaufen bringen, das bis zum Rand gefüllt ist. Unsere Lage ist gewiß elend, und sie wird sich noch verschlechtern.« Der Krieg stehe vor seinem Ende, schrieb er seinem Freund, aber seine Konsequenzen seien noch nicht abzusehen. »In mancher Hinsicht«, sagte er mit einem Geschichtsempfinden, das weit über Klatsch hinausging, voraus, »setzen die Amerikaner einen neuen Anfang, der über uns hinausreichen wird.«

Epilog 393

Das Parlament hatte in der Tat das Gefühl, daß das Faß am Überlaufen war. Yorktown, der Verlust St. Eustatius' und die Erwartung weiterer französischer Offensiven in Westindien, die möglicherweise zum Verlust der Zuckerinseln und ihres Steueraufkommens führten, vermittelten ein verbreitetes Gefühl militärischer Schwäche. Der Siegeswille, der im amerikanischen Krieg nie überwältigend gewesen war, schwand fast ganz. Die Stadt London, die weitere Steuerlasten befürchtete, wandte sich mit einer Petition, den Krieg zu beenden, an den König. Versammlungen im Lande sprachen sich ebenfalls für den Frieden aus. Anträge im Parlament, die auf ein Ende drängten, wurden mit immer kleiner werdenden Mehrheiten niedergestimmt. Am 12. Dezember wurde ein Antrag des unabhängigen Abgeordneten Sir James Lowther, daß »alle weiteren Versuche, die revoltierenden Kolonien niederzuwerfen, den wahren Interessen dieses Königreiches entgegenstehen«, nur noch mit 41 Stimmen zurückgewiesen, der Hälfte der früheren Mehrheit. Im Februar beantragte Henry Seymour Conway, ein früherer Staatssekretär im Außenamt, der Krieg in Amerika »möge nicht länger mit der unausführbaren Absicht, die Einwohner durch Zwang zu unterwerfen, verfolgt werden«. Gegen diesen Antrag fand sich nur noch eine Mehrheit von einer Stimme. Eine Woche später schon ging ein Antrag gleichen Sinnes durch.

Unerbittlich beantragte Conway am 4. März, den König wissen zu lassen, daß »dieses Haus alle als Feinde Seiner Majestät und dieses Landes betrachte, die eine weitere Verfolgung eines offensiven Krieges auf dem Kontinent Nordamerika befürworten«. Dieser alarmierenden Formulierung stimmte das Haus ohne Abstimmung zu. Das machte der Sache ein Ende. Georg III. war kein gesetzloser Monarch, und er wußte, daß er sich an die Regeln halten mußte. Weiterzumachen wie bisher hieße, den offenen Konflikt mit dem Parlament heraufzubeschwören; er mußte entweder nachgeben oder abtreten. In der Tat entwarf er einen Abdankungstext, in dem er formulierte, die Legislative habe »Ihn außerstande gesetzt, entweder den Krieg wirkungsvoll fortzuführen oder einen Frieden zu erreichen, der für den Handel und die wesentlichen Rechte der britischen Nation nicht zerstörerisch ist ... Seine Majestät sieht daher mit großer Trauer, daß Er Seinem Geburtsland nicht weiter von

394   *Der erste Salut*

Nutzen sein kann, was Ihn zu dem schmerzlichen Schritt veranlaßt, es für immer zu verlassen.« Folglich gebe »Seine Majestät die Krone von Großbritannien und der dazugehörigen Dominien auf«.

Aber dann entschloß er sich doch, das geringere Übel zu wählen, und stimmte der Entlassung Norths und der Eröffnung von Friedensverhandlungen zu. Am 20. März 1782 wurde der Erste Minister in »einer der vollsten und spannendsten Sitzungen, ... die man je erlebt hatte«, seines Amtes entbunden. Zwölf Jahre lang hatte er gelassen den turbulentesten Zeiten seit der Pulververschwörung* präsidiert, und nun folgte man seinem von ihm selbst oft ausgesprochenen, aber vielleicht nicht ganz ernstgemeinten Wunsch und nahm ihm die Bürde ab. Die Opposition übernahm die Regierung mit Rockingham, Shelburne, Fox und dem jüngeren Pitt. Am 25. April kam das Kabinett überein, einen Friedensvertrag auszuhandeln, der kein Veto gegen die Unabhängigkeit vorsah.

Inzwischen hatte die Seeschlacht der Saints den Geist der Briten aufgerichtet. Das kostete Sir Horace Walpole ein paar Stunden Schlaf, denn eine lärmende Demonstration »für diesen eitlen Narren Rodney« – damit drückte er die Meinung der Whigs über Rodney aus – hatte ihm die Fenster eingeworfen. Die tiefe Erschütterung des maritimen Prestiges der Franzosen durch die Niederlage stellte sicher, daß sie nicht noch einmal nach Amerika zurückkehren würden, um Washington zu unterstützen, und das gab den Briten bei den Unterhandlungen die ersehnte bessere Position. Das amerikanische Selbstvertrauen wurde zur gleichen Zeit durch die holländische Anerkennung gestärkt, denn die niederländischen Provinzen stimmten vorsichtig, eine nach der anderen, der offiziellen Akkreditierung Adams' als Gesandten der Vereinigten Staaten zu, und die Generalstaaten der Vereinigten Provinzen bestätigten dies 1782. Die Niederlande waren damit die erste Nation nach Frankreich, die die Vereinigten Staaten formell anerkannte.

---

* Verschwörung katholischer Edelleute – unter ihnen Guy Fawkes –, die Jakob I. und das Parlament bei der Parlamentseröffnung 1605 in die Luft sprengen wollten. (A. d. Ü.)

Epilog 395

Shelburne schlug als Unterhändler der britischen Seite einen liberalen schottischen Kaufmann namens Richard Oswald vor – keine Figur von politischer Prominenz –, und der amerikanische Kongreß akzeptierte ihn. Die Streitfragen, die es zu entscheiden galt, waren so zahlreich und so schwer zu packen wie ein Faß voller Fische. Die Grenzen zu Kanada, die der Territorien des Nordwestens sowie die der spanischen Besitzungen in Florida und im Süden, das hartnäckige Problem der Behandlung der Loyalisten, die Beziehungen zu den Indianern, Handelsrechte und Reparationen für all die Trümmer militärischer Aktionen zu Land und zu Wasser forderten unendliche Diskussionen. Nachdem man sich am 30. November 1782 auf einen vorläufigen Vertrag geeinigt hatte, wurden alle offenen Fragen auf die Gespräche in Paris vertagt, wo Benjamin Franklin und John Jay für Amerika verhandelten. Differenzen und Zwistigkeiten zwischen den beiden, die von ihren jeweiligen Parteigängern im Kongreß weitergeführt wurden, verlängerten die Gespräche, die darüber hinaus unter den Eingriffen Vergennes litten, denn der französische Außenminister versuchte, die Bedingungen zum Vorteil Frankreichs zu beeinflussen. Die vielen Schwierigkeiten streckten die Diskussionen noch einmal um zehn Monate. Der definitive Friedensvertrag, der die Kampfhandlungen offiziell beendete und die Unabhängigkeit der Vereinigten Staaten anerkannte, wurde erst am 3. September 1783 unterzeichnet.

Selbst dann hatten all diese Wehen noch keine neue Nation hervorgebracht. Aus dreizehn unterschiedlichen Staaten mit so weit auseinanderliegenden Interessen und Gewohnheiten eine nationale Einheit mit gemeinschaftlichen Gesetzen unter einer einzigen Regierung auf sicherer finanzieller Grundlage zu schmieden, war eine Wegstrecke, fast so steinig wie die Revolution selbst. Über die Hindernisse stolpernd und von den Konflikten oftmals fast zerrissen, überlebte die Föderation, um schließlich ihren Platz unter den Herrschern der Welt einzunehmen. Unzulänglichkeiten und Unvollkommenheiten entwickelten sich in dem wachsenden Körper, aber der selbst war so groß und reich an Ressourcen und vor allem an jener Energie der Neuankömmlinge, die den Mut gehabt hatten, ihre Heimat für ein unbekanntes Land zu verlassen, daß seine zukünftige Rolle als Großmacht gesichert war.

Lange vor Abschluß des Friedensvertrages, im Jahre 1777, als in Amerika noch gekämpft wurde und die Briten die Häfen an der Atlantikküste blockierten, wurde die *Andrew Doria,* der der erste Salut gegolten hatte, im Delaware von ihrer eigenen Mannschaft verbrannt, um der Kaperung durch die Briten zu entgehen. Ihre früheren Schwesterschiffe im ersten Verband der amerikanischen Marine und wie sie Teilnehmer am ersten Seegefecht, die *Columbus* und die *Providence*, erlitten dasselbe Schicksal – sie wurden von der eigenen Mannschaft verbrannt oder in die Luft gesprengt, um dem Feind nicht in die Hände zu fallen. Die *Cabot* und die *Alfred*, auf denen die Flagge des Kontinentalkongresses zuerst gehißt worden war, wurden von den Briten gekapert. Das letzte überlebende Schiff des Verbandes, die *Providence*, wurde 1779 im Penobscot in Maine zerstört. Als sie 1775 begründet wurde, nannte man die Marine »die verrückteste Idee in der Welt«. Jetzt liegen die letzten Balken dieser Schiffe irgendwo auf den Sandbänken des Delaware und an den Küsten der Buchten von Narragansett und Chesapeake, und ihre verkohlten Reste sprechen von der Trauer, die allem menschlichen Handeln zugrunde liegt.

Eine private Trauer Washingtons war seine Kinderlosigkeit. Er selbst hatte die Tatsache nicht erfaßt, daß das autonome Amerika sein Kind war. Aber er war so stolz und zuversichtlich, wenn es um seine Zukunft ging, wie ein liebender Vater. In einer hingerissenen, aus heutiger Sicht das Herz brechenden Vision Amerikas sagte er in seinem letzten Rundschreiben an die Staaten, das im Juni 1783 herauskam, die Vereinigten Staaten »schienen von der Vorsehung dazu bestimmt, der menschlichen Größe und dem menschlichen Glück eine Heimat zu geben. Der Himmel hat alle Segnungen dieses Landes damit gekrönt, daß er ihm die besten Voraussetzungen für politisches Glück gegeben hat, mit denen je eine Nation begünstigt wurde, und das Resultat muß eine Nation sein, die einen verbessernden Einfluß auf die ganze Menschheit ausübt.«

Diesem Stichwort folgend, schilderten die Historiker des 19. Jahrhunderts, fortschrittsgläubig, wie sie waren, die Geschichte ihrer Nation als ein stetiges Vordringen der Freiheit, das mit dem Sieg der Revolution begann. Sie wurde als der überragende Erfolg des be-

Epilog 397

waffneten Aufstandes eines ganzen Volkes geschildert, während
der Staat, der aus ihr entstand, als ein von Gott gegebenes Modell
von Gerechtigkeit, Gleichheit und selbstgegebener Regierung angesehen wurde. Am Ende des 20. Jahrhunderts sehen wir diesen
stolzen Entwurf in einem dunkleren Kontext. Wir sind uns der Ungerechtigkeit gegenüber den eingeborenen Amerikanern bewußt,
die von ihrem Land vertrieben wurden, der Ungleichheit derer, die
mit anderer Hautfarbe geboren wurden und anderen Religionen
anhingen, der Regierung nicht durch die Besten, sondern durch eine Ansammlung von schäbigen und ehrlosen Männern, unfähig und
korrupt und doch immer auch begleitet von Arbeitern und Träu-
mern, die eine Wende zum Besseren wollten.
Die zwei Jahrhunderte amerikanischer Geschichte seit dem Salut
an die Flagge der *Andrew Doria* können um vieler Dinge willen
gefeiert werden: die Eröffnung einer Zuflucht für die Elenden anderer Länder, die sich danach sehnten, in Freiheit zu atmen; die
Gesetze, die für anständige Arbeitsbedingungen sorgten; die
Maßnahmen zum Schutz der Armen und zur Unterstützung der Bedürftigen. Aber der Zustand »politischen Glücks«, von dem Washington glaubte, er müsse sich »aus der Souveränität Amerikas«
ergeben, ist nicht gekommen. Zweitausend Jahre menschlicher Aggression und Gier und des Wahns der Macht haben auch den Jubel
jener glücklichen Nacht in Philadelphia befleckt; sie erinnern uns
daran, daß der Gang der »Verbesserung« langsam ist. Und sie lassen
uns daran denken, wie mittelmäßig noch das Beste ist, was wir aus
dem gemacht haben, wofür Washington, Greene und Morgan und
ihre schlechtgekleideten Soldaten »ohne den Schatten einer Dek-
ke« durch bittere Winter gekämpft haben.
Wenn Crèvecœur wiederkehrte, um seine berühmte Frage noch einmal zu stellen: »Was ist dieser neue Mensch, der Amerikaner?« –
was würde er vorfinden? Der freie und gleiche neue Mensch in einer
neuen Welt, den er sich vorstellte, wäre nur an wenigen Orten zu
finden, auch wenn die Bedingungen für den neuen Menschen in
Amerika wahrscheinlich besser waren als in den anderen Ländern,
die Revolutionen erlebten. Der neue Mensch sollte Freiheit,
Gleichheit und Brüderlichkeit in Frankreich nicht finden; er sollte
von der Unterdrückung nicht befreit werden, als der Zar in Ruß-

land gestürzt wurde; ein neuer Mensch, der statt sich selbst »dem Volke diente«, sollte von der kommunistischen Revolution in China nicht geschaffen werden. Revolutionen bringen veränderte Menschen, keine neuen Menschen hervor. Auf halbem Wege »zwischen Wahrheit und endlosem Irrtum« ist die Gußform der Spezies unveränderlich. Das ist die Bürde dieser Erde.

Danksagungen

Ich möchte allen Personen und Institutionen danken, die mir geholfen haben, Quellen auf unvertrauten Gebieten ausfindig zu machen, oder auf andere Weise beim Zustandekommen dieses Buches
behilflich waren.

An erster Stelle meinem Mann, Lester Tuchman, dessen zuverlässige Präsenz und Hilfe bei meinem versagenden Augenlicht der Fels
ist, auf dem dieses Haus errichtet wurde.

H. E. Richard H. Fein, dem Botschafter der Niederlande in den
Vereinigten Staaten, der mir den ersten Impuls zu diesem Buch gab,
als er mich einlud, die Gedenkrede 1985 zum vierzigsten Jahrestag
der Befreiung der Niederlande zu halten.

Dr. Fred de Bruin vom Außenministerium der Niederlande.

Besonderen Dank meiner Tochter Alma Tuchman für die Hartnäk-
kigkeit, mit der sie Verwirrungen auflöste, Irrtümer aufspürte und
die Dinge allgemein in die richtige Richtung lenkte, und zusätzlichen Dank meiner Enkelin Jennifer Eisenberg für die Hilfe bei der
Vorbereitung der Anmerkungen.

A. B. C. Whipple aus Greenwich, Connecticut, dem Autor von *Age
of Fighting Sail* (*Krieg unter Segeln*), für Aufklärung über die Sprache und Begriffe der Marine.

Dawnita Bryson, meiner Sekretärin, für ihre treue Arbeit durch alle
Wirren hindurch.

Han Jordaan aus Den Haag für Dokumente über Johannes de
Graaff aus den Archiven der Westindischen Kompanie.

G. W. Van der Meiden, Aufseher der Ersten Sektion des Niederländischen Reichsarchivs.

Oberst Trevor Dupuy für seine Anleitung in Sachen der Militär-
geschichte der Amerikanischen Revolution.
Professor Simon Schama von der Harvard-Universität für Hilfe in
Fragen der holländischen Geschichte.
Professor Freeman Dyson vom Institut of Advanced Study, Prince-
ton, New Jersey, für das Zitat von Hakluyt über die Erziehung zum
Marineoffizier.
Galen Wilson, Manuskriptkurator der William-L.-Clements-Bi-
bliothek, Universität von Michigan, für Dokumente über Sir Henry
Clinton.
Dr. Marie Devine, Joan Sussler, Catherine Justin und Anna Malik-
ka, Bibliothekarinnen der Lewis-Walpole-Bibliothek, Yale Univer-
sity, deren Kenntnis und sofortiges Erinnerungsvermögen, was den
Inhalt ihrer Sammlung angeht, verblüffend sind.
Mark Piel, Direktor der New York Society Library und seinem Stab
für ihre freundliche Hilfe in vielen Dingen.
Rodney Phillips, Elizabeth Diefendorf und Joyce Djurdjevich von
der New York Public Library für ihre bibliographische Hilfe und
Anleitung bei der Arbeit mit dem Stichwortkatalog. Und Bridie
Race, der Sekretärin dort, die alle Fragen mit Charme und Effizienz
löst.
Todd Ellison von Greenbelt, Maryland, dafür, daß er die Van-Bib-
ber-Korrespondenz in den Archiven des Staates Maryland auf-
spürte.
Dorothy Hughes in London für ihre Hilfe bei Recherchen im Public
Record Office.
Joan Kerr, Richard Snow und Arthur Nielsen von *American Herita-
ge* für ihre Suche nach Bildmaterial.
Geraldine Ostrove und Charles Sens, Musikabteilung der Library
of Congress, für das Material über »The World Turned Upside
Down«.
Dem Stab des Historischen Museums auf St. Eustatius.
Dem Stab der Greenwich Library in Connecticut dafür, daß er viele
Anfragen mit unbeirrbarer Höflichkeit und Effizienz beantworte-
te.
Der Historical Society von Pennsylvania für Dokumente über die
von Margaret Manny genähte Fahne des Kontinentalkongresses.

Danksagungen 401

Der Historical Society von New London in Connecticut und dem National Maritime Museum in London für Dokumente der Marinegeschichte.

Der MacDowell-Colony, die die Notwendigkeit einer ununterbrochenen Arbeit fern den Ablenkungen des heimatlichen Hauses verstanden und perfekte Arbeitsbedingungen geschaffen hat.

Dem Dana Palmer House an der Harvard University für eine Arbeitswohnung direkt neben einer großartigen Bibliothek.

Mary Maguire und Nancy Clements von Alfred A. Knopf und Barbara Wolfe für unentbehrliche Hilfe im Veröffentlichungsprozeß.

Notiz

Es gibt in diesem Buch eine Reihe von Schwierigkeiten und Diskrepanzen. Die erste ist die verwirrende, sich ständig wandelnde Bezeichnung der Windward- und Leeward-Inseln in der Karibik, über deren Lage und genaue Bezeichnung sich die Atlanten und Quellen über die Westindischen Inseln nicht einig sind. Die kartographische Abteilung der National Geographic Society gibt einen Grund für die Konfusion an: es existiere nämlich eine »leichte Überschneidung« dieser beiden Inselgruppen im Zentrum der Westindischen Kette. Nach Auffassung der National Geographic gehören Dominica und die Kette, die sich nördlich von Martinique anschließt, zur Leeward-Gruppe, und die Inseln südlich von Dominica bis hinunter nach und einschließlich Barbados und Tobago gehören zur Windward-Gruppe. Ich überlasse dieses Problem der Kontroverse, die unvermeidlich entstehen wird, denn ich weiß, daß Definitives kaum erreichbar ist.

Ein zweites Problem sind die sehr elastischen Zahlen, die für die Anzahl von Schiffen in Verbänden oder Flotten angegeben werden. Die Zählweise hängt davon ab, ob Fregatten und Handelsschiffe zu den Linienschiffen hinzugenommen werden. Oft variieren die Zahlenangaben auch deshalb, weil die Sicht von Zeugen auf See schwierig war und weil die Flottenstärke durch in die Häfen zurückkehrende oder zum Verband hinzustoßende Schiffe ständig wechselte.

Geld, das heißt, der Wert einer fremden Währung im späten 18. Jahrhundert und sein Gegenwert in einer besser bekannten Währung oder in unserer eigenen heute, ist natürlich ein durchgehendes Problem aller Geschichtsschreibung. Ich kann nichts Besseres anbieten als das, was ich schon in *Der Ferne Spiegel*, meinem Buch über das 14. Jahrhundert, gesagt habe. Da Wert und Gegenwert der Währung sich ständig verschoben, ist es unmöglich, sie zu einem bestimmten Zeitpunkt zu fixieren, und ich rate dem Leser, sich über das Problem keine Sorgen zu machen, sondern sich einfach eine grundlegende Einheit vorzustellen.

Schließlich gibt es die vielen Diskrepanzen unter den historischen Autoritäten. Zum Beispiel ist die Identität des holländischen Admirals, der in einer berühmten Aktion der Englisch-Holländischen Kriege des 17. Jahrhunderts mit einem Besen am Mast die Themse hinaufsegelte, umstritten. Der englische Historiker Wingfield-Stratford sagt, es habe sich um Tromp gehandelt, während Professor Simon Schama, Historiker der Niederlande, meint, der Admiral sei de Ruyter gewesen.

David Hannay, der Biograph Admiral Rodneys, schrieb, daß König Georg II. Pate Rodneys gewesen sei, während ein zweiter Biograph, David Spinney, diese Behauptung zu »einem Mythos« erklärt.

Oder man betrachte sich die totale Verwirrung um die Schlacht oder die Schlachten von Finisterre im Jahre 1747. Der Marinehistoriker Charles Lee Lewis schlägt den Knoten furchtlos durch, indem er alle anderen Darstellungen außer der seinen als »inkorrekt« bezeichnet. (Das ist der richtige Geist!) Die Konfusion unter den Historikern entstand in diesem Fall, weil es mehrere Schlachten von Finisterre in dichter Folge gab, und weil zwei Finisterres existieren, eines in Frankreich (Finistère) und das andere, das wirkliche Ende des europäischen Festlandes, in Spanien.

Zeittafel

1568–1648 Widerstandskrieg Hollands gegen Spanien

1581 »Abschwörungsakte«, Den Haag (niederländische Unabhängigkeitserklärung)

1634 Holländer erobern St. Eustatius

1648 Westfälischer Friede; Anerkennung der niederländischen Republik

1688 Die Glorreiche Revolution

1701–1714 Spanischer Erbfolgekrieg

1713 Friede von Utrecht; Ende des Spanischen Erbfolgekriegs

1744 Schlacht von Toulon: Spanien, Frankreich, Großbritannien (Admiräle Mathews, Lestock)

1747 Mai: Gefecht von Kap Finisterre; de Grasse (*Neptune*)– Rodney (*Eagle*)

1756–1763 Siebenjähriger Krieg

1760 Georg III. besteigt den Thron

406   *Der erste Salut*

1761 Rodney schließt sich der Flotte in Westindien an

1762 7. Januar: Eroberung Martiniques

1763 Frieden von Paris (Großbritannien, Portugal – Frankreich,
Spanien)

1771–1782 Earl von Sandwich ist Erster Seelord

1773 Boston Tea Party

1774 Erster Kontinentalkongreß in Philadelphia
Rodney flieht nach Paris

1775 19. April: Beginn der Kriegshandlungen zwischen britischen
und amerikanischen Truppen bei Lexington und Concord
13. Oktober: Zweiter Kontinentalkongreß beschließt Gründung der amerikanischen Kriegsmarine
Dezember: Auseinandersetzung im niederländischen Parlament um die Schottische Brigade

1776 6. April: erstes Seegefecht, *Andrew Doria – Glasgow* vor
Newport
4. Juli: Unabhängigkeitserklärung
16. November: Salut für die *Andrew Doria* auf St. Eustatius
26. Dezember: britische Niederlage bei Trenton

1777 17. Oktober: amerikanischer Sieg bei Saratoga

1778 de Graaff in Amsterdam vor dem Ausschuß der Westindi-
schen Kompanie
Mai: Rodney kehrt aus Paris zurück
Juli: Frankreich tritt in den amerikanischen Krieg ein

1779 Juni: Spanien tritt auf seiten Amerikas in den Krieg ein
23. September: Gefecht der *Bonhomme Richard* (Jones) mit
der *Serapis* vor der Küste von Yorkshire

Zeittafel 407

1779 Oktober: Rodney wieder im aktiven Dienst
29. Dezember: Seeschlacht bei Kap São Vicente

1780 Rodney Oberbefehlshaber der Leeward-Inseln
April: Gefecht Rodney – Guichen vor Martinique
April: Tryon-Massaker
Juli: Rochambeau landet in Newport
August: Laurens wirft Entwurf für amerikanisch-holländischen Vertrag über Bord
August: Cornwallis' Sieg bei Camden
September: Rodneys Ankunft vor der amerikanischen Küste
20. November: Niederlande treten der Internationalen Liga Bewaffneter Neutralität bei
November: Rodney segelt in die Karibik zurück
November: französische Truppen unter Rochambeau landen in Rhode Island
20. Dezember: Großbritannien erklärt Holland den Krieg

1781 Januar: Niederlage der Briten bei Cowpens
3. Februar: Rodney erobert St. Eustatius
April: Gefecht de Grasse – Hood in der Karibik
2. Mai: Konvoi aus St. Eustatius wird von den Franzosen vor den Scilly-Inseln gekapert
30. August: de Grasse läuft in die Chesapeake Bay ein
5. September: Seeschlacht in der Chesapeake Bay
28. September: Washington, Lafayette, Rochambeau und de Grasse schließen Cornwallis in Yorktown ein
19. Oktober: Cornwallis kapituliert
4. November: de Grasse sticht Richtung Karibik in See; erobert St. Eustatius zurück

1782 April: Seeschlacht bei den Inseln *The Saints*

1783 3. September: Frieden von Paris; offizielle Anerkennung der Vereinigten Staaten

1784 Franzosen geben den Holländern St. Eustatius zurück

Anmerkungen

Abkürzungen

AHA	American Historical Association
AHR	American Historical Review
DAB	Dictionary of American Biography
DNB	Dictionary of National Biography (English)
GB Parl	*The History, Debates and Proceedings of the Houses of Parliament*
Morison, AP	Morison, Samuel Eliot, *History of the American People*
PRO	Public Record Office (London)

Kapitel I
»Hier wurde die Souveränität der Vereinigten Staaten zum ersten Mal anerkannt«

Der vollständigste Bericht über die *Andrew Doria*-Episode und über den Nachschub an Waffen, den St. Eustatius den amerikanischen Rebellen lieferte, findet sich bei J. Franklin Jameson, »St. Eustatius in the American Revolution«, in: AHR, Juli 1903. Siehe dazu außerdem Nordholt Schulte, *The Dutch Republic and American Independence,* S. 36–46; Melville; Edler; de Bruin; und Clarks *Naval Documents.*

Seite 9. »*Zweifel erhoben sich«:* Malmesbury, Introduction, S. 18.
Seite 10. »*die ereignisreichste Epoche«:* Malmesbury, Introduction, S. 18.
Seite 10. Roosevelt Tafel, »Hier wurde die Souveränität«: The New York Times, 9. Dezember 1939, S. 6.
Seite 11. »*keine neun Patronen pro Mann«:* Sparks, Bd. I, S. 146.

410   *Der erste Salut*

Seite 11. Washington, »tägliche Kannonade«: Fitzpatrick, *Writings,* Bd. IV,
S. 27.
Seite 11. Bunker Hill, mit den Kolben ihrer Musketen: Jesse, Bd. 2, S. 107.
Seite 12. Cadwallader Colden, »Schmuggelhandel«: zitiert in: Schulte,
S. 35.
Seite 13. Yorke, »die Herrschaft auf den Meeren«: zitiert in Schulte, S. 36.
Seite 13. Pepys: vollständiges Zitat in: Robert Latham (Hrsg.), Bd. VIII, S.
261–262.
Seite 14. »sechsmonatiges Embargo für Schmuggelwaren«: Edler, S. 26.
Seite 15. englische Kriegsschiffe, »mehr Wachsamkeit«: Schulte, S. 39.
Seite 15. Yorkes Botschafterresidenz blockieren: Edler, S. 84.
Seite 15. König Georg III., »alle Nachrichten bestätigen«: Sandwich Papers,
Bd. I, S. 103.
Seite 16–17. Heylinger, »so flagrante Übergriffe«: zitiert in: Schulte, S. 38.
Seite 17. De Graaffs Frau, »so geizig wie die Sünde«: zitiert in: Schulte,
S. 38.
Seite 19. Kapitän Colpoys, »Hafen ohne Einschränkung offen«: Clark, *Naval Documents,* Bd. VII, S. 500.
Seite 19. Van Bibber, »allerbeste Verhältnis zu seiner Exzellenz«: Brief vom
19. November, 1776 in: Maryland Archives, Bd. XII, Jameson, S.
690–691.
Seite 19. Windward Islands, Leeward Islands: Hartog, S. 168ff.
Seite 21. 22 Herrschaftswechsel: Hartog, S. 23.
Seite 22. Abraham Ravené, der Gouverneur befahl: Melville, S. 61.
Seite 22. Kapitän, »sehr gnädig empfangen«: Jameson, S. 691.
Seite 22. Fest zu Ehren Robinsons: Clark, S. 616.
Seite 22. berichtet in Purdie's Virginia Gazette: 27. Dezember, 1776; Clark,
S. 616.
Seite 23. Admiral Young, »schmerzlichen Überraschung«: Clark, S.
485–488.

Kapitel II
St. Eustatius, der Goldene Felsen

Die wichtigsten zusätzlichen Quellen für Kapitel 2 sind: über den Handel
von St. Eustatius, Boxer; und über van Bibber, die Maryland Archive.

Seite 25. St. Eustatius, reichster Hafen, reichstes Territorium: Miller, S. 591.
Seite 26. Burckes Rede, »Die Insel unterscheidet sich«: GB Parl, Bd. XXII,
S. 220–21.

Anmerkungen 411

Seite 27. Konvoi mit 49.000 Pfund: Jameson, S. 688.
Seite 27. an einem einzigen Tag – vier Schiffe: zitiert in: Schulte, S. 35–37.
Seite 31. Yorke, »Die Amerikaner hätten«: zitiert in: Schulte, S. 36–37.

Kapitel III
Bettler der See – der Aufstieg der Holländer

Allgemeine holländische Geschichte des 16. und 17. Jahrhunderts: Blok, Davies, Haley, Schama. Über den Aufstieg der Holländer und die Expansion des Handels zusätzlich zu den bereits genannten Werken: Blok. Über den Aufstand in den Niederlanden insbesondere: Geyl, Motley.

Seite 33. Adams, »Das Land, in dem ich bin«: Adams, *Book of Abigail and John.*
Seite 35. Holland, größte Handelsnation der Welt: Boxer, S. 27, 69.
Seite 39. De Ruyter, erstaunte einen französischen Offizier: Haley, S. 37.
Seite 40. 10.000 seetüchtige Schiffe: Palmer, S. 138, Mahan, *Influence,* S. 96.
Seite 41. Pitt, »Zucker, was?«: Mintz, S. 156.
Seite 42. Graf Barlaimont, »einen Haufen Bettler«: Motley, Bd. I, S. 160.
Seite 43. »Blutrat« (Council of Blood): Boxer, S. 9.
Seite 44. Philip II., »abscheuliche Person«: zitiert in: G. P. Gnooch, *History and Historians in the 19th Century,* Boston, 1965, S. 387.
Seite 44: »Es ist nicht notwendig zu hoffen«: zitiert in: Gedenkschrift für den verstorbenen Professor Friedrich von der Harvard Universität, in der *Harvard Gazette,* Februar, 1986. Dies war einer der Lieblingssprüche Professor Friedrichs, den er seinen Klassen häufig wiederholte.
Seite 45. Belagerung von Leyden: Motley, Bd. II, S. 363–582.
Seite 45. Wilhelms Vorschlag, die Deiche zu öffnen: Davies, Bd. II, S. 10.
Seite 47. Bürger für die Universität: Davies, Bd. II, S. 15.
Seite 50. »Abschwörungsakte« (Oath of Abjuration): Geyl, S. 183; Davies, Bd. II, S. 100ff.
Seite 51. Rat aus Friesland, Herzattacke beim Abschwörungseid: Davies, Bd. II, S. 111.
Seite 54. Hand auf dem Kruzifix: siehe das Bild von Ter Borch, in: Haley, S. 112–113.
Seite 56. Pierre Bayle: Palmer, S. 276.
Seite 56. Bayle, »eine ideale Gesellschaft«: Haley, S. 172.

412   *Der erste Salut*

Kapitel IV
»Die verrückteste Idee der Welt« –
eine amerikanische Marine

Quellen über den Ursprung der amerikanischen Marine sind: Morison,
Jones; Morison, *History*; und Bancroft, Bd. V, S. 410ff. Über die Great-
head-Korrespondenz geben Schulte, Edler und Clark Auskunft. Über die
Baltimore Hero, Greatheads, Colpoys und Admiral Youngs Proteste und
über de Graaffs Anhörungen bei der Westindischen Kompanie: Melville,
Schulte. Über die Fahne der Kolonien: Lorenz, Burch.

Seite 60. Washingtons Gründung der Marine: Morison, *Jones,* s. 35.
Seite 60. Washington, ein bewaffnetes Schiff nach Bermuda: Fitzpatrick,
    Writings, Bd. III, S. 386.
Seite 62. Chase, »die verrückteste Sache der Welt«: 7. Oktober, 1775, *Jour-*
    nals of Continental Congress, Bde. I–III, S. 485.
Seite 62. Wythe, »keine Macht mit langen Küsten«: 21. Oktober, 1775, *Jour-*
    nals of Continental Congress, S. 500.
Seite 62. Franklin, »begonnen, unsere Städte zu verbrennen«: 5. Juli, 1775,
    The Papers of Benjamin Franklin, XXII, New Haven, London, 1982,
    S. 85.
Seite 64. Hopkins, »einen Haufen verdammter Narren«: zitiert in: Morison,
    Jones, S. 34.
Seite 65. Manny, erhält 49 Yards Flaggentuch: Lorenz, S. 58.
Seite 66. Jones hißt neue Flagge: Lorenz, S. 58.
Seite 67. Seegefecht mit der Glasgow: Morison, *Jones,* S. 47–52.
Seite 68. »Da floh die arme Glasgow dahin«: zitiert in: Lorenz,
    S. 70.
Seite 68. Biddle, »eine unbedachtere Affäre«: zitiert in: Morison, Jones,
    S. 52.
Seite 68. Robinson, mit versiegelten Befehlen: Burch, S. 4; Melville,
    S. 59–60; über den Salut: Melville, S. 71–73.
Seite 69. Robinson, dippte die Flagge: Hartog, S. 71.
Seite 69. Ravené, gab Befehl, zu erwidern: Burch, S. 4, Melville, S. 61.
Seite 69. Biddle erhält Befehl, in anderen Häfen Salut zu schießen: Clark,
    S. 1210.
Seite 69. Artikel für Seekriegsführung: Morison, *Jones,* S. 38.

Anmerkungen 413

Kapitel V
Freibeuter – die Baltimore Hero

siehe Literaturhinweise zu Kapitel IV

Seite 71. Baltimore Hero kapert die May: Hartog, S. 73; Maclay, S. 133; Schulte, S. 45.

Seite 71. Korrespondenz über Kaperung der Baltimore Hero: Melville, S. 62; Prescott, S. 2; vollständig wiedergegeben in: Edler, S. 245; Clark, S. 673; Schulte, S. 41–45; Korrespondenz von Young mit de Graaff in: Clark, S. 486.

Seite 71. Anklagen Greatheads: Melville, S. 62ff.; Clark, S. 507–509.

Seite 74. de Graaff, der »Seekrankheit unterworfen«: Schulte, S. 13; PRO, Admirality, Bd. 1, S. 309, Bd. 31, S. 336.

Seite 74. »eine Krankheit, die kein Mitleid erhält«: Anonymous, S. 32.

Seite 74. de Graaff, Erwiderung auf Vorwürfe: Clark, S. 501, 524–525; Schulte, S. 41–45.

Seite 74. Trottmans Aussage: Clark, S. 485.

Seite 76. Untersuchungskomitee akzeptiert de Graaffs Verteidigung: Jameson, S. 695.

Seite 77. 3182 Schiffe in dreizehn Monaten: Jameson, S. 686.

Seite 77. Adams über Zunahme des Handels: 4. August, 1779, Adams, *Works,* Bd. VII, S. 104; Edler, S. 61–62.

Seite 77. 2 Freibeuter nach de Graaff und Frau benannt: Mundy, Bd. II, S. 46.

Seite 77. Cragin gibt Portrait de Graaffs in Auftrag: Brief an die Autorin vom Visitors Center of State House, Concord, New Hampshire, dem das Portrait von den Cragins gestiftet wurde.

Seite 78. Yorkes Démarche: Adams, *Works,* Bd. VII, S. 329.

Seite 78. Herzog von Braunschweig, »die unverschämteste«: zitiert in: Edler, S. 50.

Seite 78. Berater des Prinzen, »Zorn ohne Macht«: zitiert in: Schulte, S. 43.

Seite 79. Yorke, »im ganzen Land große Unruhe«: 7. März 1777; Edler, S. 51; Schulte, S. 21.

Seite 80. Frage des Geleitschutzes: Schulte, S. 70–72.

Seite 80. Adams, »vor Furcht zittern«: Adams, *Works,* Bd. VII, S. 523.

414   *Der erste Salut*

Kapitel VI
Die Niederländer und die Briten: noch ein Krieg

Über die Situation in den Niederlanden gibt Schulte den besten Aufschluß.
Informationen über die politische Struktur des Landes finden sich bei Blok.
Die Persönlichkeitsbilder von Wilhelm V. und dem Herzog von Braunschweig sind von den zwei Beobachtern Malmesbury und Wraxall aufgezeichnet.

Seite 81. Adams, Verfassung »eine so komplizierte«: Adams, *Works,* Bd.
    VII, S. 507.
Seite 82. Van Bleiswijk: Schulte, prologue; van Loon, S. 297; Adams,
    Works, Bd. VII, S. 618.
Seite 83. Regent of Dordrecht, »Der Bürger ist klein«: zitiert in: Boxer,
    S. 33.
Seite 84. De Witt, »der vollkommene Holländer«: zitiert in: Boxer, S. 33.
Seite 85. Carr, »aller Städte in der Welt«: zitiert in: Haley, S. 156.
Seite 86. Wilhelm II., gegen Unabhängigkeitsbedingungen : Blok, Bd. IV,
    S. 142.
Seite 88. Macaulay über Schlesien: Macaulay, »Frederick the Great« in:
    Critical and Historical Essays, Bd. II, S. 117.
Seite 89. Manifest des Herzogs von Braunschweig: James Robinson und
    Charles Beard, *Readings in Modern European History,* Boston, 1908,
    Bd. I, S. 292–294.
Seite 90. Geheimer Beratervertrag (Secret Act of Advisership): Schama,
    S. 36.
Seite 90. über Braunschweig, »Mann von größeren körperlichen«: Wraxall,
    S. 78.
Seite 91. über Prinz-Statthalter, »konstitutionelle Schläfrigkeit«: Wraxall,
    S. 75.
Seite 91. über Frederika Sophia, »gebildet«: Blok, Bd. V, S. 152.
Seite 91. Malmesbury, »nicht einmal ins Paradies«: Malmesbury, Bd. II,
    S. 95.
Seite 92. über Wilhelm V., »durchaus kultiviert«: Wraxall, S. 75.
Seite 92. Wilhelm wünschte, Vater wäre nie Statthalter gewesen: Schama,
    S. 57.
Seite 92. Wilhelm wünschte, er wäre tot: zitiert in: Schulte, S. 14.
Seite 95. Diskussion über Bau von 24 Linienschiffen: Blok, Bd. V, S. 61–62.
Seite 95. Verfall der Niederlande: Blok, Bd. V, S. 146ff., und Bd. VI,
    S. 188–192; Schulte, prologue, S. 3–17.
Seite 95. Yorke, Kaufleute sind »Geldraffer«: zitiert in: Schulte, S. 6.
Seite 96. Herder, Holland, »sinken zu sehen«: Schulte, S. 7–8.

Anmerkungen 415

Seite 96. Adams desillusioniert, »Dieses Land«: Adams, *Works,* Bd. VII, S. 418–419.

Seite 96. Colenbrander, gestand nationale Leidenschaft zu: zitiert in: Schulte, S. 6.

Seite 97. Walpole, »ein irdisches Paradies«: 18. Mai 1782, *Corres.,* Bd. XXV.

Seite 97. van der Capellen: van Loon, S. 200; Schulte, S. 21–31.

Seite 98. über Capellen, »Lafayette mit noch locker«: zitiert in: Schulte, S. 22.

Seite 98. Schottische Brigade: Schama, S. 37; van Loon, S. 185; Blok, Bd. V, S. 158.

Seite 99. Capellens Rede: Schulte, S. 26. Edler, S. 32

Seite 101. Colpoys Beschwerde über Salut: Clark, S. 586–588.

Seite 101. Die Smack, die Betsy und ihre Ladung: Augur, S. 23.

Seite 102. Yorke, »Großbritannien das Ansehen zurückgeben«: 29. Mai 1778, zitiert in: Edler, S. 101.

Seite 103. »wie Sand vermehren«: französischer Botschafter Desnoyers hat diesen Ausspruch am 10. September 1776 gegenüber Vergennes in Den Haag gebraucht; zitiert in: Edler, S. 22.

Seite 103. Adams, »ziellose Wut einiger Fanatiker«: 25. September 1780, zitiert in: Smith, *John Adams,* Bd. I, S. 483.

Seite 103. Buffon, »unfruchtbarer Boden«: Diese und andere Äußerungen über Amerika und die Amerikaner von europäischen Reisenden und Pseudo-Wissenschaftlern sind zu finden in: Schulte, S. 133–140.

Seite 106. »Unbegrenztes Freies Geleit« (Unlimited Convoy): Boxer, S. 112–115; Blok, Bd. V, S. 164–168.

Seite 107. Duc de la Vauguyon, »unaufgeregte Politik«: Edler, S. 20.

Seite 108. Gefecht zwischen Admiral Bylandt und Kommodore Fielding: Blok, Bd. V, S. 165–166.

Seite 110. Pläne für Jones: Morison, *Jones,* S. 76–77.

Seite 111. Gefecht der Bonhomme Richard mit der Serapis: Whipple, S. 48–49; Lorenz, S. 288 ff.

Seite 113. Yorkes geheime Kanäle: Edler, S. 17.

Seite 113. Bancroft, »größte Spion«: Augur, S. 136.

Seite 113. Jones, holländische Volk auf seiten der Amerikaner: zitiert in: Schama, S. 62.

Seite 114. Yorke, Proteste über Anwesenheit von Jones: zitiert in: Schulte, S. 72–73; Lorenz, S. 320.

Seite 114. Yorke, »Gestern fiel mir ein«: zitiert in: Lorenz, S. 327.

Seite 115. Jones, »Zugbrücken herabgelassen«: zitiert in: Schulte, S. 73.

Seite 115. de Neufvilles Vertrag: Augur, S. 322; Bemis, S. 289 ff.

Seite 116. Wilhelm V. würde eher die Statthalterschaft niederlegen: Schulte, S. 63.

416   *Der erste Salut*

Seite 116. Geheimnis bald bekannt: van Loon, S. 221, 252ff.
Seite 117. Katharina II., internationale Liga: de Madariaga, S. 383–385.
Seite 118. Katharina, »La mariée est trop belle«: zitiert in: Haslip, S. 278.
Seite 118. Franklin, »jede Nation«: zitiert in: Edler, S. 9.
Seite 119. fünf Prinzipien der Neutralität: Bemis, S. 152ff.
Seite 120. Lord North, in Kabinettssitzung eingeschlafen: Mackesy,
S. 378–379.
Seite 120. Malmesbury, »undankbare, dreckige, dumme Bauern«: 29. No-
vember 1780, Malmesbury, *Diaries,* Bd. I, S. 345.
Seite 122. Laurens wirft Diplomatenpapiere über Bord: Blok, Bd. V, S. 168;
Schulte, S. 148.
Seite 122. Stormont, »gleichbedeutend mit tatsächlicher Aggression«: zitiert
in: Schulte, S. 149.
Seite 123. Laurens-Papiere, »jede Maßnahme rechtfertigen«: zitiert in:
Schulte, S. 149.
Seite 123. Yorke fordert Bestrafung von van Berckel: Schulte, S. 150; Blok,
Bd. V, S. 168.
Seite 123. Adams, »die arroganten Engländer«: zitiert in: Schulte, S. 150.
Seite 123. Adams, »ein wilder Kampfesmut«: 25. Dezember 1780 im Kon-
gress; Adams, *Works,* Bd. VII, S. 346–347.
Seite 124. Holländer treten Neutralitätsliga bei: Blok, Bd. V, S. 168–169;
Madariaga, S. 238.
Seite 124. Lord North, Rede im Parlament zur Verkündung des Kriegs: 25.
Januar 1781, GB Parl.

Kapitel VII
Admiral Rodney tritt auf

Korrespondenz und Bemerkungen über und von Admiral Rodney, die
nicht belegt sind, stammen aus den Biographien von Mundy und Spinney.
Für seemännische Angelegenheiten siehe: Whipple; Mahan, *Types;* Morison, *Jones.*

Seite 127. Rodney, Auftrag St. Eustatius anzugreifen: Mahan, *Types,* S. 217.
Seite 127. Admiralität, »erste Angriffsziele«: Spinney, S. 360; zitiert in:
Sandwich Papers, Bd. IV, S. 128.
Seite 127. Admiralität, »große Mengen von Lebensmitteln«: Mundy, Bd. II,
S. 8.
Seite 128. Angriff auf St. Eustatius »streng geheim«: Mundy, Bd. II,
S. 15.

Anmerkungen 417

Seite 129. Rodney fordert auf, sich zu ergeben: Mundy, Bd. II, S. 12–13.
Seite 130. Rodney, »England schädlicher gewesen«: 7. Februar 1781, *Sand-wich Papers*, Bd. IV, S. 148.
Seite 130. Rodney segelt unter französischer Flagge ein: Miller, S. 591.
Seite 130. Rodneys Beschlagnahmungen: Hartog, Kapitel 9; Jameson, S. 700; Augur, S. 323; Larrabee, S. 165.
Seite 131. Rodney, suchte sich die Juden heraus: Hartog, S. 88; Jameson, S. 705; Hannay, S. 154.
Seite 131. Rodney, »erste Mann, der britische Fahne«: 6. März 1781, zitiert in: Mundy, Bd. II, S. 46.
Seite 131. de Graaff festgesetzt, nach England geschickt: Mundy, Bd. II, S. 46.
Seite 132. Kaufleute, mit dem Feind Handel getrieben: Augur, S. 53.
Seite 133. Papiere beschlagnahmt, zu Lord Germain gesandt: Spinney, S. 420; MacIntyre, S. 163.
Seite 133. Papiere nach dem Krieg verschwunden: Augur, S. 325; Larrabee, S. 168.
Seite 134. Rodneys Frau, »Dir Freude und Dank«: 17. März 1781, Mundy, Bd. II, S. 50–51.
Seite 135. Adams, »welche Düsterkeit«: Adams, *Works*, Bd. VII, S. 523.
Seite 135. Rodney, »Holland einen Verlust erlitten«: Mundy, Bd. II, S. 15–16.
Seite 136. Burke, »Grausamkeit und Despotie«: Debatte vom 30. November 1781, GB Parl.
Seite 138. Germain Hauptverteidiger von Rodney: 30.11.1781, GB Parl.
Seite 139. Rede von Fox: 30.11.1781, GB Parl.
Seite 140. Rede des Kronanwalts von Schottland: 30.11.1781, GB Parl.
Seite 141. Rodney, »dieses Schlangennest«: Mundy, Bd. II, S. 29.
Seite 141. Rodney, »Züchtigung verdient«: zitiert in: Jameson, S. 702.
Seite 142. Konvoi geht verloren: Larrabee, S. 167–168; Jameson, S. 707–708.
Seite 144. Ruf der Familie Rodney stützte sich mehr auf Alter: Hannay, S. 1.
Seite 144 Georg I., Pate des Rodney-Sohnes: Hannay, S. 4; Spinney, S. 19 erklärt diese Behauptung zum Mythos.
Seite 145. Wraxall, »Zwei Leidenschaften«: Wraxall, S. 130.
Seite 145. Walpole, Prinzessin Amalie, »Die kleine Miss Ashe«: 23. Juni 1750, Walpole, *Correspondence*, Bd. IX, S. 106; Wraxall, S. 130.
Seite 145. Rodney, »sich selbst zum Gegenstand seines Diskurses«: Wraxall, S. 130.
Seite 145. Rodney, »persönlich war er eleganter«: Wraxall, S. 130.
Seite 146. Rodney, »der unternehmungslustigste«: Valentine, *Establish-ment*, Bd. II, S. 747.

418   *Der erste Salut*

Seite 147. Admiral King: Hough, S. 219.
Seite 147–8. Admiral Hyde Parker, Lestock, Mathews etc.: MacIntyre,
   S. 20; Lewis, S. 71.
Seite 148. de Grasse, »schärfsten Vorwürfe«: Tornquist, S. 42.
Seite 148. Sandwich, »keine andere Gruppe von Männern«: zitiert in: Mar-
   telli, S. 23.
Seite 148. »charmante Übellaunigkeit auf See«: Anonymous, S. 63.
Seite 149. Mahan über Ausbildung der Seeleute: Mahan, *Influence,* S. 267.
Seite 150. Hakluyt, über Karl V. »mit großer Umsicht«: Richard Hakluyt,
   *The Principal Navigations, Voyages, Traffics, and Discoveries of the Eng-
   lish Nation,* Glasgow, 1903, Bd. I, S. 34–35.
Seite 152. Schlacht bei Kap Finisterre: Lewis. C. L., S. 24–27; MacIntyre,
   S. 27.
Seite 152. Schlacht mit der Gloire: Lewis, C.L., S. 24–26.
Seite 153. System der Verteilung von Kaperprisen: MacIntyre, S. 26; Mori-
   son, *Jones,* S. 68.
Seite 153. Rodneys Anteil betrug 8165 Pfund: Spinney, S. 80.
Seite 153. Eroberung von Havanna: Lewis, C. L., S. 69.
Seite 155. Marine verlor Hälfte ihres Etats: Kennedy, S. 109.
Seite 157. französische Theorie Admiral Grivels: zitiert in: Mahan, *Influ-
   ence,* S. 289.
Seite 158. Victory, Bau erfordert 2.500 Bäume: Whipple, S. 17.
Seite 158–9. Ablauf des Abfeuerns einer Kanone: Morison, *Jones,* S. 41–42.
Seite 159. Mannschaft konnte alle 2 Minuten feuern: Whipple, S. 30.
Seite 159–60. Ablauf des Kreuzens: Morison, *Jones,* S. 58; Larrabee, S. 7.
Seite 161. Maurepas, »C'est piff poff«: zitiert in: Martelli, S. 215.
Seite 163–4. Mathew-Lestock Streit bei der Schlacht von Toulon: Mahan,
   Influence, S. 265–267; Lewis, C. L., S. 22; MacIntyre, S. 20–21.
Seite 163. Mahan, »Schatten bösen Willens«: Mahan, *Influence,* S. 267.
Seite 164. Fighting Instructions: MacIntyre, S. 21; Ency. Brit. 11. Ausgabe:
   »Toulon«; Whipple, S. 13.
Seite 164. Mathews-Lestock Kriegsgerichtsverhandlung: MacIntyre,
   S. 22–23.
Seite 164. »Kiellinie« (Line Ahead): Whipple, S. 45.
Seite 167. Ludwig XVI., »wer wird uns die tapferen Seeleute«: Mundy,
   Bd. II, S. 273.
Seite 169. Admiralität, geht von 35 einsatzfähigen Schiffen aus: James,
   W.M., S. 122; Mahan, *Influence,* S. 341.
Seite 169. Keppel, »das Auge eines Seemannes nicht erfreuen«: James,
   W.M., S. 122; Mahan, *Influence,* S. 341.
Seite 169. Zustände in der Marine: MacIntyre, S. 35–36 und 74–76.
Seite 170. Byng, »will versuchen, das zu vermeiden«: zitiert in: Mahan,
   Types, S. 571–573 und 286–291.

Anmerkungen 419

Seite 170. Byng, Vorwurf der Nachlässigkeit: MacIntyre, S. 37.

Seite 171. Rodney, sammelt Petitionen für Begnadigung: Spinney, S. 131.

Seite 173. John Clerk, Schuljunge aus Edinburgh: Whipple, S. 53–54.

Seite 173. Aufbrechen der »Linie« (Breaking the Line): Mahan, *Influence,* S. 381.

Seite 175. Churchill, »professionelle Hierarchie der Royal Navy«: Hough, S. 247.

Seite 176. Schlachten von Brest und Kap Finisterre: Spinney, S. 75–84.

Seite 178. Georg II., über Rodneys Jugend: Mundy, Bd. I, S. 43.

Seite 180. Walpole, »Straßen unserer Hauptstadt«: 18. Mai 1782, *Corresp.,* Bd. XXV, S. 277.

Seite 180. Mahan, »Königreich von Großbritannien«: Mahan, *Influence,* S. 291.

Seite 182. Quiberon Bay, »größte Sieg«: Valentine, *Establishment,* Bd. I, S. 429.

Seite 182. Rodney in Le Havre: Mundy, Bd. I, S. 54–55; Spinney, S. 153 ff.

Seite 182. Admiralsfarben: Brief an die Autorin von der Naval Historical Library of Ministry of Defence, London, 2. November 1987.

Seite 183. Georg III., »unsere Inseln«: Sandwich Papers, Bd. III., S. 163.

Seite 184. Sandwich, Flotte auf den Leewards »sehr beklagenswert«: Sandwich Papers, Bd. III, S. 163.

Seite 185. Rodney auf Martinique 1761, »zum Schweigen gebracht«: Mundy, Bd. I, S. 69–70.

Seite 186. Rodney, »schönsten und besten Hafen«: Mundy, Bd. I, S. 73.

Seite 188–9. Rodneys Biograph, von dem Moment: Mundy, Bd. I, S. 99.

Seite 189. über Rodneys Karriere und seine Ränge: Spinney, appendix XI.

Kapitel VIII
Die französische Intervention

Für politische Streitigkeiten in der Royal Navy: Wraxall, Spinney. Informationen über die *Carlisle Peace Mission:* Townshend, McDevitt.

Seite 194. Seegefecht von Ushant und seine Folgen: James, W.M., S. 124–142; Griffith, S. 518–519; Mahan, *Influence,* S. 350–353.

Seite 195. Palliser-Keppel Streit: Miller, S. 336–337; Mackesy, S. 239–243; James, B., S. 135–142.

Seite 196. Opposition, »Sturm von Schmähungen«: Jesse, Bd. II, S. 241.

Seite 196. Londoner Mob feiert Freispruch: Spinney, S. 292; Griffith, S. 542.

420   Der erste Salut

Seite 196. North klettert auf das Dach: Miller, S. 336.
Seite 197. Offiziere nicht unter Sandwich dienen: Spinney, S. 292.
Seite 197. Wraxall, »leidenschaftlich war die Parteilichkeit«: Wraxall, S. 306.
Seite 197. Hood, »solchen Mangel an Disziplin«« George A. Billias (Hrsg.),
    George Washington's Opponents: British Generals and Admirals in the
    American Revolution, New York, 1969, S. 297.
Seite 198. Barrington, »in den Wahnsinn getrieben«: zitiert in: Mackesy,
    S. 354.
Seite 198. ein moderner Historiker, Callender: Callender, S. 15–16; Lewis,
    C. L., S. 67–68; Kennedy, S. 109.
Seite 200. Willcox, »unglaublich falsche Prämisse«: Willcox, Portrait,
    S. 143.
Seite 200. Willcox, »intellektuelle Unzulänglichkeiten«: Willcox, Portrait,
    S. 143.
Seite 201. Stormont, »haben keine Kenntnis«: Walpole, Last Journals, Bd.
    II, S. 335.
Seite 201–2. Germain, »äußersten Kräfte dieses Königreichs«: Miller, S. 338.
Seite 202. Herzog von Richmond rät Keppel: zitiert in: James, W.M.,
    S. 121.
Seite 203. Pitt, »man kann Amerika nicht erobern«: 20. November 1777, GB
    Parl.
Seite 205. North, Friedens- und Versöhnungsvertrag: Willcox, Portrait,
    S. 219 ff.; Griffith, S. 469 ff.
Seite 207. Johnstone, Kriegsgericht befindet ihn schuldig: Valentine, Esta-
    blishment, Bd. II, S. 499.
Seite 208. Johnstones Bestechungen: Miller, S. 332–333.
Seite 209. Carlisle Manifest: Miller, S. 333.
Seite 209. Kongreß, »hinterlistige Pläne«: Carl van Doren, Secret History of
    the American Revolution, New York, 1951, S. 114.
Seite 209. unveröffentlichter Entwurf: Stevens, B.F., Bd. V, S. 529.
Seite 210. Tryon Proklamation: Townshend, S. 24.
Seite 211. Tryons Strafexpedition: Townshend, S. 37–38.
Seite 212. Mord an Benjamin English: The Connecticut Journal; 3. Juli,
    1779; zitiert in: Townshend, S. 27.
Seite 212. Widerstand von Dr. Naphtali Daggett: Townshend, S. 74–75,
    DAB.
Seite 214. Walpole, »vergleichbar mit Dänemark oder Sardinien«: 3. Januar
    1781, Walpole, Corres., XXXIX, S. 354.
Seite 214. Germain, »Wie Karthago wird es stürzen«: zitiert in Miller: S. 339.
Seite 215. d'Estaing: Clinton, S. 99; Mahan, Influence, S. 359–363.
Seite 215. »in der spitzbübischsten Manier«: zitiert in: Miller, S. 330.

Anmerkungen 421

Kapitel IX
Der Tiefpunkt der Revolution

Seite 217. Sandwich, Bevollmächtigter soll Rodney kontrollieren: 17. September 1779, Fortescue, Bd. IV, S. 448.

Seite 218. Rodney, »Verzögerungen sind schlimmer«: Mundy, Bd. I, S. 173.

Seite 219. de Biron, »seine Geldbörse zur Verfügung«: April 1779, Mundy, Bd. I, S. 177ff.

Seite 219. de Biron-Episode: Spinney, S. 283–288.

Seite 219. König, »Je vous envie«: zitiert in: Spinney, S. 286.

Seite 220. Ritz Hotel, Wohnsitz von Duc de Lauzon: Whitridge, S. 128.

Seite 220. Ausgaben von Duc de Lauzon: Manceron, S. 253.

Seite 221. Gläubiger waren so »laut« geworden: Spinney, S. 284.

Seite 222. Hardy, »Glauben die Leute zu Hause«: zitiert in: James, W. M., S. 174–175.

Seite 222. Admiral Geary, »völlig debil«: zitiert in: Mackesy, S. 355.

Seite 222–3. Landungsoperation der Franzosen: James, W. M., S. 177–184; Mackesy, S. 280ff.

Seite 223. D'Orvilliers, »mittelmäßige Kapitäne«: zitiert in: James, W. M., S. 177.

Seite 224. England war alarmiert: Griffith, S. 556.

Seite 224. Duc de Chatelet, »Ignoranz und Schwäche«: zitiert in: James, W. M., S. 181–182.

Seite 225. Rodney, »außerordentlicher Mangel an Fleiß«: Mundy, Bd. I, S. 203.

Seite 226. Sprecher der Opposition, »eine verderbliche Regierung«: zitiert in: Griffith, S. 572–573.

Seite 226. Sandwich, »Um Gottes willen, stecht in See«: zitiert in: Martelli, S. 215.

Seite 226. Rodney, der Held der Stunde: Walpole, Corres., Bd. XXVII, S. 46, 27; Hannay, S. 104.

Seite 227. der »brillante Sturm«: Hannay, S. 100.

Seite 228. Horace Mann, »wie ein Lauffeuer«: 11. März 1780, Walpole, Corres., Bd. XXV, S. 24.

Seite 229. Briefe von Rodneys Frau und Tochter: Mundy, Bd. I, S. 259, 262.

Seite 229. Walter Youngs Behauptung: MacIntyre, S. 105.

Seite 229. Gratulation von Sandwich: Mundy, Bd. I, S. 265.

Seite 230. Sir John Ross, »unsere Expedition«: Sandwich Papers, Bd. III, S. 204.

Seite 230. Walpole, fast grundlegende Annahme: 27. Februar 1780, Walpole, Corres., Bd. II, S. 84.

Seite 230. Adams, »Siege zur See«: zitiert in: Miller, S. 596.

422   *Der erste Salut*

Seite 231. Rodneys jährliche Pension: MacIntyre, S. 143.
Seite 232. Rodney, »Nicht im Parlament zu sein«: zitiert in: Spinney, S. 343.
Seite 232. Mahan, »das Ziel, an dem er unbeirrbar festhielt«: Mahan, *Influence,* S. 378.
Seite 233. Signalsystem: MacIntyre, S. 111–112, 120; Hannay, S. 125; Spinney, S. 321.
Seite 233. 17. April 1780, Überraschungsangriff: Hannay, S. 129–135; Mahan, *Influence,* S. 378–380; Lewis, C. L., S. 86–93; MacIntyre, S. 177 ff.; Spinney, S. 320 ff.; James, W. M., S. 198 ff.
Seite 234. Rodney, »nackten Ungehorsam«: zitiert in: Spinney, S. 329.
Seite 234. Rodneys offizieller Bericht an die Admiralität: Mundy, S. 102 ff.
Seite 235. Verfolgung Guichen: MacIntyre, S. 137.
Seite 236. Rodney, »mein Auge mehr fürchten«: Sandwich Papers, Bd. III, S. 215; Mundy, Bd. I, S. 295.
Seite 237. Rodney wollte Flotte an amerikanische Küste führen: MacIntyre, S. 149; Hannay, S. 144.
Seite 238. Clinton, »Um Himmels willen«: zitiert in: Willcox, *Portrait,* S. 269.
Seite 239. Clinton, »flehte seine Majestät an«: Clinton, S. 137.
Seite 239. Clinton, Flehen wird zum »Gebet«: Clinton, S. 149, 173.
Seite 239. Cornwallis, »was ist unser Plan«: 10. April 1781, Cornwallis, *Corres.,* Bd. II, S. 87.
Seite 240. General Murray. »Jede Woche eine Schlacht verlieren«: zitiert in: Mackesy, S. 407.
Seite 240. Rodney, »flog auf den Schwingen patriotischer Begeisterung«: zitiert in: Spinney, S. 346.
Seite 240. Arbuthnot, »selbst die rudimentärsten Kenntnisse«: DNB über Arbuthnot.
Seite 241. Clinton, »in große Bestürzung versetzt«: PRO Clinton Papiere, Dokument 30/20/12 102388.
Seite 241. Clinton, »Euer glückliches Eintreffen«: PRO Clinton Papiere, Dokument 30/20/12 102388.
Seite 242. Clinton, »von diesem alten Gentleman kann man«: zitiert in: Griffith, S. 596.
Seite 242. Rodneys Verhalten, »wie gewöhnlich zu preisen«: zitiert in: Spinney, S. 353.
Seite 243. »fatale Maßnahme« sich aus Rhode Island zurückzuziehen: Mundy, Bd. I, S. 429; Spinney, S. 348.
Seite 243. Arbuthnot, »Rhode Island für die Marine«: Clinton, S. 145.
Seite 243. »der Admiral den General haßt«: zitiert in: Willcox, *Portrait,* S. 332.
Seite 244. Rodney plant Scheingefecht: 18. September 1780, Clinton Papiere, PRO, Dokument 30/20/12; Spinney, S. 348.

Anmerkungen 423

Seite 244. Rodney, Krieg »mit unvorstellbarer Nachlässigkeit«: Mundy, Bd.
I, S. 428.
Seite 245. Washington, »Aussichten unendlich viel schlechter«: Fitzpatrick,
Writings, Bd. XVII, S. 272.
Seite 245. Rationen auf Achtel gekürzt: Morris und Commager, S. 121.
Seite 245. Meuterei der Regimenter aus Pennsylvania: Griffith, S. 618–620;
Miller, S. 542–545.
Seite 246. General von Steuben, »auch Caesar und Hannibal«: zitiert in:
Miller, S. 562.
Seite 246. Washington, »haben wir nichts«: Fitzpatrick, *Diaries,* Bd. II,
S. 208.

Kapitel X
»Eine erfolgreiche Schlacht kann uns Amerika geben«

Seite 250. Lord North, »Amerika ein eigenständiges«: zitiert in: Miller,
S. 585.
Seite 250. Clinton, »Ich habe alles zu hoffen«: zitiert in: Mackesy, S. 385.
Seite 250. Germain, »unsere Überlegenheit«: zitiert in: Miller, S. 612.
Seite 251. Murray, »ich gehe davon aus«: zitiert in: Mackesy, S. 384.
Seite 251. Horace Mann, »kein entscheidender Schlag«: Walpole, *Corres.,*
Bd. XXV, S. 83.
Seite 251. Clinton, »dreimal in der Gefahr«: Clinton, S. 99.
Seite 252. Washington, »Finanzhilfe würde es uns ermöglichen«: 15. Januar
1781. Fitzpatrick, *Writings,* Bd. XXI, S. 108.
Seite 252. Washington, »nicht den Schatten einer Decke«: 6. Juli 1780, zitiert
in: Freeman, Bd. V, S. 177.
Seite 253. Greene, »Sprotte im Bauch des Wals«: zitiert in: Freeman, Bd. V,
S. 177.
Seite 253. Washington, »fast die Hoffnung verloren«: zitiert in: Miller, S. 528.
Seite 255. Duc de Lauzun, »große Sympathien unter den Amerikanern«:
Rochambeau, *Memoirs,* S. 28.
Seite 256. Washington, »es ist aus der Distanz«: 31. August 1780, Fitzpa-
trick, *Writings,* Bd. XIX, S. 482.
Seite 257. Hamilton über Gates' Flucht: Dupuy, S. 366.
Seite 259. Clinton, »einige Befestigungen angemessen verstärken«: zitiert in:
Willcox, AHR, S. 5.
Seite 259. »diese Landclowns«: zitiert in: Miller, S. 156.
Seite 260. Lafayette, »benötigen immer dringender«: Izarday, S. J. (Hrsg.),
Lafayette in the Age of the American Revolution, Ithaca, N.Y., 1980.

424   *Der erste Salut*

Seite 260. Hartford-Konferenz: Sparks, Bd. VII, S. 110, 130, 137, 171.
Seite 262–3. Oberst Balfour, »Überlaufen zu den Rebellen«: zitiert in: Fleming, S. 58.
Seite 264. Cornwallis' stille Zusicherung: Wickwire, S. 107.
Seite 265. Clinton, »nie ein herzliches Verhältnis haben«: zitiert in: Larrabee, S. 104.
Seite 265. Clinton, »vernachlässigt und schlecht behandelt«: zitiert in: Miller, S. 597.
Seite 265. Stundenplan in Turin: Wickwire, S. 25–26.
Seite 266. Lord Camden, Declaratory Bill »absolut illegal«: 24. Februar 1776, GB Parl, Bd. I, S. 364–367.
Seite 267. Cornwallis meldet sich freiwillig: Wickwire, S. 79; Valentine, *Establishment,* Bd. I, S. 207.
Seite 268. Cornwallis, »offensiven Krieg in Amerika«: 10. April 1781, Cornwallis, *Corres.,* Bd. I, S. 87–88.
Seite 268. »Eine erfolgreiche Schlacht kann uns Amerika geben«: Cornwallis, *Corres.,* Bd. I, S. 87–88.
Seite 268–9. Arnold verkauft sich an die Briten: Willcox, *Portrait,* S. 341; Morris und Commager, S. 122.
Seite 269. 2 Guineen pro Mann: Griffith, S. 600.
Seite 269. Tarleton beschuldigt Vieh zu verbrennen: zitiert in: Wickwire, S. 258.
Seite 269. Waxhaw-Massaker: Dupuy, S. 347.
Seite 269. Greene, »Wir kämpfen, werden geschlagen«: 22. Juni 1781, zitiert in: Dupuy, S. 411.
Seite 270. Fuchs der Sümpfe, »Leute durch Schrecken«: zitiert in: Wickwire, S. 191.
Seite 270–1. Fergusons Proklamation: Wickwire, S. 208.
Seite 271. Ferguson, »muß etwas geschehen«: Dupuy, S. 368.
Seite 272–3. Schlacht von King's Mountain: Wickwire, S. 195ff., Dupuy, S. 367–70.
Seite 272. Cornwallis, »Heimtückisch und kleinmütig«: zitiert in: Wickwire, S. 221.
Seite 272. Loyalisten gefangengenommen und gehängt: zitiert in: Wickwire, S. 218.
Seite 274. Greene, »Wünsche der großen Mehrheit des Volkes«: 19. November 1780, zitiert in: Malone, S. 232.
Seite 274. Washington, »eine Handvoll Männer«: zitiert in: Freeman, Bd. V, S. 177.
Seite 274. Washington, »dieselbe großzügige Vorsehung«: zitiert in: Freeman, Bd. V, S. 250.
Seite 274. Washington, »das Spiel in unseren Händen«: Juni 1781, zitiert in: Freeman, Bd. V, S. 295.

Anmerkungen 425

Seite 275. Tarleton empfing Befehl »Morgan zu bedrängen«: zitiert in: Dupuy, S. 378.

Seite 275. Cowpens: Dupuy, S. 379–388.

Seite 275. Morgan, »Kopf hoch, Jungs«: zitiert in: Davis, S. 99.

Seite 276. Cornwallis, »fast das Herz gebrochen«: zitiert in: Wickwire, S. 269.

Seite 276. Greene, »erscheint mir nichts schwierig«: zitiert in: Bass, S. 162.

Seite 277. O'Hara, »Ohne Bagage, ohne Proviant«: 20. April 1781, Wickwire, Titelseite.

Seite 277. Cornwallis ließ Troß zurück: Wickwire, S. 276.

Seite 278. General O'Hara, »Fatale Verblendung«: Wickwire, S. 276.

Seite 279. Cornwallis, »so ängstlich und dumm«: zitiert in: Wickwire, S. 243.

Seite 280. »schrien, husteten, ertranken, «: zitiert in: Wickwire, S. 280.

Seite 281. Morgan, »ersten Mann, der davonlief«: zitiert in: Dupuy, S. 395.

Seite 281. Schlacht vom Guildford-Courthouse: Dupuy, S. 394–404.

Seite 282. Fox, »Noch solch ein Sieg«: zitiert in: Dupuy, S. 405.

Seite 282. Cornwallis, »den einzig möglichen Plan«: zitiert in: Wickwire, S. 320.

Seite 282. Laurens soll in Frankreich »die Notlage des Landes«: Rochambeau, *Memoirs,* S. 32–33.

Seite 283. Laurens, »Unerschrockenheit, die an Tollkühnheit grenzt«: zitiert in: Encyc. Brit. über Laurens.

Seite 283. Washington, »niederdrückende Bürde«: Fitzpatrick, *Writings,* Bd. XXI, S. 106–107.

Seite 284. Washington, »Wir sind am Ende«: Fitzpatrick, *Writings,* XXI, S. 439.

Seite 284. Laurens als Sonderbotschafter: Aldridge, S. 217–220.

Seite 284. Laurens, »zu sehr brüskiert«: van Doren, S. 626.

Seite 285. Laurens, »den Säbel«: zitiert in: Fleming, S. 17–18.

Seite 286. Auftrag Ludwig XVI.: Corwin, S. 293; Lewis, C.L., S. 99.

Seite 287. de Grasse, im Kampf zwei Meter groß: zitiert in: Whipple, S. 47.

Seite 288. Clinton, »zum Oberbefehlshaber ernannt werden sollte«: zitiert in: Spinney, S. 355.

Seite 288. Sturmschaden: Spinney, S. 354–357; Griffith, S. 615; Mundy, Bd. I, S. 448ff.

Seite 289. MacKenzie, »der Verlust auch nur der Hälfte«: 29. März 1781, MacKenzie, S. 497.

Seite 290. Rodney, »ich kenne niemanden«: zitiert in: Spinney, S. 359.

Seite 290. Nelson über Hood: DNB.

Seite 291. Sandwich, »Es ist sehr schwer gewesen«: zitiert in: MacIntyre, S. 158.

Seite 291. Hoods bösartige Briefe: Larrabee, S. 171–172.

Seite 292. Rodney, »geistige und körperliche Müdigkeit«: Mundy, Bd. II, S. 47–49.

426   *Der erste Salut*

Seite 292. Sandwich, »Die ganze Regierung«: Mundy, Bd. II, S. 104.
Seite 292. Sandwich, Der Krieg »kann nicht viel länger andauern«: Mundy,
Bd. II, S. 105.
Seite 293. Rodney, »eine bloße Wüste«: Mundy, Bd. II, S. 97–98.
Seite 293. Geheimdienstbericht von Sandwich an Rodney: Mundy, Bd. II,
S. 59–60.
Seite 293. Mme du Deffand: 13. März 1780, Walpole, *Corres.,* Bd. VII,
S. 212.
Seite 294. Kapitän Timothy Folger, Golfstrom: A.B.C. Whipple, *Restless
Oceans,* Alexandria, Va., S. 23ff.
Seite 297. Rochambeau, Wethersfield-Plan: Rochambeau, *Memoirs,* S. 50;
Larrabee, S. 243–244; Lewis, C.L., S. 121, 133.
Seite 297. Rochambeau, »ernsthafte Krise«: Larrabee, S. 152–153; Lewis,
C.L., S. 119–125.
Seite 299. de Grasse wählt Chesapeake Bay: Lewis, C.L., S. 138–139; Ma-
han, *Influence,* S. 388.
Seite 300. Washington, »einen großen Entscheidungsschlag«: Fitzpatrick,
Writings,, Bd. XXII, S. 206.
Seite 301. »schöne, blaue Mündung«: Gallatin, S. 41.
Seite 302. Cornwallis Wahl von Yorktown: Wickwire, S. 328, 349–352; Will-
cox, AHR, S. 19–20.

Kapitel XI
Der kritische Augenblick

Seite 305. Gefecht von Hood und de Grasse vor Martinique: Lewis, C.L.,
S. 109–113; Spinney, S. 370–372.
Seite 307. Konsequenz aus Rodneys Verzicht auf Verfolgung de Grasse':
Spinney, S. 374; MacIntyre, S. 178–180.
Seite 308. Rochambeaus Briefe, »ernste Krise«: Tornquist, S. 49; Lewis,
C.L., S. 133–135.
Seite 308. de Barras, »was wir hier am meisten brauchen«: Tornquist,
S. 53.
Seite 308. de Grasse bietet Verpfändung seines Privatvermögens an: Lewis,
C.L., S. 138; Anonymous, S. 151–152; Larrabee, S. 155.
Seite 309. Entscheidung die ganze Flotte einzusetzen: Lewis, C.L., S.
138–139; Larrabee, S. 156; Mackesy, S. 419.
Seite 309. de Grasse, abschließender Brief: Lewis, C.L., S. 138; Mackesy,
S. 414.
Seite 311. Rodneys Warnung an Admiral Graves: Larrabee, S. 173–174.

Anmerkungen 427

Seite 312. Brief an den Earl von Carlisle: Mundy, Bd. II, S. 151.

Seite 312. Rodneys Befehle an Sir Peter Parker: Mackesy, S. 423; Willcox, AHR, S. 22.

Seite 312. Rodney, »Das Schicksal Englands«: Mahan, *Types*, S. 233; Mundy, Bd. II, S. 139.

Seite 313. Rodney, »die Franzosen ihren großen Schlag ausführen«: zitiert in: Larrabee, S. 179.

Seite 313. Warnung an Graves kam nie an: James, W. M., S. 284.

Seite 313. Hood und Graves konferieren auf Long Island: Willcox, *Portrait*, S. 421.

Seite 315. Rodney tritt versprochenen Urlaub an: Mundy, Bd. II, S. 143 ff.

Seite 315. Rodney, »um diese Ehre gebracht wurde«: 17. September 1781, Mundy, Bd. II, S. 151.

Seite 316. Hothams Konvoi von Franzosen gekapert: James, W. M., S. 305–306; Mundy, Bd. II, S. 61.

Seite 317. Rodney, »entschlossen zu dienen«: zitiert in: Spinney, S. 383.

Seite 317. Hood, »wenn Sir Rodney den Verband«: zitiert in: Spinney, S. 382.

Seite 317. Rodney, »nach meiner wenig maßgeblichen Meinung«: zitiert in: Spinney, S. 382.

Seite 318. Tornquist über Anleihe aus Kuba: Tornquist, S. 53.

Seite 318. de Grasse wählt Bahama-Kanal: Lewis, C. L., S. 140; Mahan, *Influence*, S. 388.

Seite 318. Hood, fand kein Zeichen eines fremden Segels: Lewis, C. L., S. 152; Willcox, AHR, S. 25, 90.

Seite 319. Graves, »überhitzte Vorstellung«: zitiert in: Willcox, *Portrait*, S. 417.

Seite 319. Rodney, unmöglich, rechtzeitig Verstärkung zu schicken: zitiert in: Miller, S. 604.

Seite 320. de Lauzun, »die Briten mit Blindheit geschlagen«: Lauzun, S. 200.

Seite 321. französische Regierung, mehr gezahlt »als Kongress erwarten durfte«: zitiert in: Miller, S. 592.

Seite 324. Washington, »ich war gezwungen«: 14. August 1781, Fitzpatrick, *Diaries*, Bd. II, S. 254; Gallatin, S. 21.

Seite 325. Aktien stiegen um sechs Prozent: 13. März 1781, Walpole, *Corres.*, Bd. XXV, S. 139.

Seite 325. Zarin bietet Vermittlung an: Walpole, *Corres.*, Bd. XXV, S. 139.

Seite 325. Walpole, »auf den Flügeln des Windes«: Walpole, *Corres.*, Bd. XXV, S. 139.

Seite 325. Walpole, »verachtungswürdiges Verhalten des Hofes«: 30. September 1781, Walpole, *Last Journals*, Bd. II, S. 374.

428   Der erste Salut

Kapitel XII
Die letzte Chance – der Yorktown-Feldzug

Seite 328. Washington gab Befehl für Marsch: Fitzpatrick, Writings, Bd.
XXII, S. 500.
Seite 328. Kavallerielegion des Duc de Lauzun: Davis, S. 6.
Seite 329. Washington, »die gegenwärtige Zeit so interessant«: zitiert in:
Lewis, C. L., S. 148.
Seite 329. de Grasse, »das Unmögliche tun«: zitiert in: Lewis, C. L., S. 155.
Seite 329. Graf de Deux-Ponts, »nicht die geringste Ahnung«: Deux-Ponts,
My Campaigns, S. 126.
Seite 331. Clinton, »Cornwallis ist ziemlich sicher«: zitiert in: Willcox,
AHR, S. 5.
Seite 332. Clintons Bestellungen für Lebensmittel und Alkohol: Dokument
250:20:22 und 250:20:30, Clinton Papers, Clements Library.
Seite 332. 148 Stabsoffiziere in New York: Manual of the Common Council
of New York, Clinton Papers, Clements Library.
Seite 332. Clinton, »ist ein richtiger Monopolist«: zitiert in: Stevens, S. 1139.
Seite 333. Washington beobachtet die Fähren: Blanchard, S. 129, 130.
Seite 333. Washington, »Ich habe die Freude«: Fitzpatrick, Writings, Bd.
XXIII, S. 25.
Seite 334. Deux-Ponts, »ein wenig Kühnheit und Geschick«: Deux-Ponts,
My Campaigns, S. 123.
Seite 334. Smith, »keinen Unternehmungsgeist«: zitiert in: Fleming, S. 99.
Seite 335. Clinton, »Amerika nicht mehr zählt«: zitiert in: Willcox, Portrait,
S. 355–356.
Seite 336. Clintons Furcht vor Entblößung New Yorks: zitiert in: Wickwire,
S. 335.
Seite 338. Clinton, »Dinge scheinen sich schnell auf eine Krise«: zitiert in:
Willcox, AHR, S. 26.
Seite 338. Clinton, »Sobald der Seeweg frei ist«: Willcox, AHR, S. 26.
Seite 339. von Closen, »angenehmer, fleißiger, extrem intelligenter«: xxii–
xxiii.
Seite 340. von Closen, »sehr schönes kleines Tal«: von Closen, S. 109.
Seite 341. über Princeton: Blanchard, S. 134.
Seite 341. Auftauchen einer Flotte: Freeman, Bd. V, S. 315.
Seite 341. Marschkolonnen trafen in Philadelphia ein: Deux-Ponts, My
Campaigns, S. 26 ff.; von Closen, S. 120–121; Gallatin, S. 126.
Seite 343. Mahlzeit im Hause Robert Morris': von Closen, S. 117.
Seite 343. Dinner im Hause Joseph Reeds: von Closen, S. 119.
Seite 344. Washington, »zerrissen von Sorge«: Fitzpatrick, Writings, Bd.
XXIII, S. 77.

Anmerkungen 429

Seite 344. Kurier von de Grasse: Freeman, Bd. V, S. 321.
Seite 344. Washington sprang auf und nieder: von Closen, S. 123; Freeman, Bd. V, S. 322.
Seite 345. Neuigkeit trifft in Philadelphia ein: Gallatin, S. 27, 31; Scott, S. 16–17.
Seite 345. Hochrufe auf Ludwig XVI.: Gallatin, S. 27, 31; Scott, S. 16–17.
Seite 345. Schlacht in der Chesapeake Bay: Lewis, C. L., S. 156–169; Larrabee, S. 184–223; James, W. M., S. 288–296; Tornquist, S. 58–61.
Seite 347. Graves, »wirksamen Beistand«: zitiert in: Lewis, C. L., S. 169.
Seite 348. Tornquist, »angenehme Überraschung«: Tornquist, S. 57.
Seite 350. Clinton, »Ihr sollt versichert sein«: Clinton, S. 563.
Seite 350. Clinton, »Ich glaube der beste Weg«: Clinton, S. 564.
Seite 350. Clinton, »Sie sind bereits an Bord«: zitiert in: Wickwire, S. 362.
Seite 351. »Stimmung auf die notwendige Höhe«: von Closen, S. 124.
Seite 351. ein Tag, »der in die Annalen eingehen wird«: zitiert in: Davis, S. 82.
Seite 351–2. Washingtons Besuch in Mount Vernon: Freeman, Bd. V, S. 324–327; Gallatin, S. 36–37.
Seite 352. Washington, »Lord Cornwallis ohne Proviant und Nachschub«: zitiert in: Davis, S. 87.
Seite 353. Tornquist, Land um Williamsburg »sehr fruchtbar«: Tornquist, S. 75.
Seite 353. Tornquist über Mord an schwangerer Frau: Tornquist, S. 57.
Seite 353. Tornquist, »Zeugen des gottlosen Wütens«: Tornquist, S. 58.
Seite 353. das Ungeborene der Mutter aus dem Leibe gerissen: Anonymous, S. 78.
Seite 354. Washington trifft de Grasse: Tornquist, S. 64; Lewis, C. L., S. 172–175; Freeman, Bd. V, S. 334–336.
Seite 354. de Grasse, »Mon cher petit général«: zitiert in: Stone, S. 410.
Seite 354. Washington befragt de Grasse: Scott, Corres., S. 36–41.
Seite 356. Überquerung des Susquehanna: von Closen, S. 125.
Seite 357. Weigerung Mr. Walkers, Geld anzunehmen: von Closen, S. 128.
Seite 357. Brander: James, B., S. 116–117; Tornquist, S. 64–66.
Seite 359. von Closen, »sie alarmierte und beunruhigte«: von Closen, S. 133.
Seite 359. de Grasse, erklärt, daß er York aufgeben wolle: Doniol, Bd. V, S. 544; Scott, Corres., S. 45–47; von Closen, S. 134; Freeman, Bd. V, S. 340.
Seite 360. Washington, »schmerzliche Sorge«: Scott, Corres., S. 48–50; Fitzpatrick, Writings, Bd. XXIII, S. 136–139.
Seite 361. de Grasses Flottenkapitäne, »ein Abzug die Ziele«: Scott, Corres., S. 51–52; zitiert in: Freeman, Bd. V, S. 343.
Seite 361. de Grasse erklärt sich bereit zu bleiben: von Closen, S. 136; Scott, Corres., S. 51–53.

430   *Der erste Salut*

Seite 362. Smith, »Eine Woche wird entscheiden«: zitiert in: Fleming, S. 214.

Seite 363. Graves schreckliche Worte, »die Feinde«: zitiert in: Willcox, AHR, S. 28.

Seite 363. Smith, Stabsoffiziere »servil«: zitiert in: Fleming, S. 218.

Seite 364. Robertson, Passivität könne die britische Position unhaltbar machen: Willcox, AHR, S. 28.

Seite 364. Clinton ruft Rat zusammen: Fleming, S. 219.

Seite 365. Cornwallis, »Wenn Ihr mich nicht sehr bald entsetzen könnt«: Clinton Cornwallis Controversy, Bd. II, S. 158.

Seite 366. über Verspätungen und Verschiebungen in New York: Willcox, *Portrait,* S. 427–436; Willcox, AHR, S. 28–31.

Seite 366. MacKenzie, »Unsere Generäle«: MacKenzie, S. 641.

Seite 366. Rawdon, »verblendete arme Teufel«: zitiert in: Miller, S. 164.

Seite 367. »Digby, Digby!«: zitiert in: Willcox, *Portrait,* S. 432.

Seite 367. MacKenzie, »unsere Flotte die ihre schlägt«: Diary, Eintragung vom 24. September.

Seite 367. Besuch des Prinzen William Henry: Willcox, *Portrait,* S. 433; MacKenzie, S. 64.

Seite 367. Gerücht, daß Prinz Amt des Gouverneurs übernehme: Rochambeau, *Memoirs,* S. 67.

Seite 367–8. Cornwallis, »täglichen Erwartung«: Mackenzie, S. 664–671.

Seite 368. Smith, »Jede Stunde ist kostbar«: Willcox, *Portrait,* S. 432.

Seite 368. MacKenzie, drei Tage für Manöver bei Sandy Hook: MacKenzie, S. 653.

Seite 368. Smith, »den Feind dem Frieden geneigt machen«: zitiert in: Fleming, S. 224.

Seite 368–9. MacKenzie, »genausogut zehn Monate bleiben«: MacKenzie, S. 653–654.

Seite 369. Clinton, »Bank bei Sandy Hook«: Clinton Cornwallis Controversy, Bd. II, S. 172.

Seite 369. Clinton, »Angriff auf Philadelphia«: MacKenzie, S. 611.

Seite 371. Cornwallis, »direkter Entlastungsangriff«: Clinton, S. 581.

Seite 371. Leutnant James, »überall tödlich verwundete«: James, B., S. 122.

Seite 371. Gefecht zwischen Tarleton und de Lauzun: Wickwire, S. 372–374.

Seite 372. Sturmangriff auf die Redouten: James, B., S. 121–126; Gallatin, S. 41–44; Freeman, Bd. V, S. 369–371; Deux Pont, *My Campaigns,* S. 142–149.

Seite 372. Washingtons ermahnende Ansprache: zitiert in: Freeman, Bd. V, S. 369.

Seite 373. Major McPherson gab sich geschlagen: Fleming, S. 289.

Seite 373. Cornwallis, »Lage ist sehr kritisch«: Cornwallis, *Corres.,* Bd. I, S. 125; zitiert in: Wickwire, S. 382.

Anmerkungen 431

Seite 375. Cornwallis, »Einstellung der Feindseligkeiten«: zitiert in: Freeman, Bd. V, S. 377.

Seite 376. Washington, »inständige Sehnsucht«: Fitzpatrick, _Writings,_ Bd. XXIII, S. 236–237.

Seite 376. Cornwallis, »die schmerzliche Pflicht«: 20. Oktober 1781, Clinton, S. 583.

Seite 378. Waffenstillstandsverhandlungen: Freeman, Bd. V, S. 379–385.

Seite 378. Washington über Cornwallis, »über jede Vorstellung«: Fitzpatrick, _Writings,_ Bd. XXIII, S. 210.

Seite 378. Washingtons Sicht: Freeman, Bd. V, S. 106.

Seite 379. Laurens, »nicht der einzelne«: zitiert in: Fleming, S. 322.

Seite 380. Kapitulations-Zeremonie: Blanchard, S. 141; Stone, S. 472–474.

Seite 380. »The World Turned Upside Down«: Freeman, Bd. V, S. 388.

Seite 380. Briten, »sehr unter Alkohol«: zitiert in: Freeman, Bd. V, S. 390.

Seite 380. Briten zeigten »Verachtung«: Blanchard, S. 152.

Seite 380. Lafayette befahl Yankee Doodle: Fleming, S. 328–329.

Seite 382–3. Adams, »größte Frage«: Smith, _John Adams,_ Bd. I, S. 270.

Epilog

Seite 385. Nachricht von Tench Tilghman: Stone, S. 487.

Seite 385. »Gornwallis ist gedaken«: Johnston, S. 158.

Seite 386. Washington, »verbessernden Einfluß«: zitiert in: Smith, _People's History,_ Bd. III, S. 21–22.

Seite 386. Lafayette führte amerikanische Erde mit sich: Woodward, S. 451.

Seite 387. englischsprachiges Regiment unter de Bouillé: Tornquist, S. 78.

Seite 388. Schlacht bei den Inseln The Saints: in allen Rodney Biographien; außerdem in: Lewis, C. L., S. 225–254; Whipple, S. 56–61; Mahan, _Influence,_ S. 485–493; Anonymous, S. 126.

Seite 388–9. Douglas, »Brecht nur die Linie«: MacIntyre, S. 232; Spinney, S. 398–399; S. 427–429.

Seite 390. Armsessel auf Achterdeck: Jesse, Bd. II, S. 396; Wraxall, S. 307.

Seite 391. Hood, »melancholischste Nachricht«: zitiert in: Freeman, Bd. V, S. 400.

Seite 391. Erster Minister, »O Gott«: Wraxall, S. 264; Walpole, _Last Journals,_ Bd. II, S. 474.

Seite 392. Georg III, »lieber meine Krone verlieren«: Morison, AP, S. 266.

Seite 392. Walpole, »Lage ist gewiß elend«: 4. Dezember 1781, Walpole, _Corres.,_ Bd. XXV, S. 213.

Seite 392. Walpole, »die Amerikaner einen neuen Anfang«: Walpole, _Corres.,_ Bd. XXV, S. 213.

432   *Der erste Salut*

Seite 393. Sir James Lowthers Antrag: 12. Dezember 1781, zitiert in: Valentine, *North,* Bd. II, S. 281.

Seite 393. Conways Antrag: 20., 27. Februar und 4. März 1781, zitiert in: Valentine, *North,* Bd. II, S. 302–307.

Seite 393. Georg III., Abdankungstext: Brooke, S. 221; Valentine, *North,* Bd. II, S. 310.

Seite 393. Erster Minister, »vollsten und spannendsten Sitzungen«: Valentine, *North,* Bd. II, S. 315.

Seite 394. Lord North tritt zurück: 20. März 1782, Valentine, *North,* Bd. II, S. 315–316.

Seite 396. Andrew Doria und andere Schiffe zerstört: Morison. *Jones,* S. 100.

Seite 396. Washingtons letztes Rundschreiben an die Staaten: Fitzpatrick, *Writings,* Bd. XXVI, S. 485.

Bibliographie

Ausgewählte Werke

Zum Thema der *Andrew Doria* gibt der Aufsatz von J. Franklin Jamesons »St. *Eustatius in the American Revolution*« die vollständigste Auskunft; zu den Anfängen der amerikanischen Marine; William Bell Clarks *Naval Documents of the American Revolution* und Admiral Samuel Eliot Morisons *John Paul Jones: A Sailor's Biography.*
Zur Niederländischen Republik gibt es neben dem unverzichtbaren John Lathrop Motley neuere, ausgezeichnete Werke über den Aufstand der Niederlande und das Heranwachsen der Nation: Petrus Johannes Blok, *History of the People of the Netherlands (Die Geschichte der Niederlande);* C. M. Davies, *The History of Holland and the Dutch Nation;* Charles Boxer, *The Dutch Seaborne Empire.*
Für den von mir behandelten Zeitraum war das bei weitem nützlichste Werk *The Dutch Republic and American Independence* von Nordholt Schulte, das zu allen Themenkomplexen etwas zu berichten hat.
Über Admiral Rodney gibt es vier Biographien. Das erste, grundlegende Werk, das 1830 veröffentlicht wurde und die meisten Korrespondenzauszüge enthält, ist die Biographie des Generalleutnants George B. Mundy, Rodneys Schwiegersohn, über den sein Herausgeber sagt, er habe sich »Freiheiten mit den Formulierungen« in den Briefen erlaubt (s. Vorwort zu Band I, S. IX der Ausgabe von 1972). Auf Mundys Werk folgte, noch zu Lebzeiten Rodneys, die Biographie des Marineschriftstellers David Hannay, die 1891 erschien. Zwei neuere Biographien kamen in den sechziger Jahren heraus: die des Kapitäns Donald MacIntyre im Jahr 1963 und David Spinneys im Jahr 1969.
Zur Marinekriegführung im allgemeinen muß man zuerst in Alfred Thayer Mahans *Der Einfluß der Seemacht auf die Geschichte* nachlesen; eine wichtige Studie zum Leben auf hoher See ist Tobias Smollets Roman *Roderick Random*, während Admiral Morisons *John Paul Jones* das informativste

434   *Der erste Salut*

Werk über Seemannschaft und das Gefecht auf See darstellt. Die brauch-
barsten Geschichtswerke zu den Marineereignissen in dem Zeitraum, mit
dem ich mich befaßt habe, sind Kapitän W. M. James *The British Navy in
Adversity* und Charles Lee Lewis' *Admiral de Grasse and American Inde-
pendence*. Eine gute Ergänzung ist A. B. C. Whipples *Age of Fighting Sail
(Krieg unter Segeln)*. Begrenzt in seinem thematischen Ansatz, aber sehr
spannend geschrieben ist Harold A. Larrabees *Decision at the Chesapeake*,
das sich mit der Schlacht in der Chesapeake Bay beschäftigt.
Ein militärischer Führer zu den damaligen Landschlachten ist *The Compact
History of the Revolutionary War* von Oberst Ernest und Trevor Dupuy.
Dem Leser, der nach einem umfassenden und lebendig geschriebenen
Übersichtswerk sucht, empfehle ich John C. Millers *Triumph of Freedom
1775–1783* und Samuel B. Griffiths *In Defense of Public Liberty*. Die wichtigen historischen Zusammenhänge und Hintergründe kann man Douglas
Southall Freemans siebenbändigem Werk *George Washington* entnehmen
sowie den neununddreißig Bänden der *Writings* von George Washington
(herausgegeben von John Fitzpatrick), der Lebensbeschreibung und Korrespondenz John Adams' (verfaßt und herausgegeben von Page Smith) und
spezialisierteren Studien wie Samuel Flagg Bemis' *A Diplomatic History of
the United States*.
Über Yorktown gibt es zwei gründlich recherchierte Werke, die viele gut
ausgesuchte Zitate anführen und von Zeitzeugen verfaßt wurden, Thomas
J. Flemings *Beat the Last Drum* und Burke Davis' *The Campaign that Won
America*.
Zum Marsch vom Hudson nach Yorktown gibt es Tagebuchaufzeichnungen
von Augenzeugen, die von besonderem Interesse sind: von Claude Blanchard, Quartiermeister der französischen Armee; von Baron Ludwig von
Closen, Adjutant von General Rochambeau; von Gaspard Gallatin, Angehöriger des französischen Generalstabs; die Memoiren von Rochambeau
selbst; sowie das unentbehrliche Tagebuch von Karl Gustaf Tornquist, einem schwedischen Leutnant, der unter de Grasse diente; und schließlich
das anonyme Werk zweier französischer Offiziere mit dem Titel *Operations
of the French Fleet Under the Count de Grasse*.
Es gibt keine englischen Augenzeugenberichte, die den gesamten Krieg
abdecken – was angesichts des Kriegsausgangs verständlich ist. Eine Ausnahme bildet Sir Henry Clintons trauriger Bericht, den er nach dem Krieg
niederschrieb. Dieser Mangel wird ausgeglichen durch die gründliche Arbeit von Franklin und Mary Wickwire, die sich auf die amerikanischen Feldzüge von Lord Cornwallis konzentriert, und ebenfalls durch das psycholo-
gische Porträt von Sir Henry Clinton, das William Willcox zeichnete. Von
den englischen Tagebüchern ist Kapitän Frederick MacKenzies das auf-
schlußreichste – verfaßt von einem scharfen Beobachter mit spitzer Feder,
der aus dem Generalhauptquartier schrieb.

Bibliographie 435

Englische Tagebücher, die sich mit dem gesellschaftlichen Leben und nur indirekt mit dem Krieg befassen, sind zahlreich und von unschätzbarem Wert: u.a. Sir N. William Wraxalls Memoiren; die Tagebücher von James Harris, Erster Earl von Malmesbury, der als britischer Gesandter in Den Haag und Petersburg war; John Heneage Jesses Memoiren – und vor allem der Briefwechsel und die *Last Journals* von Horace Walpole.

Primärliteratur

ADAMS, JOHN, *The Book of Abigail and John.* Butterfield, Lyman (Hrsg.), Harvard, 1963.
–, *Works*, 10 Bde. Adams, Charles Francis (Hrsg.), New York, 1850–56.
ANONYMOUS, *Operations of the French Fleet Under the Count de Grasse Two Contemporaneous Journals in 1781–82*, New York, 1864.
BIRON, ARMAND LOUIS, S. Lauzun.
BLANCHARD, CLAUDE, *Journal of 1780–83.* (Übers. aus dem Französischen), Albany, 1867.
CLARK, WILLIAM BELL (Hrsg.), *Naval Documents of the American Revolution*, Bd. 7, Washington, 1976.
Clinton Cornwallis Controversy, BENJAMIN F. (Hrsg.), (6 Pamphlete, 2 Bde.). London, 1888.
CLINTON, SIR HENRY, *The American Rebellion* (Sir Henry Clintons Bericht über seinen Feldzug). Willcox, William B. (Hrsg.), New Haven, 1954.
CLOSEN, BARON LUDWIG VON, *The Revolutionary Journal of 1780–83.* (Übers. aus dem Französischen), Chapel Hill, 1958.
Continental Congress, Journals of, FORD, CHANCY (Hrsg.), 34 Bde. Index zu den Dokumenten der »National Archives«, U.S. Government Printing Office, Washington D.C., 1921–26.
CORNWALLIS, CHARLES, First Marquis, *Correspondence,* 3 Bde. Ross, Charles (Hrsg.), London, 1859.
CRÈVECŒUR, J. HECTOR ST. JOHN, *Letters from an American Farmer.* Erstmals 1782 veröffentlicht, hier verwendete Ausgabe: London, 1912. (Auf deutsch 1784 in Liegnitz-Leipzig erschienen; unter dem Titel: *Sittliche Schilderungen von Amerika, in Briefen eines Amerikanischen Guthsbesitzers an einen Freund in England.*)
DEUX-PONTS, COUNT WILLIAM DE, *My Campaigns in America*, Boston, 1868.
FITZPATRICK, S. Washington.
FORTESCUE, S. George III.
GALLATIN, GASPARD (Oberst des Deux-Ponts-Regiments), *Journal of the Siege of Yorktown in 1781 of the Royal Deux-Ponts.* U.S. Government Printing Office, Washington D.C., 1931.

436   *Der erste Salut*

GEORGE III, *Correspondence* (ab 1760 bis Dezember 1783), 6 Bde. Fortescue, John (Hrsg.), London, 1927–28.

GREENE, NATHANAEL, *The Papers of General Nathanael Greene,* 4 Bde. R.I. Historical Society, 1976 und folgende Jahrgänge.

GROSSBRITANNIEN, PARLAMENT, *The History, Debates and Proceedings of the Houses of Parliament of Great Britain,* 1743–1774.

HARRIS, JAMES, S. Malmesbury.

JAMES, BARTHOLOMEW, REAR ADMIRAL, *Journal of 1752–1828.* London, 1896.

JESSE, JOHN HENEAGE, *Memoirs of the Life and Reign of George III,* 3 Bde. London, 1867.

LAUZUN, ARMAND LOUIS DE GONTAUT, DUC DE, *Memoirs.* (Übers. aus dem Französischen), New York, 1928.

MACKENZIE, FREDERICK, *Diary, 1775–81,* Bd. II. Cambridge, Mass., 1930.

MALMESBURY, ERSTER EARL VON, *Diaries and Correspondence,* 4 Bde. Herausgegeben von seinem Enkel, dem Dritten Earl. London, 1844. (Auf deutsch 1852 in Grimma erschienen unter dem Titel: Lord Malmesbury, *Tagebücher und diplomat. Briefwechsel seines Großvaters James Harris, Earl of Malmesbury, während seiner Missionen bei den Höfen von Berlin, Petersburg, den Haag, Madrid und Paris.*)

MARYLAND, ARCHIVE, Bde. 11 und 12, im *Journal and Correspondence of the Maryland Council of Safety,* 29. August 1775 und 6. Juli 1776, Maryland Historical Society. (Hrsg.): Browne, William Hand, Baltimore, 1892.

MCDEVITT, ROBERT, *Attacked: A British Viewpoint, Tryon's Raid on Danbury.* Chester, Conn., 1974.

ROCHAMBEAU, COUNT DE, *Memoirs of the Marshal Count de Rochambeau Relative to the War of Independence of the United States.* (Übers. aus dem Französischen), Paris, 1809 und 1838; New York, 1971.

–, *The American Campaign of Rochambeau's Army;* Bd. II, *Itineraries, Maps and Views* (Übers. aus dem Französischen), Rice, Howard and Brown, Anne S. K. (Hrsg.), Princeton und Providence, 1972.

RODNEY, GEORGE, LORD (S. MUNDY), *Letter-Books and Order Book of George, Lord Rodney, 1780–1872,* 2 Bde., New York, 1932.

Sandwich Papers, 4 Bde. BARNES, G. R. UND OWEN, J. H. (Hrsg.), London, 1932–38.

SCOTT, JAMES BROWN (Hrsg.), S. Washington.

SPARK, S. Washington.

STEVENS, BENJAMIN F., Faksimiles der Manuskripte in europäischen Archiven, die sich auf Amerika beziehen. 25 Bde., London, 1889–95.

TORNQUIST, KARL GUSTAF, *The Naval Campaigns of Count de Grasse,* (Übers. aus dem Schwedischen), Philadelphia, 1942.

TOWNSHEND, CHARLES HERVEY, *The British Invasion of New Haven, Connecticut.* New Haven, 1879. Enthält zeitgenössisches Material aus dem *Connecticut Journal* vom Juli 1779 über die Feldzüge.

Bibliographie 437

WALPOLE, HORACE, *Correspondence,* 48 Bde. Lewis, W. S. (Hrsg.), New Haven, 1937–83.
–, *Last Journals (during the reign of George III, 1771–1783),* 2 Bde., Stewart, A. Francis (Hrsg.), London, 1910. (dtsch.: *Denkwürdigkeiten aus der Regierungszeit Georgs II. und Georgs III.* 1846–1848, Belle-Vue bei Constanz. Mit einer Einleitung: Das achtzehnte Jahrhundert in Walpoles Briefwechsel. – Hrsg.: F. E. Pipitz und G. Fink.)
WASHINGTON, GEORGE, *The Correspondence of General Washington and Comte de Grasse.* Scott, James Brown (Hrsg.), Washington D.C., 1931.
–, *Diaries,* 4 Bde. Fitzpatrick, John C. (Hrsg.), Boston, New York, 1975.
–, *Writings,* 39 Bde. Fitzpatrick, John C. (Hrsg.), Washington D.C., 1931–44.
–, *Writings,* 12 Bde. Sparks, Jared (Hrsg.), Boston, 1831–37.
(Auf deutsch erschienen 1796–1797 in Leipzig *George Washington's beständigen Präsidenten und Protektors, officielle und eigenhändige Briefe und Berichte, welche er während des ganzen Krieges zwischen den Amerikanischen Freystaaten und England als Generalissimus an den Congreß geschrieben, nebst andern, welche er von diesem und andern Hauptpersonen erhalten hat. Aus dem Englischen, als die wichtigste und documentierte Geschichte dieses merkwürdigen Krieges.*)
WRAXALL, SIR N. WILLIAM, *Historical Memoirs of My Own Time, 1772–1784.* Philadelphia, 1837. (Auf deutsch erschien 1791 in Hannover von Wraxall die *Geschichte der Regierungszeit Georgs III. von 1780 bis 1790.*)

Sekundärliteratur

ALDRIDGE, ALFRED OWEN, *Benjamin Franklin.* Philadelphia und New York, 1965.
AUGUR, HELEN, *The Secret War of Independence,* New York, 1955.
BANCROFT, GEORGE, *History of the United States of America,* 6 Bde. Boston, 1. Auflage 1834–74; hier verwendete Auflage: 1876. (dtsch: *Geschichte der Vereinigten Staaten von Nordamerika, von der Entdeckung des amerikanischen Kontinents an bis auf die neueste Zeit.* Bd. 1–10, Leipzig, 1845–1875.)
BASS, ROBERT D., *The Green Dragoon* (Biographie des Banastre Tarleton). New York, 1957.
BEMIS, SAMUEL FLAGG, *A Diplomatic History of the United States.* New Haven, 1936.
BLOK, PETRUS JOHANNES, *History of the People of the Netherlands,* 5 Bde. (Teile); Teil III, *The War with Spain 1568–1648.* London und New York, 1912. (dtsch.: *Geschichte der Niederlande,* Gotha, 1912)
BOULTON, WILLIAM B., Sir Joshua Reynolds. New York, 1905.

438   Der erste Salut

BOXER, CHARLES, *The Dutch Seaborne Empire 1600–1800*, New York, 1965.
BROOKE, JOHN, *King George III*. New York, 1972.
BRUIN, FRED DE, *St. Eustatius* »A Golden Link with the Independence of the United States«, *De Halve Maen*, Vierteljahreszeitschrift der »Holland Society of New York«, Bd. 58, Nr. 2, New York, 1984.
BURCH, JR., LUCIUS E., »The Guns of Statia.« Pamphlet, 1966.
CALLENDER, GEOFFREY, *Sea Kings of Britain: Keppel to Nelson*, Bd. III. London und New York, 1911.
CARMER, CARL, *The Hudson*, New York, 1939.
CARTER, ALICE, »The Dutch as Neutrals in the Seven Years War«, *International & Comparative Law Quarterly*. Juli, 1963.
CLOWES, WILLIAM LAIRD, *The Royal Navy*, Bd. IV. London, 1899.
CORWIN, EDWARD S., *French Policy and the American Alliance of 1778*, Princeton, 1916.
DAVIES, C. M., *The History of Holland and the Dutch Nation*. London, 1851.
DAVIS, BURKE, *The Campaign That Won America*. New York, 1970.
DONIOL, HENRI, *Histoire de la Participation de la France à L'Etablissement des Etats-Unis d'Amérique*, 5 Bde., Paris 1890.
DUPUY, R. ERNEST UND TREVOR, N., *The Compact History of the Revolutionary War*, New York, 1963.
EDLER, FRIEDRICH, *The Dutch Republic and the American Revolution*, Baltimore, 1911.
FLEMING, THOMAS J., *Beat the Last Drum*. New York, 1963.
FREEMAN, DOUGLAS SOUTHALL, *George Washington; A Biography*, 7 Bde. New York, 1952.
GARRATY, JOHN A. UND GAY, PETER, *Columbia History of the World*, New York, 1972.
GEYL, PIETER, *The Revolt of the Netherlands*, 2. Aufl. London, 1958.
GOTTSCHALK, LOUIS UND LACH, DONALD, *Toward the French Revolution; Europe and America in the 18th Century World*, New York, 1973.
GRIFFITH, SAMUEL B., *In Defense of the Public Liberty*. New York, 1976.
GRUBER, IRA D., *The Howe Brothers and the American Revolution*. Williamsburg, Va., 1972.
HALEY, K. H. D., *The Dutch in the 17th Century*, London, 1972.
HANNAY, DAVID, *Rodney*, Boston, 1972. Erstm. 1891 in London veröffentlicht.
HARRIS, JAMES, S. Malmesbury.
HART, FRANCIS RUSSELL, *Admirals of the Caribbean*, Boston und New York, 1922.
HARTOG, J., *History of St. Eustatius*. »U.S. Bicentennial Committee of the Netherlands«, 1976, Aruba, Niederlande, Antillen.
HASLIP, JOAN, *Catherine the Great*. New York, 1977. (dtsch.: *Politik und Leidenschaft: Katharina II. von Rußland*, Stuttgart, Zürich, 1978.)
HOOD, DOROTHY, *The Admirals Hood*, London, 1942.

Bibliographie 439

HOUGH, R., *The Greatest Crusade,* New York, 1986.
JAMES, CAPTAIN W. M., *The British Navy in Adversity,* London, 1926.
JAMESON, J. FRANKLIN, »St. Eustatius in the American Revolution«, *American Historical Review,* Bd. 8, Juli 1903.
JOHNSTON, HENRY P., *The Yorktown Campaign and the Surrender of Cornwallis, 1781.* New York, 1881.
KENNEDY, PAUL M., *The Rise and Fall of the British Naval Mastery,* New York, 1976. (dtsch.: *Aufstieg und Verfall der britischen Seemacht.* Herford, Bonn, 1978.)
KING, LESTER S., *The Medical World of the 18th Century,* Chicago, Toronto und Cambridge, 1958.
LARRABEE, HAROLD A., *Decision at the Chesapeake,* New York, 1964.
LEWIS, CHARLES LEE, *Admiral de Grasse and American Independence,* Annapolis, 1945.
LEWIS, MICHAEL ARTHUR, *England's Sea Officers,* London, 1939.
–, *History of the British Navy,* London, 1957.
LORENZ, LINCOLN, *John Paul Jones,* Annapolis, 1943.
MACAULAY, T. B., *Critical and Historical Essays,* 2 Bde., London, Toronto, New York, 1. Aufl. 1843; hier verwendete Aufl.: 1907. (dtsch.: *Kritische und geschichtliche Abhandlungen [Essays] der »Edinburgh Review«,* Berlin, 1885.)
MACINTYRE, CAPTAIN DONALD, ROYAL NAVY, *Admiral Rodney,* New York, 1963.
MACKESY, PIERS, *The War for America 1775–1783,* Harvard, 1964.
MACLAY, EDGAR S., *A History of American Privateers,* New York, 1899.
MADARIAGA, ISABEL DE, *Russia in the Age of Catherine the Great,* New Haven, 1981.
MAHAN, ALFRED THAYER, *The Influence of Sea Power upon History,* Boston, 1890; 12 Aufl., 1918. (dtsch.: *Der Einfluß der Seemacht auf die Geschichte 1660–1783* [Bd. 1], *Der Einfluß der Seemacht auf die Geschichte 1783–1812* [Bd. 2]. Berlin 1897–1899; als Reprint: Kassel, 1974. außerdem: *Der Einfluß der Seemacht auf die Geschichte 1660–1812* [Knappe Auswahl]. *Herford, 1967.)*
–, *Types of Naval Officers,* Boston, 1901.
MALONE, DUMAS, *Jefferson and His Time,* 3 Bde., Boston, 1962.
MANCERON, CLAUDE, *Twilight of the Old Order,* New York, 1977.
MARTELLI, GEORGE, *Jemmy Twitcher* [Sandwich], London, 1962.
MEJEAN, JACQUES, »Address to the Huguenot Society of America 13. April 1978.«, *Proceedings,* Bd. XIII. New York, 1978.
MELVILLE, PHILLIPS, »Eleven Guns for the Grand Union.« *American Heritage,* Oktober, 1958.
MERLANT, JOACHIM, *Soldiers and Sailors of France in the American War for Independence.* (Übers. aus dem Französischen), New York, 1920.

440   Der erste Salut

MILLER, JOHN C., Triumph of Freedom 1775–1783, Boston, 1948.
MINTZ, SIDNEY, Sweetness and Power; The Place of Sugar in Modern History, New York, 1985. (dtsch.: Die süße Macht: Kulturgeschichte des Zukkers, Frankfurt am Main, 1987.)
MITCHELL, HAROLD, Europe in the Caribbean, Edinburgh, Stanford, Calif., 1963.
MORISON, SAMUEL ELIOT, History of the American People, New York, 1965.
–, John Paul Jones: A Sailor's Biography, Boston und New York, 1959.
MORRIS, RICHARD B. UND COMMAGER, HENRY S., Encyclopedia of American History, 6. Aufl., New York, 1953–82.
MOTLEY, JOHN LATHROP, Rise of the Dutch Republic, 3. Bde. New York, 1. Aufl. 1856; hier verwendete Aufl. 1875–78. (dtsch.: Der Abfall der Niederlande und die Entstehung des holländischen Freistaats. Dresden, 1857–1860.)
MUNDY, LIEUTENANT-GENERAL GEORGE B., The Life and Correspondence of the Late Admiral Rodney, 2 Bde., London, 1830. Neue Ausgabe: 1836 (einbändig).
NAMIER, LEWIS, The Structure of Politics, London, 1957.
NORDHOLT, JAN WILLEM, S. Schulte.
PALMER, R. R. UND COULTON, JOEL, A History of the Modern World, New York, 1962.
PARRY, J. H., Trade and Dominion; European Overseas Empires in the 18th Century, London und New York, 1971. (dtsch.: Europäische Kolonialreiche: Welthandel und Weltherrschaft im 18. Jahrhundert, München, 1972.)
PRESCOTT, BENJAMIN F., »The Stars and Stripes. When, Where and by Whom was it First Saluted?« Republican Press Association, Concord, N.H., 1876.
SCHAMA, SIMON, Patriots and Liberators; Revolution in the Netherlands 1780–1813, New York, 1978.
SCHULTE, NORDHOLT, The Dutch Republic and American Independence, Chapel Hill und London, 1982.
SCOTT, JAMES BROWN, de Grasse at Yorktown. Baltimore, 1931.
SMITH, PAGE, John Adams, 3 Bde., New York, 1962.
–, A New Age Now Begins; A People's History of the American Revolution, 3 Bde., New York, 1976.
SMOLLET, TOBIAS, Roderick Random, London, 1748.
SPINNEY, DAVID, Rodney, Annapolis, 1969.
STEPHENSON, O. W., »The Supply of Gunpowder in 1776.«, American Historical Review, Bd. 30, Nr. 2, Januar 1925.
STEVENS, JOHN, A. (Hrsg.), Magazine of American History, New York, 1877–1917.
STIRLING, A. M. W., The Hothams, 2 Bde., London, 1918.

Bibliographie   441

STONE, EDWIN MARTIN, *Our French Allies,* Providence, 1884.
VALENTINE, ALAN, *The British Establishment, 1760–1784; An 18th Century Biographical Dictionary,* Norman, Okla., 1970.
–, *Lord North,* 2 Bde., Norman, Okla., 1967.
VAN DOREN, CARL, *Benjamin Franklin,* New York, 1938.
VAN LOON, HENDRICK WILLEM, *The Fall of the Dutch Republic,* Boston und New York, 1913.
WARD, CHRISTOPHER, *The War of the Revolution,* Bd. II., New York, 1952.
WHIPPLE, ADDISON B.C., *Age of Fighting Sail,* Alexandria, Va., 1978. (dtsch.: *Krieg unter Segeln.* Amsterdam, 1979.)
WHITRIDGE, ARNOLD, »Two Aristocrats in Rochambeau's Army« (Chastellux and Lauzun), *Virginia Quarterly Review,* Bd. 40, Winter 1969.
WICKWIRE, FRANKLIN UND MARY, *Cornwallis, the American Adventure,* Boston, 1970.
WILLCOX, WILLIAM B., »The British Road to Yorktown,« *American Historical Review,* Bd. 52, Nr. 1, Oktober 1946.
–, *Portrait of a General* [Sir Henry Clinton], New York, 1964.
WINGFIELD-STRATFORD, ESME, *The History of British Civilization,* New York, 1930.
WINSOR, JUSTIN (Hrsg.), *The American Revolution,* New York, 1972.
WOODWARD, WILLIAM, *Lafayette,* New York, 1938.

Bildnachweis

1. Bildteil nach Seite 160

Admiral Rodney: National Portrait Gallery, London
St. Eustatius: Algemeen Rijks Archief
Blick auf den Hafen von New York: New York Historical Society, New York
Sir Joseph Yorke: National Portrait Gallery, London
Admiral de Grasse: New York Public Library, Prints Division
Kampf zwischen *Serapis* und *Bonhomme Richard:* National Maritime Museum, London
Schlacht von Cowpens: Yale University Library, Mabel Garvan Collection
Sir Henry Clinton: R. W. Norton Art Gallery, Schreveport, Louisiana
General Comte de Rochambeau: Independence Hall
»Amerika triumphierend und Britannia in Trauer«: Colonial Williamsburg, H. Dunscome Colt Collection

2. Bildteil nach Seite 308

Johannes de Graaff: New Hampshire State House
Lord Cornwallis: National Gallery, London
George Washington: Metropolitan Museum of Art
Belagerung von Yorktown: Naval Historical Center, U.S. Navy
Kapitulation der Briten: Yale University Art Gallery
Admiral Rodney in seinen letzten Jahren: St. James Palace, London

Karten

Auf den folgenden Seiten finden Sie Karten zu den dreizehn britischen Kolonien in Amerika, zum Hafen von New York, zum Kriegsschauplatz im Süden mit den Bewegungen der britischen und amerikanischen Armeen, sowie einen Lageplan der Belagerung von Yorktown mit den Stellungen von Briten und Amerikanern. Washingtons Marsch von New York nach Virginia findet sich am Ende des Bandes.

Der erste Salut

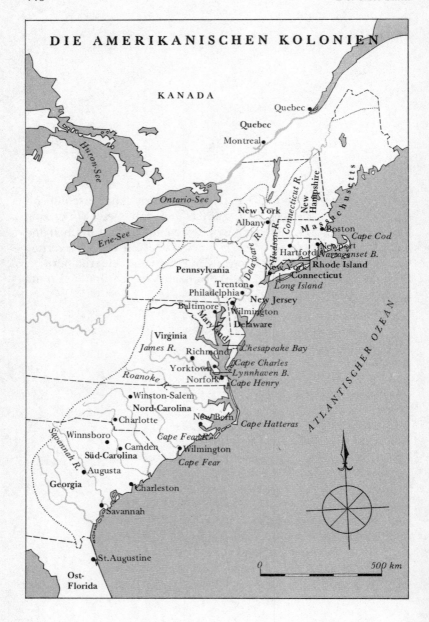

Karten

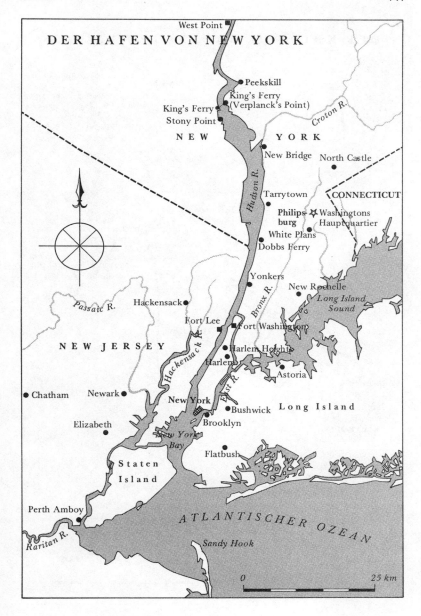

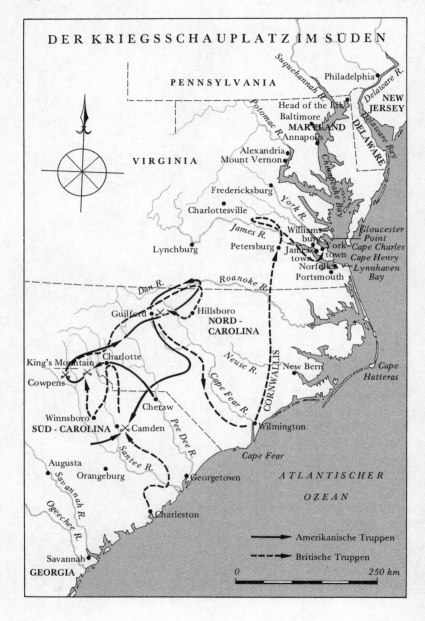

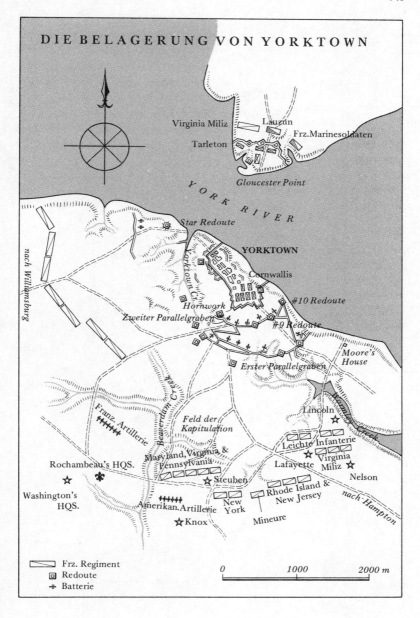

Register

Abercromby, Ralph 267
Acton, Lord 88
Adams, Lady (Ehefrau v. John
Adams) 33 f.
Adams, Henry 94
Adams, John 12, 33 f., 64, 77, 78, 80,
81, 82, 85, 96, 103, 121, 122, 123,
135, 230, 254, 267, 382 f., 394
Adams, Samuel 17, 206
Afrika 25, 40, 76
Kap von 37
Aix-la-Chapelle, Frieden von 178
Alamo 275
Alba, Álvarez de Toledo, Fernando,
Herzog von Alba 43, 45, 93, 210,
213
Alexander VI., Papst (urspr. Rodrigo de
Borja, eigtl. Lenzuoli) 151
Algier 287
Amelia (Prinzessin) 145
Amerika
Armee 68, 245, 250, 252 f., 269, 273,
275, 321, 322, 324 f., 328, 339, 342,
351, 356, 361, 372, 380
Besteuerung durch England 66, 206
Carlisle-Proklamation 209 f.
Conciliatory Propositions 205–209
Desertion 245, 250, 322, 324 f., 342,
351, 356
Flagge 10, 22, 23, 64 ff., 67, 68 f., 74 f.,
77 f., 125, 218, 289, 397
Föderation 395
Freundschafts- und Handelsvertrag mit
Frankreich 115, 118, 191, 193, 219,
268

Freundschafts- und Handelsvertrag mit
Niederlande 121 ff., 288
Friedensvertrag mit Großbritannien
(1783) 382, 394, 395
Grand Union s. Flagge
Guerillaführer 270
Handel mit St. Eustatius 12, 17, 23,
26, 27 f.
Kampfstil 259
Konföderation 211
Kongreß 15, 16, 62, 63, 65, 66, 69, 74,
94, 118, 122, 206, 208, 215, 218, 245,
246, 250, 252, 253, 260, 274, 282,
282 f., 284, 300, 321, 322, 324, 342,
385
Kontinentalarmee s. Armee
Kontinentalkongreß, Zweiter 9, 10,
15, 23, 59, 61, 113, 115, 254, 289, 396
Kontinentalmarine s. Marine
Kontinentalmiliz 270, 275, 341, 361,
371, 380
Lebensmittel 245, 246, 250, 273, 321,
324, 324 f.
Loyalisten 204 f., 245, 264, 269, 271,
272, 278, 282, 374, 395
Marine 59–61, 63, 67, 68, 71, 110
Meuterei 245, 250, 253, 322, 324 f.,
342, 351, 356
Minutemen 260
Munitionsmängel 246, 273, 321, 324 f.
Nationalbank 322
Nationalhymne 378
Nordamerika 20, 25, 40, 178, 277,
292 f.
Partisanen 275

Amerika *(Forts.)*
  Patrioten 204, 246, 252, 263, 269
  Puritaner 56f.
  Rebellion 26, 73, 190, 203, 237, 238
  Republik 219, 269
  Revolution 9, 29, 30, 58, 62, 65, 94,
    154, 180, 220, 245, 251, 259, 308,
    385, 386, 395, 396
  Separatfrieden 115, 191, 193, 206f.,
    219
  Stars and Stripes s. Flagge
  Südamerika 20, 25
  Unabhängigkeit 191, 193, 206, 238, 317,
    322, 327, 333, 379, 382, 394, 395, 397
  Unabhängigkeitserklärung 10, 50f.,
    68, 247, 309, 386
  Unabhängigkeitskrieg 150
  Verfassung 65, 317
  Waffen 11f., 23, 60f., 273, 321, 324f.
  Yankee Doodle 380
  Zwangsgesetze 49
  Zwieback-Öfen 340
Amerikanische Schiffe
  Alfred 66, 67, 67f., 110, 396
  Alliance 147
  Andrew Doria 9, 10f., 16, 18, 21–24,
    33, 59, 62, 65, 67f., 68f., 72, 74, 76,
    77f., 101, 116, 124, 289, 382, 396,
    397
  Baltimore Hero 71ff., 76
  Betsy 101
  Bonhomme Richard 110, 111f.
  Cabot 64, 396
  Columbus 396
  Drake s. Großbritanniens Schiffe
  Johannes de Graaff 77, 131
  Lady de Graaff 77, 131
  L'Indien 110
  Mercury 122
  Providence 62, 396
  Randolf 69
  Ranger 110
  Smack 101
Amherst, Sir Jeffrey 181, 267
Amsterdam 17, 18, 27, 47, 48, 55, 73,
  74, 79f., 82, 83, 84f., 93, 100, 101,
  103, 108, 110, 114, 115, 116, 119,
  121, 124, 129, 288
Bank von 39, 54
André, John 245

Andrea Doria, Doge von Genua 59
Anna (Gouvernante; Tochter v. Georg
  II.) 88f., 90, 91
Annapolis 351
Anne, Königin von England (Tochter v.
  Jakob II.) 88
Anse, Bucht von 185
Anson, George 146, 152, 153f., 178
Antigua 23, 25, 141, 143, 185, 310, 318
Antwerpen 35, 47, 48, 50, 52, 94
Arbuthnot (brit. Admiral) 240f., 241f.,
  243, 244, 287, 288, 296, 302, 311,
  319f.
Argonne 275
Arnold, Benedict 241, 245, 268f., 270,
  282, 299, 386
Ashe, Miss (vermutl. Tochter v. Prinzes-
  sin Amelia u. George Rodney)
  145
Asien 97
Atlantik 20, 21, 37, 103, 104, 176, 199,
  226, 262, 396
Augusta, Prinzessin von Sachsen-Gotha,
  später Königin von England (Mutter
  v. Georg III.) 183
Aull, Mr. 73

Baddeley, Mrs. (Geliebte v. Sir Henry
  Clinton) 332
Bahamainseln 21, 66, 67, 318
Bahama-Kanal 318, 339
Balfour (brit. Oberst) 262f.
Baltimore 15, 351, 352, 356, 370
Bancroft, Edward 113
Barbados 21, 25, 127, 141, 143, 147,
  184, 185, 225, 232, 286, 288, 289,
  307, 310, 326, 403
Barcelona 35
Barlaimont, Graf 42
Barras, Louis de 261, 261f., 296, 298,
  299, 308, 320, 320f., 324, 329, 334,
  335, 339, 344, 347, 359, 381
Barrington, Samuel 198, 222
Basking Ridge 340
  Bullions Tavern 340
Bataver 34
Bath 316
Bath-Orden 135
Bayard, Pierre du Terrail, Seigneur
  de 265

Register

Bayle, Pierre 56
Dictionnaire 56
Beckford, Sir William 180
Bedford, John Russel, 4. Duke of 206
Belgien 50, 213
Berckel, Engelbert François van 92f.,
115, 116, 121, 122, 123
Berlin 102, 111
Bermudainseln 60, 68, 315
Bibber, van (amerik. Agent) 19, 22, 73
Biddle, Nicholas 62, 68, 69
Biron, Duc de (Onkel v. Armand Louis
Biron) 219ff., 255
Biron, Armand Louis de Gontaut, Duc
de Lauzun s. Lauzun
Biron, Charles de Gontaut, Duc de 220
Blanchard, Claude 333, 345
Journal of 1780–83 333, 341, 380
Blane, Sir Gilbert 229, 315
Bleiswijk, Pieter van 82, 115, 116
Blenheim, Schlacht von 87
Block Island 67, 244
Boscawen, Edward 181
Boston (Mass.) 28, 60, 61, 66, 101, 123,
204, 215, 216, 243, 257, 267, 294,
296, 343, 351, 370, 385
Boston Port Bill 49
Bouillé, François Claude Amour, Mar-
quis de 306, 387
Bourbonen 94, 193, 221, 248, 321
Bourbonischer Familienpakt 107, 161f.,
193, 231, 286
Brabant 36
Braddock, Edward 263
Brandywine, Schlacht von 66, 267, 283,
356
Brasilien 38, 40, 151
Braunschweig-Manifest 89
Brest 143, 152, 176, 194, 225, 232, 255,
293, 296, 299, 305
Breton Island, Kap 68, 110, 187
Broad River 275
Brooklyn 297
Brown, Lancelot (»Capability«) 178
Brüssel 42, 43, 50
Brydges, James, 1. Herzog von Chandos
s. Chandos
Buffon, Georges Louis Leclerc, Comte
de 103f.
Bunker Hill, Schlacht um 11, 260

Burgoyne, John 23, 110, 191, 200, 299,
379
Burke, Edmund 26, 130, 135–138, 140,
205, 206, 316
Bute, 3. Earl of 202
Bylandt (niederl. Admiral) 108, 108f.,
129, 130
Byng, John 169–172, 179, 243, 346, 387,
389
Byron, George Gordon Noel, Lord 146
Byzantinisches Reich 117, 378

Cádiz 227, 293
Caesar, Gaius Iulius 246, 279
Callender, Geoffrey 198
Calvinismus 41, 44, 50
Cambridge (England) 155
Cambridge (Mass.) 66
Camden, Schlacht von 257, 260, 269,
270, 273
Camden, Charles Pratt, 1. Earl 266f.
Campbell, William 272
Capellen tot den Pol, Frhr. Johan Derck
van der 97f., 99f.
Careening 30
Carlisle, Frederick Howard, 5. Earl of
115, 206–209, 215, 238, 268, 312, 315
Carolina 241, 245, 269, 299, 353, 365
North Carolina s. North Carolina
South Carolina s. South Carolina
Carr, William 85
Catawba River 279f.
Catskills 333f.
Ceylon 97, 198, 223
Chandos, James Brydges, 1. Duke of 144
Chandos, 3. Duke of 144
Charitte (frz. Kapitän) 308
Charles, Cape 301, 345, 382
Charleston 27, 61, 241, 244, 245, 257,
259, 260, 262f., 264, 279, 282, 301,
378f., 381, 385, 386
Charlotte (North Carolina) 271
Chase, Samuel 62
Chatelet, Duc de 224f.
Chatham (New Jersey) 340
Chatham, Earl of s. Pitt, William
Chesapeake Bay 15, 61, 66, 165, 241,
251, 252, 258, 261, 262, 268, 297,
298, 299, 300, 301, 308, 309, 313,
317, 318, 319, 320, 322, 324, 328,

454   *Der erste Salut*

Chesapeake Bay *(Forts.)*
329, 335, 336, 337, 338, 339, 343,
344–349, 351, 352, 356, 357, 360,
361, 362, 363, 364, 381, 396
Chester (Pennsylvania) 343, 344, 345, 364
Chesterfield, Philip Dormer Stanhope,
Lord 101
Letters to his son 101
China 37, 97, 200f., 214, 397
Choiseul, Etienne François, Duc de 155,
156f.
Choisy, Marquis de (frz. Kommandant)
372
Christentum 47
Churchill, Winston 175
Clausewitz, Carl von 313
Clerk, John 173, 233
An Essay on Naval Tactics 173
Clies, Henrietta, verh. Rodney s. Rodney
Clinton, Sir Henry 150, 180, 200, 210,
213, 237ff., 240, 241f., 243, 243f.,
245, 250, 251, 259, 262, 264f., 268,
282, 287, 287f., 289, 300, 302f., 319,
320, 321, 323, 329, 331f., 334f., 336,
337f., 340, 348, 349, 349f., 362f.,
363, 363f., 365, 365f., 366f., 367,
368, 369, 371, 373f., 374, 376f., 382
Closen, Ludwig, Baron von 334, 339, 340f.
The Revolutionary Journal of 1780–83
339, 340f., 342f., 351, 356, 356f., 359
Cod, Kap 38
Colden, Cadwallader 12
Cole, William 230
Colenbrander, Hermann 96
Colpoys (brit. Kapitän) 19, 76, 101
Concord 60, 190
Connecticut (Staat) 60, 210–213, 215,
245, 253, 256
›Connecticut Journal‹ 212
Conquistadoren 48
Conway, Henry Seymour 393
Conway, Thomas 257
Cornwall 224
Cornwallis, Lady (Ehefrau v. Charles
C.) 267–269
Cornwallis, 1. Earl of 266
Cornwallis, Charles, 1. Marquess and 2.
Earl of 133, 239, 239f., 244, 252,
257, 258, 262, 263–273, 275–282,
299–303, 317, 319, 320, 322, 323,

327, 329, 331, 337, 338, 344, 345,
346, 348, 348ff., 351, 352, 353, 355,
357ff., 361–365, 366, 367–383, 385,
391, 392
Coromandel 88
Cowpens, Schlacht von 275ff., 279, 280,
281
Cragin, F. W. 77
Crèvecœur, Michel Guillaume Jean de
(genannt J. Hector St. John) 397
Cromwell, Oliver 28, 165
Crown Point 181
Curaçao 40, 291, 324
Curzon, Samuel (Courson) 133

Dänemark 25, 36, 119, 214, 215
Daggett, Naphtali 199, 212f.
Dam, Isaac van 13
Dan River 278
Darby (brit. Admiral) 222
Deane, Silas 115, 121
Deffand, Marie de Vichy-Chamrond,
Marquise du 293
Defoe, Daniel
Robinson Crusoe 173
Delaware (Staat) 71, 300, 328, 356
Kaps 68, 311, 396
River 15, 16, 66, 67, 262, 329, 341,
364, 396
Delft 18, 45, 51, 55
Delft, Grotius von 55f.
De jure Belliac Pacis 55f.
Mare Liberum 55
Den Briel 44
Den Haag 9, 12, 50, 71, 103, 117, 122
Descartes, René 55
Abhandlung über die Methode 55
D'Estaing, Charles Henri Jean-Baptiste,
Comte 148, 215f., 244, 251, 252
Deutschland 36, 102, 213, 214, 264, 385
Braunschweiger Krieg 267
Deutsche Söldner 98f., 203, 204, 259,
379, 380
Habsburgisches Hl. Römisches
Reich 42, 87
Hanse 97
Hessische Söldner 16, 63, 203, 259,
336, 341, 350
Hohenzollern 258
Preußen 88, 89, 97, 121, 179

Register

Rheinpfalz 339, 341
Schlesien 88, 162
Deux-Ponts, Wilhelm, Comte de 329, 334, 391
Diderot, Denis 56
Digby (brit. Konteradmiral) 359, 360, 364, 367
Dobbs Ferry s. Hudson
Dominica 71, 223, 388, 403
Don Juan 220
Dordrecht 83 f.
D'Orvilliers, Louis Guillouet, Comte 223 f.
Douglas, Sir Charles 388 f.
Drake, Sir Francis 146
Dreißigjähriger Krieg (1618–1648) 54
Druckkunst 37, 39
Drummond, Henry 221
Dschingis Khan 88
Dumas, Charles 113
Dundas, Thomas 378
Dyck, Anthonis van 57

Eden, William 207, 209, 215
Edinburgh
Hafen Leith 173
Elisabeth I., Königin von England 51, 52, 150
Elizabethtown 340
English, Benjamin 212
Enzyklopädisten 56
Eton 155, 265
Europa 11 f., 18, 25, 34, 35, 37, 47, 53, 54, 87, 107, 179, 250, 307, 341, 355
Eye 265

Fagel (frz. Kanzleichef) 90
Fairfield 213
Falmouth 224
Farnese, Alessandro, Herzog von Parma und Piacenza 52
Fawkes, Guy 394
Ferdinand II., der Katholische, König von Kastilien und Leon F. V. 86
Ferdinand, Herzog von Braunschweig 266
Ferguson, Patrick 270 ff.
Fielding (brit. Kommodore) 108 f.
Finistère (frz. Departement) 152, 176, 404

Finisterre, Kap (Spanien) 152, 177, 178, 287, 404
Schlachten von 152, 176, 177, 404
Flamen 48
Flandern 36
Fleury, André Hercule de, Kardinal 151
Florida 20. 61, 180, 188, 207, 395
Folger, Timothy 294 f.
Fort Orange s. St. Eustatius
Fox, Charles James 139, 145, 196, 203, 205, 282, 316, 392
Fox, Thomas 176
Français, Kap s. Haiti-Santo Domingo
Franklin, Benjamin 62, 110, 113, 115, 118, 122, 194, 206, 246, 282 f., 283, 284, 285, 294 f., 395
Frankreich
Ancien Régime 246, 248
Einfuhrsteuern 108
Flagge 130
Französisch-spanisches Bündnis 107
Freundschafts- und Handelsvertrag mit Amerika 115, 118, 191, 193, 219, 268
Gardes Françaises 219
Hugenotten 56
Invasion Englands 223 ff.
Marine 231
Regimenter
Auvergne 328
Bourbonnais 328
Deux-Ponts 328, 329, 339, 342, 372 f.
Saintonge 328
Soissonnais 328
Revolution 83, 89, 154, 220, 321
Seegefechtstaktik 157
Separatfrieden 115, 191, 193, 206 f., 219
Sozialismus 254
Französische Antillen 185, 309, 363
Französische Furie 57, 84
Französische Schiffe
Concorde 294, 309
Gloire 152, 287
Neptune 177
Ville de Paris 157, 296, 354, 357, 390
Französische Westindische Inseln 135
Frederika Sophia Wilhelmina von Oranien 91, 92
Fredericksburg 352
Freibeuter 63 f., 77, 87, 95, 240, 313

456 · Der erste Salut

French and Indian War *s.* Siebenjähriger
  Krieg
Friedrich II., der Große, König von Preu-
  ßen 88, 90, 91, 92, 162
Friesland 51, 82, 106

Gainsborough, Thomas 377
Gallatin, Gaspard 342
  *Journal of the Siège of Yorktown in
  1781 of the Royal Deux-Ponts*
  342
Gallien 279
Gardiner (brit. Kapitän) 170
Gardiners Island 320
Gates, Horatio 257, 269, 270
Gay, John
  The Beggar's Opera 156
›Gazette‹ 234
Geary, Francis 222
Gelderland 106, 119
Geleitschutz *s.* Unbegrenztes Freies
  Geleit
Gent 50
Genter Pazifikation 48 f.
Georg I., König von England, Kurfürst
  von Hannover 144
Georg II., König von England, Kurfürst
  von Hannover 26, 88, 150, 171, 172,
  178, 183, 404
Georg III., König von England, Kurfürst
  und König von Hannover 15, 17, 22,
  23, 26, 73, 78, 91 f., 114, 131, 135, 143,
  144, 145, 150, 156, 183, 183 f., 186,
  187, 199, 200, 201 f., 202, 214, 217,
  225, 226, 230, 231 f., 238, 239, 241,
  242, 249 f., 251, 259, 260, 265, 266,
  267, 278, 291, 292, 315, 316, 317, 325,
  367, 377, 390, 391, 392, 393 f.
Georg IV., König von England und Hannover, Prinz William Henry 367
Georges, Mr. (Richter v. St. Kitts) 141
Georgia 245
Gérard, Balthazar 51
Germain, George Sackville, Lord 133,
  138, 139, 139 f., 141, 150, 200, 201 f.,
  214, 232, 238, 250, 259, 265, 311,
  319, 338, 391 f., 392
Gesetz der Verträglichkeit 100 f.
Geusen 42 f., 44, 45 f.
Gibbon, Edward 203

Gibraltar 107, 118, 143, 154, 169, 170,
  193, 198, 225, 225–228, 230, 231,
  232, 254, 316
Gloucester (New Jersey) 10, 68
Gloucester (Virgina) 371, 372, 373, 374,
  375, 376, 377, 379
Gloucester Point 301, 348, 361
Golfstrom 294
Gontaut, Armand Louis de, Duc de
  Lauzun *s.* Lauzun
Gouverneur, Isaac 133
Gower, 2. Earl, 1. Marquess of Staf-
  ford 206
Graaf, Lady de (Ehefrau v. Johannes de
  G.; geb. Heyliger) 17 f., 77, 131
Graaf, Johannes de 10, 11, 17 ff., 21–24,
  33, 65, 68 f., 72, 73, 73–76, 77, 77 f.,
  101, 116, 124 f., 129, 130, 131, 289,
  382, 387, 397
Grafton, Augustus Henry Fitzroy, 3.
  Herzog von 277
Grand Tour 155
Grasse, François, Marquis de Gresse-Tilly,
  Comte de 148, 152, 157 f., 274, 285,
  286 f., 290, 293, 294, 295–300, 302,
  305–315, 317, 317–321, 322, 323, 324,
  325, 326, 328, 329, 335, 337, 338,
  338 f., 341, 343, 344–348, 351, 352,
  354 f., 356, 357, 359 ff., 362, 363,
  365 f., 368, 370, 381, 382, 386–390
Graves, Sir Thomas 165, 242 f., 311,
  312, 312 f., 314, 317, 319, 320, 321,
  334 f., 336 f., 338, 339, 341, 345–348,
  350, 355, 359, 363, 364, 365 f., 367,
  368 f., 382, 388
Greathead, Craister 71 ff.
Greene, Nathanael 239 f., 253, 256, 263,
  269 f., 274, 275, 276, 277, 278 f.,
  280 ff., 329, 360
Greenwich Hospital *s.* Großbritannien
Gregor XIII., Papst (urspr. Ugo Buon-
  compagni) 47
Grenada 21, 186, 223
Grivel (frz. Admiral) 157
Großbritannien
  Allianz mit Niederlande 53
  Amerikanischer Krieg 150, 181, 225
  Aufstieg Großbritanniens 60
  Besteuerung der Kolonien 66, 206
  Board of Trade and Plantations 207

Register

Brander 357f.
Carlisle-Friedenskommission 115, 206–209, 215, 238, 268
Carlisle-Proklamation 209f.
Cinque Ports 28
Conciliatory Propositions 205–209
Declaratory Bill 266f.
Empire 180, 336, 379
Englisch-Niederländische Kriege 13f., 57, 105, 125, 132, 165
Entsatz von Cornwallis 364, 367, 368
Flagge 132, 278
Französische Invasion 223ff.
Friedensvertrag mit Amerika (1783) 382, 394, 395
Glorreiche Revolution (1688) 87
Greenwich Hospital 189, 190, 196, 217, 222
Handel, Übernahme von Niederlande 97
Irland 53, 142, 143, 180f., 205, 207, 249, 311, 387
Kapitulation von York und Gloucester 317, 365, 375–383
Loyalisten 238, 262f., 331, 358, 379
Loyalistische Agenten 331
Loyalistische Armee 205
Loyalistische Miliz 273
Marine s. Royal Navy
Navigationsakte, erste 28f., 30
Niedergang der Seemacht 336
Royal Navy 13, 144, 149, 154, 172, 175, 198f., 202, 218, 225f., 231, 346, 366
  Grand Fleet 168f., 221f.
  Lebensbedingungen 174, 366
Schottische Brigade 98ff., 121
Schottischer Kronanwalt 140
Schottland 36, 42, 53, 65, 124, 394
Seekrieg gegen Niederlande 29, 57, 105
Separatfrieden mit Niederlande 325
Signalsystem 153, 195, 366
  Fighting Instructions 163–173, 232, 233f., 346f., 366, 389
  Angriff 163f., 166, 170, 346, 389
  Geschlossene Formation 163, 165f.
  Kiellinie 163f., 166, 170, 171, 173, 194, 234, 345, 346, 388, 389

Signal 21 233f.
Stamp Act 266
Tories 22, 149, 345
Verteidigungsbündnis mit Niederlande (1678) 14, 78, 98, 124
Westminster-Parlament 139, 229, 232
Whigs 99, 144, 148f., 195, 197, 203, 249, 266, 325, 363, 394
Windsor Castle 316
Großbritanniens Schiffe
  Achilles 182
  Barfleur 390
  Dragon 185
  Drake 111
  Dublin 179, 181f.
  Eagle 152, 153, 176, 177
  Formidable 316, 388, 388f., 390
  Gibraltar 315
  Glasgow 67f., 110
  Intrepid 306
  Mars s. Prince Edward
  May 71f.
  Monarch 172, 179
  Montague 368
  Pegasus 315
  Plymouth 158, 176
  Prince Edward 132, 142
  Prince George 389
  Prince William 199
  Queen Charlotte 354, 355f.
  Rainbow 178
  Robust 363
  Royal Charles 13
  Russell 306, 309, 390
  Seaford 19, 76, 101
  Serapis 111f., 113f., 161
  Swallow 293f., 313
  Triumph 315
  Vengeance 142
  Vestal 122
  Victory 158
Große Antillen 309, 363
  Haiti-Santo Domingo s. Haiti-Santo Domingo
  Jamaika s. Jamaika
  Kuba s. Kuba
  Puerto Rico s. Puerto Rico
Grotius, Hugo 105, 106, 140
Guadeloupe 25, 132, 142, 187, 223, 235, 388

458   Der erste Salut

Guichen, Luc Urbain du Bouëix, Comte
de 231, 233f., 235f.
Guilford, Schlacht von 280ff.

Haarlem (Niederlande) 83, 103, 106
Haiti-Santo Domingo 21, 25, 176, 254,
286, 296, 308, 309, 311
Cap Français (Hafen) 308, 311, 312,
318, 338
Hakluyt, Richard 150
The Principal Navigations, Voyages,
Traffics and Discoveries of the Eng-
lish Nation 150
Halifax (Neuschottland) 61, 182, 267,
301
Hals, Frans 57
Hamilton, Alexander 257, 370, 372
Hamlet, Prinz von Dänemark 378
Hampshire 178
Hannay, David 404
Hannibal 246, 327
Hardwicke, Philip Yorke, 1. Earl of 12, 78
Hardy, Sir Charles 221f.
Harlem-Höhen 16, 67
Fort Washington 16
Harris, Sir James, 1. Earl of Malmesbury
s. Malmesbury
Harrow 149
Hartford-Konferenz 260, 282, 285, 287,
296
Havanna 153, 180, 187, 318
Haverstraw Bay s. Hudson
Hawke (of Towton), Edward, 1. Baron
164, 176, 177, 182
Hawkins, Caesar 316
Head of the Elk (Maryland) 343, 351,
352, 356, 364
Hebriden 53
Heinrich IV., König von Frankreich, Kö-
nig von Navarra 220
Henry, Cape 345, 346, 354, 360, 361
Lynnhaven Bay 345, 360
Henry, Patrick 267
Herder, Johann Gottfried 96
Heringsfischerei 96f.
Hervey, Augustus 171, 185
Heyliger, Abraham 16f., 17f.
Hillsboro 257, 278, 279
Hillsborough, 1. Earl of, 1. Marquess of
Downshire 120

Hispaniola 25
Hitler, Adolf 88, 200
Hobbema, Meindert 57
Holland (Provinz) 14, 82, 106, 108, 119
Hooch, Pieter de 57
Hood, Samuel 197, 290f., 293, 295, 296,
305ff., 307, 309, 310, 311, 312, 313,
314, 315, 317, 318f., 320, 324, 335,
336f., 338f., 341, 347, 367, 388, 390,
391
Hopkins, Esek 64, 66f.
Hopkins, John 64
Hopkins, Stephen 64
Horse Neck 213
Hotham (brit. Admiral) 142, 221, 314, 316
Hough, Richard 175
Howe, Sir William 15f., 110, 150, 200,
215, 237, 267, 268, 299
Hudson, Henry 38, 334
Hudson River 16, 35, 38, 39, 54, 259,
327, 328, 329ff., 332ff., 335, 336,
337, 338, 348, 382
Dobbs Ferry 330
Fort Lee am Jersey-Ufer 16, 267
Haverstraw-Bay 333
King's Ferry 330, 333
Stony Point 330
Tappan Zee Bridge 330
Verplanck's Point 330
Hudson Tal 245
Hundertjähriger Krieg (1339–1453) 258
Hurrikan 136f., 186, 236, 237, 288f., 292f.

Ijssel (Fluß) 45
Impedimenta 278
Indianer 40, 104, 188, 245, 259, 276,
395, 397
Indien 37, 154, 162
Indischer Ozean 35
Irland s. Großbritannien
Irokesen 181
Isabella I., die Katholische, Königin von
Kastilien und Aragon 86
Isle of Wight 108, 224
Italien 83, 148, 162, 231
Besitzungen Österreichs 162

Jackson, William 284, 316, 317
Jakob I., König von England und Schottland 165, 394

Register

Jakob II., König von England 87
Jamaika 21, 25, 175, 180, 186, 190, 223, 288, 312, 386, 388, 390
James River 301, 345, 351, 354, 359
Jamestown 301, 351
James, Bartholomew 371, 373
Jay, John 395
Jefferson, Thomas 50f., 193, 205, 274
Jenkins (brit. Kapitän) 151, 154
Johann II., der Gute, König von Frankreich 86
Johnson, Samuel 146
Johnstone, George 207, 208f.
Jones, John Paul 59, 62, 66, 109–115, 119, 124, 147, 161
Juan d'Austria, Don 49
Juden 55, 131, 138
Jungferninseln 20, 25
St. Croix s. St. Croix
St. Thomas s. St. Thomas

Kanada 105, 152, 154, 178, 181, 187, 395
Kaperbrief 64
Kaperprisen s. Prisengelder
Karibik 20, 21, 25, 29, 40, 41, 95, 127, 184, 228, 230, 236, 237, 286, 287, 293, 295, 299, 337, 386
Karl I., König von England 54, 87
Karl V., röm.-dt. Kaiser, König von Spanien 35f., 86, 150
Karl VI., röm.-dt. Kaiser 162
Karl Wilhelm, Herzog von Braunschweig-Wolfenbüttel 89f.
Karthago 214
Katharina II. Alexejewna, die Große, Zarin von Rußland 117ff., 317, 325
Katholizismus 41, 42, 48, 56, 98, 181, 394
Kempenfelt (brit. Admiral) 387
Kentucky 66
Keppel, Augustus 146, 148f., 153, 169, 173, 194–197, 202, 202f., 218, 221, 235
King, Ernest J. 147
King's Ferry s. Hudson
King's Letter Boy 150
King's Mountain, Schlacht von 271ff., 279
Kleine Antillen 19, 20, 186, 309, 363

Jungferninseln s. Jungferninseln
Leeward Islands s. Leeward Islands
Windward Islands s. Windward Islands
Knox, Henry 257, 354, 370
Knox, John 42
Knox, William 133
Kolumbus, Christoph 151
Konterbande 13, 73, 105, 106, 109, 119, 128
Korsaren (aus Tunis, Algier und Marokko) 287
Krankheiten 174
  Arthritis 275
  Fleckfieber 261
  Gelbfieber 261
  Harnleiterstriktur 291f., 315f.
  Lungenentzündung 261
  Malaria 261, 279, 360
  Prostata 293
  Ruhr 261
  Skorbut 153, 174, 307, 366
  Typhus 261
Krull (niederl. Admiral) 132
Kuba 21, 25, 151, 187, 188, 296, 318, 353f.

Lafayette, Marie Joseph Motier, Marquis de 98, 246, 256, 257, 260, 262, 297, 300, 323, 344, 348, 349, 351, 352, 357, 360f., 372, 378, 381, 386
La Luzerne, César Henri, Comte de 254, 262, 269, 300, 342, 343, 345
La Motte Piquet, Toussaint-Guillaume, Comte de 142, 142f.
Landais (amerik. Kapitän) 147
Langara, Don Juan de 228
Larrey, de (frz. Kabinettssekretär) 90
Laurens, John 252, 274, 282–285, 376, 378f.
Laurens, Henry 122, 123, 208, 210, 252
Lauzun, Armand Louis de Gontaut, Duc de 220, 255f., 320, 324, 328, 339, 361, 371f., 378, 391
Memoirs 255
Die Verteidigung von England und aller ihrer Besitzungen in den vier Ecken der Welt 220
Lee, Arthur 115, 122
Lee, Charles 283
Lee, Richard Henry 65f.

Lee, Sim 378
Lee, William 121, 122
Leeuwenhoek, Anton van 55
Leeward Islands 17, 19f., 21, 71, 127,
    128, 180, 184, 225, 231, 236, 240,
    287, 288, 293, 294, 310, 314, 403
    Antigua s. Antigua
    Dominica s. Dominica
    St Eustatius s. St. Eustatius
    St. Kitts s. St. Kitts
Le Havre 182, 224f., 290
Leicester, Robert Dudley, Earl of 52
Lepanto, Schlacht von 40
Leporello (Diener v. Don Juan) 220
Lestock, Richard 148, 163f., 165f., 168,
    170
L'Étenduère (frz. Admiral) 177
Lewis, Charles Lee 404
Lexington 60, 190, 259f., 267, 385
Leyden 44–47, 55, 83
Lidice 213
Liga Bewaffneter Neutralität s. Neutrali-
    tätsliga
Lincoln (amerik. General) 381
Lind, James 174
    Eine Abhandlung über den Skorbut
    174
Lonbg Island 210, 252, 260, 313, 334f.
    Schlacht von 15, 67, 262, 267
    Sund von 210, 213
Louisburg 181, 188
Lowther, Sir James 393
Ludwig XIII., König von Frankreich 55
Ludwig XIV., König von Frankreich 14,
    57, 81, 87f., 117, 154, 254
Ludwig XV., König von Frankreich 156
Ludwig XVI., König von Frankreich 89.
    107, 167, 219, 223, 224f., 246, 247,
    284, 285, 286, 299, 305, 308, 321,
    339, 342, 343, 345, 380, 391
Ludwig, Graf von Nassau 43
Ludwig Ernst Wilhelm, Herzog von
    Braunschweig-Wolfenbüttel 78, 79,
    89, 90f., 92, 98, 102f., 116
Lynnhaven Bay s. Kap Henry

MacCaulay, Thomas Babington 88
McKean, Thomas 385
MacKenzie, Frederick 289f., 366, 367
    Diary 367, 368, 368f.

McPherson (brit. Major) 373
Madrid 223
Mahan, Alfred Thayer 59f., 149f., 163,
    180, 232
    Der Einfluß der Seemacht auf die Ge-
    schichte 59f., 149f., 163, 180, 232
Mahon 230
Maine 396
Malmesbury, Sir James Harris, 1. Earl
    of 9f., 12, 91
    Diaries and Correspondence 9f., 91,
    117, 120
Malteserorden 287
Manhattan 15, 40, 67, 252
Mann, Horace 228f., 251, 325, 392
Manny, Margaret 65
Mare Liberum 80, 105
Margarete von Parma, Regentin und Gene-
    ralstatthalterin der Niederlande 42
Maria, Königin von England 87, 88
Maria Theresia, Kaiserin, Königin von
    Ungarn und Böhmen, Erzherzogin
    von Österreich 88, 162
Marie-Antoinette, Königin von Frank-
    reich 89, 391
Marion, Francis 263, 270, 279
Marlborough, John Churchill, 1. Duke
    of 87
Marokko 287
Marseille 162
Martinique 21, 25, 128, 142, 148, 173,
    184, 184f., 186, 187, 223, 233, 235,
    295, 296, 305f., 310, 311, 388, 403
    Fort Royal 184, 185f., 223, 232, 235,
    295, 305f., 310, 311, 314, 388
Maryland 19, 22, 62, 71, 73, 262, 275,
    300, 328, 329, 351, 353, 362, 364, 378
Massachusetts 60, 61, 64, 210
Mathews (»Il Furibondo«, brit. Admi-
    ral) 148, 158, 162ff., 165f., 168,
    170, 346
Maurepas, Jean Frédéric Phelypeaux,
    Comte de 161, 168, 219, 236
Maximilian I. von Habsburg, dt.-röm.
    Kaiser 86
Medina-Sidonia, Herzog von s. Pérez de
    Guzmán, Alonso
Menorca 107, 117, 154, 169, 170, 172,
    193, 226, 228, 251
Merkantilismus 28, 39, 103

Register 461

Meuse 44, 45
Mexiko 38, 47
Mississippi 188
Mittelmeer 117
Mondschein-Schlacht 227–230, 316
Monkton (brit. General) 185, 185f.,
 186f.
Monmouth 283
Montreal 181
Moore, Mr. 375
Morgan, Daniel 263, 275f., 277, 281,
 397
Morison, Samuel Eliot 147, 160f.
Morris, Robert 208, 321f., 324, 343,
 351, 356
Morristown (New Jersey) 244, 245, 253,
 273
Motley, John Lothrop 44
Mount Vernon 352
Münster, Frieden von 54, 58, 86
Mundy, George B. 188f.
 The Life and Correspondence of the late
 Admiral Rodney 188f., 225, 316
Murray, James 240, 251
My Lai 213

Nantucket 294
Napoleon I., Kaiser der Franzosen 60,
 126, 214
Napoleonische Kriege 290
Narragansett 243
 Bucht von 61, 396
Nassau 66
Navarro (span. Admiral) 162
Necker, Jacques 285
Nelson, Horatio, Viscount 60, 146, 147,
 158, 214, 227, 290, 314, 388
Neu Amsterdam 38, 40, 57
Neuengland 15, 61, 67, 181, 261
Neue Welt 20, 104, 151
Neufrankreich *s.* Quebec
Neufundland 110, 122, 178, 324
Neufville, Jean de 115, 116, 121, 122
Neuschottland 154, 178, 187, 301
Neutralitätsliga 117, 118, 119, 121, 123,
 124, 225, 249
Newburgh (New York) 386
Newcastle, Herzog von 177f., 238, 335
New Hampshire 77
New Haven 199, 210, 211, 212, 213

New Jersey 10, 16, 67, 68, 245, 251, 253,
 262, 267, 283, 328, 336, 340, 341, 356
New London 68
New Orleans 188
Newport (Rhode Island) 68, 215, 243,
 244, 254, 255, 261, 296, 301, 308,
 320, 323, 324, 327, 335, 339, 359
New Providence 66, 67, 110
New York (Stadt) 12, 15, 57, 67, 180,
 200, 204, 208, 210, 211, 213, 215,
 237, 239, 240, 241, 243, 244, 251,
 252, 260, 261, 262, 264, 265, 268,
 279, 282, 287, 289, 294, 297, 298,
 299, 300, 301, 302, 311, 313, 318,
 319, 320, 321, 322, 324, 328, 329,
 330, 331, 332, 335, 336, 338, 339,
 340, 347, 348, 349, 350, 351, 356,
 362, 363, 364, 367, 368, 377, 382,
 386
 Sandy Hook 215, 241, 252, 297, 301,
 311, 335, 339, 341, 365, 368, 369, 382
Niederlande
 Abschwörungsakte 50f., 83
 Allianz mit Großbritannien 53
 Ansiedlung 33, 34, 35
 Armee 90, 93
 Dissidenten, englische 55
 Einfuhrsteuern 108
 Embargo über den Export von
 Schmuggelwaren und Schiffsbedarf 14f., 17, 21f., 30
 Flagge 68f., 130
 Freundschafts- und Handelsvertrag mit
 Amerika 121ff., 288
 Geldverleih 37, 39
 Generalstaaten der vereinigten Provin-
 zen 15, 23, 26, 30, 35f., 38, 45, 50,
 72, 73, 76, 77f., 79, 83, 85, 95, 99,
 100, 107, 109, 114, 116, 119, 120, 394
 Goldenes Zeitalter 54
 Handel 33, 40, 104
 mit Kriegsgütern 11, 23, 27f., 30,
 68, 73, 77, 131
 mit Lebensmitteln 27, 29, 36, 37,
 38, 40, 40f., 103, 128, 131
 mit Stoffen, Pelzen, Holz, Porzellan
 27, 37, 38, 40, 68, 77, 103
 Handelsmacht 34, 35
 Hegemonie 48
 Heilige Siebzehn 83

462   Der erste Salut

Niederlande *(Forts.)*
  Küstenstädte, Befestigung der 94f.
  Marine 93, 94f.
    Entlohnung 94, 95
  Neutralität im Kampf zw. Großbritan-
    nien und Amerika 12, 25, 26f.,
    104f., 109, 114
Niederländisch-Englische Kriege 13f.,
  57, 105, 125, 132, 165
Nominelle Demokratie 85
Oligarchie 83
Patriotes 102f., 106
Proamerikanische Partei 73, 93, 100, 102
Probritische Partei 73, 91, 92, 93, 98
Profranzösische Partei der Patrio-
  ten 92, 126
Provinzialstaaten 83, 85
Regierungssystem 33, 81f.
Republik 126
Schiffsbau 34
Seekrieg gegen Großbritannien 29, 57
Separatfrieden mit Großbritan-
  nien 325
Separatismus 44, 49, 82
Unabhängigkeit 50f., 54, 58, 86, 98
Unabhängigkeitskrieg gegen Spanien
  16, 34f., 39, 40, 41, 54
Vereinigte sieben Provinzen 14, 50,
  54, 77, 86, 95, 99, 109, 124, 126, 179,
  394
Verfassung 81f.
Verteidigungsbündnis mit Großbritan-
  nien (1678) 14, 78, 98, 124, 127
Niederländische Ostindische Kompanie
  38, 54, 83
Niederländische Schiffe
  Mars 142
Niederländische Westindische Kompanie
  19, 26, 38, 129
Nikolaus II., Zar von Rußland (eigtl. Ni-
  kolai Alexandrowitsch) 397
Nil 214
Nizza 162
Noailles, Vicomte de 374, 378
Nordsee 36
Normannen 225
North, Frederick, Lord, 2. Earl of Guil-
  ford 98, 102, 120, 124f., 146, 196,
  202, 205, 206, 238, 242, 249f., 277,
  391, 392, 394

Northampton 190
Northampton, Earl of 178
›North Briton‹ 156
North Carolina 240, 257, 270, 271, 273,
  278, 279, 280, 281, 323
Norwalk 213
Norwegen 36
Nova Scotia 68

Österreich 89, 90, 117, 121, 162, 179
  Erbfolgekrieg 162
  Italienische Besitzungen 162
O'Hara, Charles 277, 278, 280, 381
Ohio 154
Olney, Stephen 372
Ontario-See 181
Oranier 86, 87, 90
Orient 38
Osmanisches Reich 40
Osnabrück 17
Ostindien 37, 91
Ostindische Inseln 37f., 40
Ostsee 36
  Länder der 36, 40, 105
Oswald, Richard 395
Overijssel (Provinz) 97, 106

Paine, Tom 267
Palliser, Hugh 149, 173, 195ff., 202
Paris 56, 102, 201, 218, 219, 220, 221,
  229, 231, 284, 382
  Frieden von 187, 188, 189
Parker, Hyde (»Old Vinegar«) 147f.
Parker, Sir Peter 312, 314
Parma, Herzog von s. Farnese, Alessan-
  dro
Pazifik 37
Pearl Harbor 200
Pearson (brit. Kapitän) 112
Peekskill 334
Pelham, Henry 177f.
Pennsylvania 15, 200, 208, 245, 251,
  253, 268, 273, 300, 328, 343, 356,
  362, 373
Penobscot (Maine) 396
Pepys, Samuel 13
Pérez de Guzmán, Alonso, Herzog von
  Medina-Sidonia 53
Peru 20, 38
Peter I., der Große, Zar von Rußland 36

Register 463

Philadelphia 10, 15, 27, 62, 65, 66, 74,
122, 180, 204, 208, 243, 262, 267,
322, 325, 338, 341 ff., 345, 351, 356,
369, 385 f., 397
City Tavern 341
College 343
Independance Hall 385, 386
Kongreßhalle 343
Philip der Kühne, Herzog von Bur-
gund 86
Philip II., König von Spanien 42–44, 47,
50, 51, 52, 53 f., 86, 93, 107, 156, 224
Philippinen 188
Philips (brit. General) 268, 282
Philipsburg (Philips Manor) 327
Pickens, Andrew 270
Pitt, William, der Ältere, Earl of Chat-
ham 40 f., 179, 181, 185, 200, 203,
204, 238
Pitt, William, der Jüngere 394
Plymouth (England) 224, 316, 388
Plymouth Rock 55
Pocock (brit. Admiral) 153, 187
Polen 85, 117
Pompton 340
Popham, William 351
Port Bill *s.* Boston Port Bill
Portsmouth 152, 178, 197, 225, 226, 227,
301, 302
Portugal 36, 55, 97, 151
Potomac 300
Preßpatrouillen 63, 156
Princeton 341
Prisengeld 63, 82 f., 111, 119, 134,
151–154, 187, 242, 324
Prisenkommando 228
Protestantismus 41, 41 f., 43, 44, 48, 53 f.
Providence Plantations 61
Puerto Rico 19, 21, 25
Pufendorf, Samuel Frhr. von 140
›Purdies Virginia Gazette‹ 22
Pyrrhus-Strategie 240, 282

Quebec (Provinz) 61, 110, 181, 240
Quebec (Stadt) 181 f., 188
Quiberon Bay, Schlacht von 182

Ravené, Abraham 22, 69, 76
Rawdon, Lord 366
Raynal, Abbé 103 f.

Philosophische und politische Geschich-
te der Siedlungen und des Handels
der Europäer in den beiden In-
dien 103 f.
Reed, Joseph 208, 343
Reizbarkeit der Marinesoldaten 146 ff.
Religionsfreiheit 55
Rembrandt, Harmensz van Rijn 57
Revere, Paul 385
Reynolds, Joshua 145, 146, 178
Rhein 38
Rhode Island (Staat) 60, 60 f., 61, 63,
67, 215, 241, 243, 244, 256, 294, 327,
328, 339, 372 f.
Richmond, Herzog von 202 f.
Robertson, James 363
Robinson, Isaiah 22, 62, 68
Rochambeau, Donatien de Vimeur, Vi-
comte (Sohn v. Jean Baptiste
R.) 285, 298, 300, 337
Rochambeau, Jean Baptiste de Vimeur,
Comte de 237, 252, 254 f., 256, 260,
260 ff., 282, 285, 286, 294, 296,
296–300, 302, 308, 309, 320, 322,
323, 324, 327 f., 330, 333, 334, 337,
338, 339, 341, 342, 343, 344 f., 349,
352, 354 ff., 357, 360, 361, 367, 376
Rockingham, Charles Watson-Went-
worth, 2. Marquess of 387, 394
Rodney, George Brydges, 1. Baron of
Stoke Rodney 124, 125, 127–147,
148, 149, 150, 151, 152, 153, 157,
158, 171, 172, 173 f., 175, 176–179,
181–187, 188–191, 197, 217–222,
225–237, 240–244, 286, 287, 287–293,
295 f., 305, 306 f., 309–317, 319, 326,
336, 337, 338, 341, 381, 386, 387,
388–391, 394, 404
Rodney, Henrietta, geb. Clies (zweite
Ehefrau v. George R.) 189, 217,
218, 218 f., 221, 229, 231 f., 293, 312,
315
Rodney, Jane (erste Ehefrau v. George
R.) 134, 143, 145, 178, 179, 221
Römer 277 f.
Römische reformierte Kirche 41
Rom 41, 93
Roosevelt, Franklin D. 10
Ross, Alexander 378, 378 f.
Ross, Betsy 65

Ross, Sir John 230
Rotterdam 45, 49, 56
Rugeley (brit. Colonel) 273
Rußland 117, 118
Ruisdael, Jacob van 57
Ruyter, Michiel Adriaanszoon de 13,
	39, 94, 404

St. Andrew 65
Sainte-Beuve, Charles Augustin de 256
St. Croix 101
St. Eustatius (Statia, Goldener Felsen)
	9, 10, 11, 12, 15, 17, 18f., 20, 21–31,
	46, 62, 68, 71f., 74, 75, 76, 78, 101,
	108, 124, 125, 127, 128–144, 184,
	232, 244, 289f., 291, 293, 295, 306,
	314, 316, 382, 387, 393
	Fort Orange 9, 22, 68f., 72, 74, 76,
		129, 289
	Freihafen 26, 29
	Gallows Bay 30
	Handel mit Amerika 12, 17, 23, 26,
		27f., 68, 73, 77
	Lower Town 29f., 141
	Zoll 29
St. George 65
St. Kitts 19, 21, 22, 25, 69, 71, 73, 74,
	133, 141, 232, 316
St. Lawrence-Strom 110, 187
	Inseln 110, 187
St. Louis 354
St. Lucia 25, 141, 186, 187, 223, 231,
	232, 235, 286, 288, 310, 387
St. Martin (niederländ. Sint Maar-
	ten) 18, 40, 127
St. Petersburg 117, 120
St. Pierre, Bucht von (Martinique) 185
Saints (Inseln) 388
	Schlacht der Saints 173f., 316, 317,
		388–390, 394
Saint-Simon, Claude-Anne de Rouvroy,
	Marquis de 254, 286
Saint-Simon, Henri de Rouvroy, Comte
	de 254, 286, 293, 297, 309, 318, 352,
	355, 369, 370
Saint-Simon, Louis de Rouvroy, Duc de
	254
St. Thomas 25, 29
St. Vincent 173, 223
Salut der Andrew Doria 9ff., 16, 18,

21–24, 33, 65, 68f., 72, 74, 77f., 101,
	116, 124f., 289, 382, 396, 397
Sandwich, John Montagu, 4. Earl of
	(»Jemmy Twitcher«) 120, 128, 129,
	143, 148, 150, 155f., 183, 190, 191,
	196, 197, 198, 199, 200, 201, 202f.,
	217, 218, 222, 225, 226, 229, 231f.,
	235, 236, 237, 241, 244, 291, 292f.,
	293, 295, 316, 317, 387f., 391
Santo Domingo s. Haiti
São Vicente, Kap 227
Saratoga, Schlacht von 24, 110, 191,
	200, 203, 257, 299, 321
Sardinien 148, 214, 215, 265f.
Savannah 216, 253
Savoyen 266
Schama, Simon 404
Schelde 47
Schiedam 103
Schlacht der Kaps s. Chesapeake Bay
Schmuggel
	zwischen Amerika und Niederlande
		12f., 14f., 15f., 76, 107, 128
	zwischen Frankreich und Niederlande
		128
Schottland s. Großbritannien
Schweden 97, 119, 179
Scilly Inseln 142
Ségur, Philippe Henry, Marquis de 285
Selden, John 106
	Mare Clausum 106
Semiramis, assyr. Königin 117
Sevilla 150
Shelburne, William Petty-Fitzmaurice, 2.
	Earl of, 1. Marquess of Lansdow-
	ne 214, 266, 395, 394f.
Sidney, Sir Philip 52
Siebenjähriger Krieg (1756–1763) 26,
	105, 152f., 155, 157, 179f., 180, 187,
	231
Sklaven 18, 21, 27, 29, 41, 362
Smith, William 334, 340, 349, 362, 363, 368
Smollet, Tobias George
	Die Abenteuer Roderick Randoms 174
South Carolina 122, 240, 257, 263, 270,
	273, 276
Southey, Robert 87
Spanien 16, 20, 34, 35, 36, 38, 40, 54,
	55, 87, 97, 98, 107, 172, 179, 193,
	214, 228, 308, 395

Register 465

Armada 53, 60, 107, 143, 224
Belagerung Leydens 44–47
Erbfolgekrieg 81, 107, 154
Marine 231
Meuterei der Truppen 47f.
Niedergang Spaniens 53, 60
Spanisch-französisches Bündnis 107
Unabhängigkeitskrieg der Niederlan-
de 16, 34f., 39, 40, 41, 54
Spanische Furie 48, 94
Spanische Schiffe
Fenix 228
Spanische Westindische Inseln 151
Spinney, David 404
Spinoza, Benedictus de (Baruch d'Espi-
noza) 55
Tractatus Theologico-Politicus 55
Staten Island 331, 338, 340, 350
Steen, Jan 57
Steuben, Friedrich Wilhelm, Baron
von 246, 270, 280, 370
Stiles, Ezra 213
Stony Point *s.* Hudson
Stormont, Lord 122f., 201
Strawberry Hill, Weiser von *s.* Walpole,
Horace
Stuyvesant, Peter 57
Suffolk 265
Suffolk, Lord 102
Sumter, Thomas 270
Surinam 40, 77, 291, 324
Susquehanna 356
Swift, Jonathan
Gullivers Reisen 85

Talleyrand-Périgord, Charles Maurice de,
Prince de Benevent, Bischof von Au-
tun 256
Tanger 228
Tarleton, Banastre 268, 269, 270, 275f.,
279, 364, 371f.
Tarquinier 213
Tennessee 271
Sycamore Shoals 271
Ter Borch, Gerard 57
Ternay, Charles d'Arsac, Chevalier
de 237, 244, 254, 256f., 260, 261,
296
Texel 94, 112, 114, 115
Theben 98

Theseus 105
Tiber 213
Ticonderoga 181, 188, 257, 370
Tiende Penning 43
Tilghman, Tench 354, 385
Tobago 21, 110, 307, 308, 310, 403
Todd, Anthony 294
Tornquist, Karl Gustav 301, 348
*The naval campaigns of Count de Gras-
se* 318, 348, 353
Toulon 194, 286f.
Schlacht von 148, 161, 161f., 165f.,
168, 176, 177
Trafalgar, Schlacht von 60, 214, 388
Trenton (New Jersey) 267, 328, 341
Schlacht bei 16, 66, 259
Trinidad 19, 21
Tromp, Maarten (Haspertszoon) 94, 404
Trottman, John 74
Tryon, William 210, 210–213, 214, 215,
368
Türkei 40
Tunis 287
Turin 265f., 271

Überseehandel 154
Unbegrenztes freies Geleit 79f., 105,
106, 108, 109, 120, 128
Ushant, Schlacht von 194, 195, 197, 198,
202, 222f.
Utrecht 43, 49, 57, 82, 106, 119
Frieden von 81
Union 49f., 86

Valley Forge 244, 245, 252, 253, 273
Vattel, Emer de (Emmerich von) 140
Vaudreuil, Marquis de 181
Vaughan (brit. General) 127, 139, 142,
143, 289
Vauguyon, de la (frz. Botschafter) 107
Venezuela 19, 20
Vergennes, Charles Gravier 113, 247,
254, 284f., 321, 395
Vermeer, Jan 57
Vermont 66
Verplanck's Point *s.* Hudson
Versailles 223
Viktorianismus 44
Virginia 38, 62, 121, 215, 239, 251,
257f., 261, 262, 264, 268, 274, 275,

Virginia *(Forts.)*
276, 281, 282, 297, 299f., 301, 311,
313f., 321, 324, 327, 328, 329, 337,
338, 339, 344, 353, 357, 361, 367,
371f.
Voltaire (eigtl. François Marie
Arouet) 117, 171

Walker (amerik. Familie) 357
Wallonen 48
Walpole, Horace (der Weise von Strawberry Hill) 97, 145, 180, 214, 228f.,
230, 251, 293, 325, 392, 394
Walpole, Sir Robert 151, 178
Washington, George 11, 15, 16, 60f., 62,
64, 65, 66, 67, 199, 205, 209, 215,
216, 239, 241, 243f., 245, 246, 250,
251, 252, 253, 254, 255, 256, 257,
260ff., 270, 273, 274f., 283, 283f.,
296, 296–300, 305, 309, 317, 321,
322ff., 324, 327f., 330f., 332–335,
336, 337f., 339, 340, 341, 342, 343,
343ff., 349, 350, 351f., 354ff., 357,
359–362, 364, 369, 370, 371, 374,
375ff., 378, 379f., 381, 382, 385, 386,
396, 397
Washington, Martha Dandrige 351f.
Washington Samuel 11, 256
Washington, William 273, 276
Waxhaw-Massaker 269, 270
Weltkrieg
Erster 54, 175, 213, 214, 231, 258
Zweiter 200, 213, 214
Westfälischer Frieden 54
Westindien 40, 148, 176, 178, 216, 221,
225, 226, 232, 237, 254, 288, 291,
296, 298, 307f., 386, 387, 393
Westindische Inseln 9, 12, 15, 20f., 25,
28, 29, 37, 80, 95, 108, 109, 127, 143,
180, 181, 183, 187, 188, 208, 222f.,
291, 295, 296, 299, 302, 305, 308,
309, 311, 317, 319, 322, 326, 331, 341
s. Französische Westindische Inseln
s. Spanische Westindische Inseln
Westindische Kompanie 17, 57, 74f. (*s.*
auch Niederländische Westindische
Kompanie)
Westminster, Frieden von 57f., 105, 107
West Point 245, 269, 330
Wethersfield-Plan 296f., 299f., 301f., 308

Weymouth 40f.
Wharton, James 65
Whippany 340
White (Glücksspieler) 145
White Marsh 252, 370
White Plains, Schlacht von 267, 323, 327
Wien 121
Wilhelm I., der Eroberer, Herzog der
Normandie, König von England 247
Wilhelm I. von Oranien, der Schweiger,
Statthalter der Niederlande, Graf
von Nassau, Prinz von Oranien 43,
44, 45, 47, 48, 51, 52, 81f., 86, 246
Wilhelm II. von Oranien, Statthalter der
Niederlande, Graf von Nassau, Prinz
von Oranien 86f.
Wilhelm III. von Oranien, König von
England, Statthalter der Niederlan-
de, Graf von Nassau, Prinz von Ora-
nien 87, 88f.
Wilhelm IV. von Oranien, Statthalter der
Niederlande, Graf von Nassau, Prinz
von Oranien 88, 90, 92
Wilhelm V. von Oranien, Statthalter der
Niederlande, Graf von Nassau, Prinz
von Oranien 9, 12, 73, 78, 79, 80,
89, 91ff., 95, 96, 98, 99, 102, 106,
114, 116, 117, 123, 125f.
Wilhelm II., deutscher Kaiser und König
von Preußen 102, 258
Wilkes, John 99, 156
Essay on Woman 156
Willcox, William B. 200
Portrait of a General 200
William Henry, Prinz *s.* Georg IV.
Williamsburg 301, 349, 352, 353, 356,
357, 358, 377, 380
Wilmington (Delaware) 356, 386
Winchester (England) 152
Windt, de (Gouverneur v. St. Eu-
statius) 17
Windward Islands 19f., 21, 127, 184,
186, 223, 307, 403
Barbados *s.* Barbados
Grenada *s.* Grenada
Martinique *s.* Martinique
St. Lucia *s.* St. Lucia
Tobago *s.* Tobago
Trinidad *s.* Trinidad
Wingfield-Stratford, Esme 404

Register 467

Winnsboro 273
Witt, Cornelis de 84
Witt, Jan de 84
Wolfe, James 181, 188, 240
Wraxall, Sir N. William 12, 90f., 145,
197
*Historical memories of my own
time* 12, 90f., 145, 197, 202
Wythe, Georg 62

York s. Yorktown
York River 301, 301f., 345, 348, 355,
357, 359, 360, 361, 365f., 371, 374
Yorke, Sir Joseph 12, 13, 15, 30f., 78,
79, 80, 93, 95, 101, 102, 106, 107,
113, 114, 116, 117, 119, 122f., 124,
325

Yorkshire 111
Flamborough Head 111
Yorktown 133, 143, 165, 220, 255,
300, 301ff., 317, 324, 327, 328, 345,
347, 348, 349, 350, 351, 353, 355,
357, 358f., 361–365, 367, 369–383,
385, 386, 387, 391, 393

Young, James 17, 23, 101
Young, Walter 229

Zaandam 36
Zeeland 43, 82, 119
Zuider See 36, 50, 94
Zutphen, Schlacht von 52
Zwolle 97